涟水年鉴

2018 LIANSHUI YEARBOOK

涟 水 县 人 民 政 府　主办
涟水县地方志办公室　编

方志出版社
Publishing House of Local Records

图书在版编目（CIP）数据

涟水年鉴. 2018 / 涟水县地方志办公室编. -- 北京：方志出版社，2018.9
ISBN 978-7-5144-3274-9

Ⅰ. ①涟… Ⅱ. ①涟… Ⅲ. ①涟水县－2018－年鉴
Ⅳ. ①Z525.34

中国版本图书馆CIP数据核字(2018)第214417号

涟水年鉴（2018）

编　　者：涟水县地方志办公室
责任编辑：刘方圆
出 版 人：冀祥德
出 版 者：方志出版社
地址　北京市朝阳区潘家园东里9号（国家方志馆4层）
邮编　100021
网址　http://www.fzph.org
发　　行：方志出版社图书经销中心
电话（010）67110500
经　　销：各地新华书店
印　　刷：江苏农垦机关印刷厂有限公司
开　　本：889×1194　1/16
印　　张：24.75
字　　数：750千字
版　　次：2018年9月第1版　2018年9月第1次印刷
印　　数：0001—2000册
ISBN 978-7-5144-3274-9　定价：198.00元

记录涟水

解读涟水

涟水县地方志编纂委员会

名誉主任　王向红（县委书记）

主　　任　时　勇（县委副书记、县长）

副 主 任　马乃骏（县委副书记）

洪　然（县委常委、常务副县长）

姜　杰（县委常委、宣传部部长）

郑劲松（县政府副县长）

委　　员　陈　泽（县委办公室主任、政革办主任）

吴芳剑（县政府办主任、法制办主任、外侨办主任、县人防办主任）

丁卫华（县委办公室副主任、县地方志办公室主任）

李长春（县教育局局长、体育局局长）

陈照耀（县住建局局长、规划局局长）

周建华（县发改委主任、物价局局长）

张溧翔（县经信委主任）

笪素菊（县卫计委主任）

刘宝泽（县文广新局局长）

张　俊（县交通运输局局长）

许士平（县统计局局长）

张晓永（县地方志办公室副主任）

贾华丽（县地方志办公室副主任）

《涟水年鉴》（2018）编辑人员

主　　编　丁卫华

副 主 编　张晓永　贾华丽　陈全昌

编　　辑　丁卫华　张晓永　贾华丽　陈全昌　罗会平

汪晓华　徐和平　王玉婵　张　晗

顾　　问　马国顺

2017

县情概览

建县史	2134 年
区位(东经)	118° 59′ ～119° 46′
区位(北纬)	33° 39′ ～34° 07′
总面积	1677.47 平方千米
耕地面积	10.27 万公顷
下辖乡镇	19 个
年末总人口	113.61 万人
人口自然增长率	4.43‰
县城建成区面积	35 平方千米
城镇人口	45.09 万人
城市化率	53.1%
平均气温	15.8℃
年降水量	1046.3 毫米
日照时数	1979.5 小时
空气质量良好天数	297 天
森林覆盖率	23.6%
地区生产总值	429.38 亿元
第一产业增加值	59.35 亿元
第二产业增加值	166.08 亿元
第三产业增加值	203.95 亿元
公共财政预算收入	19.20 亿元
规模工业销售收入	698.44 亿元
规模工业利税	52.45 亿元
工业用电量	8.5 亿千瓦时
规模固定资产投资总额	379.16 亿元
社会消费品零售总额	144.86 亿元
规模服务业企业营业收入	73.10 亿元
外贸进出口总额	3.58 亿美元
农林牧渔总产值	114.98 亿元
粮食总产量	89.54 万吨

油料总产量	3.84 万吨
水产品产量	1.85 万吨
蔬菜产量	88.55 万吨
家禽出栏	1381 万只
生猪出栏	59.64 万头
农机总动力	123.89 万千瓦
国家级高新技术企业	17 家
专利申请授权量	590 件
建筑业总产值	240.93 亿元
房屋建筑竣工面积	1049.87 万平方米
公路总里程	2563.95 千米
高速公路里程	41 千米
一级公路里程	140 千米
航道总里程	176 千米
三级航道里程	51.36 千米
机场主要航线	29 条
民用汽车拥有量	74213 辆
中学在校学生	4.72 万人
小学在校学生	7.91 万人
幼儿园在校学生	3.73 万人
专任教师	8889 人
卫生机构	474 个
卫生机构床位	4329 张
卫生技术人员	4669 人
参加城镇职工基本养老保险	9.25 万人
参加城镇基本医疗保险	17.57 万人
参加城乡居民养老保险	25.6 万人
城镇居民人均可支配收入	27422.5 元
农民人均纯收入	14561.2 元
年末城乡居民储蓄余额	205.33 亿元

全面贯彻党的十九大精神

中共涟水县委书记　王向红

新时代需要新气象，新使命呼唤新作为。让我们更加紧密地团结在以习近平同志为核心的党中央周围，高举习近平新时代中国特色社会主义思想伟大旗帜，按照中央、省市委要求，团结带领全县人民，不忘初心逐梦新时代，牢记使命再创新业绩，为夺取高水平全面建成小康社会新胜利、开启社会主义现代建设新征程而努力奋斗！

——摘自县委书记王向红在县委十一届四次全会上的讲话

开创新时代新涟水新业绩

中共涟水县委副书记、县长　时勇

使命呼唤担当，实干赢得未来。让我们更加紧密地团结在以习近平同志为核心的党中央周围，高举习近平新时代中国特色社会主义思想伟大旗帜，在县委的坚强领导下，紧紧依靠全县人民，不忘初心、牢记使命，以永不懈怠的精神状态和一往无前的奋斗姿态，奋力夺取高水平全面建成小康社会新胜利，朝着建设“强富美高”新涟水的目标奋勇前行！

——摘自县委副书记、县长时勇在涟水县十六届人大二次会议上的报告

县人大常委会主任别纯海

2018 年 1 月 3 日，县十六届人大二次会议在大剧院开幕

2018 年 1 月 2 日，县政协十届二次会议在大剧院开幕

县政协主席蒋东明

涟水经济开发区创建国家级经济技术开发区指挥部

大量科技生产车间

汉门电子项目生产车间

优抗力食品科技(江苏)有限公司

今世缘产业园十万吨粮食仓储项目

江苏涟水经济开发区成立于2000年6月，规划面积99平方千米，建成区面积30平方千米。下辖10个村（社区），社会人口6.5万人。2006年4月，被省政府批准为省级经济开发区，2015年，成为全市县区省级经济开发区中第一家经省政府批准同意升格为国家级开发区的园区，并经国务院批转至商务部待批。园区累计入驻工业企业180余家，其中规模以上企业88家，行业重点企业有源通制帽、锦纶化纤、苏杭科技、大量科技、振维电子、快乐电源、强陵照明、银海木业、涟水制药、恒春医疗器材等。

在创建国家级经济技术开发区工作中，开发区指挥部以“一特三提升”为指向和抓手，以提高发展质量和效益为中心，聚焦项目招引，加快园区整合步伐，增强园区承载能力，加快产业集聚。

坚持以招商引资为第一要务，依托经济开发区、空港产业园、今世缘产业园“一区两园”平台，持之以恒开展产业链招商，加快培育特色优势产业。主攻补链强链。重点围绕电子电气、机械装备、食品饮料、纺织服装等主导产业和临空制造等新兴产业上下游企业，努力延伸产业链条，大力培育跟随产业、衍生产业和配套产业，盯紧供需“上下游”，关注链条“左右端”。

坚持以特色发展为第一优势，加快和空港产业园、今世缘食品产业园的空间整合和产业融合，确保“三个园区一盘棋，融合迸发新合力”，不断放大园区特色发展优势。围绕今世缘产业园食品饮料和空港产业园装备制造的产业定位，积极对接全国食品协会、台湾宜兰农业协会等专业机构和中佑机械、绿驰新能源汽车等知名企业，推动“一区两园”提升产业核心竞争力。

涟水县强镇扩权工作指挥部

市委书记姚晓东调研项目建设

2017年，县强镇扩权工作指挥部紧紧围绕县委“决战决胜达小康，做强做美副中心”的战略部署，全力做好高沟镇新型城镇化建设，乡镇布局优化及高沟镇、红窑镇行政管理体制改革试点三大重点工作。

高沟镇新型城镇化建设加快进度。污水处理厂扩建、污水管网改造两项工程如期竣工，县第三人民医院异地新建和今世缘度假村项目主体建设完成，今世缘产业园安置小区部分主体完工，光大生物质热电联产、今世缘景区提升工程等项目加快推进，高沟幼儿园、第二中心小学项目办理土地、规划、施工等手续。红窑、五港、梁岔、黄营等4个重点中心镇建设统筹推进。

乡镇布局优化工作有序实施。开展县人大专题调研，聘请第三方规划设计单位科学规划及赴周边市、县（区）调研学习成功经验，形成乡镇布局优化初步方案；多次与省、市民政部门领导沟通交流，不断完善方案；同步制定出台各类指导性、规范性配套文件。目前，全县乡镇布局优化工作领导小组会议、全县乡镇布局优化工作动员大会已召开，各项工作稳妥有序推进。

高沟镇、红窑镇行政管理体制改革统筹推进。加快权力事项梳理。高沟镇初步梳理441项权力事项，其中行政审批与公共服务类80项，行政执法类361项；红窑镇梳理出当前急需且能够承接的111项行政管理权限，其中行政审批服务类事项16项，行政执法类事项95项。完善机构设置。按照机构改革方案，初步完成人员分工调整、机构整合方案，高沟镇重新划设党组织，以党员的组织归属感来推动机构人员整合。加快两个平台建设。高沟镇便民服务中心改造工程主体完成，内部设计方案已确定；高沟镇综合执法局规划设计方案完成，准备招投标。红窑镇便民服务中心内部装修结束，安装办公设备；红窑镇综合行政执法局进行改造装修。计划2018年9月底两个平台建设全部完成。

光大生物质热电联产项目

建设中的今世缘产业园安置房项目

涟水县做强做美“副中心”工作指挥部

现场督查推进民生实事项目

即将建成的滨河新城外国语学校

2017年以来，在原滨河新城建设指挥部、老城区建设和市容市貌提升指挥部的基础上，新成立做强做美“副中心”工作指挥部，下设“一办四组”全面加强组织领导。通过紧紧围绕做强做美“副中心”工作核心，按照城乡建设高质量发展要求，在规划龙头引领下，突出重点项目推进、难点问题攻坚和城市品质提升，推动城市健康发展、良性循环，让人民群众享受更加便利、宜居、美好的城乡环境。

突出规划引领。一方面，坚持生态优先、绿色发展理念，积极策应江淮生态经济区建设，强化与国家和省市上位规划无缝衔接，注重发挥产业优势，体现地域特色，促进“多规合一”，全力构建生产空间集约高效、生活空间宜居适度、生态空间水绿天蓝的城乡形态格局。另一方面，按照全县“一主一副三纵一横多极点”全域城镇规划布局，加快涟水湖湿地公园、盐河风光带等规划编制，推动高沟、五港、黄营等重点中心镇总体规划落地，高沟扁担村、红窑夏楼村、黄营朱桥村等特色田园乡村规划等待省级试点评审，南集桃园村、红窑颜下庄村等8个规划已完成中期成果，更好引领城乡发展。

突出项目为王。以项目为主线，大力提升城市基础设施、功能配套和管理水平。交通路网逐步完善。滨河新城市政路网建设日趋完善，安东北路、常青路等市政道路维修工程完工通车，海安路等易涝易淹片区整治、公厕升级改造及城区道路绿化亮化提升有序推进，积极配合云轨、连淮扬镇铁路、京沪高速公路和长深高速淮连段改扩建等项目建设，发力“四好农村公路”建设，加快涟水港二期工程进度，持续放大“空铁水公”综合交通优势。公共服务不断优化。加快推进高铁涟水站及客运枢纽、二水厂扩建工程、涟中体育馆、涟水湖备用水源地、公共卫生中心、科技文化中心、涟水滨河学校、新职中等项目建设，不断提升政府公共服务水平。安置小区全面推进。狠抓滨河新苑、十堡、肖渡谷嘴、金宝新苑、柴市、殷庄、涟苑等安置小区工程建设和质量安全管理，确保安置户早日搬进新家。

突出难点攻坚。正视城市快速发展带来的历史遗留问题，妥善处理好各类矛盾问题。全力化解问题楼盘。牢固树立以人民为中心的发展思想，坚持依法行政推动与专业团队参与相结合，“一楼一策”、清单式管理，加快问题楼盘处置化解。积极做好征收安置。顺应新型城镇化发展需要，依法依规做好土地、房屋征收工作，推动红日大道东段、中山西路等棚户区改造工作，全力改善群众居住条件。严格管控违法建设。扎实开展违法建设专项治理行动，建立健全有奖举报制度，逐步清理存量违建，坚决遏制增量违建，确保新发违建处置率100%。

连淮扬镇高铁涟水站

滨河新城城市设计总平面图

涟水县富民达小康工作指挥部

2017年以来，县富民达小康工作指挥部全面贯彻落实上级部署要求，以实施乡村振兴战略为核心，以农业“2+4”“2+10”工程为抓手，统筹推进产业发展、项目建设、主体培育、农村综合改革以及富民增收等各项工作，全县农业农村保持高质量发展势头。**产业富民呈现新亮点。**产业结构持续优化，建成优质稻米基地2.8万公顷，成功培育食用菌、中药材、鲜切花等一批优势新兴产业，县现代农业园区、南集现代农业园区基础配套逐步完善，百花园、百药园、百菇园、百果园初具规模。**项目建设展现新成效。**初步形成粮食产业链、畜禽产业链、花卉产业链、设施蔬菜产业链四大完整产业链条，全县入市盘3000万元以上农产品加工项目共计47个，其中新开工建设项目42个，新增500万元以上农业一、三产项目32个，外资项目6个，数量在全市保持前列。**“阳光扶贫”迈出新步伐。**共计投入372.11万元，实施精准到户帮扶项目914个、到村项目39个，带动村集体年均增收5万元以上，全市率先建成“阳光扶贫”超市，带动1800多名低收入农户实现就业，120多个低收入家庭实施致富项目。**农村改革取得新进展。**农村土地承包经营权确权登记颁证工作全面完成，11月通过国家农业部检测验收。全面开展村级财务阳光监管改革试点和清产核资工作。农村产权交易市场累计完成交易额5.8亿元，位居全省前列，县产权交易中心入选“全省农村产权交易先进集体”。**基础配套实现新提升。**新增高标准农田面积5333.33公顷，成功打造黄河故道沿线约6000公顷连片优质粮基地和全市唯一的1.33万公顷连片高标准农田示范区。组织实施总投资6.8亿元14项水利工程项目。加快推进农村饮水安全巩固提升工程。顺利创成国家级“平安农机”示范县。

省长吴政隆在涟水调研产业扶贫工作

市委书记姚晓东到涟水调研重点农业项目建设情况

北京新发地涟水名特优农产品展示展销会

循环经济产业园建设指挥部

市委副书记、市长蔡丽新在园区华昌固废处置有限公司调研

县委书记王向红调研园区企业生产情况

循环经济产业园建设指挥部前身为淮安（薛行）循环经济产业园建设指挥部。2018年初，经县委、县政府统筹布局，决定成立循环经济产业园建设指挥部，并将五港再生纸产业园纳入循环经济产业园建设指挥部，促进两园区融合发展。

淮安（薛行）循环经济产业园规划面积4.11平方千米，建成区面积2.74平方千米。2017年实现开票收入23.57亿元，比上年增长21.93%，入库税收5172.29万元，增长28.38%。五港再生纸产业园规划面积1.064平方千米，2017年实现开票收入3.2亿元，比上年增长102.6%，入库税收1800余万元，增长144.6%。

循环经济产业园建设指挥部始终坚守安全环保底线，牢固树立“绿色、循环、低碳、安全”的绿色发展理念，以“两减六治三提升”和“四个一批”专项行动为契机，加快推进企业转型升级步伐，优化园区资源配置，提升企业经营质态，完善和延伸产业链，构建循环化大格局。同时提高项目准入门槛，严把项目准入关，以此推动和引领高质量发展，助力涟水县社会经济更上新的台阶。

县委副书记、县长时勇调研园区项目建设

常态化开展突发事件应急演练

五岛湖景区

（许军　摄）

立体交通

◀ 宁连高速公路（徐东伟 摄）

◀淮安涟水机场 （周荣 摄）

▲ 建设中的连淮扬镇高铁　（林从雪 摄）

▶三级航道盐河 （王玉婵 摄）

省级文明城市创建

承办江苏省道德模范与身边好人现场交流活动　（县委宣传部 供稿）

▼“小手拉大手，文明一起走”　（县委宣传部 供稿

▶ 言传身教 （孙迎祥 摄）

◀ 楼道里的新风景 （陈钢殊 摄）

▲ 擦亮服务窗口 （胡湖 摄）

▼ 文明城市小专场 （县委宣传部 供稿）

“今世缘·国缘”2017砂板乒乓球世界杯

2017年11月24日—26日，“今世缘·国缘”2017砂板乒乓球世界杯在涟水淮阴中学滨河高级中学体育馆举办，县委书记王向红在开幕式上致辞（县体育局 供稿）

▶运动员入场（县体育局 供稿）

首届砂板世界杯赛运动员和工作人员合影　　（县体育局 供稿）

▼▶ 比赛精彩瞬间　（县体育局 供稿）

市委常委、宣传部部长周毅，县委书记王向红共同启动新媒体网络联盟成立水晶球　　（县委宣传部　供稿）

观众参观网络文化节成果展　　（县委宣传部　供稿）

闭幕式演出

2017涟水县首届网络文化节

（县委宣传部 供稿）

中央领导话史志

了解历史的可靠的方法就是看志，这是我的一个习惯。过去，我无论走到哪里，第一件事就是要看地方志，这样做，可以较快地了解到一个地方的山川地貌、乡情民俗、名流商贾、桑麻农事，可以从中把握很多带有规律性的东西。可谓“开卷有益”。

——摘自1989年8月时任宁德地委书记习近平在宁德地区地方志工作会议上的讲话

搞历史博物展览，为的是见证历史、以史鉴今、启迪后人。要在展览的同时高度重视修史修志，让文物说话、把历史智慧告诉人们，激发我们的民族自豪感和自信心，坚定全体人民振兴中华、实现中国梦的信心和决心。

——摘自习近平总书记2014年2月25日考察首都博物馆时讲话

地方志是传承中华文明、发掘历史智慧的重要载体，存史、育人、资政，做好编修工作十分重要。修志问道，以启未来。希望你们继续秉持崇高信念，以更加饱满的热情、以求真存实的作风进一步做好地方志编纂、管理和开发利用工作，为弘扬优秀传统文化、服务经济社会发展作出新的贡献。

——摘自李克强总理2014年4月19日第五次全国地方志工作会议批示

地方志是传承和彰显中华文明的重要载体，也是中华民族优秀文化的瑰宝，地方志工作是建设文化强国的有机组成部分。中国有着悠久璀璨的历史，有着百折不挠的奋斗历程。连绵不断地编修地方志是中华民族特有的文化基因，为传承文明与进步发挥了重要作用。

——摘自刘延东副总理2014年4月16日第五次全国地方志工作会议座谈讲话

编　辑　说　明

一、《涟水年鉴》出版宗旨是为国内外各界人士及时提供全面、准确的涟水县情资料，为全县各级领导提供科学决策的依据，为广大读者提供相关全面的服务，也为地方史志保存真实的历史资料。

二、《涟水年鉴(2018)》为第二十卷，以马克思列宁主义，毛泽东思想，邓小平理论，“三个代表”重要思想，科学发展观，习近平新时代中国特色社会主义思想为指导。主要记载2017年1月1日至12月31日全县各行各业的新情况、新成就、大事、要事、新事、特事。

三、本年鉴结构为栏目(有背景方框)、分目(有色块方框)、条目(方括号)三个层次，根据编辑需要，部分分目中增设子目(三号书宋)一层。栏目按大类设置，共27个；分目按门类或行业部门设置，共159个；子目35个；条目为基本记述单位，共904个。

四、本年鉴图文并茂，随文刊插彩色照片153幅。另有表格46个。收“相关链接”等内容，未单设栏目，随所属栏目而置。

五、本年鉴人物刊载量大，有人物简介58篇。简介中，县领导收录时间截至2018年7月。

六、本年鉴中所涉及的数据，凡县统计局有统计的，以其公布的为准；统计局未作统计的，以各专业部门提供为准。量和单位的使用，执行国家标准。

七、本年鉴稿件由本县各部门、各乡镇(园区)撰写(亦有少数为编者自撰)，单位负责人审稿，在条目后署撰稿人姓名(一个分目内同一作者的连续几个条目，署名在最后一个条目)。所有稿件经过县地方志办公室编辑加工，并经过县地方志编委会审定。

八、本年鉴使用阿拉伯数字，凡不具有统计意义且超过四位数的，一律以万为单位，有小数的一般保留两位小数，百分数一般保留两位小数。党政社团组织机构名称用作标题时用全称，其余一般用简称。

九、本年鉴检索系统有：卷首设详细目录与英文要目，卷末置按汉语拼音字母顺序排列的主题分析索引，书眉有篇目标题，在目录前设有总目。

涟水县部分单位全称、简称对照表

全　　称	简　　称	全　　称	简　　称
中国共产党涟水县委员会	县委	中国共产主义青年团涟水县委员会	团县委
涟水县人民代表大会常务委员会	县人大常委会	涟水县妇女联合会	县妇联
涟水县人民政府	县政府	涟水县工商业联合会	县工商联
中国人民政治协商会议涟水县委员会	县政协	涟水县科学技术协会	县科协
中国共产党涟水县纪律检查委员会	县纪委	涟水县残疾人联合会	县残联
涟水县人民武装部	县人武部	涟水县关心下一代工作委员会	县关工委
涟水县人民法院	县法院	涟水县文学艺术界联合会	县文联
涟水县人民检察院	县检察院	涟水县哲学社会科学界联合会	县社科联
中共涟水县委组织部	县委组织部	中国人民武装警察部队涟水县消防大队	县消防大队
中共涟水县委宣传部	县委宣传部	涟水县公安局	县公安局
中共涟水县委办公室	县委办	涟水县司法局	县司法局
中共涟水县委统一战线工作部	县委统战部	涟水县经济与信息化委员会	县经信委
中共涟水县委农村工作部	县委农工部	江苏涟水经济开发区	县经济开发区
中共涟水县委政法委员会	县委政法委	涟水县乡镇企业管理局	县乡镇局
中共涟水县委老干部局	县委老干部局	涟水县商务局	县商务局
中共涟水县委县级机关工作委员会	县级机关工委	涟水县政务服务中心	县政务服务中心
中共涟水县委党史工作委员会	县委党史工委	涟水县农业委员会	县农委
中共涟水县委党校	县委党校	涟水县林业局	县林业局
中共涟水县委台湾工作办公室 涟水县人民政府台湾事务办公室	县台办	涟水县农业资源开发局	县农业开发局
涟水县人民政府办公室	县政府办	涟水县农业机械管理局	县农机局
涟水县人民政府机关事务管理局	县机关事务管理局	涟水县水利局	县水利局
涟水县人民防空办公室	县人防办	涟水县扶贫工作领导小组办公室	县扶贫办
涟水县人民政府法制办公室	县法制办	涟水县粮食局	县粮食局
涟水县经济发展软环境建设领导小组办公室	县软建办	涟水县供销合作总社	县供销总社
涟水县总工会	县总工会	涟水县盐务管理局	县盐务局

涟水县部分单位全称、简称对照表

全　　称	简　　称	全　　称	简　　称
涟水县烟草专卖局（分公司）	县烟草局（分公司）	涟水新华书店有限责任公司	县新华书店
涟水县财政局	县财政局	涟水县地方志办公室	县地方志办
涟水县国家税务局	县国税局	涟水县档案局（馆）	县档案局（馆）
涟水县地方税务局	县地税局	涟水县住房和城乡建设局	县住建局
涟水县发展和改革委员会	县发改委	涟水县规划局	县规划局
涟水县统计局	县统计局	涟水县城市管理局	县城管局
国家统计局涟水调查队	县国调队	涟水住房公积金管理中心	县公积金中心
涟水县审计局	县审计局	涟水县交通运输局	县交通运输局
涟水县物价局	县物价局	国网涟水县供电公司	县供电公司
涟水县市场监督管理局	县市场监管局	涟水县邮政局	县邮政局
涟水县招投标管理办公室	县招管办	中国电信股份有限公司涟水分公司	县电信公司
中国人民银行涟水县支行	县人行	中国移动通信集团江苏有限公司涟水县分公司	县移动公司
江苏涟水农村商业银行	县农商行	涟水县民政局	县民政局
中国工商银行股份有限公司涟水县支行	县工行	涟水县老龄工作委员会办公室	县老龄办
中国银行股份有限公司涟水县支行	县中行	涟水县信访局	县信访局
中国农业银行股份有限公司涟水县支行	县农行	涟水县人力资源和社会保障局	县人社局
中国建设银行股份有限公司涟水县支行	县建行	涟水县机构编制委员会办公室	县编办
苏州银行股份有限公司涟水支行	县苏州银行	涟水县安全生产监督管理局	县安监局
中国邮政储蓄银行股份有限公司涟水县支行	县邮储银行	涟水县民族宗教局	县民宗局
中国人民财产保险股份有限公司涟水支公司	县人保财险公司	涟水县国土资源管理局	县国土资源局
中国人寿保险股份有限公司涟水支公司	县人寿保险公司	涟水县环境保护局	县环保局
涟水县教育局	县教育局	涟水县卫生和计划生育委员会	县卫计委
涟水县体育局	县体育局	涟水县科学技术局	县科技局
涟水县文化广电新闻出版局	县文广新局	涟水县气象局	县气象局
涟水县广播电视台	县广电台	涟水县地震局	县地震局

总　　目

特　　载
醉美涟水
大 事 记
地方组织机构
群众团体
法治·军事
经济管理与监督
财政·税务
工　　业
今世缘酒业
农业·水利
商贸服务
开放型经济
银行·保险
交通运输
城乡建设
公用事业
生态环境
科学技术
教育·体育
文化旅游
卫生和计划生育
社会民生
乡　　镇
人　　物
附　　录
索　　引

特 载

全面贯彻中共十九大精神奋力开创新时代新涟水的新业绩
——在中共涟水县委十一届四次全会上的讲话 ………… 1
政府工作报告
——在涟水县第十六届人民代表大会第二次会议上 …… 7
人大工作报告(摘要)
——在涟水县第十六届人民代表大会第二次会议上 …… 14
政协工作报告(摘要)
——在政协涟水县第十届委员会第二次会议上 ……… 16

醉 美 涟 水

地情概览 …………………………………………………… 19
· 区位面积 …………………………………………………… 19
· 建置沿革 …………………………………………………… 19
· 地质地貌 …………………………………………………… 19
· 气候 …………………………………………………… 20
· 自然资源 …………………………………………………… 20
人文风情 …………………………………………………… 20
· 人口民族 …………………………………………………… 20
· 古代名人 …………………………………………………… 20
· 地方特产 …………………………………………………… 20
旅游景区 …………………………………………………… 22
· 五岛湖旅游区 …………………………………………………… 22
· 今世缘旅游区 …………………………………………………… 22
· 涟水云锦产业园 …………………………………………………… 22
· 苏淮生态农业观光园 …………………………………………………… 22
· 成集延安园 …………………………………………………… 23
· 涟水百花园 …………………………………………………… 23
· 金鸡坨生态农庄 …………………………………………………… 23
经济发展 …………………………………………………… 23
· 概况 …………………………………………………… 23
· 农林牧渔业 …………………………………………………… 23
· 工业和建筑业 …………………………………………………… 23
· 固定资产投资 …………………………………………………… 24
· 交通和邮电业 …………………………………………………… 24
· 内外贸易和服务业 …………………………………………………… 24
· 财政和金融业 …………………………………………………… 24
教卫文体 …………………………………………………… 24
· 教育 …………………………………………………… 24
· 卫生 …………………………………………………… 25
· 文化广电 …………………………………………………… 25
· 体育 …………………………………………………… 25
科技和生态环境 …………………………………………………… 25
· 科技 …………………………………………………… 25
· 生态建设 …………………………………………………… 25
社会生活 …………………………………………………… 25
· 社会保障 …………………………………………………… 25
· 人民生活 …………………………………………………… 25

大 事 记

1月 …………………………………………………… 26
2月 …………………………………………………… 26
3月 …………………………………………………… 27
4月 …………………………………………………… 28
5月 …………………………………………………… 29
6月 …………………………………………………… 30
7月 …………………………………………………… 31
8月 …………………………………………………… 32
9月 …………………………………………………… 33
10月 …………………………………………………… 34
11月 …………………………………………………… 34
12月 …………………………………………………… 35

地方组织机构

中共涟水县委员会 …………………………………………………… 36
重要会议 …………………………………………………… 36
· 脱贫攻坚达小康工作推进暨2016年度科学跨越
发展考核表彰大会 …………………………………………………… 36
· 中共涟水县第十一届委员会第三次全体会议 ………… 36
· 中共涟水县第十一届委员会第四次全体会议 ………… 36
重大决策 …………………………………………………… 36
· 总体要求 …………………………………………………… 36
· 创新提效工程 …………………………………………………… 37
· 产业提质工程 …………………………………………………… 37
· 融合提速工程 …………………………………………………… 38
· 生态提升工程 …………………………………………………… 38
· 民生提标工程 …………………………………………………… 39

· 党的建设…… 39
重要活动 …… 40
· "讲好'2016令我自豪的一件事"主题活动 …… 40
· 返乡人员创业就业座谈会…… 40
· 台商服务工作座谈会…… 40
常委分工 …… 40
组织 …… 40
· 概况…… 40
* 表1 2017年涟水县基层党组织情况一览表 …… 41
· "两学一做"学习教育…… 41
· 干部队伍建设…… 41
· 基层党建…… 41
· 人才引进培养…… 41
宣传 …… 42
· 概况…… 42
· 理论学习宣传…… 42
· 新闻宣传…… 42
· 文化产业事业…… 42
· 省级文明城市创建…… 42
· 省道德模范与身边好人现场交流活动…… 43
统一战线 …… 43
· 概况…… 43
· 党外知识分子联谊会…… 43
· 非公有制经济领域服务 …… 43
· 民族宗教工作…… 43
老干部服务 …… 44
· 概况…… 44
· 老干部政治与生活待遇…… 44
· 离退休干部"面对面、心连心"大走访大落实活动 …… 44
机关党建 …… 44
· 概况…… 44
· 机关党组织书记述职…… 44
· 机关党组织建设…… 45
· 创文明城市承诺践诺活动…… 45
· 创新创优项目督考…… 45
党史研究 …… 45
· 概况…… 45
·《苏北小延安》编撰发行…… 45
* 相关链接:"苏北小延安"纪略 …… 45
· 电视专题纪录片《烽火岁月——老兵话当年》…… 46
· 党史宣传…… 46
党校 …… 46
· 概况…… 46
· 党校新校区建设…… 46
对台工作 …… 46
· 概况…… 46
· 涟台交流…… 46
· 台商服务…… 46
· 公益慈善…… 47
· 台商联谊会换届典礼…… 47
涟水县人民代表大会 …… 47
重要会议 …… 47
· 县十六届人大一次会议…… 47
· 县人大常委会会议…… 47
重要活动 …… 48
· 全县人大代表"千百万扶贫济困大行动"…… 48
·《江苏省物业管理条例》执法检查…… 48
· 省人大常委会人代联委领导到涟水调研…… 48
· 政务服务中心工作考察…… 49
· 县人大常委会考察经济开发区转型升级创新发展暨亿元项目达产达效情况…… 49
· "住建杯"人大代表履职知识电视大奖赛…… 49
· 政情通报…… 49
· 重点代表建议督办…… 49
· "代表之家"观摩活动…… 49
领导分工 …… 49
涟水县人民政府 …… 50
重要会议 …… 50
· 全县实体经济发展会议…… 50
· 全县"县镇村"三级政务服务体系建设推进会…… 50
· 全县安全生产工作会议…… 50
· 全县生态文明建设暨"两减六治三提升"专项行动会议…… 50
· 全县聚力创新工作会议…… 50
· 全县创建省级文明城市决战动员会议…… 51
· 夏季秸秆"两禁一用"工作电视电话会议…… 51
· 县政府全体(扩大)会议…… 51
· 全县财税工作会议…… 51
· 全县农村饮水安全巩固提升工程推进会…… 51
· 中共十九大精神政府系统宣讲会议…… 51
重要活动 …… 51
· "健康涟水·美味安东"涟水县首届"八大碗"美食大赛 …… 51
· 2017年全省重大项目集中开工现场推进会涟水县分会场开工仪式…… 52
· 涟水县获"中华诗词之乡"称号授牌仪式…… 52
· 2017年江苏省暨淮安市农机"安全生产月"启动仪式 …… 52
·《留守村长留守鹅》参加2017年全国基层院团戏曲会演开幕式演出 …… 52
· 全市2017年突发环境事件示范性应急演练 …… 52
· 上海德汇公益基金会奖助学金暨县政府教育奖励基金发放仪式…… 52
· 第十二届台商论坛分论坛淮安·新北职业技术教育学术研讨会…… 53
· 省科技帮扶、产业帮扶生物有机稻米现场观摩研讨会…… 53
· "今世缘·国缘"2017砂板乒乓球世界杯…… 53
领导分工 …… 53
实事工程 …… 54
· 概况…… 54
* 表2 2017年涟水县为民办实事项目实施情况一览表 …… 54
机构编制 …… 54
· 概况…… 54

·“不见面审批(服务)”改革……55
·“35745”审改专项行动……55
·“放管服”改革经验做法复制推广……55
·重点中心镇行政管理体制改革……55
·事业单位法人信用等级评价……55
人事管理……56
·概况……56
·公务员与事业单位人员管理……56
·职称评审……56
信访工作……56
·概况……56
·信访化解……56
机关事务……56
·概况……56
·办公用房清理……56
政协涟水县委员会……56
重要会议……56
·县政协十届一次会议……56
·县政协常委会会议……57
重要活动……57
·省政协领导到涟水调研……57
＊相关链接:高沟地区地下水……58
·市政协调研组到涟水调特色小镇建设工作……58
·市政协调研组到涟水调研“4+2”特色主导产业建设工作……58
·市政协调研组到涟水调研政协工作……58
·省政协社会法制委领导到涟水调研……58
·灌南县政协领导到涟水调研……59
·县政协主席会议考察县经济开发区重点企业……59
·政协委员主题活动……59
领导分工……59
纪检监察……59
重要会议……59
·全县党建工作会……59
·纪委派驻机构暨县委巡察机构干部变动集体谈话会……60
·“打铁还需自身硬”专题交流会……60
·县委反腐败协调小组会……60
·纪检干部述职测评会……60
重要活动……60
·省委常委、省纪委书记蒋卓庆调研涟水阳光扶贫工作……60
·“三警一线”专题活动……61
·廉情讲堂……61
党风廉政建设与反腐败……61
·扶贫领域不正之风和腐败问题专项整治……61
·青年干部“淬火计划”……61
·“小微权力”监督……61
·“两个责任”落实……61
软环境建设……61
·概况……61
·“三治三促”专项行动……61
·窗口行业省级文明城市创建……62
·“缘聚涟水、暖心服务”季季评活动……62
组织机构与领导人名录……62
县四套班子……62
县纪委、监委、法院、检察院……62
县委工作部门及直属单位……63
县人大常委会工作机构……63
县政府工作部门及直属机构……63
县政协工作机构……65
群众团体……66
市县共管单位……66

群 众 团 体

涟水县工商业联合会……67
·概况……67
·非公经济人士教育引导……67
·非公有制经济发展服务……67
涟水县总工会……67
·概况……67
·职工文体活动……68
·劳动保障保护……68
·职工权益保障……68
·劳动竞赛……68
·企业民主管理体系创新……68
·女职工关爱行动……69
共青团涟水县委员会……69
·概况……69
·关爱贫困留守儿童“政法惠民·暖冬行动”……69
·十大杰出青年评选……69
·第六届苏台(淮安)青年菁英峰会在涟水举行……69
·共青团涟水县第十二次代表大会召开……69
·青年乡土人才电子商务培训班……70
·希望工程……70
·爱心“1”计划……70
·志愿服务……70
涟水县妇女联合会……70
·概况……70
·妇儿关爱……70
·妇女建功……71
·妇儿维权……71
·家庭建设……71
·组织建设……71
涟水县科学技术协会……71
·概况……71
·创新对接工作……72
·教育培训……72
·科普宣传……72
·优秀科技工作者表彰……72
·第三届涟水县青少年科技创新大赛……72
＊表3 第三届涟水县青少年科技创新大赛一等奖作品名录……73

涟水县残疾人联合会 …… 74
· 概况 …… 74
· 残疾人创业就业 …… 75
· 残疾人技能培训 …… 75
· 残疾人脱贫工程 …… 75
· “残疾人之家”建设 …… 75
· 残疾人保障政策落实 …… 75
· 脊髓损伤者希望之家建设 …… 75
· 多元化康复服务体系构建 …… 76
· 残疾人辅助器具适配 …… 76
涟水县文学艺术界联合会 …… 76
· 概况 …… 76
· 文化惠民系列活动 …… 76
· 文艺作品创作 …… 76
· 涟水县书法家协会 …… 76
· 涟水县摄影家协会 …… 77
· 涟水县作家协会 …… 77
涟水县哲学社会科学界联合会 …… 77
· 概况 …… 77
· 蝉联省社科联系统“工作创新奖” …… 77
· 涟水县安东文化研究会 …… 77

法治·军事

政法委及综治 …… 78
· 概况 …… 78
· “1121”合成维稳平台 …… 78
· 平安江苏App推广 …… 78
· 涉法涉诉联合接访 …… 78
· 政法惠民乡村行 …… 79
· 矛盾纠纷调处 …… 79
法治政府建设 …… 79
· 概况 …… 79
· 复议应诉规范化建设 …… 79
· 重大行政决策规范化建设 …… 79
· 行政体制改革 …… 80
· 行政执法监督 …… 80
公安 …… 80
· 概况 …… 80
· 规范执法“大练兵、大比武”活动 …… 81
· 打击犯罪机制创新 …… 81
· 所队勤务运行机制改革 …… 81
· 全国首创公安微警务战略联盟 …… 81
· 多轨联侦作战平台建成 …… 82
· 出租房屋网上自主报备平台 …… 82
· 火灾与扑救 …… 82
· 消防监管 …… 82
· 消防宣传教育 …… 82
检察 …… 82
· 概况 …… 82
· 职务犯罪查办 …… 83
· 检察监督 …… 83
· 检察改革创新 …… 83
· 检务公开 …… 83
法院 …… 84
· 概况 …… 84
· 民商案件审理 …… 84
· 行政争议化解 …… 84
· 强制执行机制创新 …… 84
· 司法服务 …… 84
· 司法公开 …… 85
· 刑事、民事案件速裁 …… 85
· 审判队伍结构优化 …… 85
· 司法责任制落实 …… 85
司法行政 …… 85
· 概况 …… 85
· 法治宣传 …… 86
· 法律服务 …… 86
· 矛盾调处 …… 86
· 特殊人群管理 …… 86
· 司法队伍建设 …… 87
涟水县人民武装部 …… 87
· 概况 …… 87
· 军事训练 …… 87
· 双百双建 …… 87
武警涟水县中队 …… 87
· 概况 …… 87
· 军民共建 …… 88
人民防空 …… 88
· 概况 …… 88
· 综合防护体系建设 …… 88
· 人防宣传教育 …… 88
双拥工作 …… 88
· 概况 …… 88
· 社会拥军 …… 88
· 双拥宣传 …… 88

经济管理与监督

发展计划 …… 89
· 2017年国民经济和社会发展计划执行情况 …… 89
· 投资管理 …… 90
· 供给侧改革 …… 90
· 新型城镇化建设 …… 91
市场监管 …… 91
＊相关链接：马德里商标 …… 91
· 综合检验检测中心升级改造 …… 91
· 强检计量器具监管 …… 92
· 市场监管执法 …… 92
· 地方特色品牌培育 …… 92
· 特种设备安全监管 …… 92
· 纪念“3·15”国际消费者权益日宣传活动 …… 92
· 集中销毁假冒伪劣产品 …… 92
· 夏季餐饮食品安全专项整治 …… 92

安全生产监管 …… 93
· 概况 …… 93
· 安全宣传教育 …… 93
· 安全隐患排查整治 …… 93
· 安全监管 …… 93
物价管理 …… 93
· 概况 …… 93
· 价格调控 …… 94
· 价格改革 …… 94
· 物价执法 …… 94
审计 …… 94
· 概况 …… 94
· 经济责任审计 …… 94
· 财政预算执行及其他财政财务收支审计 …… 94
· 村级财务收支审计 …… 95
· 政府投资项目审计 …… 95
招投标管理 …… 95
· 概况 …… 95
· 政府采购“网上商城” …… 95
· 围标串标行为处罚 …… 95
· 建设工程投标保证金全程电子化缴退系统 …… 95
* 相关链接:2017 年涟水县主要招投标项目 …… 95
统计 …… 96
· 概况 …… 96
· 法制宣传 …… 96
· 统计服务 …… 97
· 第三次全国农业普查 …… 97
· 村(居)统计规范化建设 …… 97
社会调查 …… 97
· 概况 …… 97
· 城乡住户一体化调查 …… 97
· 农产品生产价格调查 …… 98
· 农村集市贸易价格调查 …… 98
· 农业生产中间消耗调查 …… 98
· 粮食测产面积及无人机调查 …… 98
· 畜牧业调查 …… 98
· 新增小微企业调查 …… 98
· 宣传培训 …… 98

财政·税务

财政 …… 99
· 概况 …… 99
* 表 4 2017 年涟水县财政收入情况一览表 …… 99
* 表 5 2017 年涟水县财政支出情况一览表 …… 99
· 财税政策扶持 …… 100
· 民生保障 …… 100
· 强农惠农 …… 100
· 财政改革 …… 101
国家税务 …… 101
· 概况 …… 101
· 税收风险管理 …… 101
· 纳税服务 …… 101
地方税务 …… 101
· 概况 …… 101
· 纳税服务 …… 101

工 业

综述 …… 102
· 概况 …… 102
纺织服装 …… 102
· 概况 …… 102
· 淮安市远达服饰有限公司 …… 102
· 淮安锦纶化纤有限公司 …… 102
· 淮安源通制帽有限公司 …… 103
· 江苏金典纺织有限公司 …… 103
· 江苏泰丰针织有限公司 …… 103
· 淮安联发纺织有限公司 …… 103
食品饮料 …… 103
· 概况 …… 103
· 江苏苏美食品有限公司 …… 103
· 江苏大自然食品有限公司 …… 103
· 江苏圆绿捆蹄有限公司 …… 103
· 淮安通威饲料有限公司 …… 104
化工医药 …… 104
· 概况 …… 104
· 江苏华源生态农业有限公司 …… 104
· 淮安德邦化工有限公司 …… 104
· 淮安嘉诚高新化工股份有限公司 …… 104
· 淮安市恒春医疗器材有限公司 …… 104
· 涟水新源生物科技有限公司 …… 104
· 淮安汇波材料科技有限公司 …… 104
电子电气 …… 105
· 概况 …… 105
· 涟水县苏杭科技有限公司 …… 105
· 汉门电子(江苏)有限公司 …… 105
· 淮安强凌照明有限公司 …… 105
· 江苏快乐电源(涟水)有限公司 …… 105
· 淮安振维电子有限公司 …… 105
机械装备 …… 105
· 概况 …… 105
· 大量科技(涟水)有限公司 …… 105
· 吉圣金属制品(淮安)有限公司 …… 105
· 淮安天马纺织器材有限公司 …… 105
印刷包装 …… 105
· 概况 …… 105
· 江苏华宇印务有限公司 …… 106
· 淮安金岳纸业有限公司 …… 106
· 淮安市兴保印刷有限公司 …… 106
建筑材料 …… 106
· 概况 …… 106
· 江苏睿基家具有限公司 …… 106
· 淮安淮河木业有限公司 …… 106

· 淮安市亚森木业有限公司 …… 106
· 银海木业(江苏)有限公司 …… 106
工业园区 …… 106
· 江苏涟水经济开发区 …… 106
* 表6 2017年县经济开发区村级概况一览表 …… 108
· 淮安(薛行)循环经济产业园 …… 108
· 乡镇集中区建设 …… 108

今世缘酒业

综述 …… 109
· 概况 …… 109
· 全国质量奖创建 …… 109
· 股权管理 …… 109
· 今世缘旅游景区被批准为国家AAAA级旅游景区 …… 109
· “今世缘·等着我”展示馆开馆 …… 110
设施设备 …… 110
· 概况 …… 110
* 表7 2017年今世缘酒业主要设施设备一览表 …… 110
· 今世缘美酒银行(酒库)工程 …… 111
· 美酒银行配套设施设备 …… 111
· 今世缘景区配套工程 …… 111
· 酿酒六车间智能化改造 …… 111
科技研发 …… 111
· 概况 …… 111
· 智能化酿造技改 …… 112
· 全国示范院士专家工作站 …… 112
· 企业检测中心获国家实验室认可 …… 112
· 包装设计 …… 112
品牌建设 …… 112
· 概况 …… 112
· “高沟”品牌 …… 112
· “今世缘”品牌 …… 113
· “国缘”品牌 …… 113
市场营销 …… 113
· 概况 …… 113
· 营销网络建设 …… 113
· 滁州市第一届广场舞大奖赛“今世缘杯”冠名 …… 113
· 首届江苏婚礼T20战略合作峰会举行 …… 113
· “道德资本与企业经营”学术研讨会 …… 113

农业·水利

综述 …… 114
· 概况 …… 114
· 农村土地承包经营权登记确权颁证 …… 114
· 农村股份合作制改革 …… 114
· 村级财务E阳光试点 …… 115
种植业 …… 115
· 概况 …… 115
· 瓜蒌、食用菌、中药材种植基地 …… 115
· 江苏汇丰木业有限公司 …… 115
· 生物质热电联产项目 …… 115
· 职业农民培育 …… 115
林牧渔业 …… 116
· 概况 …… 116
· 农产品质量安全 …… 116
农业综合开发 …… 116
· 概况 …… 116
· 高标准农田建设 …… 116
· 黄河故道农业综合开发项目 …… 116
农业机械化 …… 116
· 概况 …… 116
· 农机购置补贴规范 …… 117
· 水稻机插秧技术推广 …… 117
· 粮食烘干服务中心建设 …… 117
· 秸秆机械化还田 …… 117
· 农机合作社 …… 117
· 粮食生产机械化 …… 117
水利 …… 117
· 概况 …… 117
· 水利基础设施建设 …… 117
· 高效节水示范片建设 …… 118
· 防汛防旱 …… 118
· 水资源管理 …… 118
· 水事案件查处 …… 118
· 河长制实施 …… 118
· 农业水价综合改革 …… 118
· 五岛湖获批国家水利风景区 …… 118

商贸服务

综述 …… 119
· 概况 …… 119
* 表8 2017年涟水县重点服务业企业目录 …… 119
· 农贸市场建设 …… 119
· 老字号评选 …… 119
· 市场秩序整治 …… 119
· 电子商务 …… 120
粮食购销 …… 120
· 概况 …… 120
· “淮安大米”产业融合发展 …… 120
供销合作 …… 120
· 概况 …… 120
· 现代农业全产链综合服务平台建设 …… 121
食盐专卖 …… 121
· 概况 …… 121
· “脚臭盐”专项整治行动 …… 121
烟草专卖 …… 121
· 概况 …… 121
· 烟草执法与监管 …… 121

开放型经济

对外贸易 …… 122

· 概况 …… 122
· 企业服务 …… 122
对外经济合作 …… 22
· 概况 …… 122
· 江苏金品建筑工程有限公司 …… 122
利用外资 …… 122
· 概况 …… 122
· 光大生物质热电项目建设 …… 122
· 江苏全稳康源农业发展有限公司 …… 122

银行·保险

银行 …… 123
综述 …… 123
· 概况 …… 123
＊表9　2017年末涟水县金融机构存贷款情况一览表 …… 123
· 金融服务 …… 123
· 金融扶贫 …… 124
· 中国银行股份有限公司涟水支行 …… 124
· 中国邮政储蓄银行涟水县支行 …… 124
· 江苏涟水太商村镇银行 …… 124
· 中国工商银行股份有限公司涟水支行 …… 125
· 中国建设银行股份有限公司涟水支行 …… 125
· 苏州银行股份有限公司涟水支行 …… 125
· 江南农村商业银行涟水支行 …… 125
中国农业银行股份有限公司涟水县支行 …… 125
· 概况 …… 125
· 超级柜台 …… 125
· 民生金融服务 …… 125
· E收款 …… 126
江苏涟水农村商业银行 …… 126
· 概况 …… 126
· 贷款服务 …… 126
· 线上服务平台建设 …… 126
· “互联网+智慧菜场”建设 …… 126
· 金融扶贫 …… 127
中国农业发展银行涟水县支行 …… 127
· 概况 …… 127
· 实体经济贷款服务 …… 127
江苏银行涟水支行 …… 127
· 概况 …… 127
· 涉农金融服务 …… 127
保险 …… 127
· 中国人民财产保险股份有限公司涟水支公司 …… 127
· 中国人寿保险股份有限公司涟水支公司 …… 127

交　通　运　输

综述 …… 128
· 概况 …… 128
· 交通环境与安全整治 …… 128
· 企业经营服务 …… 128
公路 …… 129
· 概况 …… 129
· 古淮河生态旅游景观走廊建设 …… 129
· 桥梁建设 …… 129
· 清涟大道综合管廊 …… 129
· 公路管理与养护 …… 130
· 镇村公交建设 …… 130
＊表10　2017年涟水县镇村公交班车开通情况表 …… 130
· 运输市场整治 …… 131
铁路 …… 131
· 概况 …… 131
· 涟水火车站主体工程竣工 …… 131
水运 …… 131
· 概况 …… 131
· 航道治理 …… 131
· 港口建设 …… 131
· 水上执法管理 …… 131
航空 …… 131
· 概况 …… 131
· 航线网络建设 …… 132
· 机场二期扩建工程 …… 132
· 中小机场与区域经济发展论坛 …… 132

城　乡　建　设

城乡规划 …… 133
· 概况 …… 133
· 规划服务 …… 133
· 城建规划监察 …… 133
城乡建设 …… 133
· 概况 …… 133
· 市政工程建设 …… 134
· 房屋征收与安置 …… 134
· 滨河新城建设 …… 134
· 美丽乡村建设 …… 134
· 住建系统文明城市创建 …… 134
房地产开发管理 …… 135
· 概况 …… 135
＊表11　2017年涟水县新建住宅小区商品房销售情况一览表 …… 135
· 问题楼盘矛盾化解 …… 135
建筑施工管理 …… 135
· 概况 …… 135
＊表12　2017年涟水县优质工程项目一览表 …… 136
＊表13　2017年涟水县建筑系统企业承建主要工程一览表 …… 137
· 装配式建筑产业 …… 138
· 建筑业监管 …… 139
城市管理 …… 139
· 概况 …… 139
· 泰山中路店招店牌提升改造 …… 139
· 放心早餐示范工程建设 …… 139

· 非机动车固定卡座建设 …… 139
· 红日广场现代改厕建设 …… 140
· 数字城管系统建设 …… 140
· 垃圾分类试点 …… 140
· 城市“牛皮癣”专项整治 …… 140
· “僵尸”车专项整治 …… 140
· 城区楼顶广告专项整治 …… 140
· 油烟烧烤专项整治 …… 140

公用事业

供电 …… 141
· 概况 …… 141
· 安全生产 …… 141
· 电网建设 …… 141
· 供电服务 …… 141
供水 …… 142
· 概况 …… 142
· 二水厂三期扩建 …… 142
· 区域供水增压泵站建设 …… 142
供气 …… 142
· 概况 …… 142
· 涟水天达燃气有限公司 …… 142
· 涟水中油昆仑新星旺燃气有限公司 …… 142
邮政通信 …… 143
· 中国邮政集团公司江苏省涟水县分公司 …… 143
· 中国电信涟水分公司 …… 143
· 中国移动通信集团江苏有限公司涟水分公司 …… 143
＊相关链接：云视讯 …… 143

生态环境

国土资源 …… 144
· 概况 …… 144
· 土地资源保护 …… 144
· 土地资源利用 …… 144
＊表14　2017年涟水县公开出让土地情况一览表 …… 145
· 土地资源管理 …… 145
· 不动产登记管理 …… 145
生态建设 …… 145
· 概况 …… 145
· “两减六治三提升”专项行动 …… 146
· 大气污染防治 …… 146
· 区域水环境治理 …… 146
· 农村环境综合整治 …… 146
· 生态红线区域管控 …… 146
环境保护 …… 147
· 概况 …… 147
＊表15　2017年涟水县盐河、废黄河监控断面监测结果汇总表 …… 147
＊表16　2017年涟水县六塘河监控断面监测结果汇总表 …… 147
＊表17　2017年涟水县噪声环境质量监测汇总表 …… 147
＊表18　2017年涟水县空气环境质量监测汇总表 …… 147
· 环境监测 …… 147
· 环境执法监管 …… 147
· 环境应急管理与处置 …… 147
· 排污费征收 …… 148
· 土壤污染防治监测 …… 148
· 企业环保信用评价 …… 148
· 民生环保系列行动 …… 148

科学技术

科技 …… 149
· 概况 …… 149
＊表19　2017年涟水县国家级高新技术企业名录 …… 149
· 高新技术企业申报 …… 149
· 科技贷款发放 …… 149
＊相关链接：“苏科贷” …… 150
· 知识产权保护 …… 150
地震 …… 150
· 概况 …… 150
· 地震监测预报 …… 150
气象 …… 150
· 概况 …… 150
＊表20　2017年涟水县气候资料一览表 …… 150
· 气象管理 …… 151
· 气象服务 …… 151
＊相关链接：气象大喇叭系统 …… 151

教育·体育

教育综述 …… 152
· 概况 …… 152
· 全民终身学习 …… 154
基础教育 …… 154
· 概况 …… 154
＊表21　2017年涟水县一类本科录取情况一览表 …… 154
· 德育工作 …… 157
· 教学质量监控 …… 157
· 校园文化建设 …… 158
· 学科竞赛活动 …… 158
· 省级优质幼儿园建设 …… 158
· 义务教育标准化建设 …… 158
· 张新宇获全国中小学电脑制作活动机器人大赛一等奖 …… 158
高等教育 …… 158
· 概况 …… 158
· 炎黄职业技术学院 …… 159
· 江苏省涟水开放大学 …… 159
职业教育 …… 159
· 概况 …… 159
· 炎黄职业技术学院 …… 159

· 江苏省涟水中等专业学校 …… 159
教育科研 …… 159
· 概况 …… 159
＊表22　2017年涟水县获奖(发表)教学论文一览表 …… 160
· 初一语数英集体备课活动 …… 162
· 小古文教学研究联谊活动 …… 162
· 省市级教育专题培训活动承办 …… 162
体育 …… 163
· 概况 …… 163
· 体育设施建设 …… 163
· 全民健身日系列活动 …… 164
· “今世缘·国缘”2017砂板乒乓球世界杯赛 …… 164
＊相关链接:砂板乒乓球 …… 164
· 涟水外国语中学自行车队 …… 164
· 涟水县太极拳协会 …… 165
· 涟水县广场健身舞运动协会 …… 165
· 涟水县篮球协会 …… 165
· 涟水县羽毛球协会 …… 165
· 涟水县老年人体育协会 …… 165
· 涟水县乒乓球协会 …… 165

文 化 旅 游

文化综述 …… 166
· 概况 …… 166
· 2017年淮安市文艺调演活动 …… 166
文艺创作 …… 166
· 概况 …… 166
· 大型现代淮剧《留守村长留守鹅》 …… 166
公共文化 …… 167
· 概况 …… 167
· 基层综合文化服务中心建设 …… 167
· 涟水米芾书院 …… 167
· 比利时教授书画摄影展 …… 167
· 四市五县书画摄影展 …… 167
· 百村千场文化惠民演出 …… 167
文化市场管理 …… 168
· 概况 …… 168
· “扫黄打非”整治 …… 168
· 文化娱乐场所文明城市创建 …… 168
影剧事业 …… 168
· 概况 …… 168
· 儿童剧《寻找“红头发”》巡演走进涟水 …… 168
· 电影《小猫爱上鱼》开机拍摄 …… 168
图书阅览 …… 169
· 概况 …… 169
· 金秋诵读音乐会 …… 169
· “红领巾读书”活动 …… 169
文物保护与非遗 …… 169
· 概况 …… 169
＊表23　2017年涟水县非物质文化遗产名录 …… 169
· 非遗进校园专题讲座 …… 170
· 云锦《红楼梦人物全景图》 …… 170
· 水文化遗产调查 …… 170
文化场馆 …… 170
· 涟水县博物馆 …… 170
· 涟水县图书馆 …… 170
· 涟水县非物质文化遗产馆 …… 171
· 涟水县文化馆 …… 171
图书发行 …… 171
· 概况 …… 171
· 政治读物发行 …… 171
· 教材教辅及本簿发行 …… 171
· 图书营销活动 …… 172
· 凤凰阅读吧 …… 172
广播电视 …… 172
· 概况 …… 172
· 新闻宣传 …… 172
· 节目内容创新创优 …… 172
· 广播电视获奖作品 …… 172
涟水日报 …… 173
· 概况 …… 173
· 总编戴从柏被评为中国传媒融合年度创新人物 …… 173
· “醉美五岛湖”微信公众平台 …… 173
· “天南地北涟水人”微信公众平台 …… 173
· 中国晚报协会副会长朱铭佐捐赠新闻书籍 …… 173
· 县市新闻中心好新闻获奖 …… 174
地方志 …… 174
· 概况 …… 174
·《涟水年鉴(2017)》 …… 174
· 江苏名镇志《高沟镇志》编纂督导 …… 174
· 全市江苏省名镇名村志推进会 …… 175
·《涟水县情2017》编印 …… 175
档案 …… 175
· 概况 …… 175
涟水政府网 …… 175
· 概况 …… 175
· 政府网站建设与管理 …… 175
旅游 …… 175
· 概况 …… 175
· 旅游规划编制 …… 175
· 今世缘旅游区国家AAAA级景区创建 …… 175
· 旅游景区复核验收 …… 176
· 旅游宣传推介 …… 176

卫生和计划生育

综述 …… 177
· 概况 …… 177
· 无偿献血 …… 177
· 人口健康信息化建设 …… 177
· “医联体”建设 …… 177
· 家庭医生签约服务 …… 177

医院建设 …… 178
· 概况 …… 178
· 县公共卫生服务中心建设项目 …… 178
· 县第三人民医院异地新建项目 …… 178
医政管理 …… 178
· 概况 …… 178
· 中医药管理 …… 178
· 卫生应急 …… 178
· 药政管理 …… 179
卫生监督 …… 179
· 概况 …… 179
· 医疗服务监督 …… 179
· 公共卫生监督 …… 179
· 传染病防治监督 …… 179
疾病控制 …… 180
· 概况 …… 180
· 老年人健康体检 …… 180
· 重点传染病防控 …… 180
爱国卫生 …… 180
· 概况 …… 180
· 健康教育 …… 181
· 禁烟控烟 …… 181
· 病媒生物防治 …… 181
· 城乡环境综合治理 …… 181
· 水质监测 …… 181
妇幼保健 …… 181
· 概况 …… 181
· 孕产妇保健 …… 181
· 农村妇女乳腺癌、宫颈癌筛查 …… 181
农村卫生 …… 181
· 概况 …… 181
· 农村基本药物采购 …… 182
医学教育与科研 …… 182
· 概况 …… 182
· 医学科研 …… 182
计划生育 …… 182
· 概况 …… 182
· 全面两孩政策实施 …… 182
* 相关链接:孕前优生健康检查 …… 182

社会民生

居民收入与消费 …… 183
· 居民收入 …… 183
· 居民消费 …… 183
就业与社会保障 …… 183
· 概况 …… 183
· 就业促进与创业扶持 …… 183
· 劳动关系维护 …… 183
· 社会保险 …… 183
· 服务企业 …… 183
住房公积金 …… 183
· 概况 …… 183
· 住房公积金扩面 …… 184
· 住房公积金提取与贷款 …… 184
民政事务 …… 184
· 概况 …… 184
· 殡葬管理 …… 184
· 城乡低保 …… 184
· 社会救助 …… 184
· 社会福利 …… 185
· 优抚安置 …… 185
· 婚姻和儿童收养登记 …… 185
· 涟水县慈善总会 …… 185
扶贫促小康 …… 185
· 概况 …… 185
· “阳光扶贫”“三个一”帮扶体系 …… 185
· 精准扶贫 …… 186
· 项目扶贫 …… 186
· “阳光扶贫”超市平台 …… 186
· 涟水县扶贫开发协会 …… 186
老龄事业 …… 186
· 概况 …… 186
· 养老服务设施建设 …… 186
· 老年人家庭医生服务团队 …… 186
关心青少年事业 …… 186
· 概况 …… 186
· 主题活动 …… 187
民族宗教 …… 187
· 概况 …… 187
· 教职人员培训 …… 187
· 宗教事务管理 …… 187

乡　镇

涟城镇 …… 188
· 概况 …… 188
· 房屋征收及安置 …… 188
· 涟城镇工业集中区 …… 189
· 河道“河长制”管理 …… 189
· 现任领导班子成员名录 …… 189
* 表24　2017年涟城镇村级概况一览表 …… 189
高沟镇 …… 190
· 概况 …… 190
· 省诗词之乡创建 …… 191
· 高沟镇工业集中区 …… 191
· 今世缘产业园 …… 191
· 重点项目建设 …… 191
· 高沟中学新校区 …… 192
· 今世缘美酒银行 …… 192
· “世外桃源”生态农庄 …… 192
· 扁担村 …… 192
· 现任领导班子成员名录 …… 192
* 表25　2017年高沟镇村级概况一览表 …… 193

红窑镇 …… 193
· 概况 …… 193
· 红窑镇工业集中区 …… 194
· 全域旅游建设 …… 194
· “金鸡坨”生态农庄 …… 194
· 特色田园乡村夏楼村 …… 194
· 现任领导班子成员名录 …… 195
＊表26　2017年红窑镇村级概况一览表 …… 195
朱码镇 …… 195
· 概况 …… 195
· 朱码镇工业集中区 …… 196
· 涟水县安东米富种植专业合作联社 …… 196
· 涟水民梦电子商务有限公司 …… 196
· 江苏环宇篷布和有限公司 …… 197
· 现任领导班子成员名录 …… 197
＊表27　2017年朱码镇村级概况一览表 …… 197
五港镇 …… 198
· 概况 …… 198
· 五港政务服务分中心 …… 198
· 苏淮生态观光园 …… 198
· 现任领导班子成员名录 …… 198
＊表28　2017年五港镇村级概况一览表 …… 199
保滩镇 …… 199
· 概况 …… 199
· 保滩镇工业集中区 …… 200
· 涟水首届百花节 …… 200
· 重点项目建设服务 …… 200
· 保滩政务服务分中心 …… 200
· 涟水嘉天下果树种植合作社 …… 200
· 涟水县银果叶农场 …… 200
· 保滩镇厉渡村 …… 201
· 现任领导班子成员名录 …… 201
＊表29　2017年保滩镇村级概况一览表 …… 201
陈师镇 …… 201
· 概况 …… 201
· 陈师镇工业集中区 …… 202
· 陈师镇万亩中药材种植基地 …… 202
· 淮安(涟水)空港电子商务产业园 …… 202
· 江苏弘晟包装有限公司 …… 202
· 朱楼村蔬菜种植基地 …… 203
· 现任领导班子成员名录 …… 203
＊表30　2017年陈师镇村级概况一览表 …… 203
梁岔镇 …… 203
· 概况 …… 203
· 梁岔镇工业集中区 …… 204
· 费庄采摘园 …… 204
· 黄安村螃蟹水产养殖项目 …… 204
· 江苏科琪教学设备有限公司 …… 204
· 梁岔镇农光互补光伏发电项目 …… 205
· 费庄村“新社区、新生活”整村推进 …… 205
· 现任领导班子成员名录 …… 205
＊表31　2017年梁岔镇村级概况一览表 …… 205
东胡集镇 …… 205
· 概况 …… 205
· 东胡集政务服务分中心 …… 206
· 道路提挡升级 …… 206
· “关爱驿站”建设 …… 206
· 农业特色产业建设 …… 207
· 现任领导班子成员名录 …… 207
＊表32　2017年东胡集镇村级概况一览表 …… 207
岔庙镇 …… 208
· 概况 …… 208
· 现任领导班子成员名录 …… 208
＊表33　2017年岔庙镇村级概况一览表 …… 208
石湖镇 …… 209
· 概况 …… 209
· 正邦集团涟水石湖循环农业生态园 …… 209
· 石湖镇工业集中区 …… 210
· 现任领导班子成员名录 …… 210
＊表34　2017年石湖镇村级概况一览表 …… 210
义兴镇 …… 210
· 概况 …… 210
· 镇村环境综合整治 …… 211
· 淮安裕淮菇业有限公司 …… 211
· 义兴镇工业集中区 …… 211
· 现任领导班子成员名录 …… 211
＊表35　2017年义兴镇村级概况一览表 …… 211
大东镇 …… 212
· 概况 …… 212
· 瓦滩村乡村旅游建设 …… 212
· 大东镇工业集中区 …… 213
· 现任领导班子成员名录 …… 213
＊表36 2017年大东村级概况一览表 …… 213
南集镇 …… 214
· 概况 …… 214
· 南集现代农业示范园 …… 214
· 国家级卫生镇创建 …… 215
· 现任领导班子成员名录 …… 215
＊表37　2017年南集镇村级概况一览表 …… 215
成集镇 …… 215
· 概况 …… 215
· 成集镇工业集中区 …… 216
· 扶贫特色产业开发 …… 216
· 淮安荣顺祥乐器有限公司 …… 216
· 现任领导班子成员名录 …… 216
＊表38　2017年成集镇村级概况一览表 …… 216
唐集镇 …… 217
· 概况 …… 217
· 唐集镇工业集中区 …… 218
· 现任领导班子成员名录 …… 218
＊表39　2017年唐集镇村级概况一览表 …… 218
前进镇 …… 218
· 概况 …… 218
· 前进镇工业集中区 …… 219

· 前进镇瓜蒌种植基地 …… 219
· 淮安市凤翔养鸡场 …… 219
· 淮安市北稻村食品有限公司 …… 219
· 朱后圩村生态农业 …… 219
· 现任领导班子成员名录 …… 220
*表40 2017年前进镇村级概况一览表 …… 220
黄营乡 …… 220
· 概况 …… 220
· 黄营乡工业集中区 …… 220
· 现任领导班子成员名录 …… 221
*表41 2017年黄营乡村级概况一览表 …… 221
徐集乡 …… 222
· 概况 …… 222
· 徐集乡工业集中区 …… 222
· 现任领导班子成员名录 …… 222
*表42 2017年徐集乡村级概况一览表 …… 223
麻垛现代农业开发区 …… 223
· 概况 …… 223
· 麻垛便民服务中心 …… 224
· 麻垛工业集中区 …… 224
· 现任领导班子成员名录 …… 224
*表43 2017年麻垛现代农业开发区村级概况一览表 …… 224
灰墩办事处 …… 224
· 概况 …… 224
· 灰墩工业集中区 …… 225
· 扶贫项目建设 …… 225
· 现任领导班子成员名录 …… 225
*表44 2017年灰墩办事处村级概况一览表 …… 225

人　物

县领导 …… 226
王向红 …… 226
时　勇 …… 226
别纯海 …… 226
蒋东明 …… 226
马乃骏 …… 226
孙国君 …… 226
张　超 …… 227
洪　然 …… 227
姜　杰 …… 227
刘泽年 …… 227
胡春雷 …… 228
吴从荣 …… 228
李雄威 …… 228
郑劲松 …… 228
朱国海 …… 228
宋月霞 …… 228
李　阔 …… 228
徐成东 …… 228
张　亮 …… 228
袁灿生 …… 229
刘　腾 …… 229
吴建峰 …… 229
方建中 …… 229
孙　辉 …… 229
朱太伟 …… 229
薛　芹 …… 229
鲁家宁 …… 229
冯建华 …… 230
姚　兵 …… 230
涟水工匠 …… 230
朱广道 …… 230
刘　松 …… 230
刘菊红 …… 230
汤树海 …… 230
许　晴 …… 230
杨　桦 …… 231
邱正富 …… 231
陈云宇 …… 231
黄　曙 …… 231
程钇涵 …… 231
教育英才 …… 231
王向阳 …… 231
刘吉勇 …… 231
孙　燕 …… 231
苏秀梦 …… 232
沈　翔 …… 232
张玉荣 …… 232
张晓峰 …… 232
周海峰 …… 232
徐崇明 …… 232
程树鹏 …… 232
鲁国富 …… 232
颜栋祥 …… 232
文化之星 …… 233
从　正 …… 233
孙爱华 …… 233
杨建球 …… 233
陈钢殊 …… 233
严成刚 …… 233

附　录

文献选编 …… 234
中共涟水县委常委会深化落实党风廉政建设主体责任五项举措 …… 234
关于加强全县农村基层党建工作的十九条意见 …… 234
关于聚焦富民持续提高城乡居民收入水平的十九条意见 …… 235

文件索引 …… 237
中共涟水县委 …… 237
中共涟水县委办公室 …… 238
涟水县人民政府 …… 239
涟水县人民政府办公室 …… 240
荣誉榜 …… 241
2017年度先进集体名录 …… 241
2017年度先进个人名录 …… 251

索 引

A …… 274
B …… 274
C …… 274
D …… 275
E …… 275
F …… 275
G …… 275
H …… 276
J …… 276
K …… 277
L …… 277
M …… 277
N …… 278
P …… 278
Q …… 278
R …… 278
S …… 278
T …… 279
W …… 279
X …… 279
Y …… 280
Z …… 280

彩 色 插 页

涟水经济开发区创建国家级经济技术开发区指挥部 …… 1
涟水县强镇扩权工作指挥部 …… 2
涟水县做美做强“副中心”工作指挥部 …… 3
涟水县富民达小康工作指挥部 …… 4
循环经济产业园建设指挥部 …… 5
五岛湖景区 …… 6
立体交通 …… 8
省级文明城市创建 …… 10
首届砂板乒乓球世界杯 …… 12
涟水县首届网络文化节 …… 14
中央领导话史志 …… 16
涟水县人民法院 …… 17
江苏涟水经济开发区 …… 18
涟水县公安局 …… 20
涟水县财政局 …… 22
涟水县住房和城乡建设局 …… 24
涟水县民政局 …… 26
涟水县水利局 …… 28
涟水县交通运输局 …… 30
涟水县政务服务中心 …… 32
涟水县卫生和计划生育委员会 …… 34
涟水县发展和改革委员会 …… 35
涟水县经济和信息化委员会 …… 36
涟水县审计局 …… 37
涟水县总工会 …… 38
涟水县妇女联合会 …… 39
涟水县城市管理局 …… 40
涟水县国家税务局 …… 41
涟水县市场监督管理局 …… 42
涟水县招标投标管理办公室 …… 43
涟水县人民政府台湾事务办公室 …… 44
涟水县邮政分公司 …… 45
江苏新华发行集团涟水新华书店 …… 46
江苏涟水农村商业银行 …… 47
苏州银行涟水支行 …… 48
中国银行涟水支行 …… 50
中国农业银行涟水县支行 …… 51
江南农村商业银行涟水支行 …… 52
涟水县人民政府房屋征收管理办公室 …… 53
涟水县涟城镇 …… 54
涟水县保滩镇 …… 56
涟水县高沟镇 …… 58
涟水县陈师镇 …… 60
涟水县义兴镇 …… 62
涟水县成集镇 …… 64
涟水县南集镇 …… 66
涟水县前进镇 …… 68
涟水县唐集镇 …… 69
江苏今世缘酒业股份有限公司2017年十大新闻 …… 70
国网涟水县供电公司 …… 72
涟水县涟缘水务有限公司 …… 73
涟水县教育局 …… 74
江苏省涟水中学 …… 76
江苏省郑梁梅高级中学 …… 77
涟水县外国语中学 …… 78
涟水县郑梁梅小学 …… 79
涟水县幸福里实验小学 …… 80
涟水县中医院 …… 81
涟水县人民医院 …… 82
涟水县疾病与预防控制中心 …… 84

CONTENTS

Important Notes ···································· 1

Most Beautiful Lianshui ························ 19

Memorabilia ·· 26

Local Organizations ······························ 36

Mass organizations ································ 67

Rule of law and Military ······················ 78

Economic Management and Supervision ··· 89

Financial &Tax ···································· 99

Industry ·· 102

King's luck Breweay Joint-stock.CO.,LTD. ·· 109

Agriculture & Water conservation ········· 114

Business Trade ··································· 119

Open Economy ··································· 122

Bank & Insurance································ 123

Transportation ··································· 128

Urban and Rural Construction·············· 133

Utilities ··· 141

Eco-environment ································ 144

Science and Technology ····················· 149

Education & Sports ···························· 152

Cultural & Tourism ···························· 166

Health and Family Planning ················· 177

Social People´s Livelihood ·················· 183

Villages and Towns ···························· 188

Figure·· 226

Appendixes··· 236

Index ·· 276

全面贯彻中共十九大精神
奋力开创新时代新涟水的新业绩

——在中共涟水县委十一届四次全会上的讲话

（2017年12月23日）

县委书记　王向红

这次会议的主要任务是：全面贯彻落实中共十九大、中央经济工作会议和习近平总书记视察江苏重要指示精神，按照市第七次党代会第二次会议决策部署，回顾总结今年工作，正确研判当前形势，研究部署明年任务，动员全县各级党组织和党员干部，以习近平新时代中国特色社会主义思想为指引，不忘初心、牢记使命，锐意进取、顽强拼搏，奋力开创新时代新涟水的新业绩。

下面，我根据县委常委会讨论的精神，讲四点意见。

一、以担当、笃行、实干为抓手，全县经济社会保持平稳健康发展态势

今年是全县上下喜迎十九大胜利召开，团结奋进、和谐稳定的一年；是贯彻落实省市党代会决策部署，亮点纷呈、令人振奋的一年。一年来，全县上下紧扣“两聚一高”，紧盯“两大目标”，积极抢抓机遇，科学应对考验，锐意改革创新，奋力跨越争先，开创了涟水发展的新局面。

一年来，我们苦干实干，交上了一张精彩答卷。这张答卷，是涟水跨越赶超的精彩写照，是我们走进新时代的生动诠释。*数字点亮成绩。*预计全年完成地区生产总值431亿元，增长7.4%，社会消费品零售总额144.6亿元，增长11.2%，一般公共预算收入19.3亿元，税占比77.5%，规模固定资产投资368.2亿元，增长11.5%，城乡居民人均可支配收入分别达到27320元、14575元，增长8.3%、9%，规模工业开票销售251亿元，增长15%，工业入库税金9.2亿元，增长15%，服务业增加值207.8亿元，占国内生产总值比重提高0.9个百分点。*荣誉闪耀光芒。*红窑现代农业产业园获批全国农村创新创业园区，政务服务中心被评为全国百优大厅、信息化20强大厅、县级前五强大厅，今世缘酒业荣膺全国质量奖，高沟镇列入淮安唯一的全省新一轮经济发达镇行政管理体制改革试点，薛行循环经济产业园创成省级科技产业园，电子商务产业园成为省级电子商务示范基地，保滩镇入选全省农业特色小镇，荣获食品工业十强县等多项省级集体荣誉，全省道德模范与身边好人现场交流活动等多个省市专题会议在我县举行。*成效彰显幸福。*出台富民增收19条措施和党建富民19条意见，完成民生支出41亿元，占公共财政预算收入70%。深入开展阳光扶贫，3.65万低收入人口、14个省市定经济薄弱村实现脱贫。积极重塑涟水教育新辉煌，义务教育阶段大班额、大规模办学体制得到打破，淮安外国语学校涟水滨河分校、高沟中学新校区如期开学，高考取得近十年来最好成绩。扎实推进健康涟水建设，医联体建设初显成效，成功承办2017年砂板乒乓球世界杯。大力实施文化惠民工程，举办中国涟水·阿累读书节，建成非遗馆、博物馆等文化场馆。人武、群团、史志、老干部、关心下一代等工作都创造了崭新业绩。

一年来，我们兢兢业业，彰显了一种担当精神。这种担当，是涟水追求发展质效的坚定决心，是我们对生态优先、绿色发展的时刻坚守。坚持把项目建设放在首位。全力唱好项目招引与推进“四季歌”，新招引亿元以上项目24个，其中10亿元以上项目3个，新开工亿元以上项目18个，新竣工设备投资超千万元项目13个。参加全省集中开工的7个项目完成投资14.7亿元，市跟踪考核的24个项目完成投资118.7亿元，中信华电子等产业项目将成为涟水未来发展新的增长极。坚持把创新驱动抓在手中。强化科技和人才支撑，全社会研发投入占国内生产总值比重达到2.3%，高新技术产业产值占规模工业产值比重达到26.5%，新培育国家级高新技术企业15家，新增市级以上企业研发机构10家，新建院士工作站、企业研究生工作站5个，出台《重点产业紧缺人才资助实施办法》，入选省“双创计划”3人、省乡土人才“三带”计划15人。坚持把生态责任扛在肩上。颁布《生态红线保护区域规划》《生物多样性保护规划》，编制《生态文明建设规划》，出台

《生态环境保护工作责任规定(试行)》,全面落实河长制,深入开展“263”专项行动,持续推进拉网式农村环境综合整治,万元GDP能耗下降4%,空气质量优良天数增加20天,PM2.5浓度下降22.3%,水功能区水质达标率98%以上,五岛湖文旅区创成国家水利风景区并初步通过江苏人居环境范例奖考察,新增省级森林生态示范村3个、标准化示范村2个。

一年来,我们攻坚克难,体现了一份意志品质。这份品质,是涟水坚持抓大事、破难事的明确态度,是我们干事不怕事、遇难不避难的坚韧作风。重点改革稳步推进。认真落实供给侧结构性改革五大任务,大力推进“互联网+政务服务”、新型城镇化国家级改革试点,深入开展“35745”审改专项行动,不断深化农村集体产权制度改革,基本完成农村土地承包经营权确权登记颁证,积极实施城乡建设用地增减挂钩项目,发展难题有效破解,发展环境持续优化,发展活力明显增强。三农短板持续拉长。大力推进“一路一廊”战略,布局发展“两区四园”,建成1.2万亩中药材种植基地、3000亩芦笋种植基地、2000亩食用菌产业基地、50万亩绿色无公害大米基地,新发展家庭农场180家,新培育新型职业农民1.1万人,新开工3000万元以上农产品加工项目20个,新建市级以上农业龙头企业8家,创成省级农村电子商务示范镇1个、示范村2个,新型农业经营主体规模经营比重达36%。基础设施加快完善。老城区农贸市场升级、背街小巷改造、绿化亮化提升等工程稳步实施,滨河新城“一核五中心”等功能性载体项目加快建设,235、346省道涟水绕城段、503省道涟水段和盐河、古淮河撤渡建桥等建成通车,346省道涟水段、清涟大道等推进有力,总投资6.28亿元的四大类12项重点水利工程进展顺利,新改建农村公路221公里、农桥170座,实施整村推进项目12个。

一年来,我们创新创优,打造了一批特色亮点。这些亮点,是涟水上下艰辛耕耘的宝贵果实,是我们集体开拓创新的智慧结晶。多项工作领先率先。颁发全国第一本民用机场不动产权证、全市第一本农房证,农村产权交易额居全省前列,社会治理创新工作在中央综治委座谈会上作经验介绍,统战、宗教工作三次在全市大会上作交流发言,南集镇成为今年全市唯一创成国家级卫生镇的乡镇。多项工作争得位次。县人大常委会富民调研文章获得省人大论文评比一等奖,县政协“四个一”主题活动得到省市政协充分肯定,县纪委被评为全省纪检监察先进集体,经济开发区在省级开发区综合排名上升至24位,十九大安保维稳成为全市唯一实现“三零”目标县区,县公安局被授予全省十九大安保维稳先进集体称号,《留守村长留守鹅》代表江苏参加全国基层院团戏曲会演开幕式首演并获得省文华奖,等等。多项工作反响热烈。文化回归工程在《人民日报》上刊登,《“厚德涟水”成“好人之城”》《党建富民,助推涟水精准扶贫》《涟水做好“一亩三分地”富民文章》等登上《新华日报》头版头条(题),《“放管服”改革的“涟水样本”》在《经济参考报》上发表,康惠明捐献熊猫血、孝心少年王彬科技发明等在央视播出,“1121”合成维稳工作体系被省委办公厅刊文推广,村居小微权力制约监督、政法惠民乡村行等被多家媒体宣传。特别是在十九大期间,人民日报、人民网、央视等国家级媒体相继报道涟水,有力提升了我县美誉度。

一年来,我们固本强基,铸造了一支坚强队伍。这支队伍,是涟水事业兴衰成败的关键所在,是我们开创崭新业绩的中坚力量。推进思想政治建设。出台推进“两学一做”学习教育常态化制度化实施方案,学习教育活动有力有序有效开展。紧密结合涟水发展生动实践,精心组织,周密安排,全面掀起迎接十九大召开、学习贯彻十九大精神热潮。建立意识形态领域联席会议制度,积极引导社会舆论热点,牢牢把握意识形态工作领导权。注重干部队伍锤炼。抓好换届后领导班子和干部队伍建设,对乡科级班子运行情况开展常态化调研。强化干部培养锻炼,举办领导干部培训班4期,选派114名年轻干部到经济发展、信访稳定、脱贫攻坚等一线历练。扎实开展“三进三帮”大走访活动,为基层解决问题6000多个、兴办实事1500余件。增强基层服务能力。大力实施党建书记项目,积极探索“产业+党支部+贫困户”新模式,深入推进农村党员创业致富和科技素质提升工程,切实加强基层带头人队伍建设,新建产业支部103个,建成党员创业致富示范基地87个,举办村书记论坛3期,组建62人“村书记顾问团”。强化执纪监督工作。注重教育熏陶,建成五岛湖琼花园廉政文化展示馆,举办廉情讲堂17期。突出咬耳扯袖,推动主体责任落实,运用监督执纪“第一种形态”1552件次。推进纪检体制改革,完成纪委派驻机构改革、巡察机构组建,实现乡镇巡察全覆盖。持续正风肃纪,深化作风建设,加强扶贫督查,严格纪律审查,惩治腐败的震慑效应进一步彰显。

奋斗充满艰辛,成绩来之不易,这是上级党委正确领导、关心支持的结果,是全县干部群众攻坚克难、共同奋斗的结果。在此,我代表县委常委会向奋战在全县各条战线上的广大党员干部群众,向给予真诚理解、鼎力支持的离退休老同志和社会各界人士,表示衷心的感谢并致以崇高的敬意!

在充分肯定成绩同时,我们也清醒认识到,新的历史条件下,提高发展质量的压力、保持发展速度的压力、全面深化改革的压力、创新社会治理的压力更显突出。主要表现在:产业经济特别是实体经济发展还不充分,财政收入增长支撑不足;影响发展的体制机制障碍还有待消除,全社会创新创业氛围还不浓;基本公共服务供给还不够均衡,与群众期望还有一定差距;利益格局调整中的一些深层次矛盾时有爆发,社会稳定的风险和压力依然较大;党的建设还存在一些薄弱环节,干部能力素质还需要进一步提升。对这些问题,我们必须高度重视,采取有力措施,认真加以解决。

二、以学懂、弄通、做实为核心,深入学习贯彻中共十九大精神

中共十九大是在全面建成小康社会决胜阶段、中国特色社会主义进入新时代的关键时期召开的一次十分重要的大会。习总书记所做的报告,鲜明回答了新时代坚持和发展中国特色社会主义的一系列重大理论和实践问题,阐明了未来一个时期党和国家工作的大政方针和战略部署，是我们党迈进新时代、开启新征程、续写新篇章的政治宣言和行动纲领。大会选举产生了以习近平同志为核心的新一届中央领导集体，再一次明确了习总书记在党中央、在全党的核心地位。大会把习近平新时代中国特色社会主义思想确立为我们党必须长期坚持的指导思想，为在新时代条件下坚持和发展中国特色社会主义提供了新的科学理论指引。大会描绘了从现在起到本世纪中叶我国发展的宏伟蓝图，为决胜全面建成小康社会、开启全面建设社会主义现代化新征程提供了基本遵循。全县各级要把学习宣传贯彻十九大精神作为首要政治任务，全力推动十九大决策部署在涟水落地生根、开花结果。一要牢牢把握涟水发展的新起点新方位，进一步凝聚“决战新三年、决胜达小康”的新共识。十九大作出了中国特色社会主义进入新时代的重大政治论断，指出了党和国家事业所处的历史方位。回顾涟水改革开放近40年历程，我们同样感到由衷欣慰与自豪：人均GDP从不足105美元增加到6880美元，规模固定资产投资从几乎为零提升到368.2亿元，农民人均纯收入从64元增长到1.46万元，产业结构从一二三转变为三二一，等等。可以说涟水发展与全国一样，实现了由贫到富的历史性转变，全面小康的美好愿望正清晰地展示在面前。站在这一承前启后、继往开来的关键节点，我们要以全新的视野审视过去、谋划未来，一如既往地坚持科学跨越发展不动摇。特别是今后几年，我们将迎来改革开放40周年、建国70周年、全面建成小康社会和建党100周年，做好每一年的工作，意义都十分重大。要把“决战新三年、决胜达小康”作为今后一段时期全县的核心任务，系统对照2017版《江苏省高水平全面建成小康社会指标体系》，研究制定我县具体实施方案，对标找差，巩固强项，补齐短板，扎实推进，坚决完成地区生产总值、居民人均可支配收入比2010年翻一番和现行标准下农村低收入人口脱贫三大硬性指标，确保2020年与全省全市同步高水平全面建成小康社会。二要牢牢把握建设现代化的新内涵新标准，进一步凝聚“践行新理念、推动新发展”的新共识。中共十九大吹响了开启全面建设社会主义现代化强国新征程的号角，明确了两步走的时间表和路线图。同以往的目标设定相比，这个规划对两个阶段奋斗目标只做了原则性展望和要求，目的就是引导大家贯彻好新发展理念，推动党和国家事业全面发展。我们要紧扣“两个一百年”奋斗目标和“两个15年”战略安排，围绕习总书记对江苏提出的建设“强富美高”新江苏、“五个迈上新台阶”要求和这次视察关注的坚守实体经济、推动创新发展、深化国有企业改革、实施乡村振兴战略、建设生态文明、加强基层组织建设等方面的重要问题，牢记对淮安提出的“把周总理家乡建设好很有象征意义”的谆谆嘱托，坚持以“为现代化准备好了吗”为主题，运用系统化思维整体谋划、展开布局，既以现代化理念引领全面小康建设，全面提升发展的速度、质量、效益和后劲，使全面小康的高水平体现现代化的高追求；又在全面建成小康社会进程中，不断推进产业现代化、城乡一体现代化、生态现代化、社会治理体系和治理能力现代化，特别是人的现代化，为开启全面建设社会主义现代化新征程奠定坚实基础。三要牢牢把握跨越赶超的新机遇新动力，进一步凝聚“抢抓战略机遇期、再创黄金发展期”的新共识。十九大对决胜全面建成小康社会、夺取新时代中国特色社会主义伟大胜利进行了具体部署，作出了我国发展仍处于重要战略机遇期的重大判断。围绕落实十九大精神，中央、省市一系列重大战略将密集实施。中央经济工作会议又进一步明确了稳中求进的总基调，并围绕提高经济增长质量和效益，提出了一系列含金量极高的政策措施。只要我们坚定信心、昂扬斗志、积极作为，把各项工作做得更及时、更主动、更扎实，就一定能牢牢把握工作主动权，推动涟水发展迈上新台阶。要围绕“生态优先、绿色发展”新路子，更加主动融入“一带一路”、长江经济带、江苏沿海开发等重大建设，积极抢抓江苏入选国家农村综合性改革试点、淮安开展江淮生态经济区和淮河生态经济带、大运河文化带“一区两带”建设机遇，充分发挥涟水“临市靠海”区位优势、“空铁水公”交通优势、“水绿天蓝”生态优势，用好用足产业转移、五方挂钩、园区共建等多项政策，全力以赴加快产业结构调整和发展动力转换，坚定不移推进全面深化改革和扩大对外开放，不遗余力推动全县经济发展质量变革、效率变革、动力变革，奋力再创涟水黄金发展期，让涟水早日成为江苏绿色发展先行区、淮安中心城市“副中心”。四要牢牢把握人民对生活的新期待新要求，进一步凝聚“以人民为中心、创造美好生活”的新共识。十九大报告指出我国社会主要矛盾已经转化为人民日益增长的美好生活需要和不平衡不充分的发展之间的矛盾，顺应了发展阶段的新变化，反映了人民群众的新期待。与物质文化需要相比，人民美好生活需要的内容更广泛，不仅包括客观上的“硬需要”，还包括主观上的“软需要”，如获得感、幸福感、安全感等，它相比可以量化的指标，赢得认可更重要、更困难。虽然经过多年积累，我县社会生产力水平明显提高，但民生工作还存在很多短板，底线民生方面还有很多困难群众没有达到省脱贫要求，基本民生方面公共服务供给均衡化程度还不是很高，质量民生方面还不能充分满足广大群众有更好的教育、更稳定的工作、更可靠的社会保障、更高水平的医疗卫生服务、更舒适的居住条件、更优美的环境等期盼。我们要从落实以人民为中心的发展思想、检验全面小康建设成果的高度，对照十九大提出的新要求和人民群众的新期待，推出更多民生工程，实施更多惠民举措，让人民群众享受更多的发展成果，生活得更加美好幸福。

三、以促转型、靓城市、增福祉为目标，全力打好落实十九大精神开局之战

2018年是贯彻落实十九大精神的开局之年，是决胜全面建成小康社会、实现“十三五”规划的关键一年。全县工作的总体要求是：认真贯彻中共十九大、中央经济工作会议、市第七次党代会第二次会议精神，全面落实习总书记视察江苏最新指示要求，以习近平新时代中国特色社会主义思想为引领，以提高发展质量和效益为中心，围绕供给侧结构性改革主线，坚持稳中求进工作总基调，强化新发展理念，树立系统化思维，注重规律性把握，统筹抓好稳增长、促改革、调结构、惠民生、防风险等各项工作，努力实现“经济增长稳健、产业转型有力、富民成效明显”的发展目标，在贯彻落实十九大精神开局之年形成蓬勃发展的强劲势头。经济增长稳健，就是狠抓有效投入和有效增长，确保实现地区生产总值增长7.5%左右，一般公共财政预算收入正增长，规模固定资产投资增长10%左右，社会消费品零售总额增长11%左右。产业转型有力，就是更加注重发展的质量和效益，确保规模工业增加值增长8.5%左右，农业适度规模经营比重达到36%左右，服务业占国内生产总值比重达到49%左右，高新技术产业产值占规模工业产值比重达到28%左右。富民成效明显，就是始终坚持以人民为中心，确保城乡居民人均可支配收入分别增长8%和8.5%左右，城镇登记失业率控制在3%以内，3.65万低收入人口、16个省市定经济薄弱村实现脱贫。围绕上述目标任务，明年要在六个方面实现新突破：

（一）全力壮大实体经济，在加快转型升级上实现新突破。坚持工业强县不动摇，以高端化、智能化、绿色化、规模化为方向，坚持优化增量和提升存量并重、技术改造与产业延伸并举，确保工业投资增长11%以上。一要主攻项目建设。围绕电子电气、纺织服装、食品饮料、机械装备、医药化工、汽车零部件等主导产业发展壮大和新能源、新医药、人工智能等新兴产业加快布局，继续开展项目招引春夏秋冬竞赛活动，全力猛攻总部型、税源型、成长型项目，确保新招引亿元以上项目24个、10亿元以上项目3个。放大“省台商服务工作示范点”品牌效应，主攻台资港资，紧盯欧美日韩，确保完成注册外资实际到账1.2亿美元。紧抓项目签约、开工、竣工、达产等关键环节，深化领导挂钩、问题“双会办”等机制，高效跟进用地规划、要素保障、帮办服务，确保新开工亿元以上项目18个，新竣工设备投资超千万元项目13个。二要重抓企业培育。深入践行101%服务理念和“店小二”精神，全面梳理鼓励企业创新、支持企业发展的扶持政策，积极营造有利于企业成长的“小气候”。鼓励优势企业围绕转型抓技改、换装备、上智能，推动关键工序、核心装备升级换代，做精产品、做长链条、做新业态、做强品牌。注重成长性好、发展潜力大的小微企业培植，打造一批专业化程度高、配套协作能力强的小巨人企业。建立企业“上市健康档案”，做好苏美食品、恒春医疗等企业上市筹备，推动我县上市企业由“一枝独秀”向“多点开花”转变。三要放大平台优势。认真落实省市开发园区改革创新会议精神，以“321”要求为指向，聚焦“一特三提升”，突出“亩产论英雄”，更大力度整合四大园区产业链招商、项目建设、功能配套、环境提升工作，更高水平完善科技、金融、人才供给体系，不断提高对全县经济的支撑、引领作用。经济开发区要围绕改革创新、项目突破两大主题，广泛复制先进地区在园区管理、建设运营体制机制和行政审批改革等方面的成功经验，加快在全省争先进位，夯实创建国家级开发区的基础。各乡镇要持续围绕“315”工业企业培育计划，加速提升工业集中区发展层次，努力增强园区对产业的承载、孵化功能。

（二）深入推进城市发展，在打造增长引擎上实现新突破。坚持经济转型与城市转型互促共进，着力转变城市发展方式，积极构建城市现代产业体系，加快建设开放大气、环境优美、特色鲜明的淮安副中心城市。一要提升城市功能配套。投入17.5亿元，实施八大类51个功能性、带动性强的城乡建设项目，突出抓好棚户区改造、老旧小区出新、市政道路维修、易涝易淹片区整治等工程，通过地下、地面、地上的立体互动，让城市颜值更高。投入61.9亿元，续建、新建交通项目26个，重点抓好连淮扬镇铁路涟水站、高铁涟水站综合客运枢纽、云轨示范线、清涟大道、346省道涟水段等项目建设，积极做好264省道、329省道涟水段等国省干线前期准备，持续放大“空铁水公”综合交通优势。二要提升城市产业层次。主动拥抱互联网和高铁时代，加大大型商业综合体引进力度，加快传统交易市场改造提升，有效引导绿色餐饮、文化娱乐、体育健身、养老服务等消费市场转型升级，不断丰富城市商业业态。扎实推进电商产业园、涟水港二期等重点项目建设运营，加快发展电子商务、绿色物流、总部经济等新兴业态。编制《全域旅游总体发展规划》《古淮河生态旅游观光廊道规划》，放大五岛湖文旅区、今世缘旅游区辐射效应，加快小延安文旅区、黄河故道花果湖生态福地等规划建设，打造影响力大、带动性强、综合效益高的旅游龙头板块。加强房地产行业管理，引进知名企业进行特色高端开发，严禁无序低端开发。三要提升城市管理水平。巩固省级卫生城市、省级园林城市创建成果，主动适应城市管理任务新变化，加快推进城市网格化管理，把责任落实到最基层。将数字化城管作为智慧城市建设的重要切入点，加强基础数据采集和信息资源动态管理，使城市管理更精确、更敏捷、更高效。坚持“城市管理为人民、城市管理靠人民、城市管理成果由人民共享”，广泛开展志愿服务活动，营造全民关注、理解、支持、参与城市管理的良好氛围。

（三）不断巩固农业基础，在推动乡村振兴上实现新突破。按照“产业兴旺、生态宜居、乡风文明、治理有效、生活富裕”总要求，坚持质量第一、效益优先、绿色导向，推动农业全面升级、农村全面进步、农民全面发展。一要优化空间布局。紧扣国家新型城镇化试点工作要求，根据市域“131047”城镇空间体系和我县“一主一副三纵一横多极点”城镇规划布局，按照“以强带弱、优势互补、规模适度”原则，启动扩权强镇工作，稳妥推进撤乡并镇，确保2019年底前啃下这块“硬骨头”。高沟、红窑要以行政管理体制改革试点为契机，注重功能叠加、突出项目推动、集聚高端要素、创新运营机制，尽快形成“集中高效审批、强化监管服务、综合行政执法”的政府治理架构，积极创建国家级特色小镇。五港、梁岔、黄营3个重点中心镇要在培育鲜明特质、精致品质、优秀素质上持续发力，把实力做强、产业做大、功能做优、形象做美，打造各具特色、各有千秋的特色产业镇。全面完成村庄建设规划修编，有序推进农民相对集中居住，加快建设特色田园乡村。二要壮大现代农业。以“一路一廊”为重点，加快农村土地流转步伐，加大农业项目招引力度，做强优质稻米、设施蔬菜、高效林果、生态养殖等主导产业，做精食用菌、鲜切花、芦笋、中药材等特色产业，绘制现代版涟水农业“上河图”。以农业园区“四级联创”为统领，提升百花园、百药园、百菇园、百果园建设水平，推动红窑现代农业产业园创建国家现代农业产业园、南集现代农业园区创建省级现代农业园区。以“农业+”新模式为方向，放大苏淮生态园等乡村旅游品牌效应，培育更多电子商务示范镇、示范村，让农业“接二连三”成为改善农业供给、拓展农业功能的关键招数。树立“品牌强农、品牌兴业、品牌增效”发展理念，鼓励农业龙头企业申请“三品一标”认证，以“地标产品”带动农业产业发展。加强新型农业经营主体培育，引导更多资本追寻农业商机、更多农民创业致富。三要完善基础设施。继续实施农村公路提档升级工程，集中打通一批断头路，促进重要经济节点与干线路网有机衔接。持续开展农村灌区节水改造、小农水重点县、农村河道疏浚、高标准农田整治等项目建设，提升农田水利现代化水平。完成智慧粮库改造升级，推动农机作业向全过程延伸，创建省级粮食生产全程机械化示范县。统筹推进供电、供水、通信等基础设施建设，更加注重相互配套，充分发挥整体效益。

（四）*持之以恒改革创新，在释放发展活力上实现新突破*。以争创省级创新型试点县为抓手，将改革的思路、创新的办法贯穿各项工作始终，不断催生新的发展动能。一要发挥改革刺激作用。严格落实“三去一降一补”任务，促进经济平稳健康发展。巩固“35745”审改专项行动和基本公共服务均等化建设成果，加强“互联网+政务服务”平台建设，健全县乡村三级政务服务网络，进一步提升“放”的含金量、强化“管”的有效性、扩大“服”的满意度。推进农村集体经济组织产权制度改革，开展土地承包经营权抵押贷款服务，探索土地流转、土地经营权抵押保证保险试点，拓展农村土地确权登记颁证成果应用，让休眠的资产尽快变成财富的活水。同步做好投融资体制、生态文明监管体制和文化教育、医疗卫生等其他各项改革，努力在深化改革中释放发展活力。二要发挥科技引领作用。落实科技创新省40条、市20条，加强以企业为主体的科技创新体系建设，引导企业聚焦技术前沿、产业高端和未来发展，加大技术研发力度，使企业发展建立在创新驱动的基石之上。实施高新技术企业培育专项行动，支持今世缘酒业加快国家级酿造微生物资源与应用重点实验室建设，鼓励永安化工、永创医药等企业建成省级研发机构，推动锦纶化纤、聚缘机械等企业创成省市级创新型领军企业，确保全县大中型企业和规模高新技术企业研发机构建有率达到95%。三要发挥人才支撑作用。坚持以产业发展为导向、企业需求为重点，围绕省市重点人才项目实施，用好科技镇长团这一桥梁纽带，实行更加积极、开放、有效的人才政策，加快优秀人才向涟水集聚，力争全年入选省“双创计划”、市“淮上英才计划”10人以上。

（五）*注重保护绿色底蕴，在共享碧水蓝天上实现新突破*。以创建省级生态文明建设示范县为目标，统筹推进生态保护、生态建设和生态发展，让绿色成为涟水发展最靓丽的底色和最大的优势。一要树立生态为本理念。对照建设江淮生态经济示范区任务，以生态功能区划分为依据，抓好生态红线管控与保护，给自然留下更多修复空间，为子孙留下更多碧水沃土。实施最严格的环保准入制度，从源头上控制污染排放，倒逼产业结构调整和布局优化。落实生态文明建设党政同责、一岗双责，健全网格化环境监管监督体系，严厉打击环境违法行为。大力弘扬生态文明主流价值观，让广泛的“生态共识”转化为积极的“生态行动”。二要开展突出问题整治。严格落实“河长制”，加强古淮河、南六塘河等骨干河道治理管护，启动东大坳、西茵湖等黑臭水体整治，精心打造“清水廊道”。扎实开展“263”专项行动，抓好燃煤锅炉、工业废气、建筑扬尘、汽车尾气综合整治，推进秸秆综合利用，坚决打好蓝天保卫战。坚守基本农田保护红线，加强农业面源污染防治和畜禽养殖业治理，着力为土壤“排毒去脏”。三要推动生态品质优化。加快盐河风光带、古淮河生态景观走廊、涟水湖森林公园等重点生态工程建设，积极打造海绵城市、水韵城市、森林城市，进一步舒展“水绕城、绿抱水、生态好、环境美”的自然画卷。扎实开展植树造林，突出彩色化、珍贵化、效益化，精塑绿色涟水新形象。深化拉网式农村环境综合整治，加大康居乡村、美丽乡村、水美乡村创建力度，打造水清、岸绿、景美的水韵风光。

（六）*着力抓好民生改善，在提升幸福指数上实现新突破*。坚持立足问题补短板、围绕需求抓服务，努力让人民群众有更多的获得感、更强的幸福感、更好的安全感。一要持续推进聚焦富民。完善就业创业服务体系，培育更多的科技型、创新型企业，创造更多的智力型、技术型岗位。深化创业型城市创建，加强创业示范基地、孵化基地建设，进一步造浓“大众创业，万众创新”氛围。健全完善社会保障体系，扩大企业养老保险覆盖面，推进机关事业单位养老保险制度改革，加快城乡低保标准一体化进程。以产业扶贫、项目扶贫为抓手，以阳光扶贫、扶贫超市为依托，以两大片区为重点，加强帮扶力量和帮扶资金整合，提升专业扶贫、行业扶贫、社会扶贫“三位一体”工作格局，众志成城完成年度脱贫攻坚目标。二要不断优化公共服务。推进新一轮教育现代化建设，完善资源布局配置，清理整顿无证幼儿园，启动外国语学校滨河校区、开发区小学、高沟镇第二小学建设，缩小城乡、校际差距。深化健康涟水建设，加大医联体建设力度，加快公共卫生服务中心等项目实施，加强乡镇卫生院功能性投入，推动县医院创成三级医院，让群众在家门口享受优质医疗服务。加快图书馆等文化场所、青少年科技馆等科普阵地建设，启动“中国书法之乡”创建。建立新型社会化养老服务体系，支持医疗卫生资源进入养老机构、社区和居民家庭。三要筑牢公共安全底线。健全完善信访维稳工作责任体系，依法依规开展信访积案化解工作。积极开展长安涟水建设，大力引导社会组织参与社会治理，打造共建共享社会治理格局。抓好安全生产监管、食品药品监管、公共卫生预防、金融风险防控等公共安全体系建设，强化突发事件应急处置，确保社会大局和谐稳定。四要推进民主法治建设。支持人大、政协依法依章程履行职能、开展工作、发挥作用,加强对工会、共青团、妇联等群团组织的领导,巩固和发展爱国统一战线,最广泛地凝聚各方面智慧和力量。坚持法治政府、法治社会一体建设,推动法治德治自治有机统一,深化省法治先进县创建,推进普法宣传教育,办好法治惠民实事,加强群众自治组织建设,不断提升法治建设社会满意度。进一步加强国防动员和后备力量建设,扎实做好双拥工作,推动军民融合深度发展。

四、以从严、从紧、从细为要求,加快推动全面从严治党持续深化

习总书记在中共十九大报告中强调,全面从严治党永远在路上。要按照新时代党的建设总要求,以党章为遵循,以“不忘初心,牢记使命”主题教育为抓手,把管党治党的螺丝拧得更牢,将全面从严治党的举措抓得更实,为开创新时代新涟水的新业绩提供坚强组织保障。

(一)加强思想政治建设,造浓凝心聚力、奋发向上的好氛围。拧紧思想“总开关”,把牢政治“方向盘”,是全面从严治党的首要任务。一要强化忠诚意识。认真贯彻《关于加强和维护党中央集中统一领导的若干规定》,严守政治纪律和政治规矩,更加坚定地维护习近平总书记核心地位,更加自觉地服从党的集中统一领导,在政治立场、政治方向、政治原则、政治道路上同以习近平同志为核心的党中央保持高度一致。严格落实《关于新形势下党内政治生活的若干准则》,不断增强党内政治生活的政治性、时代性、原则性、战斗性。二要强化理论武装。按照全覆盖、无盲区、无死角的要求,依托“安东大讲坛”等平台,深入开展十九大精神宣讲活动,引导党员干部用习近平新时代中国特色社会主义思想武装头脑、指导实践、推动工作。扎实推进“两学一做”学习教育常态化制度化,努力增强党员干部的政治定力、纪律定力、道德定力、抵腐定力。三要强化正面引导。壮大主流思想舆论阵地,多层面展示涟水发展亮点和特色。弘扬社会主义核心价值观,加大涟水好人选树力度,树立身边好典范,汇聚发展正能量。倡导乡贤文化,凝聚乡贤力量,涵育文明乡风,让民风淳朴、崇德向善在涟水大地蔚然成风。

(二)加强干部队伍建设,铸造尽心尽责、担当作为的好团队。高水平全面建成小康社会,关键在于拥有一支政治过硬、作风过硬、素质过硬、能力过硬、堪当重任的党员干部队伍。一要科学选用干部。坚持党管干部原则,完善干部综合考核评价体系,深化干部人事制度改革,统筹用好各个年龄段干部,大力选用敢闯敢试、能征善战的“狮子型”干部,脚踏实地、任劳任怨的“黄牛型”干部,负重奋进、勇于担当的“骆驼型”干部,真正让实干者得实惠、有为者有地位。二要灵活培养干部。实施领导干部专业能力提升工程,运用党校轮训、高校选学等方式,发挥实地考察、案例研讨等作用,致力增强干部政治素质、专业水平和领导能力。实施“515”年轻干部分类培养计划,继续选派年轻干部到发展一线实践锻炼,实现常态化培养、合理化配备、制度化运行,让干部成长的平台更宽广。三要真情保护干部。制定出台鼓励激励、容错纠错、能上能下“三大机制”,对在改革发展中受到错告、误告、诬告的干部,及时给予核实澄清,真正做到“干部为事业负责,组织为干部担当”。强化干部日常监督管理,健全干部经常性提醒教育机制,防止小毛病演变成大错误。

(三)加强基层组织建设,构筑功能完备、全面过硬的好堡垒。把抓基层、打基础作为长远之计和固本之策,以提升组织力为重点,以党建书记项目、组织科长项目、党代表项目为抓手,提升基层党组织整体功能。一要注重基层队伍建设。做好源头储备,鼓励在外致富能手、创业有成能人、大学毕业生回村任职,加大从年轻干部、大学生村干部、合作社党组织负责人等群体中选拔村干部力度。强化实绩考核,做好从优秀基层党组织书记中选拔乡镇领导干部和考录乡镇公务员、事业单位工作人员工作,让他们苦有盼头、累有奔头、干有劲头。规范党员发展,注重从产业工人、青年农民和非公有制经济组织、社会组织中发展党员。二要完善基层组织体系。突出政治功能,完善党员纪实管理,引导党员增强自我净化、自我完善、自我革新、自我提高能力。突出政治引领,认真落实“三会一课”、主题党日等组织生活制度,持续抓好软弱涣散基层党组织整顿。突出服务功能,扩大产业链、合作社、项目一线党组织覆盖面,推动党组织在引领乡村振兴、促进富民增收、打赢脱贫攻坚上发挥核心作用。三要夯实基层阵地基础。推进党组织阵地提档升级,补齐硬件短板。严格执行“三务”公开制度,巩固农村“四有一责”建设成果,扩大群众知情权、参与权和监督权。建立村居干部代办或协办群众委托事项制度,引导村居党组织把更多精力集中到服务发展、服务群众上来。

(四)加强作风纪律建设,维护山清水秀、风清气正的好生态。牢固树立党风廉政建设和反腐败斗争永远在路上意识,把党风廉政建设作为重点工作来抓,使干净干事成为全县每一名党员干部的思想自觉、行动自觉。一要从严压实两个责任。严格落实主体责任五项措施、“双向清单”等制度,深入贯彻问责条例和实施细则,科学运用执纪监督“四种形态”,推动各级党委认真落实主体责任、主要负责人“既挂帅又出征”、班子成员严格履行“一岗双责”。二要驰而不息正风肃纪。认真贯彻习总书记关于进一步纠正“四风”、加强作风建设重要批示精神,严格落实中央八项规定,全面深化“三治三促”专项行动,坚决防止不良风气反弹回潮。充分发挥巡察标本兼治作用,认真推进常规巡察,及时开展机动巡察和村居巡察,适时组织“回头看”,确保利剑高悬、震慑常在。有效发挥职能部门和派驻机构监管职责,深化党政正职重点权力和村居小微权力制约监督,防止权力“跑偏”。针对阳光扶贫、环境保护、农村产权交易、涉农资金使用、农村“三资”管理等领域的突出问题,组织专项监督,及时查纠问题。三要深化监察体制改革。严格对照任务清单和完成时限,认真做好监察委员会机构整合、人员融合和工作流程磨合,加快构建集中统一、权威高效的监督体系,实现对所有行使公权力的公职人员监察全覆盖。四要坚定不移惩治腐败。坚持零容忍的态度不变、猛药去疴的决心不减、严厉惩处的尺度不松，紧盯重点领域、重点行业、重点对象，有效整治“小官贪腐”“微权力”腐败等违法违纪问题，始终保持惩治腐败高压态势。

同志们，新时代需要新气象，新使命呼唤新作为。让我们更加紧密地团结在以习近平同志为核心的党中央周围，高举习近平新时代中国特色社会主义思想伟大旗帜，按照中央、省市委要求，团结带领全县人民，不忘初心逐梦新时代，牢记使命再创新业绩，为夺取高水平全面建成小康社会新胜利、开启社会主义现代建设新征程而努力奋斗！

政府工作报告

——在涟水县第十六届人民代表大会第二次会议上

（2018年1月3日）

县人民政府县长 时 勇

2017年工作回顾

刚刚过去的一年，是中共十九大胜利召开的喜庆之年，也是新一届政府履职的开局之年。一年来，面对严峻复杂的宏观形势，我们在上级党委政府和县委的坚强领导下，在县人大、县政协的监督支持下，深入学习贯彻党的十八大、十八大以来历次全会和中共十九大精神，以习近平新时代中国特色社会主义思想为引领，团结和带领全县百万人民，紧扣“两聚一高”，紧盯“两大目标”，牢牢把握稳中求进总基调，坚定不移践行新发展理念，深入实施新“五大工程”，迎难而上，奋力拼搏，较好地完成了县十六届人大一次会议确定的各项目标任务，为“十三五”发展行稳致远打下了良好基础。预计全年实现地区生产总值431亿元，同比增长7.4%，一般公共预算收入19.2亿元，税占比79.5%，规模以上固定资产投资379.16亿元，增长14.8%，社会消费品零售总额144.6亿元，增长11.2%，城乡居民人均可支配收入分别为27320元、14575元，增长8.3%和9%，金融机构人民币存贷款余额分别为364.7亿元、228.87亿元，增长11.94%和16.17%。

*三次产业协调并进。*坚持以实体经济为支撑，不断加快调结构、促转型步伐，形成“一产更稳、二产更强、三产更优”的发展态势。工业经济稳健运行。预计全年完成规模以上工业投资192.6亿元，增长15%，实现规模以上工业增加值152亿元、开票销售收入251亿元，分别增长8.5%和15%，全部工业入库税金9.97亿元，增长17.43%。新增规模以上工业企业18户、开票销售超亿元企业5户、工业入库税收超千万元企业4户，今世缘酒业荣膺全国质量奖，被授予全省食品工业十强称号，淮安（薛行）循环经济产业园获批省级科技产业园，县经济开发区在省级开发区综合排名上升至24位、进入苏北十强。现代农业稳步发展。全县新竣工3000万元以上农产品加工项目24个。新建高标准农田9.6万亩，新增高效设施农业2.2万亩、高效设施渔业0.5万亩，建成全市唯一的20万亩规模连片高标准农田示范区。新培育市级以上农业龙头企业8家、市级以上农业园区1家，新增创意休闲农业1户，红窑现代农业产业园获批全国农村创业创新园区、2017年度省级创业示范基地，芦荟设施栽培项目获省级标准化示范区立项。新发展家庭农场233家，新型农业经营主体规模经营比重达36%。荣获全国“平安农机”示范县称号。服务业平稳增长。实施5000万元以上“4+3”服务业项目23个，预计全县实现服务业增加值207.8亿元，占国内生产总值比重达48.2%。五岛湖创成国家水利风景区并初步通过江苏人居环境范例奖考察，今世缘旅游景区创成国家AAAA级旅游景区，“百花园”国庆节期间正式开园并成功举办首届百花节，游客满意度第三方测评全市第一。预计全年实现电子商务交易额39.8亿元，增长58.9%，电子商务产业园创成省级电子商务示范基地，高沟获批省级农村电子商务示范镇，涟城军民社区荣获首批省级电子商务示范社区，阿里巴巴进农村项目乡镇布点达到25个，涟水村淘在“6·18”和“双11”活动期间村均销售额、村均APP关注量均居全省第一。

*发展动力持续增强。*坚持项目带动、创新驱动，着力在深化改革中激发市场活力，在扩大开放中增强吸引力，积极营造更具竞争力的发展环境。项目建设加快推进。深入开展“春夏秋冬”主题竞赛活动，新招引亿元以上项目24个，新开工总投资20亿元中信华线路板等亿元以上项目29个，新竣工设备投资超千万元项目13个，弘晟包装、汇丰环保刨花板等24个省市重大项目累计完成投资132亿元；今世缘美酒银行、源通制帽耐克国际工厂等7个参加全省集中开工的重大项目进展顺利，其中3个项目当年竣工投产。重点改革有序实施。全面落实供给侧结构性改革“三去一降一补”五大任务，大力开展“地条钢”非法生产企业和成品油市场整治，关闭整治砖瓦企业18家，商品住宅库存去化周期在7个月以内，银行不良贷款余额和不良贷款率实现“双下降”，出台降低实体经济企业成本等政策，扎实推进各项补短板任务，发展的平衡性和协调性得到加强。突出抓好“互联网+政务服务”和新型城镇化两个国家级改革试点，大力推进“35745”审改专项行动，颁发全国第一本机场不动产权证、全市第一本农房证，县政务服务中心被评为全国百优大厅、全国信息化20强大厅、全国县级前五强大厅，是省内县级唯一获此殊荣单位。农村土

地确权登记颁证工作基本完成，在全市率先建成覆盖县乡村三级的农村产权交易市场及服务平台，完成交易额3.34亿元，涟城、东胡集荣获全省镇级农村产权交易市场建设先进集体称号。切实规范完善政府与社会资本合作模式，共有18个项目纳入省PPP项目库，政府性债务规模控制在合理区间。创新能力显著提升。加大人才引进培养力度，出台《涟水县重点产业紧缺人才资助实施办法》，入选省"双创人才"2人、"双创博士"1人、省乡土人才"三带"计划17人。深化产学研合作，新增市级以上企业研发机构10家，预计全社会研发支出占国内生产总值比重达2.16%。继续实施高新技术企业培育专项行动，设立高新技术企业培育资金，新获批国家级高新技术企业5家，高新技术产业产值占规模以上工业总产值比重达26.1%。强化成果转化应用，新增专利申请量和授权量分别为2200件、600件，万人发明专利拥有量达2.16件。对外开放不断深化。新签约外资项目13个、总投资达3.2亿美元，其中总投资1500万欧元柯德展示道具、总投资3500万美元汽车配件项目成功落户，实现了德资、日资项目零的突破。全力打造县域台资集聚新高地，成功举办"淮安台商论坛涟水分论坛"等活动，全县注册台资企业达36家，总投资1亿美元的全稳康源农业项目得到省市主要领导充分肯定。

城乡面貌焕然一新。坚持走城市品质化、镇村特色化、服务一体化发展道路，建设宜居宜业的新型城乡形态。城市功能更趋完善。推进老城区品质提升，完成炎黄大道与海安路交叉口等8处路段渠化改造和涟河风光带等12个节点绿化改造，整治北门新村等老旧小区18个、25万平方米，中山西路两侧棚户区搬迁居民426户、拆迁房屋5.92万平方米，城东、新世纪2个农贸市场完成升级改造并投用，状元府北侧、城南三角岛等街头游园建成开放，高标准新改扩建公厕43座，数字化城管系统通过省级验收，省级文明城市创建高分通过省测评组暗访。加快滨河新城建设，滨河教育中心建成投入使用，滨河新苑安置小区一期正式交付，郑梁梅大道改扩建完工通车，缘分大道主体完工，清涟大道及地下综合管廊项目加快实施。不断提升镇村建设水平，高沟列入淮安唯一的全省新一轮经济发达镇行政管理体制改革试点，保滩跻身全省农业特色小镇名录，大东瓦滩入围"江苏最美乡村"，红窑夏楼、南集居委会纳入市特色田园乡村试点。稳步推进农村相对集中居住，以"新社区·新生活"为主题，累计实施梁岔费庄、大东施洼等整村推进项目12个，共拆迁3970余户，实现1.6万余人向城镇集中。基础设施加快建设。淮安涟水机场二期扩建工程主体建成，连淮扬镇高铁及高铁涟水站、淮安云轨示范线等项目进展顺利，503省道涟水段、235、346省道涟水绕城段、盐河与古淮河撤渡建桥等项目建成通车。新改建农村公路221公里、农桥170座，"四好农村路"示范县创建通过省级验收。开通16个乡镇镇村公交线路24条，镇村公交开通率达85%，受益群众达65万人。组织实施总投资6.28亿元的灌区节水改造、小农水重点县等12项水利工程，全市冬春水利建设会议在我县成功召开。农村饮水安全巩固提升工程稳步推进，铺设三级管网7498公里、入户工程改造25.2万户，启动第二水厂扩建项目，完成4个乡镇增压泵站建设，城乡区域供水一体化步伐不断加快。生态治理卓有成效。投入739万元实施生态红线区域保护工程，加强生态红线区域保护与监管。深入实施"263"专项行动，全面落实河长制，大力开展燃煤锅炉、畜禽养殖、黑臭水体等整治，空气质量优良天数同比增加15天，$PM_{2.5}$浓度同比下降17.3%，水功能区水质达标率98%以上。加强乡镇污水处理厂建设和拉网式农村环境综合整治，保滩、陈师等17个乡镇污水管网建设全面完成，成集、东胡集等4个乡镇污水处理厂建成试运行，疏浚河道52条，成片植树造林0.45万亩，新建和完善林网1.5万亩，新增省级"三化"示范村4个、标准化示范村6个，村庄长效管护合格率达100%，南集创成2017年全市唯一的国家级卫生镇。

民生福祉不断改善。坚持以人民为中心的发展思想，多谋民生之利，多解民生之忧，让更多发展成果惠及于民。富民增收成效明显。十大类18项民生实事项目顺利完成，全年民生支出占一般公共预算支出70%以上。认真落实就业创业扶持政策，开展城乡劳动技能培训4147人次，实现新增就业9963人、城镇失业人员再就业6513人，扶持城乡自主创业2391人，城镇登记失业率1.74%。聚焦低收入人口、经济薄弱村和重点片区扶贫开发，落实精准扶贫、精准脱贫要求，在全市率先探索建设"阳光扶贫超市"，义兴食用菌、精准扶贫产业园等项目加快建设，红窑、梁岔等乡镇光伏发电项目建成并网发电，预计全年实现3.4万低收入人口脱贫、17个省市定经济薄弱村达更高水平"新八有"标准。社会保障日益健全。更大力度推进参保扩面，继续抓好全民参保登记，机关事业单位养老保险制度改革和城乡居民医疗保险制度整合工作基本完成，城乡居民最低生活保障标准分别提高到每月550元和460元，符合条件的城乡困难群众医疗救助比例提高到70%。养老服务体系初步形成，慈善救助、惠残助残、综合减灾等工作有序推进。全面落实优抚安置政策，顺利完成转业干部和退役士兵接收安置工作。加大问题楼盘处置力度，全力加快安置房建设，全年交付各类拆迁安置房2834套。社会事业协调发展。着力深化"三名工程"，持续优化教育布局，打破大班额、大规模办学体制，引进台湾瑞恩帝儿公司来涟兴办高端幼儿教育，启动涟水外国语学校滨河校区建设，由翔宇教育集团打造的淮安外国语学校涟水滨河分校及新高沟中学9月1日正式开学，高考本科达线率和达线数双居全市各县区之首，全市县区文理科高考状元均花落涟水，郑梁梅高中周栩行同学被清华大学录取。深入推进综合医改，按照"1+X+X"模式在全市率先完成医联体建设全覆盖布局，县人民医院成为省人民医院医联体成员单位，技术支持医院等3个医疗诊断平台签约挂牌，创成省级卫生应急规范县。大力发展文体事业，非遗馆、毛广淞爨体字艺术馆建成对外开放，博物馆开馆试运行，图书馆主体完工，现代淮剧《留守村长留守鹅》代表江苏省参加2017年全国基层院团会演开幕式演出并获得省"文华奖"，成功举办"今世缘·国缘"2017年砂板乒乓球世界杯，中央电视台五套客户端在线观看达13万余人次。社会大局和谐有序。深化“平安涟水”“法治涟水”建设，大力推进“七五”普法，扎实开展“三打击一整治”专项行动，在全国首创公安微警务战略联盟，覆盖全县的“1121”合成维稳工作体系被省委办公厅刊文推广，“小雨滴”未成年人在校生普法关爱项目被评为全市县区法治为民办实事十佳项目。健全安全生产责任体系，大力开展重点领域安全生产专项整治行动，安全生产形势总体平稳。强化食品药品公共安全监管，省级食品安全示范城市创建工作得到省验收组充分肯定，县综合检验检测中心完成整体搬迁并投入使用。严格落实信访稳定工作责任制，深入开展大走访大接访大化解活动，认真做好各类社会矛盾排查管控，有效化解一批矛盾纠纷和信访积案，十九大安保维稳成为全市唯一实现“三零”目标县区。

政府建设全面加强。坚持以作风建设为突破口，着力优化行政管理和政务服务，努力建设人民满意的服务型政府。依法行政更加规范。推进行政行为依法规范运行，强化规范性文件备案审查和清理，出台《县政府“三重一大”集体决策工作制度》，严格“三重一大”议事决策程序，全面落实政府法律顾问以及人大代表、政协委员列席政府常务会议等制度，被确定为全省重大行政决策规范化管理第二批试点县。认真执行县人大及其常委会的各项决定决议，自觉接受县人大法律监督、工作监督和县政协民主监督，办理人大代表建议和政协委员提案305件，办结率达100%。作风效能有效提升。大力开展“三进三帮”大走访活动，深入推进“三治三促”专项行动，下大功夫整治不作为、乱作为、慢作为等突出问题，促进政府部门转作风、提效能。编制实施公共服务、中介服务事项清单以及“双随机一公开”实施方案，切实规范行政审批中介和行政检查，消除权力设租寻租空间。阳光涟水·“12345”民生服务中心等平台全年办结各类诉求2.8万余件，群众合理诉求得到及时回应和解决。廉政建设不断强化。认真学习宣传贯彻中共十九大精神，扎实推进“两学一做”学习教育常态化制度化，旗帜鲜明讲政治，始终把纪律规矩挺在前面。认真贯彻中央八项规定精神，严格规范公务接待，严控“三公”经费支出，扎实开展公款吃喝专项整治，“三公”经费支出同比下降6.1%。严格落实党风廉政建设责任制和“一岗双责”，强化行政监察和审计监督，加大反腐倡廉力度，深入推进“五长”、扶贫领域不正之风专项整治及政府投资项目、民生资金等专项审计，着力形成干事创业、风清气正的政治生态。与此同时，民族、宗教、侨务、妇女、儿童、老龄、人武、双拥、审计、统计、物价、供电、地方志、盐务、地震、气象、粮食、供销等事业取得新进步。

各位代表，过去一年取得的成绩来之不易，这是上级党委政府和县委坚强领导的结果，是县人大、政协监督支持的结果，是省、市委驻涟帮扶工作队倾力相助的结果，是全县广大干部群众和社会各界努力奋斗的结果。在此，我谨代表县人民政府，向奋战在各行各业的广大干部群众，向驻涟武警官兵、离退休老同志、各群众团体，向所有参与、支持和关心涟水建设与发展的社会各界人士，表示衷心的感谢和崇高的敬意！

在充分肯定成绩的同时，我们也清醒地认识到全县经济社会发展还存在不少困难和不足：发展不充分、不平衡的问题较为突出，扩总量、提质量、补短板任务依然艰巨；城乡建设与管理整体水平不高，公共服务和基础设施还不完善；社会治理面临许多新情况新问题，维护社会稳定压力还很大；财政收支矛盾日益突出，民生保障与群众期待相比仍有差距；少数政府工作人员担当精神、服务意识有待加强，转变政府职能、提高行政效能、优化发展环境还需下更大的气力，等等。对此，我们将进一步增强问题导向和忧患意识，直面问题，勇于担当，在今后工作中切实加以解决。

2018年工作安排

中共十九大宣示“中国特色社会主义进入了新时代”。今年是贯彻中共十九大精神的开局之年，是改革开放40周年，是决胜高水平全面建成小康社会、实施“十三五”规划承上启下的关键一年。我们要立足新时代的坐标，以新时代的视野审视今年工作和未来发展，努力创造无愧于新时代新涟水的新业绩。新时代必须树立新思维。坚持系统思维，紧密联系县情实际和形势变化，统筹谋划布局，协调推进落实，整体发挥功能，努力实现高质量发展；坚持创新思维，大力推进理念、体制机制等全方位创新，着力打造更多各方点赞的特色亮点，有效破除一些长期困扰的瓶颈制约，真正以创新拓空间、增动能；坚持底线思维，更加注重风险防范化解，积极研究解决现实存在和今后可能遇到的矛盾问题，尤其要坚守稳定、安全、廉政、生态四条底线，牢牢把握发展主动权。新时代必须善抓新机遇。随着“一带一路”、长江经济带、江苏沿海开发以及江淮生态经济区、淮河生态经济带、大运河文化带“一区两带”建设等重大战略实施带来的利好机遇，涟水“临市靠海”区位优势、“空铁水公”交通优势、“水绿天蓝”生态优势将更加凸显，我们要顺势而为、乘势而上，努力分享更多的机遇红利、构筑更多的竞争优势，在新一轮区域发展中赢得先机。新时代必须展现新作为。面对国际国内经济形势依然复杂严峻、宏观调控与资源环境约束趋紧、区域竞争日趋激烈等困难挑战，我们要以更强的政治担当和使命担当，在全市全省发展大局中找准定位，按照“两个一百年”奋斗目标和“两个15年”战略安排，对照省定2017年版高水平全面建成小康社会指标体系，围绕“经济增长稳健、产业转型有力、富民成效明显”发展目标，一步一个脚印稳扎稳打、久久为功，着力在抓重点、补短板、强弱项中开创涟水科学跨越发展新局面。

今年政府工作的总体思路是：全面贯彻中共十九大精神，以习近平新时代中国特色社会主义思想为指导，认真落实中央经济工作会议、省委十三届三次全会和市第七次党代会第二次会议以及县委十一届四次全会部署，坚持稳中求进总基调，坚持新发展理念，按照高质量发展的要求，统筹推进“五位一体”总体布局和协调推进“四个全面”战略布局，深入推进“两聚一高”新实践，以供给侧结构性改革为主线，以生态优先、绿色发展为方向,统筹抓好稳增长、促改革、调结构、惠民生、优生态、防风险各项工作,推动质量变革、效率变革、动力变革,在高水平全面建成小康社会的道路上迈出更加坚实步伐。今年全县经济社会发展的主要预期目标是:地区生产总值增长7.5%左右,规模以上工业增加值增长8%左右,规模以上固定资产投资增长10%左右,一般公共预算收入实现同口径增长,社会消费品零售总额增长11%左右,城乡居民人均可支配收入分别增长8%左右和8.5%左右,常住人口城镇化率达54%,城镇登记失业率控制在3%以内,节能减排确保完成省市下达目标任务。

围绕上述思路和目标,我们将坚定不移抓好以下七个方面工作:

一、坚定不移突破重大项目建设

主攻项目招引。坚持选准招商方向,持续巩固长三角、珠三角、港台等主阵地,全力开辟环渤海等新战场,推动招商引资向更大规模、更宽领域、更高水平迈进。坚持选好招商项目,牢牢把好安全、环保和效益"三个关口",提高招商项目信息研判水平,全力引进一批科技含量高、税收贡献大、带动能力强的大项目、好项目,持续跟踪推进绿色智能家居、新型绿色建材、高端装备制造等项目,确保全年新引进亿元以上项目24个,其中10亿元以上项目3个。坚持选优招商队伍,加大招商人员培训力度,推行驻点招商、专业招商、产业招商,在上海浦西、浦东、深圳、苏州设立4个招商联络处,进一步提升招商引资成效。

加快项目建设。大力实施总投资196.8亿元的67个省市、县级重大项目,进一步提高新建项目开工率、续建项目竣工率,确保新开工亿元以上项目18个、新竣工设备投资超千万元项目13个以上。深化县领导挂钩重大项目、问题"双会办"等制度,加快五倍子单宁、特创电路等项目开工建设,推动中信华一期、汉门电子、桑德环保生活垃圾发电等项目投产达效,不断形成新的经济增长点。加强项目前期工作,发挥投资项目代办服务中心功能,健全完善项目审批"全程代办"等制度,统筹调度各类要素资源,着力营造项目建设温暖"小气候"。

做优项目载体。认真落实省市开发区改革创新大会精神,聚焦"一特三提升",以"321"要求为抓手,优化整合县经济开发区、淮安(涟水)空港产业园和今世缘产业园要素资源,统筹推进开发区五大特色"区中园"、空港电子商务产业园及污水处理厂等项目建设,加快今世缘粮食循环产业园、美酒银行等项目交付运营,为创建国家级经济技术开发区奠定坚实基础。围绕打造循环经济产业集聚区,全力推进淮安(薛行)循环经济产业园三大核心区建设,完善五港再生纸产业园物流运输、集中供热、污水处理等基础设施和配套功能,实现两个园区融合发展。推动乡镇工业集中区围绕"315"工业企业培育计划,立足调整优化、差异发展、规范管理,进一步盘活存量、做大总量、提升质量。

二、坚定不移壮大实体经济发展

强化产业集聚。坚持工业强县不动摇,以高端化、智能化、绿色化、规模化为方向,注重产业横向连接和纵向延伸,重点发展食品饮料、纺织服装、医药化工、电子电气、机械装备、汽车零部件等主导产业,加快布局新能源、新医药、人工智能等新兴产业,力争到2020年打造百亿级产业集群4个,其中200亿级产业集群2个。坚持市场主导、集聚发展,科学编制全域旅游总体发展规划,重点抓好古淮河生态旅游观光走廊、苏北小延安文旅区、黄河故道花果湖生态福地等规划建设,加快红窑金鸡坨、保滩洪荡璞趣园创建省四星级乡村旅游示范区步伐,着力构建"一带两圈三核五区"全域旅游发展格局;促进传统产业与电子商务深度融合,推广"一村一品一店"农村电商发展模式,确保新增省级电子商务示范镇1个、示范村2个,实现电子商务交易额40亿元;大力发展港航运输、智能仓储和供应链物流等业态,扎实推进大型专业市场建设,打造苏北区域性物流集散基地,确保服务业增加值占国内生产总值比重提高1个百分点。

强化企业培育。积极策应市"158"培育工程,充分发挥今世缘酒业等大企业、永安化工等小巨人企业以及欣乐康日化等后备企业的示范引领作用,扶持培育一批发展前景好、产业带动力强的重点骨干企业,力争全年新增规模以上工业企业20户、开票销售超亿元企业5户、工业入库税收超千万元企业4户,形成年销售2000万元以上新增长点40个。全面对接"中国制造2025""互联网+"行动计划,加快推进工业化和信息化融合,确保分别创成省、市"两化融合"示范试点企业2家、4家。鼓励支持企业加大技改投入,强化品牌建设,增强产品竞争力,新培育省著名商标5件。继续做好苏美食品、恒春医疗等企业上市指导服务,确保1家、力争2家企业在"新三板""四板"挂牌;大力发展总部经济,发挥产业引导基金作用,吸引外地后备上市企业来涟设立营销、结算等各类分支机构,推动我县上市企业由"一枝独秀"向"多点开花"转变。

强化创新驱动。坚持企业主体地位,加快资金、人才、政策等创新要素向优质企业集聚,推动企业大力开展产品创新、管理创新和商业模式创新等创新活动,新增省级以上高新技术企业8家,高新技术产业产值占规模以上工业总产值达26.8%。推动政产学研协同创新,重点支持今世缘酒业、聚缘机械、快乐电源等企业建设研发平台,力争新建院士工作站1个,新增市级以上研发机构10家,大中型工业企业和规上高新技术企业研发机构建有率达95%,确保全社会研发支出占国内生产总值比重达2%。加大人才招引与培育力度,发挥"科技镇长团"桥梁纽带作用,力争新招引高层次人才团队项目1个,入选省"双创人才""双创博士"3人,市"淮上英才"计划5人以上,培养高技能人才700人以上。强化知识产权保护,培育知识产权优势企业10家,新增知识产权密集型企业2家,各类专利申请量突破2200件。

三、坚定不移优化城市功能品质

以现代眼光规划城市。全面对接江淮生态经济区建设,优化城乡互动发展空间,统筹"地、水、绿、文、产、居"多种要素,加快建立城乡规划与土地利用总体规划相融合、总体规划与各类专项规划相统一的规划体系。根据市域"131047"城镇空间体系和我县"一主一副三纵一横多极点"全域城镇规划布局,围绕城镇功能性项目及产业布局,

逐步调整完善城镇空间规划和产业发展规划，为城市发展提供战略支撑。重点做好高铁新城片区、涟水湖南侧片区等城市设计规划编制工作，更好引领滨河新城核心区发展。加快推进规划管理及地理信息系统管理平台建设，强化规划管控，严格刚性执行。

以工匠精神建设城市。聚焦改造提升老城区，实施城东新村等老旧小区综合整治，加快中山西路两侧棚户区三期改造和背街小巷、农贸市场升级改造等项目建设，启动实施金城路、常青路等市政道路维修工程，突出抓好海安路等易涝易淹片区整治及公厕升级改造、绿化亮化提升，让市民生活更加便捷舒适。加快滨河新城海绵城市、地下综合管廊以及“一核五中心”建设，全力推进清涟大道等重点工程，尽快启动备用水源地等建设，着力彰显滨河新城生态宜居品质。完善综合交通体系，配合做好连淮扬镇高铁及淮安云轨示范线等项目建设，加快连淮扬镇高铁涟水站、高铁站综合客运枢纽建设，确保涟水港二期年内主体完工，尽快开工建设346省道涟水段等工程，构建对外通达的大交通格局。

以绣花功夫管理城市。深化城市管理体制改革，着力完善网格化管理，加强数字城管应用及智慧城市建设，努力构建管理无盲区、责任全覆盖、全社会参与的“大城管”格局。巩固省级文明城市创建成果，强力推进城市环境综合整治“931”行动，继续以城区干道、窗口地带、城乡接合部、背街小巷等为重点，持续强化对市容市貌、交通秩序等重点领域的综合整治，不断提升城市长效管理水平，打造宜居宜业的人居环境。扎实开展违法建设专项治理，逐步清理存量违建，坚决遏制增量违建，确保新发违建处置率100%。建立健全物业企业市场准入与退出机制，持续提升小区物业管理水平，培育一批让业主放心、社会满意的物业品牌。

四、坚定不移实施乡村振兴战略

大力发展现代农业。深化农业供给侧结构性改革，围绕“一路一廊”战略，重点打造花卉观光、运动休闲、生态种植、生态养殖、文化旅游“五大生态经济特色圈”，以百花园、百药园、百菇园、百果园和红窑现代农业产业园、南集现代农业示范园为载体，大力培育食用菌、鲜切花、芦笋、中药材等一批特色产业，推动红窑现代农业产业园创建国家现代农业产业园区、南集现代农业示范园争创省级现代农业园区。培育新型经营主体，大力发展多种形式适度规模经营，确保新增省级农业龙头企业2家、县级以上示范家庭农场30个，新培育市级以上示范合作社16个。大力培养新型职业农民，加快形成一支有文化、懂技术、会经营的职业农民大军。加强农业品牌培植，大力推广农业标准化生产，新认证“三品一标”40个以上，争创省级农产品质量安全县。完成智慧粮库改造升级，健全农机服务体系，提高物质装备水平，创建省级粮食生产全程机械化示范县。

加快推进镇村建设。以片区规划为引领，以“十个一”基础设施项目建设为抓手，推动重点中心镇、门户镇完善综合功能，加快人口集聚和产城融合。按照产业上“特而强”、功能上“聚而和”、形态上“精而美”的原则，突出产业培育，实施“一镇一业”，重点打造高沟“缘来小镇”、红窑“云锦小镇”、保滩“花卉小镇”、陈师“中医药养生小镇”等特色小镇。加快特色田园乡村建设，突出抓好高沟扁担、成集条河等10个村庄试点，争取培育省、市级试点各2个。积极稳妥推进乡镇布局优化和农村相对集中居住，加快实施岔庙新河、前进朱后圩等整村推进项目，确保2019年底前完成乡镇优化布局。大力实施农村道路提档升级、危桥改造、农田水利等项目，统筹推进水系治理、垃圾污水处理等环境提升工程，继续坚持“五位一体”长效管护机制，让群众感受碧水蓝天、共享宜居生活。

扎实开展乡村治理。认真挖掘村志村史内涵，充分发挥农村优秀基层干部、退伍军人、文化能人、返乡创业人士等新乡贤作用，传播文明理念，涵育文明乡风。大力开展移风易俗，深化殡葬管理整治，倡导科学文明卫生的生活方式。着力强化农村法治宣传教育，发挥村规民约、家规家训等社会规范作用，引导和支持群众合法维权、理性表达，妥善处理各类矛盾纠纷，不断增强村民自我管理、自我教育、自我服务、自我提高的能力，建立健全自治、法治、德治相结合的乡村治理体系。

五、坚定不移加快改革开放步伐

突破重点领域改革。继续推进供给侧结构性改革，推动“三去一降一补”五大任务落地见效。着力推进金融体制改革，严厉打击非法金融活动，提高金融风险防范和化解能力。深化投融资体制改革，推动安东控股等国有平台公司市场化实体化转型，规范政府融资行为，严控政府性债务规模。全面推进农业农村综合改革，拓展农村土地确权登记颁证成果应用，分类实施农村集体经济组织产权制度改革，开展土地承包经营权抵押贷款服务，探索土地流转、土地经营权抵押保证保险试点工作，不断提升农村产权交易服务水平。支持县经济开发区广泛复制运用先进地区在园区管理、建设运营体制等方面的成功经验，增强开发区转型发展动能。统筹推进医疗卫生、文化教育、农业水价、供销合作社等方面改革，确保改有所进、改有所成。

不断放大试点效应。深化国家级“互联网+政务服务”平台建设试点，加大“放管服”改革力度，更富成效开展“35745”审改专项行动，巩固深化乡镇政务服务分中心“集中办公、窗口服务”建设模式，推动“互联网+政务服务”向基层延伸，努力构建县镇村一体化政务服务体系。围绕国家级新型城镇化综合试点4项改革任务，以系统化思维破除规划用地、资金来源、产业发展、公共服务等方面体制机制障碍，加快农业转移人口市民化。抢抓高沟被列为省经济发达镇行政管理体制改革试点和红窑被纳入省级重点中心镇行政管理体制改革试点机遇，以扩大经济社会管理权限、完善基层政府功能为重点，进一步简政放权、整合资源、创新管理、优化服务，着力构建“集中高效审批、强化监管服务、综合行政执法”的基层政府治理模式。

提升对外开放水平。围绕淮安打造台资示范区目标，放大“省台商服务工作示范点”品牌效应，在吸引更多台资企业落户的基础上，全力拓展欧美日韩以及新兴经济体外资招商。提升利用外资质态，突出先进制造业和生产性服务业项目招引，力争全年完成注册外资实际到账1.2亿美元，其中制造业项目到账外资4800万美元以上。促进外贸外经优化升级，加大对源通制帽、泰丰针织、睿基家具等重点外贸企业扶持力度，做好外贸自营进出口经营权备案登记工作，鼓励企业开拓国际市场，培育新的出口增长点，确保全年完成外贸进出口总额3.2亿美元以上。扩大对外文化交流合作，积极办好《红楼梦云锦图》赴瑞典国家博物馆、斯德哥尔摩中国文化中心专题展览等活动。

六、坚定不移彰显生态文明魅力

持续深化专项整治。认真开展全国第二次污染源普查，严格落实"263"专项行动要求，确保完成年度各项整治任务。深入开展大气污染防治，推进建筑扬尘、渣土运输和油烟等治理，提高秸秆禁烧禁抛和综合利用工作水平，确保$PM_{2.5}$浓度持续下降，空气质量优良天数上升，打赢蓝天保卫战。全面落实河长制，加强古淮河、盐河、南六塘河等骨干河道管护，推进东大澳等黑臭水体整治，确保袁闸、肖大桥2个国省考断面水质明显改善，饮用水源水质达标率100%。开展重点行业企业用地和农用地土壤污染状况详查，加快建立污染地块名录，下大力气整治农业面源污染。推进危废减存量、控风险专项行动，严厉查处违法转移固废行为。

严格生态环境保护。强化生态红线刚性约束，加大对黄嘴白鹭省级自然保护区、饮用水水源保护区、重要湿地、生态公益林、永久性绿地五大类24块生态红线保护区域管护力度，推动生态环境持续改善。加快推进盐河风光带、涟水湖森林公园等重点生态工程，大力开展植树造林活动，成片造林5000亩，建城区绿化率、全县森林覆盖率分别达41.9%和24%。严格环评审批，落实"三同时"制度，从源头保护生态环境。稳妥推进环境管理体制改革，加强监测执法能力标准化建设，严厉打击环境违法行为，营造生态文明共建共享的良好局面。

推动绿色低碳发展。推进节能减排，优化能源结构，加快高传风力发电、光大生物质热电等项目建设。深入推进县经济开发区、淮安（薛行）循环经济产业园绿色循环化改造，积极争创省级生态园区和省级循环化改造示范区。大力发展绿色建筑，加快推进中民筑友、杭萧钢构等项目，完成建筑节能改造1.5万平方米。优先发展公共交通、绿色交通，着力构建低碳出行体系。

七、坚定不移提升群众幸福指数

增加群众收入富民。围绕"两个确保"总体目标，认真落实省"33条"、市"18条"和县"19条"富民政策，加快富民产业发展，构建长效增收机制，努力让群众口袋鼓起来。积极策应全市"全民创业、淮商崛起"行动，进一步完善就业创业服务体系，提高就业质量和创业带动水平，实现城镇新增就业8400人以上、再就业3000人以上，转移农村劳动力4500人以上，打造省级创业孵化基地1个、市县创业示范基地3个。依托"阳光扶贫"系统，放大"扶贫超市"效应，全面落实教育扶贫、金融扶贫、政策兜底扶贫等措施，加快实施21个产业富民重点项目以及6个产业富民示范村项目，稳步推进涟沭结合部片区旱改水和渠北片区饮水安全巩固提升等关键性工程，确保3.65万低收入人口脱贫、16个省市定经济薄弱村达到更高水平"新八有"标准。

健全社会保障惠民。建立健全全民参保长效机制，深化机关事业单位养老保险制度改革，积极稳妥推进社保扩面提标。鼓励社会力量投资养老服务业，支持医疗卫生资源进入养老机构、社区和居民家庭，推动医养融合发展。完善住房保障体系，积极开展公共租赁住房和廉租住房并轨试点，切实保障困难家庭住房需求。加快发展社会公益和慈善事业，加大临时救助、残疾康复等保障力度，改善困难群体生活质量。做好优抚安置工作，持续推进双拥共建，促进军民深度融合发展。

优化公共服务利民。以新一轮教育现代化创建为统领，不断深化"三名"工程，优化中小学校教育布局，清理整顿无证幼儿园，建成涟水外国语学校滨河校区，加快推进县中等专业学校异地新建、经济开发区振丰小学、高沟第二小学等项目建设，完成义务教育"改薄"年度任务，推进城乡教育优质均衡发展。深入推进健康涟水建设，深化公立医院改革，完善分级诊疗机制，探索医联体与家庭医生签约服务衔接模式，推进县医院创建三级医院，加快县公共卫生中心、县三院异地新建项目和基层医疗卫生机构标准化建设，确保全县村卫生室标准化率达75%。大力实施文化惠民工程，加快图书馆、滨河科技文化中心等建设，启动"中国书法之乡"创建，积极办好"中国涟水·第三届阿累读书节"等系列文化活动，推动《留守村长留守鹅》争创中国戏剧白玉兰奖，打造省现代戏创作实践基地。

加强社会治理安民。以"平安涟水"建设为主线，创新网格化社会治理机制，大力推进升级版技防城建设，严厉打击各类违法犯罪行为和突出治安问题，着力打造共建共治共享的社会治理格局，不断增强人民群众安全感。围绕建设"法治涟水"，以公共法律服务为抓手，深入开展"七五"普法，持续深化"法治护航实体经济"等专项行动，打造一批法治乡镇、民主法治示范村和公正司法示范点，争创省法治先进县。全面落实信访工作责任制，构建合成维稳工作体系，健全领导干部接访下访等工作机制，全力突破信访积案化解，继续推进"三无县""四无乡镇""无访村居"创建活动，不断提高信访基层基础建设水平，确保信访形势平稳可控。巩固省级食品安全示范城市创建成果，提升食药监管效能，确保群众吃上安心食品、用上放心药品。推进安全生产领域改革，全面落实安全生产责任制，强化企业主体责任，加大隐患排查治理和事故查处追责力度，坚决遏制重特大事故发生。完善应急管理体系，建设突发事件预警信息发布平台，提高突发事件处置水平。

各位代表，民生连着民心，民心凝聚民力。新的一年，县政府将实施总投入16.1亿元的十大类24项民生实事项目，进一步改善群众生产生活条件。一是新投放30辆新能源公交车，新开通3个乡镇镇村公交，继续实施城市公交优惠政策，方便群众公共出行。二是新建校舍0.53万平方米和3所公办幼儿园，改造实验小学和郑梁梅高中，优化提升教育资源。三是提高居民保障水平，城乡居民医保人均财政补助标准提高到510元，城乡居民最低生活保障标准分别提高到每月580元、520元。四是完成8个老旧小区和600套棚户区改造任务，实施见缝插绿工程8万平方米以及黑臭水体整治工程，持续改善人居环境。五是续建第二水厂扩建项目，保障群众饮水安全。六是优化提升基层综合性文化服务中心，继续开展文化“三送”活动，丰富群众文化生活。七是实施乡镇卫生院改扩建工程，新建家庭医生工作站5个，建设日间照料中心、养老服务信息平台，为1万名老年人购买养老服务。八是实施市政道路维修、城区易涝易淹片区整治等工程，新改建垃圾中转站7座，高标准改造公共厕所5座。九是新改建农村公路50公里、桥梁10座，疏浚整治河道62条、村庄河塘58个。十是推进乡镇公益性公墓建设，在各乡镇（园区、办事处）新建或改建1个公益性公墓。

全面加强政府自身建设

立足新时代、开启新征程、肩负新使命，政府工作必须有新气象、新作为、新业绩。我们要遵循习近平总书记治国理政新理念新思想新战略，以开展“不忘初心、牢记使命”主题教育为强大动力，加快政府作风转变和效能提升，树立“为民、务实、清廉”政府新形象，更好地担当起推动涟水科学跨越发展重任。

坚持高效施政。全面增强执政本领，强化学习型队伍建设，倡导研究型工作，着力提高以新理念、新思路、新办法战胜挑战、破解难题的能力和水平。突出“赶超跨越”主题，大力弘扬立说立行、马上就办的优良作风，激发爱岗敬业、尽职担责的工作干劲，掀起“比学赶超”热潮，推动各个条线、各个板块、各个行业，以钉钉子精神高标准、快节奏推进各项工作，努力实现政府工作提质提速提效。深入推进“三治三促”专项行动，力戒“慵懒散”等不良现象，切实解决“中梗阻”“底板结”问题。建立健全鼓励激励、容错纠错、能上能下三项机制，推动形成想作为、敢作为、善作为的良好风尚。

坚持务实勤政。健全指标体系和考评体系，不搞形象工程、数字攀比，不贪一时之功、一己之名，以实实在在业绩求得实实在在发展。推动工作项目化、项目清单化、清单责任化，把发展的目标任务具体到项目、落实到人头、量化到进度。狠抓压力传递，加强分类指导，将跟踪问效、行政问责和绩效考核有机结合，形成上下同心、目标同向、落实同步的推进机制。深入开展“三进三帮”大走访等活动，更广泛地倾听群众意见、采纳社会评价，尽全力办好民生实事项目、棚户区改造、问题楼盘处置等一批老百姓关心关注的热点难点问题。

坚持依法行政。强化法治意识，全面落实政府法律顾问制度，创新行政复议审理方式，确保行政机关负责人应诉率达100%。依法行使权力，认真开展全省重大行政决策规范化管理第二批试点，不断规范重大行政决策程序，加强政府合同、规范性文件的合法性审查，提高决策科学化、民主化水平。深化政务公开，建立健全政府信息公开等制度，进一步提高政府工作透明度。自觉接受县人大的法律监督、工作监督和县政协的民主监督，高度重视社会舆论监督。建立健全重大决策出台前向人大及其常委会报告制度，坚决执行人大及其常委会的决定决议，认真办理人大代表建议和政协委员提案，更加注重对人大、政协调研成果运用。

坚持从严治政。把学习贯彻中共十九大精神作为政府当前和今后一个时期的首要政治任务，严守政治纪律和政治规矩，牢固树立“四个意识”，坚决维护以习近平同志为核心的党中央权威和集中统一领导。坚持作风建设永远在路上，把贯彻中央八项规定精神往深里抓、实里做，严厉整治“四风”，严守财经纪律，切实规范办公用房、公车管理使用，进一步压降“三公经费”，把有限的财力更多用到保民生、补短板、增后劲的“刀刃”上。全面落实党风廉政建设责任制，认真履行“一岗双责”，强化纪律教育和纪律执行，严格重点领域、重点项目和重大资金的监管，加大扶贫脱贫、惠农政策落实、征地拆迁、农村“三资”管理等重点领域违法违纪问题查处力度，坚决惩治腐败，努力实现干部清正、政府清廉、政治清明。

各位代表，使命呼唤担当，实干赢得未来。让我们更加紧密地团结在以习近平同志为核心的党中央周围，高举习近平新时代中国特色社会主义思想伟大旗帜，在县委的坚强领导下，紧紧依靠全县人民，不忘初心、牢记使命，以永不懈怠的精神状态和一往无前的奋斗姿态，奋力夺取高水平全面建成小康社会新胜利，朝着建设“强富美高”新涟水的目标奋勇前行！

·相关链接·

报告专用名词解释

1.“35745”审改专项行动：开办企业3个工作日内获准注册、不动产交易5个工作日内办结产权证书，企业投资建设项目7个工作日内完成施工图审查、40个工作日内完成项目评估评审、从立项到获得施工许可50个工作日内办结。

2.三打击一整治：打击传统“盗抢骗”犯罪，打击电信网络诈骗犯罪，打击网络贩枪犯罪，整治外来地域性职业犯罪群体聚居地区、收销赃问题严重的专业市场和容易加工、交易枪支及零部件的重点行业。

3.“1121”合成维稳工作体系：成立合成维稳中心，搭建合成维稳信息化应用平台，建立涉稳信息收集和矛盾纠纷排查化解专职队伍，健全一套运行机制。

4.一特三提升：打造特色创新集群，提升土地产出率、资源循环利用率和智能制造普及率。

5.321：“3”即要做好特色发展、创新发展、绿色发展三篇大文章，“2”即打好利用外资和项目集聚两场攻坚战，“1”即下好深化改革这一先手棋。

6.“315”工业培育计划：每年各乡镇要新引进或新增一个固定资产3000万元、开票销售1亿元、入库税收500万元的工业企业。

7.市域“131047”城镇空间体系：1个中心城区、3个县城、10个重点中心镇、47个一般镇(特色镇)。

8.城市环境综合整治“931”行动：即

九整治、三规范、一提升。“九整治”是指整治城郊接合部、城中村、棚户区、老旧小区、背街小巷、城市河道环境、低洼易淹易涝片区、建设工地和农贸市场;“三规范”是指规范占道经营、车辆停放和户外广告设置;“一提升”是指提升城市长效管理水平。

9.三品一标:无公害农产品、绿色食品、有机农产品和农产品地理标志。

10.两个确保:确保城乡居民收入增幅高于地区生产总值增幅、高于全省全市增幅,农村居民收入增幅高于城镇居民收入增幅;确保2020年城乡居民收入比2010年翻一番,建档立卡低收入人口年收入全部超过6000元。

人大工作报告(摘要)

——在涟水县第十六届人民代表大会第二次会议上

(2018年1月4日)

县人大常委会主任　别纯海

2017年工作回顾

2017年是中共十九大胜利召开之年,也是新一届人大常委会履职开局之年。一年来,县人大常委会在县委的坚强领导下,深入学习贯彻十八大以来历次全会、中共十九大和习近平总书记系列重要讲话精神,紧紧围绕省市县党代会的部署要求,紧扣“两聚一高”,紧盯“两大目标”,认真履行宪法和法律赋予的职责,扎实开展各项工作。共召开县人大常委会会议6次,听取和审议“一府两院”专项工作报告18项,开展执法检查2次、代表视察11次、专题询问2次,组织质询1次、代表约见3次,代表旁听庭审56人次,任免国家机关工作人员和人民陪审员159人次,较好地完成了各项目标任务,为促进全县经济社会平稳健康发展做出了积极贡献。

一、围绕全县大局,在促进发展中主动作为

县人大常委会牢固树立“四个意识”,围绕中心,服务大局,全力推动县委重大战略部署和重要举措的贯彻落实。

始终关注脱贫攻坚。聚焦精准扶贫。紧扣“富民增收19条措施”的贯彻落实,听取县政府精准扶贫工作报告,围绕杜绝数字脱贫、解决因病返贫等事项专题询问,强化精准扶贫、精准脱贫各项措施,推动加快脱贫攻坚达小康步伐;就扶贫资金管理使用组织代表约见扶贫、财政、民政等部门负责人,促进政府及相关部门加快资金使用进度、提高资金使用效益,让贫困人口尽早受益。聚焦扶贫济困。开展“千百万扶贫济困大行动”,组织有专长的代表巡回宣讲,实施智力帮扶;组织企业家代表结对经济薄弱村,实施项目帮扶;组织代表联系贫困家庭,实施结对帮扶。累计组织代表宣讲249人次,听众1万余人次;企业家代表实施项目49个,增加村集体经济收入68.4万元;1697名五级人大代表结对帮扶2340户困难群众,提供致富信息3600余条、技术咨询3100余人次、捐资助学314人,筹集协调各类帮扶财物300余万元,帮助380名困难群众实现就业。聚焦富民增收。深入调研农村富民增收工作,《坚持富民优先 加快增收步伐》的调研报告被省人大评为一等奖,《关于农民增收和农村扶贫工作的调研报告》被作为会议文件在县委十一届三次全会上全文印发,为党委制定富民增收意见、科学决策提供参考。

始终关注经济发展。助推重大项目建设。视察2015—2016年亿元项目达产达效和现代农业重点项目建设情况,邀请相关企业负责人参加座谈交流,充分征求意见,督促相关部门帮助解决实际问题,推动项目达产达效,提升对全县经济发展贡献力。助推经济转型升级。听取县政府关于科技创新工作汇报,促进企业落实主体责任,加快人才引进培育;视察开发区转型升级创新发展情况,推进国家级开发区创建和专业园区建设步伐。助推服务环境优化。视察“互联网+政务服务”平台建设试点工作,代表现场检验在线服务功能,推动政府部门进一步转变服务理念,提高网上审批率,确立“不见面审批是常态、见面审批是例外”的理念,打造审批快、流程短、收费低、服务优的投资发展环境。

始终关注四城同创。促进物业管理改善。开展《江苏省物业管理条例》执法检查,通过专项视察、代表约见、听取报告、专题询问跟踪监督,提出3类11个问题和10条有针对性的建议,县政府高度重视,住建局认真落实,按月评比物管服务质量,并在《涟水日报》上予以公示,提高物业管理水平。促进生态环境保护。专题听取“263”专项行动工作报告,就黑臭水体治理问题提出质询案,县政府作出书面答复,推动解决突出问题;开展森林法执法检查,视察农村环境综合整治,召开“绿地保护决定”和“饮用水水源地保护决定”落实情况座谈会,多角度、全方位推进生态环境改善。促进文明城市创建。23个县人大代表组、19个乡镇人大主席团联动开展视察,各级人大代表全面发动、积极参与,造浓创建氛围;县人大常委会领导深入挂钩乡镇、社区,现场查看安置小区、农贸市场等重点地段,列出问题清单,督促共建单位与社区进一步提升思想认识、强化问题导向、明确工作任务,凝聚创建合力。

始终关注民生热点。选择网络舆情关注的热点作为人大常委会监督工作的切入点。重视学前教育。听取和审议县政府关于学前教育工作报告,要求县政府相关部门进一步优化师资队伍、落实各方责任,对不符合办园条件的进行清理,对符合办园条件的加强指导，做到公办园、民办园“双轮驱动”，解决入园难及办园质量问题。重视医疗卫生。听取县政府关于医疗卫生惠民服务工作报告，着力推进医药卫生体制改革，加快医联体建设，努力解决群众就医难、看病贵问题。重视食品安全。组织代表深入超市、酒店、种植专业合作社视察食品安全工作，督促抓好源头治理，提升食品安全保障水平。我们还组织代表视察民生实事办理、就业创业、安全生产、电网建设和公共文化服务体系建设等工作，推动县政府及相关部门“一事接着一事办、一年接着一年干”，不断满足人民群众日益增长的美好生活需要。

二、健全工作机制，在依法履职中积极创新

县人大常委会始终突出履职重点，完善监督机制，创新监督方式，务求监督实效。

*健全重大事项决定机制。*认真落实县委《关于健全人大讨论决定重大事项制度、县人民政府重大决策出台前向人大报告的实施办法》，自觉把人大工作置于县委领导之下，先后8次在县委常委会上汇报省市人大重要会议精神、人大工作相关情况。对人大依法行使决定重大事项权，建立审查机制、明确审查要点、完善审查程序、及时作出决议决定。一年来，先后听取了县政府关于“新社区新生活”整村推进PPP项目等8份重大事项报告，作出授予荣誉市民称号等8份决议决定，保障了相关项目的快速实施，促进了重大事项决定权的有效落实。

*健全预算审查工作机制。*筹建预算联网审查监督查询系统并投入使用，变事后监督为实时监督；出台《预决算审查监督专家库管理办法》，举办预算编制专题培训，借助专家智慧，提高预算审查的科学化、专业化水平。听取和审议县政府预算执行报告前，深入开展调研，提出部分非税收入缴存不及时、预算调整幅度较大等五方面初审意见，县政府及时作出书面答复，强化预算管理的严肃性。出台《审计查出突出问题整改工作监督办法》，听取县政府审计工作报告、审计发现问题整改报告和国有公司审计情况汇报，督促强化预算管理、严肃财经纪律、防控债务风险。

*健全法治建设监督机制。*听取和审议县人民法院执行工作情况报告，通过《县人大常委会关于健全和完善执行联动工作机制的决定》，打造多部门联动的“30分钟执行响应圈”，提高了执行质效。听取和审议公安部门执法规范化建设工作报告并组织专题询问，从执法主体、制度等多方面推进规范执法。对县人民检察院刑事执行检察、民事行政检察以及社区矫正工作进行审议、视察，并约见检察院民行工作负责人，促进检察机关增强检察意识，提升检察质效。出台《规范性文件备案审查办法》和《法律咨询专家库管理办法》，实现规范性文件由内部审查变为内外审查相结合；相关专门委员会与县政府法制部门建立定期联系机制，做到“有件必备、有备必审、有错必纠”，规范性文件备案审查工作质量有效提升。

*健全履职评价活动机制。*出台《县人大及其常委会选举和任命人员履职评价暂行办法》，通过书面听取报告、现场进行评议等方式，对“一府两院”副职等22名国家机关工作人员进行履职评价。在本次人代会上，对人大常委会及“一府两院”工作报告进行满意度测评，实现履职评价全覆盖。印发《县人大常委会组成人员履职积分册》，从出席会议、审议发言、参加活动、提出建议等6个方面量化考评，提高组成人员参与监督、履职尽责的积极性。制定县人大机关质效考核意见，各委办按照工作要点推进“规定动作”、创新“自选动作”，排出每季度的计划表、画好每个月的进度图。

三、做好代表工作，在强化保障中优化服务

县人大常委会积极搭建平台，切实保障人大代表依法行使职权，充分发挥人大代表在经济社会发展、民主法制建设中的作用。

*强化学习，提高代表履职水平。*安排全县新一届人大代表集中培训，组织代表组组长、人大主席赴浙大学习，邀请省委党校教授、市人大财经委主任等专家学者开展讲座，累计培训600余人次。按照地域相近、便于活动的原则，划分23个代表小组，建立财政经济、农业农村、公检法司、教科文卫、环资城建和工业企业6个专业代表组，定期不定期组织专业培训；以乡镇和代表组为单位召开代表履职经验交流会，集中举办“住建杯”代表履职知识电视大奖赛，提高代表自身素质，增强依法履职能力。

*强化机制，完善代表履职保障。*组织召开政情通报会，邀请县政府领导向代表通报重要工作和重大事项，利用人大网站、微信载体，及时通报人大重要情况和工作动态，拓宽代表知情知政渠道；先后邀请190余人次人大代表参加人大常委会组织的视察调研、执法检查、履职评价等活动，完善《县人大代表列席县人大常委会会议实施办法》；强化代表履职积分考评，促动代表积极履职。

*强化办理，激发代表履职活力。*加大代表建议督办力度，加强承办单位与代表的沟通联系，县十六届人大一次会议的180件代表建议已全部答复，办成率、满意率显著提高。关于大力推进脱贫攻坚、培育发展本土企业等重点建议，通过分管县长牵头领办、常委会领导领衔督办、挂钩委办跟踪催办等方式，促进办理质量提高。公安、交通、住建、水利、财政、人社、教育等单位主要负责同志亲自过问办理工作，做到办前拜访、摸清意图，办中走访、求计问策，办后回访、听取意见，形成了较为完善的建议办理机制。

四、抓好自身建设，在提升素质中增强能力

县人大常委会主动适应新常态，不断强化作风建设，努力提高人大系统工作人员的履职能力和服务水平。

*提高理论素养，思想政治建设得到加强。*注重思想政治理论学习。集中观看十九大现场直播、专题报道，发放十九大报告、文件汇编、知识问答等辅导材料，通过领导干部讲党课、寄语十九大、心得体会专题交流等活动，把思想和行动统一到十九大精神上来。注重人大业务知识学习。积极参加省市人大组织的学习班、人大讲坛和考察学习；结合常委会审议议题，开展知识讲座；人大常委会领导带头上讲台以“做好人大工作的几个问题”为主题讲授业务知识；定期召开主任会议、组织机关

学习,交流人大工作。

改进工作作风,机关队伍建设得到加强。深入开展调研。注重调研质量,摸清实际情况,分析具体问题,提出可行建议,扎实做好乡镇布局优化调整、殡葬改革等重点课题调研。全年共完成各类调研报告20余篇,为县委决策提供第一手资料。加强作风建设。扎实开展“两学一做”学习教育,认真落实“阳光扶贫”“三进三帮”各项帮扶任务,主动深入基层,密切联系群众;深入学习《中国共产党机关工作条例》《关于贯彻〈中国共产党问责条例〉实施办法》等文件,集中观看《巡视利剑》等视频,做到警钟长鸣。增强队伍能力。从全县各领域、各行业中,选拔政治素质高、道德品行好、业务能力强的67名同志,担任各工作委员会的兼职委员,解决人大机关人员结构单一、专业人才缺乏等问题。

密切联系指导,乡镇人大工作得到加强。认真落实《关于进一步加强乡镇人大工作规范化建设的意见》,加强对乡镇人大工作联系指导。务求依法规范。对乡镇人大工作,按照《意见》要求,列出清单、形成模板。在高沟、涟城、朱码、五港、东胡集、南集等乡镇,分别就人大主席团会议、代表接待选民、年中人代会、“代表之家”作用发挥开展“每月一观摩”活动,相互取长补短,促进工作交流。坚持考评促动。完善《乡镇人大工作评比办法》,印发《乡镇人大工作积分册》,按照人代会召开、主席团会议、代表小组工作、“代表之家”建设、建议办理情况等9类48项,进行量化考评。实行联动互动。坚持委办挂钩联系指导乡镇,监督工作上下联动、代表工作同步推进、日常工作及时沟通、常委会活动邀请参加,通过“面对面”“带着干”,推动县乡人大各项工作共同推进。

各位代表,过去的一年,县人大常委会取得的成绩,主要得益于县委的坚强领导和对人大工作的高度重视,得益于“一府两院”和全县干群的大力支持,得益于全体人大代表和人大工作者的共同努力。借此机会,我谨代表县人大常委会,向大家表示崇高的敬意和衷心的感谢!

在总结成绩的同时,对照宪法和法律赋予的职责,对照新形势下党对人大提出的新任务新要求、群众对人大的新期盼新愿望,县人大常委会的工作还存在一些差距:监督能力有待提升、监督方式有待改进、监督实效有待增强等等。在新的一年,我们将对照存在不足,广泛听取意见,更加努力地推动县人大常委会各项工作迈上新的台阶。

2018年工作安排

2018年是全面贯彻中共十九大精神的开局之年,是决胜全面建成小康社会、深入实施“十三五”规划的关键一年。县人大常委会将坚持以习近平新时代中国特色社会主义思想为指引,认真学习中共十九大精神,紧紧围绕县委十一届四次全会决策部署,把“决战新三年、决胜达小康”作为核心任务,紧盯“经济增长稳健、产业转型有力、富民成效明显”的发展目标,积极履行职权,增强监督质效,更好地推动县人大常委会各项工作与时俱进、创新发展,为加快全面建成小康社会、奋力谱写新时代涟水发展新篇章作出更大贡献。

一、牢记新使命,努力在履职实效上再求新突破

县人大常委会将紧扣“法律赋权的、县委关注的、‘一府两院’薄弱的、人民群众期盼的”四个维度,在监督内容上求“准”。在监督方式上求“活”。在监督效果上求“实”。

二、把握新要求,努力在代表服务上再有新提升

紧紧围绕“要把人大机关建设成为全面担负起宪法法律赋予的各项职责的工作机关、同人民群众保持密切联系的代表机关”的新要求,坚持尊重代表主体地位,支持代表依法履行职责,充分发挥代表参政议政作用。提升代表履职能力。强化代表履职管理。

三、适应新形势,努力在能力建设上再达新水平

把学习贯彻十九大精神和习近平新时代中国特色社会主义思想作为加强自身建设的重要工作,结合“不忘初心、牢记使命”主题教育,按照增强“八种能力”的要求,进一步提高履职能力和水平。增强与时俱进的学习力。练好调查研究的基本功。注重作风建设的长期性。

各位代表,新时代赋予新使命,新思想引领新征程,让我们紧密团结在以习近平同志为核心的党中央周围,在县委的坚强领导下,不忘初心、牢记使命,不负众望、逐梦前行,在建设“强富美高”新涟水的履职实践中乘风破浪、继续前进!

政协工作报告(摘要)

——在政协涟水县第十届委员会第二次会议上

(2018年1月2日)

县政协主席　蒋东明

2017年工作回顾

2017年是中共十九大胜利召开、“十三五”规划全面实施的重要之年,是涟水“决战决胜达小康、做强做美副中心”的关键之年。一年来,中共涟水县委、涟水县人民政府准确研判形势,科学决策部署,在发展中抢抓机遇、在考验中破浪前行、在挑战中砥砺奋进,全县经济社会持续健康发展,强富美高新涟水建设迈出坚实步伐。2017年也是十届县政协继承创新、务实作为的开局之年。一年来,县政协在中共涟水县委的坚强领导下,坚持以中共十九大、习近平新时代中国特色社会主义思想以及省委、市委政协工作会议精神为指引,高举爱国主义、社会主义伟大旗帜,突出大团结大联合主题,按照“县委有决策,政协有响应;政府有需要,政协有呼应;群众有期盼,政协有回应”的工作思路,切实履行政治协商、民主监督、参政议政职能,以更实的真情维护核心,以更高的激情突出中心,以更深的感情反映民心,以更大的热情凝聚人心,在推进涟水“两聚一高”、实现“两大目标”的征程中积极作为、收获丰硕。

一年来,常委会坚持围绕中心议大事,服务大局献良策,在助推改革发展中聚势奋进

唱响主旋律,协商民主推进有序。我们主动适应政协协商民主新形势新要求,在理念思路上破旧立新,在方式载体上推陈出新,摸索出符合时代特征、具有政协特点和涟水特色的协商民主新路径。以专题议政性常委会议为重点,围绕乡镇工业集中区建设、红色旅游资源开发利用建净言、献良策,向县委提交了《提升产出效益,促进乡镇工业集中区建设》《开发红色旅游资源,打造全域旅游品牌》等专题调研报告,在更高层面推动了专项工作开展。以对口协商和界别协商为常态,围绕文明社区创建、外资企业运营、农村电子商务发展、学前教育等议题,加强专委会、界别委员与政府职能部门的互通互动,所提意见建议陆续转化为部门工作的具体措施。服务大战略,民主监督科学有方。一年来,就重点乡镇经济社会发展、扶贫+医疗保险、古淮河生态旅游资源开发等7个课题深入调查研究,在高度和深度、专业和内行、切实和可行上下足“绣花”功夫,关于《保护非遗文化,传承历史记忆》的调研报告获得市政协优秀调研报告一等奖,《激活科技创新因子,助力县域经济发展》的调研报告获得市政协大会发言二等奖。围绕交通重点工程建设、“四大园区”发展、“河长制”贯彻落实、“三馆”建设、平安社区创建、镇村文化达标工程等议题,开展寓知情、督促、建言于一体的视察活动10余次,累计提出意见建议60余条,为促进相关工作发挥了积极作用。打好主动仗,参政议政积极有成。主席会议成员围绕十九大维稳等项阶段性任务,扎实抓好各自所联系乡镇、村的具体工作,积极履行涟东片区片长、各前线指挥部副指挥长职责,督促指导各项工作按时保质、有序推进。尽心竭力当好招商引资的“牵线人”和“护航员”,主席会议成员全年外出招商9次,接待外商12批次,提供招商引资有效信息8条,参与引进投资4.2亿元的特创科技项目成功签约,投资3000万元的风冠帽业项目建成投产,投资5000万元的善江木业项目正在推进;把开工建设项目的帮办服务扛在肩上,为汇丰木业、祥云旭生协调用地矛盾、办理审批手续等方面问题10余项。

一年来,常委会坚持关注热点听民意,聚焦难点察民情,在促进民生改善中全员融进

践行为民宗旨,助力脱贫攻坚更加有力。主席、副主席对口帮扶5个乡镇、11个村的脱贫攻坚任务,筹集帮扶资金近百万元,协调基础设施建设项目、脱贫致富发展项目10个,阶段性脱贫成效逐步显现。县政协机关定点帮扶黄营乡九堡村,结对帮扶45户贫困群众,协调资金120余万元,铺设3000米村道路,完成1500米道路绿化,改善800亩良田灌溉设施,帮助7户建档立卡贫困群众在2017年底实现脱贫。全体委员立足“一岗双责”,身体力行投入脱贫攻坚主战场,用实实在在的行动,诠释政协委员的责任与担当。

聚焦提案诉求,畅通民意渠道更加有方。我们构建了“三全”工作格局,建立了“三变”工作机制,形成了“三办”闭环工作模式,提案工作呈现出务实扎实真实、有力有用有效的良好局面。一年来,共收到委员提案156件,立案125件,在县委县政府的充分支持和承办部门的高度重视下,一批接地气、能落地、有情怀的提案得到了有效落实,提案办复率和委员满意率均达100%。

开展主题活动,服务基层民生更加有为。我们组织开展了“政协委员四个一”“开门问计听诤言,出门调研聚智慧”两项主题活动,得到社会各界的广泛赞誉。广大委员积极参与、深入基层、服务民生,收集社情民意信息92条,为群众办实事21件,捐资捐物170余万元。如医药卫生界别组织委员开展关爱孤寡老人和贫困群众义诊活动,为100余人提供免费体检和诊断,赠送价值1万元的常用药品;经济、教育界别为中小学校捐赠400册图书;工商联、农业农村等界别组织委员深入全县各乡镇敬老院和贫困家庭开展节日慰问活动。

一年来,常委会坚持协调各界聚人气,包容各方促同心,在深化合作共事中全力跟进

团结联谊,以“动”拓空间。主席会议成员联系工商联和无党派人士,定期听取意见建议,联合开展活动9次,提交大会发言3篇,撰写提案21件,切实保障和发挥了工商联和无党派人士在政协中的作用。重视政协民族宗教工作,推动相关问题在政协层面上得到妥善解决。广泛团结新的社会阶层,共同致力于全县发展大局。切实加强与港澳台侨人士的团结联谊,激发在外涟水籍成功人士为全县经济社会发展贡献智慧力量。

引智借势,以“特”增魅力。我们编印纪念新四军组建80周年专辑《涟水战役》。新聘并培训文史资料撰稿员13名,收集、整理“三亲”史料33篇。编纂出版《涟水红色基因》,凸显以史为鉴、以文传情的政协特色。大力宣传政协活动和议政成果,先后在《人民政协报》等市级以上媒体发表理论文章和新闻稿件32篇,继续保持了在全国政协有声音、全省政协有影响、全市政协居前列的良好态势。

广泛联动,以“实”显优势。我们积极为在外乡友协调解决企业发展、市场拓展等方面的问题10余个,接待在外乡友返乡考察等活动6次,搭建了乡友与家乡交流合作的“连心桥”。主动争取上级政协指导与支持,积极迎接并配合省政协、《人民政协报》完成提高城乡居民收入水平、民族村发展、政协工作创新等课题的调研工作,配合市政协开展了“4+2”特色主导产业建设、党委政府支持政协工作措施等8次调研视察活动。

一年来,常委会坚持强基固本抓规范,开拓创新树形象,在加强自身建设中扎实推进

求深求实求长效,作风建设有新提升。我们坚决落实中央和省、市、县委相关规定精神,扎实推进党风廉政建设,把开展“两学一做”学习教育和做好政协各项工作紧密结合,持之以恒推进作风转变。坚决服从中央和省、市、县委关于换届工作的安排部署,组织委员签订严肃换届纪律责任书,确保县政协换届工作平稳顺利进行。

在岗在位在状态,机关服务有新能力。我们健全完善政协工作制度体系,制定出台政协党组会议议事规则、主席会议议事规则、专委会对口联系部门工作意见等9项制度,构建了十届县政协履职尽责的制度框架,建立起覆盖政协主席会议、政协委员、各个委室、机关干部的四级政协管理新体系。加强专委会及界别建设,健全政协主席会议成员分管专委会、专委会联系界别制度,为创新创优政协工作提供了坚强有力的人才保障和智力支撑。

新风新貌新气象,委员作用有新发挥。我们注重把好委员“入口关”,一批在行业上有影响、发展上有本事、技术上有专长、群众中有形象的代表人士进入政协,队伍结构明显优化。注重加强委员学习培训,先后选派7名委员参加省市政协专题培训,举办全县政协常委培训班,学习了人民政协基本知识,增强了新形势下履行政协职能的使命感和责任感。一年来,广大政协委员以服务发展、解难纾困为己任,大力弘扬履职尽责、无私奉献的精神,充分展示了新时期政协委员的时代风采和高尚情怀。

总结过去一年工作,我们也深切感受到,我们的工作还存在较多的不足,主要是履行民主监督职能还需进一步强化,视察调研还需进一步深入,关注民生视角还需进一步拓宽,社情民意信息收集整理还需进一步完善,队伍建设还需进一步加强。对此,我们将认真分析研究,切实加以改进。

2018年工作安排

一、把握新思想,在强化政治引领中扛好政协旗帜

要把学习贯彻十九大精神和习近平新时代中国特色社会主义思想作为全县政协组织、广大政协委员当前和今后一个时期的首要政治任务和头等大事,按照“全党要来一次大学习”的要求,结合党中央即将开展的“不忘初心、牢记使命”主题教育,开展“政协委员畅谈十九大”系列活动,着力在领会主旨、吃透精髓、把握要义上下真功,在学懂、弄通、做实上当表率,自觉与以习近平同志为核心的中共中央保持高度一致,不断筑牢在新时代新征程上与党同心、砥砺奋斗的思想政治基础。

要把学习贯彻十九大精神和习近平新时代中国特色社会主义思想与贯彻实施县委决策部署相结合,自觉把县委的决策部署转化为政协服务大局的方向、履职尽责的目标、建言献策的重点,最大限度地团结一切能够团结的人士、凝聚一切可以凝聚的力量,始终与县委保持思想上同心同德、目标上同心同向、行动上同心同行。

要把学习贯彻十九大精神和习近平新时代中国特色社会主义思想与政协工作实际相结合,深入把握“政协新语”,积极推进政协理论创新、工作创新、制度创新,推动各项履职活动更加契合时代要求,更加符合实际需要。

二、立足新征程,在服务中心大局中书写政协篇章

要放大协商民主效应,以协商计划为抓手,选择重点项目建设、四大园区建设、棚户区改造等事关全县经济社会发展的热点难点问题,开展专题协商、对口协商和界别协商,更好地服务党委政府的民主决策、科学推进。要补齐民主监督“短板”,积极探索更符合县情、更适应现状、更有针对性的民主监督举措,适时运用经常性监督、阶段性监督、专项性监督等各种监督形式,主动衔接纪检监督、人大监督、舆论监督等各种监督办法,促进政协的民主监督更具实效性。要提升参政议政实效,围绕社会养老事业发展、淮剧等非遗文化传承、特色田园乡村打造、农业产业化等课题开展专题调研,围绕“互联网+政务平台”建设、数字化城管、生态文明示范县创建等重要工作开展专项视察,有针对性地提出对策和建议,形成有分量有价值的调研视察成果。要增强主动作为意识,做好主席会议成员在涟东片区和各前线指挥部所担负的具体工作,加大高沟镇地下深循环水、黄营乡民俗村建设等重大项目的推进力度,引导和激励广大委员发挥自身优势,推动联合招商和优势招商相结合,不断扩大招商引资工作成效。

三、顺应新期待,在促进民生改善中留下政协印记

要真实反映民意,加大提案工作的改革力度,发挥社情民意的功能作用,围绕事关民生的环境、教育、医疗、交通、社会保障、食品药品安全等问题,深入调查研究,积极撰写有思考、有对策的委员提案,及时报送有分量、有价值的社情民意信息,打造民意上达“直通车”,为县委、县政府掌握舆情、判断形势、科学决策提供参考。要全面发挥界别优势,在产业扶贫、技能脱贫等方面,往实处做、往深处推,有效助力全县脱贫攻坚工作。要真诚团结合作,通过举办茶话会、联席会、座谈会等形式多样的活动,密切与工商联、无党派人士、各人民团体的联络联谊,探索成立智力支乡联谊会,通过开展“举乡贤、话乡情、兴乡业”系列活动,鼓励在外涟水各类成功人士助力家乡建设。

四、聚焦新使命,在加强自身建设中擦亮政协品牌

要努力打造一支思想素质、业务素质过硬的政协委员队伍。发挥好委员履职考核平台作用,在考实、考细、考准上下功夫;加强对委员之家、委员活动小组的工作指导和协调联动,推进委员履职方式和履职载体创新,更加有效地发挥委员主体作用。要努力打造一支作风优良、自身过硬的政协机关队伍。

地情概览

【区位面积】 涟水县地处江苏省域北部，黄淮平原东部，淮河下游，位于北纬33°39′—34°07′、东经118°59′—119°46′之间，东与盐城市阜宁、滨海、响水三县为邻，西与淮安市淮阴区、宿迁市沭阳县接壤，南与淮安经济技术开发区、淮安市淮安区隔古淮河相望，北与连云港市灌南县毗连。东西长60千米，南北宽51.5千米，县域面积1677.47平方千米。下辖19个乡镇、1个省级经济开发区、3个开发园区、1个办事处。

【建置沿革】 涟水县境在夏、商、西周时期，为淮夷聚居之地。东周春秋时属吴；战国时，公元前473年，越灭吴，属越；公元前306年，楚灭越，属楚。

秦时，县境属东海郡。

汉武帝元狩六年（前117），置淮浦县，属临淮郡，此为涟水建县之始。新莽时，改淮浦县为淮敬县。东汉时，复称淮浦县，属东海郡。

三国时，淮浦属魏，划归广陵郡，西晋因之；东晋初元帝时侨置江南。

南北朝时，南齐建元二年（480），以东海郡属冀州，称北东海郡，侨治连口（现涟城镇），并于北境置襄贲县，此为襄贲侨置涟水之始。建武二年（495），省淮浦县，自此淮浦之名不存。梁时，襄贲仍隶北东海郡。东魏武定七年（549），改北东海郡为海安郡，襄贲属海安郡。

隋开皇三年（583），罢郡为州，以襄贲县属海州；开皇五年（585），改襄贲县为涟水县，因境内有涟河而得名，涟水之名始见。大业三年（607），改州为郡，涟水属东海郡。

唐初，改郡为州，武德四年（621），置涟州，在县境北15千米分置金城县（城址在现红窑金城村），州治涟水城，辖涟水、金城二县。贞观元年（627）废涟州，并省金城县，以涟水县属泗州。总章元年（668）改属楚州，咸亨五年（674）还属泗州。乾宁二年（895），杨行密袭取滨淮诸州，涟水属杨吴，后属南唐。后周显德四年（957），涟水属后周。

宋初，涟水县属泗州，太平兴国三年（978），置涟水军，属淮南东路；熙宁五年（1072）废，仍为涟水县，隶淮南东路楚州；元祐二年（1087），复为军。南宋时，涟水成为宋、金相争要地，时而属宋，时而属金。景定三年（1262），涟水军改为安东州。

元至元十二年（1275），安东州归附元，改立涟州，旋复称安东州，二十七年归山东路，二十九年改隶淮安路。

明洪武二年（1369），降安东州为安东县，属淮安府。

清因明制，仍称安东县，属淮安府。

民国3年（1914）1月，废府存道，因与奉天省安东县同名，复称涟水县，属淮扬道。民国16年废道，由省直接管辖。民国22年，江苏实行行政督察专员制，全省分13个区，涟水属十一区（淮阴区），此后，全省行政督察区多次变更调整，涟水先后属第八区、第七区、第六区、第七区，除第八区为东海区外，余属伪江苏省公署徐州办事处、伪苏北行政专员公署、伪淮海省淮阴督察区。

民国29年8月，中国共产党领导下的涟水县抗日民主政府成立。是年10月，成立河东办事处（亦称河东行署、涟东行署），辖原涟水县盐河以东的四区、六区和七区。民国30年1月，河东办事处与涟灌阜办事处合并成立涟东县，划归盐阜区。是年5月撤淮阴、涟水两县建制，成立淮涟办事处，12月撤销，恢复涟水县建制，属淮海区。

1950年6月，涟水、涟东两县合并为涟水县，属淮阴专区。1970年，淮阴专区改为淮阴地区，涟水隶属淮阴地区。1983年1月，江苏省实行市管县体制，涟水县隶属淮阴市。2001年1月，淮阴市更名为淮安市，涟水县隶属淮安市。

【地质地貌】 涟水县境内地层为第四系覆盖。隐伏基岩以淮阴—响水断裂为界，东西部有较大差别。西部广泛隐伏中元古界海州群，仅在靠近断裂线的陈师一带，有部分上元古界震旦系地层分布，其他地层全部缺失。东部广泛分布新生界第三系地层，厚度自西向东迅速增大，从几十米到几千米。中生界侏罗系下中统和白垩系浦口组也有零星分布。地质构造属扬子准地台苏北凹陷的北部边缘区，在漫长的地质历史中，又发育一系列低序次的隆起和凹陷，有高沟—梁岔古隆起，涟北凹陷，涟水—大东凸起，涟南凹陷。断裂构造以北东向为主，常被北西向断裂错断。

涟水县境内属黄泛冲积平原，地势为西南高东北低，地貌由西南向东北依次分为沿河高滩地、平原坡地、湖荡洼地。受新构造运动控制，在中新生代不断凹陷的基底上，沉积大量河湖相及海陆交互碎屑沉积物。后期又受黄泛影响，地表普遍覆盖一层厚1—5米微碱性、冲积相的土黄色粉沙和亚黏土，构成典型的平原地貌类型。长期的沉积和黄泛冲击淤垫，形成西南高、东北低的地势，其中以流经县境南部和东部边缘的古淮河堤内滩地地势最高，真高一般都在10—15米，最高点位于涟城镇谷嘴附近，最高20.7米，比堤外平原相对高出15—18米。堤外平原由西南向东北渐低，至石湖境内降至10米左右。县境东北和西北各有一个盆状洼地，真高一般在5米以下,最低点位于石湖镇十七堡村松林唐松河口附近,真高只有2.7米。境内无湖泊,自然河流多发源于古淮河滩地北侧,自西南流向东北,最后汇入灌河流入黄海。

【气候】 涟水县属暖温带季风气候,四季分明,光照充足,雨水充沛,无霜期长,气候条件较为优越,但年际间降水、温度变化较大。2017年,平均气温15.8℃,日照时数1979.5小时,风速每秒1.8米,降水量1046.3毫米,相对湿度73%,霜期72天。

【自然资源】 土地资源 涟水县行政区域面积167747公顷,其中耕地面积104206公顷,园地面积4583公顷,成片林地面积1737公顷,其他农用地面积30570公顷,居民点及工矿用地面积21555公顷,交通运输用地面积999公顷,水利设施用地面积691公顷,未利用地面积3406公顷。

水资源 涟水县境内水资源主要来源于大气降水,其余为盐河,古淮河,南、北六塘河过境水及地下水。多年降水平均径流深250毫米,产径流量4.19亿立方米。由于受季风影响,降水量的季节分配差别显著,一半左右的降水量集中于6—9月,新产径流排泄多,利用少。其他月份则水量不足。过境水与县内降水同步,量大而集中。境内地下水储量丰富。第一含水层(浅层地下水)地表水补给量约4.5亿立方米,第二含水岩组(中层地下水)每年可采水量约0.5亿立方米,第三含水岩组(深层地下水)每年可采水量0.3亿立方米。盐河以东浅层地下水矿化度较高,不宜直接灌溉,盐河以西为淡水,可以直接灌溉和饮用。梁岔、涟城一带深层地下水含水层为一古河道,水质好,储量丰富,可作大型供水水源。

林业资源 涟水县林业用地面积30279.93公顷,其中林地面积29411.17公顷,灌木林地面积71.13公顷,未成林地面积568.53公顷,苗圃地面积107.45公顷,其他林地面积121.65公顷。全县活立木蓄积435万立方米,其中:乔木林蓄积305万立方米,散生木蓄积45万立方米,“四旁”树蓄积85万立方米;全县活立木总株4500万株,年可采伐量30万立方米,森林覆盖率23.6%。

(陈全昌)

人文风情

【人口民族】 人口 2017年末,全县总户数30.19万户,户籍总人口113.61万人,比年初减少1.77万人;男女人口性别比102.88。全年人口出生率12.22‰,人口死亡率7.79‰,人口自然增长率4.43‰。年末常住人口数84.92万人,其中城镇45.09万人,乡村人口39.83万人,城市化率53.10%,比上年上升1.58个百分点。

民族 涟水县属少数民族散杂居地区,有汉族、回族、藏族、蒙古族、满族、维吾尔族、朝鲜族、哈尼族、苗族、彝族、拉祜族、白族、傈僳族、侗族、土家族、壮族、布依族、景颇族、畲族、瑶族、黎族、普米族、佤族、纳西族、土族、傣族、德昂族、独龙族等民族28个,2017年,汉族人口113.33万人,少数民族2800多人。全县各乡镇(园区、办事处)都有少数民族居住,回族是全县人数较多的少数民族,相对集中聚住在黄营乡朱桥村和唐集镇丰河村顾庄组,人口1800多人,约占少数民族总人口的70%,其他少数民族大都是20世纪80年代至90年代从云南、贵州、广西、四川、湖南等省区婚进,居住分散,生活水平相对较低。

【古代名人】 涟水人杰地灵,英才辈出。东汉、三国时期,有“陈氏三杰”:永乐少府陈球、沛相陈珪(陈球侄)、伏波将军陈登(陈珪子)。南朝著名诗人鲍照,与颜延之、谢灵运合称“元嘉三大家”,其七言歌行对后世李白、岑参、高适、杜甫有较大影响,杜甫曾以“俊逸鲍参军”来赞誉李白。唐代侍御史王义方,不畏权贵,犯颜直谏上书弹劾当朝宰相,被贬海南吉安后,开堂讲学,开当地文明之先,被尊为海南的文化先师。司仆少卿徐有功,刚正不阿,秉公执法,深得民众敬佩。北宋时,有备受三朝皇帝礼遇的能仁寺高僧证因大师。南宋时,涟水地处宋、金分界处,战事不绝,兵匪为患,嵇安挺身而出,聚集义兵,筑寨防匪,保卫乡里,官封沿海巡检使。明代,迁居山阳的小说名家吴承恩留有不朽巨著《西游记》。清代,医学名家石寿棠(字芾南)著有《医源》(上、下卷)、《温病合编》,其医学思想对后世医学有很大影响。清末民国初,书画名家程西池、程小池父子的“程氏兰花”和陆海岑的芦雁、茹宗陵的白菜、徐六泉的大字被时人称为“涟水四绝”。鲁一同(字兰岑)著有《通甫类稿》《清河县志》等,其次子鲁子贲(字仲实)总纂《安东县志》,著有《仲实类稿》等。

【地方特产】 涟水草鸡 主要分布于涟水县梁岔、高沟、义兴、东胡集、红窑、朱码等乡镇,处于北亚热带和暖温带交界区,属于暖温带季风气候,四季分明,年均气温14℃,无霜期长,光照充足,雨水丰沛,非常适宜草鸡的养殖。草鸡在自然环境中散养,吃的是天然食物如草籽、昆虫、杂草,产出的鸡蛋品质好。涟水草鸡产蛋很少,养分积累周期长,水分含量少,所含的ω-3不饱和脂肪酸和磷脂更高,这两种物质可以促进胆固醇的代谢,保护心血管。涟水草鸡蛋无激素和抗生素残留,在自然环境下生长,受人为因素干扰少,对人体无潜在危害性。涟水草鸡蛋中的脂肪含量高,所以蛋黄较大,非常适合做煮鸡蛋和煎蛋,口感更好。

涟水瓜蒌 瓜蒌是一种重要的药食两用植物,别名栝楼、瓜楼、药瓜、天瓜、吊瓜。以果实(瓜蒌)、果皮(瓜蒌皮)、种子(瓜蒌籽)、根(天花粉)入药,为常用大宗中药材,在涟水农村广泛种植,经济价值较高。涟水地处苏北平原腹地,属暖温带季风气候,气候宜人,光照充足,雨水丰沛。境内地势平坦,河流纵横,土地肥沃,多为沙壤土质,为瓜蒌提供极佳的生长条件。瓜蒌含三萜皂甙、有机酸及其盐类、树脂、糖类、色素。瓜蒌仁含脂肪油,油中含多种固醇。瓜蒌皮含多种氨基酸及类生物碱类物质等。瓜蒌是营养食品和保健食品的理想用材。普通瓜子吃了会上火,吃瓜篓子,不仅不会上火,还可以保健养生。将新鲜的瓜蒌切成片和其他蔬菜一起炒着吃，味道鲜美。瓜蒌直接放在水里煎煮半个小时，然后取汁服用，可用来治疗咳嗽咳痰，对便秘也具有不错的改善功效。

涟水活珠　孵化发育12天左右而成的鸡胚胎，因其发育中囊胚在透视状态下形如活动的珍珠，故称"活珠子"，是涟水民间广泛流传一种传统小吃。涟水活珠因其口感鲜美，营养丰富享誉周边，还因其鲜活、卫生，无任何污染，被誉为"天然真空包装物"，是现代生活中难得的绿色生物。涟水地处苏北平原腹地，古淮河穿流而过，属暖温带季风气候，四季分明，年均气温14℃，光照充足，雨水丰沛，非常适宜草鸡的养殖，草鸡蛋品质好，营养价值高，为涟水活珠奠定极好的原料基础。李时珍《本草纲目》中有记载："鸡胚蛋有治头痛、偏头痛、头疯病及四肢疯瘴之功能。"经科学方法检测，活珠富含游氨基酸和多种生物激素，特别是胚胎液，富含活性生态营养元素，极易为人体所吸收。经常食用活珠，能显著改善因气血虚亏所引起的多种症状，增强人体免疫力和抵抗力，滋补养颜，保健强身，1枚活珠的营养价值可以和同样重量的牦牛骨的营养价值相媲美。最好的活珠是经过11—12天孵化的鸡胚胎，为防止鸡蛋破裂鲜美的汁流失，涟水民间总结出先用冷水小火慢煮，再与正常煮鸡蛋时间相同的煮食方法，吃时选鸡蛋大头敲破轻吸，吸喰中鸡胚胎会随汁进入口中，味道鲜美，肉质松软，还可以搭配盐、酱醋等基础佐料食用，口感层次丰富，让人身心愉悦，回味无穷。

涟水曲酒　涟水曲酒酿造工艺历史悠久，主要集中在高沟一带。酿造工艺集五谷（高粱、糯米、大麦、小麦、豌豆）精华，酿酒用水为高沟深层地下水，无味、无色、透明，含有多种微生物和矿物质。高沟一带土质系红色黏土，不仅土中含有香菌成分，地下水经国家水文地质队钻探和权威机构检测鉴定为复合偏硅酸锶天然优质矿泉水，为酿酒提供天然的优质水源。酿造过程中运用红曲复合发酵、双轮底串蒸等"老五甑"传统酿造工艺，经分层发酵、量质接酒、分级储藏等程序，精心酿制而成。1983年起，高沟酒厂开始推行全面质量管理（TQC），注重革新生产工艺，确立科学的工艺流程及各环节的基本规则和重要指标。生产从传统的手工操作过渡到机械化、自动化和微电脑化。采用现代化测试、机械化制曲、自动化灌酒、微波和激光催陈老熟以及气相色谱分析等新技术，微电脑控制操作和微电脑控制曲酒储存技术。形成涟水曲酒"甜、香、醇、净、爽"的独特风格，以芳香浓郁、绵甜爽口、回味悠长、尾净受到消费者的欢迎。涟水曲酒主要有高沟、今世缘、国缘三大品牌，其中，国缘品牌定位为高端中度白酒，今世缘品牌定位为喜庆用酒，高沟品牌定位大众消费苏派老名酒。

涟水小洋梨　学名"洋蜜梨"，系1958年从日本引进优良品种与当地梨树嫁接而成，自身授粉能力强，先后经辽宁农科所及中国果树研究院的相关专家指导定形，许多树龄近60年。涟水小洋梨产地主要分布在涟水县城南林场一带，该地属黄河故道，土质疏松，腐殖层较厚，适宜果蔬植物生长。涟水小洋梨生长期长，一般在每年的4月中下旬开花，11月中下旬果实成熟，生长期达半年。梨成熟后个儿中等，表面色泽金黄，呈椭圆形，果皮极薄，肉质细腻，纤维质少，果肉细致，肉质乳白色，果味芬芳浓烈；甜度较高，含糖量在14.5%以上，霜降后采摘的小洋梨含糖量14.76%，较同类产品高2%以上。小洋梨成人吃有润燥、降压、清风的效果，梨加蜂蜜熬糖水对儿童风热咳嗽有较好效果，很受当地居民欢迎。

涟水云锦　涟水县云锦产业园位于涟水县红窑镇，有云锦生产企业2家。固定资产4500万元，生产车间2万平方米，有工人600余人，云锦织机375台套，年可生产云锦1.5万平方米，年销售额超亿元，是全国最大的手工云锦织造基地。涟水云锦是用长5.6米、宽1.4米、高4米的传统大花楼木织机，由拽花工和织手两人相互配合手工操作织造出来的。织机由1924个机件组成，"拽花工"坐在织机上层，负责提升经线，"织手"坐在机下，负责织纬，妆金敷彩，每天产量约5厘米。涟水云锦图案丰富多彩，花形硕大，造型优美，设色浓艳大胆，尤以用金为其特色，配色自由，色彩变化多样。涟水云锦的文化和艺术风格可以归纳为：整体艺术造型设计的靓美，彰显晕色和谐的艳美，织造技术创新原理的精美，吉祥寓意纹样图案的奇美。《真金孔雀羽正龙方补》《金丝团龙》《富贵牡丹》等高档云锦礼品已为外国元首和许多知名人士珍藏。

涟水县云锦产业园生产车间　（红窑镇　供稿）

涟水猪头肉　选取自涟水当地饲养的土猪猪头，一般以毛重90—110千克左右的生猪猪头为宜。其制作方法：彻底刮净猪头表面、脸沟、耳根等处的毛污和泥垢，拔净余毛和毛根，再将猪面部朝下放在砧板上，从后脑中间劈开，挖取猪脑，剔去头骨，割下两耳，去掉眼圈、鼻子，取出口条，用清水浸泡1

小时,捞出,洗净,沥去水分。卤制时将洗净的猪头肉、口条、耳朵放入开水锅中焯水15分钟,捞出,沥干,放入老卤汤锅内,加上白芷、肉桂、草果等各种调味料,加水漫过猪头,大火烧开后再用文火煨2小时左右捞出,出锅的猪头肉,趁热拆出骨头,整形后即为成品。成品最好放在竹屉上,不可码放,要通风良好。如放置时间较长,还要在竹屉与成品上涂抹少量麻油。涟水猪头肉色泽红润,香糯浓醇,咸甜适度,肥而不腻,富含优质蛋白质和人体必需的脂肪酸、血红素(有机铁)和促进铁吸收的半胱氨酸,能改善缺铁性贫血。涟水猪头肉性平,味甘咸,具有补虚、滋阴、养血、润肺的功效,是涟水人民餐桌上不可缺少的美味佳肴。（陈全昌）

旅游景区

【五岛湖旅游区】 位于涟水县城中心,包括五岛湖公园、能仁寺、涟水县博物馆三大板块,占地面积约65.9公顷,是省廉政文化教育基地,是融合人文自然、廉政文化、历史文化、名人文化、佛禅文化于一体的复合型旅游区。2016年,被批准为国家AAAA级景区。五岛湖公园建于1930年,园内夕照山被省政府批准设立"省级黄嘴白鹭自然保护区",墨池飞雾、兰堂同乐、龙舞三潭、柳岸风荷等景点美不胜收。能仁寺始建于唐初,是集宗教朝觐、旅游休闲于一体的佛教圣地。涟水县博物馆全面展现涟水历史、文化、民族、民俗文化,是涟水标志性文化建筑。

五岛湖公园　位于涟水县城中心,水陆布局独特、自然风光秀丽。总面积60.2公顷,其中水面38.5公顷,陆地21.7公顷。五岛湖公园是清朝年间两次水灾的产物。清乾隆五十一年(1786年),黄河夺淮,水漫涟城;清光绪三十二年(1906年),安东再发大水,涟城又一次被淹,两次水灾在涟城内逐渐形成一个湖(俗称后澳),一些较大的庐墟凸出水面,形成若个小岛。1924年大旱,县公署以工代赈,组织民工扒深拓宽形成五个岛,分别是丰乐岛、同乐岛、米公岛、西苑岛、夕照岛。1930年初建公园。新中国成立后,县政府多次拨款修建五岛湖公园,形成独特的水陆布局和自然风貌,园内亭、台、楼、阁、廊、水榭等古典园林建筑要素一应俱全。

能仁寺　位于涟水县城中山路西首,建于唐初,始称"文殊院",后改"承天寺"(又名"承天院"),宋仁宗时易名"能仁教寺",简称"能仁寺",此名一直沿用至今。寺内妙通塔,始建于公元1023年,至今有近1000年历史,与月塔并称姐妹塔,内供妙通法师舍利子、金棺等物,历经元、明、清三朝,1948年毁于国内战争,2001年9月重建,塔身八角形,塔高68.88米,地上7层,地下1层地宫,总建筑面积1719平方米。

能仁寺　　（县旅游局　供稿）

涟水县博物馆　位于五岛湖公园北侧,占地面积2580平方米,地面2层,建筑面积3250平方米,展陈面积3600平方米,与台北的中山纪念馆在建筑形制上都属于中国传统的宫殿式建筑。博物馆主要展现涟水境域的历史脉络、文化遗存,以图、史结合的形式,展现从古至今在政治、军事、经济、文化等方面对涟水乃至中国历史上有重大贡献的典型人物及事迹。博物馆一楼展示区域由序厅和七个展示单元组成,二楼为专题展厅。

【今世缘旅游区】 坐落在著名酒乡、全国文明乡镇高沟镇,是以"酒文化、缘文化"为主题的特色工业旅游景区,是全国工业旅游示范点,主要包括两大旅游体验版块,即以工业旅游、缘文化、企业文化体验为主的今世缘文化广场、今世缘会展中心、中国白酒智能化酿造示范车间、今世缘美酒银行、"今世缘·等着我"展示馆,展示高沟酒传统酿造技艺及酒文化的高沟酒非遗保护区、中国民间酿酒大师总部。今世缘旅游区是集酿酒历史文化、科普教育、休闲购物为一体的综合型文化旅游景区。2017年,被评为国家AAAA级景区。

【涟水云锦产业园】 位于红窑镇境内,有华夏云锦艺术馆、天宫云锦织造有限公司等企业,为全国最大的云锦生产基地,品种近400种,全国80%以上云锦织造能手以及80%以上云锦产品均出自该产业园。华夏云锦艺术馆为国家AAA级景区,是全国工业旅游示范点。天宫云锦织造有限公司是江苏省第四批省级文化产业示范基地,是淮安市首家省级文化产业示范基地,苏北特色旅游景区。

【苏淮生态农业观光园】 位于五港镇五平路8号,是集观赏、休闲、青少年科普教育、餐饮住宿、果蔬采摘等为一体的乡村旅游点,总规划面积20公顷,首期规划建设范围6.67公顷,投资6000万元。2011年被评为"江苏省四星级乡村旅游示范点"。2017年,园内主要景点有"一潭、一湖、一山、一塔",有特色休闲农业、生态观光、休闲度假、户外拓展体验、青少年科普活动基地、特色露营、垂钓、真人CS、划龙舟、骑马、射箭、攀岩、烧烤、篝火晚会、开心农场、民俗、农家乐美食等游玩项目。

【成集延安园】 坐落在素有"苏北小延安"之称的成集镇朱南荡,占地面积2公顷,主要由苏北小延安纪念坊、抗战胜利纪念碑、抗战碑林、抗日老战士纪念堡等建筑组成。1995年8月,为纪念抗日战争胜利五十周年,加强爱国主义教育,经老一辈革命家金明、杨纯、陈克天等老同志倡导,将抗战时期淮海抗日根据地中的涟西成集一带人民群众中的大量英雄事迹进行挖掘,筹建延安园。2010年,被县政府列为第四批文物保护单位。

【涟水百花园】 位于保滩镇十堡村境内,2016年开始兴建,占地面积353公顷,一期建成100公顷。百花园以花海、特色餐饮为主题,打造人、花、生活融为一体的花海主题公园。种植格桑花、硫华菊、丰花月季及粉黛乱子草等国内外名贵花种,有木本花卉5种,草本花卉6种。花园面积占地20公顷。同时建有儿童乐园1000平方米,生态餐厅5000平方米,植物工厂1000平方米,附属停车场2000平方米,露天婚礼广场5000平方米,观景台500平方米,引进2个博士团队,建设国内一流的植物工厂、生态餐厅、花卉大世界12000平方米,农产品展销中心7000平方米。2017年国庆期间对外开放,至年末,接待省内外游客20万人。

【金鸡坨生态农庄】 位于红窑镇夏楼村,由涟水金鸡荡旅游发展有限公司投资建设,2017年2月启动建设,包括民宿休闲农庄、农业观光采摘园、水上休闲娱乐园、爱国主义教育基地、博物馆、农家乐、景观长廊等建设项目,提供民宿度假、绿色有机食品、果园采摘、娱乐休闲等服务。 (陈全昌)

经济发展

【概况】 2017年,涟水县实现地区生产总值429.38亿元,按可比价格计算增长7.5%。其中,第一产业实现增加值59.35亿元,增长3.3%;第二产业实现增加值166.08亿元,增长6.8%;第三产业实现增加值203.95亿元,增长9.4%。全县人均实现地区生产总值50599元(按年平均常住人口计算),名义增长10.8%。第一、第二、第三产业增加值在地区生产总值中的构成比例由上年的14.6∶38.1∶47.3转变为13.8∶38.7∶47.5。第三产业比重提高0.2个百分点,三次产业结构更加趋于优化。

经济社会发展存在的问题:发展不平衡不充分的问题仍较突出,自主创新能力和经济发展质量需进一步提高,转型升级任务艰巨,实体经济发展面临不少困难,经济总量仍然偏小、工业化程度较低、城市竞争力偏弱的局面还没有根本扭转。

2017年10月,涟水百花园开园迎客 (县旅游局 供稿)

【农林牧渔业】 2017年,全县粮食播种面积13.19万公顷,产量89.54万吨,比上年增加1.1万吨,增长1.2%。其中,夏粮面积6.07万公顷,产量34.19万吨,增长2.4%;秋粮面积7.02万公顷,产量55.35万吨,增长0.54%。蔬菜种植面积2.23万公顷,产量88.55万吨,增长0.3%;油料面积1.18万公顷,产量3.84万吨,增长2.9%。新增造林面积356.2公顷,增长6.9%。肉类产量6.56万吨,增长2.4%;禽蛋产量2.17万吨,下降0.6%;水产品总产量 1.85 万吨,下降0.5%,其中淡水产品1.85万吨。实现林、牧、渔业产值分别为3.22亿元、27亿元和3.37亿元。

全县新竣工3000万元以上农产品加工项目24个。新建高标准农田6400公顷,新增高效设施农业1466.67公顷、高效设施渔业333.33公顷,建成全市唯一的13333.33公顷(20万亩)规模连片高标准农田示范区。新培育市级以上农业龙头企业8家、市级以上农业园区1家,新增创意休闲农业1个,红窑现代农业产业园获批全国农村创业创新园区、2017年度省级创业示范基地,芦荟设施栽培项目获省级标准化示范区立项。新发展家庭农场233家,新型农业经营主体规模经营比重36%。获全国"平安农机"示范县称号。

【工业和建筑业】 2017年,全县坚持项目带动、创新驱动,新招引亿元以上项目24个,新开工总投资20亿元中信华线路板等亿元以上项目29个,新竣工设备投资超千万元项目13个,弘晟包装、汇丰环保刨花板等24个省市重大项目累计完成投资132亿元;今世缘美酒银行、源通制帽耐克国际工厂等7个参加全省集中开工的重大项目进展顺利,其中3个项目当年竣工投产。全年实现工业增加值137.49亿元,增长8.3%;工业入库税金9.97亿元,增长17.4%;新增规模以上工业企业15家;规模以上工业开票销售收入251.98亿元,同口径相比增长15.3%。工业用电量8.5亿千瓦时。全年规模以上工业总产值增长15.23%,其中轻工业增长19.78%,重工业增长9.22%。分经济类型看,股份制工业增长15.92%,外商港澳台投资工业增长22.81%,其他经济类型企业增长8.22%。在规模以上工业中,国有控股工业增长2.48%,私营工业增长11.58%。规模以上工业企业全年实现销售收入698.44亿元;实现利税52.45亿元,其中利润33.46亿元。全年规模以上工业中,纺织服装行业总产值增长18.97%,医药化工行业总产值增长13.14%,电子电气行业总产值增长21.71%,机械装备行业总产值增长12.49%,食品饮料行业总产值增长11.18%。

全年完成建筑业总产值240.93亿元;实现建筑业增加值28.84亿元,按可比价计算增长0.3%。房屋建筑施工面积3396.31万平方米,房屋建筑竣工面积1049.87万平方米。

【固定资产投资】 2017年,全县实施规模以上固定资产投资项目270个,其中亿元以上项目81个,5000万元以上项目99个。在投资项目中,工业项目155个,苏杭科技、华昌化工、中信华等4个项目投资超过10亿元;大量科技等81个项目投资超过1亿元。全年完成规模以上固定资产投资379.16亿元,增长13.1%。其中,城镇投资329.11亿元,增长11.06%;农村投资50.05亿元,增长47.38%;房地产投资21.73亿元。

固定资产投资项目中,国有投资68.11亿元,集体投资12.99亿元;私营及其他经济类型投资205.63亿元,占500万元以上城镇和农村投资总额的比重达54.23%。在城镇和农村投资总额中,第一产业投资24.37亿元,增长91.18%;工业投资196.78亿元,增长17.5%,占固定资产投资总额的比重达51.9%;第三产业投资138.35亿元,下降10.17%,占固定资产投资总额的比重36.49%。第三产业中,房地产开发完成投入21.73亿元,下降8.83%。全年房地产销售面积132.98万平方米,增长12.29%;房地产销售额65.04亿元,增长53.81%。商品房屋平均销售价4081.95元,增长8.35%。

【交通和邮电业】 2017年,全县新增规模以上交通运输、仓储和邮政业1家,信息传输、软件和信息技术服务业3家,规模以上交通运输、仓储和邮政业企业达到48家。全年完成交通运输、仓储和邮政业增加值10.47亿元,增长6.4%。全县公路总长度达到2523千米,其中等级公路2281千米,一级公路140千米;年末拥有民用汽车74213辆,比年初增加2295辆。

【内外贸易和服务业】 2017年,新增规模以上服务业企业41家,累计187家。全年规模以上服务业企业实现营业收入73.10亿元,增长8.5%。全县实现服务业增加值203.95亿元,按可比价增长9.4%;服务业增加值占国内生产总值比重47.5%,较上年提高1个百分点。重点企业培育力度不断加大,全年新增限额以上批零住餐企业27家,限额以上批零住餐企业总数达到145家。实施5000万元以上"4+3"服务业项目23个,五岛湖创成国家水利风景区并初步通过江苏人居环境范例奖考察,今世缘旅游景区创成国家AAAA级旅游景区,"涟水百花园"国庆节期间正式开园并成功举办首届百花节,游客满意度第三方测评全市第一。电子商务产业园创成省级电子商务示范基地,高沟获批省级农村电子商务示范镇,涟城军民社区荣获首批省级电子商务示范社区,阿里巴巴进农村项目乡镇布点达到25个,涟水村淘在"6·18"和"双11"活动期间村均销售额、村均APP关注量均居全省第一。

全县实现社会消费品零售总额144.86亿元,增长11.4%。分地域看,城镇零售额134.03亿元,增长11.8%;农村零售额10.83亿元,增长7.0%。分行业看,批发零售业零售额133.47亿元,增长11.3%;住宿餐饮业零售额11.39亿元,上升12.4%。全县136户限额以上批发和零售业法人企业实现销售额136.93亿元,增长9.4%。其中,汽车类销售额3.71亿元,家用电器和音像器材类销售额1.99亿元,石油及制品类实现销售额20.46亿元,三大类销售额占限额以上销售额比重19.1%,上升0.8个百分点。

全年新批外资项目18个、增资项目5个,全年实现注册外资实际到账9001.2万美元,下降36.3%。全年完成进出口总额3.58亿美元,其中出口3.20亿美元,进口0.38亿美元。

【财政和金融业】 2017年,全县实现财政总收入34.40亿元,其中上划中央15.20亿元,公共财政预算收入19.20亿元,税收收入15.25亿元。全年财政支出73.16亿元,其中,一般预算支出58.35亿元。在一般预算支出中,一般公共服务支出7.29亿元;教育支出12.96亿元;科学技术支出0.12亿元;城乡社区事务支出1.53亿元;社会保障与就业支出6.52亿元;医疗卫生与计划生育支出7.70亿元;住房保障支出0.61亿元;农林水事务支出7.64亿元。

2017年末,全县金融机构存、贷款余额分别达到368.00亿元和228.88亿元,分别比年初增加37.94亿元和31.78亿元,增长11.5%和16.1%;城乡居民储蓄存款余额205.33亿元,比年初增长17.59亿元,增长9.5%。贷款总额中,短期贷款93.49亿元,比年初增加13.55亿元,增加16.6%;中长期贷款127.74亿元,比年初增加18.25亿元,增长15.7%。

(陈全昌)

教卫文体

【教育】 2017年,全县着力深化"三名工程",持续优化教育布局,打破大班额、大规模办学体制,引进台湾瑞恩帝儿公司到涟水兴办高端幼儿教育,启动涟水外国语学校滨河校区建设,由翔宇教育集团打造的淮安外国语学校涟水滨河分校及新高沟中学9月1日正式开学,高考本科达线率和达线数双居全市各县区之首,全市县区文理科高考状元均花落涟水,郑梁梅高中周栩行同学被清华大学录取。年末全县拥有各级各类学校112所,其中普通中等专业学校2所,普通中学42所,小学68所;在校学生14.26万人，其中普通中等学校在校生1.63万人，普通中学在校生4.72万人，小学在校生7.91万人；学龄儿童入学率达99.9%，初中毕业生升学率为99.5%。全县拥有幼儿园107所，在园幼儿3.73万人。全县拥有专任教师8889人，其中普通中学专任教师4083人，小学专任教师4806人。

【卫生】 2017年，全县深入推进综合医改，按照“1+X+X”模式在全市率先完成医联体建设全覆盖布局，县人民医院成为省人民医院医联体成员单位，技术支持医院等3个医疗诊断平台签约挂牌，创成省级卫生应急规范县。全县年末拥有各级各类医疗机构474个，其中医院6所，卫生院33所；拥有病床4329张，比年初增加219张；卫生技术人员4669人，比年初增加130人；其中执业医师1947人，比年初增加21人；注册护士2166人，比年初增加110人。全县卫生服务体系健全率达到100%。

【文化广电】 2017年，全县大力发展文化事业，非遗馆、毛广淞鬟体字艺术馆建成对外开放，博物馆开馆试运行，图书馆主体完工，现代淮剧《留守村长留守鹅》代表江苏省参加2017年全国基层院团会演开幕式演出并获得省“文华奖”，县文化馆举办艺术培训班近30期，免费培训学员1000多人次，全年免费开放接待5万多人。纪念广场、博物馆、非遗馆、毛广淞鬟体字艺术馆6月底建成对外开放；图书馆主体建设工程已竣工，县展陈工程竣工。全年完成送电影下乡4320多场，送演出120场，送书到基层6000多册，送展览10场；广播电视覆盖率100%，剧场、影剧院5个，公共图书馆1个，图书总藏量15万册。

【体育】 2017年，围绕“十三五”规划中期目标，努力构建更加完善的公共体育服务体系。体育设施建设大幅提升。建成4个体育公园、7个乡镇多功能运动场，建成健身步道 2.8千米。群众体育蓬勃开展。举办涟水县《国家体育锻炼标准》达标赛；组织健身秧歌三级社会体育指导员培训、“体育+扶贫”广场舞三级社会体育指导员培训、健身气功三级社会体育指导员培训、喜迎“十九大幸福舞起来”广场舞等培训，参加人数2000余人。组队参加省市比赛，获省一线社会体育指导员技能展示大赛一等奖；获市“邮政杯”广场舞晋级赛特等奖；获市喜迎“十九大幸福舞起来”广场舞比赛一等奖；获“舞动江苏”2017年江苏省广场舞大赛一等奖(淮安赛区)，并代表市参加省总决赛等。竞技体育成绩显著。参加省级以上自行车比赛获得金牌15枚，在江苏省青少年自行车锦标赛上获得6金5银3铜的优异成绩。

(陈全昌)

科技和生态环境

【科技】 2017年，全县加大人才引进培养力度，出台《涟水县重点产业紧缺人才资助实施办法》，入选省“双创人才”2人、“双创博士”1人、省乡土人才“三带”计划17人。深化产学研合作，新增市级以上企业研发机构10家。继续实施高新技术企业培育专项行动，设立高新技术企业培育资金，新获批国家级高新技术企业5家，高新技术产业产值占规模以上工业总产值比重达26.1%。强化成果转化应用，新增专利申请量和授权量分别为2200件、600件，万人发明专利拥有量2.16件。

【生态建设】 2017年，全县投入739万元实施生态红线区域保护工程，加强生态红线区域保护与监管。深入实施“263”专项行动，全面落实河长制，大力开展燃煤锅炉、畜禽养殖、黑臭水体等整治，空气质量优良天数比上年增加15天，$PM_{2.5}$浓度下降17.3%，水功能区水质达标率98%以上。加强乡镇污水处理厂建设和拉网式农村环境综合整治，保滩、陈师等17个乡镇污水管网建设全面完成，成集、东胡集等4个乡镇污水处理厂建成试运行，疏浚河道52条，成片植树造林300公顷，新建和完善林网1000公顷，新增省级“三化”示范村4个、标准化示范村6个，村庄长效管护合格率100%，南集镇创成全市唯一的国家级卫生镇。

(陈全昌)

社会生活

【社会保障】 2017年，全县城镇职工基本养老保险、城镇失业保险参保人数分别达9.25万人、7.05万人，分别与2016年持平、比2016年年末净增0.08万人，覆盖面分别达到96.31%、96.53%。城镇基本医疗保险参保人数17.57万人(其中：职工医保参保8.75万人，城镇居民基本医保参保8.82万人)，比2016年末减少0.37万人，覆盖率96.34%；城乡居民养老保险参保人次25.6万人，覆盖率为99.8%。城市低保标准由每月520元提高到550元，农村低保标准由每月400元提高到460元；做好“一站式”医疗平台救助工作，符合条件的城乡困难群众医疗救助比例提高到70%，累计救助36918人次，发放救助资金3261.92万元。建设4个乡镇关爱驿站、8个居家养老服务中心，启动日间照料中心建设。全县有养老床位8450张，千名老人拥有养老床位40.16张。安置房建设快速推进，全年交付各类拆迁安置房2834套。住房保障覆盖率25%。完成城镇住房保障体系健全率100%，新增保障性住房完成率100%，城镇保障性住房覆盖率实现程度100%，棚户区危居房改造覆盖率实现程度135.7%。

【人民生活】 2017年，全县城乡居民人均可支配收入20044.0元，比上年增加1741.6元，增长9.5%。其中：城镇常住居民人均可支配收入27422.5元，增加2192.3元，增长8.7%；农村常住居民人均可支配收入14561.2元，增加1189.3元，增长8.9%。居民人均消费性支出达到12346.9元，增加1036.5元，增长9.2%。其中：城镇居民人均消费性支出16681.9元，增加914.4元，增长5.8%；农村居民人均消费性支出9125.6元，增加801.5元，增长9.6%。城镇人均住房建筑面积达到49平方米，年末每百户拥有私人汽车量达到47辆，比年初增加5辆。

(陈全昌)

大事记

1月

1日　市委常委、政法委书记、市政府党组成员、市第三次全国农业普查领导小组组长赵洪权在涟水县调研推进第三次全国农业普查工作开展情况。

3日　市科学跨越发展考核组组长王亦农一行在涟水县开展2016年科学跨越发展目标考核工作。王向红、时勇、别纯海、蒋东明等县四套班子领导出席汇报会，县委书记王向红主持会议。

5日　中央文明办主办、中国文明网承办的2016年12月“中国好人榜”揭晓，涟水县农民任罗伯义务照顾孤寡老人的感人事迹，引得网友的广泛关注、跟帖、点赞并为之投票，最终高票当选“中国好人”。

6日　市委常委、政法委书记、市政府党组成员赵洪权率队调研涟水政法工作。县委书记王向红及相关乡镇和部门负责人陪同调研。

7日　涟水县被省政府正式命名为“省级园林城市”。

7—8日　政协涟水县第十届委员会第一次会议在县大剧院召开，蒋东明当选主席。

7—9日　第十二届中国传媒大会在南宁举办，涟水日报获“金长城传媒奖·2016中国十大特色县市报”荣誉称号；涟水微报“语音导读”获“金长城传媒奖·2016中国融合创新新锐传媒”荣誉称号。

8—10日　县十六届人大一次会议在县大剧院举行，时勇当选为县长。

9日　广东林安物流集团总裁余栋良一行在涟水考察。

10日　今世缘旅游区试营业开业仪式暨旅游合作签约仪式隆重举行。省旅游协会常务副会长唐建国、市旅游局局长朱永兴、县委副书记刘爱国、副县长郑劲松等领导出席活动。

△　省统计局党组成员、省地方统计调查局局长王当龄一行在涟水走访慰问基层统计工作人员和部分低收入农户，国家统计局淮安调查队副队长崔敏，副县长吴从荣等市、县领导陪同。

11—12日　省政协副主席、党组副书记罗一民带领省专家评审组一行考察评审高沟镇地下深循环水补给源项目。市人大常委会副主任李冰，市政协副主席仲波，县委书记王向红，县政协主席蒋东明，以及王冰、洪然、朱太伟、吴从荣、鲁家宁、姚兵等县领导陪同。

12日　省妇联主席、党组书记缪志红率队在涟水县徐集乡开展走访慰问活动。市妇联主席顾晓芳，县委书记王向红，县委常委、组织部部长胡春雷陪同。

△　省政务办副主任胥家鸣一行专题调研涟水“互联网+政务服务”平台建设试点工作。县委书记王向红，县委副书记刘爱国陪同。

13日　省总工会副主席沈桂明率队走访慰问涟水县困难职工。市总工会党组书记、副主席金珂，县委常委、组织部部长胡春雷陪同。

△　“讲好2016令我自豪的一件事”主题活动在涟水大剧院隆重举行。县委书记王向红，县委副书记、县长时勇，县人大常委会主任别纯海，县政协主席蒋东明等县四套班子领导出席会议。20个乡镇、22个部门主要负责人同台交流，全面展示各自2016年度工作亮点，讲述一年最引以为豪的一件事。

13—14日　台湾光彩促进会总会副总会长，台湾九龙公司董事长常金海率领考察团在涟水考察。

14日　县召开全县基层党员冬训工作会议，研究部署推动2016—2017年度基层党员冬训工作。刘爱国、姜杰、郑劲松、李阔等县领导出席会议。

15日　南京市涟水商会新春团拜会在宁召开，200余位在南京创业发展的涟水籍企业界、工商界人士参加。县委常委、县政府党组成员、县经济开发区党工委书记洪然，副县长吴从荣，县政协副主席、县工商联主席薛芹及县经济开发区、经信委、政府办相关负责人出席会议。

20日　县召开2016年度见义勇为表彰大会，对8位见义勇为先进人物和59位见义勇为积极分子进行表彰。副县长、县公安局局长朱国海宣读表彰决定，县见义勇为基金会理事长周春勤作工作汇报。

21日　市委副书记、市长惠建林参加并指导涟水县常委班子民主生活会，了解涟水县“两学一做”学习教育工作开展情况。县委书记王向红主持会议，县委副书记、县长时勇及各县委常委出席会议，县人大常委会主任别纯海、县政协主席蒋东明应邀出席会议。

24日　涟水县召开2016年度县直部门、单位基层党建工作述职评议会，县委副书记刘爱国，县委常委、组织部部长胡春雷，副县长、县公安局局长朱国海等领导出席会议。

2月

3日　县召开脱贫攻坚达小康工作推进暨2016年度科学跨越发展考核表彰大会。县委书记王向红在会上发表讲话，县委副书记、县长时勇作工作报告，县人大常委会主任别纯海、县政协主席蒋东明等县四套班子领导出席会议。县委常委、常务副县长王冰,县委常委、县政府党组成员、县经济开发区党工委书记洪然,副县长郑劲松,副县长、县公安局局长朱国海,副县长吴从荣,副县长李阔等县领导先后就各自分管工作作专题报告。南集镇、县发改委、徐集乡季庵村作会议交流发言,东胡集镇、梁岔镇作会议表态发言。王冰宣读2016年度科学跨越发展考核表彰决定,27家获奖单位和14位先进个人代表分别上台领奖。

6日　县基层医疗卫生机构危房拆除工作会议召开。副县长李阔出席会议,各相关乡镇(园区、办事处)乡镇长(主任)及基层医疗卫生机构负责人参加会议。

9日　县民政工作会议召开。副县长朱国海出席会议并讲话。

△　县教育工作会议召开。县委副书记刘爱国,县人大常委会副主任、涟水中学校长孙辉,副县长李阔出席会议,县教育局有关领导,各乡镇(园区、办事处)教育分管人,各学校校长、业务校长等参加会议。

△　副市长肖进方深入南集镇、大东镇就相关扶贫开发工作开展调研,看望慰问省、市委驻涟帮扶工作队队员和部分低收入农户。

10日　市政协副主席陶光辉在涟水县前进镇前进村,开展"三进三帮"活动,了解村集体经济发展情况,帮助解决实际问题,共谋壮村富民新思路。县委书记王向红,副县长郑劲松陪同。

△　涟水县召开欢迎欢送援疆干部座谈会,欢迎载誉而归的省第八批援疆干部沈绍宏同志,同时欢送省第九批援疆干部——红窑镇宣传、统战委员刘向前同志。县委常委、常务副县长王冰,县委常委、组织部部长胡春雷及有关部门负责人出席会议。

12日　2017年全省重大项目集中开工现场推进会涟水县分会场今世缘美酒银行等7个项目集中开工仪式在高沟镇举行。县委书记王向红,县委副书记、县长时勇,县人大常委会主任别纯海,县政协主席蒋东明等县四套班子领导,今世缘酒业董事长、总经理周素明出席仪式。时勇主持仪式。

14日　县首个德资项目——柯萨展示道具项目举行签约仪式,正式落户县经济开发区,实现涟水县德资项目"零"的突破。县委常委、县政府党组成员、县经济开发区党工委书记洪然出席签约仪式。

15日　安东北路改造附属工程、北京路改造附属工程、金城北路跨涟东一干渠桥,滨河新城缘分大道、龙腾大道、清枫路,新建道路青松路、翠柏路、红枫路等各项市政工程全面开工。

16日　中央电视台新闻频道《新闻直播间》以《女教师500公里跨省献"熊猫血"》为题,报道由县广电台记者拍摄的涟水县实验小学女教师康惠明的感人事迹。

△　颐高集团有限公司和涟水县签订投资合作框架协议。颐高集团有限公司副总裁乐秀国等领导,县领导时勇、王冰、朱太伟出席签约仪式。乐秀国和安东控股董事长、总经理禹成余分别代表双方在合作协议上签字。

17日　中江国际集团董事长、党委书记彭向峰一行在涟水推进项目建设。县委书记王向红,县委常委、县政府党组成员、县经济开发区党工委书记洪然,县委常委李雄威,县人大常委会副主任朱太伟及安东控股、招标办等相关单位负责人陪同。

20日　副市长顾坤带队在涟水深入挂钩联系的重点骨干企业,了解企业生产经营状况,开展调查研究,帮助企业解决实际问题。县委副书记、县长时勇陪同调研。

23日　涟水县首期农村电子商务培训班开班,来自全县经济薄弱村的60余名学员免费参加培训。此次培训为期15天,培训内容包括电子商务的发展及趋势、淘宝开店流程、微信公众账号的注册与发布流程、电商创业团队建设、店铺基本设置与运营模板设置、网店定位、货源分析与上传宝贝、网商客服技巧、网店日常运营管理、推广与营销等电子商务知识课程。

△　市人大常委会副主任刘华率队深入淮安市汇丰木业有限公司开展"三进三帮"活动。县人大常委会主任别纯海、副主任朱太伟陪同。

△　省司法厅副厅长万力带队专题调研涟水公共法律服务体系建设。市政协副主席、市司法局局长邱华康,市司法局副局长吴政霖,县委副书记、县长时勇。

25日　县党建工作会议召开,总结2016年涟水县党建工作,研究部署新形势下党建任务。

△　县政法暨信访稳定工作会议召开。县委书记王向红,县委副书记、县长时勇,县人大常委会主任别纯海,县政协主席蒋东明等县四套班子领导出席会议。时勇主持会议。

28日　全县首季"开门红"竞赛活动推进会举行,成功签约项目6个,总投资70亿元,8个类别的11家先进单位被授予15面流动红旗。县委副书记、县长时勇,县人大常委会主任别纯海,县政协主席蒋东明等县四套班子领导出席会议。县委副书记刘爱国主持会议。

3月

1日傍晚　涟水县境内突发大风天气,短时风力10级,13个乡镇1100余个配电台区停运,涉及停电用户46000余户。县供电公司组织4支抢修队伍100余人分赴一线抢修。截至次日下午1点30分,停电用户全部恢复正常用电。

1—2日　全市人大教科文卫工作座谈会在涟水县召开。市人大常委会副主任李冰,县委副书记、县长时勇,县人大常委会副主任孙辉,副县长李阔出席会议。各县区人大常委会分管领导,市和各县区人大教科文卫工委有关负责人参加会议。

3日　市政府党组成员周毅率队在涟水开展"三进三帮"活动并调研骨干企业培育和工业经济发展工作。县委副书记、县长时勇,县委常委、县政府党组成员、县经济开发区党工委书记洪然陪同调研。

8日　省公共资源交易中心主任陈伟东一行到成集镇永锋村电商园开展捐赠活动。县委副书记、省委驻涟帮扶工作队队长孙国君,成集镇负责人出席活动。

△　涟水县举办"最美家庭""最美

女性”颁奖典礼暨巾帼扶贫事迹报告会。县委常委、宣传部部长姜杰,县委常委、组织部部长胡春雷,副县长李阔等领导出席活动。

17日　省台办副主任张为一行调研涟水县对台交流基地建设情况。县委副书记、县长时勇,县委常委、县政府党组成员、县经济开发区党工委书记洪然等县领导陪同调研。

18日　涟水县被授予“中华诗词之乡”称号。

19日　全市水利工程建设“百日竞赛”活动暨项目建设推进会在涟水县召开。市水利局局长尤其中出席会议并讲话,县委常委、宣传部部长姜杰,副县长郑劲松参加活动。

23日　市委书记姚晓东调研涟水重点中心镇建设工作。市委常委、常务副市长戚寿余,市委常委、秘书长李森,副市长赵权,县委副书记、县长时勇,县委常委、常务副县长王冰等市县领导,今世缘酒业董事长、总经理周素明,市县相关部门负责人陪同调研或出席座谈会。

△　副市长顾坤率队调研涟水县开放型经济和旅游工作。县委副书记、县长时勇,县委常委、县政府党组成员、县经济开发区党工委书记洪然,副县长郑劲松陪同调研。

25日　淮安仲益电机减速机生产项目正式开工。

28日　副市长肖进方调研涟水水利工作。县委副书记、县长时勇,副县长郑劲松和市、县相关部门负责人陪同。

△　淮安市“红领巾寻访强军梦”启动仪式暨“少年强军梦”主题队会在涟水县幸福里实验小学报告厅举行。团市委书记许根林,县委副书记、县长时勇,县委常委、涟城镇党委书记刘泽年出席活动。

29日　县召开全县安全生产工作会议。县委副书记、县长时勇在会上讲话,县领导孙辉、吴从荣、姚兵出席会议。

△　县政法委主办的“政法惠民乡村行”活动启动仪式在麻垛现代农业开发区兴哨村举行。

30日　全市名镇名村志工作推进暨镇村志编纂业务培训会在高沟镇举行。省志办副主任蔡金良、市志办主任周平、副县长李阔出席会议。

△　今世缘酒业联合江苏综艺频道及全省200多婚庆企业共同举办的“结缘、聚荔、赢未来”首届江苏婚礼T20战略合作峰会在今世缘总部召开。大会由江苏综艺频道著名主持人陈怡主持,今世缘酒业董事长、总经理周素明致欢迎辞,江苏省婚庆行业协会会长常真、江苏综艺频道总监席文宏分别发表讲话,今世缘酒业副总经理倪从春为各位嘉宾介绍喜庆家招募计划,跨界融合发展是此次峰会深入讨论的主要议题。

△　市人大常委会常务副主任葛平一行在涟水调研。县人大常委会主任别纯海,县委常委、县纪委书记张超,县人大常委会副主任孙辉、朱太伟等陪同调研。

31日　涟水县财政承受能力论证用基础数据建设顺利通过市级评审。市财政局、宁淮集聚区财政局、江苏省成套设备淮安分公司、北京金淮咨询公司等单位领导、专家出席相关评审会。

4月

1日　县召开文化工作会议,县委常委、宣传部部长姜杰,副县长李阔出席会议,乡镇文化分管负责人、乡镇文化站站长、县文广新局全体人员及部分文化获奖代表参加会议。

6日　全县妇联工作会议召开。县委常委、组织部部长胡春雷出席会议,县直各机关单位妇委会(妇联)、乡镇(园区、办事处)妇联有关负责人参加会议。

8日　上海翔宇教育投资有限公司董事长王玉芬在涟水就合作办学事宜进行实地考察。县委书记王向红,县委副书记、县长时勇,县领导刘爱国、王冰、朱太伟、宋月霞、李阔、鲁加宁等县领导陪同考察。

△　复弘(北京)健康管理有限公司和涟水县签订投资合作框架协议。复弘(北京)健康管理有限公司总裁、悉地国际副总裁苏元颖及县领导时勇、王冰、朱太伟等出席签约仪式。苏元颖和安东控股董事长、总经理禹成余分别代表双方在合作协议上签字。

13日　涟水县召开百名年轻干部一线锻炼活动动员会,选派百名年轻干部到经济发展、脱贫攻坚一线挂职锻炼。县委副书记刘爱国,县委常委、组织部部长胡春雷出席。

△　副市长肖进方一行在涟水县观摩春季城乡绿化造林工作。县委常委、宣传部部长姜杰陪同。

△　省水利厅副厅长叶健一行在涟水开展淮河下游联防地区防汛检查。副市长肖进方,县委副书记、县长时勇,副县长郑劲松,以及市、县水利部门相关负责人陪同。

△　县召开经济发展软环境监督员、企业监测员聘任会议,从“两代表一委员”及机关部门、社会群众中选聘16名软环境监督员,确定江苏肯帝亚森工科技有限公司、江苏华宇印务有限公司等36户企业为全县优化经济发展软环境企业监测点,聘请36名企业负责人为监测员。

14日　2017年涟水县“五方挂钩”帮扶协调工作会议召开。省政府办公厅主任谢润盛,省扶贫办副主任朱子华出席会议并讲话,省应急办主任沈仲一主持会议并讲话。副市长肖进方,市扶贫办副主任谢永升,县领导王向红、时勇、孙国君、姜杰、郑劲松,涟水县“五方挂钩”帮扶协调小组成员及联络员,省委驻涟帮扶工作队全体队员参加会议。

△　县政协召开专题会议,向社会广泛征集红色旅游资源文史资料。征集的内容包括,中国共产党成立以来,在涟水这片土地上开展的重要活动、发生的重要战役,以及重要历史人物介绍、旧址遗迹概况、名人轶事、民间传说等。县政协副主席冯建华出席会议。

18日　全县创建省级文明城市决战动员会在县大剧院召开。县委副书记、县长时勇讲话,县委副书记刘爱国对创建工作进行部署,王冰、张超、姜杰、刘泽年、朱太伟、朱国海、冯建华等县领导出席会议,县委常委、宣传部部长姜杰主持会议。

21日　涟水县以931的得分位居2016年全市干线公路养护检查评比

第一。

22日　涟水县召开阿里巴巴农村淘宝项目招募会，面向全县招募选拔一批有责任心、有创业思维的优秀村级合伙人，推动涟水县农村淘宝项目落地生根。各乡镇(园区、办事处)有关领导带领辖区内有报名意向人员参加会议。

23日　全县青年干部培训班开班，50名“90后”年轻干部参加培训。县委常委、组织部部长胡春雷出席开班仪式并讲话。

△　涟水县举办“世界读书日·全民阅读”大型专题讲座。

25日　第28届江苏省青少年科技创新大赛上，陈师中心小学学生费加坤、周英奇、李锦涵等3人分别获一、二等奖。其中，费加坤的科技作品“手推式小粒籽种精量穴播器”获小学生科技创意项目一等奖，并入围全国比赛；周英奇的科技作品“轿车轮胎花纹嵌石剔除专用工具”和李锦涵的科技作品“对木质薄板圆片手工切割刀的改进研究”均获小学生科技创新成果二等奖。

△　省供销合作总社党组书记、理事会主任诸记录调研涟水县南集镇农业社会化综合服务平台建设情况。市供销合作总社党组书记、理事会主任王乃良，理事会副主任张天祥，县委常委、宣传部部长姜杰等陪同。

28日　涟水县召开庆“五一”劳模表彰大会，隆重表彰全县各条战线涌现出来的劳动模范。县委副书记、县长时勇致辞并为劳模代表颁奖，县人大常委会主任别纯海，县政协主席蒋东明，县委副书记刘爱国，县委常委、组织部部长胡春雷等领导出席会议并分别为涟水县新当选的33名市劳模和15个先进集体颁奖。

△　全市招商引资暨工业重点项目推进会在涟水县召开。市政府党组成员周毅，市经信委主任沙杰，县委副书记、县长时勇，副县长吴从荣，其他县区(园区)和市直相关部门负责人出席会议。沙杰主持会议。

29日　2017年第一季“厚德聚缘·涟水好人”发布仪式暨道德讲堂观摩活动在今世缘酒业举行。江苏今世缘酒业股份有限公司董事长、党委书记、总经理周素明，县委常委、宣传部部长姜杰，副县长李阔等领导出席活动。

5月

2日　全县重大项目建设过堂会在县政府三楼第二会议室召开。县委书记王向红，县委副书记、县长时勇，县委副书记刘爱国，县委常委、常务副县长王冰，县委常委、县政府党组成员、县经济开发区党工委书记洪然，县委常委、宣传部部长姜杰出席会议。时勇主持会议。

3日　代市长蔡丽新率队在涟水督查推进重大项目建设。市委常委、常务副市长戚寿余，县委书记王向红，县委副书记、县长时勇和县领导王冰、洪然、郑劲松、丁祖军陪同。

△　市委常委、市纪委书记、盐河总河长李晓雷带队调研涟水盐河水安全水生态综合治理工作，县委书记王向红陪同调研。

4日　“青春喜迎十九大、不忘初心跟党走”主题活动启动仪式暨第十一届“涟水十大杰出青年”颁奖典礼在涟水滨河高级中学弘毅讲堂二楼报告厅举行。县委书记王向红出席活动并致辞，县委副书记刘爱国，县委常委、县政府党组成员、县经济开发区党工委书记洪然，县委常委、组织部部长胡春雷出席活动。

△　全县村(居)党组织书记(主任)培训班开班，全县373个村(居)的党组织书记、村委会主任及乡镇党委组织委员参加培训。

6日　以“德润匠心　缘结天下”为主题的今世缘第六届职工文化节在“活力今世缘”大型韵律操表演中拉开序幕。

8日　县级机关工委联合县委文明办、县总工会、团县委、县妇联制定下发《关于在县级机关单位党员干部中开展“创文明城、做文明人”承诺践诺活动的通知》。

10日　省政府办公厅主任谢润盛一行调研涟水县涟沭结合部片区扶贫开发工作。县委副书记、县长时勇，县委副书记、省委驻涟帮扶工作队队长孙国君，副县长郑劲松陪同。

△　市委常委、纪委书记李晓雷，市纪委副书记、市委巡察办主任叶蓓，市纪委常委陈孝红，市委农工部部长、市扶贫办主任严继林等一行在涟水县调研“阳光扶贫”工作。县委常委、县纪委书记张超，县委常委、宣传部部长姜杰等陪同调研。

△　涟水县举办“爱拼才会赢”2017年江苏省第二届乒乓球王城市争霸赛淮安赛区涟水分场暨涟水职工乒乓球赛，县委常委、组织部部长、县总工会主席胡春雷，县总工会党组书记王靖江等领导出席活动。

15日　中江国际集团总经理王斌一行在涟水推进项目建设。

17日　市委书记姚晓东在涟水县大东镇施洼村调研“阳光扶贫”工作。市委常委、市纪委书记李晓雷，市委常委、秘书长李森，县委书记王向红，县委常委、宣传部部长姜杰陪同。

△　副市长顾坤一行在涟水开展“三进三帮”调研活动。县委书记王向红，县委常委、县政府党组成员、县经济开发区党工委书记洪然陪同。

18日　全县“263”专项行动推进会召开。县委副书记、县长、县“263”专项行动领导小组组长时勇，副县长、县“263”专项行动领导小组副组长吴从荣出席会议。

△　全市双拥宣传教育工作现场会在涟水县召开。市政府副秘书长李久银，淮安军分区政治部主任周春发，市双拥办主任宋德成以及县领导时勇、尹元兵、朱国海出席会议，各县区双拥工作领导小组负责人、双拥办主任、驻淮各部队分管双拥工作的负责人和群工干事参加会议。

△　常州工学院和涟水县人民政府政校企(产学研)合作签约仪式举行。常州工学院党委书记王建明，常州工学院党委组织部部长章瑜，常州工学院土木工程学院党委书记李俊生、院长郭献芳，县委书记王向红，县委常委、常务副县长王冰，县委常委、组织部部长胡春雷，县委常委、副县长李雄威等出席签约仪式。王冰主持签约仪式。

19日　市委副书记、代市长蔡丽新到成集镇条河村，实地调研村情民情，为村里发展“支招”“打气”，帮群众致富想法子、出主意。副县长郑劲松陪同。

△ “推进残疾预防、健康成就小康”全国第27个助残日助残及共创文明城活动启动仪式在县文化馆广场举行。副县长李阔出席活动并讲话。县政府办、残联、卫计委、文广新局等单位负责人参加活动。

△ 县委书记王向红在宁会见省政协委员、香港肇丰集团董事方仁德及涟水籍中国工程院院士费爱国。县委常委、县政府党组成员、县经济开发区党工委书记洪然陪同。

23日 正邦集团涟水石湖循环农业生态园项目开工典礼在石湖镇楼庄村举行。

24日 “阅读与文明”专家讲座暨“阿累读书节纪念邮折”首发式在县文化馆举行，市全民阅读促进会秘书长、市图书馆馆长吴珩，县政协副主席冯建华，阿累(朱凡)女儿朱棱等出席活动。

24—25日 省地税局局长江建平一行在涟水调研，市地税局局长孙长举，县委副书记、县长时勇，县委常委、常务副县长王冰，县委常委、县政府党组成员、县经济开发区党工委书记洪然，县委常委、副县长李雄威，县人大常委会副主任朱太伟，副县长余震海等领导陪同调研或参加座谈。

25日 省民防局局长钱国超一行深入涟水县南集镇调研扶贫开发工作。市民防局副局长刘立硕，县委副书记、县长时勇，县委副书记、省委驻涟帮扶工作队队长孙国君，县委常委、宣传部部长姜杰等陪同调研。

△ 江苏第二师范学院与灰墩办事处南元村举行“城乡结对、文明共建”签约仪式。江苏第二师范学院、江苏省教育科学研究院党委书记李洪天，县委副书记、县长时勇，县委副书记刘爱国，县委副书记、省委驻涟帮扶工作队队长孙国君出席相关活动。

26日 市委常委、市委秘书长、古淮河河长李森率市水利、环保、交通、海事等部门相关负责人巡查涟水县古淮河管理保护工作。县委常委、县委宣传部部长姜杰陪同。

△ 副市长顾坤到唐集镇兴旺村开展“三进三帮”活动，并进行大接访和走访慰问贫困户。县委常委、县政府党组成员、县经济开发区党工委书记洪然陪同。

△ 新华社江苏分社社长王存理、省纪委宣传部部长拾峰一行调研涟水“阳光扶贫”工作。市委常委、市纪委书记李晓雷，县委副书记、县长时勇，县委常委、县纪委书记张超，县委常委、宣传部部长姜杰，副县长、保滩镇党委书记宋月霞等陪同。

27日 中梦集团江苏公司生物事业部总经理刘涌一行到梁岔镇开展“中梦卜圩善孝信小学课桌爱心助学”捐赠活动，向卜圩小学捐赠190套课桌椅。县委副书记、省委驻涟帮扶工作队队长孙国君及相关工作队员出席活动。

△ 县召开2017年夏季秸秆“两禁一用”工作电视电话会议。

6月

1日 2017年江苏省暨淮安市农机“安全生产月”启动仪式在高沟镇汽车站广场举行。省农机局局长沈建辉、副局长景启坚，市委副书记张彤，市农机局局长印亚琴，县委副书记、县长时勇，县委常委、宣传部部长姜杰，副县长郑劲松等出席启动仪式。

△ 市人大常委会副主任刘华在梁岔镇卜圩村开展“三进三帮”活动。县人大常委会主任别纯海、副主任朱太伟等陪同。

2日 市委副书记、代市长蔡丽新在涟水现场接待群众来访，详细了解涟水县信访工作和领导包案落实情况。县委书记王向红，县委常委、县政府党组成员、经济开发区党工委书记洪然，县委常委、涟城镇党委书记刘泽年，县委常委、组织部部长胡春雷等领导参加活动。

2—5日 2017年中国芍药节“两园”杯江苏省青少年自行车锦标赛在仪征市枣林湾生态园举行。涟水县自行车队派出25名运动员参加其中12个项目的比赛，获4枚金牌、4枚银牌和2枚铜牌的好成绩。

5日 县举行“6·5”世界环境日系列宣教活动。

6日 省委常委、省纪委书记蒋卓庆一行调研涟水阳光扶贫工作。省纪委常委、秘书长、办公厅主任朱俊友，省纪委常委陈志扬，市委书记姚晓东，市委副书记张彤，市委常委、市纪委书记李晓雷，县委书记王向红，县委常委、县纪委书记张超，县委常委、宣传部部长姜杰，副县长宋月霞等领导，以及省、市、县相关部门负责人陪同调研。

△ 副市长王红红在涟水现场接待群众来访，回应、解决群众诉求。副县长李阔及县交通局、水利局、残联等有关部门领导陪同。

7日 2017年全国普通高考的第一天，全县3524名考生奔赴考场，迎接高考。

8日 涟水县召开省级文明城市系列创建工作会议。县委常委、宣传部部长姜杰出席会议并讲话。

13日 省扶贫开发与老区建设“三会”理事长、省人大常委会原副主任丁解民，省扶贫开发与老区建设“三会”副理事长陈贵希、唐庆宁、张益新、严宏生、张晓未等一行调研涟水教育扶贫工作。副市长肖进方，县领导时勇、孙国君、郑劲松、李阔及市县扶贫协会、老促会、扶贫办等单位负责人陪同调研。

16日 中央电视台《朝闻天下》栏目播出涟水县陈师镇中心小学六(1)班“孝心少年”王彬同学的感人事迹。此次央视共在全国筛选出10名“孝心少年”进行播出，王彬凭借刻苦钻研技术、别样的孝心成功入选。

△ 副市长肖进方率市粮食局、市农发行、中储粮淮安直属库等部门领导检查涟水夏粮收购工作。副县长郑劲松陪同。

20日 市委副书记张彤调研涟水扶贫开发工作，县委书记王向红，县委副书记、省委驻涟帮扶工作队队长孙国君，县委常委、宣传部部长姜杰，副县长郑劲松，副县长、市委驻涟帮扶工作队队长徐成东等陪同。

20—21日 日本大塚产业集团社长大塚敬之一行在涟水考察，推动汽车内饰配件项目落地。县委常委、县政府党组成员、县经济开发区党工委书记洪然陪同。

21日　海峡两岸合作联盟总会长、中华经济报董事局主席、台湾新观念集团总裁、台湾经济党主席张采明一行11人在涟水考察。副县长郑劲松和县台办负责人陪同。

△　涟水县与江苏中农批市场建设管理有限公司签约城镇农贸综合项目。江苏中农批市场建设管理有限公司董事长何美成，县委常委、宣传部部长姜杰和副县长郑劲松出席签约仪式。

22日　市委常委、政法委书记赵洪权调研涟水政法重点项目。县委书记王向红，县委副书记、县长时勇，副县长、县公安局局长朱国海陪同调研。

22—23日　水利部水土保持司原巡视员张学俭任组长的专家组一行对涟水县五岛湖创建国家水利风景区工作进行验收。

23日　上海德汇公益基金会与涟水县慈善基金会、县教育局签订助学奖学捐赠协议，捐资2000万元设立“德汇教育基金”。

26日　市妇联主办，县妇联、县公安局、县检察院、县法院、县司法局协办，南集镇承办的“巾帼维权，我们在行动——淮安市巾帼维权乡村行”启动仪式暨“6·26”国际禁毒日宣传文艺演出在南集镇范荡村举行。市妇联主席李顺英、副主席祁素娟，县委常委、组织部部长、县总工会主席胡春雷出席活动。

△　南京航空航天大学党委书记郑永安一行在涟水县陈师镇同心村调研指导脱贫攻坚工作，走访慰问部分低收入农户。县委书记王向红，县委副书记、省委驻涟帮扶工作队队长孙国君，县委常委、组织部部长、县总工会主席胡春雷，以及相关部门、陈师镇负责人陪同。

6月26日　由省委驻涟帮扶工作队牵头组织的县省定经济薄弱村第二期养老护理员培训班在涟水县中等专业学校正式开班，全县19个省定经济薄弱村的37名学员参加开班仪式。培训班为期10天，学费全免，开设养老护理员职业道德、老年饮食照料等课程。

27日　文化部艺术司副司长吕育中在涟水观看县淮剧团创排的淮剧现代戏《留守村长留守鹅》演出，并指导进京演出各项准备工作。省文化厅副厅长吴晓林，市文广新局局长张冲林，县委书记王向红，县委副书记、县长时勇等领导观看演出。

△　中国林科院林产化工研究所和县政府签订产学研合作协议，淮安龙源新材料科技有限公司年产2000吨五倍子单宁系列产品项目正式落户涟水县。

28日　全县“三进三帮”竞赛总决赛在涟水大剧院举行，经过必答题、抢答题、真走真访知民情题、办实事题和求实效题等比赛环节，县财政局代表队获机关组第一名，县交通运输局、教育局获第二名，县农委、政务中心获第三名；义兴镇代表队获乡镇组第一名，县经济开发区、涟城镇获第二名，朱码镇、陈师镇获第三名。

△　全县领导干部“旗帜鲜明讲政治”专题培训班开班，县委书记王向红作专题党课。县委副书记、县长时勇，县人大常委会主任别纯海，县政协主席蒋东明，县委副书记刘爱国等县四套班子全体领导出席会议。

29日　县举行庆祝建党96周年大会，表彰全县先进基层党组织、优秀党务工作者和优秀共产党员，以及全县“三进三帮”竞赛获奖单位。

△　市委副书记、代市长蔡丽新在涟水县深入联系点——成集镇条河村，与基层党员一起过党日迎“七一”。县委副书记、县长时勇，县委常委、组织部部长胡春雷陪同。

30日　台湾稳懋半导体集团、全稳农牧科技（开曼）有限公司与涟水县政府签署协议，年出栏50万头以上智能化科技生猪养殖项目和年生产12万吨精细化科技饲料加工项目正式落户涟水县。稳懋集团、全稳农牧科技（开曼）有限公司董事长陈进财，副市长顾坤，县领导时勇、洪然、郑劲松及市台办、县直相关部门负责人出席签约仪式。

6月　涟水县首届网络文化节开始，历时半年，至12月结束。

7月

1日　县委副书记、县长时勇赴涟城镇谷嘴社区开展“庆七一·联系点上过党日”活动，以普通党员的身份参加组织生活，重温入党誓词，看望慰问党员，与干部群众共商富民强村之路。

3日　由中宣部、文化部举办的2017年全国基层院团戏曲会演在北京开幕。涟水县文广新局打造、县淮剧团演出的《留守村长留守鹅》被遴选为全国基层院团戏曲会演开幕式演出。文化部党组书记、部长雒树刚出席开幕式并致辞，文化部党组成员、副部长董伟主持开幕式，江苏省副省长蓝绍敏，中宣部文艺局局长汤恒，北京市文化局局长陈冬，江苏省文化厅党组书记、厅长徐耀新，江苏省文化厅党组成员、副厅长吴晓林，淮安市副市长王红红，市文广新局局长张冲林，县委书记王向红，市文广新局副局长徐克，县委常委、宣传部部长姜杰，副县长李阔等与在京的部分涟水籍人士、首都观众共同观看演出。

4日　宿迁市委书记魏国强、市长王天琦率领宿迁市党政代表团在涟水调研“阳光扶贫”工作开展情况。市委书记姚晓东，市委副书记张彤，市委常委、市纪委书记李晓雷，市委常委、秘书长李森，副市长肖进方，县委书记王向红，县委常委、宣传部部长姜杰，副县长郑劲松，副县长、保滩镇党委书记宋月霞等市县领导陪同。

6日　省委书记李强在涟水调研农业农村发展和农民增收工作。省委常委、秘书长樊金龙，省委副秘书长杨根平，省环保厅厅长陈蒙蒙，省粮食局局长夏春胜，省供销合作总社主任诸纪录，市委书记姚晓东，市委常委、秘书长李森，县委书记王向红等领导陪同调研。

△　省委宣传部常务副部长周琪调研涟水扶贫开发和文化基础设施建设工作。县委书记王向红，市委宣传部副部长、外宣办主任金厚勋，县委常委、宣传部部长姜杰等领导陪同。

9—10日　全县普降大暴雨，局部地区12小时降水量达到300毫米以上，县城区和部分乡镇由于地势原因形成严重内涝灾害。

10日　县委副书记、县长、县防汛防旱指挥部指挥长时勇，县委常委、宣传部部长、县防汛防旱指挥部副指挥长姜杰召开全县防汛救灾工作紧急会议，迅速部署开展防汛救灾工作。

11日　副市长肖进方带领市水利、农委、民政、农工办相关负责人在涟水现场察看指导防汛减灾工作，县委副书记、县长时勇及县相关部门负责人陪同。

12日　全市2017年突发环境事件示范性应急演练在涟水举行。

17日　县委召开十一届三次全会，县委委员、候补委员出席会议。会议通过《中国共产党涟水县第十一届委员会第三次全体会议决议》。县委书记王向红代表县委常委会作题为《做好时代必答题，打赢富民主攻仗，让百万涟水人民共享全面小康建设成果》的报告，县委副书记、县长时勇作题为《聚焦富民不放松，攻坚克难求突破，奋力夺取全年各项工作全面胜利》的讲话。

19日　副市长肖进方带领市政府办、扶贫办、财政局等部门相关负责人，在涟水调研涟沭结合部片区扶贫开发工作。县领导孙国君、姜杰、郑劲松和县相关部门负责人陪同。

20日　市政协副主席陶光辉在涟水专题调研特色小镇建设工作。县委副书记、县长时勇，县政协主席蒋东明，副县长郑劲松，县政协副主席鲁家宁等领导陪同调研。

下旬　县水利局水利科学研究站申报的《水足迹方法在农业水资源利用效率及高效灌排模式中的研究与应用》课题，被省水利厅列入2017年水利科技项目。该课题由县水利科学研究站组织田间试验和数据分析，河海大学、南京农业大学负责技术指导和分析研究，历时2年。

26日　市人大常委会副主任刘华在涟水调研"千百万扶贫济困大行动"推进情况。县人大常委会主任别纯海、副主任方建中陪同。

△　淮安市第一届家庭服务业职业技能大赛举办，全市共9支代表队、131名选手参加大赛，涟水县选手王加乐、李娟、刘红梅、嵇天天4人获二、三等奖。

27日　县委书记王向红会见中核二三公司总经理张凯一行，双方就有关合作事宜进行交流。县委副书记、县长时勇，县委常委、常务副县长王冰，副县长吴从荣陪同。

28日　"爱敬诚善·德润涟水"——江苏省道德模范与身边好人(淮安·涟水)现场交流活动在涟举行，省文明办副主任葛莱，市人大常委会副主任、市文明委副主任李冰，省美德基金会秘书长张仕冲，市委宣传部副部长、文明办主任杨恒忠，县委书记王向红，县人大常委会主任别纯海，县政协主席蒋东明等领导出席活动，与全县各级道德模范、身边好人代表以及各行各业代表一起通过视频短片、现场采访，回顾道德模范与身边好人们的先进事迹。

△　省交通运输厅副厅长汪祝君带领厅运管局、综计处等部门负责人，在涟水开展"大走访大落实"农村物流专项调研活动。市交通运输局副局长耿良道、县委副书记刘爱国等领导陪同。

29日　县政府与中民筑友科技(江苏)有限公司、中民筑友建设有限公司江苏分公司在南京正式签订绿色建筑科技园项目合作框架协议。

8月

1日　全市"阳光扶贫"工作推进会在涟水召开。市委副书记张彤，市委常委、市纪委书记李晓雷，副市长肖进方等市领导出席会议并对当前工作情况进行点评。县委书记王向红，县委常委、县纪委书记张超，县委常委、宣传部部长姜杰，副县长郑劲松，市、县(区)相关部门负责人出席会议。

2日　县政府与碧桂园集团签订投资合作框架协议。碧桂园沪苏区域苏中片区执行副总裁李松明及县委常委、常务副县长王冰等出席签约仪式。碧桂园沪苏区域苏中片区投资部总监张天驰与安东控股董事长、总经理禹成余分别代表双方在战略合作框架协议上签字。

△　杭州嘉豪铭泰投资管理有限公司董事长徐孝雅一行在涟水参观考察。市委副秘书长吴苏，县委常委、宣传部部长姜杰，县人大常委会副主任吴建峰，副县长郑劲松陪同考察或出席座谈会。

7日　市政协副主席陶光辉一行到涟水调研"4+2"特色主导产业建设情况。县委副书记、县长时勇，县政协主席蒋东明，副县长吴从荣，县政协副主席鲁家宁陪同。

8日　市委常委、淮安军分区司令员张正军在涟水专题调研征兵工作。县委副书记、县长、县征兵工作领导小组组长时勇，县人武部政委、县征兵工作领导小组副组长滕金霞陪同。

9日　2017年淮安经贸文化交流合作周暨产业合作恳谈会在台湾举行，县委书记王向红率涟水县经贸考察团参加。台湾电电公会以及台湾稳懋集团、亚细亚食品股份有限公司等30余家企业负责人齐聚一堂，就涟台在服务业、食品产业等领域深化交流合作进行深入探讨。市领导蔡丽新、唐道伦、顾坤等出席恳谈会。

△　副市长李光云率队在涟水调研环境保护工作。县委副书记、县长时勇，副县长吴从荣及市县环保局、安监局、经信委等相关部门负责人陪同。

10日　全市高标准农田建设现场推进会在涟水召开。副市长肖进方，县委副书记、县长时勇，市直相关部门负责人和各县区分管负责人出席会议。

12日　涟水(浙江大学)新型城镇化专题研修班开班，培训为期5天半，共有42名部委办局及各乡镇(园区)相关负责人参训，采取封闭式培训方式，培训课程包含宏观经济形势与政策分析、"互联网+"与管理创新等宏观层面的研判，农地流转与规范经营、特色小镇、美丽乡村建设、城市管理等微观层面的指导。

14日　县委副书记、县长时勇带领县政府办、重点办、经信委、发改委、住建局、消防大队、供电公司、安东控股等部门和单位负责人，专题督查推进市盘在建拟竣工验收项目。

15日　省人大常委会人代联委主任刘广忠一行在涟水调研"人大代表之家"建设工作。市人大常委会副主任刘华，县委书记王向红，县人大常委会主任别纯海，江苏今世缘酒业有限公司董事长、党委书记周素明，县人大常委会副主任方建中陪同。

16日　省委常委、副省长杨岳在涟水调研扶贫开发工作，亲切看望慰问驻涟帮扶工作队队员。省委副秘书长、省政府副秘书长杨根平，省委农工办（省扶贫办）主任赵旻，市委副书记张彤，县委书记王向红，县委副书记、省委驻涟帮扶工作队队长孙国君陪同。

18日　淮安（薛行）循环经济产业园产业规划说明会召开。县委副书记、县长、淮安（薛行）循环经济产业园建设指挥部指挥长时勇，副县长、淮安（薛行）循环经济产业园建设指挥部副指挥长吴从荣，江苏华昌化工股份有限公司董事长朱郁健、总经理胡波，广州叁思企业管理公司董事总经理杨向宏等出席说明会。

22日　台湾幼儿教育策进会理事长、瑞恩帝儿幼教集团创办人、董事长吕文彬，台湾桃园市桃园区体育会副理事长、台湾奥林匹克资优数学总执行长郭韦希，台湾家庆信息股份有限公司总经理林玉婷，江苏九曜教育集团执行董事董威辰、张星星等台湾客商在涟水投资考察。县委书记王向红、县委副书记刘爱国、副县长李阔陪同。

24日　省第十批科技镇长团在涟水挂职欢迎会暨第九批欢送会举行。县委副书记、县长时勇，县委常委、县委组织部部长胡春雷等出席会议，胡春雷主持会议。

△省食药监局副局长俞善浚一行在涟水调研。市食药监局局长邱金义，副县长吴从荣等领导陪同。

29日　省“平安农机”示范县创建验收专家组在涟水现场考核验收“平安农机”示范县创建工作。县委副书记、县长时勇，副县长郑劲松及市、县相关部门负责人陪同。

△　第六届苏台（淮安）青年菁英峰会暨第三届两岸青年菁英特训营在淮安举行。团省委副书记、省青联副主席蒋敏，副市长王红红，团市委书记、市青联主席许根林，县委常委、组织部部长胡春雷，今世缘酒业董事长、总经理周素明，全国台企联常务副会长、运时通（中国）家具有限公司董事长陈燕木，中国国民党青年部主任、中华青年企业家协会总会长张渊翔等领导和嘉宾出席活动。

31日　全国供销合作总社党组成员、理事会副主任骆琳，常务理事、合作指导部部长刘进喜率队在涟水调研。省供销合作总社党组书记、理事会主任诸纪录，党组成员、理事会副主任窦立夫，副市长肖进方，县委书记王向红，市供销合作总社理事会主任王乃良，县委常委、宣传部部长姜杰等领导和省、市、县相关部门负责人陪同。

△　江苏省经济和信息化委员会、江苏省食品工业协会组织召开的推进全省食品产业发展暨振兴苏酒工作会议在今世缘酒业股份有限公司召开。省经信委副主任祁彪、省经信委副巡视员、食品工业协会会长周毅彪，各设区市经信委分管领导，茅台酒厂名誉董事长季克良和著名营销策划专家舒国华以及全省40余户白酒生产企业负责人等近200人参加会议。

9月

1日　2017年涟水电子电气产业招商说明会在深圳举行。县委常委、县政府党组成员、县经济开发区党工委书记洪然率县国土资源局、环保局、发改委及开发区相关负责人参加。中信华集团、洲旭集团、深圳高翰电路有限公司、深圳凯卓电路有限公司、深圳市森瑞达贴装技术有限公司、深圳市瑞邦环球科技有限公司等30余家企业负责人参会，双方就涟水与深圳在电子电气产业领域深化交流合作进行深入探讨。

4日　年出栏35万头生猪全稳农牧科技绿色循环智能农场在黄营乡六堡村开工。市委副书记、代市长蔡丽新，副市长顾坤，台湾稳懋集团董事长陈进财，县委书记王向红，副县长郑劲松等出席开工仪式。

△代市长蔡丽新到保滩镇、涟城镇，督查推进社会矛盾和安全隐患大排查大整治工作。县委书记王向红，县委常委、涟城镇党委书记刘泽年，副县长、县公安局局长朱国海陪同。

5日　县人大常委会主任别纯海率涟水选区市人大代表赴洪泽区开展专题调研活动。洪泽区人大常委会主任杨步新、副主任王建东，副区长韩学红以及相关部门负责人陪同。

5—6日　水利部黄河水利委员会建设与管理局巡视员杨明云率领水利部水利质量考核组在涟水考核2016—2017年度水利建设质量工作。省水利厅副厅长朱海生，副市长肖进方，县委书记王向红，副县长郑劲松等领导陪同。考核组认为涟水县高度重视水利工程建设质量管理工作，全面落实水利建设质量管理责任制，水利质量管理规章制度健全，质量措施落实到位，水利工程建设质量总体可控。

8日　全县庆祝第33个教师节暨“三名”工程颁奖典礼在涟水大剧院隆重举行。县委书记王向红在典礼上致辞，县委副书记、县长时勇，县人大常委会主任别纯海，县政协主席蒋东明，县委副书记刘爱国等县四套班子领导出席典礼。会议表彰10所“涟水名校”、10位“涟水名校长”和100位“涟水名师”。

13日　灌南县政协主席杨以波，副主席崔玉梅、尚金柱一行调研涟水工业经济运行情况。县政协主席蒋东明，副主席薛芹、鲁家宁和秘书长庞峰陪同。

18日　江苏旋压机械设备有限公司举行开工仪式。

19日　市委常委、宣传部部长周毅到挂钩联系点徐集乡季庵村开展“三进三帮”和“阳光扶贫”活动。县委书记王向红，县委常委、宣传部部长姜杰陪同。

中旬　涟水县古淮河饮用水源地取水口隔离防护工程通过由县水利局、环保局、涟缘水务有限公司及设计、监理等单位组成的专家组的验收。该工程投资36.8万元，建设隔离网3200米。

20日　市人大常委会副主任刘华在涟水开展主任接待代表日活动，与涟水县8名市人大代表进行面对面交流，听取他们的意见和建议。县人大常委会副主任方建中参加活动。

25日　省委农工办（省扶贫办）主任赵旻一行调研涟水省委帮扶工作队项目。县委书记王向红，县委副书记、省委驻涟帮扶工作队队长孙国君，县委常委、宣传部部长姜杰，副县长郑劲松陪同。

26日　县政府与台湾瑞恩帝儿国际投资股份有限公司合作办学签约仪式举行。县委书记王向红、县委副书记刘爱国、副县长李阔出席签约仪式。刘爱国主持仪式。

27日　省农垦集团有限公司党委书记、董事长魏红军,省农垦集团有限公司党委委员、副总经理姜建友等到梁岔镇费庄村和陈师镇高庄村调研产业扶贫工作。副市长肖进方,县委书记王向红,副县长郑劲松陪同。

30日　县委、县政府在县烈士陵园隆重举行公祭活动,缅怀革命先烈。王向红、时勇、别纯海、蒋东明等县四套班子领导,同社会各界代表一起出席公祭活动。副县长、县公安局局长朱国海主持公祭活动。

10月

1日　涟水百花园于国庆长假期间正式开园,喜迎县内外游客。涟水百花园位于保滩镇十堡村境内,项目占地面积100公顷,以花海、特色餐饮为主题,是将游人、花卉、休闲、生活融为一体的花海主题公园。

5日,市委副书记张彤一行调研涟水"一路一廊"农业产业工作。市委副秘书长吴苏,市委农工部部长、市扶贫办主任严继林,市农委主任张进成,县委书记王向红,县委副书记、县长时勇,县委常委、宣传部部长姜杰,副县长郑劲松,以及市县相关部门负责人陪同。

8日　市委书记姚晓东,市委常委、秘书长李森一行深入保滩镇,调研涟水百花园开园情况。县委书记王向红,县委副书记、县长时勇,县委常委、宣传部部长姜杰等领导陪同。

14日　"书香涟水,诵读金秋"涟水县2017年金秋朗诵音乐会在县文化馆举行。活动由市全民阅读促进会、县委宣传部主办,县文广新局、教育局、广电台承办。县人大常委会副主任朱太伟到场致辞。

17日　省政府办公厅主任谢润盛在涟水开展"扶贫日"活动。市委副书记、代市长蔡丽新,市委副书记张彤,县委副书记刘爱国,县委副书记、省委驻涟帮扶工作队队长孙国君,县委常委、常务副县长王冰,副县长郑劲松及市、县扶贫办相关负责人陪同。

△　盐河时码、蔡工大桥建设工程交工验收会议召开。由市交通运输局、市交通工程质监站等单位代表和专家组成的交工验收委员会,通过盐河时码、蔡工大桥交通安全设施专项验收和项目工程质量验收,标志两座大桥正式通车。

18—24日　县委书记王向红作为党代表出席中国共产党第十九次全国代表大会。

19日　全市组织开展三季度农业产业化重点项目观摩活动。市委副书记张彤、副市长肖进方带领各县区农业分管领导、农委主任和相关部门负责人,现场观摩涟水县两个农业产业化重点项目建设情况。县委常委、组织部部长胡春雷,副县长郑劲松陪同观摩。

24日　市委常委、政法委书记赵洪权带队在涟水专题调研十九大安保维稳和创新网格化社会治理机制试点工作。县委副书记刘爱国,县副县长、县公安局局长朱国海陪同。

28日　2017年"福彩杯"老年人体育运动会在县全民健身广场隆重举行,有目广场舞、太极拳、老年乒乓球、端球、篮球、掼蛋、象棋、自行车慢骑等20多个竞赛项目,300多名老年人参与。

29日　涟水县数字化城市管理系统项目通过省级验收。省住建厅城管局局长王守庆主持验收会议,市城管局局长袁开锋、副局长周伟芬,副县长吴从荣出席会议。

31日　共青团涟水县第十二次代表大会在涟水大剧院开幕。

11月

月初　县交通控股集团被中华全国总工会授予"全国工会职工书屋示范点"称号,收到奖品18箱图书,价值3.5万余元。

1日　第三期淮上村居书记论坛在涟水举行。全市各县(区)委组织部分管副部长、农工部部长及部分乡村两级党组织书记近500人参加论坛。市委组织部副部长、党建办主任董国喜主持论坛,县委书记王向红致辞,县委副书记刘爱国,县委常委、组织部部长胡春雷出席论坛。

3日　副市长顾坤带队在涟水开展企业调研活动。县委常委、县政府党组成员、县经济开发区党工委书记洪然陪同。

8日　县餐饮业商会暨首届会员大会在涟水宾馆举行。会议审议通过《涟水县餐饮业商会章程》,选举产生18名理事会理事。理事会议选举产生会长1人、副会长4人,秘书长1人,严玉桃当选为涟水县餐饮业商会第一届理事会会长。

9日　省水利厅党组书记、厅长陈杰带队到涟沭接合部片区旱改水工程一线建设现场开展调研活动。副市长肖进方、副县长郑劲松陪同。

△　市委常委、市纪委书记李晓雷带队到涟水,对盐河开展河长制巡查工作。县委副书记刘爱国陪同。

△　"深入学习贯彻中共十九大精神,推进'放管服'改革交流研讨会暨第二届全国行政服务大厅典型案例展示活动总结会"在福建省国际会议中心召开,涟水县政务服务管理办公室作为江苏省4家窗口单位中唯一县级单位参加会议,获"第二届全国行政服务大厅典型案例信息化优秀"表彰。

12日　由省生物农业促进会、省委驻涟帮扶工作队共同组织的科技帮扶、产业帮扶生物有机稻米现场观摩研讨会在涟水召开。省政府原副省长、省人大常委会原副主任凌启鸿,省农委副主任、省农机局局长沈建辉以及省农委、省生物农业促进会、江苏农抬头生物农业发展有限公司、安徽三农协会等单位负责人出席观摩会,县委副书记、县长时勇,县委副书记、省委驻涟帮扶工作队队长孙国君,县委常委、宣传部部长姜杰,副县长郑劲松陪同。

△　省农委挂钩涟水产业富民帮扶组在涟水开展产业富民专项调研。省农委副主任沈建辉、省农委经管站站长黄挺、省动物疫病预防控制中心主任董永毅等通过实地走访、座谈等形式了解涟水产业富民项目推进情况、产业富民工作取得的成效以及存在的主要困难。县委常委、宣传部部长姜杰,副县长郑劲松陪同。

15日　南京工程学院党委书记史国君一行在涟水调研，先后参观淮安涟水机场、滨河新城教育中心、县经济开发区电子商务产业园、苏杭科技和规划展示馆，看望慰问在涟挂职干部。县委书记王向红介绍涟水县经济社会发展情况，县委副书记刘爱国，县委常委、组织部部长胡春雷，副县长张亮陪同。

16日　省编办副主任钱亚东带队调研涟水指导经济发达镇行政管理体制改革工作，市编办主任张锋，县委常委、常务副县长王冰，县委常委、组织部部长、县总工会主席胡春雷陪同。

16—17日　由国家互联网信息办公室、人民日报社、青岛市人民政府指导，中国报业协会、长城会、青岛高新区、青岛报业传媒集团主办的"第三届中国传媒融合发展年会暨GMIC+2017全球移动互联网青岛峰会"在青岛万达艾美酒店举行，涟水日报社微信公众平台"天南地北涟水人"获"中国传媒融合年度创新案例奖"；县新闻中心主任、涟水日报社总编戴从柏获"中国传媒融合年度创新人物奖"。

17日　省台办副主任李卫华一行在涟水调研。县委书记王向红，县委常委、县政府党组成员、县经济开发区党工委书记洪然陪同。

△　全省新型职业农民培育体系建设推进会在涟水召开，省农委副主任蔡恒、市政府副秘书长李金平、副县长郑劲松出席会议。

24日　省科协党组书记、常务副主席陈惠娟一行在涟水调研。县委书记王向红，市科协党组书记、主席王立华，副县长袁灿生等陪同。

25—26日　"今世缘·国缘"2017砂板乒乓球世界杯在淮阴中学滨河高级中学体育馆举行。中国选手包揽前三名，严魏豪获冠军，胡俊超、梁红安分获亚军和季军。

28日　市委常委、秘书长李森一行在涟水巡查古淮河沿线生态保护工作。县委书记王向红，副县长郑劲松，市县相关部门负责人陪同。

△　省交通运输厅考核组在涟水考核验收镇村公交发展工作。县委常委、副县长李雄威出席验收座谈会。

29日　由中国质量协会联合欧洲质量管理基金会主办的首届全球卓越大会暨第十七届全国追求卓越大会在北京人民大会堂召开。会上，江苏今世缘酒业股份有限公司获"全国质量奖"。

12月

1日　市委常委、政法委书记、市政府党组成员、市第三次全国农业普查领导小组组长赵洪权率队在涟水调研推进第三次全国农业普查工作开展情况。县委副书记、代县长时勇，县委常委、宣传部部长姜杰，副县长、保滩镇党委书记宋月霞及市县相关部门负责人陪同。

4日　公安部打拐办2017积案攻坚座谈会暨今世缘·宝贝回家志愿者关爱计划启动仪式在今世缘总部会议中心举行。

5日　市政协副主席陶光辉在前进镇前进村就农业农村工作开展调研，实地走访慰问部分困难党员。县政协副主席、工商联主席薛芹、前进镇党委书记卢建农陪同。

6日　全市冬春水利建设会议在涟水召开。市委副书记张彤，副市长肖进方，县委书记王向红，县委常委、宣传部部长姜杰，副县长郑劲松出席活动。

△　市人大常委会常务副主任葛平调研涟水人大代表"千百万扶贫济困大行动"企业家代表结对帮扶经济薄弱村情况。县委书记王向红，县委副书记、县长时勇，县人大常委会主任别纯海，县人大常委会副主任方建中，今世缘酒业董事长、党委书记、总经理周素明陪同。

8日　省委宣传部副部长、省委网信办主任徐缨一行在涟水调研扶贫开发工作，深入扶贫联系点成集镇永锋电商产业园，实地查看帮扶项目，了解扶贫工作进展情况，看望慰问省委宣传部驻涟帮扶工作队员。县委书记王向红，县委常委、宣传部部长姜杰陪同。

9日　中共十九大精神政府系统宣讲会举行。县委宣讲团成员、县委副书记、县长时勇作宣讲报告。

12日　淮安市2017年文艺调演活动在涟水大剧院举行。全市各县区共推选23个优秀节目在这次活动中展演，涟水县淮剧《留守村长留守鹅》选段《卖房》获一等奖。

△　首部取材涟水故事的院线电影《小猫爱上鱼》举行开机新闻发布会。市文广新局副局长徐克，县委常委、宣传部部长姜杰，副县长李阔，著名表演艺术家方青卓和制片方代表、影片主要演员、县文广新局有关负责人出席发布会。影片由江苏自奋蹄文化传媒有限公司和北京燃艺星光文化传媒有限公司共同投资1000万元拍摄。

19日　省人民医院技术支持医院、江苏省人民医院冠心病中心涟水县人民医院分中心、江苏省危急重症远程诊疗网络医院签约揭牌仪式在涟水县人民医院举行。省人民医院院长唐金海、市卫计委主任孙邦贵、县委书记王向红、县长时勇、县委副书记刘爱国、副县长李阔出席仪式。刘爱国主持仪式。

22日　涟水县创建省级"四好农村路"示范县通过省考核组验收。县委常委、副县长李雄威出席会议，市交通运输局副局长徐成东主持验收会。

23日　中国共产党涟水县第十一届委员会第四次全体会议召开。县委常委会主持会议。县委委员、候补委员出席会议。县委书记王向红代表县委常委会作题为《全面贯彻中共十九大精神，奋力开创新时代新涟水的新业绩》的报告。

25日　立创互联网电子科技产业园项目在县经济开发区成功签约，县委常委、县政府党组成员、县经济开发区党工委书记洪然出席签约仪式。该项目由深圳市立创电子商务有限公司投资建设，项目计划总投资50亿元，集电子元器件研发、制造、仓储于一体。

29日　位于高沟镇的光大（涟水）生物质热电项目正式开工。

地方组织机构

中共涟水县委员会

重 要 会 议

【脱贫攻坚达小康工作推进暨2016年度科学跨越发展考核表彰大会】 2017年2月3日在县大剧院召开。县委书记王向红在会上发表讲话,县委副书记、县长时勇作工作报告,县人大常委会主任别纯海、县政协主席蒋东明等县四套班子领导出席会议。王向红代表县委、县人大、县政府、县政协,向受表彰的先进集体和先进个人,向2016年来为全县经济社会发展作出突出贡献的广大干部群众和社会各界人士致谢。时勇动员全县上下迅速收心拢神,紧扣"两聚一高",紧盯"两大目标",推动工作快速启动,力争新年良好开局,不断掀起涟水科学跨越发展新热潮。县委副书记刘爱国主持会议并就贯彻落实会议精神提出要求:迅速学习会议精神,全面落实关键举措,追求一流工作作风,推动全县各项工作在全市争先进位。县委常委、常务副县长王冰,县委常委、县政府党组成员、县经济开发区党工委书记洪然,副县长郑劲松,副县长、县公安局局长朱国海,副县长吴从荣,副县长李阔等县领导先后就各自分管工作作专题报告。南集镇、县发改委、徐集乡季庵村作会议交流发言,东胡集镇、梁岔镇作会议表态发言。王冰宣读2016年度科学跨越发展考核表彰决定,27家获奖单位和14名先进个人代表分别上台领奖。

【中共涟水县第十一届委员会第三次全体会议】 2017年7月17日在县大剧院召开。县委深入贯彻中共十八大、十八届三中四中五中六中全会和习近平总书记系列重要讲话精神,认真落实省第十三次党代会、省委十三届二次全会、省苏北发展座谈会、市委七届五次全会和省委书记李强来涟调研讲话精神,对富民工作进行专题研究部署,动员全县上下强化富民导向,创新富民举措,以过硬的富民成果为高水平全面建成小康社会奠定坚实基础。会议通过《中国共产党涟水县第十一届委员会第三次全体会议决议》。县委常委会主持会议。县委委员、候补委员出席会议。不是县委委员、候补委员的县人大、县政府、县政协负责人;县法院院长,其他在职县处级干部;担任过县级领导职务的老同志;县纪委委员;省、市委驻涟帮扶工作队队员;经济开发区、各乡镇(园区、办事处)、淮安(涟水)空港产业园、淮安(薛行)循环经济产业园副科级以上干部;县委各部委办、县各委办局、县各企事业单位、县各人民团体中层正职以上干部;各村(居)、社区党组织书记,能人大户代表;县各金融机构主要负责人;重点企业主要负责人列席会议。县委书记王向红代表县委常委会作题为《做好时代必答题,打赢富民主攻仗,让百万涟水人民共享全面小康建设成果》的报告,县委副书记、县长时勇作题为《聚焦富民不放松,攻坚克难求突破,奋力夺取全年各项工作全面胜利》的讲话。

会议期间,与会人员对王向红所作的报告、时勇所作的讲话和会议《决议(草案)》进行讨论。会议还下发《关于聚焦富民持续提高城乡居民收入水平的十九条意见》。

【中共涟水县第十一届委员会第四次全体会议】 2017年12月23日开幕。会议全面贯彻落实中共十九大、中央经济工作会议和习近平总书记视察江苏重要指示精神,按照市第七次党代会第二次会议决策部署,回顾总结2017年工作,正确研判当前形势,研究部署明年任务,动员全县各级党组织和党员干部,以习近平新时代中国特色社会主义思想为指引,不忘初心、牢记使命,锐意进取、顽强拼搏,奋力开创新时代新涟水的新业绩。县委常委会主持会议。县委委员、候补委员出席会议。不是县委委员、候补委员的县人大、县政府、县政协负责人,县法院主要负责人;担任过县级领导职务的部分老干部;县纪委委员;各乡镇(园区、办事处)党政主要负责人,经济开发区管委会主要负责人,淮安(涟水)空港产业园、淮安(薛行)循环经济产业园负责人;县委各部委办、县各委办局、县各企事业单位、县各人民团体主要负责人列席会议。县委书记王向红代表县委常委会作题为《全面贯彻中共十九大精神,奋力开创新时代新涟水的新业绩》的报告。报告分为四个部分:以担当、笃行、实干为抓手,全县经济社会保持平稳健康发展态势;以学懂、弄通、做实为核心,深入学习贯彻中共十九大精神;以促转型、靓城市、增福祉为目标,全力打好落实十九大精神开局之战;以从严、从紧、从细为要求,加快推动全面从严治党持续深化。

县经济开发区、卫计委、交通运输局、环保局、高沟镇、南集镇等作交流发言。

(张益坤)

重 大 决 策

【总体要求】 2017年,县委全县工作的总体要求是:全面落实中共十八大、十八届三中四中五中六中全会和习近平总书记系列重要讲话精神，按照中央、全省经济工作会议和省市县党代会决策部署，牢牢把握稳中求进总基调，深入践行发展新理念，以推进供给侧结构性改革为主线，紧扣“两聚一高”，紧盯“两大目标”，统筹抓好稳增长、促改革、调结构、惠民生、优生态、防风险等各项工作，奋力开创涟水科学跨越发展新局面，以优异成绩迎接中共十九大胜利召开。主要经济指标安排：地区生产总值增长9.5%左右，社会消费品零售总额增长11%左右，规模固定资产投资增长15%左右，城镇居民人均可支配收入增长8%左右，农民人均纯收入增长9%左右，城镇登记失业率控制在4%以内，节能减排完成省市下达的刚性指标。受营改增减税、收入分成比例调整等因素影响，2018年财政收入将呈明显下降之势，故将一般公共预算收入安排在22.8亿元左右。

【创新提效工程】 2017年，县委在创新提效方面作出的决策有：围绕《国家创新驱动发展战略纲要》，以创建省级创新型试点县为抓手，深入实施创新驱动战略，大力提升区域创新能力，充分释放改革发展动能，推动全县经济由“汗水型”向“智慧型”转变。落实省鼓励科技创新“40条政策”，强化企业创新主体地位，鼓励企业与高校、科研院所建立产业技术创新战略联盟，促进技术链向产业链、价值链延伸，确保全年研发投入占地区生产总值比重达到2.3%以上。帮助大量科技等企业创建高新技术企业，打造以创新型领军企业为引领、以科技小巨人企业和科技型小微企业为支撑的创新梯队，确保新培育省级以上高新技术企业10家，高新技术产业产值占比达到21%。注重创新载体建设，鼓励规模企业创建省级以上企业研发机构，支持高校、科研院所来涟建立技术转移中心，确保新增市级以上研发机构10家，新建院士工作站、企业研究生工作站5个。坚持专业急需人才引进、本土技能人才培养和高端人才柔性使用并重，发挥科技镇长团桥梁纽带作用，加快省“双创人才”、省“双创博士”、市“淮上英才”等各类人才引进，为产业发展和企业创新提供智力支持。实施“蓝领培育计划”，推进县中等专业学校与炎黄职业技术学院资源共享，组建涟水职业教育集团，提升职业教育服务经济发展能力。建立“众创空间+天使投资”新孵化模式，支持经济开发区电子商务产业园创建国家级众创空间、电子电气产业园创建县级公共服务科技平台，让更多研发成果在涟水找到成长的沃土、更多科技人才在涟水圆上创业的梦想。突出抓好中央和省市委部署的重要改革、涉及群众利益的关键改革、有利于破解发展难题的改革事项和中央、省市赋予的试点任务，以新进展、新举措、新成效增创体制机制新优势。深化供给侧结构性改革，推动“三去一降一补”五大任务取得更大进展。深化行政体制改革，完成行政审批局组建，形成“大审批”格局，提升“大政务”功能，构建“大网络”体系，让数据“多走路”、群众“少跑路”。深化新型城镇化综合配套改革，做好“多规合一”和土地利用制度改革试点，形成各类各级规划定位清晰、功能互补、统一衔接的空间规划体系。深化投融资体制改革，在放大PPP模式合作效应基础上，力争打造3个AA级投融资平台，进入融资市场直接融资。深化金融改革，鼓励金融机构拓展农村金融综合服务站功能，实现农民取款等金融服务足不出村。深化农村改革，探索开展农村土地承包经营权质押贷款，分类推进农村集体经济组织产权制度改革。支持经济开发区开展招商引资方式、社会管理体制、选人用人、绩效考核等体制机制改革，激发园区活力。

【产业提质工程】 2017年，县委在产业提质方面作出的决策有：立足现实基础、着眼未来发展，坚持需求导向、效益导向，持续推动三次产业转型升级，全面提升涟水产业竞争力。根据市委、市政府《关于优化全市空间功能定位和产业布局的意见》，围绕淮安“东融西拓、南联北接”总体开放格局、“一区两片四轴”空间开发格局和县“一带一路一廊”产业发展格局，全面对接江苏沿海开发和沿东陇海经济带，不断加快融“市”入“海”步伐。制造业方面，重点发展电子电气、食品饮料、医药化工、纺织服装、航空装备等产业，积极培育“互联网+”、大数据、云计算、物联网等新型业态；服务业方面，顺应消费需求个性化、小众化新趋势，大力发展健康养生、旅游休闲、文化创意等产业；农业方面，以绿色化、特色化、品牌化、信息化为主攻方向，不断壮大规模畜禽、高效园艺、休闲农业、农村电子商务等产业。强势推进工业“四大计划”，围绕培育壮大百亿级主导产业，设立产业发展基金，重点支持今世缘酒业等开票销售前30名企业做大做强，全力抓好苏美食品等企业上市指导，加快推进中信华线路板等项目实施进度，持续加大对实体经济服务支持力度，扎实做好“微转小、小升规”培育工作，确保全年工业增加值增长13%、规模工业投资和规模工业开票销售分别增长16%、工业入库税金增长7.5%。持续实施农业“三大工程”，充分发挥农业产业奖补资金作用，大力实施农业供给侧结构性改革，加快调整农业产业结构，在“三百工程”路沿线、新淮高路两侧发展中药材、特色果蔬等新兴产业，全面推进各类农业园区创建，致力培植一批年销售超亿元的规模龙头企业，促进农村一二三产业融合发展，确保新增设施农业面积1000公顷，建成高效农业特色镇3个、特色园区8个，新培育市级以上农业龙头企业5家。继续开展服务业“三大行动”，深度挖掘涟水旅游资源，科学编制全域旅游规划，加快高沟酒文化旅游区AAAA级创建，启动小延安文旅区规划建设，推动乡村旅游与扶贫开发、特色农业、美丽乡村等深度融合；大力发展电子商务产业，从平台打造、品牌打造、人才队伍建设、农村网点布设等多方面发力，推动电商产业不断集聚壮大；积极发展港航运输、智能仓储和供应链物流等业态，扎实推进农产品物流园、空港物流产业园等项目建设，向建成苏北区域性物流集散地目标迈进；主动策应老城改造和新城建设，加快引进一批新型连锁业态，打造主城区核心商圈。贯彻落实省市关于开发园区转型升级创新发展意见，加快推动“一区三园”提档升级，实现内涵式发展。经济开发区要紧扣创建国家级经济技术开发区目标，加快五大特色园区建设，提升核心竞争力，确保综合排名在全市蝉联第一、在全省再进位。薛行循环经济产业园要抓住江苏省不再新批新的化工园区和被纳入淮安盐化新材料两大重点布局区域之一的有利机遇，按照省政府关于推进化工行业转型发展的要求，对照回顾性环评审核意见中指出的问题，全力以赴补好短板，加快推进扩区环评和重大项目建设，增强园区核心竞争力。空港产业园要坚持基础设施先行，尽早完成园区“七通一平”建设，在发展总部经济、综合物流、高端装备制造等领域取得突破。今世缘产业园要重点抓好粮食循环产业园建设，确保10万吨粮食仓储项目明年4月交付使用，力争尽快与苏粮集团签订合作协议。各乡镇要围绕“315”工业培育计划，抓好项目招引和“僵尸企业”清理，提高工业集中区厂房利用率。开展项目招引“春夏秋冬”主题竞赛活动，坚持招商引资“周五例会”制度，全力主攻“高大上”项目、“精尖特”产业，不断提升“引进来”的层次和水平，加快培育一批具有爆发力和引领力的创新型增长点，确保新招引亿元以上项目20个，其中10亿元项目2个。围绕全省利用外资“八聚集八提升”行动计划，加强港澳台及欧美日韩招商，既注重指标完成，更突出外资质态，确保注册外资实际到账1.2亿美元。完善项目“双会办”制度，建立“双推进双观摩”机制，以一流的服务和严格的督查，力促各类项目快建设、快见效，确保新开工亿元以上项目18个，新竣工设备投资超千万元项目13个。

【融合提速工程】 2017年，县委在融合提速方面作出的决策有：突出以人为本和提质为上两大核心，以城乡一体为目标、县乡联动为路径，在更高层面、以更快速度推动城乡协调发展、协同发展、协力发展。遵循城市总体规划，顺应城市开发重心“西移”趋势，认真做好功能片区规划完善和控制性详规、专项规划编制，更多植入“绿、水、文”等元素，全面优化城市空间布局和微观空间治理，不断增强城市辐射集聚能力。老城区要继续抓好面貌改善和有机更新，在继续打通一批断头路、实施一批亮化工程、改造一批交叉道口、整治一批老旧小区的同时，加快大关路、南京路两侧棚户区改造，推进海绵型建筑与小区、海绵型道路与广场、海绵型公园与绿化等建设，让市民从平常生活中感受变化、分享实惠。滨河新城要按照既定规划和任务清单要求，压茬实施各类重点工程建设，确保海西路、龙腾大道、红枫路、青松路、翠柏路、朝阳路、清枫路等核心路网全面建成，学校、医院等基础设施配套项目基本完工，在此基础上超前安排高铁站点规划编制，做好整合、衔接、综合开发文章，让站点成为综合枢纽、城市综合体。一方面，坚持错位发展、差异发展。围绕产业精而特、环境优而美、体制新而活，以资源禀赋为基础，以特色产业为支撑，支持高沟“缘来小镇”、红窑“云锦小镇”、保滩“花卉小镇”建设，推动高沟镇创建国家级特色小镇，增强镇区人口集聚、产业发展、吸纳就业、公共服务等功能，打造淮安特色小镇“涟水版本”；其他乡镇也要突出宜业宜居宜游，注重生产生活生态融合，打造具有涟水特点的特色小镇。另一方面，坚持推动联合发展、联动发展。启动古淮河生态观光走廊、涟水港二期等建设工程，完成235、346涟水绕城段、薛行大桥等续建工程，继续推进329省道涟水段、233国道涟水段、503省道北延段等前期工作，积极做好连淮扬镇铁路、涟水机场二期等配合工作，着力构建城乡大交通格局，促进全县大融合发展。高标准编制未来5年美丽乡村建设规划，在顺应自然、尊重历史、突出乡土、体现文化的基础上，更加注重乡村空间的合理布局，更加注重生产生活生态功能的综合统筹，更加注重地域特色和文化特色的设计塑造，更加注重各项规划的有机衔接。结合扶贫开发，选择一批有一定基础的美丽村庄，予以重点扶持，强化分类指导，发展特色产业，实现“美丽事业”向“美丽产业”转型。加快重点镇、门户镇高标准农田建设，抓好梁岔镇费庄村“新社区·新生活”项目实施，打造形神兼备的美丽乡村样板。

【生态提升工程】 2017年，县委在生态提升方面作出的决策有：牢固树立“绿水青山就是金山银山”理念，严格落实环境保护“党政同责、一岗双责”，积极推进国家生态文明建设示范县创建，以最严要求加强环境保护治理，以更大力度推进生态文明建设，更有成效地增蓝天、保清水、护净土。提高项目准入环保门槛，坚决不引进环评审核不过关的项目，坚决不启动“三同时”不到位的项目，从源头上为生态环境减负。抓住推进供给侧结构性改革的有利时机，大力发展节能环保产业，推动企业清洁化生产、资源循环化利用，淘汰低效产能、污染产能、落后产能，特别是减少煤炭消费总量和落后化工产能。持续开展大气污染、水污染、土壤污染等防治，启动土壤污染状况详查，推进环保基础设施建设，全面落实河长制、断面长制，确保

2017年8月15日，连淮扬镇高铁涟水段梁场施工 （县交通局 供稿）

大气和水环境质量持续改善，饮用水水源水质和南六塘河肖大桥、盐河袁闸2个断面水质全面达标。全面落实全省“两减六治三提升”环保专项行动会议精神，抓紧制订三年行动计划，细化工作目标，强化工作举措，明确序时进度，集中发力、精准治污，以高度的责任担当抓好中央环保督察组交办问题整改和人民群众反映强烈的突出环境问题整治。完善环保网格化监管体制，按照“三个一批要求”，加快推进环保违法违规建设项目清理，加大现场监察、检查频次，真正让环境违法行为“无处容身”。保持卫生城市创建的力度不减、尺度不变、措施不松，持续推进市容环境综合整治、背街小巷集中改造、环境卫生死角清理，推动城市面貌更加协调有序，力争早日创成国家级卫生城市。继续开展拉网式农村环境综合整治，更加注重常态长效管理，建立健全社会参与机制，持续改善农村环境面貌。巩固省级园林城市创建成果，进一步抓好“增绿提质”工作，以荒裸地、边角地增绿完善为重点，加快城市小绿地、小景点、小游园建设，不断扩展城市绿色空间。牢固树立“树多是风景、树老是文化”理念，大力开展城乡植树造林活动，提升道路绿化水平和档次，力争把每条道路都建成绿色廊道、景观大道。加强滨河新城水系调整、保护和连通，依托盐河、古淮河，启动湿地景观公园和盐河风光带建设，打造城市“绿核”。加快涟河防洪闸站和风光带建设，推动城市空间拓展和品质提升。

【民生提标工程】 2017年，县委在民生提标方面作出的决策有：以提高广大群众富裕程度和生活质量为目标，按照“守住底线、突出重点、完善制度、引导舆论”方针，既尽力而为持续改善民生，又量力而行增强改善民生的可持续。全面落实精准扶贫、精准脱贫新要求，进一步推动扶贫开发由分散救急式向以产业带动为核心的连片开发、整体推进、长期受益转变，由解决温饱为主向解决相对贫困、稳定脱贫转变，确保全年低收入人口脱贫率达到27%以上，14个省市定经济薄弱村达到更高水平“新八有”。放大光伏扶贫叠加效应，发挥农旅融合催化效应，提升农村电商乘数效应，不断夯实产业扶贫基础。加快实施金融、教育、旅游、健康、政法等专项扶贫，广泛动员社会力量参与扶贫，充分利用网络公益助推扶贫，确保小康路上一户不落。统筹两大片区农业资源开发、水利和土地整理等项目资源，重点推进农田水利、高标准农田等基础设施建设，加快改善片区群众生产生活条件。扎实开展教育现代化创建，切实抓好青少年活动中心、高沟中学等工程建设，继续实施“三名”工程，不断优化义务教育布局，加快提升教育综合实力。深化公立医院综合改革，加快卫生三大中心和基层医疗卫生机构标准化建设，实施信诺涟水医院、仁慈医院异地新建项目，启动新一轮全国计划生育优质服务先进单位创建，创成省食品安全示范城市，加快建设“健康涟水”。做好文化梳理、挖掘、保护工作，推动现代淮剧《留守娘儿们留守鹅》冲刺省“五个一”工程奖和省舞台艺术精品工程奖，推进已建成文化场馆免费对外开放，开展星级文化站、农家书屋、文化户争创活动，开发一批具有涟水特色的文创产品，实现文化事业与文化产业协同发展。瞄准技能人才、新型职业农民、科研人员、小微创业者、企业经营管理人员、基层干部队伍、有劳动能力的困难群众等七大重点群体，实施有针对性的激励计划，带动城乡居民实现总体增收。稳妥推进机关事业单位养老保险制度改革，稳步提高城乡低保标准。积极开展社保扩面，提高社会保险参保率和实际缴费率。健全医疗保险筹资机制，提高财政补贴标准，稳定医保报销比例。完善以居家为基础、社区为依托、机构为补充的多层次养老服务体系，发挥慈善在民生保障中的重要补充作用。认真落实军地双方互办实事项目，按期完成退役士兵安置工作，创成省级双拥模范县。以创建省法治先进县为目标，坚持依法治县、依法行政一体推进，法治政府、法治社会一体建设，普法、用法、执法一体加强，提高全社会运用法治思维、法治方式解决问题的能力和水平。结合智慧城市建设，加快完善治安防控体系，严密防控、严厉打击各类违法犯罪活动。以“信访工作创新创优年”为主线，进一步健全源头预防、动态排查、多元调处的矛盾排查化解机制，加强信访积案化解和信访法治化。加强宣传舆论阵地建设与管理，推动传统媒体和新兴媒体联合联动，强化社会舆论引导和网上舆情管控，提高新闻应急处置能力和水平。以省级文明城市创建为载体，深化群众性精神文明创建活动，引导广大人民群众自觉践行社会主义核心价值观。严格落实安全生产责任制，坚决杜绝安全生产事故发生。坚持统揽全局、协调各方，支持人大及其常委会依法履行职能，支持人民政协发挥协商民主主渠道和专门协商机构作用，加强和改进对群团、统战工作的领导，认真做好新形势下老干部工作。

【党的建设】 2017年，县委在党的建设方面作出的决策有：全县各级党组织要切实担负起党要管党、从严治党的主体责任，以开展“两学一做”学习教育为抓手，进一步提升领导水平和执政能力，全面担负起科学跨越发展的历史重任，努力成为领导全县人民奋勇前进的坚强核心。加强思想政治建设，筑牢坚贞不渝的思想根基。把不断提高各级党组织和广大党员干部思想政治水平，作为全面从严管党治中共内在要求，以铁一般的理想信念引领涟水加快发展。要始终对党忠诚。把学习贯彻习近平总书记系列重要讲话和党的十八届六中全会精神宣讲作为最重要的政治任务，通过中心组学习会、“安东大讲坛”和理论微课堂等平台载体，着力教育引导各级党员干部坚定理想、坚定信念，增强“四个自信”，强化“四个意识”，自觉坚持和维护“四个服从”，真正把对党忠诚体现在行动上、融入血液里、嵌入到灵魂中，始终做到不忘初心、继续前进。加强基层组织建设，构筑坚强有力的战斗堡垒。把积极探索新形势下加强基层党组织建设新途径、新办法，作为从严管党治党的紧迫任务，以铁一般的战斗堡垒支撑涟水加快发展。加强领导作风建设，形成团结实干的先锋形象。把锤炼勇于担当、求真实务、争先创优的优良作风，作为从严管党治党的坚强保障，以铁一般的作风带领涟水加快发展。加强党风廉政建设，营造风清气正的政治生态。把端正党风、严明党纪，作为管党治党的重要责任，以铁一般的纪律保障涟水加快发展。加强审计监督，推进“百村审计”和“三资”审计常态化，重点加强城郊村和重大基础设施建设涉及征地拆迁村的财务审计。

(张益坤)

重要活动

【“讲好’2016令我自豪的一件事”主题活动】 2017年1月13日在县大剧院举行。县委书记王向红，县委副书记、县长时勇，县人大常委会主任别纯海，县政协主席蒋东明等县四套班子领导出席会议。活动分为上午、下午两个场次，20个乡镇、22个部门主要负责人以“PPT”的形式，全面展示各自2016年度工作亮点，讲述最引以为豪的一件事。县经济开发区、淮安(薛行)循环经济产业园、淮安(涟水)空港产业园、各乡镇(园区、办事处)副科级以上干部，各部委办局中层以上干部，部分党代表、人大代表、政协委员，各村(居)、社区党组织书记参加活动。王向红指出，举办活动的主要目的是进一步激发昂扬向上的精神状态、攻坚克难的顽强意志、争先创优的奋斗激情，动员全县各级党员干部苦干实干、奋勇拼搏，以实际行动贯彻落实好县委、县政府各项决策部署，全力打好“决战决胜达小康、做强做美副中心”攻坚战。时勇在活动结束时说，整个活动十分成功，达到相互学习、相互促进、相互提高的预期目的，进一步汇聚正能量、提振精气神、增强自信心，推动全县上下以更加饱满的热情和更加昂扬的斗志投身涟水科学跨越发展新热潮。

【返乡人员创业就业座谈会】 2017年2月8日召开。县委书记王向红，县委常委、县政府党组成员、县经济开发区党工委书记洪然，县人大常委会副主任朱太伟，以及相关部门负责人出席会议。座谈会前，王向红一行到迎新春大型人才招聘会现场，了解人才市场招聘求职情况。座谈会上，涟水籍返乡创业人员代表、返乡就业人员代表，畅谈回乡创业就业的体会，对涟水未来发展提出意见和建议，表达参与家乡建设的拳拳之心。县总工会、团县委和县妇联主要负责人围绕营造宽松创业环境、搭建更多就业平台等方面分别作表态发言。

【台商服务工作座谈会】 2017年2月14日召开。县委书记王向红出席会议并讲话，县委常委、县政府党组成员、县经济开发区党工委书记洪然主持会议，副县长吴从荣以及县台办、经济开发区、人社局、商务局等相关部门负责人出席。王向红首先代表县委、县政府向各位台商企业家朋友致以亲切问候、诚挚祝愿和衷心感谢。要求始终高扬“101%服务”旗帜，充分发扬“店小二”精神，大力支持台商企业在涟创业发展。大量科技、吉圣金属、宏保运动等18家台商企业负责人结合企业的实际情况，就应对当前形势、加快企业发展畅所欲言，并提出合理化意见和建议，县人社局、商务局、国税局等部门主要负责人就如何进一步服务好台商，支持台企转型升级等方面工作作表态发言。 (张益坤)

常委分工

2017年，县委常委工作分工如下：

王向红(县委书记)：主持县委全面工作，分管县人大常委会、县政协、县纪律检查委员会、县人民武装部工作。

时勇(县委副书记、县长)：主持县政府全面工作，兼管财政、人事、编制、监察方面工作。

刘爱国(县委副书记)：主持县委统战部工作，负责党建工作、改革发展工作，分管县委办公室、机要保密、党校、双拥、史志、档案，教育、体育、卫生和计划生育，侨联、残联、工商联和民族宗教工作，协助书记落实党风廉政建设主体责任，受书记委托处理县委有关事宜。

孙国君(县委副书记、省委驻涟帮扶工作队队长)：负责省委驻涟帮扶工作队工作，协助分管农业农村工作。

王冰(县委常委、常务副县长)：负责县政府常务工作。

张超(县委常委、纪委书记)：主持县纪律检查委员会工作，分管党风廉政建设工作。

洪然(县委常委、县经济开发区党工委书记，县政府党组成员)：主持县经济开发区工作，分管工业经济、开放型经济工作。参与政府其他分工。

尹元兵(县委常委、人武部部长)：负责县人民武装部工作，分管地方武装建设、国防教育以及驻涟部队联系工作。

姜杰(县委常委、宣传部部长)：主持县委宣传部工作，分管文化、广电、新闻、精神文明建设和意识形态工作，农业农村工作，旅游工作。

刘泽年(县委常委、涟城镇党委书记)：主持涟城镇党委全面工作。

胡春雷(县委常委、组织部部长)：主持县委组织部、县总工会、淮安(涟水)空港产业园工作，分管干部工作、人才工作，老干部工作，综合考核工作，党史、共青团、妇联工作，机关党委工作，大学生村干部工作。

田卫东(县委常委、副县长)：分管淮安(薛行)循环经济产业园工作，协助分管内资招商工作。

黄虎(县委常委)：协助分管县经济开发区工作、开放型经济工作。

李雄威(县委常委、副县长)：协助分管城乡规划建设工作，负责城建招商工作。 (张益坤)

组　　织

【概况】 2017年，全县组织工作将深化拓展“两学一做”学习教育贯穿全年，加强领导班子和干部队伍建设，巩固提升基层党建工作，加大人才引进培养力度。到年底，全县有基层党组织2779个，其中机关党委67个，乡镇党委19个，党组19个，党总支424个，党支部2250个；正式党员46946人，预备党员437人，其中女党员7953人，占16.9%，35周岁以下党员6392人，高中学历以上党员28696人，少数民族党员63人，乡镇党员33410人；新发展党员225人，其中女党员76人，占33.78%；“两新”组织党组织489个，党员18060人。至年底，全县有乡科级领导干部610人，其中，党外干部12人；女干部72人；研究生学历49人，大学学历408人。

2017年涟水县基层党组织情况一览表

表1　　　　　　　　　　　　　　　　　　　　　　单位：人、个

<table>
<tr><td rowspan="11">党员概况</td><td colspan="8">总　　数</td></tr>
<tr><td colspan="4">基本情况</td><td colspan="4">职业分布</td></tr>
<tr><td>正式党员</td><td colspan="3">46946</td><td colspan="2">在职职工</td><td colspan="2">16025</td></tr>
<tr><td>预备党员</td><td colspan="3">437</td><td colspan="2">乡镇企业劳动者</td><td colspan="2">395</td></tr>
<tr><td>男</td><td colspan="3">38993</td><td colspan="2">农牧渔民</td><td colspan="2">20583</td></tr>
<tr><td>女</td><td colspan="3">7953</td><td colspan="2">学生</td><td colspan="2">127</td></tr>
<tr><td>35岁以下</td><td colspan="3">6392</td><td colspan="2">退离休人员</td><td colspan="2">7294</td></tr>
<tr><td>高中以上</td><td colspan="3">28696</td><td colspan="2">城镇个体劳动者</td><td colspan="2">33</td></tr>
<tr><td>汉族</td><td colspan="3">46857</td><td colspan="2">其他</td><td colspan="2">3887</td></tr>
<tr><td>少数民族</td><td colspan="3">63</td><td colspan="4" rowspan="2"></td></tr>
<tr><td>乡镇党员</td><td colspan="3">33410</td></tr>
<tr><td rowspan="2">党组织设置</td><td>党委</td><td colspan="2">乡镇党委</td><td>党组</td><td>总支</td><td>支部</td><td colspan="2">小组</td></tr>
<tr><td>67</td><td colspan="2">19</td><td>19</td><td>424</td><td>2250</td><td colspan="2">未统计</td></tr>
<tr><td rowspan="3">发展党员</td><td>总数</td><td colspan="7">其　　中</td></tr>
<tr><td rowspan="2">225</td><td>男</td><td>女</td><td>汉族</td><td>企业农村生产一线</td><td>在职职工</td><td>农牧渔民</td><td>学生</td></tr>
<tr><td>149</td><td>76</td><td>225</td><td>192</td><td>170</td><td>40</td><td>0</td></tr>
</table>

【“两学一做”学习教育】 2017年，县委组织部制定出台《关于推进“两学一做”学习教育常态化制度化的实施方案》，突出学做互进，推动学习教育有力有序有效开展。树立党的一切工作到支部的鲜明导向，严格执行“三会一课”制度，完善“520支部活动法”，开展面上督导2次，交办存在问题32个，实现抓常抓细抓长。开展“旗帜鲜明讲政治”专题讨论，精心组织“喜迎十九大”系列活动，通过多种形式打牢“学”的基础。针对少数基层党组织软弱涣散、党员管理松软散等问题，结合“三进三帮”“阳光扶贫”等主题活动，建立上下联动、左右互动、前后推动问题解决机制，推动各级党组织在聚焦中心中抓住“做”的关键。走访党员群众12653人次，企业2537人次，梳理问题2315个，解决问题1873个，下发问题交办清单36份，涉及九大类521件共性问题，启动实事项目近1000个。形成“三进三帮”活动与全县脱贫攻坚、经济发展、维护稳定和作风建设的有机结合。

【干部队伍建设】 2017年，县委组织部注重对乡科级班子及其成员的跟进了解和综合研判，围绕换届后班子运转、党政正职融合度、新进班子人员适岗等情况，先后两次对全县乡科级班子运行情况开展专题调研。对照换届后乡镇班子应保持相对稳定的要求，本着“急需、必要、优化”的原则，综合班子专业、经历、气质等结构，对5个乡镇班子进行优化，交流党政正职6人、重用1人。围绕机构改革和发展需要，重点对政法和纪检巡察系统、经济综合部门、发展平台等班子进行充实，共提拔重用27人、交流19人。结合县委中心工作，以党政正职、优秀年轻干部为重点，开展培训提升锻炼能力。围绕省“789青年干部培养计划”，开设青年干部培训班，首次组织47名“90”后基层公务员赴市外集中培训。制定一线锻炼干部考核办法，强化督查指导，开展“百名年轻干部一线锻炼”活动，选派55名干部到经济发展、信访稳定、脱贫攻坚等一线和经济薄弱村、软弱后进村挂职；选派42名乡镇新录用公务员到村任职，推动他们在基层一线积累经验、提升能力。注重对干部的动态激励和正向激励，进一步完善“1+4”科学跨越发展考核办法，将年度综合考核与季度竞赛活动考核相结合，变年度集中兑现考核奖励为按季度兑现，树立起奖勤罚懒、奖优罚劣的鲜明导向，强化对干部的正向激励。对照中央和省委关于干部“能下”四种情形，适时对不胜任岗位的干部进行改非或交流换岗。用好用足“第一种形态”监督方式，集中发放干部关爱提醒单48份。

【基层党建】 2017年，县委组织部坚持问题导向，制定出台《关于加强农村基层党建工作的十九条意见》，深化实施党建书记项目，推动基层补短板、强基础，《新华日报》等多家省级以上媒体刊载涟水县的经验做法。突出抓好带头人队伍建设，开展全县村书记（主任）集中培训，先后举办全县村书记论坛3期，遴选62名优秀人才组建“村书记顾问团”，优化调整39名年龄偏大、考核靠后的村党组织书记。围绕“建管用”，多渠道筹措资金300余万元，新建和改扩建基层党组织阵地40个。积极推进村级“三务”公开规范化和远程教育规范化建设，进一步完善党组织阵地教育党员、服务群众的功能。严格党员教育管理，制定《发展党员责任追究办法》，严格倒查违规发展党员责任，从严把好“入口关”。用好用足党内关爱基金，全年发放党内关爱基金60余万元，受关爱对象近600人。制定党建责任清单，定期开展党建专题督查，进一步压实党建工作责任。

【人才引进培养】 2017年，县委组织部策应全县《进一步降低实体经济企业成本的实施意见》，制定出台《涟水县重点产业紧缺人才资助实施办法》，填补县级层面在引才育才方面的制度空白。重点对企业全职引进或来涟创业的优秀人才，在享受省市人才扶持政策的基础上，按人才层次分两年给予1万元—4万元资金资助，填补县级层面在引才聚才方面的制度空白，实现省市县人才政策的叠加，有效增强引才聚才的吸引力。以省市重大人才项目为抓手，努力推动产业与人才的有效对接、深度融合，全年共入选省“双创人才”2人、“双创博士”1人，省乡土人才“三带”行动计划“三带”名人2人、“三带”能手3人、“三带”新秀12人；入选市“淮上英才计划”创新创业团队1个、领军人才4人、

乡土人才2人。围绕涟水优势特色产业,先后赴沈阳、合肥等地开展紧缺急需人才专场招聘。统筹人才引进与培养工作,先后组织30多名企业家、40多名优秀人才赴浙江大学开展专题培训。编印《人才惠企政策百问》手册,推动人才政策进基层、进园区、进企业。

(张伦端)

宣　传

【概况】 2017年,全县宣传思想文化战线紧扣十九大主题主线,紧贴县委县政府中心大局,着力唱响主旋律、提振精气神、集聚正能量,多项工作在全国有亮点、全省有影响、全市有位置。现代淮剧《留守村长留守鹅》代表江苏赴京参加全国基层院团戏曲会演开幕式演出,得到文化部部长雒树刚的高度评价和首都观众的广泛好评,并获省文华大奖;今世缘文旅区创成国家AAAA级景区;省级文明城市一举创成,成功承办省道德模范与身边好人现场交流活动;十九大召开期间,《人民日报》、中央电视台、人民网、《经济日报》等12家国家级主流媒体聚焦涟水,一周时间,市级以上主流媒体用稿96篇,新闻外宣工作得到市委常委、宣传部部长周毅和县委书记王向红的批示肯定;举办涟水县首届网络文化节,新媒体联盟正式成立,闭幕式演出惊艳全城,得到市县领导的充分肯定;“乡村文化‘沃根壮杆’行动”被评为全市宣传思想文化工作创新奖;信息调研工作稳居全市前列。

【理论学习宣传】 2017年,县委宣传部组织各类宣讲活动500多场,受众10万余人次,56篇理论文章在省级以上报刊发表。县委书记王向红署名文章《培育“好人文化树”,共筑美德模范路》在《新华日报》《思想周刊》栏目刊登。围绕学习宣传贯彻中共十九大精神,相继组织征文大赛、演讲比赛、知识竞赛等系列活动180多场。中共十九大代表、省委宣讲团成员、县委书记王向红在全县作首场报告会和全面深化改革专题报告会。《涟水县“三大联动”组织中共十九大学习宣传》在《江苏宣传工作动态》作经验交流,运用新媒体打造的《安东呱话》学习栏目,累计受众80多万人次,创新做法被省委讲师团《江苏大讲堂》向全省推广。社科理论工作被省社科联评为“工作创新奖”,获省社科普及有奖竞答优秀组织奖。

【新闻宣传】 2017年,县委宣传部在全市率先出台《关于进一步加强思想文化类学习管理的意见》,签订“意识形态工作责任书”,在全省率先对属地内包含涟水字样的178家网站、微博、微信公众号进行排查备案,约谈4家、取缔1家,举办新媒体座谈会和意识形态专题培训班,完善舆情管控“七大机制”,编发《舆情预警》《舆情快报》《舆情专报》59期,在全市突发事件舆论引导技能大赛中获二等奖。92篇网评文章被市委宣传部采用,28篇被省级采用,2篇被中央网信办采用,全市第一。全年市级以上用稿1200多篇(条),其中央视用稿11条,《人民日报》5篇,《新华日报》头版头条(题)4篇,电视外宣全市第一。康惠明捐献熊猫血、孝心少年王彬科技发明、淮剧《留守村长留守鹅》在京演出、砂板乒乓球世界杯在涟水举行等新闻在央视播出。官方微信公众号“醉美五岛湖”粉丝量突破20万人次,头条日均阅读量超过3万人次,在全省县(市、区)报新媒体平台中排名第一。在第三届中国传媒融合发展年会暨2017全球移动互联网青岛峰会上,获“中国传媒融合年度创新案例奖”和“中国传媒融合年度创新人物奖”。

【文化产业事业】 2017年,县博物馆、非遗馆等建成对外开放;图书馆主体工程竣工,进入设备采购阶段;滨河新城科技文化中心规划设计和建设工作正有序推进。承办2017全市文艺调演,涟水选送的小戏《卖房》获一等奖。开展第二届阿累读书节、“迎庆十九大·同创文明城”文艺巡演、非遗进校园、“畅游百花园”诗书画摄影展等各类文化惠民活动300余场。新增“三上”(规模以上文化制造业,限额以上文化批发零售业,规模以上文化服务业)文化产业企业21家,争取文化产业扶持引导资金45万元,帕加尼、海润金亿、寰球之星3家总投资超亿元影城对外营业,新招引总投资1.5亿元的打击乐器项目正式签约并开工建设。

【省级文明城市创建】 2017年,全县省级文明城市创建工作,突出“内外兼修、全域联创、共建共享、落细落小、常态长效”五大关键,各项任务有序推进,以85.37分通过省测评,创成省级文明文明城市。重点实施公益广告提标、环境秩序提优、公民道德提升、城市文化提神等四大工程。在公益广告宣传上,既注重宣传数量,更注重其与城市景观的相得益彰,将公益广告设计纳入城市识别系统,进行整体设计。在公民道德提升上,成功举办省道德模范与身边好人现场交流活动,持续深化“涟水好人·德馨安东”主题活动,按季度发布涟水好人,全年入选中国好人榜2人、当选江苏好人6人、当选淮安好人13人。2名学生获省美德少年称号,王恩谱被评为省“十佳”美德少年,王彬事迹在中央电视台《朝闻天下》栏目播出,并获评全国媒体“特别关注少年”。开展市容市貌、交通秩序、社区管理等专项整治,施划机动车停车位8000多个,设置非机动车卡座1万米。二季度,涟水县城市长效管理、物业管理均排名全市第一。在公园景区、城市广场、交通道口打造社会主义核心价值观景观小品。成功组织第二届“阿累读书节”,有效推动全民阅读工作开展。“迎庆十九大·共创文明城”文艺巡演、书画摄影展活动在全县广泛开展。《涟水县“五个突出”推进文明创建》在《江苏精神文明建设简报》作经验介绍。在全县开展文明镇村、文明单位、文明校园、文明社区系列创建活动,推动所有未获得文明创建称号的单位,全部启动县级文明单位(镇村、校园、社区)创建。获得创建荣誉的争创更高一级荣誉,今世缘酒业有限公司获第五届全国文明单位,高沟镇通过全国文明镇复核。在村庄开展以“环境美、庭院美、家风美、风尚美”为主要内容的四美在农家创评活动,评选出一批星级文明户、好公婆、好儿女,大东镇瓦滩村入围“江苏最美乡村”。组织全县35家市级以上文明单位开展城乡结对、141家县直单位与社区结对共建,广泛开展扶贫济困、交通维护、邻里关爱等志愿服务活动。聚焦群众普遍关注的热点、难点问题，从背街小巷、物业管理、农贸市场等群众身边的小事、实事、好事做起，让群众看到创建带来的变化，激发群众的创建热情，提升创建的支持率和参与度。对照测评体系操作手册，按照主次干道、背街小巷、商业广场、社区小区等点位要求，进行逐一排查整改，实行精细化管理、网格化推进。注重文明细节的规范，引导市民从有序排队、不闯红灯、不扔垃圾、礼让行人等细节做起，开展不文明行为"随手拍"活动，常态化推进涟水日常行为20条和"六不"行为的承诺践诺，重点抓住党员干部、中小学生、行业协会、广大网民等四类群体，以"关键少数"影响带动"绝大多数"。坚持每半个月召开一次例会，交办、会办文明城市创建工作，加大督查通报力度，先后通报党员干部56人，起到很好的监督和震慑作用。采取"群众议、网民看、投票选、人大代表和政协委员评"等方式，评选创建"十佳"和"最差"单位，并设置"琅琊榜"和"蜗牛榜"，对"最差"和"蜗牛榜"单位全部交由县纪委问责。

【省道德模范与身边好人现场交流活动】 2017年7月28日，由省委宣传部、省文明办、省美德基金会主办，市委宣传部、市文明办、县委、县政府承办的"爱敬诚善·德润涟水"——江苏省道德模范与身边好人现场交流活动在县大剧院举行。交流活动通过事迹展播、现场采访、诗朗诵、网络直播、观众互动等形式，展现肖善祥、皇晓兵、任罗伯、康红兵、陈亚林等道德模范和身边好人的感人事迹。捐献"熊猫血"的县实验小学教师康惠明、坚持30年悉心照顾孤寡老人的陈师镇村民任罗伯、坚守岗位直至生命最后一刻的县交警大队一中队原副中队长康红兵等15人，被分别评为"诚实守信""助人为乐""敬业奉献""孝老爱亲""见义勇为"道德模范和身边好人。（吴　未）

统 一 战 线

【概况】 2017年，县委统战部拓展联谊交友空间，接待海内外侨界及港澳台地区知名人士21人次，促进海内外及港澳台地区文化交流。连续5年组织香港、涟水两地青少年开展"让爱飞扬"夏令营活动和"香港青少年看涟水"活动，增强香港各界青少年对祖国的认同感。开展"法律助侨，联通海外"活动，为侨胞、侨眷、侨属解决各类问题100多个。加强统战队伍建设，首次组织全县乡镇党委统战委员到江苏社会主义学院进行培训。开展"六比六看""统战连通最后一千米"等活动，全面提高统战干部素质，12篇统战工作先进经验被《新华日报》报道。被县委、县政府评为"省级文明城市、省级卫生城市、省级园林城市"创建工作先进单位。

2017年7月28日，省道德模范与身边好人（淮安涟水）现场交流会　（县委宣传部　供稿）

【党外知识分子联谊会】 2017年，县委统战部推进党外知识分子统战工作制度建设，成立涟水县党外知识分子联谊会，60多名党外知识分子加入，选举产生会长1人（徐同兴），常务副会长1人（刘文），副会长5人（朱金文、李广军、朱荣芳、郑志梅、杨斌、濮娟、朱国正），秘书长1人（王芝国），下设科技创新组、文化教育组、城乡交通组、社会事业组、医疗卫生组、经济建设组6个活动小组。10月底，组织县党外知识分子联谊会领导班子成员学习中共十九大报告，与会人员都交流发言，上报学习心得20余篇。先后开展"新阶层、新形象、新作为""百名网络大咖签家规"等主题活动。动员新的社会阶层人士参与创建省级文明城市活动，利用网络优势，正面发声，广大新的社会阶层人士参与县委中心工作热情高涨。在全市新的社会阶层人士统战工作会议上，涟水作典型发言。

【非公有制经济领域服务】 2017年，县委统战部联合县工商联围绕经济转型升级、生态环境建设等课题开展调研，组织30余名非公有制经济代表人士前往延安等地进行"四有"理想信念教育。响应县委"三进三帮"大走访号召，在全县统战系统开展"访百企办百事"活动，帮助民营企业解决融资、用工等各类问题326个。邀请淮阴师范学院、县检察院等单位专家学者为150余名民营企业家开设专题讲座，牵头组织与苏州银行涟水支行建立战略合作伙伴关系，为非公有制企业进一步发展保驾护航。在全市统战工作会议上，涟水作典型交流发言。

【民族宗教工作】 2017年，县委统战部向上争取扶贫资金200万元，聚焦黄营乡朱桥村等民族村发展。坚持宗教中国化方向，举办宗教教职人员爱国主义学习班18期，提升教职人员素质。深化"和谐寺观教堂"和"星级宗教场所"创建活动，县基督教中心教堂成为全市唯一被中央统战部、国家宗教局表彰为"第三届全国和谐寺观教堂"先进集体。组织开展"爱国爱教，扬正止邪""崇尚文明，遵守礼仪""爱护环境，美化家园”“奉献爱心,助力慈善”“文明场所,五好信众”五大专项行动,动员6万多名宗教界人士参与文明城市创建活动。在全市宗教工作会议上,涟水作典型发言。(徐敏贯)

老干部服务

【概况】 2017年底,全县有离休干部217人,其中:行政机关45人,事业单位94人,企业单位78人;抗战时期参加革命工作的47人,解放战争时期参加工作的170人。扩大“贴心儿女进家门,温馨服务献真情”活动服务志愿者队伍,增加服务项目,加强志愿者业务辅导和专业培训,加强考核管理与完善激励措施等,为老干部提供更专业、更温馨、更全面的服务。全年参与服务志愿者60人,为老干部提供服务近千次。7月,经县委研究决定,成立中共涟水县委离退休干部工作委员会,与县委老干部局合署办公,具体负责指导和协调全县离退休干部党组织建设和党员教育、管理和服务工作。12月,县委下发《关于进一步加强和改进离退休干部工作的实施意见》,为推动离退休干部工作创新发展提供科学的指导意见。

【老干部政治与生活待遇】 2017年,县委老干部局继续落实老干部待遇。坚持每月10日例行的学习制度,全县主要学习通报活动有:中共十九大和习近平总书记系列重要讲话精神,2016年全县经济社会发展情况、2017年全县重点工作安排,养生保健知识讲解。开展春节慰问送温暖活动。春节前夕,县委老干部局牵头,抽调县委组织部、教育局、人社局、民政局、卫生局等单位人员,分成6个小组,利用20多天时间,对全县离休干部采取县乡联动、逐户上门的方式进行慰问。走访慰问中注意认真听取老干部的意见和建议,帮助老干部协调解决具体问题,及时将党委政府的关爱送到每一位老干部手中。组织离退休干部县内参观考察,主要有:2次组织退休的县级领导到徐集、石湖、大东、保滩等乡镇参观考察,组织全县离退休干部代表200多人先后参观县规划展览馆、洪荡瓜蒌园和涟水百花园。

【离退休干部“面对面、心连心”大走访大落实活动】 2017年8月,县委老干部局组织在全县范围内开展。走访过程中,坚持问题导向,走访工作人员人手一册日记簿,详细记载老干部的基本情况,精准记录老干部的意见和建议。走访过程中,定制“签名感党恩,喜迎十九大”的红旗,为老干部增设签名仪式,增强走访活动的仪式感。以“不忘初心,牢记使命”为主题,组织拍摄老干部口述历史专题纪录片,有26名老干部参加,累计拍摄时长10小时,保存革命历史资料,宣传革命红色文化,传承延续牢记使命、不忘初心精神,引导老干部传播涟水声音,讲好涟水故事,弘扬涟水精神。以百姓大舞台为基础,筹措资金12万元,打造离退休干部艺术大舞台。至年底,开展艺术演出活动10余场,服务群众近千人。还举办离退休干部书画摄影展,展出书法、绘画等作品140余篇。整个大走访活动70多个县直单位和22个乡镇(园区、办事处),走访全县200余位离休干部,7000余位退休干部。(赵 祥)

2017年10月17日,组织离退休干部参观涟水百花园 (县委老干部局 供稿)

机 关 党 建

【概况】 2017年,县级机关工委下辖县级机关党组织80个,其中党(工)委35个,直属党总支6个,直属党支部39个;直管党员1204人,其中女党员219人,占18.19%;少数民族党员2人,占0.17%;35岁及以下党员140人,占11.63%;大专以上学历党员782人,占64.95%;新发展预备党员3人,占党员总数的0.25%。争取县党内关爱基金总会的支持,将组织观念强、履行义务好的县级机关困难党员纳入党内关爱范围。根据病灾困难程度,先后为17个县直单位的39名困难党员发放党内关爱基金3.56万元。先后被县委、县政府评为“省级文明城市、省级卫生城市、省级园林城市”创建工作先进单位,被市级机关工委评为县区级机关工委党建目标考核先进单位、机关党建信息工作先进单位。

【机关党组织书记述职】 2017年,县级机关工委组织40名机关党组织书记抓基层党建工作述职评议会,与县委组织部联合组织35名县直部门、单位党(工)委、党组书记向县委述职,围绕贯彻中央和省市县委关于基层党建工作部署要求、落实全面从严治党责任等方面内容,县直部门、单位党(工)委、党组书记和机关工委直属党组织书记采取“汇报+PPT”演示的方式依次上台述职,县委领导对述职情况进行集中点评,并对机关党建工作的开展提出具体要求,县党建工作领导小组成员和参会人员分别对述职情况进行评议。配合县委组织部成立党建考核组,通过听汇报、看资料等方式对所有机关单位党组织党建工作完成情况进行逐项评分。

【机关党组织建设】 2017年，县级机关工委多措并举抓好机关党组织建设。规范党内生活，定期召开民主生活会和组织生活会，认真落实党员领导干部双重组织生活制度。严格执行“三会一课”制度，全面推行“统一党员活动日”制度。规范换届选举，对任期届满的县委宣传部、团县委、政府办等17个直属党组织进行集中换届，选举产生57名机关党务干部。规范党员发展，严格执行党员发展程序，对各机关单位申报的党员发展对象严格把关，经过初审、培训、考核等环节确定新发展党员名单；督促有预备党员转正的县直单位及时办理转正手续。规范党员教育管理，与县委组织部、县委党校联合举办党员发展对象培训班1期，举办党务干部培训班2期，开展联合党课2次，为总工会、妇联、团县委和机关工委的21名党员上党课，切实提升机关党员干部的政治理论素质和业务水平。在中共十九大召开前，开展“重温党章党规、系列讲话，旗帜鲜明跟党走”主题学习月活动，开展“感知新变化、喜迎十九大”活动，组织53名机关党务干部到南京参观“砥砺奋进的江苏”大型主题图片展；中共十九大召开期间，组织机关党员干部集中观看十九大盛况；十九大胜利闭幕后，为所有直属党组织统一制作、安装十九大报告主要内容宣传展板，为1287名党员发放以党徽、十九大报告单行本、笔记本、宣传图解为主要内容的“基础教材套装”，引导党员干部深入学习、领会十九大精神。要求机关党组织在“三会一课”中，重点学习中共十九大报告、新修订的《中国共产党章程》，教育党员知规明纪、遵规守纪，县机关工委选送的参赛项目获全市党员干部“立家规、讲家训、传家风”主题展示比赛活动一等奖，涟水县获优秀组织奖。

【创文明城市承诺践诺活动】 2017年，县级机关工委为充分发挥机关单位和党员干部在文明创建中的示范带头作用，根据县创建文明城市指挥部办公室统一安排，会同相关部门先后开展“创文明城、做文明人”承诺践诺活动和每月一次的创建文明城市“十佳最差单位”评选活动，助力文明城市创建工作。与县文明办、团县委、县妇联联合举办“涟水县机关党员干部承诺暨志愿者服务活动启动仪式”，400余名机关党员干部现场签字承诺，县委副书记刘爱国，县委常委、宣传部部长姜杰，县委常委、涟城镇党委书记刘泽年等县领导为志愿者服务队授旗。为500余名直属党组织的在职党员统一制作《涟水日常行为二十条》和文明创建“六不”要求桌卡，广泛宣传文明创建工作。践诺垂范。共有6733名机关党员干部向县级机关工委递交《创建文明城市承诺书》，并主动对照《涟水日常行为二十条》和文明创建“六不”要求限期逐一进行排查整改，在文明城市创建中率先垂范。奖优罚劣。从2017年5月起，县级机关工委会同县政府办、城管办先后开展4期省级文明城市创建工作“十佳最差”单位和1期文明城镇长效管理工作“十佳三差”单位评选工作，评选结果作为县创建指挥部奖优罚劣的重要依据，对全县共创单位起到很好的激励和鞭策作用。

【创新创优项目督考】 2017年，县级机关工委为加强对创新创优项目的管理、考核，提请县委办、县政府办下发《关于调整县创新创优工作领导小组的通知》，同时，首次将创新创优工作列入季度竞赛考核指标，每季度组织一次考核评分，以考核的“指挥棒”推动基层干部重视创新创优工作，激励基层党员干部在工作中精于创新、善于创新。全年全县各单位共申报各类创新创优项目153个，其中经济建设类53个、公共管理类69个、党建和精神文明类31个，创新创优项目之多居历年之首。根据项目的可行性、创新性、现有规模、结项时间、可推广程度等要求，县级机关工委组织县创新创优领导小组成员对所有申报项目进行分析和研判，从中筛选出25个基础条件完善、发展预期较好的项目，进行重点培植。与项目实施单位一起，研究制定年度实施计划和推进措施。

（周俊平）

党史研究

【概况】 2017年，县委党史工委负责接待陪同北京、上海、广西的新四军三师后代来涟参观访问3批120人次，举办“追寻父辈战斗足迹——新四军三师将士后代苏北行”参观访问活动，走访瞻仰涟水保卫战纪念碑、高沟镇高杨战役纪念碑、五港镇郑谭口战斗纪念碑、成集镇“小延安纪念园”、前进镇陈老庄“淮海四支队诞生地”、阜宁停翅港新四军军部纪念馆等革命遗址。

【《苏北小延安》编撰发行】 2017年，县委党史工委与成集镇党委联合编辑出版《苏北小延安》。经过广泛收集、查阅历史文献资料，2017年8月由中央党史出版社出版发行，全书共42万字，分文献资料、回忆史料、群英谱、缅怀纪念、专题研究五个部分。

·相关链接·

“苏北小延安”纪略

“七七”事变抗日战争全面爆发后，朱南荡朱启宇，成集姜龙楼、姜南桥等即组织群众宣传抗日。1938年农历正月下旬，在成集小学成立抗日兄弟团，始有36人发展至80人，直至百人。是年夏，抗日同盟会佘（圩）成（集）分团成立，朱启宇为董事，朱铭勋为常委，姜汉鼎、姜立桥、吕云显、成士桥为执委，领导群众抗日。

1939年，张芳九等受中共山东局派遣，密抵涟水，始至朱后圩，继至朱南荡，姜龙楼、朱启宇等与之联系，秘密建党抗日，并建武装第八团。

此间群众基础甚好，革命力量得以迅速壮大，以小成集朱南荡为中心，成集、尤荡两乡为基础，再发展到佘圩乡、祠堂乡、古桥乡东半部及梁岔乡公路以西部分，总计南北约20千米，东西约18千米，共约360平方千米，此即“小延安”所在地。

1939年至1943年春夏之交，涟水军民先后粉碎敌伪之多次入侵，如“小徐庄战斗”“薛庄战斗”“保卫小延安战斗”

“抵御敌伪三面围攻”等，均取得胜利。在日寇大“扫荡”时，曾有灌云、涟水、淮阴、泗阳、沭阳五县县政府暂驻成集，均得到成集人民的保护，时人称此地为“小延安”。

在抗日战争中，先烈事迹可歌可泣，如朱启勋盘肠大战，朱启哲从容就义，朱前光荣献身，王道明伏击日寇头负重伤力战阵亡，总计“小延安”人民为抗日牺牲者300余人，负伤者100余人。

【电视专题纪录片《烽火岁月——老兵话当年》】 2017年，县委党史工委结合纪念“七七”全民抗战八十周年活动，采访制作电视专题纪录片《烽火岁月——老兵话当年》10集，每集10分钟，包括张师祝，回忆参加新安旅行团学习、当教师写报道；郑翠芬，回忆丈夫朱慕萍去山东找党到苏北领导抗日；姜钧，到敌人据点了解地情、联络地下人员，16岁就加入党组织；石寿德，1944年参加村里土改试点，1947年与敌人进行游击战；刘林庆，筹集粮食，供应主力部队打胜仗；袁文书，坚持地方斗争，动员丈夫当兵上前线；张正东、徐耀华、时善良，参军；赵成桂，送信立功，勇敢通过封锁线，送信到团部，又俘虏两敌军。通过采访获抗战胜利纪念奖章的离休老干部、抗日老兵（在涟水或涟水籍在外老同志），以当事人口述、场景再现抗战时期涟水人民不畏艰险，与敌伪英勇斗争的情景，弘扬不屈不挠的抗战精神，留存涟水历史记忆，宣传涟水老区的光荣革命历史，打造涟水红色名片。

【党史宣传】 2017年，县委党史工委多措并举做好党史宣传工作。采访、挖掘党史资料，多次到县内各乡镇及南京、上海、沈阳等地走访离退休干部，征集口述史料80万字，整理、撰写党史文章在省、市、县报刊发表，整理出版《涟水红色记忆》6期，成为宣传涟水革命老区、红色热土的文化名片。将编辑出版的红色刊物发放到机关、学校、社区、部队、企业。定期为县级机关工委组织的入党积子上党课。在党员活动日，“七一”、抗战纪念日，为机关单位讲地方党史，先后为县委办公室、县交通局、县农行、村支部等讲课20余次。 （王　欣）

党　校

【概况】 县委党校位于县滨河新城教育中心，占地面积2.2万平方米，建筑面积15763平方米。2017年，县委党校创新干部教育培训工作思路，打造“小延安”实境课堂和县内师资库，综合运用主体班、宣讲、送教上门等多种方式完成干部教育培训近100场次。强化资政服务职能发挥，完成省级调研课题《涟水县乡村旅游发展的调查与思考》，并获得良好等次的结项结果。全年完成专题理论文章5篇，全部在市级以上报刊杂志发表。

【党校新校区建设】 2017年8月，党校新校区整体工程完工，9月集办公、教学、食宿为一体的党校新校区通过验收并交付使用。新校区分综合楼、教学楼和学员公寓3个主功能区，配有180人报告厅、130人会议室、100人半圆形教室和100人多媒体教室各1个；70人研讨室、10人研讨室各2个；能容纳60人的电脑教室1个，容纳54人的普通教室3个。学员公寓共有标准间96个，单人间21个，可同时容纳213人住宿。在综合楼配有可容纳200人同时就餐的大餐厅和容纳80人的自助餐厅各1个。 （赵　蒙）

对台工作

【概况】 2017年，县台办招引瑞恩帝儿培训中心、乐阳建材等台资项目4个，总投资近1.5亿美元，注册资本3830万美元，其中全稳康源农业项目总投资1亿美元。淮安源通制帽、淮安远达服饰、涟水润华商业有限公司入围2017年度江苏台资企业500强；江苏宏保成为大陆唯一耐克足球生产基地；策划制作宣传片《好戏涟台》获县首届网络文化节一等奖；先后获县级机关服务科学跨越发展考核优秀奖、全县利用外资考核获奖单位、全市对台工作综合考评一等奖。

【涟台交流】 2017年，县台办以习近平总书记对台工作重要思想引领新时代对台工作，不断加强涟台两地经贸文化交流。全年组织因公赴台经贸文化交流15批56人次，邀请台商到涟水考察参观26批500余人次。参加台湾·淮安周、淮安经贸文化交流合作周活动，期间开展电子电气、服务业和食品产业合作恳谈会6场，县经济开发区管委会与台湾电子设备协会签署战略合作协议书，实现涟水园区与台湾协会合作零的突破；举办“常来常往涟台缘，乡里乡情一家亲”村里长交流和“淮安·新北职业技术教育学术研讨”为主题的第十二届台商论坛涟水分论坛等重要交流活动8场。

【台商服务】 2017年，县台办充分发挥政务服务中心窗口职能，坚持“101”服务理念，持续放大“省台商服务工作示

2017年1月14日，召开涟台企业家合作恳谈会 （县台办　供稿）

范点”品牌效应，全年为台企台商协调解决消防、环保、教育、用工等实际问题50余项。召开“畅叙同胞情谊，共谋发展大计”全县台商服务工作座谈会、台商联谊会会员大会，25名台资企业负责人参加；举办“消防进台企，护航十九大”消防讲座和演练，台资企业安全负责人30余人参加；举办台商联谊会第一届、第二届理监事交接典礼，全国台企联副会长、在涟台商、市县领导、涉台服务部门负责人近100人参加；举办“金秋涟水缘，两岸共明月”台商中秋联谊晚会，涟水台商及顾问单位近80人参加；协助3批30余名台商更换驾驶证件；以庆祝中国共产党成立96周年为契机，联合台资企业吉圣金属有限公司党支部党员，在涟城镇荷缘社区开展“台商献爱心，情暖助创建”活动。

【公益慈善】 2017年，县台办注重引导在涟台商台企从事慈善公益事业，担当社会责任，增强台商的融入感和认同感。涟水台商联谊会会长、吉圣金属制品董事长谢文正坚持从事慈善事业10多年，累计向县社会福利中心、贫困儿童捐助物30余万元；源通制帽董事长王顺贤先后组织捐资200多万元，帮助困难群体；江苏宏保运动总经理赖怡全，先后出资10万元成立宏保校园足球俱乐部和资助单亲贫困大学生；涟水台商及台商联谊会通过各种方式累计向全县贫困群体捐赠物资近300万元；依托台企力量成立的江苏省华科慈爱基金会，自2014年连续四年累计向涟水县康乐儿童康复中心捐赠物资116万元。

【台商联谊会换届典礼】 2017年6月16日，涟水县举行台商联谊会第一届、第二届理监事交接典礼。县委书记王向红致辞，县委副书记、县长时勇向新当选会长谢文正、监事长黄海潮颁发证书，县委常委、县政府党组成员、县经济开发区党工委书记洪然等领导出席典礼。全国台企联常务副会长陈锦龙和副会长叶俊辉、孙佳钧等参加典礼。典礼上，参加活动人员集体观看台企、台商在涟发展微视频；第一届、第二届会长进行会旗交接，并为新一届台商联谊会副会长、财务长、秘书长、理事颁发证书，为荣誉会长、名誉会长、顾问单位颁发聘书；江苏华科事业群慈爱基金会向县康乐儿童康复中心进行慈善捐赠；锡山台商联谊会、无锡市台协、泰州市台协向涟水县台商联谊会表示祝贺。典礼前，与会人员参观滨河高中、今世缘酒业等单位。 （刘顺国）

涟水县人民代表大会

重 要 会 议

【县十六届人大一次会议】 2017年1月7—10日在县大剧院召开，会议听取和审议《涟水县人民政府工作报告》《涟水县人大常委会工作报告》《涟水县人民法院工作报告》《涟水县检察院工作报告》，审查批准县政府关于县2016年国民经济和社会发展计划执行情况与2017年国民经济和社会发展计划（草案）的报告、县政府关于县2016年财政预算执行情况和2017年财政预算（草案）的报告。会议以无记名投票方式选举别纯海为新一届人大常委会主任，吴建峰、方建中、孙辉、朱太伟为副主任，王兵等34人为委员；选举时勇为新一届县人民政府县长，王冰、郑劲松、朱国海、宋月霞、吴从荣、李阔为副县长；选举段庆丽为县法院院长；选举刘庆国为县检察院检察长；选举72人为淮安市第八届人民代表大会代表；通过县人大有关专门委员会组成人员名单。

【县人大常委会会议】 2017年，县十六届人大常委会举行常委会会议6次。

3月10日，县十六届人大常委会举行第一次会议。会议传达学习省、市人代会精神，讨论通过《涟水县人大常委会2017年工作要点》（征求意见稿），任命新一届政府组成部门负责人，任命段庆丽为县人民法院审判员、审判委员会委员。李雄威、吴芳剑代表被任命人员供职发言，朱国海带领受任命人员向宪法进行庄严宣誓。县人大常委会主任别纯海，副主任吴建峰、方建中、孙辉、朱太伟出席会议。县委副书记、县长时勇，县法院院长段庆丽列席会议。会前，县人大常委会对拟任命人员进行任前法律知识考试，别纯海、吴建峰、方建中等领导到考场巡视。通过任前法律考试，进一步增强拟任命人员的法治观念和自觉接受人大监督的意识，提高他们依法行政、公正司法和依法办事的能力。

4月28日，县十六届人大常委会召开第二次会议。会议传达学习全国人大十二届五次会议、省委书记李强在全省市县人大负责人培训班上讲话、全市人大代表“千百万扶贫济困大行动”会议和市人大常委会常务副主任葛平来涟调研讲话精神，听取县政府关于医疗卫生惠民服务工作的报告，听取和审议县人民法院关于执行工作情况的报告，讨论通过《县人大常委会关于健全和完善执行联动工作机制的决定》。县人大常委会主任别纯海，副主任吴建峰、方建中、孙辉、朱太伟出席会议。副县长李阔、县法院院长段庆丽、县检察院检察长刘庆国列席会议。会议印发全体代表、常委会组成人员、各乡镇人大和县人大常委会各委办的履职积分办法。会议还通过有关人事任免事项，被任命人员进行供职发言及任职宣誓。

6月19日，县十六届人大常委会举行第三次会议。会议审议县政府关于《江苏省物业管理条例》贯彻实施情况的报告、关于公安执法规范化建设工作情况的报告，讨论通过《涟水县人大常委会关于审计查出突出问题整改工作监督办法（试行）》。县人大常委会主任别纯海，副主任吴建峰、方建中、孙辉、朱太伟出席会议。副县长、县公安局局长朱国海，县法院院长段庆丽，县检察院检察长刘庆国列席会议。会议还就公安执法规范化建设相关事项进行专题询问，对专项工作报告进行满意度测评，通过选举及有关人事任免事项，被任命人员进行供职发言及任职宣誓。

8月29日，县十六届人大常委会举行第四次会议。会议听取和审议县政府关于涟水县2017年上半年国民经济和社会发展计划执行情况的报告、2016年县级财政决算及2017年上半年预算执行情况的报告、2016年县本级财政预算执行及其他财政财务收支情况的审计报告，通过《县人大及其常委会选举和任命人员履职评价暂行办法》《县人大常委会规范性文件备案审查办法》和《县人大常委会法律咨询专家库管理办法》《县人大财经委员会预决算审查监督咨询专家库管理办法》。县人大常委会主任别纯海，副主任方建中、孙辉、朱太伟出席会议，县委常委、常务副县长王冰，县委常委、副县长李雄威，县法院院长段庆丽，县检察院检察长刘庆国列席会议。会议对专项工作报告进行满意度测评，通过人事任免有关事项，别纯海向被任命人员颁发任命书，被任命人员进行供职发言及任职宣誓。

10月26日，县十六届人大常委会召开第五次会议。会议听取县政府关于"263"专项行动、学前教育工作、精准扶贫工作以及代表议案、建议办理情况的报告，并就脱贫攻坚达小康工作有关事项开展专题询问，对相关工作报告进行分组审议和满意度测评。县人大常委会主任别纯海，副主任方建中、孙辉、朱太伟出席会议。县政府副县长郑劲松、吴从荣、李阔，县法院院长段庆丽列席会议。会议表决通过县人大常委会和县政府提请审议的人事任免事项，投票通过县法院人民陪审员的人事任命，别纯海向被任命人员颁发任命书，被任命人员进行供职发言及任职宣誓。

12月28日，县十六届人大常委会召开第六次会议。会议听取"一府两院"副职等9名国家机关工作人员述职报告和履职评价报告，听取县政府关于审计发现问题整改、2017年县级财政预算部分调整及县人民法院关于《健全和完善执行联动工作机制的决定》落实情况的报告，讨论通过县人大常委会关于批准2017年县级财政预算调整方案的决议，组织对"263"专项行动中黑臭水体问题进行质询。县人大常委会主任别纯海，副主任吴建峰、方建中、孙辉、朱太伟出席会议。县委副书记、县长时勇，县政府副县长李阔、张亮，县法院院长段庆丽，县检察院检察长刘庆国列席会议。会议讨论并作出召开县十六届人大二次会议的决定，初审县人大常委会工作报告，讨论通过县十六届人大二次会议有关事项。会议还听取县政府关于提请授予孙国君等20人"涟水县荣誉市民"称号的报告并作出决定，通过人事任免有关事项。别纯海向被任命人员颁发任命书，被任命人员进行供职发言及任职宣誓。（帅同海）

重要活动

【全县人大代表"千百万扶贫济困大行动"】 2017年4月21日下午召开。县人大常委会主任别纯海，副主任吴建峰、方建中、孙辉、朱太伟出席会议，县各代表组组长，各乡镇（园区、办事处）人大主席、人大工作负责人，人大代表宣讲团成员和县人大机关全体人员参加会议。就如何发挥代表作用，扎实推进"大行动"，别纯海要求充分认识活动重要意义、严格落实各项工作要求、不断凝聚脱贫攻坚合力。方建中对全县各级人大代表参与"千百万扶贫济困大行动"进行动员部署。会议印发《涟水县人大常委会贯彻落实"千百万扶贫济困大行动"实施方案》《给全县各级人大代表的一封信》等相关材料。9月12—20日，县人大常委会组织对"千百万扶贫济困大行动"开展情况进行过堂。县人大常委会主任别纯海、副主任方建中参加。别纯海一行先后在红窑、成集、高沟、徐集等地分片区召开座谈会，各乡镇人大主席、省市经济薄弱村党总支书记和挂钩帮扶的人大代表分别汇报工作进展情况，重点了解企业家代表帮扶经济薄弱村项目、扶贫济困和宣讲典型情况。县人大常委会对"大行动"实行每月一统计、双月一反馈、季度一汇报、半年一观摩、每年一通报，督促县、乡、村、企四方发挥作用，确保"大行动"取得实实在在的效果。

2017年4月21日，千百万扶贫济困行动动员会　　（县人大办　供稿）

【《江苏省物业管理条例》执法检查】 2017年5月9日，县人大常委会开展《江苏省物业管理条例》执法检查并就相关事项约见有关部门负责人。县人大常委会副主任方建中，部分市县人大代表、县人大常委会组成人员及乡镇社区代表参加活动。执法检查组一行先后察看巴黎春天、炎黄国际花园、文博园、书香苑等居民小区，了解安防保洁、物业收费、物管用房、业主委员会以及维修基金使用等情况。在座谈会上，县住建局对全县物业情况作详细汇报，公安、城管、物价、市场监督管理等部门、涟城镇及社区代表和市县人大代表分别进行发言。

【公共文化服务体系建设工作视察】 2017年8月9日，县人大常委会组织部分市、县人大代表考察全县公共文化服务体系建设工作，县人大常委会副主任、涟水中学校长孙辉参加活动。代表们先后察看县图书馆、文化馆、非遗馆、博物馆。在随后召开的座谈会上，代表们对公共文化服务体系建设方面所做的工作给予赞许，并提出建议和意见。

【省人大常委会人代联委领导到涟水调研】 2017年8月15日，省人大常委会人代联委主任刘广忠一行到涟水调研“人大代表之家”建设工作。市人大常委会副主任刘华，县委书记王向红，县人大常委会主任别纯海，江苏今世缘酒业有限公司董事长、党委书记周素明，县人大常委会副主任方建中陪同。刘广忠一行先后考察朱码镇“人大代表之家”、红窑镇金鸡坨生态农庄项目、今世缘酒业，肯定取得的成绩。县委书记王向红介绍涟水县人大工作开展情况。

【政务服务中心工作考察】 2017年8月16日，县人大常委会副主任朱太伟带领部分市县人大代表考察“互联网+政务服务”平台建设试点工作，县委常委、常务副县长王冰及相关部门负责人陪同考察。考察组一行实地察看县政务服务中心各窗口、互联网服务平台，现场体验“互联网+政务服务平台”APP政务服务终端。

【县人大常委会考察经济开发区转型升级创新发展暨亿元项目达产达效情况】 2017年8月18日，县人大常委会组织部分市县人大代表、财经委委员考察县经济开发区转型升级创新发展暨2015—2016年亿元项目达产达效情况。县人大常委会主任别纯海，县人大常委会副主任朱太伟出席，县委常委、县政府党组成员、县经济开发区党工委书记洪然及相关部门负责人陪同。考察组实地察看振维电子、妙通纺织、洲旭电路、苏杭科技4家企业，并召开座谈会听取有关情况汇报，代表们就项目建设、帮办服务提出意见建议。

【“住建杯”人大代表履职知识电视大奖赛】 2017年8月18日举行。县人大常委会主任别纯海，县人大常委会副主任方建中、朱太伟以及县住建局、文广新局、广电台等有关领导出席观看比赛。方建中任现场评审嘉宾并发表致辞。决赛设置有问必答(问答题)、同舟共济(多项选择题)、奋勇争先(抢答题)和争分夺秒(判断题)四轮比赛，内容涉及宪法、代表法、选举法、组织法、监督法、《江苏省乡镇人民代表大会工作条例》《淮安市人大常委会关于在人大代表中开展“千百万扶贫济困大行动”的实施意见》等人大代表履职知识，涟城镇代表队获第一名。

【政情通报】 2017年9月22日上午举行。县人大常委会主任别纯海，副主任方建中、孙辉、朱太伟出席会议，省人大代表，部分市县人大代表，县人大常委会组成人员，各乡镇人大主席、人大工作负责人，县人大机关全体人员参加会议。县委常委、常务副县长王冰通报1—8月涟水县经济社会发展情况以及下一步工作思路。县人大常委会将对“千百万扶贫济困大行动”实行每月一统计、双月一反馈、季度一汇报、半年一观摩、每年一通报，确保“大行动”取得实效。会议要求，各代表组、各乡镇人大要组织对县政府工作通报进行专题审议，并做好代表意见建议的收集整理。代表要结合通报情况，深入开展调研，为在十六届人大二次会议期间审议各种报告、提出高质量的议案建议做好准备。会上，县人大常委会副主任方建中对推进“千百万扶贫济困大行动”进行具体部署。

【重点代表建议督办】 2017年9月26日，县人大常委会就第180号建议《关于大力推进脱贫攻坚、加快高水平全面建成小康社会的议案》，举办人大代表重点建议督办会。县人大常委会主任别纯海，副主任方建中，县政府副县长郑劲松出席会议，黄勇、左鹏等10位联名提出建议的代表及相关部门负责人参加会议。督办会采取与代表面对面交流的方式进行，提出重点建议的10位代表认真听取县政府对重点建议的办理情况，并结合实际，提出进一步的工作建议和意见。

【“代表之家”观摩活动】 2017年9月30日开展。县人大常委会副主任方建中，各乡镇人大主席参加活动。方建中一行先后实地考察五港、东胡集和南集“代表之家”现场，听取相关乡镇人大主席情况介绍，实地参观“代表之家”阵地及其设施建设情况，查阅相关软件资料，并就如何搞好“代表之家”完善建设、发挥“代表之家”作用、提高履职能力等问题进行交流探讨。 (帅同海)

2017年9月22日，召开政情通报会 (县人大办 供稿)

领导分工

2017年，县人大常委会主任、副主任工作分工如下：

别纯海(县人大常委会主任)：主持县人大常委会全面工作。

吴建峰(县人大常委会副主任)：分管人大机关招商引资工作。参加今世缘酒业股份有限公司分工。

方建中(县人大常委会副主任)：分管人事代表联络工作委员会、环境资源城乡建设工作委员会、农业农村工作委员会。联系县住房和城乡建设局(规划局)、旅游局、交通运输局、环保局、城管局(城管执法局)、创卫办、房屋征收管理办公室、地震局、人防办、招管办、住房公积金管理中心、邮政局、电信公司、供电公司、移动公司、联通公司、农委(林业局)、水利局、国土资源局、农业开发局、农机局、粮食局、供销社、气象局、扶贫办,以及乡镇人大、县级人大代表组、各级人大代表等方面工作。

孙 辉(县人大常委会副主任):分管教科文卫工作委员会。参加涟水中学分工。联系县教育局(体育局)、科技局(知识产权局)、文广新局、文联、县地方志办、卫计委、红十字会、科协、市场监督管理局、安监局、人力资源和社会保障局等方面工作。

朱太伟(县人大常委会副主任):分管办公室、内务司法工作委员会、财政经济工作委员会。联系县法院、检察院、公安局、监察局、司法局、法制办、信访局、民政局、老干局、老龄办、双拥办、档案局、人武部、工会、共青团、妇联、残联、民族宗教局、外侨办、台办、行政审批服务中心、发改委、财政局(国有资产监督管理办公室)、经信委(中小企业局、乡镇企业局)、商务局、审计局、地税局、国税局、统计局、物价局、城市资产经营公司、金融办、人行、驻涟金融保险证券机构、盐务局、烟草局、国家统计调查队、经济开发区、新闻信息中心、广播电视信息网络公司等方面工作。

(帅同海)

涟水县人民政府

重要会议

【全县实体经济发展会议】 2017年3月9日召开。县领导时勇、王冰、洪然、朱太伟、郑劲松、吴从荣、薛芹出席会议。县委副书记、县长时勇要求各地各部门抢抓机遇,切实增强做大做强实体经济的信心和决心,以实体经济的大突破、大发展带动全县经济社会的大跨越、大进步;要精准发力,持续用力,重抓产业转型升级、项目招引推进、骨干企业培育和外向型经济提质,加快推动实体经济平稳健康持续发展;要强化领导,狠抓落实,做到组织领导到位、政策落实到位、金融服务到位和环境优化到位,合力营造促进实体经济发展的良好环境。会议对2016年度实体经济先进企业暨服务实体经济发展的先进单位和先进个人进行表彰并颁奖,县经信委、商务局、县人行、涟水农商行、今世缘酒业、华源生态农业等分别作交流发言,部分银行与企业代表签订授信协议。

【全县"县镇村"三级政务服务体系建设推进会】 2017年3月16日召开。县领导时勇、刘爱国、王冰、冯建华出席会议。县委副书记、县长时勇要求各乡镇(园区、办事处)围绕"便民、规范、高效"要求,对照县政务服务中心"六全""十有"要求,全力加快政务服务分中心和村便民服务站建设;参照《涟水县政务服务乡镇分中心进驻事项指导目录》,结合"三农"实际需求,合理设置服务事项,用足用好"互联网+政务服务"平台,最大限度地下放审批权力和事项,真正让老百姓"少进一次城、少跑一家门、少找一个人";修订完善工作人员行为规范及首问负责、一次性告知、限时办结等相关制度,创新服务举措,提高服务效率,规范运行管理,确保取得实效。各地各部门把加快"县镇村"三级政务服务体系建设作为"一把手"工程,统筹考虑,精心组织,加强乡镇政务服务分中心和村(社区)便民服务站建设工作的领导,在硬件配套、事项进驻、人员配备、经费保障等方面全力保障。会前,与会人员实地观摩县政务服务中心和东胡集镇政务服务分中心。县政务服务中心、县交通运输局、东胡集镇相关负责人分别在会上作交流发言。各乡镇(园区、办事处)、县经济开发区、县直各相关部门负责人参加会议。

【全县安全生产工作会议】 2017年3月29日召开。县领导时勇、孙辉、吴从荣、姚兵出席会议。县委副书记、县长时勇强调,要加强安全隐患排查治理,严格执行"谁检查、谁签字、谁负责"的责任机制,采取多种方式查处重点安全问题和重大安全隐患;严格落实隐患排查治理责任,建立隐患整改销账制度,确保整改不走过场、不留后患;实行重大隐患挂牌督办制度,随时跟踪督办整改情况,定期通报整改进度,坚决防止存在安全隐患企业带伤运行。会议通报2016年全县安全生产工作情况,县安监局、住建局、保滩镇、今世缘酒业等单位作会议发言。各位副县长、各地各有关部门分别签订安全生产责任状。

【全县生态文明建设暨"两减六治三提升"专项行动会议】 2017年3月29日召开,总结2016年全县生态文明建设工作,部署"263"专项行动各项目标任务。县委书记王向红作出批示,县委副书记、县长时勇出席会议并讲话,县委常委、常务副县长王冰主持会议,刘泽年、孙辉、吴从荣、李阔、姚兵等县领导出席会议。时勇要求,扎实推进"263"专项行动,着力加强生态文明建设,要以"六治"为主抓手,针对群众反映强烈的突出环境问题,聚焦重点领域,抓住主要矛盾,持续精准发力,提升区域环境整体质量;切实抓好大气污染治理,加大重点污染源治理力度,大幅削减挥发性有机物排放总量,加强机动车船污染防治和扬尘污染治理,提高秸秆综合利用水平;切实抓好水污染治理,建立健全以党政领导负责制为核心的责任体系,围绕"五个一"制订"河长制"工作方案,推进流域治理,保障饮用水源地安全,强化地下水管控,加快农村饮水安全三级管道铺设,全面提升水环境质量;切实抓好生活垃圾治理,推进生活垃圾分类收集试点,规范餐厨废弃物存放、运输,加强建筑垃圾管理;切实抓好黑臭水体治理,加快城北大沟等河道整治和乡镇污水处理厂及管网建设,持续改善水质;切实抓好畜禽养殖污染治理,合理规划畜牧业布局,推进限养区、适养区养殖场治理改造,加大种植业治理力度;切实抓好环境隐患治理,开展环境风险隐患排查及土壤污染状况详查,保障人居环境安全。与会人员观看江苏卫视"263在行动"相关视频,县发改委、高沟镇等6家单位作会议发言,各相关部门现场签订生态文明建设工作责任状。

【全县聚力创新工作会议】 2017年4月17日召开。县领导时勇、王冰、洪然、胡春雷、孙辉、吴从荣、李阔、冯建华出席会议。会议总结2016年工作，对2017年工作任务进行全面部署。时勇要求，围绕构建“一带一路一廊”产业布局，做大做强做特主导产业，加快构建创新产业集群，实施一批自主创新重大项目，壮大优势特色产业；充分发挥“一区三园”的产业集聚与辐射效应，加快推进淮安（薛行）循环经济产业园争创省级高新区，全力建好科技企业孵化器和省级众创空间，做强科技平台；重点培育发展新兴产业和新型业态，推动涟水经济在较高层级和水平上实现转型发展。县委常委、组织部部长胡春雷，副县长吴从荣分别作人才工作报告、创新及质量强县工作报告。会议对县长质量奖、质量强县工作先进单位和先进个人进行表彰。县科技局、市场监管局、人才办、县经济开发区、淮安（薛行）循环经济产业园、江苏华源生态农业有限公司、苏杭科技有限公司等部门、园区及重点企业分别作交流发言。各地各有关单位签订2017年度质量强县工作目标责任书。

【全县创建省级文明城市决战动员会议】 2017年4月18日召开。县领导时勇、刘爱国、王冰、张超、姜杰、刘泽年、朱太伟、朱国海、冯建华出席会议。时勇要求坚持建管并重，着力完善基础设施建设，提升城市管理水平，打造宜居良好环境，进一步优化城市形象；要加强道德建设，实施核心价值观培育实践工程、市民行为习惯规范工程和未成年人思想道德建设工程，进一步提升市民素质；要注重宣传引领，围绕“数量充足、质量精良、主题鲜明”的要求，通过全方位、广覆盖、多形式、常态化的宣传造势，进一步造浓创建氛围；要健全长效机制，坚持创建为了人民、创建成果由人民共享，持续用力、久久为功，把创建工作管在经常、做在日常，变“阶段攻坚”为“长效管理”，进一步增进民生福祉。会上，涟城镇、县文明办、公安局、住建局、城管局和教育局等单位分别作交流发言。

【夏季秸秆“两禁一用”工作电视电话会议】 2017年5月27日召开。县领导时勇、张超、姜杰、郑劲松、吴从荣出席会议。县经济开发区、各乡镇（园区、办事处）在分会场收听收看。会议通报总结2016年工作，研究部署2017年任务。县委副书记、县长时勇强调，要在思想认识上一刻不松，牢牢把握秸秆“两禁一用”工作主动权，确保实现“不着一把火、不冒一处烟、不污一条河”的工作目标；要在关键措施上一抓到底，坚持“疏堵结合、以疏为主、综合施策、齐抓共管”的工作思路，全方位宣传引导，全天候严防死守，多渠道综合利用，全力做好“两禁一用”工作；要在责任落实上要一环不漏，要强化组织领导，强化督查督导，强化追责问责，确保圆满完成各项工作任务。会上，县农机局、黄营乡、高沟镇、红窑镇、陈师镇等单位作表态发言。

【县政府全体（扩大）会议】 2017年7月27日召开。县领导时勇、王冰、洪然、李雄威、朱国海、吴从荣、李阔、丁祖军、张亮出席会议。县委副书记、县长时勇强调，要坚定不移走具有涟水特色富民之路，牢固树立聚焦富民的工作导向，准确把握聚焦富民的路径方法，始终保持聚焦富民的战略定力，推动富民工作不断取得新成效。会议通报全县上半年主要指标完成情况、重大项目建设情况和工业、服务业、农业、开放型经济、财政、房地产市场等运行情况以及政府系统作风建设情况。

【全县财税工作会议】 2017年8月1日召开。县委副书记、县长时勇，县委常委、常务副县长王冰出席会议。会议总结2017年以来财税工作情况，安排部署下阶段工作重点。时勇要求按照全市财税工作会议部署要求，进一步增强政治意识、大局观念、担当精神，以时不我待、只争朝夕和背水一战的决心，把握机遇、积极作为，确保财税工作目标顺利完成。要以过硬的举措抓好财税工作。在税源培植上下功夫，坚决落实中央和省、市、县一系列结构性减税、企业清费减负等政策，切实减轻企业税收负担；突出项目投入产出效益，加大项目招引建设力度，最大限度地释放投资效益，创造财税效益；持续优化企业服务，吸引更多外来重点税源，不断做大税收“蛋糕”。要在组织征收上下功夫，突出重点领域、重点行业、重点项目，紧盯序时、精细管理、协税护税，确保各项收入应收尽收。要在支出管控上下功夫，强化预算管理，积极筹措资金，将有限的资金用到“刀刃上”；加大对教育、医疗卫生、社会保障、公共文化体育服务等方面的投入，不断增加人民群众的“隐性财富”；积极向上争取，努力赢得更多资金支持；牢固树立“过紧日子”思想，统筹财力配置，全力保障好各项支出需求；加快平台公司转型，稳步推进PPP项目规范运作，切实防范债务风险。县财政局传达市财税工作座谈会精神，通报上半年全县财税工作相关情况。

【全县农村饮水安全巩固提升工程推进会】 2017年9月1日召开。县委副书记、县长时勇，县委常委、常务副县长王冰，县委常委、宣传部部长姜杰，副县长郑劲松参加现场观摩或推进会议。会议通报全县农村饮水安全巩固提升工程建设情况，县水利局、南集镇、高沟镇、红窑镇、麻垛现代农业园区5家单位作会议发言。

【中共十九大精神政府系统宣讲会议】 2017年12月9日举行。县委宣讲团成员、县委副书记、县长时勇作宣讲报告。县领导王冰、洪然、郑劲松、朱国海、宋月霞、吴从荣、李阔、袁灿生出席会议，各乡镇（园区、办事处）政府（管委会）、县各委办局主要负责人参加报告会。时勇要求按照中央和省、市、县委的要求，坚持带着忠诚学、坚定信仰学、融会贯通学、强化担当学，做到深学深悟、多思多想，真学真懂、笃信笃行。

（丁海宽）

重要活动

【“健康涟水·美味安东”涟水县首届“八大碗”美食大赛】 2017年1月23日落下帷幕。市旅游局副局长王贻文，县委副书记、县长时勇，县委常委、宣传部部长姜杰，以及郑劲松、李阔、樊磊等县领导出席闭幕式并为获奖代表颁奖。美食大赛由县委宣传部牵头，县旅游局、县总工会主办，涟水中专承办，从预赛到决赛历时2个月，来自全县各乡镇、部门及餐饮单位的34支代表队参加预赛，24支代表队进入决赛。通过严格的实际操作技能比赛，第一街扣肉、三色鱼圆、同乐大杂烩、农家小豆饼、金色年华等8个菜品获美食大赛金奖。

【2017年全省重大项目集中开工现场推进会涟水县分会场开工仪式】 2017年2月12日在高沟镇举行。县委书记王向红，县委副书记、县长时勇，县人大常委会主任别纯海，县政协主席蒋东明等县四套班子领导，今世缘酒业董事长、总经理周素明出席仪式。王向红、时勇、别纯海、蒋东明和周素明共同启动项目建设水晶球。集中开工的7个项目分别是总投资10亿元的今世缘美酒银行、总投资2亿元的国盛服饰生产、总投资3亿元的源通制帽耐克国际工厂、总投资3亿元的雅诗瑞纺织、总投资1.5亿元的南集镇现代农业示范园区、总投资5500万元的裕淮菇业和总投资2亿元的涟水县公共卫生服务中心项目。

2017年2月12日，全省重大项目集中开工现场推进会涟水县分会场　　（县政府办　供稿）

【涟水县获“中华诗词之乡”称号授牌仪式】 2017年3月18日，在今世缘酒业有限公司举行。中华诗词学会顾问、省诗词协会会长凌启鸿，省诗词协会秘书长陈玉金，副市长王红红，市委宣传部副部长金厚勋，县委副书记、县长时勇，县政协主席蒋东明，县委常委、宣传部部长姜杰，副县长李阔，县政协副主席冯建华，市诗词协会副会长、县诗词协会会长李亚夫及市直、相关县区诗词协会负责人出席仪式。授牌仪式上，中华诗词学会授予涟水县、清江浦区及涟水县红窑镇“中华诗词之乡”称号，授予县教育局、文广新局、外国语小学和清江浦区和平中心学校、清江浦法院、江苏省清浦中学“中华诗教先进单位”称号。

【2017年江苏省暨淮安市农机“安全生产月”启动仪式】 2017年6月1日在高沟镇汽车站广场举行。省农机局局长沈建辉、副局长景启坚，市委副书记张彤，市农机局局长印亚琴，县委副书记、县长时勇，县委常委、宣传部部长姜杰，副县长郑劲松等出席启动仪式。仪式上，农机手代表宣读农机安全生产承诺书，省、市、县相关领导向部分农机手代表赠送农机安全生产图书。仪式后，省、市、县相关领导还观摩农机安全生产系列宣传活动，并实地调研高沟镇农机站和红窑镇大龙农机合作社。

【《留守村长留守鹅》参加2017年全国基层院团戏曲会演开幕式演出】 2017年7月3日，由中宣部、文化部举办的2017年全国基层院团戏曲会演在北京开幕。由县文广新局打造、县淮剧团演出的《留守村长留守鹅》被遴选参加全国基层院团戏曲会演开幕式演出。文化部党组书记、部长雒树刚出席开幕式并致辞，文化部党组成员、副部长董伟主持开幕式，江苏省副省长蓝绍敏，中宣部文艺局局长汤恒，北京市文化局局长陈冬，江苏省文化厅党组书记、厅长徐耀新，江苏省文化厅党组成员、副厅长吴晓林，淮安市副市长王红红，市文广新局局长张冲林，县委书记王向红，市文广新局副局长徐克，县委常委、宣传部部长姜杰，副县长李阔等与在京的部分涟水籍人士、首都观众共同观看演出。《留守村长留守鹅》是县淮剧团继《鸡村蛋事》后推出的又一部精品力作，开创涟水县戏曲文化首登首都大舞台的先河，并作为开幕式剧目为会演掀开“红盖头”。该剧以苏北农村一个把“吃亏是福”当成生活习惯的普通村干部为原型，再现乡村基层干部坚守村庄、关爱留守妇女这一新农村的弱势群体，歌颂党员干部为民吃苦、为民奉献的朴实情怀。全剧以关爱农村留守妇女为切入点，阐述当代农村绝不能成为荒芜之地、留守空巢的主题。

【全市2017年突发环境事件示范性应急演练】 2017年7月12日在涟水举行。市政府党组成员周毅，市环保局局长崔泉，县委副书记、县长时勇，副县长吴从荣，县政府应急办、公安局、安监局、消防大队、“120”急救中心等单位及淮安（薛行）循环经济产业园、相关企业负责人和部分环保志愿者代表参加演练活动。省环保厅环境应急与事故调查中心副主任毛朔焱应邀出席演练活动。演练以江苏永安化工有限公司二氯乙烷反应装置发生燃烧引发环境污染并伴有人员受伤为背景，动用消防车、警车、救护车等10余辆，来自12个相关部门120名救援人员参与。

【上海德汇公益基金会奖助学金暨县政府教育奖励基金发放仪式】 2017年8月8日在涟水中学举行。上海德汇公益基金会理事长、上海德汇集团有限公司党委书记谢伟明，县委副书记、县长时勇，县委副书记刘爱国，县人大常委会副主任、涟水中学校长孙辉，副县长李阔，县慈善总会会长杨天成以及相关部门负责人共同出席仪式。仪式由刘爱国主持。仪式上，李阔宣读获2017年度上海德汇公益基金会奖学助学金及县政府教育奖励基金学生名单，高考生马可凡、周千千等21名学生，中考生张振宇、庞春莹等20名学生获奖学金81万元；孙辉、杨天成分别代表涟水中学、县慈善总会发言，部分学生代表分享学习心得。

扶工作队队长孙国君，县委常委、宣传部部长姜杰，副县长郑劲松陪同。凌启鸿一行还前往朱码镇种植片区，对“安东米富”有机稻米种植进行现场观摩。省交通广播网在朱码镇进行现场直播，同时邀请15组家庭现场体验收割，品尝新鲜米饭。

2017年8月27日，第十二届台商论坛分论坛淮安·新北职业技术教育学术研讨会

（县政府办　供稿）

【第十二届台商论坛分论坛淮安·新北职业技术教育学术研讨会】 2017年8月27日在涟水举行。县委副书记、县长时勇，市台办副主任徐宜祥，市教育局副局长程永清，台湾高职院校参访团团长、台湾“中华青雁和平教育基金会”顾问张美英和全体团员出席研讨会。副县长李阔主持会议。时勇在会上致辞，五家院校和五家企业分别签订校企合作协议，台湾东南科技大学国际事务处国际长陈彦君，淮阴商校党委书记、校长刘海弘等10位专家学者，围绕“产学合作与创新型人才培养”主题进行学术研讨。

【省科技帮扶、产业帮扶生物有机稻米现场观摩研讨会】 2017年11月12日在涟水召开，由省生物农业促进会、省委驻涟帮扶工作队共同组织。原副省长、省人大常委会副主任凌启鸿，省农委副主任、省农机局局长沈建辉以及省农委、省生物农业促进会、江苏农抬头生物农业发展有限公司、安徽三农协会等单位负责人出席观摩会，县委副书记、县长时勇，县委副书记、省委驻涟帮

【“今世缘·国缘”2017砂板乒乓球世界杯】 2017年11月25—26日在县淮阴中学滨河高级中学体育馆举行。参赛选手系2017年世锦赛排名前16名，分别来自英国、德国、西班牙、斯洛伐克、俄罗斯、菲律宾以及东道主中国，其中包括前俄罗斯乒乓球队主力、三届砂板世锦赛冠军马克西姆和中国的新科砂板世锦赛冠军严魏豪等人。县委书记王向红在开幕式上致辞。中国乒乓球协会副主席陆元盛，省乒乓球协会常务副主席顾星，省乒乓球协会副主席、南京金农砂板乒乓球俱乐部理事长王国琛，县人大常委会主任别纯海，市体育局副局长朱金华，县委副书记刘爱国，副县长李阔，县政协副主席鲁家宁，今世缘酒业党委副书记、副总经理倪从春等领导和嘉宾出席开幕式。11月26日下午比赛结束。中国选手包揽前三名，严魏豪获冠军，胡俊超、梁红安分获亚军和季军。陆元盛、颜争鸣、李一冰、王红红、王向红、卞玉、刘爱国为获奖运动员颁奖。（丁海宽）

领导分工

2017年县政府领导班子成员工作分工如下：

时勇（县委副书记、县长）：主持县政府全面工作，负责财政、审计、机构编制方面工作，分管财政局（国有资产监督管理办公室）、审计局、编办、安东控股、红日交投、新港公司、今世缘集团。

洪然（县委常委、常务副县长）：负责县政府常务工作，负责发展改革、城乡规划建设、交通运输、国土资源、人力资源和社会保障、财税金融、开放型经济、企业上市、外资招商、统计、招投标、政务服务、重大项目、区域合作、第三产业、外事侨务方面工作，分管政府办（人防办、外侨办、机关事务管理局）、发改委（物价局）、住房和城乡建设局（规划局、建工局）、地震局、交通运输局、国土资源局、人力资源和社会保障局、统计局、招管办、政务办、金融办、住房公积金管理中心、房屋征收管理办公室、台办，协助时勇分管财政局、审计局、编办、安东控股、红日交投、新港公司、今世缘集团。联系国税局、地税局、国家统计调查队、邮政局、供电公司（电力设施建设）、电信公司、移动公司、联通公司、人行、驻涟金融保险证券机构、共青团、侨联。

李雄威（县委常委、副县长）：负责城建招商工作，协助洪然分管国土资源工作。

郑劲松（副县长）：负责农业农村经济、水利、粮食、供销、扶贫、旅游、文化、教育、体育、卫生、计划生育、妇女儿童、广播电视、新闻出版、民族宗教方面工作，分管农委（林业局）、水利局、粮食局、供销社、农机局、农业开发局、扶贫办、旅游局、文广新局（版权局、文物局）、教育局（体育局）、卫生和计划生育委员会、广播电视台、民族宗教局、县地方志办、红十字会、残联。联系气象局、妇联、文联、档案局、江苏有线涟水分公司。

朱国海（副县长、县公安局局长）：负责城乡管理、司法、政府法制、民政、双拥、应急管理、社会稳定方面工作，分管公安局、城管局（城管执法局）、司法

局、法制办、老龄办、民政局、双拥办、应急办、信访局。联系人武部、消防大队、武警中队。

宋月霞(副县长):协助洪然分管宁淮合作、项目招引工作。

李阔(副县长):负责工业、信息化、环境保护、安全生产、内资招商、企业改制、乡镇工业集中区、市场监督管理和淮安(薛行)循环经济产业园工作,分管经信委(中小企业局、乡镇企业局)、环保局、安监局、市场监督管理局(食品药品监督管理局)。联系烟草局、盐务局、工会、工商联、供电公司。

徐成东(副县长、市委驻涟帮扶工作队队长):负责市委驻涟帮扶工作队工作。

余震海(副县长):负责南京经济技术开发区涟水工业园工作。

张亮(副县长):负责电子商务工作,分管商务局,协助洪然分管开放型经济工作,协助李阔分管工业经济工作。

袁灿生(副县长):负责科技、知识产权工作,分管科技局(知识产权局),协助郑劲松分管农业农村工作。联系科协。

周宏昌(县政府党组成员、县经济开发区管委会主任):协助洪然分管城乡规划建设工作。　　(丁海宽)

实事工程

【概况】 2017年,全县为民办实事项目共10类18项,其中涉及市为民办实事5类6项。到年底,完成12项,其中市级5项、县级7项,占项目总数的66.7%;按计划正常推进的项目6项,其中市级1项、县级5项,占项目总数的33.3%。

2017年涟水县为民办实事项目实施情况一览表

表2

序号	项目名称	完成情况
1	提升交通出行能力	完成10.63千米的235、346省道涟水绕城段工程
		炎黄大道北侧剑桥印象至电信大楼路段通车;剑桥印象售楼处门前向西至淮浦路完工;打通上海路与金城路东侧道路节点
		免费办理学生卡4207张,老年卡529张,残优卡156张。开通高沟、东胡集、石湖、朱码4个乡镇镇村公交
2	完善城区公共设施配套	改扩建公厕40座
		新建政务中心停车场、状元府停车场,南门小学对面疏导点、老涟中后大门疏导点
		完成城东和新世纪农贸市场提升改造,启动安东农贸市场建设,迁建食品综合检验检测中心
3	丰富提升教育资源	新改扩建1所完全小学(滨河小学)、2所初中(滨河初级中学、高沟初级中学),3所幼儿园(新建淮文幼儿园、军民幼儿园,改扩建郑梁梅幼儿园)。继续实施校舍"改薄"工程,完成南集中心小学、成集学校、佘圩中心小学、前进中心小学综合楼项目建设
4	巩固提升饮水安全	启动二水厂扩建及备用水源地建设,新建高沟、东胡集、朱码、黄营4个乡镇增压泵站,完成饮用水三级管网铺设6897.1千米
5	提升城乡环境	新改建农村公路50千米、桥梁10座,疏浚整治县乡河道52条、村庄河塘53个
6	改善人居环境	实施老旧小区改造,对18个共计20万平方米老旧小区进行屋面防水、路面铺设、落水管更换、外墙粉刷等改造
6	改善人居环境	完成改造棚户区2000户
		完成城北、二塘排涝站水下工程
7	优化公共文化服务	完成迁建广播电视发射塔的场地平整,围墙、工棚搭建,招标上网工作,达年度目标任务。
		图书馆土建和内外装修工程全部完工,博物馆展陈装修改造和安防工程全部完工,5月开馆并对外接待观众参观
8	提高保障水平	提高新农合年人均财政补助标准,将新农合年人均财政补助标准由425元提高到470元,省市补助、县配套资金全部到位。全县参加新农合80.8万人,补偿368万人次,补偿金额4.84亿元
		提高城乡居民最低生活保障标准,从7月1日起,将城乡居民最低生活保障标准分别提高到每月550元、460元
9	促进就业创业	完成城乡劳动力技能培训3947人、城镇新增就业7682人、扶持城乡劳动力创业2406人、新型职业农民培训3300人、家庭农场等新型经营主体培训863人
10	提升政务服务能力	完善"互联网+政务服务"体系,东胡集、南集、涟城、经济开发区、朱码、保滩、五港、岔庙、麻垛现代农业园区9个乡镇(园区)建成运行;完成乡镇社会便民服务中心改扩建年度目标任务

(丁海宽)

机构编制

【概况】 2017年,县编办围绕市编办目标任务,稳妥推进相对集中行政许可权改革,实行集中高效审批。加强事中事后监管,建立市场综合监管体系。探索推进综合行政执法体制改革,逐步形成"一支队伍管执法"。推进"互联网+政务服务"改革试点,充分结合云计算、大数据、物联网等先进技术,搭建"互联网+政务服务"平台框架,大胆探索,先行先试,持续释放试验区先行效应。探索建立事业单位信用等级评价体系,积极推进全县事业单位信用等级评价工作。创新公立医院人员编制管理，探索建立“标准核定、备案管理、岗位设置、分类聘用”的新机制。探索义务教育师队伍“县管校聘”管理体制改革，实现教师由“单位人”向“系统人”转变。探索建立事业单位法人治理结构，赋予事业单位更多自主权。严格机关绩效管理，强化结果运用。

【“不见面审批(服务)”改革】 2017年，县编办为深化“放管服”改革，进一步提高政府办事效率，激发市场活力，增强企业和群众对改革的“获得感”。根据省委、省政府文件精神，结合涟水实际，制定《涟水县“不见面审批(服务)”改革工作方案》，树立新发展理念，坚持便民服务，依托政务服务“一张网”，加快推进“网上办、集中批、联合审、区域评、代办制、不见面”。凡是能通过网络共享复用的材料，不要求企业和群众重复提供；凡是能通过网络核验的信息，不要求其他单位重复提供；凡是能实现网上办理的事项不要求必须到场，实现“不进一扇门、不找任何人、办成所有事”。全面梳理公布群众和企业到政府部门“不见面审批(服务)”事项520项，除法律法规规定和暂不具备条件网上办理的事项外，按照“外网受理、内网办理、全程公开、快递送达、网端推送、无偿代办”的方式开展审批。实现80%的审批服务事项“网上办”，做到“不见面审批(服务)”是原则，见面审批是例外，增强企业和群众的获得感，提升政府办事效率，改善发展环境。

【“35745”审改专项行动】 2017年，县编办围绕全面实现“3个工作日内完成开办企业，5个工作日内完成不动产登记，建设项目7个工作日完成审图、40个工作日内完成评估、50个工作日内完成施工许可”的改革目标，结合县情实际，提出“35745”审改专项行动。先后组织召开以提升“开办企业”“施工许可”“不动产交易登记”办理效率为目标的调研座谈会10次、集中碰头会12次、上门对接会8次，对三项工作流程进行详细梳理，对存在问题进行深入分析，对改进措施进行认真研究，提出优化流程、压缩时间、压减材料的意见建议。县政务办、住建局、市场监管局、国土局等部门围绕省市要求，结合实际，对“开办企业”“施工许可”“不动产交易登记”范例所需环节、时间、材料等重要指标事项进行研究和分析，找准薄弱环节，重点进行整改，分别牵头编制“施工许可”“开办企业”“不动产交易登记”办理全流程图，确保达到流程最优、时间最短、材料最少。“开办企业”方面，将公章刻制纳入企业开办窗口，节省办理时间。不动产交易登记方面，按照“一窗受理、集成服务”要求，设立集成服务窗口，整合地税、公积金、不动产交易登记等窗口，实行一窗受理。施工许可方面，实行集成审批、联合评审、代办服务等工作机制，不断提升审批效率。建立信息共享机制，实现材料共享、证照互认，凡能通过网络共享复用的材料，不得要求企业和群众重复提交；凡是能通过网络核验的信息，不得要求其他单位重复提供；凡是前面一个环节已按要求提供材料的，后面一个环节自动采认，不再要求企业和个人重复提供。到年底，完成“三证照”案例收集工作，均在承诺的时限内办结。其中“开办企业”最快1.5个工作日办结，“不动产交易登记”最快1个工作日办结，“施工许可”最快21个工作日办结。为建立“三证照”办理常态化运行机制，要求相关部门进一步优化“三证照”审批服务流程图，编制服务指南，突出涟水“互联网+政务服务”改革优势，体现代办制、“一窗受理、集成服务”、集成审批等好的做法。与县政务中心加强联系，协调各相关单位，圆满完成江苏省2017年度简政放权创业创新环节评价工作。

【“放管服”改革经验做法复制推广】 2017年，县编办为持续推进“放管服”改革向纵深发展，打造便捷高效公平公正的营商环境，学习借鉴外地“放管服”改革经验做法，4月下发《关于在全县复制推广一批“放管服”改革经验做法的通知》，选择投资建设领域“模拟审批”、投资建设项目“代办制”、市场准入领域“证照联办”、政务服务“网上大厅”等四个方面进行复制推广。出台《涟水县投资建设代办服务工作暂行办法》，成立涟水县投资项目代办服务中心。建立各级代办服务体系，围绕重点投资、科技创新以及国家鼓励类项目的申报审批，按照“自愿委托、无偿代办、便捷高效”的原则，将原由项目建设单位分别向不同职能部门申报审批，转变为由代办员根据实际情况分环节、分阶段提供部分或全程代办服务，进一步提升行政审批代办服务效率。

【重点中心镇行政管理体制改革】 2017年，县编办贯彻落实市委市政府关于省级重点中心镇行政管理体制改革的决策部署和《淮安市全面开展省级重点中心镇行政管理体制改革试点工作意见》精神，学习借鉴江阴徐霞客镇、盱眙马坝镇经验做法，不断创新基层政府服务管理模式，实行便民服务“一窗口”、综合执法“一队伍”、日常管理“一中心”、镇村治理“一张网”。即对于赋予镇政府的行政审批和公共服务事项，进一步优化办事流程，制定办事指南，实行一窗受理、一窗通办，为企业群众提供便捷高效服务。按照“权责清晰、事权统一、精简效能”原则，结合所承接的行政执法权限，适当整合驻镇相关派出分局、站、所等职能和资源，组建镇综合行政执法机构。全面规范整合民政、社保、安监等条线的各类管理网格和部门专网端口，以现代信息技术为手段，以综合化网格为依托，将网格管理理念与网络信息技术深度融合，在行政管理体制改革镇全面推行“镇村治理一张网”。搭建执法指挥平台或管理服务指挥中心，实现日常政务的实时互通、快速行动、精准处置、全程监督。10月，高沟、红窑等镇被纳入省级重点中心镇试点。11月，省委办公厅、省政府办公厅发文公布江苏省新一轮经济发达镇行政管理体制改革名单，高沟成为全市唯一入选乡镇。

【事业单位法人信用等级评价】 2017年，县编办建立事业单位信用等级评价体系，将《淮安市事业单位信用等级评价办法(试行)》及时转发给县各相关单位，根据职责分工，成立涟水县事业单位信用等级评价联席办公室，建立联席会议制度，明确联席会议成员及相关职责分工，针对评价工作过程中遇到的问题共同研究谋划,形成工作合力。按照实施方案的时间节点,倒排各项工作,完成事业单位、举办单位、监管部门的评价打分工作。会同其他监管单位,加强对事业单位自查自评内容真实性的监管,确保事业单位信用等级评价工作的公平、公正。 (杨 超)

人事管理

【概况】 2017年,县人社局组织企业、医院等单位,到重点高校参加招才活动,引进本科学历人才451人,研究生或副高职称以上人才58人,新增留学回国人员4人,引进外国专家2人,为42名高层次人才办理"淮上英才卡";引进流动人员档案管理系统,完成6万卷在库流动人员档案拆卷、整理和录入,实现所有档案市内联网共享。

【公务员与事业单位人员管理】 2017年,全县事业单位工作人员13932人,编外聘用2107人,在编工作人员11825人。其中,管理岗位1137人,专技岗位9136人,工勤岗位1552人。新招录政府序列公务员28人,教育系统、卫生计生系统、"三支一扶"工作人员278人。开展公务员年度统计,完成全县政府序列1884名公务员和参公人员上报工作。指导全县19个乡镇的95个事业单位开展岗位设置管理,共设置岗位892个,其中管理岗位302个,专技岗位502个,工勤岗位88个。

【职称评审】 2017年,全县评审职称人数1236人,其中,高级职称194人、中级职称813人、初级职称229人。利用淮安市继续教育培训网进行专业技术人员网络培训,通过政策宣传和指导,完成继续教育培训9672人。

(杨丰榕 王云生)

信访工作

【概况】 2017年6月2日,市委副书记、市长蔡丽新在涟水现场接待群众来访,回应、解决群众诉求,并详细了解涟水信访工作和领导包案落实情况。在县人民来访接待中心,蔡丽新先后接待信访群众4批次,并一一回应群众反映的问题,要求相关部门迅速拿出解决方案,尽快解决群众反映的问题。接访结束后,听取涟水县信访工作情况和部分领导干部包案责任落实情况的汇报。12月7日,县委书记王向红主持召开县委常委会议,听取全县信访稳定工作情况汇报,并研究部署信访工作。

【信访化解】 2017年,县信访局采取多种措施做好信访化解工作。按照省市信访部门部署,结合涟水信访工作实际,按照群众初次走访领卡、逐级走访凭卡、处理结果记卡、保障权益用卡的思路,继续推进"依法逐级走访权益保障卡"制度,全年发放权益保障卡693本。7—10月,落实"三到位一处理"总要求,启动"百日攻坚"专项行动,在大排查、大接访、大化解、大督查等各环节强力推进。通过大接访,直面群众化解矛盾;全县大排查,推动问题及时处理;开展大化解,攻坚化解各类积案;实施大督查,督促基层及时整改。圆满完成中共十九大期间信访工作任务。把积案化解摆上位置,重点重抓,滚动排查、交办督办、限期化解。县信访工作联席会议及联席会议办公室加大推动力度,及时召开积案化解协调会、会办会商会,听取情况,分析案情,开展会办会商,推动"案结事了"。全年县信访工作联席会议及联席会议办公室先后会办会商信访积案或突出信访问题116件。

(杨洪敏)

机关事务

【概况】 2017年,全县机关事务管理工作紧扣县委、县政府工作重心,围绕年度工作目标,与时俱进、主动作为,创新管理、勇于担当,机关事务管理水平不断提升。制定出台《涟水县县级机关公务用车管理办法(暂行)》,实行"管理平台化、平台信息化、车辆标识化"的管理模式,先后完成取消车辆处置、公车平台建设、保留车辆标识喷涂、GPS安装等工作,在全市首家通过公车平台建设验收,基本实现公务用车平台统一管理、统筹调度,车辆管理日益高效规范。贯彻《公共机构节能条例》《江苏省公共机构节能管理办法》,以创建节约型机关为目标,严格落实责任,深入宣传引导,强化督查考核,公共机构节能工作实现"三个首次",即首次将公共机构节能工作纳入全县科学发展目标考核,首次开展公共机构能源审计工作,首次代表淮安市接受省公共机构基本信息和能耗数据核查并得到上级领导肯定。完成全县473家公共机构节能基础台账资料数据录入、审核工作;围绕"节能有我,绿色共享"主题,组织开展公共机构节能宣传周活动;指导县医院创建省级节能示范单位,完成地源热泵系统、LED照明、太阳能热水系统、建筑节能改造等工程,县医院获"江苏省绿色建筑示范单位"称号。涟水县向阳小学、南门小学被省水利厅、教育厅评为"江苏省节水型学校"。全年承办、接待各类会议1100多次,圆满完成县委十一届三次全会、四次全会及县"两会"等重要会议的服务工作。完成县政府大楼外立面花岗石更新、消防控制系统更新、监控系统更新、门禁车牌识别系统更新,政府大楼实现无线全覆盖、监控全覆盖、消防全覆盖。举办政府大楼消防应急演练及反恐装备演练活动,保证政府大院正常办公秩序,圆满完成中共十九大、省市重要会议和活动等重要时期的维稳任务。

【办公用房清理】 2017年,县机关事务管理局贯彻落实办公用房清理整改精神,对全县所有党政机关乡科级以上办公用房实现"全覆盖"检查,全县共有办公用房13.77万平方米,其中县处级724.6平方米,科级10750平方米,少数超标办公用房严格按照规定整改到位。加强整合利用,通过资源整合,为县监察委、政法委等10多个单位解决办公用房问题,提高办公用房使用效率。 (丁海宽)

政协涟水县委员会

重要会议

【县政协十届一次会议】 2017年1月7

日在县大剧院开幕。县委书记王向红，县委副书记、代县长时勇以及大会主席团常务主席蒋东明、薛芹、鲁家宁、冯建华、姚兵、庞峰在主席台前排就座。别纯海等县委、县人大、县政府全体领导，县法院、县检察院、县人武部主要负责人，曾担任过县级领导职务的老干部，省、市委驻涟帮扶工作队全体队员出席会议。驻涟市七届政协委员，县委各部委、县各直属机构主要负责人，各乡镇（园区、办事处）党委书记列席会议。大会应到委员305人，实到委员301人，符合法定人数。大会由县政协党组书记蒋东明主持。王向红发表为《明主题 扬优势 聚人心 共同奏响高水平全面建成小康社会主旋律》的讲话。县九届政协副主席薛芹受政协涟水县第九届常委会委托，向大会作县九届政协常委会工作报告。《县九届政协秘书长庞峰作县九届政协常委会关于九届一次会议以来提案工作情况的报告》。郑小芹、黄立新、郭军、崔宇非、顾海波5位委员分别就提升开发区创新竞争力、实现国家级创建新跨越，精心规划绘蓝图、聚焦民生促发展，发挥中医特色优势、助力健康涟水建设，实施产业资源大开发、构筑全域旅游新高地，绿色装配推进建筑工业化、产城融合助力新型城镇化等方面作大会发言，刘宝泽等14位委员作书面发言。

1月8日，政协涟水县第十届委员会第一次会议圆满完成各项议程，在县大剧院胜利闭幕。县委、县人大、县政府领导王向红、时勇、别纯海、刘爱国、胡春雷出席闭幕大会并和大会主席团常务主席蒋东明、薛芹、鲁家宁、冯建华、姚兵、庞峰在主席台前排就座。薛芹主持大会。大会应到委员305人，实到委员294人，符合政协章程的规定。大会以无记名投票方式选举蒋东明为新一届政协主席，选举薛芹、鲁家宁、冯建华、姚兵为政协副主席，选举庞峰为政协秘书长，选举王秀夫等52人为政协常委。蒋东明代表新一届政协常委会在大会上发表讲话。会议协商通过《中国人民政治协商会议涟水县第十届委员会第一次会议决议》以及冯建华《关于县政协十届一次会议期间提案审查情况的说明》。会议认真学习和讨论县委书记王向红在会议开幕时所作的讲话。赞同县委副书记、代县长时勇所作的《政府工作报告》及其他报告。同意县九届政协副主席薛芹代表政协常委会所作的《工作报告》和秘书长庞峰代表政协常委会所作的《提案工作报告》。

【县政协常委会会议】 2017年，县十届政协召开常委会会议4次。

4月11日，县政协召开十届一次常委会议。传达学习全国政协第十二届五次会议精神，协商通过《委员履职考核办法》和《县政协2017年工作要点》，协商通过各专委会人员名单。县政协主席蒋东明，副主席薛芹、鲁家宁、冯建华、姚兵，秘书长庞峰出席会议。会议指出，要深刻认识政协的地位和作用，把准目标方向。要充分理解政治协商、民主监督和参政议政三项职能，提高政协工作水平，始终坚持围绕中心、服务大局，牢牢把握团结和民主两大主题，认真履行政治协商、民主监督、参政议政三项职能，切实增强政治把握、调查研究、联系群众、合作共事四个能力，努力促进政党、民族、宗教、阶层、海内外同胞五个关系和谐，深入开展全体会议广泛协商、常委会议集中协商、主席会议专题协商、专门委员会和党政部门对口协商、各界人士界别协商、提案办理协商等活动。要扛起常委责任担当，做好模范表率。政协常委会组成人员要以提高政协的创新力、增强政协的凝聚和扩大政协的影响力为目标，在服务发展大局中尽职尽责，在促进团结和谐中凝心聚力。要当好勤学善谋表率、当好团结合作表率、当好履职尽责表率、当好清正廉洁表率。要带头参加政协组织的各种活动，模范遵守国家的法律和社会公德，廉洁自律，争做社会主义道德的示范者、诚信风尚的引领者、公平正义的维护者。

8月21日，县政协召开十届二次常委会，县政协主席蒋东明，副主席薛芹、鲁家宁、冯建华、姚兵，秘书长庞峰及县政协十届常委出席会议。会议传达学习市政协八届三次常委会议精神；传达县委十一届三次全会、县委常委会扩大会议精神；协商通过《关于开展"政协委员精准扶贫四个一活动"的意见（讨论稿）》；协商通过《政协涟水县第十届委员会常务委员会关于全力助推聚焦富民同心助力全面小康的决议（讨论稿）》。

11月15日，县政协召开十届三次常委会议，县政协主席蒋东明，副主席薛芹、鲁家宁、冯建华、姚兵，秘书长庞峰出席会议。会议听取县政府关于全县乡镇工业集中区建设以及全县红色旅游资源开发利用情况的通报，协商通过《关于提升产出效益、促进乡镇工业集中区建设的建议案》和《关于加快开发涟水红色旅游资源的建议案》。

12月28日，县政协召开十届四次常委会议，县政协主席蒋东明主持会议，县政协副主席薛芹、鲁家宁、冯建华、姚兵和秘书长庞峰出席会议。会议听取县委常委、副县长李雄威代表县政府通报的2017年提案办理情况；协商讨论《政府工作报告（征求意见稿）》；协商通过政协涟水县第十届委员会常委会工作报告和提案工作报告（征求意见稿）；协商通过政协涟水县十届二次会议建议案（草案）；协商通过关于召开政协涟水县十届二次会议的决定、议程、日程（草案）；协商通过大会执行主席、秘书长、副秘书长建议名单；协商通过委员调整人事事项。（江洪文）

重要活动

【省政协领导到涟水调研】 2017年1月11—12日，省政协副主席、党组副书记罗一民带领省专家评审组一行到涟水，对高沟镇地下深循环水补给源项目进行考察评审。市人大常委会副主任李冰，市政协副主席仲波，县委书记王向红，县政协主席蒋东明，以及王冰、洪然、朱太伟、吴从荣、鲁家宁、姚兵等县领导陪同。罗一民指出，高沟地区地下深循环水补给源研究项目评审会既是项目评审会，又是科学报告会；既是学术研讨会，又是宣传推广会、动员谋划会。下一步，要进一步将这一科研成果研究好、运用好、开发好，并将其转化为现实生产力，惠及全县经济社会发展，从而取得更大的经济效益和社会效益。王向红对罗一民一行到涟水表示热烈欢迎，并简要介绍全县经济社会发展基本情况。与会专家听取研究报告，并审阅相关资料，经质询和讨论，专家组一致认同调研结果，原则上通过高沟地区地下深循环水补给源研究项目，并建议对高沟镇以北地区深层承压水进行保护性开发，尽快将这一宝贵资源开发成为产品，为当地经济社会发展作出贡献。在涟期间，罗一民一行还实地调研今世缘粮食产业园、高沟中学新校区、高杨战役纪念碑、今世缘酒业、滨河新城教育中心、涟水第二水厂、应急备用水源地、五岛湖旅游区、苏杭科技等地。

·相关链接·

高沟地区地下水

2016年3月，省政协专家组在考察淮安科技创新工作时发现，今世缘酒业的地下水中锶和偏硅酸等对身体有益的矿物质含量很高，达到矿泉水的国家标准。根据水中蕴含锶、偏硅酸等矿物质的特征推断，地下水可能来自新生代火山岩，属于深循环地下水。省政协科技委向省财政厅申请扶贫科技资金，启动涟水及周边地区优质矿泉水来源研究工作。同位素分析结果表明，深循环地下水经过东西展布的次生断裂带流入到高沟镇以北地区，深层承压水符合国家Ⅰ类饮用水标准，而且地下水中的锶、偏硅酸、锌等浓度超过国家矿泉水标准，其各项指标均优于目前市场上销售的知名矿泉水，属于优质的饮用水源和稀缺的矿泉水资源。

【市政协调研组到涟水调特色小镇建设工作】 2017年7月20日，市政协副主席陶光辉率领调研组来涟，专题调研涟水特色小镇建设工作。县委副书记、县长时勇，县政协主席蒋东明，副县长郑劲松，县政协副主席鲁家宁等陪同。陶光辉指出，特色小镇建设要突出以人为本，加快推动“生产、生活、生态”融合发展，深入挖掘本土历史文化，凸显涟水地域特色，巩固已有发展成果，做大做强产业规模，形成涟水特色品牌；牢固确立“功成不必在我，功成必须有我”思想，强化责任意识、精品意识，狠抓各类工程质量，推动项目稳步建设；要逐步完善服务配套功能，积极寻求同知名学校、知名医院合作，把学校、医院等功能性配套设施设计好、实施好、建设好，吸引更多人气；要注重生态和环境保护，做好道路、绿化、路灯等基础设施建设，确保基础服务功能配套完善。

【市政协调研组到涟水调研“4+2”特色主导产业建设工作】 2017年8月7日，市政协副主席陶光辉一行到涟水调研“4+2”特色主导产业建设情况。县委副书记、县长时勇，县政协主席蒋东明，副县长吴从荣，县政协副主席鲁家宁陪同。陶光辉指出，涟水要充分发挥土地、劳动力、交通、平台四大优势，推动特色产业发展。时勇对陶光辉一行到涟水表示热烈欢迎，并简要介绍涟水经济社会发展情况。蒋东明表示，县政协将积极发挥政治协商、民主监督和参政议政的职能作用，组织委员主动开展调查研究，积极撰写调研报告，为特色主导产业建设建言献策。座谈会上，吴从荣汇报涟水“4+2”特色主导产业建设情况，县经信委、科技局、环保局、商务局、财政局等部门分别围绕特色主导产业建设发言。会前，调研组一行先后调研苏美食品、锦纶化纤、苏杭科技、华源生态农业、永安化工等企业。

【市政协调研组到涟水调研政协工作】 2017年8月9日，市政协副主席吉子俊到涟水调研政协工作。县政协主席蒋东明，县委副书记刘爱国，县政协副主席、工商联主席薛芹，县政协副主席姚兵出席座谈会。吉子俊指出，政协是联系社会各界的重要桥梁，各位委员要充分发挥主体作用，敢于说话，慎重发言，保证每次参政议政的质量；要统一思想，切实加强党的领导，共同推动涟水经济社会发展，实现政协工作新的跨越和突破。蒋东明表示，将致力打好基础、带好队伍、多做贡献，打造一个包容开放、规范有序、特色鲜明的政协机关。会上，刘爱国介绍县委、县政府重视和支持政协工作情况，姚兵汇报涟水县政协特色工作的主要经验做法。

【省政协社会法制委领导到涟水调研】 2017年9月5—6日，省政协社会法制(民族宗教)委员会副主任沈成率队走访调研涟水民族村精准扶贫情况。市政协副主席、司法局局长邱华康，市政协社会法制和民族宗教委主任张谨，市委统战部副部长、市民宗局局长许夕保，县政协主席蒋东明，县委常委、副县长李雄威，县政协副主席姚兵等陪同。沈成一行先后走访黄营乡朱桥村清真寺和朱桥村犇旺生态牧业项目现场，实地了解民生工程实施情况。沈成对涟水依托少数民族风俗习惯实施项目扶贫的做法表示肯定。座谈会上，许夕保汇报市民族村发展情况，李雄威介绍和汇报涟水县扶贫工作和民族村的发展情况。调研组就如何加快推进民族乡

2017年7月1日，县政协领导慰问困难老党员　　（县政协秘书处　供稿）

镇经济社会发展和与会人员进行交流，并就进一步落实精准扶贫、推动村集体经济发展、尊重民族风俗等方面提出意见和建议。

【灌南县政协领导到涟水调研】 2017年9月13日，灌南县政协主席杨以波，副主席崔玉梅、尚金柱一行到涟水调研涟水县工业经济运行情况。县政协主席蒋东明，副主席薛芹、鲁家宁陪同。杨以波一行先后参观县经济开发区源通制帽、银海木业和苏杭科技3家企业，与企业负责人深入交流，详细了解企业生产经营、产品销售等情况。杨以波表示，灌南县政协今后将与涟水县相关部门进一步加强沟通对接，通过学习借鉴涟水好的经验和做法，推动两地相关企业深入交流，增进友谊共识，提升合作水平，实现经验共享、优势互补、共同发展，共同促进两地经济社会发展和政协工作再上新台阶。

【县政协主席会议考察县经济开发区重点企业】 2017年12月4日，县政协主席蒋东明，副主席薛芹、鲁家宁、冯建华、姚兵，秘书长庞峰等主席会议成员，视察县经济开发区重点企业的运行情况，在建项目、工程进展情况，并召开座谈会。县委常委、县政府党组成员、县经济开发区党工委书记洪然陪同。座谈会上，洪然介绍2017年经济开发区的发展情况。蒋东明希望经济开发区继续保持这样强劲地发展势头，继续为全县经济发展贡献力量。会前，县政协主席会议考察团先后走进电子商务产业园、汉门电子新厂、源通耐克工程、洲旭电路、中信华产业园、凌庄安置区(二期)，实地查看并详细了解了企业的项目投资及生产经营情况，项目的进展情况。

【政协委员主题活动】 2017年8—12月，县政协组织开展“政协委员四个一”(为脱贫攻坚工作提一条建议；为村集体办一件实事；为孤寡老人献一份爱心；为贫困学生开一次励志讲座)、“开门问计听诤言，出门调研聚智慧”两项主题活动。广大委员积极参与、深入基层、服务民生，收集社情民意信息92条，为群众办实事21件，捐资捐物170余万元。文化艺术界别组织委员开展“送戏下乡”活动，邀请县内知名书法家为200多户贫困家庭题写春联；社会法制界别组织委员开展“送法乡村行”活动，为群众免费提供法律援助；医药卫生界别组织委员开展关爱孤寡老人和贫困群众义诊活动，免费体检和诊断100余人，赠送常用药品价值1万元；经济、教育界别为中小学校捐赠400册图书，邀请“于洋心理服务中心”专家为留守儿童作集体辅导，针对“女童保护”举办专题知识讲座；工商联、农业农村等界别组织委员深入全县各乡镇敬老院和贫困家庭开展节日慰问活动。

领导分工

2017年，县政协主席、副主席工作分工如下：

蒋东明(党组书记、主席)：主持县政协全面工作，分管秘书处工作和扶贫工作。

薛芹(副主席)：主持县工商联全面工作，分管港澳台侨委员会工作和创卫工作，联系县慈善总会工作。

鲁家宁(党组成员、副主席)：分管经济科技委员会工作和委员履职考核、信访稳定工作。

冯建华(党组成员、副主席)：分管提案委员会、文史资料委员会工作，联系历史文化研究会、诗词协会、新四军历史研究会、书画联谊会工作。

姚兵(副主席)：分管学习宣传(文教卫体和人资环)委员会、社会法制和民族宗教委员会工作和调研信息工作、工会工作、老干部工作，协助主席分管秘书处工作。 (江洪文)

纪检监察

重要会议

【全县党建工作会】 2017年2月25日召开。县委书记王向红，县委副书记、县长时勇，县人大常委会主任别纯海，县政协主席蒋东明等县四套班子领导出席会议。时勇主持会议。县委副书记、统战部部长刘爱国，县委常委、纪委书记张超，县委常委、宣传部部长姜杰，县委常委、组织部部长胡春雷分别对统战、纪检、宣传、组织工作作总结和部署。县委常委、县纪委书记张超对2017年度纪检监察工作进行部署：突出提醒督促，推动主体责任落实。建立党风廉政建设主体责任提醒函制度，制定运用“第一种形态”操作细则，加强年度责任制考核结果运用。突出分析预警，开展政治生态评价。对“三清”测评系统进行调整优化，运用数据分析手段，定期开展分析研判，用好评价结果。突出督查评议，持之以恒深化作风建设。严格落实中央八项规定精神，深化“三治三促”专项行动。突出纠建并举，开展重点领域专项整治。开展扶贫资金专项整治，严肃查处涉农惠农补贴、集体“三资”管理、征地拆迁、工程建设和各类专项资金使用方面的突出问题。突出大案震慑，强力推动纪律审查工作。提升线索发现能力，保持高压惩治态势，做好纪律审查后半篇文章。突出规范运行，强化权力监督工作。做实村居“小微权力”监督，强化巡察监督，开展审计监督。突出教育引导，实施“廉心”工程。突出能力提升，实施队伍建设“淬火计划”。王向红在肯定成绩的同时，就下一阶段如何抓好党建工作强调要在凝神聚气、造浓氛围上下功夫，使信心足、士气旺、跨越赶超争进位成为全县上下最显著的精神风貌。要在强基固本、建强队伍上下功夫，使素质高、本领强、求真务实干事业成为广大干部最鲜明的时代特征。要在落实责任、正风肃纪上下功夫，使党风正、政风清、干部队伍更廉洁成为涟水发展最有力地保证。要严格落实党委主体责任，认真落实教育、监督、预防和惩治各项举措，把党风廉政建设和反腐败工作牢牢放在心上、抓在手上、扛在肩上；要驰而不息加强作风建设，密切关注“四风”新形式、新动向，旗帜鲜明地保护改革者、支持干事者、问责过错者；要充分发挥惩治震慑作用，继续保持惩治腐败的高压态势，不断拓展监督触角，牢固筑起拒腐防变的坚实防线。要在促进合作、增进团结上下功夫，使顾大局、重团结、同舟共济谋发展成为社会各界最一致的实践行动。

【纪委派驻机构暨县委巡察机构干部变动集体谈话会】 2017年8月30日召开。县委书记王向红,县委常委、县纪委书记张超,县委常委、组织部部长胡春雷出席会议。张超主持会议。王向红要求,要切实提升派驻、巡察机构的履职能力。纪委派驻机构、巡察机构要牢记职责使命,强化责任担当,以监督执纪问责工作的实际成效,回应上级要求和群众期盼。要准确把握派驻、巡察机构改革的深刻内涵,站稳立场,保持政治定力,按照县委的部署和要求不折不扣履行职责。要督促落实全面从严治党主体责任,强化各级党组织的责任担当,注重与综合监督单位沟通情况,加大问责力度。要注重加强队伍自身建设,巡察干部必须做到“党性强、守纪严、业务精”,真正达到在实践中检验能力、锤炼担当的目的。王向红强调,全县各级党组织要从旗帜鲜明讲政治的高度,履职尽责,主动作为,加强配合,确保各项整改任务落实到位,确保“两个全覆盖”改革落地生根。张超要求,要强化组织实施,务求改革成效,严肃政治纪律,确保改革实施到位,推动全县党风廉政建设和反腐败斗争取得更大成效。胡春雷宣布干部变动情况。

2017年8月30日,召开干部变动集体谈话会 (县纪委 供稿)

【“打铁还需自身硬”专题交流会】 2017年3月20日在县政府三楼第三会议室召开。县委常委、县纪委书记张超出席会议。张超强调,要深刻领会需要“自身硬”的重要意义,勇于面对目前队伍中存在的突出问题,严格要求打造纪检监察干部铁军队伍。要认真学习和领会中共十八大以来,历次中央纪委全会上就纪检监察干部队伍建设提出的新要求,着力推动全面从严治党向纵深发展,巩固反腐败斗争压倒性态势;推进监察体制改革,强化对国家机关和公务人员的全覆盖监督。针对队伍建设中存在的问题,张超要求着力在思想从严、深化教育培训、从严管理监督上见长效,让广大纪检监察干部自觉做到为政以德、正心修身,真正成为一名忠诚干净担当的纪检监察干部。陈师镇、前进镇、县公安局、国土资源局、供电公司和县纪委第三工作组、第三纪检监察室、第二纪检监察室分别作交流发言。

【县委反腐败协调小组会】 2017年8月3日,县委反腐败协调小组会议召开。县委书记王向红出席会议并讲话。县领导张超、胡春雷、朱国海及协调小组成员单位相关负责人出席会议。县委常委、县纪委书记、县委反腐败协调小组组长张超主持会议。王向红要求,要紧盯重点领域、重点部门、重点岗位、重点人员,把违反“六项纪律”作为审查重点,深化基层“五长”和“小微权力”整治,持续保持遏制腐败的高压态势;用好用活“四种形态”,尤其要用好“第一种形态”,坚持抓早抓小,加大函询谈话力度;深入开展预防职务犯罪活动,做好查案治本和警示教育工作,真正达到查处一案、教育一片的效果。要善于总结提高,注重工作创新,加强学习交流,定期分析反腐败工作形势,主动研判分析,提高协调水平,为全县反腐败工作贡献更多智慧和力量。要进一步加强反腐败纪律审查队伍建设,严格办案程序、严肃办案纪律,为加强和改进全县反腐败协调工作提供有力保障。张超总结2017年以来全县反腐败协调工作,并对下阶段工作进行部署。县公安局、检察院、法院分别就反腐败协调配合方面的主要工作、意见建议和县案件监督管理平台信息录入等情况作汇报。

【纪检干部述职测评会】 2017年12月28日召开。各乡镇纪委书记现场述职测评,县纪委机关各室、各工作室书面述职。县委常委、县纪委书记张超强调,要加强学习,提高监督执纪业务技能,在持续深化十九大知识学习的同时,原纪委的要侧重学法,从检察院转隶的要加强学纪。要扛起责任,推动党风廉政责任制落到实处,当好政治生态的“护林员”。要抓住关键,重点关注扶贫领域的腐败问题、环保领域的失职失察和形式主义、官僚主义十个方面的新表现。要加强自身建设,坚持训管结合、严爱结合,提升查纠办案能力,严实工作作风。 (潘亚杰)

重要活动

【省委常委、省纪委书记蒋卓庆调研涟水“阳光扶贫”工作】 2017年6月6日,省委常委、省纪委书记蒋卓庆一行到涟水调研“阳光扶贫”工作。省纪委常委、秘书长、办公厅主任朱俊友,省纪委常委陈志扬,市委书记姚晓东,市委副书记张彤,市委常委、市纪委书记李晓雷,县委书记王向红,县委常委、县纪委书记张超,县委常委、宣传部部长姜杰,副县长宋月霞陪同。蒋卓庆看望保滩镇厉渡村的严宝成和洪荡村的洪良德两户低收入农户,蒋卓庆鼓励严宝成要充分用好用足各类扶贫政策,积极争取各类项目和资金支持,逐渐形成自己的主导产业,引导和带领更多的群众走上致富路;鼓励洪良德要树立信心,通过自己的双手勤劳致富。蒋卓庆还参观洪荡村瓜蒌园，他希望各级能够加大对薄弱村和贫困农户的精准扶贫力度，把各类致富项目选择好、实施好，走出一条符合当地实际的产业发展之路，打造具有涟水特色的阳光扶贫品牌，让更多的低收入农户早日脱贫致富。

【“三警一线”专题活动】 2017年4月13日，县纪委组织全县乡镇部门副科职干部、重热点岗位中层干部到市廉政教育基地“德园”，接受“三警一线”廉政警示教育。参观警示教育展馆，观看警示教育片《破纪之鉴》，收看“两规”视频连线，现场进行纪律知识测试。

【廉情讲堂】 2017年，县纪委围绕全面从严治党形势任务、落实“两个责任”、村居“小微权力”规范、廉政风险管控、预防职务犯罪以及党性党风党纪教育等主题，由乡镇或部门的党政一把手、纪委书记（纪检组长）或党风廉政负责人实施授课，县纪委在琼花园廉政文化展示馆开办“廉情讲堂”19期。“廉情讲堂”的开办，为全县乡镇（园区、办事处）和部门开展党风廉政教育和廉政培训活动提供教育场所和宣传平台，搭建党员干部接受教育的新平台，增强廉政教育的影响力和渗透力，激发全县上下学习廉政法规的积极性，实现党风廉政教育从“要我学”向“我要学”的重要转变，形成领导干部人人讲廉课、党员干部个个受教育的生动局面。（潘亚杰）

党风廉政建设与反腐败

【扶贫领域不正之风和腐败问题专项整治】 2017年，县纪委发挥监督执纪职能，以执纪审查为突破口，开展扶贫领域不正之风和腐败问题专项整治，助力精准扶贫工作。将21个乡镇（园区、办事处）分成4个片，由4名常委分头循环督导调查工作推进情况，协调公安、国土、市场、财政等单位及时提供建档立卡户车辆、购置房产、财政供养人员等信息。对扶贫领域查处的问题，除严肃追究直接责任人的责任外，还对建档立卡、项目建设、小额扶贫贷款等典型案例进行“回头看”，从严追究相关领导责任。督促县、乡、村分别明晰扶贫工作责任，构建三级责任体系。将低收入农户确定、扶贫项目申报实施、资金拨付等纳入村居“小微权力”监督内容，严查优亲厚友、工作失职、不作为、慢作为等问题。共给予党政纪处分134人，诫勉谈话、书面检查323人，提醒谈话296人。《淮纪办通报》转发涟水做法。“阳光扶贫”精准监督的做法获市纪委创新创优二等奖。

【青年干部“淬火计划”】 2017年，县纪委实施青年干部“淬火计划”。围绕“打铁还需自身硬”主题，开展双周学考、青年学习沙龙、跟班锻炼等活动，着力提升履职能力。出台积分制考核办法，设置红旗榜，激发纪检监察干部争先创优意识。省纪委信息专刊和《中国纪检监察报》介绍涟水县做法。围绕“四个过硬”，开展对标找差活动，排查各类廉政风险点31个，制定防控措施。开展家访谈心活动，强化纪检干部“八小时以外”监管。坚持“刀口向内”，从严查处纪检监察干部违纪违法行为，8名纪检监察干部被提醒谈话。完成派驻机构改革，新设立综合派驻机构13家，实现派驻监督全覆盖。

【“小微权力”监督】 2017年，县纪委推进常委包片机制，开展村居“小微权力”制度执行情况交叉滚动督查，下发整改通知书16份，督促44个村居整改问题53个，2个乡镇党委和15个村居被通报批评，提醒谈话乡镇领导11人。在保滩、陈师选取示范点，采取“廉政卡片”形式公开权力运行。村居权力监督工作开展以来，涉及村干部信访大幅下降，在收接的673个涉及村居干部问题中，仅有12个发生在办法实施之后，占比仅1.78%。“小微权力”监督工作获市委市政府创新创优二等奖，《淮安日报》头版头条和《新华日报》报道推介。

【“两个责任”落实】 2017年，县纪委编制《党风廉政建设主体责任口袋书》，发放到县四套班子成员和基层党组织主要负责人；开展政治生态第三方民调，发放问卷496份，撰写专题分析报告。建立书函提醒制度，针对执纪监督中发现的问题，下发监督建议书19份，向县分管领导发送提醒函32份。对全县所有乡镇开展党委主体责任工作检查，党内问责18人。制定落实市委责任制考核反馈意见整改方案，细化21条整改措施，并明确责任部门、完成时限。对县委党风廉政建设责任制落实情况考核反馈的92条个性化问题建议逐个交办，限期整改。（潘亚杰）

软环境建设

【概况】 2017年，县软建办紧扣服务科学跨越发展主线，以“缘聚涟水、暖心服务”季季评活动、行政审批改革、政务服务体系建设为重点，以督查问责和考核评议为抓手，持续强化作风建设，全力提升服务水平，软环境和效能建设取得明显成效，为全县科学跨越发展提供坚强保障。围绕县委重要决策部署落实情况、领导干部“三进三帮”、省级文明城市创建等方面开展专项监督检查。设立软环境企业监测点36个，公开选聘社会监督员16人，不定期组织监督员对“三为”问题进行明察暗访，形成高频率、广覆盖、全天候的监督格局，监督员自主巡查100余次，发现“三为”问题线索68个，下发交办函12件。对全县“35745”行政审批等实施情况开展专项督查，确保全县在市场准入、投资建设和重要权证办理等领域审批提速增效。12月，开通作风建设网络评议平台，邀请县四套班子领导、“两代表一委员”以及企业、工商户代表、普通市民，对全县37个软环境建设重点单位和32个公共服务单位软环境建设情况进行评议，结合日常考核，评选出县财政局等5个软环境建设标兵单位、县公安局等10个软环境建设先进单位。

【“三治三促”专项行动】 2017年3月，县软建办印发全面深化“三治三促”（整治不作为，促精神提振；整治乱作为，促工作提标；整治慢作为，促效能提升）专项行动实施意见，实施效能提升、项目保驾、多维评议、双督双究四大行动，对“三为”（不为、乱为、慢为）问题进行综合治理。对全县七大版块21个重要事项、45个重大工程、130个重大项目进展情况实施再督查，确保各项工作有效落实、有力推进。推进权力清单标准化编制，召开专题部署会，按照逐项、分类、准确具体要求，编制办事指南，形成部门权力清单，编制权力事项6751项。加速"互联网+政务服务"平台建设，维护全县43个部门的政务服务事项1275项，梳理出不见面事项461项，见一次面事项814项，完成省统一身份认证和省统一物流平台对接。

【窗口行业省级文明城市创建】 2017年5月，县软建办成立创建省级文明城市窗口行业规范化服务分指挥部，印发《开展窗口行业文明服务提升行动实施方案》，召开窗口行业文明创建工作推进会，对文明创建各项任务逐条逐项进行细化和分解落实，督促20家行业主管部门、96家窗口单位编制责任清单，进一步压实窗口行业及主管部门创建主体责任。以文明创建为契机，在窗口单位中开展优质服务创建活动，提升行业规范化服务水平。建立定期工作推进会、半月过堂汇报会等工作机制，对督查发现共性问题，及时召集行业主管部门进行会办，推动窗口行业落实创建要求。编发简报3期，交办问题315个，下发交办函38件。创新督查方式，构建窗口单位每周自查、主管部门半月督查、监督员常态巡查、分指挥部重点督查的立体联动督查机制，对全县窗口行业点位进行全覆盖、拉网式地督查，建立"督查—交办—回头看"闭环工作流程，确保交办问题整改落实到位。开展现场观摩会2次，推介先进点位创建经验，达到共同提高、共同达标的目的。引导窗口单位紧贴自身行业特点，对标服务规范，打造主题鲜明、各具特色、群众满意的服务品牌，为全县文明创建工作增光添彩。在创建活动中，县软建办组织督查42批次，印发专题通报4期，提醒谈话7人次，问责8人次。

【"缘聚涟水、暖心服务"季季评活动】 2017年3月，县软建办印发《关于开展"缘聚涟水、暖心服务"软环境季季评活动的实施意见》，将县发改委投资科、县国税局征收管理科等50个涉企服务科室(队、所)作为季季评活动对象，围绕主动作为问需于企、延展服务建立清单、转变理念规范执法、开展服务创新竞赛四个活动主题，通过季度服务实绩网上公示、36个企业监测点监测员日常评议、软环境监督员随机评议、企业和服务对象集中评议，形成评选结果并深化结果运用，推动各部门积极作为、务实担当，倒逼机关工作人员提高办事效率和服务质量。对排名靠后的5家单位部门负责人予以约谈。有3次排名前10的2家单位直接晋升为2017年度软环境建设先进单位。在《涟水日报》开设《软环境之窗·涉企科长谈服务》专栏，报道县国税局稽查局等8个企业满意科室服务企业先进事迹，营造浓郁的亲商、重商氛围。 (谈法成)

组织机构与领导人名录

县四套班子

中共涟水县委员会

书　记　王向红
副书记　时　勇　马乃骏　孙国君
常　委　张　超　洪　然　姜　杰　刘泽年　胡春雷　滕金霞　吴从荣　李雄威

涟水县人大常委会

主　任　别纯海
副主任　吴建峰　方建中　孙　辉　朱太伟

涟水县人民政府

县　长　时　勇
常务副县长　洪　然
副县长　李雄威　郑劲松　朱国海　宋月霞　李　阔　徐成东　张　亮　袁灿生　刘　腾

政协涟水县委员会

主　席　蒋东明
副主席　薛　芹　鲁家宁　冯建华　姚　兵

县纪委、监委、法院、检察院

中共涟水县纪律检查委员会

书　记　张　超
副书记　徐　锋　杨　辉
常　委　张保军　左同喜　庄恒星　孙　泓
办公室(研究室)主任　李亚亮
党风政风廉政监督室主任　王文斌
宣教室主任　戴芸芸
审理室主任　严莹莹
第一纪检监察室主任　张　宏
第五纪检监察室主任　洪良涛
第二执纪监督工作室主任　肖天义
派驻第二纪检监察组组长　谈　亦
派驻第三纪检监察组组长　纪　海
派驻第四纪检监察组组长　张亚军
派驻第五纪检监察组组长　孙兆斌
派驻第六纪检监察组组长　王海东
派驻第七纪检监察组组长　杭　娟
派驻第八纪检监察组组长　王达悦
派驻第九纪检监察组组长　朱静国
派驻第十纪检监察组组长　周　峰
派驻第十一纪检监察组组长　赵金生
派驻第十二纪检监察组组长　梁俊峰
派驻第十三纪检监察组组长　严　雪

县监察委员会

主　任　张　超
副主任　徐　锋　杨　辉
委　员　左同喜　庄恒星　刘永祥　王　劼

县人民法院

院长、党组书记　段庆丽
副院长　王士贵　汤爱平　王保俊
党组副书记　王士贵
党组成员　孙兆斌　刘加翀　王　君
执行局
局　长　王　君
审判委员会
专职委员　刘加翀　周从华
司法警察大队
大队长　孙　勇

县人民检察院

检察长、党组书记　刘庆国
党组副书记　钮立祥
副检察长　钮立祥　胡海玲　郁文林
党组成员　徐建明
检察委员会
专职委员　陶书祥　邓新宇

县委工作部门及直属单位

县委办公室
主　任　陈　泽
副主任　薛海华　丁卫华　李凌峰

县委改革办公室
主　任　陈　泽
副主任　周大勇

县委巡察办公室
主　任　张保军
副主任　孙青林　陈金丽

县委巡察组
组　长　孙　泓　徐志国
　　　　翟俊文　马　群
副组长　沈卫东　时　阳　朱　军
　　　　沈二林　施　磊　郑东经
　　　　周其树　严亚洲　蔡建祥

县委机要局
局　长　徐中成
副局长　王士兵

县委组织部
部　长　胡春雷
副部长　左　健　万玉林　纪　亮
　　　　徐　雷

县委组织员办公室
主　任　左　健

县委企业和社会组织工作委员会
书　记　万玉林
副书记　季振华

县人才领导小组办公室
主　任　纪　亮
副主任　刘光雨

县委宣传部
部　长　姜　杰
副部长　顾云华　刘小聪

县精神文明建设指导委员会办公室
主　任　顾云华

县委对外宣传中心
主　任　杨　东

县委统一战线工作部
副部长　李　明　刘　文　蒋惠琳

县委县级机关工作委员会
书　记　薛成明
副书记　姜铭楼　周俊平

县委农村工作部
部　长　倪军同
副部长　张建明　沈绍宏　张永辉

县委政法委员会
副书记　陈秀龙

县社会治安综合治理委员会办公室
主　任　陈秀龙
副主任　张　松

县依法治县办公室
副主任　赵春国

县国家安全办公室
主　任　陈秀龙
副主任　别怀远

县委610办公室
主　任　高中华
副主任　罗福成　刘春艳

县维护社会稳定办公室
主　任　裴彦龙
副主任　陈曙光　高亚洲

县机构编制委员会办公室
主　任　周　军
副主任　刘光雪　姜　陶

县扶贫办公室
主　任　席　虎
副主任　于士春　张建峰

县委台湾工作办公室(挂“县政府台湾事务办公室”牌子)
主　任　李海蓉
副主任　王茂国

县信访局
局　长　陈曙光
副局长　穆厚亮　万洪涛
信访督查专员　顾成山

县新闻中心
主　任　戴从柏
副主任　朱明智　宋运成　汪曙明

县广播电视台
台长、党委书记　马会东
党委副书记　王海飞
副台长　孙宁清　李卫兵　刘奋武

县档案局(馆)
局(馆)长　徐　坚
副局(馆)长　魏　强　马　克

县委老干部局
局　长　徐　雷
副局长　杨　新

县委离退休干部工作委员会
副书记　王芝国

县委党校
常务副校长　赵井洋
副校长　支伯生

县委党史工作委员会
主　任　王继华
副主任　王剑文

县人大常委会工作机构

县人大常委会办公室
副主任　管昌凯　黄　洁

财政经济工作委员会
主　任　吴　敏
副主任　胡明月

教科文卫工作委员会
主　任　刘以庆
副主任　时　军

人事代表联络工作委员会
主　任　王　兵
副主任　张朝霞

内务司法工作委员会
主　任　高志云
副主任　金厚绩

农业农村工作委员会
副主任　张德普

环境资源城乡建设工作委员会
主　任　陆红梅
副主任　刘桂玲

县政府工作部门及直属机构

县政府办公室
主任、党组书记　吴芳剑
副主任　华玉国　吴克军　孙夕全
　　　　杨　彦
党组成员　张　鹏

县政府应急办公室
主　任　张　鹏

县政府法制办公室
主　任　吴芳剑
副主任　阚真平

县人防办公室
主　任　吴芳剑
副主任　孙晓彪

县政府外事侨务办公室
主　任　吴芳剑
副主任　钱正军

县政府督查室
主　任　马兆万

县发展和改革委员会
主任、党组书记　周建华

副主任　孙建淮　李开明　李　华
徐礼文
党组成员　王传宝　成　祥

县物价局

局　长　周建华
副局长　成　祥

县粮食局

副局长、党委副书记
王传宝(负责全面工作)

县经济和信息化委员会

主任、党委书记　张溧翔
党委副书记　吴海波
副主任　杨士军　刘喜芝　成东洲
孟庆霞
党委委员　薛　青　刘苏安

县乡镇企业局

局　长　张溧翔
副局长　刘苏安

县中小企业局

局　长　张溧翔
副局长　薛　青

县安全生产监督管理局

局长、党组书记　薛必文
副局长　周海传　任友文　王　磊

县教育局

局长、党委书记　李长春
党委副书记　徐　岩
副局长　张　栋　陆卫国　汤胜国
贾小飞
党委委员　徐颖超　刘卫林
教育督导室主任　徐颖超

县体育局

局　长　李长春
副局长　刘卫林

县人力资源和社会保障局

局长、党委书记　左　健
党委副书记　金佩恒
副局长　刘石飞　叶华兵　杨士祥
谷桂林

县人才交流服务中心

主　任　陈　中

县社会保险基金管理中心

主　任　叶华兵
副主任　姬庆明

县交通运输局

局长、党委书记　张　俊
党委副书记　李海东
副局长　朱崇林　朱荣芳　骆海鸥
运输管理所
所　长　童金平
航道站
站　长　刘　伟
地方海事处
处　长　张海文
公路站
站　长　卢明磊

县财政局

局长、党委书记　王庆山
党委副书记　吴同伍
副局长　徐承志　郑志梅
党委委员　殷沐清
预算外资金管理局局长　殷沐青
财政国库集中支付中心主任　魏善华

县审计局

局长、党组书记　沈正波
副局长　罗会超　唐　俊　杨华康
党组成员　羊月明　王新建
总审计师　王新建

县统计局

局长、党组书记　许士平
副局长　肖翠华　刘洪翔　季　军

国家统计局涟水调查队

队　长　张业生
副队长　孙冬如
纪检书记　刘海涛

县商务局

局长、党委书记　王　飞
副局长　吴士春　朱金文　庄　健

县外资招商服务中心(外资招商局)

副主任(副局长)　邱正富

县农业委员会

主任、党委书记　徐　军
副主任　卢　宏　赵旭明　翟连成
谈井春
党委委员　薛守贵

县林业局

局　长　徐　军
副局长　薛守贵

县水利局

局长、党委书记　朱彦清
党委副书记　周军霞
副局长　皇甫本柱　孙　飞
别同雷
水利科研站站长　羊兆忠

县住房和城乡建设局

局长、党委书记　陈照耀
党委副书记　万明金
副局长　胡锦祥　龚成建　王雪峰
房屋征收管理办公室主任　刘海涛

县规划局

局　长　陈照耀
副局长　周红飞

县旅游局

局　长　周军霞
副局长　宋海亚　杨兆克

县环境保护局

局长、党委书记　张　翼
副局长　贾长年　李　伟　朱文生
党委委员　刘从举

县科学技术局

局长、党组书记　张明然
副局长　朱淮英　鲁家申　陈　竞

县文化广电新闻出版局

局长、党委书记　刘宝泽
党委副书记　王　锋
副局长　陈家国　梁春明　严玲红

县卫生和计划生育委员会

主任、党委书记　笪素菊
副主任　罗天风　周万庆　支向军
沈建国
党委委员　张成富
卫生监督所
所　长　徐大胜
疾病预防控制中心
主　任　张成富

县民政局

局长、党委书记　杨万如
党委副书记　李海峪
副局长　周　进　郭新来　黄建国
党委委员　姜　凯

县双拥办公室

主　任　杨万如

县公安局

局长、党委书记　朱国海
党委副书记、政委　张巍巍
副局长　周士海　姜金平　裴彦龙
高中华　秦书瑶
副政委　王　虎
党委委员　陈曙光　张亚军
指挥中心
主　任　卜延红
教导员　孙　利
国保大队
教导员　朱　军
治安警察大队
教导员　翟树权
刑警大队
大队长　陈战天

教导员 吕增亚
经济犯罪侦查大队
教导员 徐亚波
水警大队
大队长 嵇道远
网安大队
大队长 王士兆
警务督察大队
大队长 崔长安
经济开发区派出所所长 朱安全
闸口水上派出所所长 于华军
朱码派出所所长 韩士勇
五港派出所所长 王祝迎
梁岔派出所所长 周效雨
石湖派出所所长 翟孝鹏
同兴集派出所所长 王晓飞
南集派出所所长 沈和开
岔庙派出所所长 周健峰
东胡集派出所所长 张国强
高沟派出所教导员 吴明成

县司法局

局长、党组书记 别同政
副局长 笪建伟 葛晓冬 刘 权

县招投标管理办公室

主 任 陆士国
副主任 孙国荣 张 辉

县地方志办公室

主 任 丁卫华
副主任 张晓永 贾华丽

县老龄工作委员会办公室

主 任 姜 凯
副主任 翟长青

县农业机械管理局

局长、党委书记 王立新
副局长 杨 军 殷 骏 宋应飞

县农业资源开发局

局 长 羊 牧
副局长 张晓球 胡卫华

县地震局

副局长 马君海 李艾红

县民族宗教事务局

局 长 蒋惠琳
副局长 孙贵成

县城市管理局

局长、党委书记 姜金平
副局长 刘成东 徐洪兵 彭 追

县市场监管局

局长、党委书记 张木春
党委副书记 朱中明
副局长 程加富 汪友庆 张爱国
徐同兴 徐 鹏
党委委员 冯 刚
城区分局局长 郭 波
大东分局局长 孙 近
岔庙分局局长 朱延峰
朱码分局局长 王 跃
高沟分局局长 贾淑成
石湖分局局长 张 飞

县食品药品监督管理局

局 长 张木春

县食品安全委员会办公室

主 任 张木春
副主任 冯 刚

县经济开发区

党工委书记 吴从荣
管委会主任 周宏昌
党工委副书记 周宏昌 沈 超
管委会副主任 周 伟 袁 军
席海翔
纪工委书记 王建华
党政办主任 杨中兴
财审局局长 徐敏华
经济发展局局长 辜晓红

淮安(薛行)循环经济产业园(筹)

党工委副书记 黄吕军 邱加文
管委会副主任 黄吕军 邱加文
徐秀琴 刘 峰
王礼辉
发展服务中心
主 任 徐秀琴
副主任 刘 雷

淮安(涟水)空港产业园(筹)

党工委书记 吴从荣
党工委副书记 左 鹏 吴正超
管委会副主任 左 鹏 王雪峰

县政务服务管理办公室

主任、党工委书记 汪亚中
党工委副书记 陆士国
副主任 陈 衍
投资项目代办服务中心主任 孙建祥

县供销合作总社

主任、党委书记 张 旭
副主任 徐新兰 吴元康

江苏今世缘酒业股份有限公司

董事长、党委书记 周素明
总经理 周素明
副董事长 吴建峰
党委副书记 鲁正波 倪从春
纪委书记 严汉忠
监事会主席 严汉忠
副总经理 吴建峰 倪从春
羊 栋 王卫东
方志华 胡跃吾
李维群

今世缘集团有限公司

总经理 周亚东
副总经理 禹成余

县安东控股集团有限公司

董事长、总经理 禹成余
副总经理 时 晨 徐亚盛

淮安红日交通投资发展总公司

总经理 颜树林

县人民医院

院长、党委书记 左扬松
党委副书记 周爱军
副院长 刘洪亮 卜延志 沈文沂
濮 娟

县中医院

院 长 郭 军

涟水中学

校 长 孙 辉
党委书记 万金龙
副校长 陈寿永 叶顺亚
党委副书记 王 健
纪委书记 胡恒进
高一级部主任 茹跃华

郑梁梅学校

校 长 鲁家宁

郑梁梅高级中学

校长、党委书记 纪雪成
副校长 朱孝龙 王洪林 朱 飞
纪委书记 朱静山

淮阴中学滨河高级中学

校 长 李广军
党委书记 彭守法
副校长 徐爱中 颜爱华

涟水中等专业学校

校 长 王文林

县政协工作机构

县政协秘书处

秘书长 庞 峰
副秘书长 郑小芹 江洪文

学习宣传委员会

主 任 梁素春
副主任 谷开中

经济科技委员会

主 任 郑小芹
副主任 严 丽

文史工作委员会
主　任　肖丽丽
副主任　徐兆军

提案工作委员会
主　任　宋秀成
副主任　嵇月梅

社会法制委员会
主　任　贾锡德
副主任　高明琴

港澳台侨委员会
主　任　翟孝勋

群众团体

县工商业联合会
主　席　薛　芹
党组书记　李　明
副主席、秘书长　陈立峰

县总工会
主　席　胡春雷
党组书记　王靖江
副主席　汤晓波

县妇女联合会
主　席　王　娟
副主席　查爱霞

县残疾人联合会
理事长　张绍志
副理事长　张宗慧　王清华

共青团涟水县委员会
书　记　李亮亮
副书记　钟天凯

县科学技术协会
主　席　薛成伟
副主席　季言成

县文化艺术界联合会
主　席　顾云华
副主席　王晓忠

县红十字会
副会长、秘书长　陈　晟

县社会科学界联合会
主　席　刘小聪
副主席　王玉峰

县归国华侨联合会
主　席　张永明
秘书长　张　煦

市县共管单位

县国土资源局
局长、党委书记　祁鹤峰
党委副书记　徐　锐
纪委书记　徐建华
副局长　施晓玲　姜晓峰　李　敏
　　　　邱建权
党委委员、城区分局局长　施维宝

县税务局
联合党委书记、局长　王　洪
联合党委副书记、副局长　黄卫东
联合党委委员、副局长
　何连君　郑　森　曹红兵
　刘中洋　庄洪光　邢海万
　许海峰
联合党委委员、纪检组长　许　飚

县邮政公司
总经理、党委书记　傅　勇
副总经理、工会主席　贾启发
副总经理、纪委书记　陈伟荣

县电信公司
总经理、党委书记　孙晓斌
副总经理、工会主席　杨卫东
副总经理、纪委书记　王志坚

县供电公司
总经理、党委副书记　陈　健
党委书记、副总经理　潘海波
四级职员　汪齐松
副总经理　王东阳
纪委书记、工会主席　张　岩
五级职员　孙春华
副总工程师　徐子鲲(挂职)

江苏有线涟水分公司
总经理　羊兆宏
副总经理　范帮兵　王寿驰

县移动公司
总经理　杨　勇
副总经理　张浩林
总经理助理　姜永峰

县新华书店
执行董事、经理　陈武田

中国人民银行连水县支行
行长、党组书记　徐冠军
副行长　徐东新　严　亮
纪检组长、工会主席　严　亮

中国工商银行股份有限公司涟水县支行
行长、党总支书记　汪竹松
副行长　潘　雷

中国建设银行股份有限公司涟水县支行
行　长　姜荣清
副行长　李　伟

中国农业银行涟水县支行
党委书记、行　长　李东野
纪委书记　王宁宁
副行长　姚振宇
行长助理　朱伟杰

中国银行股份有限公司涟水县支行
行　长　王丽娟
副书记　张中斌
副行长　嵇友军　孙　文　郑苏霞

中国农业发展银行涟水县支行
行　长　姜　明
副行长　黄观亮　周　菲

县农村商业银行
董事长、党委书记　郑　淮
行　长　张永军
监事长、纪委书记　程明飞
副行长　姜加勇　童文勇　周　友

中国人民财产保险公司涟水县支公司
经　理　陆　泳
副经理　朱建东　朱　平　罗　翔

中国人寿保险公司涟水县支公司
经　理　阚金波
副经理　颜　亮
经理助理　尚　红

县气象局
局　长　乔晓波
副局长　顾维慧

县烟草专卖局(营销部)
局长、经理　汪　洋
副经理　于承文(挂职)
副局长　赵振见

县盐务管理局(公司)
局长、经理　任宁军
副经理　许　飞
副局长　徐建生

县消防大队
大队长　黎明辉
参　谋　陈旭虎　陈　南　陈　浩
政治指导员　胡尧泳
中队长　殷　乐

县武警中队
中队长　张义奎
政治指导员　丁志刚

(本名录由各相关单位提供,任职截至2018年7月)

涟水县人民法院

县领导调研指挥中心

人大代表视察人民法庭建设工作

党组书记、院长段庆丽率员额法官向宪法宣誓

党组成员、副院长汤爱萍担任审判长审理案件

2017年以来，县法院在县委正确领导、县人大有力监督和县政府及社会各界的关心支持下，始终坚持司法为民、公正司法主线，以深化司法责任制改革和提升司法公信力为抓手，突出提升办案质量、破解司法难题、增强能力素质三项重点工作，准确定位、持续发力，各项工作取得一定进展。

全年共受理各类案件13565件，比上年下降0.96%，审结14005件，上升3.97%，结收案比超过100%，涉案总标的37.95亿元，一线法官人均结案298件。受理各类民商事案件8155件，下降7.09%，为近10年来首次“负增长”且降幅较大，涉案标的19.16亿元。

探索创建“三十分钟执行响应圈”，增强对“老赖”的威慑力，受理执行案件4687件，结案4659件，分别增长10.44%、8.7%，执行到位标的额2.17亿元。不断加大执行力度，开展凌晨行动58次，通过各种媒介发布失信被执行人7700余人次，通过执行网络查控系统查询信息20.6万次。加大标的物处置力度，网拍成交标的物122件，成交金额1.36亿元。充分发挥司法救助功能，救助26人次，救助金额67.8万元。强化对拒不履行法定义务被执行人的打击力度，拘留被执行人和案外人152人，将10名被执行人以拒执罪移交公安机关侦查。

积极履行县委、县政府“供给侧改革”各项措施，对进入破产、执行程序的“僵尸企业”，始终注重从保障职工生存角度出发，坚持“当挽救则挽救”原则，精准识别，细化分类，将破产重组、执行和解作为首选程序，成功和解涟水制药破产案件，保障企业的发展和职工的权益，编写的《依法服务党委大局　主动保障地方发展》专报受到县委书记王向红的肯定批示。

当事人向调解人员赠送锦旗

开展凌晨行动

江苏涟水经济开发区
JIANG SU LIAN SHUI JING JI KAI FA QU

省地税局局长江建平一行到开发区调研

市县领导调研外向型经济

县主要领导调研电子商务工作

全县安全助理（科长）季度例会暨台账现场观摩会

江苏涟水经济开发区成立于2000年6月，规划面积99平方千米，建成区面积30平方千米，下辖10个村（社区），社会人口6.5万人。2006年4月，被省政府批准为省级经济开发区，10月，被中国商帮峰会组委会评为“长三角最具投资潜力开发区”。先后被评为省级生态工业园区、省级劳动关系和谐园区，是全球最大的帽业生产基地、全国最大的小容量水针剂生产研发基地，以及全国知名品牌欧圣地板、苏美酱醋生产基地。

2017年累计签约项目25个，总投资102.85亿元。其中，超5亿元—10亿元项目2个，1亿元—5亿元项目17个；外资项目8个，总投资2.46亿美元。纳入市重大项目开工考核有9个，总投资23.83亿元。其中，外资项目3个，总投资8500万美元；内资项目5个，总投资18.03亿元。总投资50亿元的立创电子产业园、1500万欧元的德资展示道具、20亿元的港资燃气发电、20亿元的中信华科技、10亿元的苏杭科技、10亿元的大量科技等一大批行业重点企业相继落户园区。

截至2017年底，园区累计入驻工业企业180余

投资50亿元的立创互联网项目成功落户开发区

集中供热项目正式供汽

家，其中正常生产企业96家，规模以上企业88家，行业重点企业有源通制帽、泰丰针织、新芳杰高科服装、锦纶化纤、苏杭科技、大量科技、振维电子、快乐电源、意尔重工、强陵照明、银海木业、苏美食品、大自然食品、涟水制药、恒春医疗器材等。2017年实现开票销售56.4亿元，比上年增长11.5%，入库税收1.5亿元，增长25.4%。

通过近年来的持续推进科技创新，已建成省级研究生工作站8家、省级工程技术研究中心3家、省级技术中心5家、省级以上高企15家和市级及以上高企54家，完成专利申请1750件，其中发明专利375件，恒春医疗正在积极准备上市。

全力争创国家级经济技术开发区

① 涟水电子商务产业园成功创成“江苏省电子商务示范基地”
② 涟水振丰(凌庄)二期安置房项目工程获评2017年度第二批淮安市建筑施工标准化文明示范工地
③ 淮安新港电子产业园二期工程获评2017年度第一批淮安市建筑施工标准化文明示范工地

涟水县公安局

LIAN SHUI XIAN GONG AN JU

副县长、县公安局局长 朱国海

市委副书记、市长蔡丽新到保滩、涟城督导推进社会矛盾和安全隐患大排查大整治工作

副市长、市公安局局长刘必权来涟调研指导公安工作

县公安局在县城红日大道16号及涟州路12号各有一幢办公大楼，占地面积13340平方米，总建筑面积约12500平方米。局内设职能部门19个，辖派出所25个，有民警506人。2017年，全县公安机关和全体民警在县委、县政府和上级公安机关的坚强领导下，紧紧围绕“立规矩、抓规范、带队伍、提质效、树形象”的总体思路，以党的十九大等系列重大安保维稳任务为牵引，以深化公安改革创新为主旋律，紧扣“十大工程”实施，紧盯发案下降、违法犯罪警情下降，破案打击提升、基础工作质态提升、科技信息化建设应用能力提升、群众安全感满意度提升“两降四提升”目标，全力争扛市公安局目标绩效考评优秀单位、县委县政府科学跨越发展考评优秀单位“两面红旗”，全县社会治安大局更加稳定、打防犯罪更加精准、科技支撑更加有力、队伍活力更加彰显，全县公安工作和队伍建设总体呈现出整体推进、蓬勃发展的良好态势。全局维护稳定、打防管控、服务发展等多项工作受到省、市、县领导的批示肯定。先后有46个集体和179名个人受到省、市、县表彰，全市唯一一家被省委、省政府表彰为“全省党的十九大安保维稳工作先进集体”。队伍中涌现出全省优秀人民警察裴彦龙、

县委书记王向红慰问一线执勤民警

县委副书记、县长时勇到合成维稳中心检查指导工作

组织开展“公安局长赶集市、街头问警促和谐”活动

紧扣一条主线，建设六个公安，实现三大目标

举办“迎接十九大、永远忠于党、忠诚保平安”主题活动大讲堂

举行微警务战略联盟成立签约仪式

全市出租房屋和流动人口管控工作现场会在涟水召开

淮安市劳动模范陈同波等一批先进典型。全县公安机关共接报警63464起，其中报立刑事案件3451起，破案1563起，破案率45.3%，破八类案件70起，破案率92.1%。受理各类经济犯罪案件77起，立案66起，涉案总值1亿余元（其中非法吸收公众存款案2885万元），破案23起，避免和挽回经济损失2000余万元，抓获犯罪嫌疑人58人。全县户籍301931户，户籍人口1136134人，全年迁出13790人，迁入4115人，人口呈现负增长，比上年下降1.53%。年内共受理、审核各类出国（境）申请13982人次（其中出国申请8194人，赴港澳申请4941人，赴台申请811人）。常驻涟水县外来人员共有113人，办理临时入境人员住宿登记893人。

召开全警规范执法“大练兵大比武”活动动员部署会

举行党的十九大安保誓师大会

组织开展“缅怀伟人优警风·携手同行写忠诚”主题教育活动

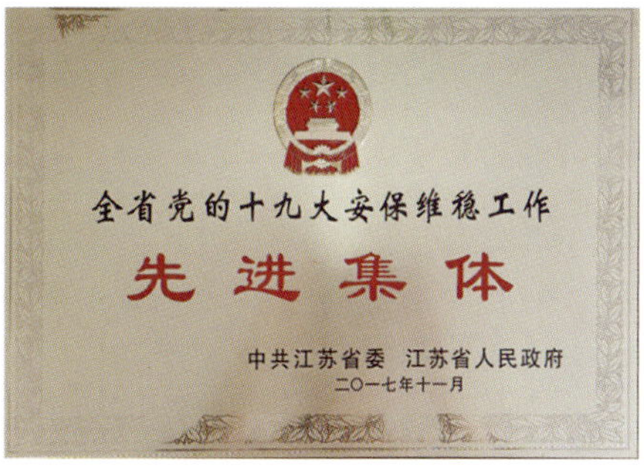

获评全省党的十九大安保维稳工作先进集体

涟水县财政局

LIAN SHUI XIAN CAI ZHENG JU

2017年，涟水县财政部门干部职工在县委、县政府的正确领导下，坚持稳中求进工作总基调，积极应对困难考验，深入推进财政改革，全力促进增收节支，着力保障和改善民生，财政保持平稳运行，有力支持全县经济社会各项事业发展。

突出服务发展，支持转型升级取得新成效

强化财税政策扶持，为44户企业争取各类财政扶持资金2505万元。开展银企对接和“制造业金融服务乡镇行”活动，10家商业银行与40户企业签订金融帮办协议。财富担保公司新增担保额1.09亿元，为重点企业解决过桥资金1.66亿元。积极推广政府和社会资本合作（PPP）模式，制定出台全县PPP项目实施意见及配套制度，聘请“第三方”提供专业咨询服务，18个项目纳入省PPP项目库。对国有平台公司及行政事业单位债务进行摸底核实，出台政府性债务管理实施意见，积极争取省新增债券和置换债券，促进良性发展。

局领导深入企业开展调研

推广实施PPP项目高沟中学新校区建设

突出民生保障，推动共享发展再上新台阶

支持完善城乡全覆盖的社会保障体系。安排2.42亿元，对参加城乡居民基本养老保险的人员实行财政补助。安排7174万元，落实城乡低保政策。安排4.53亿元，将城乡居民基本医疗保险财政补助标准提高到每人每年470元。安排5978万元，支持实施医药卫生体制改革。安排2754万元，落实残疾人生活及护理补贴政策。推进教育优先发展。安排义务教育公用经费8983万元。安排3600万元，实施农村义务教育薄弱学校改造、校舍维修工程。安排900万元，落实中等职业学校免学费政策。安排1400万元，支持实施“三名”工程。投入500万元，新增运行校车60辆。支持生态文明建设。投入6060万元，实施城乡环卫保洁、垃圾处置、污水处理、绿化维护。投入生态环保专项资金5300万元，支持实施“263”专项行动，推进拉网式农村环境综合整治，促进生态建设。

居民在窗口办理医保结报

加强困难群体职业技能培训

★ 省文明单位
★ 县部门服务科学跨越发展考核优秀奖
★ 县利用外资考核总量贡献奖
★ 县利用外资考核开工项目奖
★ 省财政系统先进集体
★ 县服务实体经济发展先进单位
★ 县食品安全工作先进集体
★ 县软环境建设十佳单位

突出强农惠农，聚焦惠民富民取得新业绩

落实强农惠农政策。在全省率先完成1.19亿元农业支持保护补贴发放。兑付补贴2932万元，新增农机具2331台套。发放扶贫小额贴息贷款1.6亿元，向低收入农户发放投资入股收益700万元。支持19.6万农户参加政策性农业保险，赔付农户2292万元。投入4700万元，支持实施渠北片区饮水安全巩固提升工程。投入4100万元，支持实施涟沭片区旱改水工程。投入8650万元，支持实施农业综合开发土地治理、黄河故道项目，建设高标准农田、优质粮基地6.4万亩。投入5290万元，新建农桥170座，实施村级公益事业“一事一议”财政奖补项目165个。投入6550万元，实施光伏发电等精准扶贫产业化项目。

黄河故道项目

瓜蒌项目

突出财政改革，体制机制创新迈出新步伐

深化预算管理改革，加大国有资本经营预算、一般公共预算统筹力度和存量资金盘活力度，调入预算统筹使用。实行预决算信息公开要求、公开流程、公开格式、公开载体“四统一”；县直部门预决算信息在全省预决算信息公开平台和县政府门户网站实行“双公开”。推进政府采购交易改革，开通运行政府采购“网上商城”，预算10万元以下物资采购项目通过网上商城采购。创新财政监督管理，委托“第三方”对15个50万元以上农业项目及奖补类项目进行竣工验收审计，对秸秆还田、粮食适度规模经营等项目进行实地核查，核减资金190多万元；对18家医疗机构医保政策执行情况开展“第三方”联动检查；对使用财政资金100万元以上的单体项目，开展“第三方”绩效评价。

预决算信息公开

开通运行政府采购“网上商城”

涟水县住房和城乡建设局

2017年，县住建部门在城乡规划建设工作上收获颇丰，城乡基础设施建设实现跨越发展，一大批焦点问题得到有效解决。五岛湖公园综合改造项目获“江苏省人居环境范例奖”，被市住建局评为县区目标考核优秀单位，被县委、县政府评为科学跨越发展考核先进单位，获“三城同创”工作突出贡献奖。

县委书记王向红视察古淮河风光带建设

城乡规划不断完善。项目规划编制进展顺利。完成城区黑臭水体排查识别整治规划、村庄生活污水设施治理规划、美丽乡村总体规划、20个村庄提升规划等项目。启动高铁新城片区、涟水湖南侧片区7.1平方千米的城市设计，完成文明城市公益宣传广告方案设计。组织召开县规委会会议。对开发区控制性详细规划、加油加气充电站布点专项规划、红窑镇区控制性详细规划等8个小区方案进行审查。方案论证报批及施工图设计落实有力。完成保滩镇洪荡村美丽乡村规划的报批、高沟镇扁担村核心区施工图设计、东大澳及西茵湖黑臭水体整治方案施工图。完成农村生活污水设施治理规划、涟水美丽乡村总体规划中期成果以及涟水外国语学校滨河校区规划方案及施工图设计。

县委副书记、县长时勇视察老旧小区改造

重点任务进展顺利。新城建设快速推进。滨河新城龙腾大道西段、清风路、翠柏路、红枫路等核心路网相继竣工通车，滨河新苑安置小区已经全面交付，涟水外国语学校滨河分校正在紧锣密鼓建设。老城改造成效显著。环湖北路、一干渠桥梁工程竣工通车，炎黄大道慢车道改造顺利完成，上海

局长陈照耀到小区调研物业管理工作

涟缘水务公司二水厂三期工程

古淮河风光带

路与金城路节点已打通。完成8个交叉口渠化改造以及上海路、襄贲南路等四个路段照明工程，道路功能进一步完善。生态绿化效果显著。完成新涟中校区绿化提升改造和安东北路等绿化配套，涟河、古淮河两个风光带和新世纪广场、状元府北侧、城南三角岛三个游园相继投入使用。公共设施更加均衡。43座公共厕所已经全部完成交付使用，应急避难场所建设和137只消水栓已全部完成。村镇建设卓有成效。乡镇污水设施建设不断加快，保滩、高沟等16个乡镇管网建设工作已全面完成，成集镇、前进镇等4个污水处理厂土建以及设备安装工作已全面完成。打造岔庙镇、前进镇、高沟镇、唐集镇、石湖镇5家“五星级乡镇”，灰墩办事处、义兴镇2家“示范乡镇”。

民生服务取得实效。住房保障效果显著。棚户区改造工程稳步推进，启动房屋征收（拆迁）项目5个，签约搬迁875户14.22万平方米。提标扩面，住房保障体系健全率位居全市第一。完成18个老旧小区改造任务。供水保障体系不断完善。二水厂三期扩建项目正在紧锣密鼓建设，四个区域供水泵站建设完成，完成15个小区管道连接及水表安装工作，惠及1.55万户居民，实现全县水质检测全覆盖。防汛排涝及黑臭水体整治成效初显。加强易淹易涝片区整治，开工建设天下景城小区排水改造、涟东总干渠（坦克桥东边）南侧截污管道等工程。东大澳及西茵湖黑臭水体整治和活水补水工程有序推进。物业管理有效提升。创新开展“党员进小区，服务零距离”活动，物业服务企业信用考核全市第一。

滨河新苑安置小区分房

北京路与金城路交叉口渠化

下水道疏通

涟河风光带

绿化移植

江苏省现代民政示范县

涟水县民政局

副省长缪瑞林慰问县福利中心老人，市委书记姚晓东，县委书记王向红陪同

县委书记王向红慰问东胡集镇112岁老人姜正丰

2017年，县民政局紧紧围绕县委、县政府决策部署，在省、市民政部门的指导支持下，牢固树立“民政为民、民政爱民”理念，以“五型”（学习型、服务型、高效型、责任型、廉洁型）民政机关，“五心”（待群众真心、对群众关心、和群众贴心、让群众放心、使群众安心）民政干部为抓手，以创建省级文明单位和省现代民政示范县为工作重点，着力改善民生，强化社会管理，提升服务能力，较好地完成各项工作任务。成功建成省级现代民政示范县。成功将11年前投资的强通电磁线项目重新引进，并实现当年投资，当年投产，当年达效，当年实现开票销售收入500万元。

从7月1日起，县城镇低保按550元/月标准、农村低保按460元/月标准发放。全县城乡低保14530户，最低生活保障对象30326人。累计发放城乡低保金6966万元。累计医疗救助36918人次，发放医疗救助资金3261万元。累计下拨乡镇救灾救济、过渡安置、冬春救助等自然灾害补助资金154万元，共计救助受灾困难群众1.5万人。涟城镇南门社区创成全国综合减灾示范社区，朱码镇红星社区创成市级综合减灾示范社区。全县共有农村“五保”供养对象4272人，其中集中供养966人、分散供养3306人。出台《涟水县临时救助实施细则》，按季度下拨乡镇临时救助金274.03万元。出台《关于完善困难残疾

市民政局局长沈在宏调研涟水民政工作，县委副书记、县长时勇，副县长、公安局局长朱国海陪同

举办政法惠民乡村行暨关爱留守儿童保护活动

★ 全国新闻宣传工作先进单位
★ 市民政工作综合评估优秀单位
★ 市“安康关爱行动”组织奖
★ 市安全生产先进集体
★ 市第六届“中国人寿”杯老年文艺节目汇演二等奖
★ 市“安康关爱行动”规模贡献奖
★ 县“市对县”考核成绩突出单位
★ 县级机关服务科学跨越发展考核优秀奖
★ 县“三城同创”先进集体
★ 县安全生产工作先进单位
★ 县助残服务先进集体
★ 县见义勇为先进集体
★ 县盘新开工项目奖
★ 县盘竣工项目奖

人生活补贴和重度残疾人护理补贴制度的意见》，全力做好困难残疾人生活补贴和护理补贴发放工作。新建乡镇关爱驿站4个、居家养老服务中心8个。全县共有养老床位8450张，千名老人拥有养老床位40.16张。社会散居孤儿标准提高到1350元/月，集中供养孤儿标准提高到2000元/月，监护人缺失儿童提高到1080元/月。

落实《省政府办公厅关于切实做好优抚安置有关工作的通知》文件精神，做好部分重点优抚对象和退役士兵权益保障工作，累计接收退役士兵、转业士官296人，报名参加培训290人。走访慰问老红军、烈军属、一至四级残疾军人、困难企业的残疾军人等重点优抚对象共502人次，共发放慰问品和慰问金126万元。

累计办理婚姻登记15433对，办理收养登记5件。新发展各类社会组织61个，全县共有各类社会组织605个。配合做好文明城市创建工作，加强重点区域、重点路段巡查，累计救助流浪乞讨人员176人次。县政府出台《涟水县开展整治散葬坟墓美化乡村环境活动的实施方案》，组织各乡镇散葬坟墓进行整治。实行惠民殡葬，减免基本殡葬费用453.84万元。

县民政局局长杨万如与新华网总裁助理、江苏分公司总经理徐寿泉签署开展智慧养老服务协议

开展机关作风建设暨民政资金专项整治工作

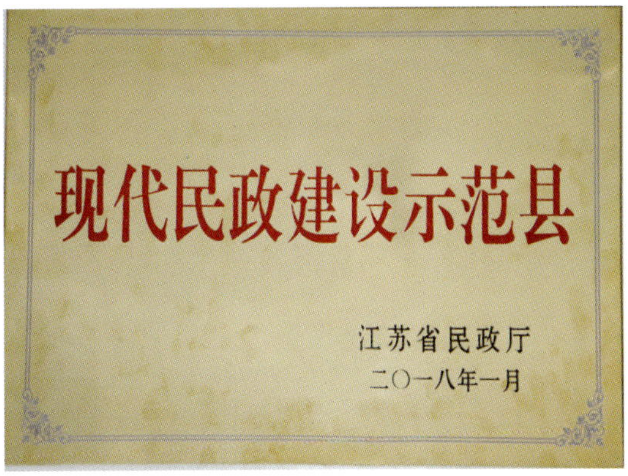

获评2017年度江苏省现代民政示范县

开展社会救助政策宣传活动

涟水县水利局

2017年，县水利局在县委、县政府的正确领导下，紧紧围绕全县发展大局，以改善民生为宗旨，以项目建设为抓手，以改革创新为纽带，各项工作成绩显著，为全县经济社会跨越发展提供了强有力的水利支撑。全年完成水利投资6.28亿元，建成高效节水示范片926.67公顷，配套各类建筑物2232座，新建防渗渠道113.8千米，所有工程当年建设、当年使用，大关闸获评市优质工程，全市冬春水利建设会议在涟水县召开。完善防汛防旱指挥体系，健全各项应急预案，拆建二塘、城北排涝站，完成黄河故道一期治理，全面推进二干渠、关张河水系调整，提升防汛防旱能力，有效应对“7·09”大暴雨和“8·20”连续强降水；强化水生态文明建设，实行最严格水资源管理，创成3个省级节水型单位、1个节水示范项目及3所市级节水型学校，封填地下水井11眼，完成古淮河饮用水源地隔离网防护3200米，五岛湖创成国家水利风景区，建成水美乡镇1个、水美乡村4个；水利改革不断深入，小型农田水利管理体制改革完成年度验收，农业水价综合改革完成试点工作；河长制全面推进，县乡村三级河长全部上岗，履职尽责，河道常态化管理获省河长办验收组好评。被省水利厅评为全省水利宣传工作先进单位，被市水利局评为水利现代化发展成绩突出集体，获县委、县政府县级机关服务科学跨越发展特别贡献奖，被评为2016—2017年度全县基层党员冬训工作先进集体、2017年度软环境建设先进单位。

省水利厅副厅长叶健察看涟东灌区节水改造工程

县委书记、县总河长王向红巡查古淮河

县委副书记、县长、县总河长时勇检查盐河河长制工作落实情况

水利部稽察组检查灌区节水改造项目

1 全市水利工程建设推进会与会领导观摩水利工程建设现场

2 全县防汛防旱暨河长制工作推进会

3 开展农业水价综合改革灌溉泵站测流

4 涟西灌区节水改造项目防渗渠衬砌现场

5 关张河改道工程格宾笼挡墙施工现场

6 新建的涟河大关闸工程

中国交通

ZHONG GUO JIAO TONG

涟水县交通运输局

①

②

③

④

2017年，县交通运输局在县委、县政府的坚强领导下，在省交通运输厅、市交通运输局的关心支持下，坚持以习近平新时代中国特色社会主义思想为指导，认真践行新发展理念，以构建现代综合运输新体系为主线，紧扣“两聚一高”，聚焦“两大目标”，加快推进重点工程项目、提升行业管理能力、促进平台实体转型升级、创建平安交通、加强党风廉政建设和反腐败工作，以及强化干部队伍等“六项建设”，圆满完成年初确定的各项目标任务，为全县经济社会发展作出积极贡献。

⑨

⑩

安全交通　美丽交通　智慧交通

1 县委书记王向红调研指导交通运输系统工作

2 县委副书记、县长时勇调研交通重点工程建设

3 县委常委、常务副县长洪然督查春运安全工作

4 局领导班子成员深入一线调研

5 局党委书记、局长张俊召开项目推进会

6 省级“四好农村路”示范县验收会

7 交通行政审批服务窗口

8 道路运输安全执法

9 镇村公交开通率逐年上升

10 交通干线沿线环境综合整治巡查

11 盐河航道运输安全巡查

12 淮安港涟水港区安全作业

涟水县政务服务中心

①

2017年，涟水县政务服务中心在县委、县政府的坚强领导下，在市行政审批局的大力支持下，紧紧围绕群众需求，扎实推进“放管服”改革、“互联网+政务服务”“35745”审改专项行动等各项工作，下力气加强制度创新、下功夫优化审批流程、下决心提高服务质量，实现目标任务上台阶、服务窗口上档次、队伍建设上水平。

②

全年政务服务大厅办理各类服务事项270万余件，其中涉企事项40万余件，便民事项230万余件。通过“全省一张网”（江苏政务服务网）平台，办结“不见面审批”事项64915件，快递寄送53646件，梳理首批网办政务事项1275项，其中“不见面清单”458项，“见一次面清单”817项，上报电子证照130条，涟水综合服务旗舰店于2018年5月正式上线。全县实现“江苏政务服务手机APP”下载安装36076人次，用户注册24615人次，实名认证17340人次。“阳光涟水·12345”政府公共服务平台共受理群众有效诉求24108件，直接办结13221件，派发工单10645件，涉及单位67家。

③

县政务服务中心率先开展“县乡一体化”工作，设立“乡镇政务服务分中心”“集中办公窗口服务”“专职政务科员制”三项制度，得到省、市领导的高度肯定，并大力推广。4月20日，《新华日报》头版头条《落实治国理政新方略，推进“两聚一高”新实践》专题介绍涟水不让百姓跑腿办事的经验做法；11月22日，新华社《经济参考报》刊登题为《率先试行“不见面审批”打造高效优质政务服务——“放管服”改革的“涟水样本”》的宣传报道，被人民网、中国改革论坛网、中国社会科学网、华股财经等几十家媒体转载。

④

2017年，在第二届全国行政服务大厅典型案例展示活动中荣获“信息化优秀”称号，是江苏省唯一的县级获奖单位；“集中办公、窗口模式，形成县乡一体化政务服务体系”工作荣获2017年度江苏政务服务改革创新成果奖。

1 省委常委、省纪委书记、省监察委主任蒋卓庆一行参观政务服务中心

2 市委书记姚晓东在政务中心考察调研

3 市人大领导调研“放管服”工作

4 省专家组验收涟水县政务服务标准化建设

5 2017年度全省政务服务改革创新成果奖

6 全市政务服务县乡一体化建设涟水现场会

7 县政务中心“5·10”廉洁政务签名活动

8 窗口工作人员微笑服务

9 “12345”民生服务中心新平台投入运行

10 讲好家风故事朗诵会

涟水县卫生和计划生育委员会

2017年，县卫生和计划生育委员会在县委县政府的坚强领导下，以“保基本、强基层、建机制”为统揽，谋全局、抓改革、促发展，积极开展健康涟水建设，各项工作取得新成绩。医联体建设取得重要成果，基础设施建设实现重大进展，卫生计生惠民工程得到扎实推进，顺利创成省级卫生应急工作规范县，县人民医院被省卫生计生委确认为三级医院，全面完成三城同创工作任务，荣获“国家生育状况调查工作省级先进集体”“全市计划生育协会工作先进县”“全县服务科学跨越发展考核先进奖”“全县三城同创特殊贡献奖”。

1 县委书记王向红、县委副书记刘爱国为县医院五港分院揭牌

2 县委副书记、县长时勇深入基层调研农村医疗卫生工作

3 市卫生计生委主任孙邦贵到涟水调研医疗工作

4 全市妇幼卫生保健工作现场会在涟水召开

5 县公共卫生服务中心封顶

涟水县发展和改革委员会

2017年，县发改委紧紧围绕县委、县政府的工作部署和要求，紧扣“谋全局、谋长远”主题，坚持“促创新、抓重点、求突破、出亮点”的工作重点，富有成效地做好重大项目管理、服务业建设、新型城镇化、新能源推进等各项工作，特别是招商引资工作捷报频传，项目硕果累累，成功招引远景能源、柏思包装、万宝铜业、中顺环保二期四个亿元项目。全县共审批、核准和备案项目417个，总投资243.80亿元。24个市重大项目全年完成投资138.75亿元，超计划9个百分点，7个省集中开工项目完成投资16.05亿元，超年度计划2.8亿元，全市排名第二。实现服务业增加值207.8亿元，比上年增长9.2%；服务业增加值占GDP比重48.2%。重点提升“4+3”特色服务业产业，实施“4+3”服务业项目23个，完成投资46.5亿元。新增规模服务业企业8家。更新规划建设理念，加大基础设施投入，推动产城融合发展，不断加快新型城镇化建设步伐，各项试点任务得到有效推进。被市发改委表彰为全市发改系统优秀集体，被县委、县政府表彰为县级机关服务科学跨越发展考评先进奖。

省发改委主任朱晓明到涟水扶贫慰问

重大项目集中开工

省督查组在涟水督查集中开工项目

县发改委主任周建华宣讲党的十九大精神

市发改委到涟水专题调研

涟水县经济和信息化委员会

2017年，在县委、县政府的坚强领导下，县经信委坚持以党的十九大精神为引领，立足职能，把握重点，精心组织，力求实效，全县工业经济和信息化工作持续稳健发展。涟水县被授予全省食品工业十强县称号，今世缘酒业荣膺“全国质量奖”。县经信委获县委、县政府部门服务科学跨越发展考核先进奖、项目建设成绩突出单位、“三城同创”先进单位等奖项。

强化运行稳增长。牵头制定全县六大产业发展规划，强化工业经济运行监测，工业经济稳健发展。全县完成规模工业开票销售251亿元，比上年增长15%；全部工业入库税金完成9.97亿元，增长17.43%；工业用电量8.97亿千瓦时，增长10.48%。

突出项目增后劲。全县新开工亿元以上工业项目23个，新竣工设备投资超千万元项目13个。新招引亿元以上项目26个，其中10亿元项目4个。县经信委引进投资5亿元的永安化工加氢等系列产品生产项目开工建设，投资3.21亿元的驰硕新材料项目营业执照已经办理，投资42.5亿元的50万吨冷链物流基地和农副产品集配中心项目正在磋商合作协议。

优化服务促发展。深入开展“三进三帮”“百企帮扶”专项活动，全年为今世缘酒业、永安化工等10户企业争取各类省、市级产业发展资金704万元；牵头安排444.7万元县财政资金为48户企业兑现降成本奖励政策，11户进入省直购电直接交易市场，降低企业生产成本260万元。

党建引领强保障。坚持把党建工作摆上突出位置，坚持党委中心组、周一学习例会、统一党员活动日等学习制度，认真学习贯彻党的十九大精神，建立“两学一做”常态化机制，强化组织领导，开展专题教育，完善监督机制，加强自身建设，促进全系统党风廉政建设扎实有效开展，为工业经济快速发展提供坚强保障。

县委书记王向红到江苏意尔重工有限公司视察工作

市经信委党组成员、市经贸招商处处长王海东带队视察江苏普耐力橡胶有限公司

县委宣讲团成员、县经信委主任张溧翔为县重点企业宣讲党的十九大精神

深入大关社区开展“党员活动日”座谈会

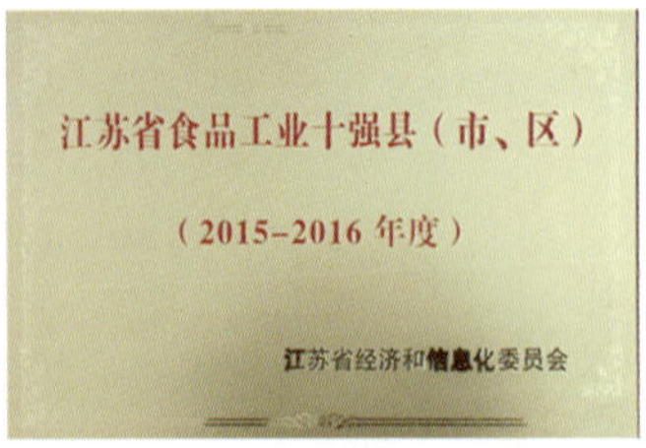

涟水县审计局

LIAN SHUI XIAN SHEN JI JU

县委副书记、县长时勇陪同省审计厅机关党委书记高崇华、市审计局局长贺宝祥参观县规划展示馆

县委常委、宣传部部长姜杰在扶贫政策措施落实情况跟踪审计发现问题整改推进会上讲话

省审计厅纪检组到涟水回访扶贫政策落实情况跟踪审计组遵守廉政纪律情况

2017年是审计机关人财物管理改革全面推行年，县审计局在上级审计机关和县委县政府的正确领导下，严格按照国办《关于完善审计制度若干重大问题的框架意见》及相关配套文件和省委、省政府《江苏省审计机关人财物管理改革试点实施方案》精神，有序推进改革工作。同时，紧紧围绕县委县政府工作中心和全年审计工作任务，坚持“依法审计、服务大局、围绕中心、突出重点、求真务实”的审计工作方针，突出对经济和社会中的热点、难点和领导关注、群众关心的问题开展审计监督，为促进依法行政，维护财经秩序，推进廉政建设，优化经济发展环境服务等方面发挥积极的作用，较好地完成年度各项工作任务。

县审计局完成各类审计项目335个，其中：预算执行审计项目6个；领导干部经济责任审计项目23个；市审计局安排交叉审计项目4个；村级财务收支审计项目6个；专项审计调查项目6个；国有企业审计项目4个；自然资源资产审计项目1个；专项资金审计项目4个。共查出损失浪费金额52.27万元，管理不规范金额10341.07万元，违纪违规金额2894.84万元，向有关部门移送8条违纪违规案件线索。开展固定资产投资审计109个，送审金额7.39亿元，审定金额7.14亿元，核减0.25亿元。开展预算评审项目172个，送审价28.56亿元，审定控制价27.83亿元，核减0.73亿元。在全市审计系统综合考核评选中，被评为“优秀单位”；在2017年度县级机关服务科学跨越发展考评中获先进奖，在2017年度全县软环境建设评比中被评为“软环境建设先进单位”。

全市审计工作会议首次在涟水召开

党组书记、局长沈正波到帮扶村调研杞柳种植情况

县审计局全体人员到琼花园廉政教育基地接受廉政教育

涟水县总工会

县委常委、组织部部长、县总工会主席胡春雷一行慰问困难职工

全县庆“五一”劳模表彰大会

交通控股集团有限公司获得中华全国总工会国家级职工书屋授牌

2017年，县总工会在围绕中心、服务大局、勇于创新、打造特色的工作中充分发挥职能作用。获得省总工会表彰及创新成果推广项目2个，建国家级职工书屋1个，获年度全市工会创新创优二等奖、年度全市工会工作目标考评优秀奖。创建“合格职工之家”625家，创国家级“模范职工之家”1家、“模范职工小家”2家，创省、市“模范职工之家”43 家。加强“会、站、家”一体化建设，促进工会服务端口前移，提升服务职工能力。先后开展全县职工庆“五一”七个章节的系列活动。交通控股集团有限公司职工书屋获得全总授牌，举办或参与上级工会干部及职工培训36场次，开展对困难职工救助系列活动，慰问一线职工23场次。职工权益保障步入正轨，90%以上的建会企业达到劳动关系和谐标准，思维创新、技能创新、岗位创新、技术创新、劳动创新竞赛深入扎实，涌现各类发明创造和技术革新小微项目500多项，创经济效益620多万元，表彰一批劳动模范、五一劳动奖章、工人先锋号和女职工“双争”活动典型。工会经费管理步入规范化轨道。

举办全县工会干部业务培训班

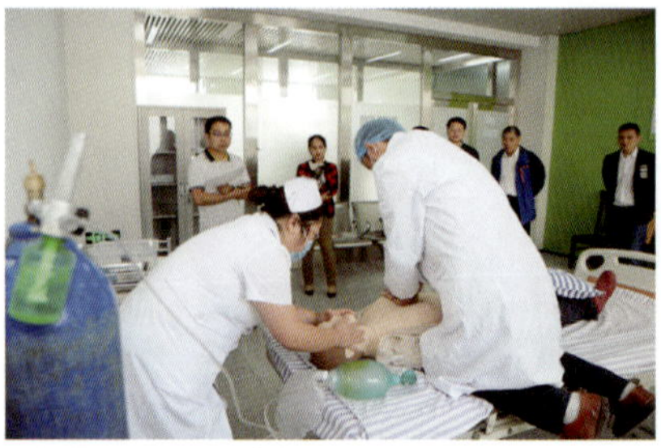

基层工会组织职工开展岗位技能大赛

县总工会开展夏季“送清凉”活动

涟水县妇女联合会

2017年,县妇联紧扣"两聚一高",紧盯"两大目标",立足本职,围绕中心工作,充分发挥巾帼优势,突出融合联动,推动妇联工作在党政所急、妇女所需、妇联所能上为全县经济的和谐发展建功立业。

组织建设基础强。全县各乡镇妇联圆满完成换届任务;大力在非公有制经济组织、社会组织等新领域建立妇联组织:相继成立朱码镇非公企业妇联、朱码镇高效农业协会妇联、涟水县青年志愿者协会妇联、民办学前教育协会妇联。

女性创业硕果丰。建立"巾帼技能培训+贫困妇女"模式,持续举办各类培训班,全年累计培训10000多人次,帮助近2000名女性成功就业;争取苏北五市精准扶贫、农村妇女劳动力转移培训等6个项目,获取补助资金29.2万元;成立涟水"金凤凰"创业者联合会,吸纳优秀创业女性107名入会。

妇儿帮扶措施实。全年累计筹集物资近1155万元,实施扶贫项目11个,帮扶7000多个家庭,3724名儿童;深入开展"巾帼脱贫行动"——维权关爱乡村行;持续推进"女童保护"工作,相关经验在《新华日报》上报道。

家庭教育成效显。成立专家团队和教育指导员两大专业队伍,累计开展覆盖城乡的家庭教育讲座30余场次,受益家长近万名。"四大载体助家教 示范引领扬家风"家庭教育项目获淮安市妇联2017年创新创优工作评比一等奖;涟水县家庭教育的相关做法先后在国务院妇儿工委办《两纲通讯》《新华日报》、江苏公共·新闻频道、中国江苏网等多家媒体和网站上刊登报道。

① 市妇联主席李顺英,副主席祁素娟,县委常委、组织部部长胡春雷出席巾帼维权乡村行启动仪式暨"6·26"国际禁毒日宣传文艺演出活动

② 市妇联主席李顺英,县委常委、组织部部长胡春雷共同启动涟水县家庭教育指导服务暨寻找最美家庭活动

③ 市妇联副主席祁素娟为涟水"金凤凰"创业者联合会授牌

④ 省级巾帼示范基地带头人为低收入女性讲解种植知识

全市乡镇(街道)妇联组织区域化建设在朱码镇试点

"小候鸟阅读室·儿童快乐家园"启动仪式

《新华日报》报道涟水"女童保护"工作经验

涟水县城市管理(行政执法)局

县委书记王向红慰问环卫工人

副县长、公安局局长朱国海调研东西商城安全生产工作

局长姜金平调研生活垃圾焚烧发电项目

县数字化城管信息系统通过省住建厅专家组验收

2017年，县城管局以创建省级文明城市、省级食品安全示范城市为契机，务实创新，真抓实干，积极适应发展新形势、管理新挑战，突出问题导向，提升执法水平，圆满完成各项目标任务。全年依法纠正、取缔各类占道经营、流动摊点1.6万余处，暂扣物品1.8万余件，清理僵尸车287辆；累计清运积存生活垃圾10万余吨、建筑垃圾2.3万余吨，清理卫生死角1万余处，城区主次干道清扫保洁率100%；累计清除各类城市“牛皮癣”12万余处，接群众举报106次，查获违规小广告发布者232人，行政处罚232人，累计收缴各类小广告15万余张、印章63个；拆除各类违规设置、破损广告5000余块，条幅广告2800余条、布幔广告812处；对不按规定密闭运输，造成抛洒滴漏、车轮带泥行驶等现象予以坚决查处，累计查处违规车辆46辆，查处和教育76人次；高效推进各项重点项目建设，数字化城管系统顺利通过省级验收，成功改建红日广场第三代公厕，顺利开展垃圾分类收集试点工作，积极推进放心早餐示范工程建设，完成非机动车固定卡座项目建设，完成泰山中路店招店牌提升改造，在四个乡镇新建压缩式垃圾中转站4座，在县城区新建公共停车场2个。在年底考核中，被县委、县政府授予县级机关服务科学跨越发展考评优秀奖，“省级文明城市、省级卫生城市、省级园林城市”创建工作特别贡献奖，项目建设成绩突出单位，利用外资考核先进单位，食品安全工作先进集体等多项荣誉；在全市城管执法比赛中，荣获“团体二等奖”。

县城管局参加全市城管执法比赛

提升改造后整齐划一的泰山路店招店牌

连夜拆除大型过街广告

涟水县国家税务局

2017年以来，县国税局认真执行“抓落实、促规范、提质效”的工作思路，全年组织各项国税收入22.8亿元，比上年增长47.73%，公共财政预算收入8.89亿元，增长69.65%，三项指标在全市名列前茅。

税收收入持续稳步增长。正确处理组织收入与规范执法的关系，有效遏制代开票等方面出现的税收收入质量问题，实现组织收入规模和质量的双提升。加强税收分析，全面把握经济税源动态，切实把握组织收入工作的主动权。

绩效管理作用充分发挥。坚持“绩效指导工作、工作围绕绩效”，充分发挥绩效管理“指挥棒”的作用，围绕指标开展各项工作，与此同时，注重过程控制，充分发挥绩效办督促作用，及时与各部门沟通联系，确保工作质量。

税收风险管理有序推进。推进模板和指引“两个应用”三级培训，实行“按周汇报进度、按月通报成效、按季案例讲评”的三级推进，做到“班子成员亲自参与、业务科室全力配合、应对分局稳步应用”的三级联动。

纳税服务措施扎实有效。全面落实总局规范5.0版、省局职责清单和操作规程，认真执行“三证合一、一照一码”，积极倡导纳税人选择网上办税、自助终端办税，不断提高非接触式服务比例，并联合地税，进一步深化纳税信用体系建设。

干部队伍活力有效激发。定期为干部职工进行健康检查，积极开展走访困难党员、慰问老干部等关爱活动，注重文化建设，按周开展文化讲坛，开展“五德”教育系列活动，做好“国税好人”事迹宣传工作，倡导“好人文化”。

局长　王洪

党组成员郑森在中秋节前看望离退休职工

精准扶贫获赠锦旗

开展税法宣传进校园活动

县国税局青联会成员到县特殊教育学校献爱心

召开创建省级文明城市工作推进会

涟水县市场监督管理局

党委书记、局长　张木春

2017年，县市场监管局紧紧围绕县委、县政府决策部署，创成省级食品安全示范城市，被省食药监局表彰为先进单位，县食品安全工作在“市对县”考核中连续三年蝉联“全市第一”。**推进透明共治体系建设。**打造10家透明放心菜市场、585家透明安全餐饮、40家透明合格生产企业。开展城区“十佳三差”饭店评选，为食品经营单位制作8000多块证照公示牌并上墙，举办“食品安全宣传周”活动，在《涟水日报》开辟《食品安全在行动》专栏。**强化特种设备监管。**成立操作人员培训中心，全年查办特种设备案件27起，位列全市第一。**注重市场主体培育。**推进“35745”审改专项行动，探索“不见面”审批，食品许可“证照联办”作为创新项目受到市工商局表彰和食药局肯定。**实施品牌战略。**今世缘酒业股份有限公司获“国家质量奖”，新注册商标1160件，申报省著名商标9件、复评4件，地理标志商标6件，马德里商标2件，获省名牌产品3个、市名牌产品9个。**提升执法办案力度。**开展商品质量监测，完成服装、成品油、儿童玩具等28类商品320个批次抽检任务，对63个不合格批次商品予以立案查处，全年立案查处各类经济违法案件428起，无一起复议被撤销和诉讼败诉。

省食药监局副局长俞善浚调研指导创建工作

省质监局领导指导今世缘工业旅游标准化建设

副县长李阔视察食品安全工作

举办网络餐饮行政约谈会

组织党员到焦裕禄纪念馆参观学习

集中销毁假冒伪劣产品

对食品生产企业进行执法检查

涟水县招标投标管理办公室

市公共资源交易中心领导莅临调研指导

召开政府投资工程建设项目标后监督工作会议

2017年，涟水县招标投标管理办公室在县委、县政府的坚强领导下，坚持“围绕中心，服务发展，主动作为，提升效能”的总体要求，以依法依规为核心，以优质服务为重点，以强化管理为保证，倾力打造“公开、公平、公正”和诚实信用的公共资源交易环境，凝心聚力，提振精神，努力推动涟水县招标投标管理工作迈上新台阶。全年共完成工程建设、政府采购、产权交易等公共资源进场交易项目1693个，预算总额40.04亿元，中标总额35.43亿元，节约资金4.61亿元，资金节约率11.51%。其中，完成工程招投标项目1202个，累计中标价为25.47亿元，比招标控制价节约3.25亿元，资金节约率11.32%。完成政府采购项目431个，累计中标价8.55亿元，比采购控制价节约1.38亿元，资金节约率13.9%。完成产权交易60宗，交易金额1.41亿元，比转让参考价增加164万元，国有资产增值率1.17%。全面完成县委、县政府下达的各项任务，进一步树立涟水县公共资源交易管理的良好形象。

召开党章专题学习会议

与结对帮扶村两委共商脱贫、美丽乡村建设

周学月考测试现场

中共涟水县委台湾工作办公室
涟水县人民政府台湾事务办公室

省委书记娄勤俭考察调研大陆台资企业产品展销会涟水台企展厅

市委副书记、市长蔡丽新，副市长顾坤，县委书记王向红参加全稳农牧科技开工典礼

县委副书记、县长时勇出席“第十二届台商论坛涟水分论坛”活动并致辞

2017年，县台办招引全稳农牧科技绿色循环智能农场、瑞恩帝儿培训中心等台资项目4个，总投资近1.5亿美元。其中全稳农牧科技项目总投资1亿美元，得到省市主要领导充分肯定。源通制帽、大润发、远达服饰入围2017年度江苏台资企业500强，策划制作宣传片《好戏涟台》荣获县首届网络文化节一等奖，获2017年度县级机关服务科学跨越发展考核优秀奖，全县利用外资考核获奖单位，全市对台工作综合考评一等奖。

充分发挥政务服务中心窗口职能，放大“省台商服务工作示范点”品牌效应，为台企台商协调解决消防、环保等实际问题50余项。召开“畅叙同胞情谊·共谋发展大计”全县台商服务工作座谈会，举办“消防进台企·护航十九大”消防讲座、台商联谊会换届典礼和“金秋涟水缘·两岸共明月”台商中秋联谊会、“台商献爱心·情暖助创建”等活动，协助3批30余名台商更换驾驶证件。

全年组织15批56人次赴台经贸文化交流，邀请26批500余名台商到涟水考察参观。参加2017年“台湾·淮安周”“淮安经贸文化交流合作周”活动，期间开展电子电气等合作恳谈会6场，县经济开发区与台湾电子设备协会签署战略合作协议，举办“常来常往涟台缘·乡里乡情一家亲”村里长交流和第二届“新北职业技术教育学术研讨”等重要交流活动8场。

注重引导在涟台商台企从事慈善公益事业，不断增强台商的融入感和认同感。源通制帽董事长王顺贤、吉圣金属董事长谢文正等台商通过各种方式累计向涟水贫困群体捐赠物资近300万元；联合台商联谊会开展“寒冬送温暖·涟台一家亲”活动，慰问全县100户贫困家庭6.4万元。依托台企力量成立的江苏华科慈爱基金会，自2014年连续四年来，累计向县康乐儿童康复中心捐赠物资116余万元。

召开全县台商服务工作座谈会

联合台商联谊会开展“台商献爱心·情暖助创建”活动

举办“金秋涟水缘·两岸共明月”台商中秋联谊暨慈善晚会

中国邮政 CHINA POST 涟水县邮政分公司

开展创建文明城市服务宣传活动

员工在五港镇蔡工村开展植树活动

举办大型广场舞比赛

涟水县邮政局成立于1998年10月，2015年5月更名为中国邮政集团公司江苏省涟水县分公司，公司位于县城中山路63号，内设综合办公室、市场营销部和运营管理部3个职能部门及金融业务部、渠道平台部、包裹快递部、集邮与文化传媒部4个生产经营支撑部门。全县共有营业网点33个，其中代理金融网点27个，纯邮政网点6个。为全县人民提供信函寄递、包裹快递、报刊图书发行、邮票发行、邮政汇兑、机要通信、邮政金融、电子商务、各类邮政代理业务及国家邮政局批准开办的其他邮政业务。

为了给老百姓提供更优质的服务，涟水邮政分公司于2016年开始打造农村电商三级运营体系，在全县共建成样板店88家，通过平台引进本地商家15家，进一步提升加盟店运营质态，为全县老百姓提供更加优质的便民服务，得到了社会的一致好评。2017年，涟水邮政成集支局投递员朱延德被市政府评为“劳动模范”，涟水县邮政分公司被县委宣传部评为文化科技卫生“三下乡”先进集体，被淮安工商行政管理局评为“守合同重信用企业”，被淮安市公安局评为“安全保卫先进集体”，荣获淮安市“平安企业”荣誉称号，连续八年获得江苏省文明单位称号。

组织党员教育活动

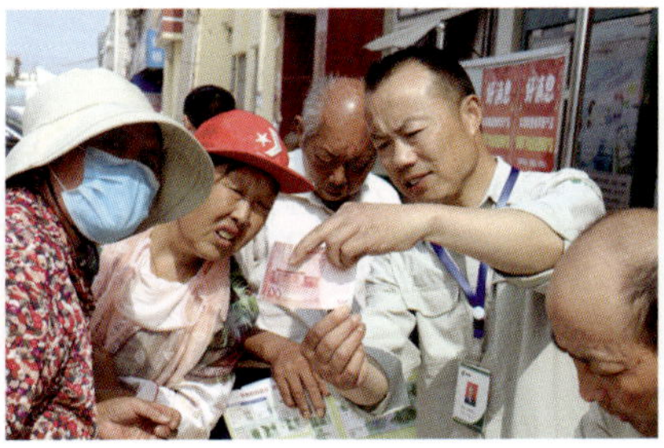

举行“反假币”宣传活动

“两学一做”专题党课

江苏新华发行集团
JIANGSU XINHUA DISTRIBUTION GROUP

庆祝第33个教师节，向外国语中学捐赠价值6000元图书

总经理　陈武田

涟水新华书店位于县城中山路12号，是江苏凤凰新华书店集团有限公司下设的分公司，有干部职工55人，是江苏省创建文明行业先进单位、省新闻出版行业文明单位。2017年，实现销售收入5049万元，利润379万元。拥有1个县城门店（中山路门店）、9个农村门店，书城总面积6000平方米，农村门店营业面积2000平方米。在县经济开发区（炎黄大道19号）租用一幢1800平方米的标准化厂房作为全县中小学生教材仓库。连续39年确保“课前到书”“人手一册”。书城提供万种以上图书品种，保障全县人民阅读的需求，是涟水唯一具有中小学教材发行资质的公司。在转型升级中，不断开拓多元化经营。今年以来，承接和中标多行业（学校、医院和政府机关）IT智能化系统集成和智慧教室建设等工程项目。

开展“读绘本、讲故事”朗诵比赛

党的十九大重要出版物专架展销

党的十九大重要出版物流动售书

“涟水新华杯”“一面之缘”主题作品征文大赛终评会在涟水书店举行

地址：涟水县涟城镇中山路12号　电话：0517-82321203　传真：0517-82321203　邮编：223400

江苏涟水农村商业银行
JIANGSU LIANSHUI RURAL COMMERCIAL BANK

——全县百万人民自己的银行

党委书记、董事长　郑淮

党委副书记、行长　张永军

开展“最美员工”演讲比赛

开展创新创优评比活动

江苏涟水农村商业银行股份有限公司是经江苏银监局批准筹建、设立的地方性股份制农村商业银行。行总部大楼位于涟水县涟州路5号，设17个职能部门、35个支行、1个营业部、4个分理处，服务网点遍布涟水城乡。

自2011年12月30日开业以来，县农商银行秉承“立足三农、服务城乡、服务中小企业、服务社区”的市场定位，以“做与农同根、润泽城乡的百姓银行”为愿景，以“走进百万涟水人心里的银行”为口号，以“饮水思源，水润心田”为服务理念，致力打造服务三农的“主力银行”，专注小微的“伙伴银行”，便民快捷的“社区银行”。截至2017年末，各项存款余额95.63亿元，较年初增加10.29亿元；各项贷款余额69.59亿元，较年初增加8.39亿元。存贷款总量均位居全县金融机构首位，已发展成为全县城乡金融服务网点最广、从业人员最多、存贷款总量最大、服务品种日趋完善、业务经营和社会认知度持续提升的现代农村金融机构。连续四年被江苏省联社评为“AAAA”级单位，获省联社“提质增效惠‘三农’、倾情献礼十九大”劳动竞赛苏北地区二等奖，被中国人民银行南京分行评为“2017年度江苏省银行业金融机构先进现金整点中心”，2个网点被评为“江苏银行业普惠金融文明规范服务五星级网点”，1个网点被评为“江苏银行业普惠金融文明规范服务四星级网点”，总行营业部被评为“淮安市银行业文明规范服务‘三十佳’星级示范网点”。

开展趣味运动会

迎新春晚会上员工大合唱

开展“三下乡”宣传活动

苏州银行 涟水支行
BANK OF SUZHOU LIANSHUI BRANCH

行长　唐晓红

组织“社区e家亲”活动研讨会

苏州银行涟水支行2009年12月8日正式挂牌成立，2010年9月28日获批改制正式更名为苏州银行股份有限公司涟水支行。苏州银行涟水支行位于常青西大道8号，紧邻风景秀丽的五岛湖，营业面积1172.84平方米，下辖军民支行，共有员工25人，平均年龄29.5岁。苏州银行涟水支行秉持“服务中小企业，服务实体经济，服务市民百姓”的发展理念，积极主动承担社会责任，以助力涟水当地经济发展为己任，努力打造新时代的普惠银行。苏州银行涟水支行在县委、县政府的正确领导下，积极贯彻落实县政府深化金融支持地方经济发展的要求，全力支持地方经济发展。截至2017年末，全行各项存款余额71733万元，其中储蓄存款余额18610万元，定期储蓄存款余额9331万元，活期储蓄存款余额9279万元，对公存款余额53122万元，其中保证金存款余

走上街头，宣传金融知识

深入商圈，服务中小企业

一经承诺 百年相随

额2105万元；各项贷款余额73904万元，存贷比103.3%，其中公司类贷款余额46079万元，个人类贷款余额27825万元，中长期贷款余额20598万元，其中住房按揭贷款余额21784万元，制造业贷款余额占比20.34%，年末不良贷款率0.095%，全年实现营业收入3989万元，净利润2610万元，各项业务均实现良好发展。

苏州银行涟水支行将立足涟水，不断创新工作举措，继续竭尽全力为全县地方中小企业、城乡居民提供最优质的金融服务，为地方经济发展做出新的更大的贡献。

深入企业，服务实体经济

面貌一新的银行标识

智能化营业大堂

中国银行 涟水支行

BANK OF CHINA

行长　王丽娟

省中行个金部总经理彭成在涟水支行调研

中国银行股份有限公司涟水支行位于县城常青大道1号，内设综合管理部、业务发展部、营业部，下辖中山、红日、炎黄大道3个支行。截至2017年末，县中行本外币一般性存款余额59.45亿元，较年初净增6.88亿元。占当地四大行存款余额和新增额市场份额分别为36.57%和41.72%，均排名第一。本外币贷款余额30.78亿元，较年初净增2.59亿元。占当地四大行贷款余额和新增额市场份额分别为31.02%和37.59%，均排名第一。2017全年贷款新增、中小企业贷款客户新增、工业企业贷款新增等多项指标均在全县金融系统排名中名列前茅。在2017年度江苏省中行系统中心支行排名中涟水中行名列第13名，较上年度排名上升18位，整个苏北（六市）地区仅涟水中行一家榜上有名；在淮安中行系统考核中名列第一、在全县金融机构考核中名列前茅。该行被市委、市政府评为文明单位；被淮安中行授予“中银优秀集体”“优秀管辖支行”称号；支行公司和个金条线荣获淮安中行综合“劳动竞赛第一名”“优胜奖”。

市中行行长李煊在涟水支行调研

2017年一季度经营形势分析会

行长王丽娟在贫困户家采集“阳光扶贫”信息

与县财政局开展党建共建活动

中国农业银行
AGRICULTURAL BANK OF CHINA
涟水县支行

中国农业银行股份有限公司涟水县支行位于红日大道中联壹城A2号楼，内设综合管理部、客户部、风险管理部、运营财会部4个职能部门，下辖营业部、中山支行、涟城分理处、城北支行、五岛湖支行、政务服务中心支行6个对外服务网点以及府前、县医院、东鼎、安东、城东5个离行式自助银行，共有员工110名。

信贷支持民生工程。涟水农行在做好自身经营的前提下，大力支持民生工程，积极履行社会责任。2017年，发放0.6亿元贷款支持涟水县高沟镇高沟中学建设。高沟中学建设项目包含建设1幢四层教学楼、2幢四层宿舍楼、1幢五层办公楼、1座两层食堂、1个400米标准化运动场、2个标准羽毛球场、3个标准篮球场，同时配套建设绿化、道路、广场、给排水、消防等公共配套设施。

举办消防演练活动

服务“三农”精准扶贫。全年发放惠农通机具372台，覆盖全县321个村（社区），机具有效率99%，平均业务量28.5笔，其中助农业务量15笔。共在农村地区设立代收电费业务点144个，代收电费2.3万元。让农村居民足不出村，就能体验到农行的代缴电费、取现、消费等服务。同时，与大东镇结成帮扶对子，66名员工主动担负起帮扶责任人的责任，每名员工帮扶4名贫困户，每季度走访一次，并在阳光扶贫App中录入相关资料。在摸排贫困户过程中，及时掌握并切实解决贫困户的实际困难。为贫困户普及金融知识，介绍农行的惠农金融产品。在扶贫日为贫困户、五保户等送去大米、食用油等生活必需品，并送上慰问金。

开展“小小银行家”活动

优化流程改善服务。不断优化开户流程，协助企业及个体工商户做好账户开立工作。建立开户预处理机制，在大堂设立专人协助企业或个体户进行开户资料预处理，缩短开户时间，服务对象涉及建筑、化工、汽车贸易、电子商务等各个领域。以网点转型为抓手推进企业服务建档工作，为企业提供专属服务，服务的深度和广度不断扩大。全年新开人民币对公结算账户576户，比上年增加150户，增长率35.4%。

节日期间打造温馨网点环境

开展母亲节回馈客户活动

组织开展青年员工业务技术比赛

江南农村商业银行 JIANGNAN RURAL COMMERCIAL BANK | 涟水支行

江南农村商业银行成立于2009年12月31日，由常州辖内原5家农村金融机构合并设立，经国务院同意、中国银监会批准设立的全国首家地市级股份制农村商业银行，是江苏省农信系统内首家存款突破千亿元的法人机构。在2017年商业银行稳健发展能力“陀螺”评价体系中位居农商行序列综合排名第五，主体长期信用等级为AAA。涟水支行是江南农村商业银行在异地设立的首家支行。支行位于县城红日大道31号，内设综合办公室、风控分部、营销分部及营业部，有员工16人，平均年龄仅31岁，是一支充满活力的年轻队伍。

近年来，在县委、县政府的关心支持下，江南农商行涟水支行不断创新发展，以“精耕细作，立己利他”的银行精神服务客户。至2017年末，各项存款余额4.04亿元，各项贷款4.88亿元。

江南农村商业银行十五项金融牌照及资质：

- 信息科技ISO27001安全认证
- 证券投资基金销售业务资格
- 国家开发银行承销团成员
- 非金融企业债务融资工具承销商
- 保险兼业代理业务许可证
- 信用卡发卡资格
- 结售汇资格
- 二级资本债发债资格
- 上海黄金交易所交易席位
- 上海黄金交易所询价业务资格
- 金融衍生产品交易业务资格（普通类）
- 信贷资产证券化业务资格
- 理财直融工具资格
- 中国进出口银行承销团成员
- 江南金融租赁有限公司

走进社区开展防范非法集资宣传

开展“不忘初心 牢记使命”观影活动

三八妇女节向女员工送祝福

深入企业开展反假币宣传

荣誉证书

江南银行涟水支行：

在2017年涟水县银行业金融机构征信业务知识竞赛活动中，荣获团体二等奖，特发此证，以资鼓励。

二〇一七年六月九日

征信业务知识竞赛团体二等奖

涟水县人民政府房屋征收管理办公室

涟水县人民政府房屋征收管理办公室是县住房和城乡建设局所属的副科级全民事业单位。下辖房屋征收服务中心（国企），共有企事业人员83人，担负着全县房屋征收（拆迁）管理职能。

2017年，全县房屋征收（拆迁）总量3444户、48.94万平方米。顺利完成中山西路两侧棚户区改造、经济开发区美丽宜居乡村建设及黄营、大东、义兴、成集、朱码等乡镇高标准农田整治整村推进项目的房屋搬迁工作。针对城区房屋征收（拆迁）安置实际情况，分类做好房屋搬迁超期过渡处置工作，多渠道、多元化地推进安置房建设和交付工作，全年交付安置房（含政府回购）1608套、16.18万平方米，重点项目安置房建设取得突破性进展，适时落实特困、特殊群体的搬迁安置问题。集中开展拆迁安置矛盾化解整治攻坚活动，成功调处多起多次去省赴京、在县内产生严重影响的信访案件，群众的合理诉求得到及时解决。较好地完成重要时期的维稳工作。全面完成县委县政府布置的各项任务，工作指标在住建系统市对县考核中排位靠前。

市政府督查组一行在涟水督查中山西路两侧棚户区改造项目推进情况

市住建局领导一行在县房屋征收办开展年度目标考核

召开中山西路两侧棚户区改造房屋征收动员大会

县房屋征收办邀请县纪委领导开展党风廉政建设讲座

滨河新苑项目安置房交付现场

拆除文明创建现场设置围档

涟水县涟城镇

LIAN SHUI XIAN LIAN CHENG ZHEN

涟城镇是全县政治、经济、文化和商贸中心。西距淮安市区30千米，南和淮安区隔河相望。全镇总面积72平方千米，其中耕地面积1466.67公顷，辖32个村（社区）、136个居民组，20.3万人。2017年，全镇实现规模以上固定资产投资25亿元，规模以上工业投资12亿元，规模工业总产值185亿元，固定资产进项税650万元，限额以上服务业和限额以上贸易单位营业收入60亿元。财政总收入9000万元，公共财政收入5000万元，服务业入库税收6800万元，新增各类规模企业24家，在全县科学跨越发展考核中获得一等奖。

1 县委常委、镇党委书记刘泽年带领有关人员深入社区指导和谐共治工作

2 县委常委、镇党委书记刘泽年为全镇党员上"旗帜鲜明讲政治"专题党课

3 镇党委副书记、镇长苍凯走访弘晟包装了解企业生产经营情况

4 创建省级文明城市工作推进会

5 “文明涟城·和谐邻里”活动启动仪式

6 在社区设立道德讲堂

7 茂京机电生产车间

8 谷嘴社区康乐农场

9 “美丽涟水·幸福涟城”文化惠民基层行节目汇演

涟水县保滩镇

省委常委、省纪委书记、省监察委主任蒋卓庆到保滩调研扶贫开发工作

镇党委书记　谢正亚

镇党委副书记、镇长　付建文

市委副书记、市长蔡丽新到保滩镇督查推进社会矛盾和安全隐患大排查大整治工作

宿迁党政代表团在市县领导陪同下到保滩镇了解“阳光扶贫”监管系统的运行模式和成效

保滩镇位于涟水县域西南部，交通便捷，省道327纵贯全镇，连淮扬镇、徐宿淮盐2条高铁贯穿全境，将于2019年全线通车，镇区距淮安机场12千米，至淮安市经济开发区仅需5分钟。保滩作为全县现代农业建设主阵地、古淮河生态观光走廊建设的门户镇，素有涟水“南大门”、市区“后花园”之称，是省级卫生镇、文明镇。区域狭长，南北长约21千米，东西宽约3千米，呈纺锤形。全镇总面积45.08平方公里，耕地面积2174.66公顷，辖9个村（社区），63个村民小组，社会人口2.72万人。

2017年，全镇上下紧紧围绕县委、县政府“决战决胜达小康，做强做美副中心”“紧扣两聚一高、聚焦两大目标”等重大决策部署，坚持“稳中求进、稳中有为、稳中提质、又好又快”的发展总基调，实现地区生产总值7.29亿元，财政收入6244万元，其中公共财政预算收入3247万元。完成工业总产值80亿元，规模以上工业开票销售收

入13.49亿元，工业入库税金2735万元，招商引资项目5个，引资额2.13亿元，农民人均纯收入16854元。涟水首届百花节在保滩镇成功举办，喜迎八方游客达8万多人次，多项工作走在全县前列，在全县科学跨越发展综合目标考核中获二等奖，入选为江苏省花海农博小镇和淮安市“花卉小镇”等特色小镇名录。

1 县委书记王向红在百花园调研

2 涟水县2018年文化科技卫生“三下乡”集中服务活动在保滩镇全面启动

3 全市“县乡政务服务中心一体化”建设改革现场会参会人员到保滩镇政务服务分中心观摩

4 组织开展“日益福杯”党的十九大精神知识竞赛活动

涟水县高沟镇

LIAN SHUI XIAN GAO GOU ZHEN

省编办副主任钱亚东等领导到高沟调研指导行政管理体制改革工作

市政协主席王维凯等领导到高沟指导特色小镇建设工作

县委书记王向红，县委副书记、县长时勇等县领导到高沟视察工作

高沟镇地处淮安、连云港、宿迁三市交界处，是淮安、涟水北大门，镇区距市区50千米，距县城25千米，距涟水机场35千米，宁连高速、236、326省道贯穿全境，南北六塘河、公兴河穿境而过，新326省道向西延伸与京沪高速相连，兴建中的连淮扬镇高铁也从这里经过。镇域面积112平方千米，辖28个村(社区)，2.26万户、12.8万人，常住人口9.2万人，耕地面积5933.3公顷；镇区建成面积6.9平方千米，镇区人口近7万人。2017年，全镇实现地区生产总值43.2亿元，财政总收入5703万元，公共财政预算收入3313万元，农民人均纯收入21935元。2004年、2014年两次被列为国家重点中心镇；2009年、2012年、2015年连续三次被评为全国文明镇，2016年创成国家级卫生镇；先后荣获国家级生态镇、小企业创业基地，江苏省卫生镇、生态镇、创新型科技示范镇、食品及酿造产业集聚区、中小企业产业集聚示范区和淮安市新型城镇化先行区、淮安市十强工业集中区等多项荣誉；连续多年荣获市农村经济十强乡镇和县综合考评一等奖；2015年被确立为市新型城镇化先行区、县新型城镇化三大主功能区之一和县域副中心；2017年获批省经济发达镇行政管理体制改革试点。

省诗词协会会长凌启鸿为高沟镇省诗词之乡授牌

1 召开党的十九大精神宣讲活动启动仪式暨第一次宣讲会

2 高沟片区 2017 年度教育发展大会

3 缘来高沟“十佳餐饮”目的地大赛

4 今世缘美酒银行

5 高沟光大生物质能发电项目

6 建设中的涟水三院新院区

涟水县陈师镇

省委常委、省纪委书记、省监察委主任蒋卓庆等省市领导一行在陈师镇百药园调研观摩

市委书记姚晓东，市委常委、秘书长李森，副市长肖进方，县委书记王向红调研陈师镇百药园

陈师镇地处县城主城区与淮安市主城区的连接地带，具有不可多得的交通优势。2016年，省国土资源厅在陈师镇实施总面积1200公顷高标准农田整治项目。陈师镇牢牢抓住“空铁水公”的交通优势和难得的发展机遇，以此为依托，积极发展田园综合体，建设“百药园”，打造“中医药养生小镇”。该项目于2016年下半年启动实施，整体搬迁5个村850户，并连片整治、全面配套，基本形成田成方、路相通、渠相连、旱能灌、涝能排的生产格局，为现代农业发展提供强有力的保障。

2017年6月，1200公顷中药材种植基地全面招商，先后有120余批各地客商来镇考察，并成功签约20个中草药种植项目，流转土地800公顷。截至目前，种植芍药、牡丹、葛根、金银花、丹参、玄参、白术等10多个品种，种植总面积达到600多公顷。近期，射干、瓜蒌、葛根等多个品种相继种植，力争到2018年底种植面积达到1334公顷、2019年达到2000公顷、2020年辐射周边乡镇达到6667公顷。

为解决百药园内中药材种植户的后顾之忧，着力构建技术服务、劳务服务、销售服务和农业保险的“三服务一保障”配套服务体系，并与国内知名药企对接，建立GAP规范化工厂，打造农业产业发展孵化器。在此基础上，全力打造“中医药养生小镇”。目前小镇核心区建设正在与知名企业和专业团队对接洽谈，力争年内启动实施。

①

②

③

涟水县现代农业(中草药)产业推介会

县、镇主要领导赴安徽亳州开展中草药招商工作

通过建设“百药园”可在扶贫开发、强村富民、产业融合、土地流转、农业升级、基层党建等六个方面实现转变和提升。一是创新扶贫方式。改变了过去单靠资金扶贫和政策扶贫的方式,通过建立中草药种植基地,打造田园综合体,建设特色小镇,延伸产业链,使产业扶贫在各链条上有鲜活的载体,实现低收入家庭既得租金又得薪金,加速脱贫步伐。二是促进集体经济增收。在拆迁整理过程中,镇村两级集体可获得一定的服务费用。通过土地整理,集体溢出土地通过流转释放效益。通过建立劳务合作社、利用集体资源资产投资、入股等,都可以使得集体经济有效增收。三是加速产业结构升级。通过发展中药材种植,改变沿袭多年的稻麦两季传统种植模式和低效益的种植品种,实现农业产业向“高价值”“高颜值”跨越发展,同时推进产业“接二连三”,实现产业融合和全产业链发展。四是改善宜业宜居环境。通过整治项目的实施,区域内的5个行政村实现整村推进,集中居住,改善生产生活条件。土地得到根本改造,不仅新增用地指标,而且便于土地集中规模流转。此外,区域内农业面源管理、水体污染整治得以有效实施,加之环境综合整治、景观打造,实现宜居宜业,环境全面改善。五是推动美丽乡村建设。综合园区产业发展、环境提升、文化氛围营造等工作,顺势而为、乘势而上,实施乡村振兴战略,推动美丽乡村建设。六是提升基层党建工作水平。按照“把支部建在产业链上”的思路,在百药园产业链上,建设各具特色的产业支部,有力地推动新形势下基层党建工作水平,培育新型经营主体为基层村干部实现带头富、带领富提供广阔舞台。

① 开展中草药种植技术对接会
② 支部建在产业链——陈师镇尹荡村药材支部
③ 中草药种植劳务合作社
④ 百药园
⑤ 百药园之菊花园
⑥ 菊花加工

涟水县义兴镇

LIAN SHUI XIAN YI XING ZHEN

义兴镇位于涟水县域最北端，与灌南县新安镇接壤，东隔盐河与灌南县新集镇以及涟水县的五港镇为邻，西与灰墩办事处、南与红窑镇毗邻。全镇总面积46.3平方千米，耕地面积2854公顷，辖9个村（社区），59个村民小组，2.25万人。全镇水陆交通便捷，东有三级航道盐河纵贯南北，通江达海，县道301公路横穿东西，西临宁连高速公路8千米。2017年，全镇实现地区生产总值4.46亿元，财政总收入6146万元，农民人均纯收入16584元。在2017年度全县乡镇科学跨越发展考核中获三等奖，同时被授予“江苏省散装水泥示范乡镇”“淮安市村庄环境长效管护示范乡镇”等荣誉称号。

市委书记姚晓东在义兴镇指导工作

副市长肖进方在义兴镇苗戴村调研

县委书记王向红在义兴镇视察工作

镇党委书记张建国带领有关人员会办裕淮菇业项目

1

2

3

4

1 镇党委书记张建国陪同县水利局领导查看八一支大沟疏浚工程

2 开展党的十九大精神宣讲报告会

3 黄花菜核心区项目

4 五房村瓜蒌种植

5 组织镇村干部外出考察学习

6 组织党员干部到德园参加警示教育

5

6

涟水县成集镇

LIAN SHUI XIAN CHENG JI ZHEN

市委副书记、市长蔡丽新在条河村视察食用菌基地建设情况

县委书记王向红调研成集镇工业集中区

县委副书记、县长时勇在成集镇奕诺农业调研

组织人大代表视察成集镇建设管理情况

成集镇快速推进农村安全饮水管网建设

2017年，成集镇认真贯彻落实省市县会议精神，将聚焦富民、改善民生工作作为“头版头条”，大力实施“乡村振兴战略”，推进土地流转、招引产业项目、兴办民生实事、拓展发展空间，全力带动百姓增收致富，全镇经济社会发展取得长足进步。

坚持招大引强，稳步推进项目建设。成功招引落户县经济开发区总投资1.5亿元、占地3.07公顷的打击乐器项目。汇玻材料完成资金、技术整合，纳入市盘考核验收。腾耀包装技改、华春新能源、荣顺祥乐器纳入县盘考核。云雾日化、天马纺织、霞客科技等规模企业产销两旺。实体经济的招引和良性发展，为全镇强村富民注入活力。

突出民生改善，优化发展空间格局。持续加大民生实事投入，加快推进断头路、瓶颈路建设，全力推进镇村道路联网工程。投入1300余万元，规划建设杰勋村至条河村道路。投入近2000万元，在朱庄、法华等4村启动实施“旱改水”工程。投入1200余万元，在六塘、杨庙等4村新建万亩高标准农田开发项目。投入600余万元提档升级镇村道路绿化。在条河、杰勋两村搬迁近400户，实施高标准农田综合整治项目，规划启动苏北小延安（条河）特色田园乡村建设。对学校、医院实施基础设施提档升级工程，进一步促进全镇教育卫生事业协调、优质发展。

构建发展新引擎
唱响富民强村曲

推进产业扶贫，加快脱贫攻坚步伐。注重培育富民项目，香菇栽培、草坪种植、果蔬大棚、优质稻米等产业项目先后建成，成为成集镇群众脱贫致富的“火车头”。在朱庄、油坊等村发展近200公顷的草坪，当地群众既得租金也得薪金。投资3000万元的奕诺农业全部采用山东寿光蔬菜种植技术，主要种植黄瓜、青椒等时令蔬菜，产品直供上海等大城市的生鲜超市。永锋村另辟蹊径，发展“电商+基地+农户”的经营模式，农民足不出户，把优质农副产品销往全国各地，走出一条“互联网+”特色强村富民之路。

聚焦生态文明，镇村环境不断改善。加强成集、余圩两个街道长效管理，持续开展文明城市创建活动，大力整治农村环境，对涟古路、梁余路、周成线等镇村主次干道进行美化、亮化、绿化。开展文明户、清洁户、涟水好人评比活动，全面提升群众文明道德素养。狠抓“263”各项整治行动，对全镇畜禽养殖、燃煤锅炉等开展拉网式整治，切实提升人民群众的满意度和幸福感。

江苏毕豪食品有限公司工人对原料进行淋油操作

草坪项目成为农业产业化发展的典范

奕诺农业果蔬大棚

条河村香菇园

涟水县南集镇

LIAN SHUI XIAN NAN JI ZHEN

南集镇位于涟水县域东南部，东依古淮河与阜宁县芦蒲镇、淮安区苏嘴镇隔河相望，西与徐集乡相连，北与黄营乡接壤，涟南羊公路纵穿南北。镇政府驻南集居委会，距县城23千米。南集镇历史悠久，民风淳朴，是淮河古道名镇、嵇安将军故里、绿色品牌基地、全国小戏之乡、江苏省文明镇、国家级卫生镇。全镇总面积56.3平方千米，耕地面积2826.36公顷，辖12个村（社区），67个村民小组，7989户，3.2万人。2017年，全镇完成地区生产总值60871万元，财政收入1.02亿元，农民人均纯收入15989元。2017年10月31日，高标准通过国家级卫生镇考核，为全市唯一一家通过考核乡镇。

省委主要领导到南集镇视察指导工作

全国供销合作总社党组成员、理事会副主任骆琳率调研组到南集镇调研

省爱卫办主要领导到南集镇指导创卫工作

市委副书记张彤在南集调研

① 市人大常委会常务副主任葛平一行调研南集镇人大工作

② 副市长肖进方等市县领导视察调研南集镇现代农业示范园

③ 南集镇创建国家级卫生镇考核评估汇报会

④ 南集镇2017年大学新生欢送会

⑤ 2018年元旦联欢会暨第二届南集好人颁布仪式

⑥ 南集镇现代农业示范园

涟水县前进镇

省政府办公厅主任谢润盛，县委副书记、县长时勇到前进镇调研扶贫开发工作

副市长肖进方，县委书记王向红到前进镇开展“三进三帮”活动

学习贯彻十九大联欢会

淮海琴书进校园，为中华之崛起而读书

前进镇位于涟水县域西北部，东临东张河与岔庙镇相邻；西依六塘河与麻垛现代农业开发区相连；南与梁岔镇接壤；北与高沟镇交界。历史悠久，人文厚重，是中共淮属临时工委诞生地、中国淮海琴书之乡。交通便利，233国道（淮高公路）、304县道（涟麻公路）和303县道（前周公路）穿境而过，镇区距涟水机场、宁连高速、京沪高速出口分别为15千米、10千米、20千米。河网密布，有西张河、东张河、南六塘河等3条河流。镇政府驻同兴居委会同兴街，距淮安市区和涟水县城皆36千米。全镇总面积50.9平方千米，耕地面积3277.47公顷，辖11个村（社区），76个村民小组，6149户，30655人。

2017年，全镇实现地区生产总值4.8亿元，农民人均纯收入16213元。完成工业生产总值48050万元，实现财政总收入4824万元，排名全县第二。全年共招引馨耐尔旅游用品、常兴纺织、兴宏木业、瑞琪箱包、漆包线加工项目以及生物质颗粒加工等大小项目10余个，招引总部经济项目近百个。在全镇干群的共同努力下，前进镇成功创成市级村庄环境长效管护五星级乡镇。按照整体规划，重点实施“一村一品”“一村多品”战略，朱后圩、戴码两村继续流转土地0.173平方千米，扩大瓜蒌种植面积，已形成总面积超过86.67公顷的瓜蒌种植示范园。

涟水书画家走进前进镇采风活动

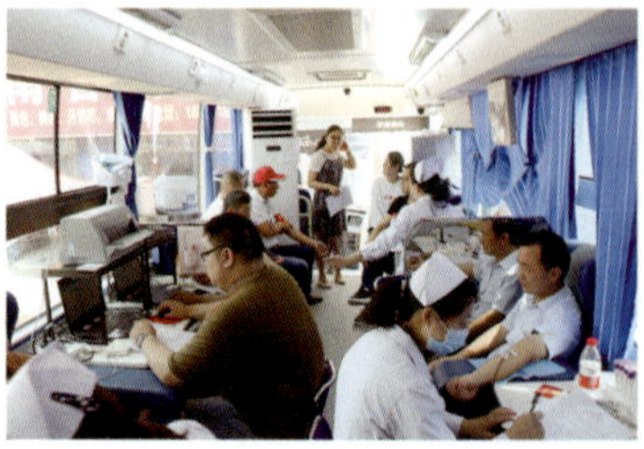

前进镇工作人员参加义务献血

前进镇退休老干部“面对面、心连心”座谈会

涟水县唐集镇

LIAN SHUI XIAN TANG JI ZHEN

唐集镇位于涟水县域东部，距县城33千米，东、北与石湖镇接壤，南与黄营乡相连，西隔西官河与东胡集镇毗邻，境内古淮河、唐响河、唐松河、一帆河、327省道、329省道、涟阜路构成便捷的水陆交通运输网络。境内地势平坦，一般高程3米左右，有宋代古月塔1座，为仿木结构砖塔，高约16米，属国家级保护文物。全镇总面积约68平方千米，辖13个村（社区），160个村民小组，3.4万人，耕地面积3810.33公顷。2017年，实现地区生产总值60483万元，财政收入2289万元，农民人均纯收入17531元。

2017年，唐集镇项目引进工作取得全面突破。共洽谈项目9个，其中亿元项目5个，3000万元以上项目4个。已签约亿元项目3个，3000万元项目3个。涟水鑫源15兆瓦“农光互补”光伏发电项目成功并网发电，年总计发电量约2200万千瓦时；总投资10亿元（其中外资2000万美元），装机总容量100兆瓦的中广核风力发电项目获市发改委正式核准，于2018年8月开工建设，该项目建成投产后年开票可达2.5亿元，税收1800万元；由丰河村返乡创业人员冯磊投资2.1亿元（其中外资500万美元）的键合丝项目已与县经济开发区签订用地协议，于2018年3月开工建设；投资2300万美元的光伏组件生产项目已正式签约，前期手续已办理，已到账80万美元及570万元人民币，近期将与县经济开发区签订2.11公顷的用地协议，项目投产后年开票2.1亿元，利税1600万元；总投资3.7亿元的鱼氏纺织项目正式签约，即将落户县经济开发区；总投资1.1亿元的新鑫化工技改项目已通过市经信委的研判，正在开工建设。

县委副书记、县长时勇一行观摩六舍村瓜蒌种植园

县委副书记、县长时勇调研苏利源水产养殖基地

县政协副主席姚兵到唐集镇指导目标考核工作

镇领导调研涟水县龙达苗木种植专业合作社建设情况

镇人大组织人大代表赴镇直机关单位考察省级文明城市创建工作

进中向好求突破 以质取胜上台阶

——江苏今世缘酒业股份有限公司二〇一七年十大新闻

① 今世缘荣膺“全国质量奖”

11月29日，由中国质量协会联合欧洲质量管理基金会举行的首届全球卓越大会暨第十七届全国追求卓越大会在北京人民大会堂召开。会上为获得年度“全国质量奖”的组织举行隆重颁奖典礼，全国共有5家大中型企业金榜有名，今世缘酒业荣膺“全国质量奖”，也是本届唯一登上国家质量荣誉巅峰的酒企，标志今世缘质量管理跨入新时代。全国政协原副主席白立忱、中国轻工业联合会原会长陈士能为今世缘颁奖，今世缘酒业董事长、党委书记、总经理周素明，副董事长、副总经理吴建峰代表企业领奖。

全国政协原副主席白立忱、中国轻工业联合会原会长陈士能为今世缘颁发“全国质量奖”

② 今世缘荣获“全国文明单位”

11月17日，在全国精神文明建设表彰大会上，今世缘酒业被中央文明委授予“全国文明单位”称号。这是幸福今世缘建设取得的重大标志性成果。近年来，特别是党的十八大以来，今世缘酒业坚持将社会主义核心价值体系融入企业生产经营，大力弘扬“追求卓越，缘结天下”的企业精神，全力实施“打造品牌、以质取胜、文化营销、人才强企”四大基础战略，持之以恒并创造性地开展具有时代特色的文明创建工作，促进企业更好更快发展，各项工作迈上新台阶，主要经济指标攀上新高度。党的十九大胜利召开后，公司党委在切实学懂弄通做实党的十九大精神上下功夫，深刻学习领会中国社会主要矛盾发生的历史性变化，紧密结合今世缘生产经营实际，紧扣主要矛盾，谋划酒缘大业，在满足人民日益增长美好生活需要中抢抓新机遇、建好新模式、培育新动能，在全面深化“品牌+渠道”双驱动中追求卓越今世缘。

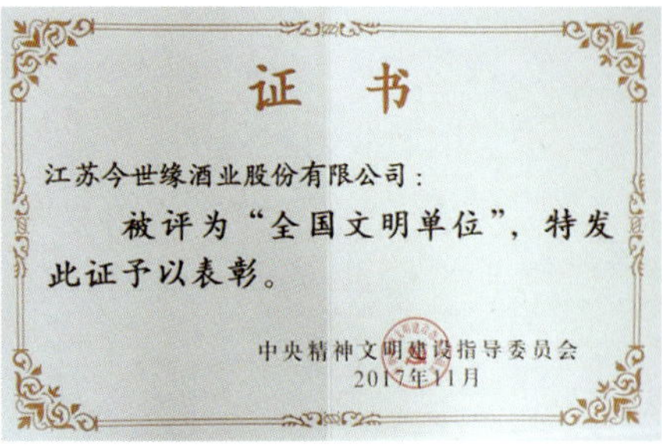
证 书

江苏今世缘酒业股份有限公司：

被评为“全国文明单位”，特发此证予以表彰。

中央精神文明建设指导委员会
2017年11月

全国文明单位

③ 今世缘获评“国家AAAA级旅游景区”

12月26日，今世缘旅游景区被评定为国家AAAA级旅游景区。今世缘旅游景区坐落于著名酒乡、全国文明乡镇高沟镇，是全国唯一一个以“酒文化、缘文化”为主题的特色工业旅游景区，也是一个融酿酒历史文化、科普教育、休闲购物于一体的综合型文化旅游景区。景区包括两大旅游体验板块，一是以工业旅游、缘文化、企业文化体验为主的今世缘文化广场、今世缘会展中心、中国白酒智能化酿造示范车间、今世缘美酒银行、“今世缘·等着我”展示馆等。二是活态展示高沟酒传统酿造技艺及酒文化的高沟酒非遗保护区、感受酿酒工匠精神本源的中国民间酿酒大师总部。

市委书记姚晓东视察今世缘景区

④ 今世缘智能化酿造国际领先

“该项目成果具有创新性，达到国际同类研究的领先水平”，9月22日，由今世缘领衔研发的“固态发酵浓香型白酒智能酿造关键技术的研发与应用”项目通过中国轻工业联合会组织，中国工程院院士、北京工商大学校长孙宝国领衔主持的专家技术成果鉴定。2004年起，今世缘启动机械化、自动化生产线研发建设，酒的勾兑过程、酒库管理、粉碎制曲、麸曲生产过程先后实现机械化、自动化控制和信息化管理。2015年5月，今世缘建成中国白酒首套装甑机器人生产线。2016年5月，中国酒业协会授予今世缘“中国白酒智能化酿造示范车间”称号。

项目鉴定委员会专家考察白酒智能化生产现场

5《今世缘·等着我》展示馆开馆

把缘分留住，让爱心永恒。7月3日上午，中央电视台第一所线下体验展示馆、今世缘景区核心景点——《今世缘·等着我》展示馆落成开馆。今世缘酒业董事长、党委书记、总经理周素明，中央电视台综合频道副总监、《今世缘·等着我》栏目创办人张国飞共同启动《今世缘·等着我》展示馆开馆水晶球，《今世缘·等着我》栏目制片人杨新刚、中国社会福利基金会"缘梦基金"副秘书长王鸿蕻为《今世缘·等着我》工作站揭牌；《今世缘·等着我》栏目志愿者代表杨冬琴、寻人团圆家庭代表于子锐为《今世缘·等着我》志愿者基地揭牌。中央电视台主持人舒冬主持开馆揭牌仪式。展示馆以文字、实物、图片和多媒体等多种方式，全方位、多角度、深层次地展示了《今世缘·等着我》栏目开办以来"为缘寻找，为爱坚守"的风雨历程、发展足迹和突出成就。

《今世缘·等着我》展示馆开馆仪式

8 今世缘·宝贝回家志愿者关爱计划启动

12月4日，公安部打拐办2017积案攻坚座谈会暨今世缘·宝贝回家志愿者关爱计划启动仪式在今世缘总部会议中心举行。公安部刑侦局副局长陈士渠，《今世缘·等着我》栏目制片人杨新刚、执行制片人胡波，宝贝回家创始人张宝艳，央视网科教记录中心总监赵胜军，中央电视台主持人舒冬，今世缘酒业董事长、党委书记、总经理周素明，以及来自全国各地的公安干警、宝贝回家志愿者出席活动。

今世缘·宝贝回家志愿者关爱计划启动仪式

6 今世缘美酒银行项目开工

2月12日上午，2017年全省重大项目集中开工现场推进会涟水县分会场今世缘美酒银行项目开工仪式在今世缘酒业南厂区举行。今世缘美酒银行是规划中的今世缘酒业南厂区重要组成部分。项目规划用地22.07公顷，总建筑面积25.3万平方米，陶坛储酒总量10万吨，总投资10亿元。项目以今世缘品牌喜庆元素为基准点，主要功能是半成品酒陶坛存储和文化旅游。今世缘美酒银行是企业推进供给侧结构性改革的具体举措，是为高沟古镇发展团人气、聚财气，带动旅游与主业融合发展的又一亮点，是企业由卖酒向卖文化转型的重要一环。至2017年底，项目一期工程主体完工，2018年投入使用。

今世缘美酒银行项目开工仪式

9 打造道德文化的"今世缘样本"

4月15日至16日，由中国伦理学会、南京师范大学、今世缘酒业共同举办的"道德资本与企业经营"学术研讨会在国缘宾馆召开。来自西班牙、印度、日本、菲律宾等国家，以及中国人民大学、中国社会科学院等科研院所的海内外40多位专家学者，就如何培育企业道德精神等实践问题提出富有启迪意义的观点。研讨会上，与会学者肯定了道德文化建设的"今世缘样本"，认为今世缘以道德文化作为企业文化的底色，向上向善，立德创新，建立企业道德指标评估测评体系，突出道德建设的可视性，值得借鉴。企业成立道德文化研究院，以匠心酿造具有道德情怀的良心产品，携手央视大型公益寻人栏目《今世缘·等着我》，开展常态化的"道德讲堂""亲情家访"，建立管理层联系点、党员干部参加扶贫济困等举措是道德创新的有力实践。

道德资本与企业经营学术研讨会开幕式

7 首届江苏婚礼T20战略合作峰会举行

3月30日，今世缘酒业联合江苏综艺频道携手全省200多婚庆企业，共同举办"结缘、聚荔、赢未来"首届江苏婚礼T20战略合作峰会。大会由江苏综艺频道著名主持人陈怡主持，今世缘酒业董事长、党委书记、总经理周素明，省婚庆行业协会会长常真、江苏综艺频道总监席文宏分别致辞，与会代表就今世缘喜庆家渠道拓展等议题进行了深入探讨。大会还举行今世缘喜庆家联盟会员、《今世缘·缘定今生》指定婚庆合作伙伴授牌仪式。

首届江苏婚礼T20战略合作峰会

10 今世缘地下水被认定为稀缺矿泉水

1月11日，省政协副主席、党组副书记罗一民带领省专家评审组到今世缘酒业，对高沟镇地下深循环水补给源项目进行评审。河海大学地球科学与工程学院同位素水文研究所所长、博士生导师陈建生教授率领的团队，经过近一年的研究认定，今世缘酒业地下水属于深循环地下水，经过东西展布的次生断裂带流入到高沟地区，深层承压水符合国家1类饮用水标准，而且地下水中锶、偏硅酸、锌等浓度超过国家矿泉水标准，其中锶值在0.42～0.58毫克/升之间，平均值为0.49毫克/升，锶含量比矿泉水标准高出1倍以上；偏硅酸值在60～82毫克/升之间，平均值为68毫克/升，高出矿泉水标准1.4～2.3倍，属于优质饮用水源和稀缺矿泉水资源，验证"美酒必有佳泉"的说法。

地下深循环水补给源项目评审会

国家电网
STATE GRID

国网涟水县供电公司
STATE GRID LIANSHUI COUNTY ELECTRIC POWER SUPPLY COMPANY

国网涟水县供电公司紧密围绕省市公司和县委、县政府工作部署，坚持“履职尽责、提质增效”工作主题，以党的建设为保证，以市场和客户为中心，以夯实基础为根本，在改革中发展，在创新上发力，转观念、建规矩、补短板、创亮点，奋力实现管理和效益双提升。

公司设置9个职能部门、2个二级机构和28个农村供电所，在册员工937人。全县有1座500千伏变电站，3座220千伏变电站、10座110千伏变电站、10座35千伏变电站，电网供电能力显著增强。2017年，全县全社会用电量16.93亿千瓦时，比上年增长1.43%。售电量15.99亿千瓦时，增长0.94%。最高负荷48.2万千瓦，增长15.56%，创历史新高。完成业扩报装1.51万户，新增容量27.24万千伏安，增长21.72%。

2017年，公司获“江苏省放心消费创建示范单位”称号，被省公司评为安全生产先进集体、财务管理工作先进单位、电费回收先进单位；被市公司评为文明标兵单位、安全生产标兵单位、党风廉政建设先进单位，公司领导班子被市公司表彰为“四好”领导班子；获县“服务实体经济发展先进单位”“软环境建设先进单位”称号。

1 县委书记王向红调研供电工作

2 县委副书记、县长时勇带队检查供电安全

3 巡视高考考点用电情况

4 服务重要企业生产用电

抢修居民小区用电故障

冒雪巡视供电线路

架设110千伏输电线路

涟水县涟缘水务有限公司

涟缘
淮安市知名商标

县委书记王向红检查指导水厂深度处理运营工作

涟水县涟缘水务有限公司前身为县自来水厂，始建于1975年。是全县唯一采取地表水集中供水式企业，担负着全县城乡居民的生产、生活用水的供水任务。饮用水源取自于县城南侧的古淮河，水源符合卫生部颁布的《地表水环境质量标准》规定的Ⅲ类水质标准。公司位于郑梁梅大道南侧，老厂区占地面积0.99公顷，新厂区（二水厂）占地面积9.33公顷。公司固定资产3.37亿元，有生产机组11台套，纯净水生产线2条；供水管线总长537千米，自来水日生产能力20万吨。供水用户14万户，常年供水人口约32万人，供水总量2850万吨。

二水厂三期工程规划图

二水厂三期工程建设现场

2017年，公司启动二水厂三期扩建项目，项目规模为日产10万吨自来水，投资约2亿元。完善农村饮用水安全工程，建东胡集（时码）、黄营（旗杆）、朱码（河网）、高沟增压泵站4座。投资2000万元，完成涟水路、北环线供水管道21.8千米铺设任务。完成水木花都小区、金安玫瑰园二期、东鼎商城三期、香山新风景等11个小区整体或期房的管道连接及水表安装工作。完成33个集体单位的管道连接工作，完成睿辉机械科技淮安有限公司、爱尔华电子科技公司、江苏百盛新材料科技有限公司等15家招商引资企业接水安装工作。先后被市“平安企业”创建领导小组授予“平安企业”称号，被市公安局评为全市单位内部安全保卫工作先进集体单位，被县精神文明建设指导委员会授予“2015—2017年度文明单位”称号。

增压泵站

增压泵站

涟水县教育局

市教育局局长张元贵调研涟水教育工作

助学奖学献爱心

县委书记王向红视察教育工作

县委副书记、县长时勇为名校长颁奖

副县长郑劲松调研高中教育工作

2017年，县教育局紧紧围绕新一轮教育现代化建设，改善办学条件，创新管理机制，推进素质教育，取得显著成绩。年内，获得国家、省、市、县级表彰近20项。

教育现代化持续推进。投入2.62亿元建设滨河学校等46个基础设施建设项目，投入1000余万元改善12所乡镇中小学教学设备，建设智慧校园和创建教育现代化先进乡镇（学校）。创成陈师镇、成集镇、前进镇3个市教育现代化先进乡镇和淮阴中学滨河高级中学等14所市教育现代化先进学校，2017年涟水县教育现代化建设水平监测综合得分79.6分，比上一年度提高5.99分。

教育教学质量持续提升。把提高教育教学质量作为教育改革发展的核心任务，强化"双随机"督导，组织知识质量调研，完善绩效考核方案，狠抓教育行风建设。全县小学、初中教学质量稳步提升，尤其是高考取得本科达线率、达线数双居全市县区之首的好成绩，并有一人考取清华大学，实现几年来名牌大学零的突破。职业学校在省职业技能大赛中取得1金3银1铜、在市第十二届职业技能大赛中取得4金13银6铜的优异成绩；县中专对口单招本科达线22人，继续保持对口单招成果领跑全市的势头，获得较高的社会声誉。

办学特色持续彰显。围绕特色建设的"点"，拓展特色建设的"面"，扎实、有序、有效地推进学校特色建设。24所学校获批国家、省、市级特色项目、体育传统特色校，新创市级"周恩来班"13所，建成省市级质量、品格提升项目9个。中央电视台、《人民日报》等国家级主流媒体多次深度报道涟水县特色建设、发明创造等教育工作情况，涟水教育知名度和美誉度不断提升。

队伍建设持续发力。统筹谋划，精心组织，努力提高"三名"工程的培养质量。优选中小学校长、骨干教师、业务管理者等

◎ 国家全民终身学习活动周优秀组织奖
◎ 省中小学生金钥匙竞赛团体二等奖
◎ 市教育目标考评优秀单位
◎ 市教育现代化建设工作进步显著单位
◎ 市教育工作创新创优项目一等奖
◎ 市双拥先进单位
◎ 县委县政府部门服务科学跨越发展考核优秀奖
◎ 县三城同创先进单位

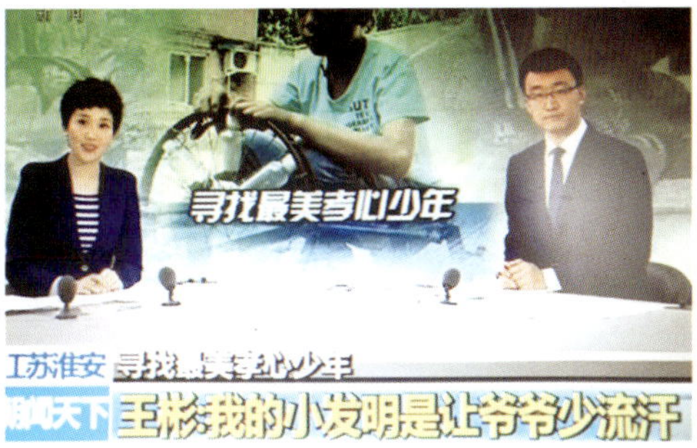

央视播出王彬事迹

2017年度教育目标考评一等奖单位

200多人赴苏南教育发达地区跟岗学习，举行青年教师基本功大赛等30多项专业提升活动，着力提升管理能力和业务水平。招聘200余名优秀师范毕业生，交流中小学校长、骨干教师比例25.35%，有效增强队伍活力。年内，有10所名校、10位名校长、100位名师获县委、县政府表彰奖励，5人获中学正高级职称、市劳动模范、市功勋教师等荣誉，另有4人通过市级初评，被推荐参加江苏省第十五批特级教师评审。

发展环境持续优化。县委、县政府把教育作为重要的民生工程，纳入全县经济社会发展考核体系予以落实。县四套班子领导多次召开教育工作专题会、协调会、会办会，并多次深入学校调研、协调、解决教育问题。县各部门、各乡镇也积极关心、支持教育发展，为教育提供人力、财力保障，改善学校基础设施，净化校园周边环境，设立奖教基金。另外，全县有12家企事业单位、社会团体和13名个人先后向各级各类学校设立奖学金、助学金。全县上下进一步形成重视教育、重抓教育、发展教育的良好氛围。

高三第二次统测分析会

2017年秋学期南集镇教育工作会议

高沟中学新校区于2017年9月正式投入使用

千名学生秀书法

江苏省涟水中學

国学经典诗歌诵读

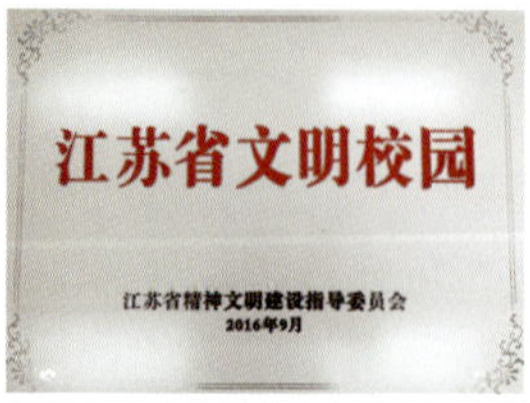

校园戏剧节展演

中华文化展馆

中心花园广场

江苏省涟水中学创办于1928年，是一所有着90年光荣历史和辉煌业绩的苏北名校，是国家级示范高中、江苏省首批四星级高中，江苏省知名重点中学。学校新校区于2011年建成并投入使用，占地近27公顷，建筑面积约10万平方米。2017年，有专任教师365人，62个教学班，在校学生3000余人。

学校秉承“上善若水、厚德载物”办学思想，践行“以人为本、文化立校”办学理念，落实“精心育人、精致教学、精细管理”办学路径，弘扬“奉献、进取”涟中精神，坚持“实干成就梦想”工作作风。创新实践“国学为主题、社团为平台、活动为载体”的特色育人模式；大力加强“环境优雅、书香浓郁、人文厚重”的校园文化建设，打造中华文化馆、周恩来精神育人馆和环保生态馆三大主题展馆；组织开展读书节、国学节、戏剧节、科技节、体艺节等校园节特色主题活动。追求建设高品质、现代化、有特色的江苏一流名校。

学校获得“江苏省文明校园”“江苏省教育工作先进集体”“江苏省绿色学校”“江苏省平安校园”“淮安市教育教学质量特等奖”“涟水名校”等多项荣誉称号。2014年10月，被江苏省教育厅确立为“江苏省国学课程基地”。是南京大学、东南大学、南京理工大学、南京航空航天大学、南京师范大学等多所重点大学优质生源基地。教育教学成绩斐然，高考连续多年创造优异成绩，受到社会和百姓的广泛赞誉，是地区教育事业发展的靓丽风景，是江苏省基础教育园地中颇有影响的学校之一。

江苏省鄭梁梅高级中學

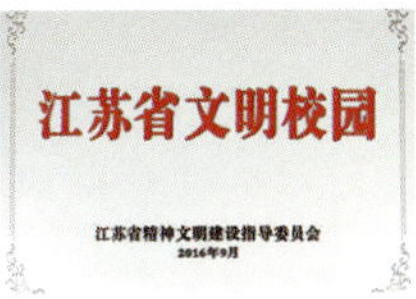

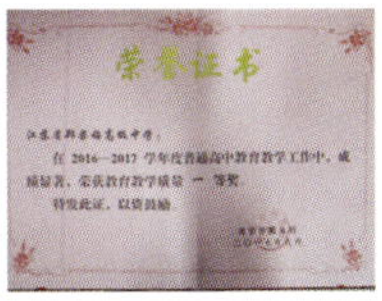

县委书记王向红等县领导在学校调研

举办"让手机回家"主题辩论赛

生命教育课程——心理健康教育优秀主题班会课大赛

江苏省郑梁梅高级中学系涟水籍香港爱国人士郑兆财先生于1999年捐资兴建的学校，是全省唯一的捐资公办学校。建成后8个月成为市重点高中，14个月成为省重点高中，2004年转为省四星级高中。学校有专任教师288人，100%具有本科及本科以上学历，其中硕士研究生学历18人；具有中高级教师261人；省市名师、学科带头人121人，获市政府特殊津贴3人，出国进修98人次。获奖学生234人次，其中获国家级奖项32人次，省级奖项181人次，市级奖项21人次。2017年以来，教师有100多人次获得县级以上奖励和表彰，其中获国家级表彰3人次，省级表彰20余人次。学校被共青团中央授予"全国五四红旗团委"最高荣誉称号。

2018年，全县共有7名学生获得参加南京大学、中国人民大学等名牌大学自主招生的资格，其中有6名在本校，人数在全市仅次于江苏省淮阴中学。获东部战区空军政治工作部和江苏省高等学校招生委员会联合颁发的"空军招飞工作"先进单位称号。2018年高考，学校应届一本、二本达线总数和达线率均位居全县第一；囊括全县文科前三名和理科前三名；成琰同学以语数英总分401分、物化等级双A勇夺县理科状元，丁林甜同学以语数英总分372分、史政等级双B+勇夺县文科状元。

"青年之声 展风采 亮身份"志愿者实践服务行动启动仪式

"9·18"防空防灾安全疏散演练

生命教育课程——健美操展示

★全国先进基层党组织 ★全国五四红旗团委 ★省文明校园 ★省德育先进校
★省爱国主义教育基地 ★省教育科研先进集体 ★省生命教育课程基地
★省华文教育基地 ★市教育质量先进学校 ★市中小学规范管理先进学校

漣水縣外國語中學
Lianshui Foreign Language Middle School

校长　徐敏胄

市县领导视察学校体艺教育工作

涟水县外国语中学创办于2000年8月，前身为涟水圣特外国语学校。2010年完成民办学校改制，成为国有公办学校。2011年春迁入现校区。2013年10月正式更名为涟水县外国语中学。2018年起，学校实行“一校两区”办学模式，设立涟水县外国语学校朱码校区，2018年9月1日朱码校区正式开学投入使用。

学校自创办以来，秉承“文化立校、全面教育、服务学生、成就教师”的办学理念，积极推进素质教育、深化课程改革，不断促进学校内涵发展。近年来，积极推进“学案导航、多元融合”的课堂教学改革。为顺应课堂改革的形势，学校积极响应市教育局号召，在初一年级开展“快乐星期三”活动试点，开设了“篮球之星”“思维训练”“动漫制作”等兴趣班。学校成立了十多个学生社团，各社团建章立制、组织活动、参加竞赛。丰富多彩的社团活动为学校的发展和学生的成长注入新鲜的活力。

中考百日冲刺誓师大会

作为“江苏省体育传统项目（自行车）学校”，自行车运动一直是学校的优势项目。学校自行车队科学规划、严格训练，在省级以上的比赛中斩获40多枚金牌，充分展示了涟外学子的风采，为家乡赢得了荣誉。在省第十九届运动会青少年部自行车（场地）比赛中，学校自行车队代表淮安市出战，以7金3银2铜的的成绩名列前茅，创造了历史最好成绩。

学校以科学的管理、优质的师资和一流的质量得到上级领导的充分肯定和社会各界的广泛赞誉。2016年以来，先后获得“江苏省教育系统先进基层党组织”“江苏省体育传统项目（自行车）学校”“淮安市教育质量先进单位”“淮安市文明校园”“涟水县教育质量先进单位”“中考质量评估先进单位”“涟水县名学校”等荣誉称号，连续多年获县教育局年度目标考核一等奖。

课改课堂展示日活动

参观淮安市国税文化教育基地

党员“重走革命路”教育实践活动

自行车队参加十九届省运会载誉归来

涟水县郑梁梅小学

县教育局局长李长春到学校视察指导工作

校长　余辉

涟水县郑梁梅小学始建于1997年8月，2004年升格为江苏省省级实验小学。学校现有教学班75个，在校生4500余人，教职工200余人，其中县级以上优秀教师、优秀教育工作者、学科带头人、骨干教师、首席教师128人次。校园布局合理，环境幽雅，景色怡人，内部设施配套齐全。

学校与时俱进，开拓创新，追求至善至美，谱写育人新篇章。学校牢固确立“让教师享受教育的幸福，让学生感受成长的快乐，让学校成为人民满意的名校”的总体办学思想，创造性地提出“三真”“三实”办学理念：做事要“认真”、干事要“求真”、遇事要“较真”，工作中“说实话、办实事、求实效”。在教学工作中，坚持“崇尚真善美，提升师生素养，成就幸福人生”的育人理念，深化课堂教学改革，大力实施精品课堂工程，积极开展“名师工程”“青蓝结队”“青年教师说上评”等活动。以艺术教育为突破口，开展科技、舞蹈、书法、绘画、器乐、合唱、乒乓球等社团活动，培养学生的艺术细胞、创新精神和实践能力。大力实施科研带动战略，坚持走“科研兴教，科研兴校”之路。学校申报的八个国家、省、市级“十三五”课题正在规范运作中。学校先后获得“全国小公民思想道德建设活动先进单位”“全国德育科研先进学校”“江苏省文明学校”“江苏省平安校园”“江苏省体育传统项目学校”“江苏省生态文明示范学校”“淮安市文明单位”“淮安市模范学校”“淮安市教研示范校”“淮安市校务公开先进单位”“涟水名校”等80多个县级以上荣誉称号。

汤莉莉老师在省小学数学评优课中获一等奖

赴台参加研学活动

瞻仰淮海战役纪念馆

学生课间操

跳蚤市场

涟水县幸福里实验小学

幸福歌韵绵远流长

幸福绳操神采飞扬

幸福泥塑栩栩如生

在传承中彰显幸福文化特色

——记涟水县幸福里实验小学幸福文化节

这里，有着浓浓的幸福味儿；

这里，是学生成长的摇篮！

2018年，是涟水县幸福里实验小学成立的第七年，伴随着学校一起成长的还有七届幸福文化节。

“小荷才露尖尖角，早有蜻蜓立上头。”这一天里，浸润着幸福文化的校园，处处展现着别样的风景。幸福娃们尽情展示着自己的才能。幸福雕塑广场上，泥塑、面塑社团的孩子们玩转着泥巴，揉捏着面团；剪纸社团的孩子剪刀开合间，一件件民间艺术作品栩栩如生展现在家长面前；书法、绘画，泼墨挥毫，意蕴连动；报告厅里，幸福娃体艺社团的孩子们为家长们奉献一场精彩的视听盛宴：舞蹈、合唱、朗诵、花样跳绳、葫芦丝、吉他、古筝……幸福成长家校研讨会上，家长们和班主任老师、校长陈云宇一起探讨“儿童幸福成长的要义”……

“毕竟‘幸福’六月中，风光不与四时同!”七届幸福文化节的成功举办，是对学校致力于学生全面发展、全力实施素质教育、持续探索幸福教育真谛的充分肯定，也必将进一步推动学校品牌建构和高质量发展。

幸福剪纸活灵活现

幸福交流播种希望

幸福展示异彩纷呈

涟水县中医院

LIANSHUI HOSPITAL OF TRADITIONAL CHINESE MEDICINE

国家二级甲等中医医院

县中医院秉承“中医立院、人才强院、特色兴院、和谐建院”的发展战略，坚持以重点专科建设为龙头、人才培养为纽带，带动医院其他各个科室共同发展，不断塑造中医特色品牌形象。加强中医临床重点专科规范化建设，从人员配备、人才培养、设备购置、诊疗方案等方面加强建设，加大投入。全院共建立“消渴”“眩晕”等24个中医优势病种诊疗方案;肿瘤科争创江苏省肿瘤规范化治疗病房；肛肠科迎接江苏省基层医疗机构中医特色专科评审；脑病科、骨伤科、肛肠科、针灸推拿科顺利通过淮安市中医临床重点专科年度考核。其中脑病科、针灸推拿科被评为优秀中医临床重点专科。

医院加大中医传承人才培养力度，人才队伍素质不断提高。积极申报国家名老中医药专家传承工作室基层工作站，江苏省中医院刘沈林、唐蜀华两位国家名老中医药专家传承工作室涟水县中医院工作站已被江苏省中医药局批准为建设项目；加大肿瘤科、心病科的投入力度，分别组建技术团队，派出继承人跟师学习，进行专家学术思想的研究与传承。在院内继续实行“师带徒”传承工作，加大肛肠科、内分泌科等专科人才的选拔培养力度，充分利用南京中医药大学教学医院的优势，不断选送中医骨干进修学习；加强同北京市中医医院、北京市中医药大学东方医院、江苏省中医院、南京市中医院、淮安市中医院的合作联系，作为医院人才培养的平台，外派医护人员到北京、南京、淮安等地进修学习，综合业务服务能力得到了显著提升。

县委副书记、县长时勇、副县长郑劲松在首个“中国医师节”慰问医师代表

注重加强中医特色护理操作考核

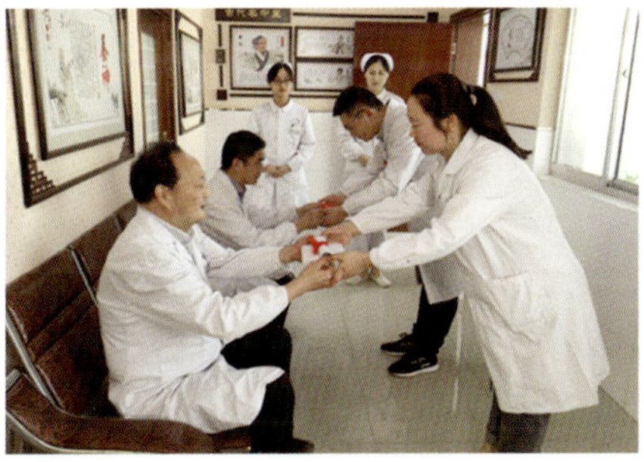

完善师承制度

加强中医临床重点专科建设

加大中医传承人才培养力度

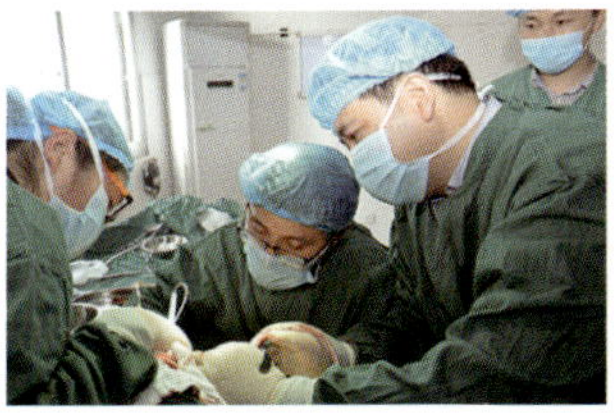

肛肠科采用微创手法治疗各期肛裂

心病科加强业务知识学习

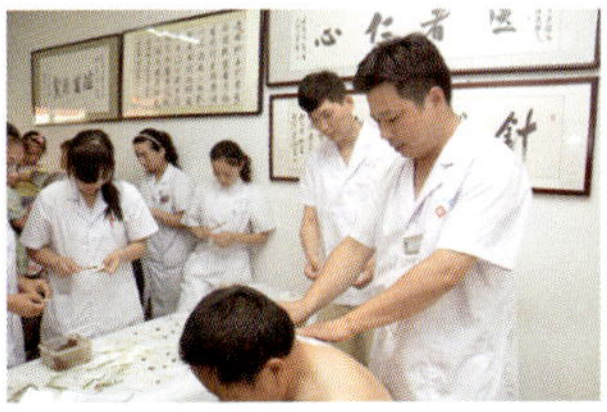

针灸科开展冬病夏治膏药穴位贴敷

肿瘤科加快癌痛规范化病房建设

服务热线：0517—82381591　0517—82291120

涟水县中医院微信公众号

国家三级综合医院　国家爱婴医院

江苏省涟水县人民医院

省人民医院院长唐金海、县委书记王向红为省人民医院技术支持医院揭牌

省人民医院院长唐金海、县委副书记、县长时勇为省人民医院网络医院揭牌

市卫生计生委主任孙邦贵调研县人民医院医改工作

涟水县人民医院成立于1950年9月，是一所集医疗、急救、教学、科研、保健、康复为一体的三级综合医院，国家级爱婴医院，全国首批慢性气道疾病管理示范单位，全国肝胆病防治技术示范基地，全国最佳起搏器临床应用县级医院，全国颅内血肿微创清除技术协作医院，名列2017年中国医院竞争力排行榜县级第139位；医院先后成为江苏省人民医院技术支持医院，复旦大学附属华山医院、南京鼓楼医院、南京医科大学附属眼科医院、省肿瘤医院、省口腔医院、市妇幼保健院、淮安市一院技术协作医院，东南大学附属中大医院集团医院，淮安市二院集团医院；徐州医科大学教学医院，江苏护理学院附属医院。

医院占地面积200亩，总建筑面积15万平方米。核定床位965张，临床专科31个、临床专科病区33个、医技科室14个。市级临床重点专科2个(消化内科、肿瘤科)，县级临床重点专科13个。

医院有职工1572人，其中医技人员1320人，高级职称177人，博士研究生学历6人、硕士研究生学历75人。拥有省优秀科技工作者3人、省“333工程”培养对象3人、省“卫生拔尖人才”2人，省级各类专业学会委员10人，市有突出贡献中青年专家3人、市医学会副主任委员6人，徐医大兼职副教授18人、兼职讲师24人，县学科带头人80余人，省资助双创博士1人。

省卫生计生委专家对县人民医院转设三级医院进行现场验收

组织干部职工收看党的十九大实况

县人民医院党委书记、院长左扬松走进企业开展“三进三帮”活动

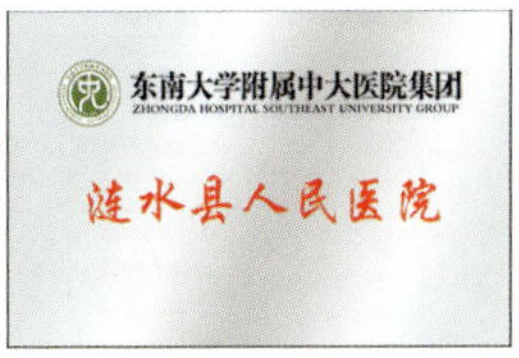

获市科技进步奖、新技术引进奖10余项，获市科研立项6项，并获资助资金30余万元，立项数量在全市县、区级医院中居首位。在省级以上学术期刊上发表专业论文332篇，其中SCI论文50余篇、国家统计源期刊216篇。近两年引进开展的新技术新项目及适宜技术180余项，省级限制性医疗技术42项，其中消化内镜诊疗技术、心血管疾病介入诊疗技术、呼吸内镜诊疗技术、脑血管介入诊疗技术、经皮肾镜技术、腹腔镜下肿瘤根治技术、关节镜技术等在全市县、区级医院中处于领先地位。

医院拥有飞利浦1.5T核磁共振、GE256排后超高端螺旋CT、西门子64排螺旋CT、西门子DSA心血管造影机、瓦里安医用直线加速器、施乐辉关节镜、GE四维产科彩超、三维心脏彩超、肿瘤热疗机、奥林巴斯电子胃镜、电子肠镜、胶囊肠镜、电子喉镜、德国STORZ腹腔镜、美国卡瓦三合一口腔CT等一批市县内先进的进口医疗设备，医疗设备设备资产总额约3亿元。

医院坚持“以病人为中心”的服务理念，谨记“厚德、敬业、和谐、创新”之院训，创新服务模式，改善患者就医感受，设立特聘专家门诊、专病门诊、假日门诊，满足患者的服务需求；实行人性化、个性化、智能化服务，合理调配诊疗资源，畅通绿色通道，实现住院全程陪检服务。

东南大学附属中大医院介入诊疗中心涟水分中心成立

复旦大学附属华山医院与县人民医院签署合作协议

市妇幼健康工作观摩会在县人民医院召开

开展公益义诊

护士节文娱汇演

三级医院创建工作总结表彰暨科技工作大会

江苏省文明单位

涟水县疾病预防控制中心

基层业务技能培训

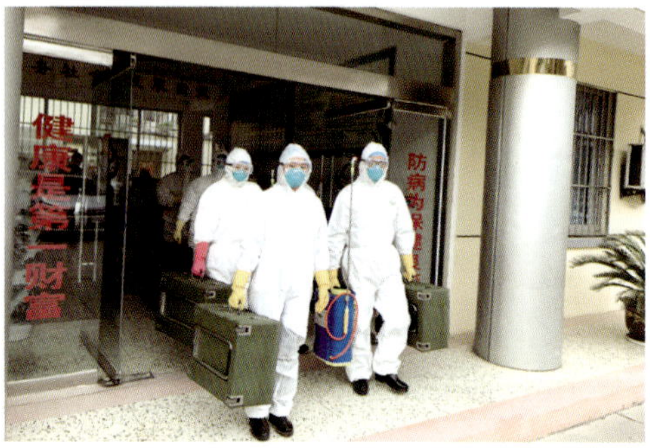
卫生应急演练

全民营养周宣传

涟水县疾病预防控制中心位于县城健康路，办公用房面积3420平方米。2017年，有工作人员60人，其中本科学历36人、大专学历19人，中、高级技术职称23人；建有理化、净化、致病菌、临检、HIV初筛、职业卫生、地方病等多个标准实验室；拥有等离子体发射光谱仪、高效液相色谱仪、流动注射分析仪、细菌鉴定仪、全自动生化分析仪等先进仪器设备185台件；通过实验资质认定检测项目5大类348个，拥有丙级职业卫生技术服务机构资质及职业健康检查机构资质，承载着全县疾病预防控制、突发公共卫生事件应急处置、疫情报告及健康相关因素信息管理、健康危害因素监测与干预、健康教育与健康促进等职能，为全县卫生检测中心、农村饮水安全工程水质检测中心和食品安全风险监测中心。

近年来，县疾控中心强化内部管理，与时俱进修订《改革方案及管理规则》，扎实推进“两学一做”学习教育常态化制度化，认真落实省级文明城市创建各项工作任务，规范窗口服务，积极开展结对帮扶和志愿服务活动，落实“三进三帮”和“阳光扶贫”工作任务。以“全人员参与、全方位覆盖、全过程控制”的先进理念统领全局，重抓传染病、慢性非传染性疾病、地方病、职业病等疾病的综合防治和健康教育。强化卫生应急工作常态化管理，实行24小时疫情值班制度。开展相关卫生检测，为人民健康保驾护航。加强人才引进，重视人才队伍建设，选派业务骨干参加省市县各类培训139人次。弘扬“和谐、求实、奉献、创新”的涟水疾控精神，培育疾控文化，提升综合防控能力，连续六次获得“江苏省文明单位（行业）”称号。2017年，县疾控中心代表县卫生计生委参加市卫生应急技能竞赛，获得团体二等奖。

疾病预防知识宣传进企业

党员廉政建设

义务献血

涟水县工商业联合会

【概况】 2017年，县工商联下辖商会25个，其中乡镇商会19个，行业商会5个，异地商会1个；会员1249个，其中企业会员742个（新增企业会员50个）。县“两会”期间，工商联界别政协委员提交提案、建议21件。11月，成立涟水县餐饮业商会。12月，与县妇联一起成立涟水金凤凰创业者联合会。争取省工商联“百企帮百村”活动支持，为县5个经济薄弱村争取助学资金10万元。开展乡镇商会创星工作，指导基层商会在服务会员、信息交流、走访学习、慈善事业等方面开展工作，涟城、高沟、保滩等商会被评为市“五星级”商会。县工商联被评为全国“五好”县级工商联。

【非公经济人士教育引导】 2017年，县工商联以学习宣传中共十九大精神为重点开展非公经济人士教育活动。6月下旬，组织20名非公有制经济人士赴延安参加为期5天的理想信念培训班，引导企业家接受革命精神洗礼，加强人生修养，做讲政治、富有责任感的现代企业家。10月，组织召开“不忘初心，牢记使命”全县非公经济人士学习十九大精神座谈会，集中学习讨论中共十九大工作报告，引导广大非公经济人士坚定不移跟党走，为全县经济社会发展多做贡献。召开主席会议4次、常委会议2次，组织集中学习县委、县政府重要会议精神和重要工作部署，编发中央和省市有关经济工作的政策文件，引导企业把握政策方向，推进高质量发展。12月，组织专题学习中国工商业联合会第十二次全国代表大会精神和新修订的《中国工商业联合会章程》。全年会员企业为扶贫济困事业捐款超过100万元。

【非公有制经济发展服务】 2017年，县工商联深入涟水制药、苏美食品、国涟集团、元润集团、华夏云锦等20多家企业走访调研，了解企业经营情况及存在的困难问题，听取企业意见建议并及时向有关部门反映解决。邀请县有关部门负责人参加工商联会议、活动等，与执委企业家见面，推动政企“无缝隙对接”“无障碍沟通”。深化与邮储银行涟水支行、苏州银行涟水支行的战略合作关系，多次组织银企对接会，争取银行为工商联企业提供优质优惠服务。上半年与县委统战部合作举办经济形势报告会1期，邀请淮阴师范学院经济学教授讲课，参训会员80余人。组织40余名会员到高沟今世缘文旅区参观学习，帮助会员学习先进找差距，更新观念寻求高质量发展。8月，邀请县检察院在县工商联九届二次常委会前开展“助力淮商崛起，检察官咨询日”活动，现场接受企业咨询，听取企业意见建议，回应企业司法关切。接待县外工商联代表考察交流3批次，与南通通州区工商联达成缔结友好商会意向。结合南京涟水商会、上海淮安商会涟水分会年会活动，协助县委县政府召开投资说明会，鼓励引导在外乡贤回乡投资创业。

（李芳芳）

2017年6月，举办非公人士赴延安理想信念教育实训班　　（县工商联　供稿）

涟水县总工会

【概况】 2017年，县总工会建立“党委领导，政府支持，工会运作，各方配合”的工会组建工作格局，采取多种措施加强工会组织建设，在实践中走出一条先覆盖、再细化、再培育的基层工会组建工作新路子；开展“结对共建、联手强家”活动。引导模范职工之家、模范小家单位与邻近工会组织的联系，建立结对双方资源共享、活动互融、信息互通机制。全年新组建独立工会15个（农合组织5个），全县有独立基层工会725

个，联合工会55个，涵盖企业2264个(私营企业工会408个)。新吸纳会员4580人，会员总数97305人(女职工会员总数49019人)。建立职代会741个，建会率95%；其中私营企业职代会367个。"双路径、三保障"民主管理、"建立总经理联络员制度、拓宽企业民主管理渠道"创新项目获省总工会表彰及创新成果推广。创建"合格职工之家"625家，国家级"模范职工之家"1家、"模范职工小家"2家，省、市"模范职工之家"43家，国家级职工书屋1个。获全市工会创新创优二等奖、工会工作目标考评优秀等次。

【职工文体活动】 2017年，县总工会职工文体活动开展丰富多彩。组织全县职工参与由市委组织部、市总工会等部门联合举办的"喜迎十九大，共筑崛起梦"摄影大赛，县总工会选送的职工作品《蓝色的乐章》获金奖，县总工会获优秀组织奖；参加市总工会举办的"喜迎十九大，永远跟党走"诵读比赛，涟水代表队参赛节目《医德仁心》获三等奖，县总工会获优秀组织奖；组队参加淮安市第一届职工智力运动会，分获团体总分二等奖、体育道德风尚奖和优秀组织奖。先后开展全县职工庆"五一"七个章节的系列活动，分别为全县职工大型文艺演出、劳模表彰、职工书法及摄影作品展、职工乒乓球、篮球比赛、劳模代表宣讲团。加大工会宣传报道，先后在县级以上媒体发表报道70余篇。抓好职工书屋标准化建设，交通投资控股公司职工书屋获全国总工会授牌国家级职工书屋，涟水供电公司职工书屋获省总工会授牌省级职工书屋，源通制帽、泰丰针织等28家职工书屋获市总工会授牌市级职工书屋。采取集中培训、以会代训等方式先后举办工会干部培训班4期，培训基层工会干部286人次。县总工会各部室负责人和基层工会主席30多人次参加省、市总工会举办的工会干部培训班。

【劳动保障保护】 2017年，县总工会深入实施"送温暖"工程，对基层工会上报的238名困难职工建档立卡，纳入常态化帮扶慰问；开展以帮助经济困难职工子女完成学业为主要内容的金秋助学活动，帮扶35名困难职工子女入学，全年发放助学金13.5万元；开通特困职工医疗救助绿色通道。和县中医院联系，对208名困难职工实施免费健康体检。对大病困难职工，按照帮扶实施细则给予一定数额的费用报销，全年为困难职工报销医疗费用14.8万元；职工互济会工作全面推开，86家单位入会，会员1.5万人，筹集职工互助保障金158万元；开展夏季"送清凉"活动，为一线职工配送矿泉水、毛巾等防暑降温用品，到农民工集中的企业和工地开展走访慰问，发放慰问物资8万余元；开展"安康杯"竞赛活动，组织180多家单位4万名职工参赛，收到职工提出的安全生产建议430多条，整改隐患40多处；在全县规模以上企业签订劳动安全卫生专项合同；"安全生产月"活动扎实有效，提高职工的安全意识。

【职工权益保障】 2017年，县总工会深入推进工资协商(2015—2017年)工作规划。全县签订劳动合同人数占职工总数的97.5%，其中农民工签订率90.9%；664家企业签订集体合同和工资

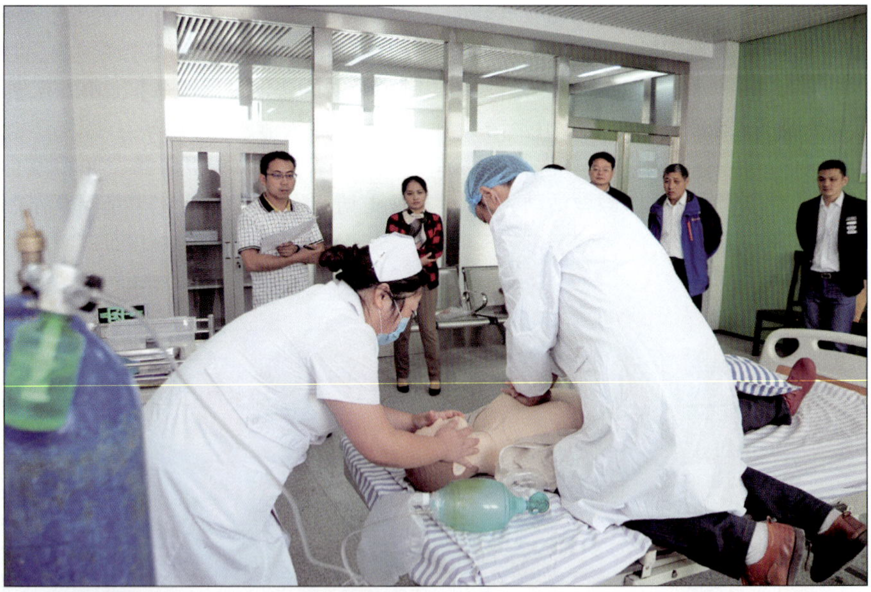

2017年5月，基层工会组织开展职工岗位技能大赛　　(县总工会　供稿)

集体协商专项协议，占应签订合同企业总数的92.5%；全县90%以上的建会企业达到劳动关系和谐标准；依法维权机制日趋完善。加强工会劳动法律监督，密切同县法院、人社局等部门配合，构建劳动争议预警、调解、法律援助、仲裁参与、诉讼陪审等完善的维权机制。参与县法院建立劳动争议处理"三方驻会"制度，实现与司法部门、人民调解组织的"双对接"，向工业园区、乡镇(社区)"双延伸"。开展劳动法律监督服务活动，走访企业132家。发出劳动法律监督意见书29份，建议书312份。开展劳动用工监督评估改进行动，指导企业12家。开展企业自我监督评估改进活动3次，发现矛盾隐患2个，及时整改2项。

【劳动竞赛】 2017年，县总工会出台《弘扬"工匠精神"建功"十三五"建设"强富美高"新涟水劳动竞赛意见》，以思维创新、技能创新、岗位创新、技术创新为方向，以"六小"(小革新、小发明、小改造、小设计、小建议、小经验)为主要内容，深入开展劳动竞赛，全县85家工会组织近4万名职工参与，涌现各类发明创造和技术革新小微项目500多项，创经济效益620多万元；做好典型选树工作。表彰淮安市劳动模范33人、江苏省五一劳动奖章1人、江苏省工人先锋号1个、市工人先锋号10个、市"五一劳动奖状"4个；对困难劳模给予帮扶，营造关爱劳模、学习劳模、争当先进的良好社会氛围。

【企业民主管理体系创新】 2017年，县总工会实施"双路径、三保障"和"总经理联络员"企业民主管理体系创新项

目。“双路径、三保障”即职代会和厂务公开两大路径，以制度保障促进民主管理规范、以组织保障促进民主管理有序开展、以文化保障为民主管理提供精神动力，激发职工主动参与企业经营管理热情。“总经理联络员制度，拓宽企业民主管理渠道”企业民主管理措施创新项目即建立企业法人与普通职工之间的直接发声渠道，为企业决策能充分体现职工意愿提供可靠保障，两个创新项目在泰丰针织有限公司、县供电公司等12家企业推广，累计消化企业和职工之间各类矛盾38件，直接解决职工诉求125件，消化各类积案36件，采纳职工合理化建议156条，产生直接经济效益450万元。

【女职工关爱行动】 2017年，县总工会采取多种形式实施女职工关爱行动，打造巾帼标兵。开展女职工“双争”表彰活动，表彰一批先进女职工集体和个人；在新建的26家企事业单位工会成立女职工委员会；举办“告别单身·共赢未来”春季公益相亲大会；表彰“五一巾帼标兵岗”14个和“五一巾帼标兵”72人；开展“360母婴关爱行动”，筹建一批“爱心母婴室”，为女职工提供更加温馨的人性化服务；推进专项合同签订全覆盖，签订女职工权益保护专项集体合同的企业181家；女工委员参与平等协商率100%，其中女职工25人以上的企业签订率98%；开展“品读书籍，品味人生”女职工读书、“女职工维权行动月”“女职工健康关爱”讲座等系列活动8场次。 （贾志云）

共青团涟水县委员会

【概况】 2017年，团县委下辖基层团委74个，团工委3个，团总支54个，团支部1278个，团员3.8万人。以建设服务型团组织为目标，围绕“凝聚青年，服务大局，当好桥梁，从严治团”四维工作格局，紧密联系青年，服务县委县政府中心工作。召开共青团涟水县第十二次代表大会，开展“政法惠民乡村行”“暖冬行动”“爱心‘1’计划”、青年乡土人才电子商务培训班，举办青年联谊会3场，新建省级青年示范服务平台1个。做好团属报刊发行征订，完成征订76户，被评为全省团属报刊宣传工作先进单位。

【关爱贫困留守儿童“政法惠民·暖冬行动”】 2017年1月18日在县文化馆举行，活动由团县委主办。活动中，志愿者们为高沟镇扁担村32名贫困留守儿童送去书籍、书包、蜡笔、文具等爱心物品32份，并和孩子们一起观看普法公益片、动画影片；带领孩子们做游戏、参与法律知识竞答，通过这些活动拉近志愿者与孩子们的距离，鼓励留守儿童努力学习、茁壮成长。

【十大杰出青年评选】 2017年3月，县委办下发《关于开展第十一届“涟水县十大杰出青年”评选活动的通知》，举荐、宣传和表彰在涟水经济社会发展中取得显著成绩、作出突出贡献的优秀青年。评选活动由县委、县政府牵头，团县委承办。经过推报人选、确定候选人建议人选、投票评选等环节，评选出第十一届“涟水县十大杰出青年”（孙文彦、刘文强、池鹏飞、陈同波、陈达康、李斌、桂玉晟、唐玉莲、唐群勇、黄曙）和“优秀青年标兵”（卜海娟、王飞、石旭初、朱飞、朱峰峰、吴国静、李紫瑄、邵薇薇、高森、濮广启）。5月，在滨河高级中学弘毅讲堂举行颁奖典礼。

【第六届苏台（淮安）青年菁英峰会在涟水举行】 2017年8月30日，由团省委、省青联、淮安市政府等联合举办的第六届苏台（淮安）青年菁英峰会暨第三届两岸青年菁英特训营在今世缘酒业举行。团省委副书记蒋敏，淮安市副市长王红红，江苏今世缘酒业股份有限公司董事长周素明，团市委书记许根林，市台办副主任徐宜祥，团市委副书记朱书文，淮安经济技术开发区党工委委员、组织部部长卫龙君，涟水县委常委、组织部部长胡春雷等领导出席活动，中国国民党青年部主任、中华青年企业家协会总会长张渊翔，全国台企联常务副会长、运时通（中国）家具集团董事长陈燕木等40多名台湾青年企业家和100多名省内创业青年参加活动。活动围绕“互联网创业新趋势与青年力量”这一主题，邀请互联网资深观察家、清华大学博士王吉斌作《两岸互联网企业发展合作路径》专题报告，并参观江苏今世缘酒业股份有限公司，到生产车间进行现场酿酒体验。

【共青团涟水县第十二次代表大会召开】 2017年10月31日在县大剧院开幕。会议回顾总结全县第十一次团代会以来各项工作，确定今后三年共青团的奋斗目标和主要任务，动员全县广大团员青年锐意进取，努力开创共青团工作新局面，为建设“强富美高”新涟水作出新的贡献。县委书记王向红出席会议并讲话。团市委副书记朱书文，县人大常委会主任别纯海，县政协主席蒋东明，县委副书记刘爱国，县委常委、县政府党组成员、县经济开发区党工委书记洪然，县委常委、组织部部长胡春雷出席会议。王向红从走进新时代、作出新判断、肩负新使命、确立新思想、谋定新方略、开启新征程、制订新举措等七个方面传达解读十九大报告精神。要求全县各级团组织要把学习好、宣传好、贯彻好、落实好中共十九大精神，作为当前最重大的政治任务，精心组织、周密安排、迅速行动，引导广大团员青年把思想和行动统一到十九大精神上来，统一到党中央的决策部署上来，坚定拥护党的领导。李亮亮代表第十一届团县委向大会作工作报告。幸福里实验小学的少先队员们代表全县少先队员向大会献辞；县妇联主席王娟代表群团组织致贺词；全县各行业优秀青年代表为大会致青春誓言。

10月31日下午闭幕，大会通过李亮亮代表第十一届团县委所做的《不忘初心跟党走，不负韶华勇担当，在决胜全面小康、实现强富美高新涟水的征程中谱写壮丽的青春篇章》的工作报告；会议宣读第十二届委员会委员、候补委员及市代表选举结果。县委常委、组织部部长胡春雷出席闭幕式并讲话。在共青团涟水县第十二届委员会第一次全体会议上，李亮亮当选为共青团涟水县第十二届委员会书记，钟天凯当选为副书记。

【青年乡土人才电子商务培训班】 2017年,团县委发挥组织、引导和服务青年作用,鼓励全县青年投身电商事业,在全县范围内营造大众创业、万众创新、青年先行的浓厚氛围。4月起,每月联合县人才办、淘金创谷电商产业园举办一期电子商务培训班,通过举办实用技能培训、电子商务知识培训、创业经验交流等活动,服务青年乡土人才、大学生村干部为代表的青年群体。全年培训约800人,指导和帮助113名青年成功创业。

【希望工程】 2017年,团县委持续开展"希望工程·圆梦行动",向今世缘、茅台等爱心企业征集资金17.5万元,帮助35名困难大学生圆大学梦;开展"小青淮公益夏令营""暖冬行动""七彩大篷车"等品牌活动,在5个站点开展活动5次,覆盖留守儿童270人次,有30名志愿者参加服务。新增爱心班主任,系统安排留守儿童的暑期生活,扩展留守儿童的社会视野和知识储备。淮师志愿者与消防队员对留守儿童开展防火、防溺水的安全自护教育活动。全年开展活动26次,覆盖青少年800余人。

【爱心"1"计划】 2017年,团县委倡导社会各界爱心人士为需要帮助的留守儿童、贫困青少年做1件力所能及的事情。帮助灰墩、麻垛、岔庙、黄营、红窑、高沟等地的低收入家庭子女完成微心愿300个。主打爱心"1"计划——"稚绘梦想"项目,通过教授贫困儿童绘画,提升孩子们对绘画的兴趣,用孩子的眼睛观察世界,用自己的心灵感受世界,学会绘画语言表达情感,引导他们形成正确的世界观、人生观,帮助他们塑造健康人格。到年底,实施爱心项目4次,绘画的作品在涟水青年商会公益年会上拍卖,筹资15708元,资助黄营中心小学贫困儿童30多人。

【志愿服务】 涟水县青年志愿者协会是在团县委指导下,县民政局监督管理下的非营利性的AAAA级公益组织。2008年2月18日发起成立,2013年1月4日正式注册。2017年,志愿者队伍近2000人,主要由机关干部、企事业单位的公务人员、个体工商户、学生、外出务工者、自由职业者等爱心人士组成。设有携手夕阳、健残同行、爱心助学、关爱儿童、生态环保等爱心服务组及义工分队。协会秉承"传递爱心、传播文明、奉献社会"的服务宗旨,倡导"奉献、友爱、互助、进步"的服务精神,立足"服务建设涟水,创建和谐社会、打造互助平台"的服务理念,切实为公众事业及困难群体提供力所能及的志愿服务。协会成立后,开展助老助残、助学助困、赈灾募捐及形式多样的社区公益服务活动1000余次。其中"众志成城"——"5·12"四川汶川大地震广场赈灾募捐、宁涟联动金秋助学、捐一本书·圆一个梦、"九九"重阳·三社联动进社区、爱心妈妈亲子游、阜宁龙卷风赈灾义演募捐、中秋敬老慰问演出等一系列大型公益活动得到社会各界的好评。全年组织各类公益活动117次,累计捐款金额153610元,受益人数1908人。

(周　雷)

2017年10月20日,组织爱心人士教育贫困儿童绘画　　(团县委　供稿)

涟水县妇女联合会

【概况】 2017年,县妇联下辖乡镇妇联22个,村(社区)妇联373个,机关、企事业妇委会(妇联)63个,新成立社会组织妇联2个,新经济组织妇联2个;有乡镇专职妇联主席15人,机关专职妇委会主任11人。承办省妇联"温暖多一度"欢欢喜喜过大年活动、全市妇联组织区域化建设现场会;举办"最美家庭""最美女性"颁奖典礼暨巾帼扶贫事迹报告会、"母爱的力量"幸福力家长系列课堂活动;启动涟水县家庭教育指导服务暨寻找最美家庭活动,累计进基层巡讲30余场次。先后获省妇联"爱心储蓄罐·传承好家风"项目优秀组织奖、市妇女儿童工作先进集体、县级机关服务科学跨越发展考核先进奖。

【妇儿关爱】 2017年,县妇联开展"冬日暖阳""温暖多一度"等主题关爱活动。向上争取"小候鸟"阅读室5个、儿童快乐家园6个,物资总价值60.57万元。新增"音乐种子"春蕾班4个。继续实施"慈善助孤""春蕾计划""春蕾圆梦工程"、爱德E万行动、一对一资助、"涟水一常熟"爱心助学等项目,筹措资金137.82万元。争取"丰盛童康爱"儿童配方米粉6156箱,价值615.6万元。组织"99公益日——爱心储蓄罐·传承好家风"现场直捐活动,筹集爱心资金近7万元。组织女童保护志愿者讲师深入农村学校开展"女童保护"课程30余场次,走村入户发放"女童保护"手册近5000本。与县扶贫办联合发出《关于开展"巾帼脱贫行动"助力精准扶贫工作的实施意见》,以"扶技+扶智""输血+造血"相结合为原则,开展"金凤凰"妇女创业就业帮扶工程,使贫困妇女真正得实惠、普受惠、长受惠。深入实施“两癌”筛查、一站式免费婚检、“单亲特困母亲”帮扶等民生实事，为207名单亲特困母亲发放帮扶资金20.7万元；“女性安康保障计划”工作推进顺利，全县承保面11.39%。

【妇女建功】 2017年，县妇联重抓技能培训强造血，继续开展“金凤凰”创业就业培训活动，陆续开展电商、月嫂、面点培训班，322名妇女参与培训并参加资格证书考核。近100名学员走上工作岗位，其中12名护理女性赴各级养老院、护理家庭就职，11名月嫂学员在张家港成功就业，组织电商创业培训班38名学员前往徐州新沂、睢宁观摩学习，达成创业意向11人，3名女性成功应聘阿里巴巴“店小二”。“三八”妇女节期间，开展“春风送岗”女性专场招聘会，搭建女性就近就业平台，帮助56名妇女现场达成就业意向。充分发挥妇女小额担保贷款、大学生创业贷款等金融政策作用，支持妇女创办小微企业，累计发放妇女创业小额贴息担保贷款170万元，帮助21名创业女性解决资金难题。推进“巾帼示范基地”创建工作，鼓励女能人与贫困妇女发展各种形式的互助组、合作社，吸纳贫困妇女就业。以“女能人+示范基地+贫困女性”的模式，打造苏缘柳艺合作社、汉唐蔬道芦笋合作社、五丰家庭农场3家示范合作社。

【妇儿维权】 2017年，县妇联充分利用“三八”维权周、“6·26”国际禁毒日等节点，打造“巾帼维权关爱乡村行”品牌活动，通过文艺演出、现场咨询、发放资料等形式，定期开展维权关爱活动，向广大妇女群众宣传妇女权益保障、反家庭暴力、女童保护、禁毒等法律法规相关知识，零距离为广大妇女群众提供法律帮助。县、乡镇、村(社区)三级妇女儿童维权组织实现全覆盖，成立“她力量服务团”“帼彤之家维权协会”，到基层开展“送法律、送健康、送爱心”维权关爱服务；定期排查婚姻家庭纠纷，接待来信、来电、来访家庭婚姻案件34起，经过调解矛盾基本得到化解。与县司法局联合成立妇女法律援助工作站，为妇女法律援助工作开通绿色通道。坚持妇联干部任人民陪审员制度，主动参与涉及妇女儿童诉讼案件的调解工作。组织50名律师志愿者、法官、检察官、民警及婚姻家庭调解员与10个妇儿之家结对共建，把法律服务延伸到村(社区)、拓展至家庭。

【家庭建设】 2017年，县妇联开展寻找“最美”展风采、弘扬优良家风活动，表彰“最美家庭”45户，“最美妈妈”43人，“最美婆媳”46人。刘华家庭获“2017年江苏省最美家庭”称号，并参加第三届全国“书香之家”评选活动。联合县文广新局、县文联举办涟水县巾帼风采摄影大赛，获奖的60幅作品全面展示各条战线女性自尊、自信、自立、自强的高尚品德，另有3幅作品在市妇联开展的“砥砺奋进的五年”优秀摄影作品征集活动中获奖。组织开展“三警一线”警示教育、“母爱的力量”幸福力家长系列课堂、“学习弟子规·圆好中国梦”“‘巾帼心向党·喜迎十九大’——涟水县家庭教育指导服务暨寻找最美家庭”等主题家庭教育活动，累计开展家庭教育讲座30余场次，受益家长近1万人。

2017年5月14日，举办“母爱的力量”幸福力家长课堂活动　　（县妇联　供稿）

【组织建设】 2017年，县妇联与县委组织部联合下发《关于印发〈关于开展乡镇妇联组织区域化建设的实施意见〉的通知》，通过开展乡镇妇联组织区域化建设，使乡镇妇联组织达到“七有”(有政治坚定、团结协作、勤政廉洁的妇联班子队伍，有立体化、多层面、开放式的妇联组织网络，有专职精干、兼职热心、志愿者活跃的骨干队伍，有务实管用、健全完善的工作制度，有功能齐全、充满活力的工作阵地，有妇女群众喜闻乐见、特色鲜明的服务载体，有确保工作和活动顺利开展的专项经费)目标，解决乡镇妇联架构不全，人员、经费、场所等资源不足问题，全县各乡镇妇联完成换届任务，选举产生主席22人、副主席76人、执委602人。开通涟水妇联微信公众号，传播覆盖更多人群。在非公有制经济组织、社会组织等新领域，工业集中区、广场文体团队、女农民工等妇女集中地形式多样地建立妇女组织。相继成立朱码镇非公企业妇联、朱码镇高效农业协会妇联、涟水县青年志愿者协会妇联、涟水民办学前教育协会妇联。指导建立巾帼志愿者协会，引导女性社会组织承接服务项目3个。深入开展巾帼志愿服务，全力助创文明城，“以凝聚她力量·共创文明城”为主题，多次组织巾帼志愿者到社区开展文明创建活动。　　（孙　莉）

涟水县科学技术协会

【概况】 2017年，县科协下辖护理学会、中医学会、药学会、畜牧兽医学会、医学会、地学会、水利学会、农村金融学会、蚕桑学会、老科协、农学会、林学会、电机工程学会、开发学会、计量学会,有会员3万余人。以贯彻实施《全民科学素质行动计划纲要》为主线,履行"四服务一加强"职责,实施"科普惠农兴村计划"与"社区科普益民计划",建立农村和社区科普工作的长效机制,提高科普公共服务能力,建立和完善村、居科普工作体系;成立县农技协,并评比、表彰一批科普工作成绩突出、效果显著、具有较强示范作用的农技工作者;创建江苏省科普示范乡镇1个,省级科普惠农示范街道1个,省级科普惠农服务站1个,市级科普惠农服务站1个,成功申报省级科普示范社区1个。陈师小学、南门小学被评为市级科技特色学校,有4名老师被评为市级优秀科技辅导员;涟水县实验小学、江苏省涟水中等专业学校被评为江苏省科普教育基地;江苏省涟水中学、涟水县幸福里实验小学被评为淮安市科普教育基地。

【创新对接工作】 2017年,县科协利用省科协所属组织人才优势,提升县各类企业创新创造能力,服务地方经济发展,利用2个月时间深入县内50多家企业进行实地走访,走进车间查看生产状况,与企业科技负责人交流科技研发及产学研联盟方面的情况,听取企业对科技人才及技术方面的真实需求并整理上报给上级科协,努力为企业与专家学者牵线搭桥,解决技术难题、提升科技水平。今世缘酒业、嘉诚化工等15家企业与南京农业大学董明盛、省化工学会朱红军等专家"联姻",并于7月3日在"省科协与淮安市创新发展对接活动"仪式上成功签约;还寻求市科技咨询中心的支持,免费将国外专利信息提供给有需求的6家企业,助推其科技转型与发展。

【教育培训】 2017,县科协积极开展教育培训工作。上半年,邀请扬州大学2名专家教授为全县288名畜牧技术人员进行业务培训。下半年,由县科协主办,县医院、县护理学会、县护理质控中心承办的全县护理管理知识培训班,邀请东南大学附属中大医院护理部主任李国宏和副主任王晓燕授课,来自县、乡两级医院及民营医院的从事护理及管理工作者300余人参加培训。全年培训医学会会员8次980人次,农学会会员培训5次1980人次。

2017年9月16日,开展青少年科技创新培训 (县科协 供稿)

【科普宣传】 2017年5月、9月,县科协分别开展科普宣传周、科普宣传日活动,发挥科普场馆、科普教育基地作用,开展与主题相关的科普展览、科普讲座、咨询服务等多种形式的科普宣教活动,吸引公众尤其是青少年体验、参与科普活动6.5万人次。组织科普讲师团、科普志愿者进基层、学校、乡村、机关,开展科普知识讲座15场次。组织农业专家、农村科普带头人、科普惠农兴村计划奖补对象,开展农业新技术、新品种等讲座45次。全年共开展科普讲座35场,参加活动的群众有24.6万人次,共发放科普宣传资料10.5万份。

【优秀科技工作者表彰】 2017年5月,县政府办公室下发《关于推荐淮安市优秀科技工作者候选人暨评选第十一届涟水县优秀科技工作者的通知》,在自然科学、技术科学、工程技术以及相关领域从事科技研究与开发、普及与推广、科技人才培养或促进科技与经济结合工作,并奋战在工农业生产、科研、卫生、教育一线的科技工作者中评选出第十一届涟水县优秀科技工作者。经各乡镇(园区、办事处)、县各有关部门、县属各学会评审机构,宣传发动、组织申报、初评,县评选活动领导小组采用无记名投票方式评选出优秀科技工作者12人,其中排名前两名推荐为淮安市优秀工作者候选人。9月,张辉、颜廷财、汤树海、谢夏阳、李斌、张洪明、张锐、陈亚中、鲁庆阳、朱彦霞被县政府评为第十一届涟水县优秀科技工作者。11月,濮娟、陈云宇被评为淮安市优秀科技工作者。

【第三届涟水县青少年科技创新大赛】 2017年,县科协会同县教育局、县科技局、团县委、县妇联等单位联合举办第三届涟水县青少年科技创新大赛,全县约11万余名青少年参加,大赛共收到856件参赛作品,经大赛组委会专家组公平、公正、公开评审,评选出一等奖74件,二等奖94件,三等奖221件;水龙波、井迎花、伍婷等10名科技辅导员获"十佳优秀辅导教师奖";孙辉、肖春雷、曹士飞等10名校长获"十佳校长奖";江苏省涟水中等专业学校、涟水县幸福里实验小学2所学校及王斌、颜廷财、孙信成、朱一、鞠红红5人获"特别贡献奖";江苏省涟水中学、江苏省郑梁梅高级中学等30所学校获"最佳组织学校奖"。

第三届涟水县青少年科技创新大赛一等奖作品名录

表3

类别	作品名称	所在学校	学生姓名	所在年级	辅导老师
自制捕鼠器	发明作品	幸福里实验小学	丁首译	四年级	冯金龙
手推小籽种植物播种器	发明作品	陈师中心小学	费加坤	五年级	刘　华
智能动路灯	发明作品	幸福里实验小学	王　妍	五年级	王耀中
USB多路抢答器	发明作品	江苏省涟水中学	徐海蓉	高二	费树雁
多功能条状温度显示器	发明作品	江苏省涟水中学	李欣泽	高二	费树雁
橡皮筋动力赛车模型	发明作品	红窑中心小学	汪晖捷	六年级	齐树丽
全自动智能太阳能路灯控制器	发明作品	河网中学	曹　隐	八年级	何益林
汽车空调口清理机	创意作品	河网中心小学	刘　瑞	五年级	李凤萍
太阳能上水自动关水器	创意作品	河网中心小学	吕东波	五年级	王　松
智能防堵塞马桶	创意作品	幸福里实验小学	季明鑫	五年级	王　洁
雪球枪	创意作品	涟水县幸福里实验小学	殷明聪	四年级	冯金龙
灭癌细胞	创意作品	小李集中心小学	杨　欢	六年级	程　勇
变废为宝之“舞台泡泡机”	创意作品	陈师中心小学	张新宇	五年级	李　斌
课桌与讲桌的创新	创意作品	江苏省涟水中学	周　敏	高二	徐贞洋
未来汽车会变形	科学幻想绘画	时码中心小学	杨　璇	五年级	薛　涛
超声波灭虫器	科学幻想绘画	时码中心小学	周　杰	六年级	王爱平
太阳能果汁机	科学幻想绘画	时码中心小学	周智慧	六年级	葛海波
蛟龙X号	科学幻想绘画	北集中心小学	杨　腾	四年级	吴佩军
在太空安家	科学幻想绘画	北集中心小学	杨雨露	三年级	张建芹
太空家园	科学幻想绘画	保滩中心小学	王梦洁	四年级	丁　聪
风能收集器	科学幻想绘画	保滩中心小学	李雨婷	四年级	周晓英
神奇的多功能汽车	科学幻想绘画	保滩中心小学	唐林林	五年级	刘亚兰
太空列车	科学幻想绘画	保滩中心小学	郑静雯	五年级	郑佳宝
机械大作战	科学幻想绘画	保滩中心小学	周雅玲	三年级	杨　菁
禽流感的克星	科学幻想绘画	大东中心小学	杨雨涵	二年级	孙　霞
污水处理器	科学幻想绘画	大东中心小学	郭栩瑞	二年级	楚梦莉
盲人导行仪	科学幻想绘画	河网中心小学	徐　洁	五年级	李凤萍
酸雨收集分解器	科学幻想绘画	河网中心小学	张　霞	五年级	朱延政
果园采摘机	科学幻想绘画	河网中心小学	厉月茹	五年级	梁海红
雾霾的克星	科学幻想绘画	北集中心小学	张兰月	三年级	刘佳佳
未来城市	科学幻想绘画	黄营中心小学	张　宁	六年级	曹士飞
环宇太空艇	科学幻想绘画	黄营中心小学	葛佩文	四年级	许亚东
空气净化器	科学幻想绘画	黄营中心小学	于　欢	六年级	水龙波
可移动家园	科学幻想绘画	黄营中心小学	孙君焕	五年级	卢凤尧
遨游蓝天	科学幻想绘画	徐集中心小学	杨可	四年级	颜树云
未来美好生活	科学幻想绘画	淮文外国语学校	张晋玮	五年级	周红艳
美好生活	科学幻想绘画	江苏省涟水中学	陈艺文	高二	朱怀梅
海底城市	科学幻想绘画	南门小学	王　盼	五年级	鞠红红
海底城市	科学幻想绘画	涟水中等专业学校	孙　睿	高一	孙　斌
绿色环保制衣器	科学幻想绘画	梁岔中心小学	徐家美	五年级	朱龙梅

续表3

类别	作品名称	所在学校	学生姓名	所在年级	辅导老师
多功能利用机	科学幻想绘画	梁岔中心小学	陈佳巧	三年级	花亚玲
雨水消毒过滤器	科学幻想绘画	徐集中心小学	王思凡	三年级	陈　生
残留农药清洗机	科学幻想绘画	梁岔中心小学	萧婧桐	五年级	肖建国
神奇的烘干机	科学幻想绘画	梁岔中心小学	张骞文	五年级	井迎花
机器人导游	科学幻想绘画	梁岔中心小学	万元洁	六年级	胡　莹
智慧树	科学幻想绘画	小李集中心小学	林智慧	五年级	陈连德
闪电能源	科学幻想绘画	陈师中心小学	胡星宇	五年级	王　艳
多功能机器人	科学幻想绘画	经济开发新区中心小学	顾天晴	四年级	郑　亮
雨水净化器	科学幻想绘画	前进中学	李　凤	七年级	余吉华
空中授粉大黄蜂车	科学幻想绘画	前进中学	辛峥嵘	八年级	朱　勇
净化地球吸尘器	科学幻想绘画	浅集学校	刘　莉	六年级	严中祥
快乐海洋	科学幻想绘画	浅集学校	王婧妍	六年级	王加来
植物的保护神	科学幻想绘画	幸福里实验小学	尤思雨	五年级	刘　芬
白桦树的好伙伴	科学幻想绘画	幸福里实验小学	范艺凡	五年级	张爱娟
能量转化器	科学幻想绘画	幸福里实验小学	张　晗	五年级	张桂荣
做菜机器人	科学幻想绘画	义兴中心小学	徐雅倩	三年级	江王莹
雨水净化器	科学幻想绘画	陈师中心小学	王议婧	五年级	孙　磊
自动采摘机	科学幻想绘画	陈师中心小学	王勤勤	五年级	朱丽娟
制作小喷泉	科学幻想绘画	蒋庵小学	程乐天	四年级	沙丽君
自动植树一体化工具车	科学幻想绘画	涟水县郑梁梅小学	刘星言	五年级	沈　翔
净水机器鱼	科学幻想绘画	红窑中心小学	葛巧缘	五年级	朱月朗
节水型洗澡机	科学幻想绘画	幸福里实验小学	张梓瑶	三年级	薛　帆
环保超智能昆虫	科学幻想绘画	佘圩中学小学	佘梦洁	五年级	王　伟
移动食品检测器	科学幻想绘画	佘圩中学小学	万　佳	五年级	王　伟
妈妈的青花袍	科学幻想绘画	岔庙中心小学	谢珊珊	五年级	秦星星
风能收集器	科学幻想绘画	保滩中心小学	李雨婷	四年级	周晓英
移动特色餐厅	科学幻想绘画	保滩中心小学	杨晶晶	四年级	王丽萍
近视治疗仪	科学幻想绘画	陈师中心小学	朱娇娇	五年级	周晓巧
变形摩托	科学幻想绘画	红日中学	顾书凡	七年级	谷　飞
导盲鞋	科学幻想绘画	五港中心小学	邓萌萌	六年级	金　艳
海底观光艇	科学幻想绘画	北集中心小学	张　敏	三年级	张美亚
海底研究所	科学幻想绘画	东胡集中心小学	马雅琴	五年级	朱建美
我们爱地球	科学幻想绘画	徐集中心小学	陈　雪	二年级	任　婷
逆天手机	科学幻想绘画	徐集中心小学	王译如	五年级	赵　慧

（肖益忠）

涟水县残疾人联合会

【概况】 2017年底，全县有残疾人57546人，其中持证残疾人21713人。持证残疾人中重度残疾人8012人。2017年，县残联向12665名残疾人免费赠送意外伤害保险；为385名0—6岁残疾儿童提供转介康复服务；为466例白内障患者实施免费复明手术；为878名精神病患者实施免费给药服务；开展各级各类助残活动15场次，募集各类助残资金170余万元；实现残疾人实名制就业122人，辅助性就业244人；有9名残疾人运动员获省级以上奖牌39块，其中国家级金牌18块(盲人游泳运动员王非凡获国家级金牌10块)；市第七届残疾人运动会上，县残联获竞赛一等奖、优秀组织奖、道德风尚奖等全部集体奖项。先后被省残工委表彰为残疾人就业服务工作先进单位，被省残疾人福利基金会表彰为公益助残最具执行力单位，县“星火”爱心者协会被省残联表彰为优秀助残志愿服务组织，在全省残联工作会议上作推进残疾人小康建设工作经验介绍发言，开展光伏扶贫试点、扶持辅助性就业、精准康复服务等多项工作在全省会议上交流；在全省率先建成脊髓损伤者希望之家，承担并完成省残联组织的全省脊髓损伤者骨干培训任务；在省残联2016年度康复专项绩效考核得分86.04分，高出省均分6.38分，列全市第一名。

【残疾人创业就业】 2017年，县残联执行促进残疾人创业就业政策，促进残疾人就业增收。对安排残疾人就业达、超比例的用人单位按照不低于上年度当地最低工资标准2.4倍给予奖励；对自主创业的残疾人给予每年2500—4000元的扶持；对从事辅助性就业的残疾人按涟水县同期城镇职工月最低工资标准的10%给予劳动补贴。对为残疾人辅助性就业提供生产劳动项目的单位，给予0.5万元—3万元的补贴；对扶贫基地建设按县、市、省等级标准，分别给予0.8万元—5万元的补贴。全年兑现达到奖励标准的各类奖励、补贴10.8万元。实现残疾人实名制就业196人，运营辅助性项目9个，辅助性就业残疾人234人。

【残疾人技能培训】 2017年，县残联开展形式多样的技能培训工作，提高残疾人就业创业能力。按照年度计划，举办残疾人电商、面点、特禽养殖、月嫂、柳编等专业技能培训5期，累计290名残疾人参加各类培训。先后组织参加市级以上培训15人次，其中省级2人次。完成盲人按摩培训22人，并取得相关证书。鼓励扶持社会力量参与残疾人技能培训工作。对开展残疾人职业培训、职业辅导的机构给予每年每人200元的补贴。

【残疾人脱贫工程】 2017年，县残联抓好脱贫攻坚工作，着力改善困难残疾人生活。将全县6060户建档立卡残疾人贫困户全部纳入帮扶对象，落实机关干部进行一对一帮扶，以确保残疾人如期实现脱贫目标。与省委驻涟帮扶工作队、县扶贫办合作，开展100户残疾人家庭光伏发电扶贫试点，每户可增加年收入3000—4000元。在义兴白洼、徐集上营等5个村310名持证残疾人中开展全面重点帮扶试点工作，组织人员逐一登门调查，对156名有康复需求的残疾人提供康复转介、辅具适配、免费服药、白内障手术、假肢装配等精准化康复服务，对33名有就业能力和需求的残疾人提供就业培训和辅助性就业服务，向142名贫困残疾人家庭赠送洗衣机、电视机、电饭煲、电风扇等基本家电，100%满足他们康复、辅具、就业、幸福生活计划等方面的需求。与县住建部门合作，对全县14户贫困残疾人危房进行改造。

【“残疾人之家”建设】 2017年，县残联加大“残疾人之家”建设力度，为全面服务好残疾人搭建平台。按照“七有六服务”（“七有”指有合法的法人登记注册、有独立的财务核算、有统一的名称和标识、有适宜的活动场所、有管理服务队伍、有健全的管理制度、有安全保障，“六服务”指日间照料、辅助性就业、康复服务、文体活动、学习培训、志愿者服务）标准，全年全县建成乡镇和村级残疾人之家25个。同时以“残疾人之家”建设带动托养服务工作，完成残疾人托养263人。

【残疾人保障政策落实】 2017年，县残联按照省市要求，主动与民政部门配合，做好残疾人两项补贴发放工作，实现补贴发放的平稳交接；协助教育部门开展适龄残疾儿童调查和送教上门服务工作，有就读能力的适龄残疾儿童就学率100%；继续实施高中及高中以上在校学生教育专项补贴和残疾人机动车燃油补贴；城乡残疾人全部参加合作医疗，参加居民社会养老保险比例90%以上，其中，对3702名重度贫困残疾人基本养老保险补贴48.13万元，对2748名重度贫困残疾人基本医疗保险补贴44.96万元，为12665名残疾人购买人身意外伤害保险保费63.325万元；继续实行残疾人免费乘坐城市公交政策。

【脊髓损伤者希望之家建设】 2016年11月，涟水县脊髓损伤者“希望之家”建设启动。2017年，县残联培训康复骨干6人，组织看望困难伤友15人，创建230多人参加的脊髓损伤者希望之家爱心联盟微信平台。开展爱心讲座3期、就业创业培训2期，组织开展伤友交流联谊活动5次，累计300人次参与。举办希望之家活动周，组织残疾人体验城市生活、参与户外联谊、深化社会融入、培训生活技能、开展康复辅导、强化自强信念。希望之家创办的残疾人庇护就业工场投入运行，机构建设、内部管理

2017年9月6日，涟水县脊髓损伤者“希望之家”成立 （县残联 供稿）

等工作稳步推进。4月,被市残联表彰为"优秀项目"。8月,正式注册成为公益性、非营利性康复服务机构。是全国县级城市第一家为脊髓损伤患者服务的爱心机构,为县内外170多位脊髓损伤者提供综合性、针对性、个性化的服务。国家、省、市残联网站,市电视台,多家论坛等媒体先后对涟水脊髓损伤者"希望之家"进行报道。

【多元化康复服务体系构建】 2017年,县残联根据残疾人的康复需要,落实残疾儿童康复机构、精神病基本用药定点医院、残疾人辅具中心、脊髓损伤者希望之家等8个康复定点机构。还通过公开招标确定白内障免费复明扶贫医院2个,以满足各类残疾人的基本康复服务需求。实现有需求的残疾儿童接受基本康复服务率100%,持证残疾人接受基本康复服务比例50%以上,有需求的14岁以下残疾儿童基本辅具适配率100%,完成0—6岁残疾儿童康复转介385人,精神残疾人基本用药救助878人,假肢、矫形器装配52人,白内障复明手术466人。

【残疾人辅助器具适配】 2017年,县残联辅具适配和家庭环境无障碍改造2590户,累计适配轮椅等辅助器具3075件;持续实施省残疾人福利基金会残疾人"阳光浴室""家电圆梦"项目,向全县贫困或一户多残的残疾人家庭捐赠洗衣机500台、太阳能70台、电风扇、电饭煲500台、电视机10台。 (樊正中)

涟水县文学艺术界联合会

【概况】 县文联成立于1962年2月,是由县级文艺家协会、县辖乡(镇)文学艺术界联合会、产业(行业)文学艺术界联合会组成的人民团体,辖县作家协会、书法家协会、诗词协会、曲艺家协会、美术家协会、音乐舞蹈家协会、摄影家协会团体会员7个,有市级以上会员450人,国家级会员31人,省级会员173人,市级会员491人。2017年,县文联围绕"团结引导、联络协调、服务管理、自律维权"的职能,根据《涟水县文艺家协会换届工作实施细则》《涟水县文艺家协会管理办法》等文件精神,不断强化行业服务、行业管理、行业自律,繁荣文艺创作、服务经济建设,在推动文艺创作、推出优秀作品和优秀人才方面发挥作用。现代淮剧《留守娘儿们留守鹅》、歌曲《守巢的小鸟》获市第十届精神文明建设"五个一工程"奖。油画作品《咱家老宅》入选第二届江苏省美术奖。现代淮剧《留守村长留守鹅》,获得省舞台艺术类文华大奖(涵盖文华编剧奖、文华导演奖、文华表演奖三个单项奖)。高沟镇创成江苏省诗词之乡,今世缘酒业等多家单位获江苏省诗教工作先进单位称号。

【文化惠民系列活动】 2017年,县文联组织开展文化惠民系列活动。开展"学习宣传十九大·百村千场文化行"活动,牵头组建文艺宣传队和特色小分队,围绕十九大精心创作快板《十九大唱响中国梦》、琴书《崛起的涟水在腾飞》、锣鼓《中国梦飞向世界新目标》等各类文艺节目30余个,城乡巡回演出近1000场次。开展"迎庆十九大、共建文明城"主题活动,组织开展"迎庆十九大·共建文明城"文艺宣传20余场,举办"创文明城 做文明人"诗书画摄影展,展出作品120幅;举办"喜迎十九大、畅游百花园"书画展,展出作品60幅;举办"移动杯""巾帼风采"摄影优秀作品展,展出作品60幅;举办"涟水好人"摄影图片展,展出作品50幅;举办"今世缘"涟水县生态文明建设摄影作品展,展出作品80幅;举办"重彩生活、新春惠民"淮安市首届美术奖作品展;举办"全国第27个助残日"演出;举办"触摸历史文脉、弘扬传统文化"端午节戏曲联谊会;举办"中国涟水·第二届阿累读书节"等各类文化惠民主题活动300余场(次)。围绕"迎庆十九大、弘扬传统文化"主题,举办专题诵读会、经典诵读进校园、经典诵读大赛等活动20余场。推进非遗进校园,在中小学设立非遗项目传承基地7个,常态教学,提高少年儿童传统艺术素养,完善非遗项目老中青少传承梯队,激发学生对中国民俗文化的兴趣,促进优秀民俗文化的传承。

【文艺作品创作】 2017年,县文联坚持以人民为中心的创作导向,围绕繁荣发展社会主义文艺,深入挖掘弘扬涟水深厚的历史文化、红色文化、好人文化、名人文化、缘文化、戏曲文化,围绕"决战决胜达小康,做强做美副中心"主题实践,开展"讲好涟水故事、传播涟水声音——学习宣传十九大"采风创作行动,组织引导广大文艺工作者深入城乡、企业、村居、项目现场进行采风创作,打造一批有筋骨、有道德、有温度,体现涟水特色、涟水风格、涟水气派的现实题材文艺精品力作。创作歌伴舞《我在水岸等你》、歌曲《水韵天堂》、小品《迟开的家长会》、摇滚快板《十九大唱响中国梦》、表演唱《书记开会我点赞》、歌曲《红日升起的地方》、诗朗诵《坚守的辉煌》、淮海琴书《崛起的涟水在腾飞》和《喜庆十九大争创新业绩》、淮海锣鼓《中国梦飞向世界新目标》等具有涟水地域特色的文艺精品。

【涟水县书法家协会】 成立于1987年,办公地点位于县城北京路东鼎小镇6号楼,内设书协主席团、组织工作委员会、书法艺术传播委员会、创作学术研讨委员会、书协秘书处,有主席1人、副主席6人、主席团成员14人。下属青年分会、老年分会、高沟镇分会和陈师镇分会。2017年,县书协有会员158人,其中中书协会员2人,省级会员29人,市级会员47人,县级会员80人。会员参加全国书法参赛稿件60余幅,市级稿件40余幅。春节前后,组织20余名省级会员送祝福进机关、进社区,开展为"平安卫士"送春联活动,书写赠送春联900余幅。在府前御景园东大门向居民书写赠送春联400余幅。建军节期间,先后到县公安消防大队、县人武部开展慰问活动,为官兵现场泼墨挥毫,赠送创作书法作品。8月22日,在县文化馆举办书法精品展,展出书法作品96幅,参观市民2800余人次。10月27日,在县文化馆展厅举办县书协成立三十周年书法邀请展,展出涟水籍在外工作书法名家姜华、张崇德、毛广淞、朱志刚、谢景行、刘淮、范青、吴建华、姜苏海等人书画作品108件，参观市民3000余人次。11月17日，组织部分会员参加淮安市首届“书法奖”开幕式，江从道、颜士学、张春、朱飞、严成刚、龚亚军、刘景新7人入展。开展书法培训活动，县书协主席江从道、顾问陈一农走进县老年大学书法班进行现场指导。邀请兰亭奖获奖名家朱志刚和谢景行给会员举办书法理论创作讲座2次，培训70余人次，组织会员外出观展3次，参加会员60余人次。

【涟水县摄影家协会】 成立于1984年，2017年，有会员115人，其中：中国摄影家协会会员3人，江苏省摄影家协会会员19人，淮安市摄影家协会会员35人。全年举办摄影作品展3次。2月，举办涟水县“中国移动杯”巾帼风采摄影大赛，收到应征作品750余幅，评出优秀作品60幅，并于“三八”妇女节前夕在县文化馆展出，接待参观1200余人次；7月，联合县书协、美协、作协在县文化馆举办“创文明城，做文明人”诗书画摄影展，展出摄影作品40余幅，接待参观2000人次；10月，承办由县文明办、县文联、县广播电视台主办的“幸福涟水、最美乡村”摄影大赛，收到应征作品1200余幅，评选出入展作品60余幅。承办“艺术创造工程与摄影创作漫谈”摄影讲座，邀请中国摄影家协会会员、淮安市摄影家协会主席朱天鸣主讲，全县130余名摄影、书法、美术、音乐工作者、爱好者聆听讲座；组织会员20余人赴皖南、江西等地开展摄影采风活动；参加县文明办组织的“涟水好人”寻访、拍摄活动，参与创建省级文明城市成果拍摄活动。会员朱红辉作品《江淮戏》入展中国摄影杂志社、日本索尼公司主办的全国摄影大展，获“索尼青年摄影师”称号；张佐刚作品《免费体检的老人》入展中国摄影杂志社全国摄影大展；陈连佐作品《喜上眉梢》入展中国摄影家协会图片社主办的“影像四季”全国摄影大展。有6幅摄影作品入选江苏省摄影家协会主办的大赛（大展），11幅摄影作品入选淮安市摄影家协会主办的大赛展，县摄影家协会被省摄影家协会评为先进基层摄影家协会。

【涟水县作家协会】 成立于2011年。2017年，共有会员132人，其中省作协会员10人，市作协会员26人。新增会员6人，推荐并加入市作协11人，省作协2人。全年县作协会员在省级以上报刊杂志发表文学作品20余篇，其中，国家级刊物7篇，省级21篇。在市级报刊杂志上发表稿件45篇，入选出版图书9篇。县作协会同市作协组织8名作家举行“水城探水——淮安作家写水利”采风活动，征集作品7篇，得到市、县两级水利领导的支持与肯定。搞好交流，邀请淮安、洪泽、泗阳等市、县、区作协作家12人来涟采风，让县外的作家们了解涟水，宣传涟水；组织会员8人为涟水电视台举办的“颂读金秋”的音乐朗诵会撰稿，以配合“阿累读书节”的深入开展；参与“看涟水”活动，组织作协会员20余人，进工厂，走乡村，览身边风景，看涟水变化，更好地用文学作品来讴歌刻苦勤劳的涟水精神。会刊《五岛文学》出刊两期，主要栏目有名流居、小说坊、散文轩、雏凤台、藏史阁等，每期发作品10万字左右，16开本80页；其中所发散文《牧羊记》被《美文》杂志转载，诗歌《邀请阳光》被《词刊》转载。向郑梁梅、五港等多家中学及县武警部队赠送各类图书3000余册。（吴　未）

涟水县哲学社会科学界联合会

【概况】 县社科联成立于2008年，直接管理社科类协会涟水县安东文化研究会。2017年，县社科联先后组织淮安市哲学社会科学类课题、“江苏省社科应用研究精品工程”市县专项、调研点课题的申报工作，其中，《县域文化产业发展实践与对策——以涟水为例》《后扶贫时代“共同富裕”的路径探析——以涟水为例》等课题，分别在省、市立项并成功结题。在做好江苏省第十四届社科普及周常规工作的同时，组织开展主题知识有奖竞答活动，通过集中注册、现场答题、散发宣传单页、投放电子海报等方式，先后组织1万余人次参与网络答题。县社科联经验做法被省社科联全省推介，并获优秀组织奖。

【蝉联省社科联系统“工作创新奖”】 2017年，县社科联组织开展中共十九大精神系列活动、社科普及活动等200余场，在江苏社科网、《江苏社联通讯》、“江苏社科普及”微信公众号、《淮安社会科学》等省市社科联系统媒体发表工作信息、经验文章等20余篇，在全市各县区中位居前列，蝉联省社科联系统“工作创新奖”。

【涟水县安东文化研究会】 涟水县安东文化研究会成立于2011年，2017年有会员54人，会长王双华。全年参与筹办陈登科纪念馆、涟水抗日同盟会纪念馆，协助调查全国地名第二次普查涟水地名补充完善工作。定期编印会刊《安东文化研究》，刊物栏目有：《安东记忆》《文史探秘》《海外骄子》《方志寻踪》《昨宵灯火》《民俗风情》等；全年编印二期，分上半年和下半年，每期文字8万字，64页，发行量2000份，免费赠送学校乡镇政府等机关事业单位，老年协会和文史爱好者。（吴　未）

法治·军事

政法委及综治

【概况】 2017年县委、县政府把平安与法治建设工作纳入全县经济社会发展的总体规划、纳入综合目标考核、纳入干部工作实绩档案，明确各单位主要领导“一岗双责”的平安法治创建责任，建立横向到边、纵向到底的平安法治建设工作组织网络。县委常委会专门学习中央及省、市政法工作会议精神，专题研究全县政法工作有关事项和社会治理创新工作。县政府常务会专门研究解决全县379名村级全科网格员待遇问题。全年全县没有发生重特大安全事故和影响社会稳定的群体性事件。综治信息化网格化建设全面建成且高效运行，民生诉求上传反映无障碍，回应民生及时快捷无梗阻，实战应用效果明显。投入100多万元改造升级县综治中心，在县综治中心设立矛盾纠纷、法律援助、法治维权等10个为民服务窗口。开展政法先进典型引航工程，年底评选出10名全县“十佳政法卫士”和10名“优秀政法卫士”并进行表彰。

【“1121”合成维稳平台】 2017年，县委政法委贯彻落实中央和省、市政法工作会议精神，按照“党委领导、政府负责、社会协同、公众参与、法治保障”的现代治理要求，整合综治、法治、公安、司法、信访等资源，创新建成“1121”合成维稳平台，即通过成立合成维稳中心（1个中心），搭建合成维稳信息化应用平台（1个平台），建立涉稳信息收集和矛盾纠纷排查化解专职队伍（2支队伍），健全一套运行机制（1套机制）。“1121”合成维稳平台作为政府体察民情、倾听民意、顺应民心的重要平台，全年收集各类线索6675条，其中有价值线索3257条，涉及稳定信息800余条，交办、处置及反馈率均达100%。在中共十九大期间，信访稳定赴京访取得“零登记”“零非访”“零滋事”3个零的成绩。“1121”合成维稳平台获全市政法系统“十佳创新项目”提名奖。

十佳政法卫士颁奖　　（县委政法委　供稿）

【平安江苏App推广】 2017年，县委政法委创新探索“互联网+综合治理+长安涟水+群防群治”社会治理新模式。强力推进“平安江苏”APP进农村、进社区、进机关、进学校、进企业，仅半月时间在全市率先超额完成目标任务，实现涟水速度。强化业务培训，组织县、乡、村（社区）、组分层次培训，实现扫描安装、功能使用等实战操作演练全覆盖。强化考核激励，特别是加大奖励力度，对有价值的信息一经核实，以微信红包形式发放10—80元金额不等的奖励，对涉及影响社会稳定的重要信息，给予双倍奖励。实现平安志愿者注册人数5.8万多人，占全县常住人口6.7%，超过省规定的4%目标，人数及占比全市第一，全省领先。11月17日，全省平安江苏App推广使用启动仪式上，县委政法委作为淮安市政法系统的唯一代表，在会上进行交流发言。

【涉法涉诉联合接访】 2017年，县委政法委以提升执法公信力为目标，扎实推进执法规范化建设，群众安全感、政法队伍满意度大幅提升。县委政法委从县法院、检察院、公安局、司法局选调4名政治素质高、业务水平强人员到涉法涉诉联合接访中心开展工作，与原单位原部门脱钩，开展“一站式”接访、“会诊式”处理模式，施行“一案一策”，选调入驻工作实行常态化。全年涉法涉诉联合接访中心共处理各类信访案件283件次，接待上访群众300余人，其中涉法涉诉信访案件45件，涉案群众80余人，化解久访不息案件40余件。加大司法救助力度，全年共救助涉法涉诉对象32人，发放救助资金100.1万元。县委政法委涉法涉诉信访工作受到省委政法委表彰，全市唯一。

【政法惠民乡村行】 2017年，县委政法委牵头，联合县法院、检察院、公安局、司法局等政法单位以及县妇联、民政局、人社局、残联、团县委、关工委、扶贫办、新农合办等10余家单位深入经济薄弱村和农村低收入农户开展以法治惠民为重点的"政法惠民乡村行"扶贫活动。活动原则上每月一次，由一个单位主办。活动的主要内容有：法治宣传、权益保障、矛盾化解、留守儿童、特殊人群和重点人口管控宣传、预防和打击各类违法犯罪等。全年共组织赴麻垛现代农业园区兴哨村、灰墩办事处大胡村等政法惠民乡村行6次，发放宣传资料15000余份，接受群众咨询600多人次，解决群众反映的热点难点问题530多件。活动被江苏长安网、淮安长安网等多家媒体报道。

【矛盾纠纷调处】 2017年，县委政法委进一步加强县、乡矛盾调处服务中心和村调解室的规范化建设，全县建成各类调解组织426个，其中村(居)级365个，乡镇级22个，县级调处中心1个，驻派出所调解室26个，行业性、专业性调解组织12个，专、兼职调解员499人。充分发挥县、乡、村三级社会矛盾纠纷调解组织网络优势，对社会矛盾纠纷实行"统一受理、集中梳理、归口管理、分级办理、限期处理"化解机制，综合运用经济、行政、法律、政策等多种手段和教育、协商、疏导等多种办法协调利益关系，积极倡导就地、就事解决矛盾纠纷，确保小事不出村、大事不出镇、疑难问题不出县。组织农村"五老"参与大调解工作，从源头上预防化解各类矛盾纠纷。把5.8万多名平安志愿者和全科网格员、1.8万多户城乡低保户作为治安信息员和义务巡防员，推进矛盾纠纷网格化排查、信息化运作、法律化调处"三化"建设工程，切实加强对各种不安全、不平安、不稳定、不和谐等信息的收集和研判。创新调解方式，把"互联网+"运用到调解工作中去，开设矛盾纠纷调处化解QQ工作群、微信群。建立医患纠纷调处工作机制，及时、有效、公正调解医患纠纷问题，在县综治中心设立医患纠纷调解窗口(室)，依据《医疗纠纷处理及长效管理办法》，专门负责全县医患纠纷调处工作的组织协调和现场调解处理工作。全年全县各级调解组织受理和调处各类矛盾纠纷11597件，成功调处11597件，成功率100%，其中受理医患纠纷23件，成功调解23件，履行协议23件，涉及金额277.3万元。

（樊海成）

法治政府建设

【概况】 2017年，全县政府法制工作以"打基础、促规范"为重点，健全决策制度，规范决策程序，不断提升领导干部的法治素养，为法治政府建设作出积极贡献。重大行政决策规范化管理工作初见成效，出台《县政府常务会议事规则》《涟水县重大行政决策程序规定(试行)》系列制度，印发《涟水县2017年度重大行政决策目录》，重大行政决策规范化管理经验受到省市两级法制部门的肯定，获批"全省第二批重大行政决策试点县"；把好文件审核关，全年接到报送备案的规范性文件12件，重大行政决策文件4件；坚持规范办理复议案件，收到复议案件申请37件，全部办结(其中维持17件、撤销4件、确认1件、责令1件、14件调解处理)，没有1件案件因复议程序出现问题被确认违法；加强与县法院沟通，做好行政应诉工作，建立"行政应诉联动制度""庭审季季看"等机制，配合县法院做好司法执行工作，以县政府为被告的案件数55件，结案50件；强化领导干部等"关键少数"学法，通过县政府常务会学法、手机党校学法、执法人员知识更新培训等形式不断提升领导干部与执法人员等"关键少数"法律素养，全年举办县政府常务会学法4次，为1218名执法人员进行行政执法业务知识培训。继十九大安保维稳成为全市唯一实现"三零"目标县区后，"1121"合成维稳工作体系被省委办公厅刊文推广，"不见面审批""35745"审改专项行动获得省市领导充分肯定，全国第一本机场不动产权证、全市第一本农房证在涟水颁发。

【复议应诉规范化建设】 2017年，县政府加强复议应诉规范化建设，复议应诉工作的纠错监督职能不断强化。结合领导分工变动情况，调整复议应诉工作领导小组，印发《涟水县行政复议应诉管理办法》，明确县政府法制办同各部门在办理复议应诉案件过程中的职责划分，避免推诿扯皮现象发生。及时组织人员搭建全县复议与应诉的网络组织架构，完善用户角色设置；多次召开各单位网络管理员培训会，明确各部门案件受理要求与录入参数设置。到年底，县复议应诉案件网络自动化办公系统搭建完毕，投入使用。按照行政复议工作规范化建设的要求，把行政复议工作作为依法行政、建设法治政府的一项重要内容，纳入政府保障体系，在机构编制与人、财、物等各方面给予充分保障。针对2017年行政复议与应诉案件数量较多的情况，县政府增加1名编制、2万元工作经费用于复议应诉保障工作。增加投入2万元用于购置录音笔、照相机与执法记录仪，腾出3间办公用房用于建设行政复议接待室、听证室、档案室和阅卷室。建立健全复议案件责任追究倒查制度，加大对违法和明显不当行政行为的纠错力度；建立重大行政复议结果通报制度，及时向各部门通报具有典型意义的重大行政复议案件处理结果；完善行政复议案件过错责任追究制度，对拒不执行行政复议决定的，及时向人事、监察部门移送并提出处理建议；建立重大决策类行政复议案件实行全流程电子监察制度，利用创建重大行政决策试点县的契机，对涉及重大行政决策的复议案件，及时通过重大行政决策网上公开运行功能平台，查看各个环节是否符合法定依据及决策规则进行监督，及时动态的反映重大行政决策运行态势。

【重大行政决策规范化建设】 2017年，县政府加强重大行政决策规范化建设，依法决策机制逐步完善。根据《江苏省行政程序规定》，修订、完善《涟水县重大行政决策程序规定(试行)》《涟水县重大行政决策规范化管理十项制度》，明确重大行政决策范围与实施程序，对重大行政决策实施精细化管理。年初，面向全县征集重大行政决策事项，并对征集到的重大行政决策全部列入目录化管理，审核后，全部移交县政府常务会讨论通过。建立重大行政决策全过程记录与文书立卷归档制度，决策立项与决策过程中形成的文书材料按照档案管理的要求进行处置。坚持《提请县政府常务会讨论议题报告单》制度；坚持凡涉及重大行政决策事项的会议纪要，重点注明"公众参与、专家论证、风险评估、合法性审查、集体讨论决定"等规定环节履行情况；坚持对决策事项全流程形成的法定程序证明材料与公文起草、审核、签发等材料一并归档。建立重大行政决策卷宗评查制度，明确评查内容，细化评查标准，推荐优秀卷宗参加省、市优秀卷宗评选活动，推进档案规范化管理工作。

【行政体制改革】 2017年，县政府深化行政体制改革，行政效能实现新提升。推进"35745"审改专项行动，围绕优化"企业注册开业""不动产权证""施工许可"等"三证照"办事流程，先后出台多个县级配套文件，精简优化办事程序，不断提升办事效率，助推大众创业万众创新。推进"放管服"改革，在江苏率先试行"不见面审批"。申请人可以通过网上远程申报，在线填写申请表单，上传电子材料到中心窗口进行审核，审核通过后到现场验核原件办结发证，减少来回往返次数；申请人也可通过网上支付功能支付费用，工作人员通过进驻窗口的快递公司送达证照，实现"不见面"服务。与阿里巴巴旗下的阿里芝麻信用公司签订战略合作协议，根据当事人申请通过快递寄送政务服务材料，极大方便办事群众。高沟镇列入淮安唯一的全省新一轮经济发达镇行政管理体制改革试点获批后，立即启动发达镇行政管理体系改革前期调研工作，制定改革方案，下发赋权目录征求意见稿，特别注重抓好赋予权限、整合机构、推行集中审批服务、开展综合行政执法、完善用编用人制度、创新基层管理服务、相关配套改革等方面的制度创新，强化专项资金配置、建设用地保障、重点项目布局、金融服务、政府性债务指标分配等方面的配套改革措施。县(市、区)工商、质监、食药监"三合一"改革全部到位，初步实现"一个部门管市场""执法资源向一线倾斜"的改革目标。县市场监管局内设机构总数由22个减至15个，精简28%，设立8个基层市场监督管理分局，基层分局平均人数达到12人。建立并推进"双随机"抽查的机制、措施、流程等，相继出台《关于深化商事制度改革加强事中事后监管的意见》《企业公示信息抽查工作规则(试行)》《关于建立企业公示信息"双随机"抽查工作机制的通知》等一系列政策文件。行政执法部门结合本部门权责清单制定随机抽查事项清单，建立检查对象和检查人员名录库，制定随机抽查细则和实施方案，编制年度随机抽查计划。开通江苏省市场监管信息平台，打破市场监管信息孤岛，实现市场监管主体与行政许可、审批部门、司法机关的信息联动，加大对失信企业及当事人的联合惩戒力度。全年全县执法开展"双随机"抽查约106批次，抽查企业(个体工商户)近1090家，占所辖企业4.36%，建立失信黑名单32家。

【行政执法监督】 2017年，县政府创新监督机制，行政执法监督成效不断彰显。严格落实规范性文件制发计划，对未列入规范性文件制发目录的，原则上一律不再制发；编制计划时，坚持"三个不进"原则，即"上级已有明确要求属于重复发文的坚持不进计划、明显侵犯行政相对人合法权益的不进计划、不符合规范性文件程序要求的不进"。全年通过"十百千法制监督工程"对各单位上报的规范性文件草案进行审核，发现侵犯行政相对人合法权益的草案12件、重复发文24件、未通过重大行政决策程序的3件，存在问题的草案全部说明原因后退回原单位进行修改。坚持监督与预防并举的原则，重点抓好涉及民生、安全生产、环保、社会稳定类的规范性文件与重大决策的合法性审查，突出抓好社会风险评估与执法风险点研判工作，及时将风险点提醒函报送领导提供决策参考。十九大和"263"专项整治期间，提供执法建议12条(含风险防控建议2条)，被采用7条。逐步推行政府法制监督为主体，司法监督、社会民主监督为两翼的监督新格局，凝聚执法监督的合力，形成执法监督全社会齐抓共管的局面。年初在选聘2名市级行政执法监督员的基础上，选聘3名县级行政执法监督员。通过邀请监督员参加县政府常务会、重大行政行为备案审查会等活动，全方位听取建议，提升执法监督公信力。推进"两法衔接"平台建设，进一步完善案件衔接机制，建立与法院、检察院信息共享机制，执行已生效法律文书，纠正违法及不当行为。(丁海宽)

公　安

【概况】 2017年，全县公安机关共接报警63464起，其中报立刑事案件3451起，破案1563起，破案率45.3%，破八类案件70起，破案率92.1%。受理各类经济犯罪案件77起，立案66起，涉案总值1亿余元(其中非法吸收公众存款案2885万元)，破案23起，避免和挽回经济损失2000余万元，抓获犯罪嫌疑人58名。全县户籍301931户，户籍人口1136134人，全年迁出13790人，迁入4115人，人口呈现负增长，比上年下降1.53%。全年受理、审核出国申请8194人次，赴港澳申请4941人次，赴台申请811人次。常驻涟水县境外人员113人，办理临时入境人员住宿登记893人。县公安局按照"党委领导、政府负责、社会协同、公众参与、法治保障"的现代治理要求，组建合成维稳指挥中心，搭建信息化应用平台，增强维稳工作整体性、协同性和实效性；打造合成侦查中心，自主研发合成侦查作战平台，实现一网研判、一网指挥、一网协查、一网打击、一网建档、一网考核，全面提升公安打击破案整体效率和水平。中心成立后，直接或协助侦破案件319起，打掉盗窃团伙3个，抓获团伙成员17人；成立队伍监督管理中心，通过信息化监督管理手段，运用网上督察、图像监控等方式，围绕规范执法、服务群众、言谈举止等，全方位开展队伍监督管理；围绕群众关心关注的窗口服务、一线执法、安全感、满意度、见警率等重点，组建警察公共关系中心，对全县公安工作开展全访评，着力查找服务、管理、执法等方面的短板弱项。自10月建成至年底，开展电话回访1.2万余次，短信回访2.3万余条，编发通报25期。以“互联网+”为着力点，研发系列网上办事服务项目，实现让数据多跑路、群众少跑腿的目标。新媒体服务破案、出租房屋自主报备、微警务战略联盟等做法，先后被《人民公安报》《江苏法制报》《淮海晚报》及省公安厅、市公安局内网宣传推介；维护稳定、打防管控、服务发展等多项工作受到省、市、县领导的批示肯定，先后有46个集体和179名个人受到省、市、县表彰。全市唯一一家被省委、省政府表彰为全省中共十九大安保维稳工作先进集体。

【规范执法“大练兵、大比武”活动】 2017年，县公安局组织开展规范执法“大练兵、大比武”活动，通过以考促学、以培促学、跟班带学、信息领学、交流互学、师徒结对学等方式，建立健全民警常态化学法考试制度，先后组织法律考试32场，参考民警1520余人次。开通网上学法专栏，探索利用公安微信公众号建立“指尖学法”模块。以《执法规范责任追究十项规定》为抓手，扎实开展接处警、受立案专项整治工作，严格考核奖惩、问责倒逼，累计发布通报72期，通报执法问题1026个，约谈民警112人次，追究执法过错责任民警22人。12月2日，全局各警种、各单位的10名优秀民警，参加全警规范执法大练兵大比武擂台赛决赛，围绕执法基础知识、执法能力、执法质量三个方面，展开精彩角逐。黄营派出所民警周玉航获得决赛一等奖，闸口水上派出所副所长徐杨、交警大队事故处理中队副中队长朱清祥获比赛二等奖，高沟派出所副所长胡主要、涟城派出所副所长王一元、朱码派出所副所长徐福藩获比赛三等奖。

【打击犯罪机制创新】 2017年，县公安局坚持以打促防、打防结合。滚动开展打击盗抢骗、打击“赌毒娼”“三整一打”“雷霆”等系列专项行动。创新打击犯罪新机制，建立“小单元”类案侦查队、合成侦查、微信平台服务打击破案新模式。健全屯警街面、精准布控的防控格局，稳步推进县城区2个警务工作站建设，打防控能力显著提升。全力推进升级版治安防控体系建设，建成全县二级视云实战应用平台及智能化运维平台，新建社会面监控2200余个，基本实现社会面、重点部位、各乡镇、村(居)监控全覆盖，全警信息化应用能力水平显著提升。全年全县刑事案件、侵财案件、八类案件、通信网络诈骗案件破案522起，上升10.5%，总体呈现“四降一升”的良好态势；4起现行命案全破，快侦快破“2·3”一次杀死2人、“3·4”跨区域系列盗窃通信电缆案等一批社会影响恶劣、群众反映强烈的案件；抓获各类违法犯罪嫌疑人1007人，公诉517人，追回网上在逃人员131人，其中历年在逃人员26人。

【所队勤务运行机制改革】 2017年，县公安局出台《关于进一步加强派出所工作的决定》，从人、财、物等方面全方位加强派出所保障。完成南禄、北集、浅集、方渡、杨口、王集、余圩等7个派出所撤并工作，派出所数量由原来的33个减少为26个。从局机关选调17名民警充实基层一线派出所，解决16名派出所所长副科职级，有7名派出所所长进乡镇党委班子任职。在充分调研的基础上，结合涟水实际，实行城区所“一室三队”(勤务指挥室和社区警务队、巡逻防控队、案件侦查队)、农村派出所“一室一队”(综合岗和社区警务队)的勤务运行模式，此外，在县城区新建警务工作站2个，由巡特警大队负责管理和运行，全面承担接处警和巡逻防范任务，将城区所警力从繁重的接处警任务中解脱出来，更多地投入到社区警务和案件查处工作中，推动派出所警务工作不断走向专业化，社区警务进一步做实，公安基础工作质态显著提升。将原履行队伍监督管理职能的督察、纪检、审计等部门进行整合，成立队伍监督管理中心，一体化运行，“一站式”开展督导检查、信访投诉受理、执纪问责等工作，提高队伍监督管理能力，推动队伍、业务质态提升。

【全国首创公安微警务战略联盟】 2017年7月，县公安局以网聚智慧、融合发展为出发点，联合县内有影响力的自媒体15家，通过签订合作协议，在全国首创成立微警务战略联盟，全面深化公安微警务与社会自媒体的合作，引导其主动承担社会责任，积极服务社会治理，全面提升公安新媒体的效能和影响力。公安微警务战略联盟成立后，共开展联动宣传67次，发布破案协查101期，推送的微信文章转发、阅读量超过3500万人次，通过微信平台收到群众举报线索1069条，通过微信征集线索抓获各类违法犯罪嫌疑人76名，破案233起，为群众挽回损失30余万元，31起网络舆情全部妥善处理。相关做法被省公安厅、市公安局内网以及《人民公安报》《江苏法制报》《淮安日报》等媒体宣传报道。

2017年7月15日，微警务战略联盟成立签约仪式 (县公安局 供稿)

【多轨联侦作战平台建成】 2017年，县公安局建立"多轨联侦作战平台"，将刑事技术、情报研判、图侦、技侦、网侦、便衣侦控等岗位进行整合，以平台贯穿所有的侦查部门，定岗定责，负责全县侵财案件的合成勘察、综合研判和实战指挥等工作，所有的侦查数据结果必须在平台中体现，确保发案有人问、串案有人盯、在逃人员有人追。各派出所分别明确分管刑侦工作所领导与兼职技术员、图侦人员组成所队实战小单元，负责本辖区案件侦查工作，及时上报案件线索，合成侦查中心充分运用"多轨联侦作战平台"，把孤立、零星的信息串联起来，形成对案事件的视频图片、可疑人、可疑车辆的动态轨迹分析，对案件侦查的方向范围判断，对作案时间部位的预测分析等等，为防范和打击破案提供有力的信息支撑，是集研判—经营—侦查—反馈—再研判—再经营—再侦查，到最后实施抓捕的一体化导侦模式。平台运行后，共抓获犯罪嫌疑人80余人，破案150起，有效助推公安机关破案打击效能实现新提升。

【出租房屋网上自主报备平台】 2017年，县公安局针对全县出租房屋管理中存在的薄弱环节，在学习借鉴外地经验的基础上，结合涟水实际，依托微信平台研发淮安首家出租房屋申报登记备案信息服务平台，向群众提供24小时在线的自主报备服务，群众自主上报的信息经梳理后，及时分类分批推送至相关派出所，由社区民警进行核实登记，并开展日常管理。9月，平台正式上线运行，至年底，登记出租房屋信息8766条，流动人口信息2169条。相关做法先后被《淮海晚报》及省公安厅、市公安局内网"经验交流"等栏目宣传推介。11月，市公安局在涟水召开全市出租房屋和流动人口管控工作现场会，该平台被市公安局在全市推广使用。 （赖华军）

【火灾与扑救】 2017年，县消防大队接处警627起，出动车辆701辆次，出动警力4175人次，抢救被困人员38人，疏散被困群众100人，抢救财产价值228.2万元。全县发生火灾154起，直接财产损失1288.2万元，过火面积2533.1平方米，受灾3户。有影响较大火灾4起：

1月16日15时05分，涟水县G25长深高速南京往连云港方向1774路段一货车发生火灾。接警后，县消防大队迅速调派消防车2辆、指战员14人赶赴现场进行处置。火灾主要燃烧物为运载纸箱，火灾原因不明，未造成人员伤亡。

2月15日20时12分，涟水县军民拆旧市场发生火灾。接警后，县消防大队迅速调派消防车3辆、指战员20人赶赴现场进行处置。经过2个多小时的艰苦奋战，22时左右大火被全部扑灭。

3月30日10时21分，义兴镇一模具厂发生起火。接警后，县消防大队迅速调派消防车3辆、指战员20人，同时调集高沟专职队消防车1辆、战斗员3人赶赴现场进行处置。14时左右扑灭大火，火灾主要烧毁蛋托盒，未造成人员伤亡。

8月31日19时44分，涟水县天达燃气对面一停车场一间民房发生火灾。接警后，县消防大队迅速调派 消防车2辆、指战员12人赶赴现场进行处置，经过1个多小时的奋战，成功将大火扑灭，未造成人员伤亡，火灾主要原因不明。

【消防监管】 2017年，县消防大队坚持严执法保平安，大力提升社会火灾防控力。全年举办各类消防培训班20期，讲授消防培训课32场，举行灭火演练65次，消防站开放40次，受培训教育2500余人次。圆满完成夏季消防安全大检查、电气火灾专项治理、高层建筑消防安全综合治理、群租房消防安全专项整治以及十九大消防安保等安保任务。全年有9个月防火实绩月考评在全市同类大队中位居前三，十九大安保专项考评全市第二。

【消防宣传教育】 2017年，县消防大队狠抓社会面消防宣传工作，扩大宣传影响面。结合各个专项行动以及"5·12"防灾减灾日、安全生产月和"119"消防宣传月等活动，组织开展集中消防宣传活动26次，展览消防展板55块，发放宣传资料近1万份。结合季节特点，每月发动组织消防志愿者深入社区、林区和展销会等现场开展消防志愿者活动。指导辖区中小学校开展"清除火患，远离火灾"暑期消防安全教育、"消防安全第一课"活动。消防教育馆全年接待参观人员5000人次。消防站开放45次。每月发送消防公益短信800条，及时向社会推送发布消防常识和提示内容。结合法律法规宣贯和专项行动，走进县医院等单位开展消防教育培训60次，指导涟水一中等单位开展灭火疏散逃生演练30次。组织全县中小学生参加全国消防安全知识竞赛，全国性表彰中淮安市25人获奖，其中涟水21人；在"全民消防我代言"活动中，涟水2人获省消防总队推广宣传。在媒体宣传中，被中央电视台采用3篇。 （张　振）

检　察

【概况】 2017年，县检察院批准逮捕各类犯罪125件151人，提起公诉496件583人；起诉故意杀人、强奸等严重暴力犯罪10件10人，起诉非法集资、传销、电信诈骗等涉众型经济犯罪5件6人；加强与公安机关配合，提前介入引导侦查黄某某杀夫分尸案、陆某某杀害妻女案等社会影响大、群众关注度高的恶性刑事案件5件5人。制定《涟水县人民检察院检察护航"淮商崛起"项目实施方案》，整合司法资源，为涟水经济社会发展保驾护航。严厉打击破坏经济秩序犯罪，先后起诉3件假冒"今世缘"注册商标犯罪案件，保护企业的知识产权。针对省"263"专项行动中发现的涟水县畜禽养殖污染问题，向县环保局等6家单位发出检察建议，督促制定整改措施，推动全县开展畜禽养殖污染专项治理工作，有效改善被污染环境。建立司法救助多元化机制，向11名困难刑事被害人发放司法救助金44万元。加强未成年人司法保护，积极开展关爱帮教工作，对22名不起诉人员进行回访帮教30余次，对8名附条件不起诉人员作出不起诉决定；联合县公安局建成"暖阳之家"，减少对涉案未成年被害人的二次伤害。立足办案排查研判社会风险并形成报告，为上级决策提供参考，其中《无证操作特种设备导致责任事故多发亟待解决》一文受到县委书记王向红批示，推动县委决策开展特种行业违规操作专项整治活动，同时被最高检检察长曹建明批示、被中央办公厅采用。发挥高沟、梁岔、大东等派驻乡镇检察室作用，畅通基层群众诉求表达渠道，丰富服务群众举措，着力打造群众家门口的检察院。受到县级以上表彰先进集体13批次、个人67人次，先后获“全市优秀派驻乡镇检察室”“全市法治为民办实事十佳项目”“全县服务实体经济发展先进单位”等多项荣誉。

【职务犯罪查办】 2017年，县检察院贯彻党中央关于反腐败斗争决策部署，坚持有案必查、有腐必惩，着力营造廉洁高效的政务环境，立案查办贪污贿赂犯罪11件13人，渎职侵权犯罪3件6人；充分发挥自主办案优势，结合涟水实际，坚持系统查、查系统，分别在路灯和人防领域查办职务犯罪3件3人、8件10人。积极开展追逃工作，成功抓获涟城镇南门村原党委书记罗某某等两名在逃犯罪嫌疑人，圆满完成全市检察机关追逃任务。推进“智慧侦查”建设，建成集数据查询、话单分析、电子取证等功能于一体的侦查信息平台。顺应信息化建设发展要求，在全市检察机关较早建成检察工作网和检务指挥中心，充分利用各类数据平台为检察办案、办公服务。针对职务犯罪易发多发领域，开展预防职务犯罪专项调查，形成分析报告6份，发出预防检察建议4份，举办警示教育、预防职务犯罪专题讲座以及法律咨询服务29场次，在朱码镇、县供销社等单位召开典型案例剖析会，取得较好的法律效果和社会效果。

【检察监督】 2017年，县检察院规范司法，强化监督。监督公安机关立案2件2人，监督撤案3件3人，纠正漏捕3人，纠正漏诉4人，纠正侦查活动违法11件，纠正审判活动违法5件，提出二审抗诉2件。拓展“两法衔接”平台监督实效，对县烟草专卖局、环保局、市场监督管理局等行政执法机关开展经常性专项督促检查，监督有关行政机关及时移送案件线索9件，公安机关立案6件。提出再审检察建议4份，县法院裁定再审3件；发出执行监督检察建议7份、审判程序违法检察建议6份，均被县法院采纳；支持农民工起诉30件，帮助追索劳动报酬100余万元。履行行政检察监督职能，联合县监察局、法制办制定出台《关于在行政执法检察监督中加强协作配合的意见》，明确监督范围，增强监督效果，向有关行政机关发出督促履职检察建议20份，均被采纳，通过检察建议督促人防部门追缴人防易地建设费700余万元。持续开展刑罚交付执行法律监督专项活动，办理的罪犯薛亚丽刑罚交付执行法律监督案件被最高人民检察院评为“全国检察机关刑罚交付执行法律监督精品案件”。突出开展羁押必要性审查，发出并被采纳变更强制措施建议书23份。抓好社区矫正监督工作，对违反管理规定的周某某等3名社区服刑人员，建议收监执行。提升驻所检察工作规范化水平，驻所检察室通过第五届国家二级规范化检察室验收。

2017年6月21日，青莲新媒体工作室揭牌 （县检察院 供稿）

【检察改革创新】 2017年，县检察院实施检察长“三合一”（通过检察长或副检察长及其他入额院领导直接办案，构建集犯罪预防、依法出庭、检察建议于一体的司法办案新模式）办案机制，提升办案效率，全年入额院领导办理各类案件105件。“小雨滴”手机APP正式上线运行，其功用分为新闻资讯、教程分享、答疑解惑、学习园地、法律法规5个板块，这是全国检察机关首个未成年人普法APP，也是全国法律知识最全面，普法最内容最丰富的未成年人普法阵地，该项目获评淮安市优秀巾帼志愿服务项目；至年底，“小雨滴”手机APP发展用户近2100人。完善轻微刑事案件“三快”（快侦、快诉、快判）“三集”机制，推行“三集中”模式（即：每季度一次侦查机关相对集中移诉、公诉部门集中提起公诉、法院集中开庭），并进行新媒体全程庭审直播，促进规模化、节约化办案，提升办案效率，形成集中宣传、集中打击效应。全年共启动“三集中”模式3次，适用案件56件；适用“三快”机制提起公诉案件186件，审结率居全市前列。建立“青莲”新媒体工作室，配备策划、组稿、撰稿、编辑和审核等人员组成的新媒体工作团队，承担县检察院微信、微博、今日头条客户端、官方网站的运营和维护，是全市基层检察院中首家集视频录制、剪辑、制作和图文绘画、编辑等多项功能于一体的新媒体运营基地。至年底，工作室对检察长向县人代会作报告、交通事故庭审直播、法制宣传进校园、“检察开放日”等活动进行多次现场直播，观众12万人次。新媒体工作团队创作的《盒子里的时光》《假如检察官有组镜头》等14篇新媒体作品受到最高检和省、市委政法委等表彰。

【检务公开】 2017年，县检察院强化外部监督，深化检务公开，自觉接受人大、政协监督，先后向县人大常委会主任会议和常委会专题汇报刑事执行和民事行政检察工作，邀请人大代表、政协委员视察检察工作；组织人民监督员、特约检察员等参加“检察开放日”活动，参与案件评查、听庭评议、监督自侦案件等；联合县法院开展庭审新媒体直播8次，公开发布重要案件信息35条、案件程序信息1177条、生效法律文书545份，有效提升司法公信。（王甜甜）

法　院

【概况】 2017年，县法院受理各类案件13565件，比上年下降0.96%，审结14005件，上升3.97%，结收案比超过100%，涉案总标的37.95亿元，一线法官人均结案298件。在整体审判质效上展现“三升三降”(结案率、执行案件实际执结率、结案均衡度有所上升，民事案件收案数、民事案件申诉率、执行案件终结本次执行程序率有所下降)的良好趋势。推进以审判为中心的刑事诉讼制度改革，充分发挥庭审在查明事实、认定证据、保护诉权、公正裁判中的决定性作用。审结刑事案件630件，上升8.43%，判处罪犯743人，其中，有期徒刑以上152人，缓刑285人。依法审结盗窃、抢劫、抢夺等多发性侵财犯罪153件183人；审结故意伤害、寻衅滋事等暴力犯罪37件44人；审结交通肇事、危险驾驶等危害公共安全犯罪268件268人；审结贪污贿赂、渎职等职务犯罪8件9人；审结非法集资、非法吸收公众存款等犯罪6件9人。发挥刑罚教育感化功能，高度重视未成年人健康成长和权益保护，获“2014—2016年度全市预防青少年违法犯罪工作先进单位”称号。

【民商案件审理】 2017年，县法院受理各类民商事案件8155件，比上年下降7.09%，为近10年来首次“负增长”且降幅较大，涉案标的19.16亿元。持续推进家事审判改革，注重情理法相结合，妥善处理婚姻家庭、继承、赡养、抚养等案件2189件，针对家庭暴力及时发出人身安全令。注重侵权类损害赔偿案件审理，审结交通事故、医疗损害赔偿等案件859件，加强劳动者正当权益保护，审结劳务合同、劳动争议案件504件，强化房地产秩序规范，审结建设工程施工合同案件269件，平等保护市场主体的合法权益，审结买卖、租赁、民间借贷、金融借款合同等案件3299件。充分发挥基层人民法庭前沿阵地作用，高沟、大东、梁岔3个人民法庭审结案件3018件，占民商事总结案数的35.1%。

【行政争议化解】 2017年，县法院将保障行政相对人合法权益和监督支持行政机关依法行政相结合。受理行政诉讼案件71件，与上年同期持平，审结72件，比上年上升2.86%。推进落实行政机关负责人出庭应诉制度，支持依法行政，审查非诉行政案件42件，准予强制执行26件。推行行政联动化解纠纷机制，规范引导行政诉讼协调工作，经释法说明、联动化解，原告撤回起诉28件；深入行政机关开展专题讲座5次，为230余名行政执法人员进行法律知识培训，发出司法建议4条，均得到落实；定期召开府院联席会议，通过邀请行政执法人员旁听庭审等形式，加强行政执法监督指导，规范行政行为。

【强制执行机制创新】 2017年，县法院推进“用两到三年时间基本解决执行难问题”目标任务，规范执行行为，创新执行方法，受理执行案件4687件，结案4659件，比上年分别增长10.44%、8.7%，执行到位标的额2.17亿元。加大执行力度，开展凌晨行动58次，通过各种媒介发布失信被执行人7700余人次，通过执行网络查控系统查询信息20.6万次。加大标的物处置力度，网拍成交标的物122件，成交金额1.36亿元。发挥司法救助功能，救助26人次，救助金额67.8万元。强化对拒不履行法定义务被执行人的打击力度，拘留被执行人和案外人152人，将10名被执行人以拒执罪移交公安机关侦查。落实县人大常委会《关于健全和完善执行联动工作机制的决定》，强化与县公安局派出所的联动，探索创建“三十分钟执行响应圈”，增强对“失信人”的威慑力，《人民法院报》《江苏法制报》等媒体的主要版面对涟水的做法进行专门报道。拍摄《天降神兵》主题微电影，还原执行工作的现状，获县首届网络文化节微电影大赛三等奖。

【司法服务】 2017年，县法院围绕县委工作大局和战略部署，找准司法服务的切入点和着力点，主动作为，延伸职能，不断提高服务大局的针对性和能动性。服务县委县政府“供给侧改革”各项措施，对进入破产、执行程序的“僵尸企业”，注重从保障职工生存角度出发，坚持“当挽救则挽救”原则，精准识别，细化分类，将破产重组、执行和解作为首选程序，成功和解涟水制药破产案件，保障企业的发展和职工的权益，编写的《依法服务党委大局，主动保障地方发展》专报受到县委书记王向红的肯定批示。化解群体性矛盾纠纷，在原、被告一方或双方为5人以上的群体案件和系列案件中，注重抓住矛盾的要害，防止“群体性纠纷”酿成“群体性事件”；慎重处理突出矛盾纠纷，在矛盾相对突出的土地承包、民间借贷等案件处理中，更加注重经验总结、分类化解，找准“突出”问题的突破口，力争影响不扩大，矛盾不加重，做到案结事了。做好节假日和重大会议期间的安保维稳工作，对重点人头重点稳控，确保不发生进京访和进省访事件，获“省高院十九大安保维稳工作先进集体”称号。出台《关于进一步深化多元化纠纷解决机制改革的意见》，完善诉调对接机制，对接人民调解组织，设立诉调对接办公室，落实院、庭长以及律师值班制度，加强诉前、诉中、特邀调解，将矛盾化解在前、化解在先；牵头召开全县矛盾纠纷多元化解工作会议，并在会上作经验交流。推进“法治护航实体经济发展”工程，开展非公企业纠纷诉调对接工作，“涟水县人民法院非公企业纠纷巡回法庭”在县工商联挂牌；召开全县金融机构“金融风险防范”专题座谈会，强化金融企业法律意识、风险意识；加强金融商事审判工作调研，并对调研中发现的问题向县委提出专题司法建议，得到县领导的充分肯定和支持。开展“三进三帮”活动，主动帮助企业、村居解决经营和发展中的实际困难；依法保障“阳光扶贫”工程，帮助贫困户解决资金和技术上的困难。

【司法公开】 2017年,县法院加大信息化建设力度,全面推进审判流程公开、庭审活动公开、裁判文书公开、执行信息公开,着力构建开放、动态、透明、便民的阳光司法机制。改进和完善人民陪审员在选任、参审和履职保障方面的改革探索,组织开展89名新老人民陪审员培训工作,提高人民陪审员法律实践水平,一审普通程序案件人民陪审员参审率98.42%。落实"庭审开放日"制度,邀请中央电视台综合频道、江苏卫视城市频道和市、县电视台现场进行庭审直播,在电视媒体上播出典型案例11起,通过"江苏法院庭审直播网"直播庭审312次。召开新闻发布会9次,全方位向媒体及公众通报涟水法院的重点工作和具体案例。强化裁判文书上网工作,在"中国裁判文书网"上发布裁判文书7236件,做到应公开的全部公开。增强宪法意识,自觉接受县人大对县法院工作的监督和评价,召开3名领导班子成员向县人大常委会履职评价会,对履职情况现场测评,现场打分。坚持向县人大及其常委会报告全院工作和重大事项,及时认真办理人大代表建议、议案和政协委员的提案,健全交办、督办、反馈、落实机制,提高办理质量和效率,办结县人大代表和政协委员提案、建议5件,满意率、走访率100%。通过邀请视察工作、报送《法院工作简报》、推送手机短信和微信公众号信息等方式,不断加强和改进与代表、委员的联络工作,邀请代表、委员来县法院考察、调研10次,走访代表、委员150余人次。

【刑事、民事案件速裁】 2017年,县法院探索和推进刑事、民事案件速裁模式,在保障当事人诉权的基础上体现速裁"快速、高效"的特点。对事实清楚、证据充分、被告人自愿认罪、适用法律没有争议的轻微刑事犯罪,简化刑事诉讼程序,做到快审快结。对7件危险驾驶案件集中审理、当庭宣判,从立案到宣判只用5天时间,并组织50余名驾校学员列席庭审现场旁听学习,取得良好的社会效果。出台《关于开展民商事案件速裁工作的实施意见》,1月,按照上级法院制度设计,成立简易民事案件速裁组,将5万元以下小额诉讼、法律关系清晰的劳动纠纷、银行卡纠纷及特别程序等案件纳入速裁案件审理范围;5月,成立速裁庭;9月,将给付类案件受理上限扩大到10万元,并增加审判力量,形成"1+1"的审判模式,成立专门送达组,专项负责送达事务。速裁庭(包括速裁组)受理案件944件,审结873件,调解、撤诉470件,调撤率53.84%,平均审理期限比全院平均值低60.4天,初步体现简易案件速裁模式便捷性特点,发挥速裁模式集中化、简易化的集约效应。

【审判队伍结构优化】 2017年,县法院根据办案需要,在原有入额法官的基础上及时增补2名员额法官,并结合业务部门实际情况设立审判团队42个,审判权全部下放,陆续对政治处主任、政治处副主任、办公室副主任等入额人员进行岗位调整,到审判一线实际办案。推进审判辅助人员配套改革,对具有审判职称尚未入额人员调整到审判一线办理简单案件,对通过司法考试未取得审判职称人员任命为法官助理,编入审判团队,协助法官办理案件。推进院、庭长实质性、广泛性参与具体审判活动,出台《涟水县人民法院关于院、庭长办案的意见(试行)》,进一步明确院、庭长办案形式,把院、庭长亲自承办发回重审、再审和疑难复杂案件制度落到实处,院、庭长办案10547件,占全院办案数75.31%。

2017年12月29日,人大代表考察人民法庭建设 (县法院 供稿)

【司法责任制落实】 2017年,县法院制定《专业法官会议规则》,建立以部门为基础的专业法官会议和跨部门的大专业法官会议两个层级工作模式,在院、庭长充分尊重员额法官独立裁判权的同时,以法官会议自治形式对重大疑难复杂案件进行把关,实现"让审理者裁判"。制定《重点案件质量评查规定》和《审判绩效考核办法(试行)》,通过责任性规定,将法官在办案过程中的瑕疵责任和违法办案责任相区分,强调合议庭成员对案件共同承担责任,审委会委员对本人发表的意见及最终表决承担相应责任,实现"让裁判者负责"。全年受理各类案件13565件,比上年下降0.96%,审结14005件,上升3.97%,结收案比超过100%,涉案总标的37.95亿元,一线法官人均结案298件。

(左 晟)

司法行政

【概况】 2017年,全县有司法行政干警62人;基层司法所19个,基层法律服务所20个,公证处1个,律师事务所3个;基层法律工作者73人,公证员2人,执业律师28人。县司法局整合司法行政资源,充分发挥法治宣传、法律服务和法律保障作用,做好"社会组织培育"及"公共法律服务体系构建"等重点工作,

2017年9月22日,政法惠民乡村行——送法进成集　　(县司法局　供稿)

努力创新社会管理与服务,圆满完成全年工作任务,为建设“法治涟水”“平安涟水”营造良好的法治环境。

【法治宣传】　2017年,县司法局创新法治宣传方式,出台《关于实行国家机关“谁执法谁普法”普法责任制的实施意见》,强化各执法部门在普法工作中的主体责任,制定普法责任清单,推动部门联动开展法治宣传活动;抓好重点对象普法,完善领导干部任前法律考试制度,推动全县中小学100%配备法治副校长、辅导员,通过抓住“关键少数”带动全民普法工作向深向实发展。以“法律六进”活动为载体,将“法润涟水·2017春风行动”与文明城市创建、“政法惠民乡村行”“4·8”司法日、“12·4”宪法日等活动结合起来,不断丰富普法宣传活动的形式和内涵;建立县司法局普法网站、官方微信微博公众号,在县电视台固定时段播放《法治广角》栏目,在《涟水日报》开辟法治宣传专栏,报道推介普法热点信息,将法治融入老百姓的日常生活;利用涟水县圆梦普法工作室等社会组织开展普法宣传,组织民间艺人以淮海琴书、成集小戏等本地特色戏剧形式编排创作出群众喜闻乐见的法治文艺节目,定期在全县各地巡回演出,受到广大群众的一致欢迎。打造县级法治宣传教育中心——“五岛湖景区正气堂”,每月安排1—2个执法部门进入中心,开展法律宣讲,全年举办19期,提升国家机关工作人员的法律素养;强化乡镇普法阵地建设,保滩镇法治公园、大东镇施洼村法治公园被表彰为省第五批法治文化建设示范点,南集镇、高沟镇、五港镇、黄营乡等乡镇先后建成法治文化示范点。

【法律服务】　2017年,县司法局公共法律服务数量增大,县法律援助中心办理法律援助案件845件,接待各类来访来电咨询1200余次,发放宣传资料1万余份,为当事人挽回经济损失800余万元,无一投诉案件;挑选14名律师组建名优法援律师团,打造法律援助“名优工程”;全年办理各类公证事项1270件,其中国内地民事917件、内地经济3件、涉港2件、涉澳3件、涉台45件、涉外民事299件。法援中心从案件的受理审批、指派、承办、到结案归档,层层把关,在市卷宗质量检查中位列优秀行列,被市中心作为先进典型向全市推广;文通所律师汪海雷承办的“王某生命权纠纷案”获市优秀法律援助案件一等奖、江苏法律援助十大好案例;开展的法律援助扶贫项目代表淮安市通过省法律援助基金会验收;县公证处全面通过省司法厅、市司法局及公证行业协会的检查,未出现有瑕疵公证文书和不良执业行为等现象。通过举办大型广场咨询活动,县司法局网站、法律援助微博、律师在线、司法咨询QQ、普法知识讲座、在社区设置“法律援助公示牌”、各乡村出入要道印刷墙体广告等途径扩大宣传效应,使得法律援助深入人心。县法律援助中心被市综治委、市妇联命名为妇女维权示范岗,由县法律援中心引导成立的涟水县帼彤之家维权协会被省妇联表彰为我最喜爱的巾帼志愿服务团队。

【矛盾调处】　2017年,县司法局受理各类矛盾纠纷11597件,调解成功11597件,调解成功率100%;依托涟水在线论坛,搭建涟水人民调解网络平台,为人民群众提供网上调解、视频调解、电话预约等多种形式的调解服务;组织开展全县首届人民调解员演讲比赛,并推荐优胜人员参加市级演讲比赛,前进司法所所长陈丽华获市人民调解员演讲比赛二等奖;规范医患纠纷工作,建立由113名法学、医学专家组成的医患纠纷人民调解委员会法学、医学专家库,全年共受理医疗纠纷22件,化解率、调解成功率及协议履行率均达100%;举办人民调解员培训班,制定落实矛盾纠纷调处个案补贴文件,提升人民调解工作成效。信息化运用更加规范,7月起一体化平台登录率98%;全县19个乡镇17家配齐标识标牌,司法所办公面积120平方米以上,“一间房两间房”问题得到根治;“法律诊所”普遍设立,分别在县大润发超市、县汽车客运站、县医院、县德和超市、县荣马国际花园项目部5个地方挂牌法律诊所。加强专业性、行业性人民调解组织规范化建设,全县9个行业性、专业性调解组织运行正常,3个500户以上小区调解工作室制度齐全,工作规范;加强公调、交调、诉调对接工作,实现法院、公安派出所、交巡警大队人民调解工作室全覆盖;经过筛选,组成400多名道德模范人民调解专家库;组织征集《淮安市人民调解》作品,并对优秀者进行宣传嘉奖;创新开展“司法所长讲调解”活动,提升人民调解员专业素养;在全县19个乡镇成立个人品牌调解工作室,其中保滩镇老庞调解工作室的“六心”调解法成为当地群众排解纠纷的“金字招牌”。

【特殊人群管理】　2017年,县司法局多措并举做好特殊人群管理工作。县矫正中心严格遵守执法工作标准，在审前调查、等级变更等环节落实合议、公示等制度；各乡镇司法所实行日巡查制度，同时县矫正中心不定期进行抽查，确保在矫人员不脱管、不漏管；加大对安置帮教考核力度，刑释人员衔接率100%。严格落实重点帮教对象必接必送工作，在中共十九大召开期间，没发生一起重点人员必接过程中脱管脱逃事件，唐集司法所所长陈瑞在苏南陪同重点人员同吃同住，让省矫正局领导感动；各司法所均能够严格落实"双八"制度，除年老、体弱、孕妇等提交免于社区服务外，其他人员时间均达标，成效显著。人文关爱到位，视频会见系统安装以来，接收预约31次，成功会见15次；县矫正中心创新推出社区矫正心理咨询"1+N"模式，将食疗、按摩等中医疗法引入心理矫正，有效帮助社区服刑人员身心的健康回归。石湖司法所邀请党委政府主要领导参加组织的系列活动，让矫正对象从内心深处受到关爱。

【司法队伍建设】 2017年，县司法局采取多种形式抓队伍建设。举办"入职宣誓""宪法宣誓"和"以师带徒"活动，加快培养品德优良、作风扎实、业务娴熟、业绩突出的岗位能手，推进司法行政队伍整体素质的提高；抓实各项"线上学习"，全系统人员全部提前完成省司法厅组织的"网上学院"培训课程；抓牢各条线"线下学习"，组织开展"打铁还需自身硬"大练兵活动、全县人民调解专题学习会、全县人民调解演讲比赛、领导干部"两项法规"专题学习等一系列活动，提升工作人员的职业水平，副局长刘权和义兴镇司法所所长韦建林在市司法局组织的司法行政业务大比武中均取得第2名的好成绩。狠抓工作作风建设，着力在改善工作面貌、提振精气神方面下功夫，坚持周早会、党组月例会、全系统季度例会和局领导包片、机关干部挂钩乡镇制度，以会促干、以会促改，一体化平台登录、矛盾调解案件内网录入、社会组织培育等工作实现从落后到追赶到超越的转变。涌现出嵇国富、罗会超、陈瑞、相东华、刘锦秀、胡浪涛、石文锦、何欣、刘娜等一批受到省、市、县表彰先进个人，县法律援助中心被县委县政府授予"三八红旗集体"称号，基层科被市妇联表彰为全市三八红旗集体，宣教科获全市第三届法治文化作品征集活动组织奖。编印《涟水县司法局机关制度汇编》，对公车使用、办公装备采购、公务接待等重点问题进行条目化规范，做到有规可依、有规必依、违规必究；利用周例会和党支部活动日由局领导班子轮流带领全体人员学习中共十九大精神和《党员领导干部廉洁自律准则》，组织系统所有人员到廉政讲堂观看廉政教育片，强化全员从政道德及职业道德，队伍拒腐防。（何　欣）

涟水县人民武装部

【概况】 2017年，县人武部辖基层武装部23个，有干部职工14人。做好新兵征集工作，坚持"五率"（报名率、上站率、合格率、择优率、退兵率）量化考评办法，将"五率"指标纳入地方党管武装考评，建立县、镇、村三级负责制，形成上下联动共同抓、"一把手"亲自抓、专武干部具体抓方法路径，实施打分排序、以质排位，征兵形势总体向上向好，圆满完成征兵任务，大学生应征入伍率65.4%。6月，被市委、市政府表彰为双拥工作先进单位；南集镇皂角村民兵连被省军区表彰为2017年度基层武装工作先进单位。11月，县人武部开展全县国防动员潜力数据统计采集，29个县直机关和部门以及22个乡镇参加，高质量完成潜力数据的汇总、审核和系统录入工作，获市国动委表扬。

【军事训练】 2017年，县人武部紧盯现役干部队伍，采取干中学、学中干，组织开展参谋业务、兵器操作和基础体能训练，不断提升带领民兵遂行任务的能力。4月，围绕理论武装、军事基础和业务工作3个专题，组织专武干部进行为期5天的强化集中训练；用11天时间，对22个乡镇民兵整组工作进行检查验收，联合县政府下发民兵整组工作通报，对排名靠后的明确整改时限；配套装备器材，按照标准要求，为民兵应急队伍配套装备防暴反恐、应急救援等各类物资器材，配套率、完好率均保持100%。5月，集中3天时间，组织民兵应急连进行单兵队列、战术基础和应急救援等内容的训练考核，提升民兵分队的应急应战能力。12月，采取军地互动、集中授课、外聘教员、实务操作等方法，组织专业民兵分队军事训练，推动民兵军事素质整体跃升。

【双百双建】 2017年，县人武部继续开展"双百双建"（省军区组织100余个人武部、预备役团与老区139个经济薄弱村签订帮建协议，共建党组织、共建学校）活动，为贫困户、贫困生、军烈属以及福利院儿童送温暖献爱心约4.7万元，为东胡集镇复兴村注入扶贫资金10万元。重大节日期间，乡镇人武部给辖区内军烈属送去温暖和祝福，给在部队立功受奖军人的家庭送上慰问金和奖状。南集镇朱陈村、前进镇马圩村、义兴镇义兴村和麻垛农业开发区王码村与苏州军分区的姑苏、昆山、吴江、太仓4个县区人武部继续深入互动交流，先后引进苏州现代种养殖项目，培养一批致富带头人，形成一批帮扶村的特色产业。

（朱慧婷）

武警涟水县中队

【概况】 2017年，武警涟水县中队以贯彻落实习主席系列指示精神为指导，以《军队基层建设纲要》和《基层正规化管理规定》为依据，以建设一支听党指挥、能打胜仗、作风优良的现代化武装警察力量为目标，始终坚持依法治警、从严治警方针。完成以执勤和处置突发事件为中心的各项任务。通过全体官兵的不懈努力，中队安全稳定，管理秩序正规，内外部关系和谐；官兵士气高昂、作风严谨、奉献和进取的意识强；中队建设得到全面提高，经受住重重困难和考验，出色完成上级交给的各项工作任务，为确保全县社会治安稳定和人民生活安居乐业做出应有的贡献。全年出动官兵40余人次，配合公安机关和有关部门完成押解、处突和临时勤务16次，以实际行动有力的维护全县社会治安的稳定。

【军民共建】 2017年,武警涟水县中队全体官兵始终坚持服务人民的优良传统,把驻地当故乡,视人民为父母,想方设法为驻地群众做好事、办实事。全年资助贫困学生2人;3月5日"学雷锋活动日",组织官兵到敬老院开展尊老、爱老、敬老活动;清明节期间,组织官兵到烈士陵园扫墓,用革命先烈的先进事迹教育官兵。 (朱 拓)

人民防空

【概况】 2017年,县人防办贯彻落实全国第七次人民防空会议、省市人民防空会议精神,围绕省、市民防局的总体部署,以"壮大实力,提升能力,服务民生,服务大局"为主线,全面推进人防各项建设,战时防空、平时服务、应急支援能力水平不断提高。建成人防(地面)指挥中心和人防机动指挥所,初步具备应急指挥通信保障能力。人防机动指挥所正常进行战备训练,积极参加政府部门组织的重大赛事保障,完成全省人民防空指挥行动综合演练相关科目的训练。新增加安装固定警报器,形成覆盖县城区、重点目标、重点乡镇的防空警报接收和报知网络,警报音响覆盖率、防空警报器统控率、警报鸣响率100%。

【综合防护体系建设】 2017年,县人防办强化人防工程建设管理,出台全县"十三五"人防建设中长期规划。结合涟水实际,出台《中共中央、国务院、中央军委关于深入推进人民防空改革发展若干问题的决定》的贯彻实施意见。全年参与人防工程验收项目6个。其中,在建工程项目5个,面积2万多平方米,收取人防易地建设费800余万元。4月,江苏公信会计师事务所有限公司完成对县人防办上年度人防经费审计工作。

【人防宣传教育】 2017年,县人防办创新人防宣传形式,着力建立长效机制。结合"3·1"国际民防日、"5·12"防震减灾日、"9·18"防空警报试鸣日、"12·4"国家普法日等时机,开展人防知识集中宣传6次,展出人防知识宣传展板15块,发放人防宣传资料6000余份,受教育群众2万余人次。在辖区中学初中二年级和小学四年级学生中开授人防知识教育课,学校开课率100%。利用报刊、电视、网络、微信公众号等宣传平台,开展防空防灾知识宣传,普及群众的防空防灾知识。 (黄 伟)

双拥工作

【概况】 2017年,涟水县双拥工作围绕创建省级双拥模范县重点工作目标和市对县年度双拥工作考核任务开展工作,双拥工作目标考核位列全市第二名,省级双拥模范县通过市验收,报省验收。在春节和"八一"建军节期间,县四套班子领导及相关单位负责人分别慰问县人武部、边检站机场执勤点、消防大队、武警中队的官兵以及干休所的老同志,送去慰问品和慰问金等共计9.6万余元。全年全县45家县直单位和企业开展军地互办实事25件,投入互办实事经费46.5万元,为驻涟部队互办实事购买空调、电脑、打印机、相机、健身器材等物资。5月18日,全市双拥宣传教育工作现场会在涟水召开,市政府副秘书长李久银,淮安军分区政治部主任周春发,市双拥办主任宋德成,县委副书记、县长时勇,各县区军地分管领导、双拥办主任参加会议。参会人员实地观摩中山路、实验小学、五岛湖景区、汽车客运站等双拥宣传教育示范点,观看涟水县双拥宣传教育工作汇报片。

【社会拥军】 2017年,涟水县社会各界开展形式多样的拥军活动。春节期间,县文艺爱好者走进军营,为官兵们送去动听的歌曲和优美的舞蹈,书法家们为官兵们写对联;县图书馆向官兵们赠送图书100多册;全县13个部门和单位主动与4个驻涟部队建立双拥共建关系,共建单位主动走进军营,为驻涟部队办实事办好事,活动形式丰富多彩:军民医院与驻涟部队举行军地篮球友谊赛及体验"军营一日"、上门为官兵免费体检、赠送办公器材、发放"军民医院拥军绿卡"(供官兵们免费体检、免费治疗、免费用药);县一品梅健身舞俱乐部成员集资为武警涟水县中队购买洗衣机,解决官兵们因训练时间紧、手洗衣服难的难题;端午节期间,开展"浓情五月、粽叶飘香"——军民联欢会活动。双拥圆梦艺术团志愿者走进军营,为官兵们包粽子;夕阳红艺术团文艺爱好者编排节目前往武警中队开展"八一"慰问活动;县拥军协会组织会员,前往驻涟部队开展"八一"慰问活动,同时送去慰问品;幸福蓝海影院开展"八一"免费观影活动,邀请驻涟部队官兵前往影院免费观影。

【双拥宣传】 2017年,全县双拥宣传形式多样,精彩纷呈。在《涟水日报》、涟水电视台等县内媒体开辟双拥宣传专栏、专题,各基层单位自办双拥橱窗、专栏,开展双拥宣传教育工作。同时,在《淮安日报》《江苏民政》《国防时空》《新华日报》及中国网、中国双拥网、人民网、中国网等各级报刊网络媒体,刊登宣传全县双拥先进典型和双拥先进人物稿件。投入资金10多万元,在县AAAA级旅游区——五岛湖旅游景区四周新建双拥宣传灯箱30块。在全县车站、医院等人群众密集的场所通过设立现役军人和拥军专用窗口,宣传拥军优属相关政策规定,开展双拥及国防教育。在全县中小学开通双拥宣传教育进校园直通车,把国防与爱国主义宣传教育作为教育教学工作的重要内容,坚持从教职工做起,从孩子、娃娃抓起,举办国旗班升旗仪式、双拥知识走进课堂。清明节、"烈士公祭日"期间,组织全县中小学生走进县烈士陵园,开展祭奠活动。建成城区中山路、淮河路两个双拥宣传一条街,设立双拥广场1个,全县各乡镇建成大型永久性双拥宣传牌24块。 (陶可钦)

发展计划

【2017年国民经济和社会发展计划执行情况】 2017年，全县实现地区生产总值431亿元，按可比价增长7.4%，欠目标1.6个百分点；二、三产业增加值占比86.3%；人均地区生产总值50766元，增长7.2%；实现一般公共预算收入19.2亿元；实现城镇居民人均可支配收入27320元，增长8.3%，高于目标0.3个百分点；农村居民人均可支配收入14575元，增长9%，完成年度目标；实现社会消费品零售总额144.6亿元，增长11.2%；实现规模以上固定资产投资368.2亿元，增长11.5%。其中工业投入192.6亿元，增长15%；新增规模以上工业企业18家，比目标数少7家；规模以上工业完成开票销售收入251亿元，增长15%；工业入库税金9.2亿元，增长15%；注册外资实际到账1.2亿美元；进出口总额3.2亿美元，超额完成2000万美元；城镇登记失业率1.95%，控制在4%的目标以内；万元地区生产总值能耗下降4%；化学需氧量消减342.4吨，完成上级下达目标121.2%；氨氮排放量消减47.7吨，完成上级下达目标的147.7%；二氧化硫排放量、氮氧化物排放量分别消减773.9吨和177.8吨，均完成上级下达目标。

一、三次产业协调发展 实现农业增加值59亿元，增长2.7%。全面完成土地经营权证书颁发。在全市率先建成农村产权交易市场及服务平台，完成交易额3.28亿元，成交标段数1050笔，抵押贷款21笔，贷款710万元。在全省率先完成1.19亿元农业支持保护补贴发放工作。实施灌区节水改造、小农水重点县等水利工程，新建高标准农田5333.33公顷。推进粮食生产全程机械化，农业综合机械化水平86.41%。新增高效设施农业1133.33公顷，高效渔业333.33公顷，生猪大中型养殖比重70%。申报3个AAAA级休闲观光主体。保滩花卉农博小镇、红窑农业园区等获批国家级创业创新示范园区（基地）。新增中药材种植基地800公顷。新开工建设3000万元以上农产品加工项目21个，在建项目数29个。申报省级农业龙头企业3家。新增家庭农场220家、示范合作社28家。重点发展无公害、绿色、有机农产品，新认证“三品一标”40个，种植业“三品”认证产量45%。重点打造南集镇以粮食生产全程社会化服务为核心的稻麦全产业链项目。

工业经济稳中有进 实现规模以上工业增加值152亿元，比上年增长8.5%。新招引亿元以上工业项目23个，其中10亿元项目3个。中信华电子线路板项目有序推进，生活垃圾发电、裕源纺织等项目进展顺利，汇丰环保刨花板、弘晟包装等项目竣工投产。纳入市重点培育计划的3家大企业和4家小巨人企业完成开票销售60亿元，比上年增长17%，完成入库税金5.4亿元，增长30%。对上争取各类产业发展资金504万元。全力推动“一区三园”提档升级。经济开发区5个特色“区中园”入驻项目在数量、体量、效益上均有大幅提升，集中供热项目正式运营。薛行循环经济产业园项目承载能力进一步增强。空港产业园“二横四纵”路网结构初步形成。今世缘产业园路网建设快速推进。完成专利授权600件，万人发明专利拥有量1.83件，新增市级以上企业研发机构10家。重点支持今世缘酒业建设国家级研发平台，聚缘机械、快乐电源等企业建设省级研发机构，科技企业贷款支持额度1.2亿元。高新技术产业产值占规上工业产值比重达到26.5%。引进研究生或副高以上人才50人，新增留学回国人员4人，外国专家2人。

现代服务业向上向好 全年实施5000万元以上“4+3”服务业项目23个，实现服务业增加值207.8亿元，增长9.2%；服务业增加值占国内生产总值比重48.2%，较上年提高0.9个百分点。实施“4+3”服务业项目23个，完成投资46.5亿元，新增规模以上服务业企业8家。编制《涟水县服务业“十三五”规划》，充分发挥三产带动就业和促进增收的重要作用；《涟水县全域旅游总体发展规划》将五岛湖旅游区、今世缘旅游景区、华夏云锦艺术馆、苏淮生态农业观光园和月塔文旅区等进行串联，工业和文化旅游资源整体效应有效发挥；《古淮河生态旅游走廊专项规划》将“三百工程”与旅游相结合，以点带面，连线成片，助力全县农村产业经济深化转型，助推涟水生态旅游城和美丽乡村建设协调推进。五岛湖景区创成国家级水利风景区并初步通过江苏人居环境范例奖考察。今世缘旅游景区创成国家AAAA级景区，省四星级乡村旅游区苏淮生态农业观光园及国家AAA级景区华夏云锦艺术馆等通过省、市旅游局复核。大力培育“农村+电商”，电子商务载体建设步伐加快。高沟镇获批省级电子商务示范镇，陈师镇柿元村和涟城镇军民社区获批省级电子商务示范村（社区）。阿里巴巴进农村项目乡镇布点25个。资源集合、产业集群、功能集成，加快建设现代服务业集聚区，涟水电子商务产业园项目申报市级服务业聚集区。加强对国家、省、市相关政策信息，特别是资金扶持政策的把握和学习，研究争取方向和策略，协助指导相关主管部门做好申报工作，争取中央预算内投资资金。县妇幼保健院、疾病预防控制中心项目分别获批中央预算内投资1200万元、600万元。

交通市政顺利推进　机场二期工程主体建成；高速铁路建设进展顺利；省道235、省道346涟水绕城段、省道503涟水段建成通车，建成薛行大桥、时码大桥、蔡工大桥、宋保大桥，在全市率先实现“无渡县”目标；新改建农村公路221千米、农桥改造170座；完成翠柏路、红枫路、清枫路、环湖北路，清涟大道地下综合管廊项目入围全省第一批试点示范项目。完成8个交叉路口渠化改造工程、上海路与金城路交叉口打通工程；完成安东北路、北京路、上海路等道路绿化工程；完成新世纪广场、状元府北侧、城南三角岛等游园建设工程；完成古淮河风光带建设工程；完成18个老旧小区改造。新建2个公共停车场，新改扩建43座公共厕所，“931”城市环境综合整治行动投入近2亿元。

新型城镇化稳步快进　统筹推进新型城镇化建设任务，着力创建群众安居乐业的国家级新型城镇化综合示范县。综合试点扎实推进，完成涟水县“多规合一”信息平台建设方案和《涟水县城市总体规划(2013—2030)》修编。农村产权交易市场规范有序运作，县产权交易中心入选“全省农村产权交易先进集体”。将公共租赁住房和廉租住房并轨，住房保障覆盖率26%。重点镇建设卓有成效，高沟镇高沟中学交付使用，完成污水处理厂扩建、国缘大道绿化工程，第三人民医院、社会福利中心项目加速推进。红窑镇金鸡坨生态农庄对游客开放。五港、梁岔、黄营等按照“十个一”标准在完成片区规划的基础上，不断完善基础设施建设。美丽乡村蓬勃发展。创成义兴镇等2个市级村庄长效管护示范镇，前进、高沟等5个市级村庄长效管护五星级乡镇。大东镇瓦滩村入选“江苏最美乡村”，东胡集镇小埝村、高沟镇三丰村等省级美丽乡村和朱码镇嵇庄村、红窑镇大金圩村省级康居村庄创建工作任务全面完成。

生态文明全面推进　“263”专项行动稳步推进。完成成片造林300公顷，新建和完善林网1000公顷。完成涟河风光带等12个节点绿化改造。减煤工作超额完成省市目标，整治燃煤锅炉113台，拆除砖瓦窑13座。秸秆“两禁一用”持续推进，完成堆场扬尘治理项目5个，空气质量优良率82.85%。15个乡镇污水处理厂建设全面完成，4个乡镇污水处理厂投入试运行。关闭禁养区内畜禽养殖和限养区畜禽养殖污染治理工程基本完成。全面落实河长制，古淮河稳定达到Ⅲ类水标准，盐河基本达Ⅲ类水标准，南六塘河基本达Ⅳ类水考核要求。持续推进拉网式农村环境综合整治，新增省级森林生态示范村3个、标准化示范村2个。

社会保障水平持续提升　五大社会保险参保率96.3%以上。落实企事业退休人员基本养老金增长机制，农村养老标准实现六连涨。城乡低保发放标准分别提高到每月550元和460元。城乡医疗救助“一站式”平台救助3.7万人次，发放救助资金3262万元。开展临时救助、慈善救助和残疾人“两项”补贴发放工作。建设乡镇关爱驿站4个、居家养老服务中心8个，千名老人拥有养老床位40.16张。建设公租房(廉租房)700套，配租501套。

精准扶贫扎实有效　实现低收入人口脱贫3.65万人，17个经济薄弱村达“新八有”标准。精准帮扶到户，实施“五式一兜底”精准帮扶。申报实施精准到户创业项目2600多个；落实各类就业岗位1800多个；发放因病灾致贫户入股分红金700余万元；落实到户屋顶光伏项目400余户；投入1317万元购买扶贫医疗保险；社会保障兜底式帮扶措施落实到位。产业带动帮扶到村，实施光伏项目9个，所在村年平均收益7万元。扩大试点成集镇六塘村、梁岔镇卜圩村等10个村级土地股份合作社项目，每年为村集体经济增收18万元以上。整合财政、农委、扶贫等部门资源，实施6个村产业扶贫项目。整体开发帮扶到片，编排片区119个基础设施、产业发展、民生改善项目，落实资金8.8亿元，实施项目53个。

教育事业稳步提高　以“教育现代化创建”为中心，扎实推进基础设施建设，着力优化教育资源配置。教育投入12.9亿元，实施12所中小学装备水平提升工程，创建市级智慧校园20所、省级智慧校园1所，完成3所幼儿园的省优创建申报工作。19所乡镇学校增开校车60辆。涟水中学、第一中学获市教育教学质量特等奖，郑梁梅高中获教学质量一等奖。高考本科达线总数2222人，居全市第一。

卫生事业持续发展　实施以破除“以药补医”机制为目标的县级公立医院改革。加快推进“1+X+X”紧密型、半紧密型并存的医联体建设。成立家庭医生签约服务管理团队39个，服务团队198个，常住人口签约率43.2%。组织实施12类基本公共卫生服务项目工作，落实卫生应急各项工作，创成省级卫生应急工作规范县。

文化惠民深入开展　大型淮剧现代戏《留守村长留守鹅》参加全国基层院团戏曲会演首演并获省文华奖；出版系列丛书《文化涟水》《安东文化研究》等一大批凸显涟水风貌的精品力作。博物馆开馆试运行，纪念广场、非遗馆、毛广淞纂体字艺术馆建成对外开放，图书馆主体工程竣工。开展文化“四送六进”系列活动，送电影下乡4100多场，送演出70多场，送书到基层6000多册，送展览10场；新增3座影城，建成安东七坊非遗街区。

【投资管理】　2017年，县发改委加强全县重大项目建设管理，常态化组织现场督查，24个市重大项目完成投资137亿元，超计划8个百分点，7个省集中开工项目完成投资15.05亿元，超年度计划1.8亿元，其中2个项目建成投产。全面推进“放、管、服”改革，坚持以服务发展为宗旨，规范审批流程，执行一次性告知，限时办结等制度，简化审批程序，确保核准、备案效率。全年审核备案项目330个，总投资200.3亿元，比上年增加63个，增长7.8%。创新招商引资工作方式，以提高招商引资质量为核心，招大招强招品牌，成功招引远景能源、柏思包装、中顺环保二期等亿元项目4个。

【供给侧改革】　2017年，县发改委聚焦供给侧改革，化解钢铁过剩产能。联合经信、环保、市场监管等部门对企业进行联合执法，两家违规企业(江苏红日钢铁有限公司、涟水县盛丰钢管有限公司）按照“五个彻底”的要求全部整治到位。并通过国家、省市专项督察。按照省市“263”行动要求，编制全县减煤工作专项方案，县规上企业耗量呈逐月下降趋势，1—10月县规模以上企业耗煤量减少12858吨，比上年减少12%。全县省定燃煤锅炉整治任务为17台，年底前完成处置工作。除17台省定燃煤锅炉整治任务外，全县自行排查燃煤锅炉166台，年底前完成绝大部分每小时10蒸吨及以下清洁能源改造或关停工作。发展新能源技术，唐集镇15兆瓦、红窑镇5兆瓦农光互补光伏发电项目，梁岔镇5兆瓦农光互补光伏发电项目及5兆瓦分布式发电（扶贫光伏）项目并网发电。

【新型城镇化建设】 2017年，县发改委持续推进新型城镇化建设。全国首创土地规划“多规合一”试点。完成《涟水县城市总体规划（2013—2030）》修编，启动五港、梁岔、黄营片区空间发展规划，《江苏涟水经济开发区“十三五”低碳发展规划》获批。6月，《涟水县热电联产规划》上报省发改委审查通过。《涟水县新能源规划》初稿成型，征求各方意见。《涟水县服务业“十三五”规划》第二轮征求意见。投资700余万元，在全市率先建成覆盖县乡村三级的高标准农村产权交易市场及服务平台。1—9月完成交易额2.1亿元，成交标段数748笔。开展公共租赁住房和廉租住房并轨试点。建设公租房（廉租房）700套，公租房（廉租房）配租501套，其中公租房278套。浦西福地、红日公寓等建成投入使用，十堡、肖渡等安置小区建设稳步推进，住房保障覆盖率26%。继续加大产业集聚，高沟镇规划建设12平方千米今世缘产业园，前期启动3.5平方千米，5条道路建设完成工程量的60%。实施高沟中学、医养中心新建项目，文体中心、便民中心、安置中心完成规划设计。（孙　洁）

市场监管

【概况】 2017年，县市场监管局紧贴民生和谐，积极维护市场秩序、高效服务经济发展，各项工作成效显著，创成省级食品安全示范城市，被省食药监局表彰为先进单位，在“市对县”考核中连续三年“全市第一”。推进透明共治体系建设，打造10家透明放心菜市场、585家透明安全餐饮企业、40家透明合格生产企业。开展城区“十佳三差”饭店评选，为食品经营单位制作8000多块证照公示牌并上墙，举办“食品安全宣传周”活动，在《涟水快报》开辟《食品安全在行动》专栏。强化特种设备监管，成立操作人员培训中心，全年开展电梯、气瓶等专项整治7次，查办特种设备案件27起，位列全市第一。注重市场主体培育，推进“35745”审改专项行动，探索“不见面”审批，食品许可“证照联办”作为创新项目受到市工商局表彰和食药局肯定。新发展私营企业3043家，个体工商户7492家，均超额完成“市对县”考核指标，行政服务科受到省工商局嘉奖。实施品牌战略，今世缘酒业获“全国质量奖”，新注册商标1160件，申报省著名商标9件、复评4件，地理标志商标6件，马德里商标2件，获省名牌产品3个、市名牌产品9个，各项数据均较上年有大幅增长。执法办案力度再提升，开展商品质量监测，完成服装、成品油、儿童玩具等28类商品320个批次抽检任务，对63个不合格批次商品予以立案查处，全年立案查处各类经济违法案件428起，无一起被复议撤销和诉讼败诉。开展放心消费创建活动，所属企业、会员单位参创率90%。组织志愿者走进社区、学校和企业，张贴文明用餐、食品安全、消费维权等方面的宣传标语，提升经营者和消费者对弘扬诚实守信、遵守公共道德等核心价值观的自觉性，百姓对放心消费创建活动的知晓度和综合满意度认同度分别达到80%和85%。全年全县培育省、市创建示范单位21家，获省级示范单位2家，市级5家。探索“双随机”方式对相关企业实行定向抽查，完成453家市场主体定向抽查任务，完成率100%。对220家未年报企业列入经营异常名录，移出627条。

2017年7月6日，开展食品安全宣传周主题活动　（县市场监管局　供稿）

·相关链接·

马德里商标

马德里商标，即根据《商标国际注册马德里协定》的规定，在马德里联盟成员国间所进行注册的商标。我们通常所说的商标国际注册，指的就是马德里商标国际注册。

“马德里联盟”是指由“马德里协定”和“马德里议定书”所适用的国家或政府间组织所组成的商标国际注册特别联盟。截至2015年6月5日，马德里联盟共有 95个成员国（或称缔约方）。

【综合检验检测中心升级改造】 2017年，县政府将综合检验检测中心升级改造列入“为民办十件实事”项目，6月底完成实验室整体搬迁并投入使用，新址位于县城炎黄大道22号，占地面积约3000平方米，建筑面积1500平方米，配备原子吸收仪、气相色谱仪、液相色谱仪、原子荧光光度计、凯氏定氮仪、十万分之一天平、冷冻离心机、液压万能试验机、热量仪等高精密仪器设备，承担全县食品、药品、农产品以及质量技术等方面的综合检验检测工作，中心业务涵盖食品、农产品、化工、煤炭、红砖、预制件等产品。8月，中心通过“农残”检测项目认证，业务范围扩展到淮阴区、灌南县等周边县区，检验检测能力得到显著提升。全年检测各类食用农产品、食品2000多批次，采样送检1000多批次。

【强检计量器具监管】 2017年，县市场监管局督促企事业单位在“江苏省重点管理计量器具检定监督管理系统”平台上做好计量器具数据的录入工作，全年备案企事业单位160余家，备案强检计量器具9000余台。在春节、国庆等重要节点，组织开展计量器具监督检查，对定量包装商品的净含量和包装计量进行抽检，共计4个批次，全部合格。对今世缘酒业、锦纶化纤等全县5家重点用能单位开展能源计量专项检查。全年共组织申报2017年度省级诚信计量示范单位2家，市级诚信计量示范单位4家。

【市场监管执法】 2017年，县市场监管局贯彻落实上级部门关于执法打假的各项工作部署和安排，做好成品油检查、野生动物保护、无证经营整治以及媒体广告监测等工作。全年完成服装、成品油、儿童玩具等28类商品320个批次抽检任务，对63个不合格批次全部立案查处。全年立案查处各类经济违法案件428起，入库罚没款500余万元，无一起被复议撤销和诉讼败诉。

【地方特色品牌培育】 2017年，县市场监管局围绕商标、名牌培育和标准化示范区建设等工作，提请县政府召开全县创新工作大会，推进“质量强县”工作，2家企业获评“县长质量奖”，各奖励5万元。在经济开发区、高沟等乡镇专题举办质量品牌培训会，提升企业品牌意识。红窑芦笋设施栽培项目获省级标准化示范区立项，牵头组织鸡糕、捆蹄等生产企业参加全国地标大会和北京农产品展销会，多家企业完成意向签约。地方特产“涟水鸡糕”食品安全地方标准正式获省卫计委立项，编制工作启动会议在涟水召开。到年底，标准制定完工，实现全市食品安全地方标准“零”的突破。

【特种设备安全监管】 2017年，县市场监管局根据经济开发区、薛行循环经济产业园特种设备数量多的特点，联合地方政府组织“拉网式”检查，尤其是春节、国庆等节假日，重点对电梯、锅炉、气瓶等进行重点检查，对存在的安全隐患，能当场整改的当场整改，不能当场整改的立即交办落实，并抓好跟踪督查。全年开展电梯、气瓶等专项整治7次，出动检查人员370人次，检查企业200余家，发现隐患230处，现场整改122处，后续闭环处置率100%。创新特种设备监管模式被市质监局推荐在《淮海晚报》专题报道。

【纪念“3·15”国际消费者权益日宣传活动】 2017年，县市场监管局在“3·15”国际消费者维权日会同县商务局、盐务局、烟草公司、消防大队等30多个部门，在北门闸广场联合开展纪念“3·15”国际消费者权益日宣传咨询活动。活动主题为“品质消费，美好生活”，围绕该主题开展各类消费维权现场咨询活动，工作人员现场耐心细致为咨询市民解答疑惑并教授在生活中如何辨别假冒伪劣产品，营造诚信经营、放心消费的浓厚氛围。同时，在乡镇基层分局设立7个分会场，摆放公众咨询台，分发宣传资料，现场就群众关心的食品、籽种、农药等问题进行详细讲解，增强消费者权益保护意识，保障自身合法权益。累计出动宣传人员200余人，接待消费者各类咨询800余人次，发放消费维权宣传资料3000余份。

【集中销毁假冒伪劣产品】 2017年，县市场监管局以国际消费者权益日为契机，开展集中整治、现场销毁假冒伪劣产品活动，表明市场监管部门打假治劣保安全、消费维权促和谐的决心。在垃圾填埋场，执法人员集中销毁一大批收缴的假冒伪劣产品，包括各类侵权假冒白酒800余箱、劣质化肥15吨、未经检验检疫的肉类420箱、劣质药品120箱、过期变质食品3吨，价值近200万元。

2017年3月15日，组织假冒伪劣商品集中销毁　　(县市场监管局　供稿)

【夏季餐饮食品安全专项整治】 2017年，县市场监管局为加强夏季餐饮服务食品安全监管，有效防控食品安全事件的发生，开展夏季餐饮服务食品安全专项整治行动，印发《涟水县2017年夏季餐饮服务食品安全专项整治工作方案》，促进整治工作扎实有效开展。结合创建省级文明城市、省级食品安全示范城市活动，加大对无证经营户的督促指导，并以熟食、凉拌即食食品、生鲜肉品和水产品、乳制品、豆制品、蔬菜、食用油、米面制品等夏季餐饮服务食品安全隐患较为突出的食品为重点品种，以小、微型餐饮、中型以上餐饮单位、学校周边餐饮服务单位为重点单位，重点检查食品加工制售场所的卫生条件，食(饮)具清洗消毒保洁情况及从业人员健康状况等。累计检查餐饮单位341家，督促指导办证67家，下达整改通知53份，累计立案查处违法案件21起。

（胡开峰）

安全生产监管

【概况】 2017年，县安委会组织开展危化品安全、烟花爆竹安全、职业卫生安全等专项整治行动，全面排查安全隐患，全年检查生产经营单位1067家次，查处各类隐患1452条(不含交通违规违章)，责令现场整改1194处，下发整改指令书258份，未整改到位的隐患正在跟踪落实。危险化学品检查。全年多次召开化工企业和加油站主要负责人会议，认真部署专项检查相关工作。先后组织专家组深入化工企业和加油站进行过堂检查5次，下达现场检查记录39份、责令限期整改26份，复查指令25份，责令停止建设2家，拆除部分违规建设1起、行政处罚7起，企业手续办理预先告知书22份，约谈企业3家。烟花爆竹检查。按照“政府牵头、部门联动、联合执法、共同打击”的原则，全年组织检查组31个、组织执法人员75余人次、排查整治烟花爆竹零售户450余家，治理纠正违规违章行为980余起，收缴非法制售的鞭炮约20万响，烟花400多发；检查烟花爆竹批发企业5次，查出隐患18条，下达整改指令书，在规定时间内整改安全隐患18条。职业卫生检查。全县共申报企业数46家，完成职业健康体检30家4209人，职业病危害因素检测30家，职业病危害现状评价的企业4家，职业卫生“三同时”6家。还对48家企业进行职业卫生执法监督检查，检查出职业卫生安全隐患180条，现场整改120条，下达执法文书28份，整改职业卫生安全隐患60条。进行事前行政处罚企业3家，罚款5.7万元。铝镁粉尘防爆检查。根据市安委办《关于印发粉尘作业和使用场所防范粉尘爆炸大检查实施方案的通知》要求，结合涟水实际，开展粉尘作业和使用场所防范粉尘爆炸大检查，排查出涟水新亿金属有限公司等7家企业粉尘作业较重的场所。针对企业存在的突出问题，申请县政府对金锚包装等5家车间粉尘隐患较重的企业责令停产整改，要求未经同意不得开工生产。涉氨制冷检查。根据《冶金行业安全生产监督管理规定》和省市有关文件及会议精神，做好冶金、涉氨使用安全生产检查整改专项行动工作，全年对涉氨制冷4家企业下达现场检查记录12份、整改指令书12份、复查意见书12份，责令改正安全隐患78条，行政处罚1.5万元。全年发生各类事故37起，死亡35人，其中道路交通33人，农机1人，建筑施工1人。全县没有发生较大以上生产安全事故，安全生产形势保持平稳可控。

【安全宣传教育】 2017年，县安监局以“全面落实企业安全生产主体责任”为主题，以安全生产月活动为平台，先后组织开展安全生产知识集中宣传咨询、安全事故警示教育活动、突发事件应急救援演练、安全生产知识“六进”(进企业、进园区、进社区、进家庭、进学校、进工地)、《中华人民共和国安全生产法》和《中华人民共和国职业病防治法》宣传、“安康杯”竞赛等系列宣传教育活动，在全县上下形成浓厚的安全氛围。先后举办安全生产知识培训班18期，企业厂长、经理安全生产知识培训300余人，加深安全生产法律法规知识的学习和理解，增强责任意识、除隐防患意识。公安、交通运输、农机、安监、教育、卫生、建设、消防、供电、开发区、化工园区等行业开展有针对性的应急救援演练15次，900余人参加。

【安全隐患排查整治】 2017年，县安监局多措并举做好安全生产工作，全年各行业领域共排查出安全隐患7068条，整改率98%。县委、县政府、县安委会分别组织3个督查组对各部门、各乡镇开展督查，查出安全隐患158条，全部督办完成整改；8月、9月，巡查全县10个乡镇、6个部门、20家重点企业，查出肯帝亚木业、德邦化工等企业安全隐患90条，并在规定时间内完成整改。

【安全监管】 2017年，县安监局切实加强安全生产监管工作。把防控大事故作为执法行动的出发点和落脚点，建立执法行动责任体系，细化执法分工和执法内容，摸排重大风险点和事故易发区域、部位、环节，并登记建档，明确执法重点。加大事前执法力度，全年全县共执法检查各类生产经营单位1162家次，制作现场检查记录817份，责令限期整改指令书587份，整改复查意见书556份。县交通、住建、市场监管、农机、安监等部门立案查处613件，处罚金额830余万元，其中，县安监部门事前处罚70件。特别是为期4个月的全国安全大检查期间，集中执法检查经济开发区和薛行循环经济产业园企业92家，查出安全隐患846条，立案查处企业37家。

（贾启超）

物价管理

【概况】 2017年，县物价局以《中华人民共和国价格法》和《江苏价格条例》为指针，以市物价局下达的两项重点工作和九项职能工作为抓手，加快价格改革步伐，提升价格监管水平，为全县经济社会发展创造良好的价费环境。开展价格认证服务，学习《价格认定行为规范》，并于年初启动新的《价格认定文书格式规范》，注重评估程序和案卷规范化管理，全年受理价格认定72 件，认定标的额1262万元，为司法、行政机关办案提供准确的价格依据。做好农产品成本调查工作，为保证农产品成本调查工作的质量，对12户调查户进行业务培训，按照记账质量兑现补助资金，提高农调户的工作积极性。完成2016年农民种植意向、农民存售粮、农民生产资料购买、生猪成本等调查报告。开展价格监测预警工作,根据价格监测工作需要和市物价局工作要求,拓宽监测范围,将商品房和药品价格纳入监测范围,对原有的价格监测网点作进一步调整。全年累计向省市物价局报送监测信息5000多条,发布信息24期,对生猪、鸡蛋等大宗农副产品和蔬菜价格的波动进行预警,收到较好的效果。

【价格调控】 2017年,县物价局落实调控措施,确保价格水平保持稳定。落实价格调控联席会议制度,定期召开价格调控部门联席会议,协调督促参加联席会议的各职能部门,落实各项综合调控措施,确保达到居民消费价格总水平不高于3.0%的目标。跟踪价格调节基金使用情况,对于省直拨的75万元价格调节基金,与财政部门协调会商,明确使用方向和使用范围,把有限的资金用在刀刃上。县财政拿出150万元与之配套,制定资金使用方案,确保在发生突发性价格异动时拿得出、用得上。加强农副产品直销店管理,继续加强城区农副产品平价直销店日常运营监管,增加补助经费。2月、3月,组织对平价店进行明察暗访2次;6月,召开城区平价店负责人会议,通报日常巡查和考核情况,同时对存在的问题要求限期整改。平价店全年累计向城区居民销售蔬菜360吨,节约城区居民消费支出100多万元。

【价格改革】 2017年,县物价局切实推进价格改革,提高价费监管水平。推进资源性产品价格改革,开展燃气价格成本监审,邀请第三方审计机构对城区天达、新星旺等主要燃气公司的成本变化情况进行核算,建立相关档案,为下一步改革措施的出台奠定基础。根据煤热价格联动机制,适时调整薛行循环经济产业园区集中供热价格。在充分调研的基础上,出台中圣新能源集中供热试行价格。全面启动农业水价改革工作,聘请河海大学专家对全县农业水价改革进行总体方案设计,到年底,完成工作量的80%。县水利科研站还接受市委托,进行"以电折水"计量测流试验,为全市农业水价改革创造条件。贯彻落实省、市推进简政放权,放管结合,转变政府职能的精神,推进价格行政审批改革和收费目录清单管理。与县财政部门配合对《行政事业性收费目录清单》《政府定价经营服务性收费目录清单》进行动态修订,并在政府门户网站上公示。通过对近年来县级审批的价格收费文件进行集中清理,清理出与现行法规政策不相适应的价格收费审批文件10个,下发通知宣布废止,并在政务网站进行公示,接受社会监督。全面提升物业管理水平,推进广大群众的"安居"工程,会同县住建局进行深入调研,出台前期物业服务收费的相关文件,并在全市首家推出分级收费办法,提高收费政策的可操作性。推进普通住宅商品房明码标价工作,围绕近期商品房价格异动的状况,以网格化管理的方式,对各房地产企业的进行严格监管,推进以"一价清"为主要内容明码标价工作,提高房价的透明度,确保全县房价在新一轮的涨价潮中保持基本稳定。

【物价执法】 2017年,县物价局加大执法力度,维护市场价格秩序。做好上年涉企收费专项检查的扫尾工作,国土、安监、住建等部门违规收费共计550多万元,全部收缴入库。开展粮食最低保护价执行情况巡查。在夏秋两季,采取"双随机"的办法,成立专项检查组,出动30多人次,对3家托市企业和10个分散收购点进行巡查,重点了解和掌握价格公示、质量标准、国家最低收购价政策执行、粮食收购统计台账建立等情况。配合市物价局督查组对岔庙、红窑两个乡镇的秋粮收购情况进行重点抽查,对存在问题提出限期整改的要求。为提高经营者的价格诚信意识,发挥"价格诚信"单位在社会诚信体系建设方面的示范引导作用,"3·15"消费者权益日期间,对评选出的上一年度省级价格诚信单位大润发超市、市级价格诚信单位苏果超市进行命名表彰。

(县物价局)

审　计

【概况】 2017年,县审计局完成各类审计项目335个,其中,财政财务收支类审计项目31个,领导干部经济责任审计项目23个;查出损失浪费金额52.27万元,管理不规范金额10341.07万元,违纪违规金额2894.84万元,向有关部门移送违纪违规案件线索8条。开展固定资产投资审计109个,送审金额7.39亿元,审定金额7.14亿元,核减0.25亿元。开展预算评审项目172个,送审价28.56亿元,审定控制价27.83亿元,核减0.73亿元。按照审计署、省审计厅和市审计局的安排,开展异地交叉审计项目5个,其中:淮安市淮安区和市经济开发区副处级领导干部经济责任交叉审计项目2个,淮安区镇村联审项目2个,淮阴区2017年度保障性安居工程跟踪审计项目1个。做好无锡市、淮安市洪泽区和淮阴区审计局对涟水县交叉审计的对接配合工作。起草并提请县政府出台《关于进一步加强审计整改工作意见》的通知。县审计局报送的3份《审计要情》获县委书记王向红批示,部分审计发现问题被纳入提醒谈话内容,推动被审计单位对审计发现问题的整改。选派5名业务精、素质优、经验丰富的审计人员长期参加巡察工作。合理利用资源,审计成果共享。从财政财务收支、领导干部经济责任、政府投资审计中发现问题线索,形成资源共享,为县巡察办提供各类审计报告60余份,为巡察工作优先安排审计项目4个。先后被评为全市审计系统综合考核优秀单位、县级机关服务科学跨越发展考评先进奖、县软环境建设先进单位。

【经济责任审计】 2017年,县审计局坚持深入贯彻落实"两办"规定,深化审计内容,经济责任审计领导干部23人,审计发现损失浪费金额44.27万元、管理不规范金额666.72万元、违纪违规金额2672.5万元,主要是挤占挪用专项资金和违规集资等方面。

【财政预算执行及其他财政财务收支审计】 2017年,县审计局以提高财政资金使用绩效、保障公共资金安全为目标,重点关注财政收支真实合法效益、积极财政政策落实、政府预算体系完善、预算安排适应推进供给侧结构性改革、存量资金盘活、专项资金统筹整合和管理分配，以及中央八项规定精神和国务院“约法三章”和省委十项规定、市县委十二项规定贯彻落实情况，促进厉行节约和规范管理，促进加强管理和堵塞漏洞。审计县财政局、地税局、教育局、民政局、农委和经信委6个部门2016年度预算执行及财政财务收支情况，查出管理不规范金额5905.36万元，违纪违规金额100.23万元。

【村级财务收支审计】 2017年，县审计局首次对江苏涟水经济开发区文俊社区、陈师镇同心村、保滩镇张渡村、涟城镇谷嘴社区、高沟镇常园村和朱码镇柴市村6个村居2014—2016年度财务收支情况进行审计调查，查出损失浪费金额8万元、管理不规范金额607.4万元、违纪违规金额112.73万元。向纪检监察部门移送案件线索7条。

【政府投资项目审计】 2017年，县审计局开展政府投资项目审计项目109个，送审金额7.39亿元，审定金额7.14亿元，核减0.25亿元。开展预算评审项目172个，送审价28.56亿元，审定控制价27.83亿元，核减0.73亿元。（王新建）

招投标管理

【概况】 2017年，县招管办坚持“流程最优，环节最少，时限最短，服务最佳，质量第一”的总体要求，按照“政府主导、管办分离、集中交易、规范运作、统一监管”的运作机制，强化管理服务，完善操作规程，倾力打造“公开、公平、公正和诚实信用”的公共资源交易竞争市场环境，取得良好的社会和经济效益。全年完成工程建设、政府采购、产权交易等公共资源进场交易项目1689个，交易总额58.63亿元，节约资金4.58亿元，除去PPP项目，实际资金节约率11.48%。其中，完成政府投资工程招投标项目1139个，累计中标价25.71亿元，比招标控制价节约3.32亿元，资金节约率13.25%。完成政府采购项目403个，累计中标价28.12亿元，比采购控制价节约7800万元，除去PPP项目，实际资金节约率20.75%。完成产权交易60宗，交易金额1.41亿元，比转让参考价增加100万元，国有资产增值率0.71%。围绕2017年全县315个重点项目，树立大局意识、服务意识，不推不让、不等不靠，以优质、周到、高效的服务满足项目实施的需要，全力推进项目实施建设。主动对接315个重点项目实施单位及七大指挥部，了解项目将要实施情况，做好服务帮办工作，提前介入招投标活动。将七大指挥部提供所有项目作为标前服务重点，明确单位业务骨干，专门提供“一对一、点对点”的专项服务。实施受理告知“一单制”制度，凡进入分中心的项目首次一次性告知招标所需资料清单，最大限度地缩短前期受理时间，按照“首问负责制”“限时办理制”和“文明窗口制度”要求，做好帮办服务工作。

【政府采购“网上商城”】 2017年，县招管办采取“公共资源交易+电商”的形式将政府采购中单项或同批次预算10万元以下、列入县级网上商城政府采购目录范围的政府采购项目，全部实行“网上商城”采购。8月，加入省政府采购网上商城运行，至年底，全县政府采购网上商城交易活动1059次，交易总额675万元，采购项目涉及电脑、一体机、空调、办公耗材、清洁用具、健身设备、打印设备、办公家具等160余种。

2017年8月8日，开通运行政府采购“网上商城” （县招管办 供稿）

【围标串标行为处罚】 2017年，县招管办建立和完善不良行为记录制度，对“围标、串标、非法挂靠、转包、投标业绩作假、项目经理不到位”等违法违纪行为，查实后一律给予通报，记入不良行为和网上公示，限制其投标资格。全年行政处罚5个项目、10家投标企业，罚款37万多元并将其列入黑名单清出涟水市场。

【建设工程投标保证金全程电子化缴退系统】 2017年1月，县招管办委托涟水太商村镇银行和新点软件公司，共同开发建设工程投标保证金全程电子化缴退系统，通过虚拟项目测试，将测试中发现的问题及时反馈给软件公司，不断优化系统功能。6月，建设工程投标保证金全程电子化缴退系统上线运行。至年底，共缴退建设工程投标保证金8462笔，缴退金额2.4376亿元。

·相关链接·

2017年涟水县主要招投标项目

1月4日，县滨河新城水利工程建设处对二干河综合改道工程进行公开招标，淮安市淮安区水利建筑工程公司以1453.57万元中标。

1月4日，县农村饮水安全工程建设处对给水管材及配件进行公开招标，三德管业(南通)有限公司、山东东宏管业股份有限公司、台州奥博管业有限公司分别以2298.68万元、2078.91万元、2001.90万元中标。

1月19日,县医院对信息一体化系统软件采购及安装进行公开招标,智业软件股份有限公司以948万元中标。

2月6日,县卫生和计划生育委员会对涟水县公共卫生服务中心项目PPP工程进行公开招标,深圳中海建筑有限公司以18778.38万元中标。

2月21日,涟水滨河产业有限公司对涟水县滨河新城教育中心附属工程进行公开招标,江苏鹏达建设工程有限公司以1306.85万元中标。

2月23日,涟水滨河产业有限公司对涟水县龙腾河工程进行公开招标,江苏烨泽建设工程有限公司以1652.54万元中标。

3月7日,涟水县义兴镇人民政府对食用菌加工项目进行公开招标,国涟建设集团有限公司以1680.27万元中标。

4月28日,涟水益农投资管理有限公司对涟水精准扶贫产业园项目进行公开招标,中兴建设有限公司以4874.86万元中标。

5月11日,江苏安东控股集团有限公司对安东大厦众创空间孵化服务进行公开招标,绍兴颐高电子商务有限公司以700万元中标。

6月12日,郑梁梅学校对郑梁梅学校幼儿园工程进行公开招标,江苏淮源建设工程有限公司以783.19万元中标。

6月15日,县涟缘水务有限公司对涟水县涟水路(S235—S237)给水管道工程一标段进行公开招标,江苏浩厦建设有限公司以1141.61万元中标。

6月15日,县涟缘水务有限公司对北环路(S235—S237)给水管道工程三标段进行公开招标,徐州市森洋园林景观工程有限公司以480.51万元中标。

6月15日,县住建局对涟东一干渠绿化工程进行公开招标,陕西城市园林建设有限公司以2036.69万元中标。

6月23日,县涟缘水务有限公司对涟水路(S235—S237)给水管道工程二标段进行公开招标,江苏仁达建设工程有限公司以623.27万元中标。

6月27日,淮安浦西建设有限公司对县经济开发区创新创业园雨污水改造工程一、二标段进行公开招标,江苏苏商建设集团有限公司和泰州众城工程建设有限公司分别以249.98万元、762.34万元中标。

7月28日,县委党校对智能化系统采购与安装进行公开招标,贵州信通达智能工程股份有限公司以414.18万元中标。

7月31日,县国土资源局对不动产统一登记数据整合服务采购进行公开招标,南京国图信息产业有限公司以570万元中标。

9月18日,县委党校对办公家具采购及安装进行公开招标,中山市东港家具制造有限公司以312万元中标。

10月16日,县中医院对以电子病历为核心的一体化数字医院信息系统软硬件(一期)采购及安装进行公开招标,山东众阳软件有限公司以367万元中标。

10月20日,县涟缘水务有限公司对县第二水厂三期工程进行公开招标,齐力建设集团有限公司以6736万元中标。

10月23日,淮安浦西建设有限公司对监控系统采购及安装进行公开招标,厦门柏事特信息科技有限公司以436.31万元中标。

10月30日,县公路管理站对农村公路改造工程(X105)进行公开招标,安徽全路建设集团有限公司以1042.18万元中标。

11月3日,县住建局对高沟镇及红窑镇污水管网建设工程进行公开招标,安徽安能建设集团有限公司以3911.21万元中标。

11月14日,县公路管理站对高沟镇道路绿化改造提升项目进行公开招标,江西庐陵园林工程有限公司以2459.14万元中标。

11月21日,县小型农田水利工程建设处对给水管材及配件采购进行公开招标,开源塑业科技(南通)有限公司以388.60万元中标。

11月22日,县医院对物业管理服务进行公开招标,江苏安民物业管理有限公司以790.90万元中标。

11月24日,县公安局对县看守所、拘留所与武警县中队迁建工程进行公开招标,中兴建设有限公司以4470.24万元中标。

12月7日,县安东农贸市场管理有限公司对安东北路农贸市场建设项目施工招标进行公开招标,中环科(江苏)建设有限公司以2024.16万元中标。

12月18日,淮安清涟环保工程有限公司对新港电子产业园废水集中处理厂建设进行公开招标,广东新大禹环境科技股份有限公司以5993.31万元中标。

12月18日,江苏安东控股集团有限公司对多媒体教学系统及电脑采购安装进行公开招标,淮安慧创商贸有限公司以462.27万元中标。

12月27日,县医院对物业管理服务进行公开招标,江苏高正物业管理有限公司以891万元中标。

12月29日,县殡仪馆对殡仪服务中心工程进行公开招标,江苏省天石建设工程有限公司以1099.08万元中标。

(朱薇薇)

统　计

【概况】 2017年,县统计局直接执法检查单位150家,立案查处统计违法行为20起,其中警告1起。7月中旬,朱码镇双河村委会、县经济开发区张码居委会两个村(居)统计规范化建设入选为全市村(居)统计规范化建设示范点。开展完成1%人口抽样调查、第三次全国农业普查、企业用工调查、环境满意度调查、低收入统计监测、劳动力调查、科技创新调查、党风廉政调查、妇儿监测等多项调查任务。先后获省统计局和淮安市政府组织的统计法律法规知识竞赛三等奖、县级机关服务科学跨越发展考评先进奖。

【法制宣传】 2017年,县统计局开展形式多样的宣传活动。8月,在《涟水日报》刊登《〈中华人民共和国统计法实施条例〉八问》。利用“12·4”国家宪法日和“12·8”《中华人民共和国统计法》颁布纪念日活动,向村居干部、统计人员短信宣传统计法律法规。12月4日,参加由县司法、法制部门主办的全县“12·

4”国家宪法日村居普法宣传活动，通过展板展示、宣传手册发放、现场咨询答疑等方式，宣传依法治统的理念。12月15—19日，到5个村（居）开展“统计法进村”普法宣传及依法治统工作座谈会。

【统计服务】 2017年，县统计局根据全县经济指标完成情况，撰写有针对性的统计分析，汇集《统计专报》，分别报县四套班子领导及各单位主要负责人，为领导科学决策提供统计依据，全年编写《统计专报》12期。每月下旬向县四套班子领导送达全县及分乡镇经济发展主要指标情况的《统计月报》。完成《2016年涟水县国民经济和社会发展公报》和《涟水统计年鉴—2017》编撰工作，及时送达各位领导和相关单位。

【村（居）统计规范化建设】 2017年，全县开展村（居）统计规范化建设，主要内容包括：实现“两有”“三化”，即有领导分管统计工作、有合格的村居统计人员队伍，实现统计法制化、信息化、制度化。县统计局在每个乡镇挑选2个典型村居发放问卷调查，在全县选择44个村居进行典型调查。调查主要内容包括：人员、学历、年龄结构、工作配合程度、办公场所、设备、档案、制度建设等情况。统计人员分赴16个村居现场调研，掌握第一手材料。组成6个检查小组，对全县22个乡镇申报验收的85个村居统计规范化管理水平进行抽查考评，有160个村居统计规范化建设工作达标，占全县村居42.78%，通过率94.12%。7月中旬，全市村（居）统计规范化建设推进交流会在涟水召开，全市各县区统计局局长、分管副局长、村居统计人员等100余人参加观摩。省市统计局领导对涟水村（居）统计规范化建设工作给予充分肯定。涟水被市统计局评为规范化建设市级示范县，朱码镇双河村委会、县经济开发区张码居委会两个村（居）入选为统计规范化建设示范点。

（王益纯）

2017年7月13日，全市村（居）统计规范化建设示范点观摩现场 （县统计局 供稿）

【第三次全国农业普查】 2017年，县统计局按照第三次全国农业普查方案总体要求，立足农业，覆盖“三农”，对全县所有的农户农业经营单位、农业规模户、行政村和乡镇进行全面调查，涉及全县22个乡镇（园区、办事处）、19.98万户农户，740户农业规模户和2000多个农业经营单位。从1月1日起历时100余天，全县3000多名普查员，在县农普办统一安排布置下，进村入户开展三农普正式登记工作，精心组织实施农业普查报表的录入、审核、改错、验收等相关工作。县农普办组织力量先后完成对22个乡镇（园区、办事处）全面复查。

社会调查

【概况】 县国调队成立于2008年2月，是国家统计局派出机构，既是政府统计调查机构，也是统计执法机构，依法独立行使统计调查、统计监督的职权，独立向国家统计局上报调查结果，并对上报的调查资料的真实性负责，同时承担地方政府委托的各项统计调查任务。2017年，开展专题调查研究，完成《江苏省阅读状况调查实施调查》《2017年度涟水县村居“小微权力”监管制度执行情况调查》，孙冬如完成省总队约稿《农村留守儿童教育情况调研报告》，并被江苏调查总队网站采用；撰写统计信息25篇，统计分析11篇，工作信息18篇；每月与县统计局联合编印出刊《涟水月报统计》，与县统计局联合出版《涟水统计年鉴》；加强与各相关主管部门的协调、配合，及时为县领导和社会公众提供全面小康和农村小康进程的监测数据评估工作，为领导决策提供科学依据。获江苏调查队系统先进单位称号，在全省调查队系统各项工作评比中，获9个工作奖项，其中人事基础工作获优秀奖；获二等奖的工作有7个，分别为：农业农村调查（含农村调查、农产品价格调查、农村集市贸易价格调查、农村生产中间消耗调查、劳动力调查、农民工抽样调查、粮食测产面积调查、城乡住户一体化调查）、畜牧业调查、综合统计、纪检工作、专项调查工作、信息化工作、新增小微企业调查。加大一线核查力度，坚持跟踪调查、电话抽查、走访等制度，做好调查数据自查、抽查、复查及质量回访，督促调查对象建立健全统计台账，加强双基工作的质量控制。孙冬如、周晓荷入选为双随机检查的全省统计执法骨干人才数据库。县国调队通过省统计局、总队联合质检组对涟水农业统计数据质量考核验收工作。

【城乡住户一体化调查】 2017年，县国调队开展城乡住户一体化调查，调查对象为全县12个国家级调查点和8个省级调查点，其中又分为7个城镇点和13个农村点，以住户为单位，每个点有10个调查户；调查内容为居民现金和实物收支账、住户成员及劳动力从业情况、居民家庭食品和能源消费情况、住房和耐用消费品拥有情况、家庭经营和生产投资情况、社区基本情况以及其他民生

2017年9月，开展城乡住户一体化调查　（沈建宇　摄）

状况。调查方法采用抽样调查、记账户按期记账、直接调查的方法；参加人员为县国调队队员、20个辅助调查员。调查主要结果：2017年，涟水城镇人均可支配收入27422元，比上年增长8.7%；农村可支配收入14561元，增长8.9%；涟水城镇人均生活消费支出16682元，增长5.8%；农村人均消费支出9126元，增长9.6%。该项调查获江苏调查总队农业农村工作评比二等奖。

【农产品生产价格调查】　2017年，县国调队组织实施，调查对象为国家抽中的37个调查农户及农业生产经营单位；调查时间为每季度末；调查方法采用抽样调查、记账户按期记账、直接调查的方法；参加人员为县国调队队员、乡镇统计人员、辅助调查员。经调查，涟水县农产品价格总指数为108.51%。该调查获得江苏调查总队农业农村工作评比二等奖。

【农村集市贸易价格调查】　2017年，县国调队组织开展该调查，调查对象为国家抽中的涟水农村集贸市场1个，调查36个品种，调查时间每半月1次；调查方法为现场采集；参加人员为县国调队队员、乡镇统计人员、辅助调查员。经调查，36个品种平均价格增幅6.44%。该调查获江苏调查总队农业农村工作评比二等奖。

【农业生产中间消耗调查】　2017年，县国调队开展该调查，调查内容为农业生产经营过程中所消耗的物质和服务的价值；调查对象为国家抽中的37个调查农户及农业生产经营单位；调查时间为夏粮6月20日，秋粮10月20日，畜牧业生产为6月30日、12月31日，其他农作物消耗年报为次年1月15日；调查方法采用抽样调查、记账户按期记账、直接调查的方法；参加人员为县国调队队员、乡镇统计人员、辅助调查员。经调查，全县农业生产中间总消耗率为56.3%。该调查获江苏调查总队农业农村工作评比二等奖。

【粮食测产面积及无人机调查】　2017年，县国调队开展该调查，调查对象为单位面积调查样本点(村民小组或行政村)内的地块样本及农户样本。调查时间为夏粮6月20日，秋粮10月20日；调查方法以播种面积的调查单元(村民小组或行政村)为基础，采取概率选取或全选的方法确定测产样本点，在样本点内，选取地块或农户进行测产，以及运用无人机和PDA，进行实地面积调查；参加人员为县国调队队员、乡镇统计员、村级辅助调查员。调查结果：2017年涟水县小麦面积5.96万公顷，总产量33.63万吨；水稻面积5.27万公顷，总产量46.33万吨。

【畜牧业调查】　2017年，县国调队开展该调查，调查对象为生猪生产及价格变化等情况。调查时间为每月(季)末20日前上报生猪月报表和牛羊禽季报，调查方法为对所有大型猪牛羊禽生产经营单位、规模养殖户实行全数调查，其他实行抽样调查；参加人员为县国调队队员、乡镇兽医站统计人员、村级辅助调查员。调查结果：2017年全年生猪出栏59.64万头，期末存栏29.4万头；牛出栏0.7万头，存栏1.43万头；羊出栏3.86万只，存栏4.74万只；禽出栏1381万只，存栏595万只。该调查获江苏调查总队畜牧业调查工作评比二等奖。

【新增小微企业调查】　2017年，县国调队开展该调查，调查对象为2014年3月至7月新设立的小微企业和个体经营户(个体经营户指在工商注册登记的个体工商户)。行业包括：农林牧渔业、采矿业、制造业、电力热力燃气及水生产和供应业、建筑业、批发和零售业、交通运输仓储和邮政业、住宿和餐饮业、信息传输软件和信息技术服务业、金融业、房地产业、租赁和商务服务业、科学研究和技术服务业、水利环境和公共设施管理业、居民服务修理和其他服务业、教育、卫生和社会工作、文化体育和娱乐业。调查时间4月、7月、10月15日前；参加人员为县国调队队员、乡镇统计人员；调查方法为抽样调查。该调查获江苏调查总队新增小微企业调查工作评比二等奖。

【宣传培训】　2017年，县国调队开展中国统计开放日、法制宣传日活动，在中行广场、涟城镇涟州小区、常青社区、涟城镇中心小学、朱码镇街道等地开展宣传，悬挂大型条幅12条，发放宣传彩页2800余份，宣传展板30块。举办业务培训会32次；举办《中华人民共和国统计法》知识测试2期，平均分98分。参加全市统计调查系统法制知识大赛，获优秀奖。孙冬如、卫蔚参加国家统计局的统计执法证考试，考取国家级全国统计执法证。　(孙冬如)

财　政

【概况】 2017年，县财政局坚持稳中求进工作总基调，深入推进财政改革，全力促进增收节支，全年完成一般公共预算收入19.2亿元，完成一般公共预算支出58.35亿元；全县“三公”经费支出4239.63万元，比上年下降6.6%；全县政府性基金收入17.13亿元，政府性基金支出14.81亿元；全县国有资本经营收入0.82亿元，全部调入一般公共预算用于民生保障支出，财政预算执行情况总体较好，有力支持全县经济社会各项事业发展。先后被评为省文明单位、省法治财政标准化建设合格单位、市对县目标考核第二名、市“三八”红旗先进集体、县级部门服务科学跨越发展考核优秀奖、县软环境建设十佳单位第一名、创建省级文明城市、省级卫生城市、省级园林城市工作先进集体、县党建工作先进单位、县食品安全工作先进集体。

2017年涟水县财政收入情况一览表

表4

类　别	金额（万元）	比上年增减(%)
财政总收入合计	344007	-16.1
其中:一般公共预算收入	192002	-33.7
税收收入	152547	-35.1
税收占比	79.5%	
一、国税部门收入	212498	49
1.中央级收入	123621	39
消费税	33034	34
增值税50%	41505	-11
改征增值税50%	43953	206
企业所得税60%	5129	37
2.地方级收入	88877	65.4
增值税50%	41505	33
改征增值税50%	43953	119
企业所得税40%	3419	36
二、地税部门收入	92054	-56.6
1.中央级收入	28384	-8
(1)企业所得税60%	20450	17
(2)改征增值税50%	355	278
(3)营业税50%	377	-236
(4)个人所得税60%	7202	-47
2.地方级收入	63670	-64.9
(1)企业所得税40%	13633	17
(2)改征增值税50%	355	154
(3)个人所得税40%	4801	-47
(4)营业税50%	377	-100
(5)资源税	—	-100
(6)城市维护建设税	10079	-20
(7)房产税	4745	4
(8)印花税	1781	-13
(9)城镇土地使用税	5662	5
(10)土地增值税	8628	57
(11)车船使用税	1840	28
(12)耕地占用税	1897	1430
(13)契税	9872	-44
三、财政部门收入	39455	-28.1
1.专项收入	10704	-22
(1)排污费收入	—	-100
(2)水资源费收入	—	-100
(3)教育费附加收入	6144	-21
(4)地方教育附加收入	4091	-15
(5)文化事业建设费收入	105	163
(6)残疾人就业保障金收入	364	—
(7)教育资金收入	—	—
(8)农田水利建设资金收入	—	—
(9)育林基金收入		
2.行政性收费收入	6323	-56
3.罚没收入	11162	107
4.国有资源(资产)有偿使用收入	9123	-44
5.捐赠收入	—	—
6.政府住房基金收入	732	—
7.其他收入	1411	—
附:	—	—
1.政府性基金收入	110261	-16
其中:国有土地使用权出让金收入	103298	-14
2.国有资本经营预算收入	8201	1
3.社会保险基金收入	82568	11.2

2017年涟水县财政支出情况一览表

表5

类　别	金额（万元）	比上年增减(%)
支出合计	731645	-10.6
一般公共预算支出	583525	-9.0
1.一般公共服务支出	72855	-34.5
2.国防支出	339	-18.1
3.公共安全支出	20922	9.2
4.教育支出	129596	2.7
5.科学技术支出	1099	-90.1
6.文化体育与传媒支出	4662	1.3
7.社会保障与就业支出	65202	0.3
8.医疗卫生与计划生育支出	77011	11.6
9.节能环保支出	7784	-61.4
10.城乡社区支出	15285	-0.7

续表5

类 别	金额(万元)	比上年增减(%)
11.农林水支出	76378	-25.4
12.交通运输支出	27173	94.4
13.资源勘探信息等支出	47404	50.4
14.商业服务业等支出	1813	23.7
15.金融支出	13	-97.5
16.国土海洋气象等支出	15406	39.1
17.住房保障支出	6065	-74.4
18.粮油物资储备支出	2687	-34.7
19.债务付息支出	11340	20.2
20.债务发行费用支出	14	-80.0
21.其他支出(类)	477	-15.6
附:	—	—
1.政府性基金预算支出	148120	-16
其中:国有土地使用权出让金支出	139398	-13
2.国有资本经营预算支出	—	—
3.社会保险基金支出	82568	11

【财税政策扶持】 2017年,县财政局研究财政扶持政策,为44家企业争取各类财政扶持资金2505万元。落实促进企业减负各项政策,全面实施"营改增",落实高新技术企业及小微企业、科技企业研发、重点群体创业就业等税收优惠政策,按规清理取消涉企收费项目,减轻企业负担。增强金融服务实体经济能力。开展银企对接,强化督促考核,提高融资到位率。开展"制造业金融服务乡镇行"活动,10家商业银行与40家企业签订金融帮办协议。出台财政资金与银行信贷挂钩试行办法,突出制造业贷款增量、纳税贡献度考核,通过财政间隙资金动态分配,引导金融机构增加实体经济信贷投入。启动政府大数据平台建设,推动普惠金融发展。财富担保公司新增担保额1.09亿元,为重点企业解决过桥资金1.66亿元。推广政府和社会资本合作(PPP)模式。制定出台全县PPP项目实施意见及配套制度,聘请"第三方"提供专业咨询服务,强化PPP项目业务指导,18个项目进入省PPP项目库,促进公共服务提质增效。规范融资行为服务发展。对国有平台公司及行政事业单位债务进行摸底核实,出台政府性债务管理实施意见,支持开展直接融资,争取省新增债券和置换债券,降低债务成本,管控债务风险,政府债务规模控制在合理区间,促进良性发展。

【民生保障】 2017年,县财政局贯彻以人民为中心的发展思想,千方百计筹措资金,支持惠民政策落地实施。支持完善城乡全覆盖的社会保障体系。安排2.42亿元,对参加城乡居民基本养老保险的人员实行财政补助,将年满60周岁的城乡居民基础养老金提高到每人每月125元。安排7174万元,落实城乡低保政策。安排4.53亿元,将城乡居民基本医疗保险财政补助标准提高到每人每年470元,全额资助五保户、低保户及低收入农户中的老年人、未成年人等特殊群体参加居民医保。安排5978万元,支持实施医药卫生体制改革。安排2754万元,落实残疾人生活及护理补贴政策。推进教育优先发展。安排义务教育公用经费8983万元,保障学校正常运转。安排3600万元,实施农村义务教育薄弱学校改造、校舍维修工程。向2.2万名各类符合条件的家庭经济困难学生发放助学金2301万元。安排900万元,落实中等职业学校免学费政策。安排1400万元,支持实施"三名"工程。投入500万元,新增运行校车60辆。加大文化建设投入。投入1420万元,支持实施文化惠民工程;推动送戏、送电影、送图书下乡;支持非遗馆建成开放、博物馆开馆试运行;支持体育设施建设,丰富群众文化生活。支持生态文明建设。投入6060万元,实施城乡环卫保洁、垃圾处置、污水处理、绿化维护等,支持省级文明城市创建。投入生态环保专项资金5300万元,支持实施"263"专项行动,推进拉网式农村环境综合整治,促进生态建设。

2017年8月,PPP项目高沟中学新校区建成 (县财政局 供稿)

【强农惠农】 2017年,县财政局落实强农惠农政策,在全省率先完成1.19亿元农业支持保护补贴发放,惠及20.38万户农户。兑付补贴2932万元,新增农机具2331台套。向9000户农户发放扶贫小额贴息贷款1.6亿元,向低收入农户发放投资入股收益700万元。支持19.6万户农户参加政策性农业保险,赔付农户2292万元。改善农村基础设施条件。投入4700万元,支持实施渠北片区饮水安全巩固提升工程。投入4100万元,支持实施涟沭片区旱改水工程,提高土地产出效益。投入8650万元,支持实施农业综合开发土地治理、黄河故道项目,建设高标准农田、优质粮基地4266.67公顷。投入5290万元,新建农桥170座,实施村级公益事业"一事一议"财政奖补项目165个。投入6550万元,实施光伏发电等精准扶贫产业化项目。提高扶贫资金使用绩效。将所有扶贫济困资金录入阳光扶贫资金监管平台,实现财政资金运行全程留痕,建立可查询、可跟踪的扶贫济困资金使用监管机制，提升资金使用绩效。

【财政改革】 2017年，县财政局深化预算管理改革。加大国有资本经营预算与一般公共预算统筹力度，国有资本经营预算预算收入8201万元，全部调入一般公共预算。加大存量资金盘活力度，盘活存量资金4733万元，调入预算统筹使用。推进预决算公开，实行预决算信息公开要求、公开流程、公开格式、公开载体"四统一"；县直部门预决算信息在全省预决算信息公开平台和县政府门户网站实行"双公开"。深化国库集中支付改革，积极稳妥、统筹推进，清算制改革及国库集中支付电子化实现试运行。推进政府采购交易改革。开通运行政府采购"网上商城"，预算10万元以下物资采购项目通过网上商城采购，提高采购效率，降低采购成本。创新财政监督管理。委托"第三方"对15个50万元以上农业项目及奖补类项目进行竣工验收审计，对秸秆还田、粮食适度规模经营等项目进行实地核查，核减资金190多万元；对18家医疗机构医保政策执行情况开展"第三方"联动检查；对使用财政资金100万元以上的单体项目，开展"第三方"绩效评价。建立乡镇财政财务会审制度，提高乡镇财政管理规范化水平。 （王韦蔚）

国家税务

【概况】 2017年，县国税局贯彻落实省、市国税局和县委县政府的工作部署，执行"抓落实、促规范、提质效"的工作思路，多项工作在全市名列前茅。全年组织各项国税收入22.8亿元，比上年增长47.73%，其中地方财政口径收入21.2亿元，增长50.14%，公共财政预算收入8.89亿元，增长69.65%。完成增值税17.16亿元，增长54.2%；消费税3.3亿元，增长34.14%；企业所得税1.48亿元，增长36.37%；车辆购置税0.8亿元，增长11.41%。以理性思维和法治思路做好信访稳定工作，圆满解决长达10年的信访积案，得到省国税局局长胡道新、总经济师张健的批示表扬。获"2017年度全省国税系统法治基地"称号。

【税收风险管理】 2017年，县国税局做好税收风险管理推进工作。推进模板和指引"两个应用"，开展"全体人员应知应会、应对人员提高培训、业务骨干重点培训"三级培训；实行"按周汇报进度、按月通报成效、按季案例讲评"的三级推进；做到"班子成员亲自参与、业务科室全力配合、应对分局稳步应用"的三级联动。将深化数据情报平台应用作为重点工作推动，制定数据情报平台应用管理办法，明确各单位情报采集和数据平台应用任务。成立数据平台应用项目团队，充分挖掘情报平台已有功能，结合实际提高应用能力。税收数据质量指标监控方面，根据国家税务总局数据质量考核口径，从数据的完整性、准确性两个维度，通过智能分析制作管理报表14张，按月筛选异常、错误数据，发给相关部门修正，差错数据明显低于其他单位。收入质量控制方面，依托智能分析建立风险模型，共构建交通运输企业备案运力与申报收入不匹配、营改增累计入库10万元以上无进项抵扣等6个收入质量监控指标，按月对申报数据进行异常信息扫描，形成申报异常纳税人清单，交由纳服部门对纳税人进行纳税提醒。

【纳税服务】 2017年，县国税局多措并举做好纳税服务。落实国家税务总局规范5.0版、省国税局职责清单和操作规程，做到学习先行、硬件跟上、制度保障。加强与县市场监督部门、地税部门的沟通协调，抽调专人进驻工商窗口，统一资料收集和录入口经，保证"三证合一、一照一码"工作的开展，做好纳税服务规范化建设示范点创建工作。倡导纳税人选择网上办税、自助终端办税，提高非接触式服务比例，全年纳税户网上办税250009户，占比60.4%；自助终端办税117804户，占比28.5%；推进税收信用体系建设，联合县地税局完成2017年度纳税信用级别评价工作，在做好"税e融"产品推介的同时，主动向纳税人提醒纳税信用的重要作用，全年共评出A级纳税人221户，B级纳税人2292户，M级纳税人9812户，D级纳税人1380户。

（谢晓东）

地方税务

【概况】 2017年，涟水地税系统坚持稳中求进工作总基调，落实县委县政府的各项决策部署，强化税源管理，加强地方"十税"、基金费同征同管、同筹同治，针对各税种、基金费特点和地方实际，分策应对、齐头并进，管理质效显著提升。完善非上市公司股权转让集体审议机制，加强个人独资、合伙企业汇算清缴审核，加强企业所得税汇算清缴和复审，强化土地增值税清算规范和审核，针对不同类型的涉税优惠纳税人，开展差别化、个性化服务举措；促进税费协同共治联席会议制度，实现税费信息资源共享。推广运用社会保险费并联系统，实现人社部门数据实时交互，形成管理合力；不定期召开地税、人社部门联席会议，及时研究解决征管工作中遇到的问题。与县法院共同出台社保费欠费追缴执行联动机制，强化执行力度。全年组织各项收入18.57亿元，其中税收收入9.21亿元，非税收入9.36亿元。

【纳税服务】 2017年，县地税局推进服务创优，落实"放管服"工作要求，进一步精简审批环节和材料。推行"互联网+涉税审批"，实现减免税审批备案网上完成。推行税库银联网四方协议网上签订新举措，平均减少纳税人办税时间约90%。开通手机支付宝缴费功能，极大地方便缴费人。完善办税员制度，开展办税员专题集中培训，评选"优秀办税员"并提供更为便利的专项服务，促进纳税遵从。建立"一厅对外"国地税合作窗口，与县国土部门共建联办窗口，国地税业务一并办理率由37.65%上升到83.24%。积极推进"五证合一"，简化审批手续，降低创业准入的制度性成本。通过接入工商部门信息，仅第四季度就补充各类信息1439户；联合办理企业税务登记1069户，比上年同期增长4.37%；办理个体工商户税务登记419户，变更1436户；办理申报1022户，增长100%。 （童　政）

工 业

综 述

【概况】 2017年,全县实现工业增加值137.49亿元,比上年增长8.3%;工业入库税金9.97亿元,增长17.4%;新增规模工业企业15家,累计383家;规模工业开票销售收入251.98亿元,同口径相比增长15.3%。工业用电量8.5亿千瓦时;规模以上工业企业实现销售收入698.44亿元;实现利税52.45亿元,其中利润33.46亿元。规模以上工业中,纺织服装行业总产值增长18.97%,医药化工行业总产值增长13.14%,电子电气行业总产值增长21.71%,机械装备行业总产值增长12.49%,食品饮料行业总产值增长11.18%。重点项目和招商引资取得新突破,经市确认全县新招引亿元以上项目24个,其中10亿元项目4个,分别为投资10亿元的中信华线路板生产项目,投资10.5亿元的中民筑友装备式建筑项目,投资10亿元的杭萧钢构装备式钢结构项目和投资20亿元的高传风力发电项目;亿元以上工业项目23个。新竣工设备投资超千万元项目13个。全年固定资产购置进项税累计申报1.39亿元,增长30%。规模以上工业投资累计完成379.16亿元,增长13.1%。全年新增私营企业3043家、新增个体工商家7493家。创建省级企业技术中心2家,省级两化融合示范、试点企业1家,市级示范、试点企业4家。推进供给侧结构性改革,贯彻落实省、市降低实体经济企业成本精神,持续开展“三进三帮”“百企帮扶”活动,工业经济稳健展。今世缘酒业、永安化工、永丰纸业、联发纺织等10家企业获省、市级产业发展资金704万元,安排444.7万元县财政资金为48家企业兑现降成本奖励政策。苏美食品、泰丰针织等11家进入省直购电直接交易市场,降低企业生产成本260万元。涟水获全省食品工业十强县称号,今世缘酒业荣膺全国质量奖,县经信委获全县部门服务科学赶超跨越发展考核先进奖。 (薛云华 王媛媛)

2017年8月,涟水县被授予“江苏省食品工业十强县”称号 (县经信委 供稿)

纺织服装

【概况】 2017年,全县有规模以上纺织服装类工业企业80家,总资产58.5亿元,其中固定资产约31.8亿元,流动资产26.7亿元。实现开票销售收入38.68亿元,入库税金1.1亿元。主要企业有:淮安远达服饰有限公司、淮安锦纶化纤有限公司、淮安市联发纺织有限公司、淮安源通制帽有限公司、淮安伟得服饰有限公司、淮安创世纪服饰有限公司、江苏金典纺织有限公司、江苏泰丰针织有限公司等。主要产品有各种纱线、色织布、各种衣帽、麻纺制品。

【淮安市远达服饰有限公司】 位于高沟镇工业集中区西区,由台商王顺贤投资6000万元兴建。注册资本30万美元,占地面积4万平方米,建筑面积2.1万平方米,有员工200人,2005年3月投产。有电动缝纫机100台、烫帽机6台、全自动电脑绣花机15台,全自动水洗烘干设备若干。主要生产各类外贸休闲服装,作为PUMA、李宁、361等品牌服装加工企业,企业主要生产各类运动休闲帽子(年产300万顶)、高中档休闲服饰(年产100万件次),产品主要销往欧美。2017年,实现开票销售收入6.59亿元,入库税金2361万元。

【淮安锦纶化纤有限公司】 位于县经济开发区炎黄大道11号,由浙江金轮集团2003年11月投资兴建,是中国金轮集团下属子公司,注册资本1亿元,总投资8亿元。占地面积33公顷,厂房面积

20万平方米，有员工2000余人。2005年3月正式投产，设有聚合、纺牵、加捻、织布、浸胶5个标准化生产车间，专业生产"金轮"牌浸胶帘子布，年生产能力7万吨以上。企业通过ISO/TS 16949质量管理体系和ISO 14001环境体系认证，"金轮"牌浸胶帘子布获"江苏名牌产品"称号。2017年，实现开票销售收入9.2亿元，入库税金1263万元。

【淮安源通制帽有限公司】 位于县经济开发区炎黄大道路1号，由亚源国际有限公司于2002年5月投资兴建，总投资3500万美元，注册资金775万美元。占地面积10.67公顷，建筑面积4.8万平方米。2002年12月正式投产，有工人3043人，有日本百灵达绣花机、自动裁床等设备1250台(套)。主要生产各种棒球帽、礼帽、牛仔帽等产品，主要销往美国、日本、德国等国家。2015年1月，新建UA高档运动帽生产项目，总投资1500万美元，占地面积4.2公顷，建筑面积1.6万平方米，年产48万顶。2017年，实现开票销售收入60170万元，入库税金644万元。

【江苏金典纺织有限公司】 位于县经济开发区纬五路9号，由印度客商和淮安祥泰贸易有限公司于2008年合资建设，总投资1600万美元，注册资本7000万元。占地面积9.3公顷，建筑面积39700平方米，有员工500人，2009年3月正式投产。主要生产全棉、混纺毛毯产品，年产毛毯182万条，产品主要销往非洲、中东和日本等地区。2017年，实现开票销售收入2.5亿元，入库税金123万元。

【江苏泰丰针织有限公司】 位于县经济开发区纬三路6号，由香港肇丰集团于2007年5月投资兴建，2008年12月正式投产；总投资2.4亿港币，注册资本20704万港币。占地面积13.33公顷，建筑面积3.8万平方米，有员工1100人，有德国产STOLL电脑织机、整烫机、烘干机、水洗机等800台套。主要生产羊毛衫、针织衫等各类线衫，年产600万件。2015年2月投入4000万港币购置日本岛精针织横机，9月，新建厂房7316平方米。2017年，实现开票销售收入1.2亿元，入库税金244万元。

【淮安联发纺织有限公司】 前身为涟水县色织厂，始建于1958年，先后称县针织鞋帽厂、针织厂、棉织厂，1986年更名为县色织厂。系地方国营全民所有制企业，厂址位于县城安东路。1996年更名为涟水县华隆染织有限公司，1998年7月租赁给江苏联发集团，组建涟水县联发色织有限公司。2004年，涟水县华隆染织有限公司破产改制，组建淮安市联发纺织有限公司，系江苏联发纺织股份有限公司旗下子公司。2014年，搬迁至涟城镇工业集中区香樟路东侧，是江苏联发纺织股份有限公司旗下子公司。占地面积4.4公顷，一期总投资1.2亿元，注册资本60.42万美元，建设面积约2.2万平方米，有员工400人。2014年1月开工建设，2015年8月竣工投产，拥有日本产喷气织机、德国产空压机、电动缝纫机等设备300多台套。主要从事高支高密衬衫面料以及男式衬衫的生产和销售，年可生产高支高密衬衫面料2500万米和各种男式衬衫500万件。2017年，实现开票销售收入3449万元，入库税金624万元。(*薛云华 王媛媛*)

食品饮料

【概况】 2017年，全县有规模以上食品饮料工业企业35家，总资产51.4亿元，其中固定资产34.6亿元，流动资产21.8亿元。实现开票销售收入41.9亿元，入库税金4.7亿元。主要企业有江苏今世缘酒业有限公司、江苏苏美食品有限公司、淮安市永顺德肉联厂、江苏大自然食品有限公司、淮安通威饲料有限公司、涟水县高沟绿缘捆蹄厂、涟水县千禧缘制米有限公司等。主要产品有白酒、啤酒、白条肉、糖果、果冻、酱油、香醋、豆奶粉、麦片、大米、面粉、糕点、食用油等。

【江苏苏美食品有限公司】 位于县经济开发区兴旺大道1号，投资人陈华云，总投资1.5亿元，注册资本1100万元。占地面积4.87公顷，建筑面积2.06万平方米，有职工710人。2001年5月开工建设，2002年8月正式投产。有注塑机、自动组装机、自动套装机等设备100多台套，采用高盐稀态和低盐固态生产工艺生产酱油、醋，年产16万吨，主要销往英国、意大利等20多个国家，其中酱油、醋销量位居全国调味品行业前七名。"苏美"注册商标先后被评定为淮安市知名商标、江苏省著名商标、中国驰名商标。2013年，被认定为国家级高新技术企业。2017年，实现开票销售收入6454万元，入库税金476万元。

【江苏大自然食品有限公司】 位于县经济开发区西区祁六路东、纬九路南，成立于2009年7月，投资人蒋亚明。占地面积10.71公顷，建筑面积5万平方米，总投资1.1亿元，注册资本4000万元。公司主要从事面粉加工、挂面、方便面生产，年产精制挂面6万吨、免油炸方便面3万吨、精制面粉40万吨。产品主要销往广东、海南、浙江、上海、江苏等省市。公司和本地种植农家建立经济合作关系，在各乡镇有种植基地3333.33公顷左右，对种植农户实行保护价收购(在市场价格的基础上上浮0.04元/公斤)，使农户得到实惠。吸纳本地农民工200余人实现就业。2010年，被批准为淮安市农业产业化龙头企业。2017年，实现开票销售收入1.5亿元，入库税金308万元。

【江苏圆绿捆蹄有限公司】 位于高沟镇今世缘东路，投资人周秀海，总投资2220万元，注册资本800万元。占地面积0.67公顷，建筑面积3000平方米，有员工31人。是一家集种养殖基地、技术信息咨询和肉制品、食品加工等为一体的江苏省农业产业化重点龙头企业。公司在原淮安市市级龙头企业涟水县高沟绿缘捆蹄厂基础上注册成立，主要生产圆绿系列捆蹄、鸡糕、五谷杂粮以及淮安味道卤菜系列等食品。2016年1月，投资15762.4万元，在高沟工业集中区建新厂区，新厂区占地面积7.23公顷，建筑面积45612平方米。引进生物质颗粒燃烧机、锅炉、除烟设备、杀菌锅、热风循环烘箱、真空包装机、真空滚揉机、双格切肉片切肉机、冷库、绞肉机、蒸箱、立式剥壳机、万能粉碎机、面粉粉碎机及智能控温蒸煮生产线、自动化包装生产线、捆蹄生产线项目，2016年底通过市重点项目竣工验收。2017年，实现开票销售收入629万元，入库税金32万元。

【淮安通威饲料有限公司】 位于保滩镇工业集中区(十堡村)，总投资1.15亿元，占地面积5.33公顷，建筑面积18500平方米。2011年3月破土动工，9月投产。有4条牧羊M600颗粒饲料生产线和1条牧羊M165膨化饲料生产线，全电脑控制生产工艺流程。有化验室3个，主要仪器有KDN-2C定氮仪、LDS-IG电脑水分测定仪、722S分光光度仪、DG5033A酶联免疫检测仪、HYP-1008八孔消化炉、PXS立体显微镜、TDZ4A-WS低速台式离心机等。可以检测水分、粗蛋白、粗脂肪、粗灰分、粗纤维、钙、磷、盐分、砂分、酸价、过氧化值、挥发性盐基氮、水溶磷、黄曲霉毒素B1定性检测等项目。年产家禽、家畜、水产饲料20万吨，产品通过HACCP管理体系认证。2017年，实现开票销售收入2.8亿元，入库税金676万元。

(薛云华　王媛媛)

化工医药

【概况】 2017年，全县有规模以上化工医药类企业26家，总资产32.6亿元，其中固定资产18.1亿元，流动资产14.5万元。实现开票销售收入25.1亿元，入库税金5825万元。企业主要有江苏华源生态农业有限公司(原华昌化工)、淮安德邦化工有限公司、江苏永创化学有限公司、淮安嘉诚高新化工股份有限公司、江苏涟水制药有限公司、涟水先锋化学有限公司、涟水永安化工有限公司、淮安市恒器医疗器材有限公司、涟水新源生物科技有限公司、淮安市鼎峰化工有限公司等。主要产品有邻氯苯胺、硝基甲苯、赤磷、磷酸、甲酸、对氯甲苯、邻氯甲苯、硫酸、三氯氧磷、碳酸氢铵、磷肥、复合肥、饲钙及各类医药针、片剂。

【江苏华源生态农业有限公司】 原名江苏华昌化工(涟水)有限公司，位于淮安(薛行)循环经济产业园涟新路28号。2012年2月，华昌化工投资8亿元在涟水县薛行化工园区创建江苏华昌化工(涟水)有限公司，占地面积33.2公顷，建筑面积12万平方米，建年产100万吨新型生态肥料项目，主要从事新型生态复合肥生产。2016年，公司更名为江苏华源生态农业有限公司，开工建设总投资100亿元的新材料项目，有环保型增塑剂、生物可降解塑料、环保型粉末涂料及工业涂装、芳烃加氢新材料、光固化树脂及聚酯树脂等5条产业链和1个气化中心。2017年，实现开票销售收入11.4亿元，入库税金899万元。

【淮安德邦化工有限公司】 位于淮安(薛行)循环经济产业园，创建于1998年，投资人张根淮，总投资5900万元，注册资本1200万元。占地面积4公顷，建筑面积10100平方米，2002年投产。主要生产设施设备有年产3000吨高品质三氯乙酰氯生产装置，用于高效低毒农药及农药安全剂的制造；有年产50吨N,N-二乙基乙二胺、N,N-二甲基乙二胺以及正在建设年产1000吨高分子溴化环氧树脂，年产1000吨γ-氯代丁酸甲酯装置。主要产品有高品质苯甲醚、对苯二甲醚、邻苯二甲醚、间苯二甲醚、对甲基苯甲醚、邻甲基苯甲醚、间甲基苯甲醚、2,3-二甲基苯甲醚等系列品种等，产品主要应用于医药、香料、有机合成等领域。2017年，实现开票销售收入5901万元，入库税金927万元。

【淮安嘉诚高新化工股份有限公司】 位于淮安(薛行)循环经济产业园纬八路，成立于2001年3月，投资人石祖嘉，总投资1.8亿元，注册资本5600万元。占地面积13.6公顷，建筑面积12000平方米，有员工210人。2008年8月开工建设，2010年1月竣工投产。主要生产设施设备有邻氯苯胺生产装置，主要产品包括硝基甲苯、邻氯苯胺、甲基苯胺、高端抗氧剂等多个系列，广泛应用于染料、医药、农药和新型工程塑料等下游行业。拥有国内先进的新型硝化器和分离工艺(用于硝基甲苯系列产品的生产)、加氢还原工艺(用于邻氯苯胺的生产)、氯化工艺等一系列核心技术，产品质量、成本、安全和环保等方面具有显著优势，高纯度邻氯苯胺被省科技厅认定为高新技术产品；邻氯苯胺加氢技术获省青年科技大赛一等奖、省高新技术产品、市十大科技成果奖、市名牌产品；对二氯苯新技术填补国内空白，是省高新技术产品；硝基甲苯系列产品获得多项专利授权，是省高新技术产品、市十佳专利产品、淮安名牌产品。2017年，实现开票销售收入1.3亿元，入库税金24万元。

【淮安市恒春医疗器材有限公司】 位于县经济开发区兴旺大道8号，2003年由常州客商张晓民投资兴建，总投资1.1亿元，注册资本1100万元。占地面积5.33公顷，建筑面积3.5万平方米，2004年6月正式投产，有员工260人。主要生产设施设备有注塑机、自动组装机、自动套装机等100多台套，主要产品为一次性使用输液器、输液针等医疗器材产品，产品全部出口。公司拥有自毁式注射器和新型安全输液器等实用新型专利产品13项。2014年9月，被认定为国家级高新技术企业。2017年，实现开票销售收入3156万元，入库税金65万元。

【涟水新源生物科技有限公司】 位于淮安(薛行)循环经济产业园纬八路南侧，创建于2010年，是台湾和桐化学股份有限公司关联企业，总投资1.1亿元，注册资本3000万元。占地面积3.33公顷，建筑面积2.44万平方米，有员工45人，2013年10月年投产。主要生产设施设备有脂肪酸甲酯磺酸盐和纺织印染助剂生产装置各1套，主要生产表面活性剂产品，年产脂肪酸甲酯磺酸盐(MES)3万吨、纺织印染助剂1.75万吨。2016年12月被认定为国家级高新技术企业。2017年，实现开票销售收入2.4亿元，入库税金389万元。

【淮安汇波材料科技有限公司】 位于薛行循环经济产业园，由张家港客商黄晓明于2011年投资成立，总投资1.35亿元。占地面积3.33公顷，厂房面积8000平方米，2014年底建成，2015年初试生产。主要生产设施设备有混合搅拌机、冷凝器、真空泵等。主要生产呋喃树脂和磺酸固化剂等化工材料。2015年底,该公司与湖北汇波材料科技股份有限公司达成股份重组合作协议,投资3000万元,新建2条生产线。2017年,实现开票销售收入4802万元,入库税金132万元。 (薛云华 王媛媛)

电子电气

【概况】 2017年,全县有规模以上电子电气业企业35家,总资产41.4亿元,其中固定资产21.8亿元,流动资产19.4亿元。实现开票销售收入9.5亿元,入库税金4323万元。骨干企业主要有汉门电子(江苏)有限公司、淮安强陵照明有限公司、淮安振维电子有限公司、涟水县苏杭科技有限公司、江苏爱思协尔电气设备有限公司等。主要产品有照明灯具、线路板、耳机及扬声器生产、光电子元器件等。

【涟水县苏杭科技有限公司】 位于县经济开发区兴盛路12号,由昆山客商投资兴建。总投资10.1亿元,注册资本5000万元。占地面积8.67公顷,建筑面积7.5万平方米。2015年6月开工建设,2016年11月竣工投产。主要生产汽车线路板,年可生产多层线路板120万平方米,其中汽车印制线路板占65%,主要为奔驰、宝马、奥迪等汽车生产厂商提供车载线路板。2017年,实现开票销售收入13460万元,入库税金370万元。

【汉门电子(江苏)有限公司】 位于县经济开发区南京路北侧、吉圣金属对面,由台资企业汉保实业股份有限公司于2013年投资创办。占地面积3.59公顷,建筑面积2.3万平方米,投资总额3300万美元,注册资本1200万美元。主要生产设施设备有数控WBC-700Y压延机、贴合机、空压机等,主要生产软性排线、FFC/FPC连接器、记忆卡连接器、智慧卡连接器。项目全部建成后,年可产排线2.5亿条、连接器1.2亿个,用工2000人左右。2017年,实现开票销售收入4674万元,入库税金197万元。

【淮安强凌照明有限公司】 位于县经济开发区炎黄大道18号,由美国TCP大型光源跨国公司投资兴建,总投资3200万美元。占地面积10.67公顷,建筑面积4.6万平方米,有职工800人。2006年11月开工建设,2007年6月正式投产,主要生产优质节能灯、LED灯等产品,年产1亿只。2017年,实现开票销售收入1.7亿元,入库税金954万元。

【江苏快乐电源(涟水)有限公司】 位于县经济开发区红日路25号,2009年由浙江客商钱黎瑾投资兴建。总投资2亿元,固定资产投资1.5亿元,注册资本2000万元。占地面积11.07公顷,建筑面积6.3万平方米,有员工260人,2010年12月投产。主要生产设施设备有铅粉机、铸板机、合膏机、涂板机、固化室、精密注酸机、化成充电机等设备120多台套,主要生产储能电池、高性能动力型蓄电池等产品,年产蓄电池100万千伏安,产品主要出口东南亚、中东、东欧、非洲等地区,是具有国际领先水平的高容量密封型免维护铅酸蓄电池生产基地。2017年,实现开票销售收入22235万元,入库税金1006万元。

【淮安振维电子有限公司】 位于县经济开发区兴一路6号,由英属维京群岛振维企业有限公司于2005年投资兴建。占地面积5.33公顷,建筑面积4.2万平方米。2015年9月实施转型升级,总投资1106万美元,注册资本600万美元,2016年12月正式投产,有员工170人。有注塑机、自动点焊机等设备198台套,主要生产光电子元器件等产品,年产4000万件,主要销往欧美等国家。2017年,实现开票销售收入10553万元,入库税金619万元。 (薛云华 王媛媛)

机械装备

【概况】 2017年,全县有规模以上机械装备企业26家,总资产41.4亿元,其中固定资产21.8亿元,流动资产19.4亿元。实现开票销售收入2.7亿元,入库税金782万元。骨干企业主要有淮安天马纺织机械有限公司、吉圣金属制品(淮安)有限公司等。主要产品有农业机械、家电机及电机原辅材料的生产、高低压配电柜组装生产、阀门、汽车配件等。

【大量科技(涟水)有限公司】 位于县经济开发区炎黄大道16号,由台湾大量科技股份有限公司2015年购买原华宇科技厂房、办公楼等兴建。总投资9900万美元,注册资本3300万美元,占地面积11.53公顷。一期项目2016年6月竣工投产。专业生产PCB行业用高速钻针研磨机、PCB成型机、钻孔机、雕铣机等设备,其中高速钻针研磨机为世界首创。年产PCB成型机300台套,PCB钻孔机120台套。2017年,实现开票销售收入2673万元,入库税金4万元。

【吉圣金属制品(淮安)有限公司】 位于县经济开发区兴五路2号,由台湾客商投资兴建,总投资1000万美元,注册资本680万美元,占地面积3.33公顷,建筑面积2万平方米。2004年12月开工建设,2012年1月正式投产。主要生产五金工具、金属制品等产品,年产铁锤400万只、斧头200万只,主要销往欧美、波兰、荷兰等地区。2017年,实现开票销售收入5238万元,入库税金161万元。

【淮安天马纺织器材有限公司】 位于县经济开发区兴隆路2号,由江阴客商任晓飞投资兴建,总投资8000万元,注册资本3000万元。占地2.13公顷,建筑面积1.1万平方米。2013年4月开工建设,2014年12月正式投产,有工人170人。有电铸槽、开关电源、烘箱等设备300台(套),主要生产印花圆网,年产5000万只,主要销往欧美等地区。2017年,实现开票销售收入7816万元,入库税金253万元。 (薛云华 王媛媛)

印刷包装

【概况】 2017年,全县有规模以上印刷包装工业类企业19家,总资产19.9亿元,其中固定资产12.5亿元,流动资产7.4亿元。实现开票销售收入7.3亿元,入库税金3556万元。骨干企业主要有:江苏华宇印务有限公司、淮安市康诺克彩印有限公司、淮安今世缘印业有限公司、江苏天平纸业有限公司、淮安金岳纸业有限公司、涟水县天纶包装制品厂、涟水永丰纸业有限公司等。主要产品有:各种纸制品、纸制包装品、黄板纸、瓦楞纸、纸箱、宣传画册、包装袋、不干胶商标、各种不锈钢标牌铜牌等。

【江苏华宇印务有限公司】 位于高沟镇工业集中区西区,创建于1994年1月,投资人徐礼建,总投资1.8亿元,注册资本2600万元。占地面积15.33公顷,厂房面积5.5万平方米,有专业技术管理人员30人,职工1100多人。主要生产设施设备有德国罗兰R700五色+UV印刷机2台、日本小森四开四色胶印机、日本小森对开六色UV机、UV胶印机、日本宫腰UV胶印机、日本宫腰五色标签UV胶印机、全自动丝网印刷机、台湾UV上光机、瓦楞机、台湾全自动覆膜机、上海亚华全自动烫金模切机、天津有恒全自动糊盒机。主要为今世缘、洋河、双沟、古井等国家大型白酒企业生产酒类包装物;为扬子江、天士力、江苏亚邦、山东鲁南制药集团等生产药类包装物;为淮安市老侯食品、苏粤食品、高沟捆蹄等企业生产食品类包装物。2015年10月被认定为国家级高新技术企业。2017年,实现开票销售收入9197万元,入库税金577万元。

【淮安金岳纸业有限公司】 位于高沟镇工业集中区,创建于2007年1月,投资人黄简政。总投资7180万元,注册资本500万元。占地面积3.33公顷,建筑面积8600平方米,有员工160人,其中,中高级职称及技术人员29人。主要生产设施设备有高速造纸机5台套及配套设施和辅助设备。公司引进国内先进的"微浮选"污水处理系统,废水处理能力可匹配10万吨瓦楞纸的生产能力(处理能力是现产污能力的1.5倍),处理后的细纤维和水可以循环再利用,做到污染零排放。2017年,实现开票销售收入4301万元,入库税金343万元。

【淮安市兴保印刷有限公司】 位于高沟镇科创园,由浙江温州客商周荣福于2010年投资兴建。项目总投资2.2亿元,注册资本1500万元。占地面积4公顷,建筑面积13824平方米,2010年投产。主要生产设施设备有1套德国海德堡六色全自动UV胶印机生产线、全自动模切机、卡纸覆膜机、全自动压纹机等。企业主要承接顶新集团、福建达利园集团、今世缘酒业等外包装业务,年可生产20亿片食品外包装。2017年,实现开票销售收入1540万元,入库税金64万元。

(薛云华　王媛媛)

建筑材料

【概况】 2017年,全县有规模以上建材加工企业102家,总资产32.9亿元,其中固定资产21.6亿元、流动资产11.3亿元。实现开票销售收入21.7亿元,入库税金5932万元。骨干企业主要有淮安波伦混凝土有限公司、淮安市兴盛管桩有限公司、银海木业(江苏)有限公司、肯帝亚森工科技有限公司、涟水县新星水泥有限公司、江苏睿基家具有限公司、淮安市亚森木业有限公司、意尔重工(中国)有限公司、涟水新城建材科技有限公司、涟水淮河木业有限公司、淮安锐志新型建材有限公司、淮安市汇丰木业有限公司等。主要产品有水泥、商品混凝土、胶合板、实木、复合地板、实木门、各种规格板材及家具等。

【江苏睿基家具有限公司】 位于县经济开发区兴五路6号,由台资企业智恩投资有限公司投资创办。总投资1650万美元,注册资本500万美元。占地面积4公顷,建筑面积2.3万平方米。2013年开工建设,2014年9月正式投产。主要产品为电视柜、双门柜、鞋柜和钢木椅、钢木床等钢木家具,年产200余万套,产品主要销往欧美地区。2017年,实现开票销售收入1.4亿元,入库税金84万元。

【淮安淮河木业有限公司】 位于县经济开发区,创建于2003年3月,投资人张会民,总投资1.2亿元,注册资本2200万元。占地面积21.33公顷,厂房面积20404平方米,服务设施建筑面积3050平方米,员工317人,其中专业技术人员84人,具有中高级职称的占25%。2004年7月投产。主要生产设施设备有年产16万立方米中高密度板生产线,其核心设备从奥地利、意大利进口,企业生产原料为中小径材,均来自当地,年购当地农民木材9000万元。2017年,实现开票销售收入1.3亿元,入库税金232万元。

【淮安市亚森木业有限公司】 位于县经济开发区西区,2003年12月由南京客商刘毅投资兴建。总投资2000万元,其中固定资产投资1300万元,注册资本500万元。占地面积2公顷,建筑面积1万平方米,有员工260人,其中工程技术人员22人。主要生产设施设备有数控车床、精密裁板器、木材防腐阻燃设备。年产各类多层胶合板4万立方米,均为出口产品,2005年8月通过欧盟专家验收拿到胶合板通往欧洲市场的质量通行证CE认证书,市场由中东地区扩展到欧洲。2017年,实现开票销售收入1亿元,入库税金315万元。

【银海木业(江苏)有限公司】 位于县经济开发区红日大道20号,由新加坡银海集团投资兴建。总投资5500万美元,注册资本2150万美元。占地面积16公顷,建筑面积3.2万平方米。2010年9月开工建设,2011年6月投产。有德产豪迈机、裁板线、淋漆线等设备100套,包括全自动豪迈线(德国进口)2台、全自动包装线(德国进口)2台、全自动裁板线(美国进口)2台、双贴面热压机5台等,生产欧圣地板系列产品,年产木地板300万平方米,产品主要销往东南亚、欧美地区和国内各大城市。2017年,实现开票销售收入1.04亿元,入库税金321万元。

(薛云华　王媛媛)

工业园区

【江苏涟水经济开发区】 位于县主城区西侧,宁连高速公路涟水入口处,北至二干渠,南至盐河,东至涟西一干渠—襄责路—淮浦路，西至涟西二干渠，规划面积99平方千米，开发建设面积30平方千米，下辖10个行政村，社会人口6.4万人。2017年，县经济开发区主区土地开发率95.34%，建成城镇建设用地面积占已供应国有建设用地面积100%；发展方向区的土地开发率96.29%；建成投产企业土地面积6.75平方千米，建成投产率100%。新引进外资项目12个，累计52个。开工项目注册外资实际到账3380万美元，累计3.54亿元。完成规模工业开票销售收入56.4亿元，入库税金1.5亿元，完成工业总产值153亿元，工业用电量3.2亿千瓦时；完成一般公共财政预算收入2亿元。肯帝亚森工、普耐力橡胶等4家企业获批国家级高新技术企业，汉门电子、瑞展纺织等7家企业被纳入省高新技术企业培育库，洲旭电路、银法玻璃等5家企业被纳入市高新技术企业培育库。

2017年6月，县委领导在开发区观摩重大项目推进情况　　（县经济开发区　供稿）

招商引资　县经济开发区继续加强开发区专业招商、专业服务两支队伍，充分发挥专业队伍的主力军作用，组织编制印发产业链简介，进一步提高招商的针对性、指导性。全年签约项目25个，总投资102.85亿元；其中超5亿元—10亿元项目2个，1亿元—5亿元项目17个；外资项目8个，总投资2.46亿美元，内资项目17个，总投资86.36亿元。亿元以上项目19个，总投资100.2亿元。抽调专业人员充实到客商服务中心，编制项目服务流程，为每个项目编排个性化帮办方案，为客商提供精准化、专业化、全方位的“店小二”式服务；坚持“投资方、建设方、服务方”三方会办项目推进机制，提升服务项目的效率和质量。

项目建设　县经济开发区实施亿元以上工业项目32个，总投资137.6亿元，其中新签约亿元以上工业项目18个，总投资97.2亿元，主导产业项目和外资项目占比分别达90%和32%，项目个数和投资总额分别占全县工业签约项目的63%和70%。新纳入市重大项目考核工业项目9个，总投资26.3亿元，5个总投资17.6亿元的工业项目通过市重大项目竣工验收考核。在全县目标竞赛活动考核中，累计夺得流动红旗44面。

产业建设　县经济开发区重点围绕电子电气、机械装备、食品饮料、纺织服务等主导产业上下游企业，努力延伸产业链条，大力培育跟随产业、衍生产业和配套产业。以中信华电子产业园、立创互联网电子科技产业园为龙头，全力招引覆铜板、表面贴装、印制线路板、电子元器件、电子终端产品等行业重点项目，加快形成电子电气产业集群。

科技创新　县经济开发区以创高新技术企业为抓手，搭建企业、科研院所、开发区三方协作平台，激发企业科技创新主体作用，推动企业加快转型升级。协助县科技局对接兰州大学淮安高新技术研究院搭建的PCB公共服务平台投入使用。县经济开发区在2016年度全省省级开发区考评中排名第24位，前进3位，在全省45家共建园区综合考核中排名第17位，较2015年进位两名，获得1000万元奖励资金。

城市建设　县经济开发区坚持把特色园区建设作为创建国家级开发区和提升开发区核心竞争力的工作抓手与关键举措，科学编制园区分区规划和产业规划，先后规划建设电子电气产业园、电子商务产业园、台资工业园、日韩工业园、创新创业园5个特色“区中园”。电子电气产业园8万平方米、创新创业园6万平方米的标准化厂房进展顺利，通过污水处理厂改造提升、集中供热竣工试产、雨污管网延伸，基础设施配套完善，实施安置房、道路管网、民生实事三大类政府投资项目17个，总投资10.2亿元。

社会文化事业　县经济开发区全面完成年初确定的17件民生实事，极大地改善群众生产生活条件。建成总投资300万元，面积1370平方米的蒋老庄社区服务中心，分别启动建设总投资550万元、600万元的桃柳幼儿园、张码幼儿园项目。实现378家低收入农家全部脱贫，发放各类农业补贴230.8万元，完成375家城乡低保核查并新增低保户14家，落实33名重残人员生活救助，各类困难群体生活都得到兜底保障。按照“安全稳定、生态美丽、和谐幸福”的思路抓好园区管理。坚持问题导向，依法依规处置信访问题，推进突出信访积案专项治理，加大矛盾纠纷排查调处。全年接待来区集访19起300人次，个访26起，就地化解息访85.7%，整改2876个安全隐患、52个环保问题，10项24个民生实事项目按序时推进。

管理与服务　县经济开发区坚持党建、经济两手抓、协同抓，围绕“党建工作特色年”，重抓党内关爱、党员示范岗书记项目，成立开发区党内关爱基金，为村居“三大员”缴纳城镇职工养老保险；强化基层组织建设，建成蒋老庄综合服务中心，启动凌庄社区服务中心建设，调整药材场、周庄两个村居党总支书记；开展体现开发区特色的“大走访”活动，推动项目建设、实事兴办、问题解决和作风转变；抓严抓实党风廉政，充分运用第一种形态，提醒谈话50余人次。

2017年县经济开发区村级概况一览表

表6

村(社区)名	村民小组(个)	户数	人口(人)	耕地(公顷)	党总支书记	主任
蒋老庄	24	1100	4900	480	许士兵	叶翠竹
药材场	10	565	2560	100	孙礼军	俞加军
陶码	9	556	2365	88	濮亮丰	濮丰永
周庄	10	496	2357	149	宋冲	唐晓斌
振丰	12	762	3872	2406	张飞	宋海洋
凌庄	16	870	3880	210	郑进宝	赵杭周
桃柳	17	720	4209	52	卢斯红	桑友良
文俊	21	1047	4920	325	梁茂军	张文华
张码	8	810	3265	10	王留堂	潘启波
引北	10	720	3860	42	惠永双	惠永双

(严焕之)

【淮安(薛行)循环经济产业园】 成立于2008年12月,前身薛行化工集中区,2015年12月更名为淮安(薛行)循环经济产业园,是江苏省58个化工园区之一,也是淮安市两大化工平台之一。园区规划总面积4.11平方千米,已建成2.73平方千米,2016年11月通过省环保厅回顾性环评批复,2017年10月,被省科技厅确认为省级科技产业园。2017年,园区在基础设施建设方面不断加大力度,陆续完成"一纵八横"的道路建设、集中供热及管网、污水处理厂、消防站、变电所、大气监测平台、供水管网、污水"一企一管"、雨水明渠和COD在线监控等配套设施建设,实现"九通一平",有效提升园区投资和生产环境。到年底,园区有企业25家,在产企业17家(分别为赛利化工、华源化工、德邦化工、鑫诺化工、守信助剂、汇波材料科技、稼穑化学、源通电子、宏兴化学、兴联化工、勃伦化学、嘉诚化工、新源生物科技、永创医药、科南新材料、永安化工、华源生态农业);停产技改企业2家(新新化工、苏瑞化工);在建、未生产企业6家(祥云旭升、合盛塑料、暴郭科技、信守化工、欣乐康日化、华昌固废);关停1家(中联化工)。园区企业实现开票销售收入23.67亿元,比上年增长22.01%,入库税金5278.87万元,增长28.16%。

基础设施建设　涉及道路及配套的绿化和路灯及排水,道路路面设计采用黑石化沥青路面。纬四、纬七路正在建设,其他道路完工;雨水明渠28条,合计1.57万米;管廊长度约4600米,蒸汽管道总长度约1万米,污水管道约3.3万米;绿化4.9万平方米;新增消防栓47处。

产业规划　产业定位为择优引进科技含量较高、产业链较长、关联度较大的精细化工项目,禁止新建农药、燃料、医药原药及中间体项目,适度发展与县经济开发区机械行业配套的表面处理和电镀企业,非配套的电镀企业及含氰电镀、贵重金属电镀企业不得入区。产业现状为明确以环保涂料、表面活性剂、功能性树脂和高性能专用新材料为主导的产业发展方向,确立新材料产业园、环保产业园、日化产业园三大发展核心区。通过邀请专家座谈,制定完成园区新的招商手册,初步完成《淮安(薛行)循环经济产业园新材料产业规划》。

项目建设　2015年以来,陆续签约华昌复合肥二期项目、华昌固废处置项目、华昌智典新材料项目、安田化学项目、日化产业园项目、永安二期项目;龙源五倍子单宁项目、张家港港达新材料项目、江苏晟搏化学工业有限公司环保新材料项目、南通南化化工助剂有限公司项目、江苏申隆锌业有限公司锌材料项目等一大批高质量项目。华昌复合肥二期项目、固废处置项目通过竣工验收,安田化学项目、永安二期项目、华昌智典新材料项目、东亮新材料项目、日化产业园欣乐康日化项目正在建设,其他项目正在按计划推进。　(王玲艳)

【乡镇集中区建设】 2017年,全县有乡镇工业集中区19个,总体规划面积1500公顷,已开发面积626公顷,累计建成厂房面积175万平方米,厂房利用率96.6%。入驻企业总数637家,其中规模以上企业231家。新增入驻企业94家,其中规模以上企业15家,新增就业岗位3000个。实现开票销售收入196.2亿元,入库税金2.8亿元;其中规模以上企业实现开票销售收入149.3亿元,入库税金1.8亿元。各乡镇按"一镇一品"规划,形成产业特色。全县初步形成食品酿造、纺织服装、云锦织造、建筑材料、印刷包装、机械加工、造纸等一批特色主导产业。高沟镇抓住市"一县一题"政策扶持机遇,发挥主板上市的今世缘酒业对城镇发展的支撑带动作用,产业集聚效果显著;涟城镇依托区位优势,以联发纺织为龙头,引进配套关联企业,打造纺织服装特色园区。高沟镇食品酿造产业集聚区、涟城镇纺织服装产业集聚区获"江苏省中小企业产业集聚示范区"称号。强化中小企业服务体系,成立中小企业服务中心,拓宽县级中小企业服务中心服务内容,构建县、乡两级公共服务体系,全县各乡镇工业集中区内全部建立中小企业服务中心,为企业提供融资担保、信息服务、创业辅导、政策咨询、业务帮办等服务。

(薛云华　延　军)

综　述

【概况】 江苏今世缘酒业股份有限公司是由今世缘集团有限公司控股的上市公司，坐落在涟水县高沟镇今世缘大道1号。2017年，公司总资产722322.97万元，占地面积869470.97平方米，建筑面积546602.3平方米，其中新增建筑面积127822.2平方米；有职工3100余人；拥有"国缘""今世缘""高沟"3个著名品牌。生产白酒近3万吨，实现营业收入295221万元，实现净利润89536.83万元。公司获全国质量奖，被评为中国白酒158计划示范企业、中国酒业上市公司最具投资价值企业，获全国文明单位称号。今世缘工业旅游景区被认定为国家AAAA级旅游景区。

今世缘酒业厂区　　　　（今世缘酒业　供稿）

【全国质量奖创建】 2017年，江苏今世缘酒业股份有限公司持续改进质量管理水平，通过现代科技改造提升传统的白酒酿造，实现机械化、智能化和传统酿造工艺的创新融合，推行精益管理；弘扬工匠精神，将工匠理念、工匠标准全面融入质量管理、现场管理，发挥制度对工匠精神的牵引作用，采取师带徒、班组之间、营销中心（办事处）之间结对竞赛、班组"专家"交流、营销"行家"交流等方式，发挥"工匠团队"对工匠精神的带动作用，提升公司卓越绩效管理水平。8月18—25日，全国质量奖现场评审组专家按照《卓越绩效评价准则》进行现场评审近30次，审阅大量资料，对企业文化、战略、顾客与市场、资源、过程管理、测量分析与改进、经营结果等环节进行全面系统评审。11月29日，获中国质量协会颁发的全国质量奖。

【股权管理】 2014年6月9日，中国证券监督管理委员会核准今世缘酒业有限公司公开发行新股。7月3日，今世缘股票（603369）在上海证券交易所上市，上市后总股本50180万股。2016年4月22日，公司2015 年年度股东大会审议通过《2015 年度利润分配及资本公积转增股本议案》，同意以2015年12月31日总股本50180万股为基数，每10股送红股10股，同时以资本公积金每10股转增5股，送转后公司总股本变更为125450万股。至2017年12月31日，公司总股份为125450万股，现金分红总额31362.5万元，现金分红占实现净利润的35%。

【今世缘旅游景区被批准为国家AAAA级旅游景区】 2016年起，江苏今世缘酒业股份有限公司启动AAAA旅游景区创建工作，对北厂区进行保护性修复、改建，完善好景区设施，先后完成天泉石碑、酒缘广场12块浮雕、围墙浮雕48块以及4件古代蒸馏器雕塑等制作安装项目及酒道人生馆、"今世缘·等着我"展示馆装修布展布展工作；对酿酒厂房、池口进行保护性修复、维护；完成游客餐厅出租及改建工作，高沟酒文化馆、酒艺广场绿化及陶坛背景墙，酿酒工艺雕塑、高沟名酒不锈钢雕塑安装结束；组织实施今世缘宾馆及培训中心装修改造项目；完善游客中心配套设施，增加总服务台、母婴室和厕所管理间；对照AAA级厕所标准，完成8个景区厕所设施的配置，安装挂钩、搁物架等设施484件；安装26张休憩石凳、景区售货亭、超市货架及300平方米木栅栏等；制作安装景区标识，增加安装3块景区外部交通标识牌，前后分6个批次完成景区内部标识牌的设计、制作和安装工作，包括总导览图、节点导览图、景点说明牌、文物介绍牌、方向指示牌和安全警示牌等312块；对照《旅游景区质量等级的划分与评定》国家标准千分细则的要求，做好景区申报材料的收集、整理工作，制定《导游职责》《导游服务标准》《导游承诺书》《导游管理制度》《游客投诉处理制度》《今世缘景区游客接待服务流程》《突发事态处理预案》《观光车使用管理制度》《对讲机使用管理制度》《今世缘景区十不准》等一系列规章制度;完成交通、游览、旅游安全、卫生、邮电、旅游购物、综合管理、资源和环境保护、景区质量、景区厕所等台账10本。2017年1月10日,今世缘景区试营业,确定今世缘景区"因酒而悦,缘来醉美"的宣传口号和"优美环境,优质服务,优良秩序"的质量方针、"游客满意度逐年提升,游客投诉答复率100%"的质量目标等。多次邀请市县旅游局领导对景区创AAAA工作进行模拟评审检查,10月26日江苏省旅游局暗访组对今世缘旅游景区正式验收。12月26日,省旅游资源规划开发评定委员会公告,今世缘旅游景区被评定为"国家AAAA级旅游景区"。全年今世缘景区讲解接待各类入园游客2672批次,共计11.14万人次,实现营业收入1204.7万元,利润361.2万元。

【"今世缘·等着我"展示馆开馆】 2017年7月3日,中央电视台第一所线下体验展示馆、今世缘景区核心景点——"今世缘·等着我"展示馆建成开馆。展示馆以文字、实物、图片和多媒体等多种方式,全方位、多角度、深层次地展示"今世缘·等着我"栏目开办以来"为缘寻找,为爱坚守"的风雨历程、发展足迹和突出成就。今世缘酒业董事长、党委书记、总经理周素明,中央电视台综合频道副总监、"今世缘·等着我"栏目创办人张国飞共同启动"今世缘·等着我"展示馆开馆水晶球,"今世缘·等着我"栏目制片人杨新刚、中国社会福利基金会"缘梦基金"副秘书长王鸿蕻为"今世缘·等着我"工作站揭牌;"今世缘·等着我"栏目志愿者代表杨冬琴、寻人团圆家庭代表于子锐为"今世缘·等着我"志愿者基地揭牌。中央电视台主持人舒冬主持开馆揭牌仪式。 (薛余超 秦守芹)

2017年7月3日,"今世缘·等着我"展示馆开馆仪式 (今世缘酒业 供稿)

设施设备

【概况】 2017年,江苏今世缘酒业股份有限公司签订工程项目合同总造价30166.7万元。包含今世缘景区配套工程、酒库(即美酒银行)等工程。到年底,竣工交付工程11项,包括酒瓶雕塑工程、罐区工程、康乐路路面改造和建筑沿街面改造工程、锅炉烟气治理工程、水项目、酒艺广场、今世缘酒店改造、"今世缘·等着我"展示馆、酒道人生展示馆、淮安分公司综合楼改造及扩建库房等;在建工程8项,其中较大项目有酒库项目和今世缘景区配套项目。酒库主体工程结束,安装和装饰接近尾声;今世缘景区配套工程主体结构完成;飘板钢结构主框架安装结束;辅房安装、装饰工程接近尾声;水处理间主体完成;道路工程酒库外围道路灰土层施工结束;酒库室外管网酒库外围下水道已接通;隧道北段部分桩基施工结束。新增各类设备540台套,累计设施设备1368台套,其中酿酒设备281台套,制曲设备26台套,检验检测设备140台套,其他辅助设备921台套。实施各类更新改造项目37项。组织完成酿酒三四五六车间16台行车大轮改造;改善酿酒七八九车间内雾气大的环境,完成对摊晾机的强排改造;解决曲粉仓堵料问题,完成酿酒十车间曲粉仓加装振动器改造;提高循环水站冷却处理量,购置安装4台冷却塔,对管道、控制系统进行改造;提高锅炉自动化水平和安全性,完成20吨锅炉DCS改造;降低粉碎设备对临近居民的影响,实施刮板输送设备的降噪项目;在旅游景区增加制陶自主体验项目,北厂区采购安装1套陶瓷生产线设备及窑炉,并敷设天然气管道等设施;购置安装1套饮用水生产线设备,用于开发饮用水项目;节约公司用电成本,实施分布式储能项目,每年节约用电成本60万元。

2017年今世缘酒业主要设施设备一览表

表7

序号	设备名称	型 号	单位	台数	序号	设备名称	型 号	单位	台数
1	自动化浓香型酿酒生产工艺设备系统	—	套	8	4	自动化芝麻香型酿酒生产工艺设备系统	—	套	4
2	全自动装甑机器人酿酒自动化生产线设备系统机械部分	—	套	16	5	不锈钢凉渣机	1500×12000	台	9

续表7

序号	设备名称	型　号	单位	台数	序号	设备名称	型　号	单位	台数
3	装甑机器人系统	—	套	28	6	集中输料控制系统	—	套	2
7	原粮粉碎清理及发放自控系统	—	套	2	23	不锈钢罐	$2400M^3$	只	30
8	曲粉钢板仓系统	—	套	8	24	不锈钢罐	$30M^3$	只	64
9	稻壳蒸煮系统	—	套	4	25	不锈钢罐	$4M^3$	只	664
10	包装生产线	—	套	16	26	风冷变频无油空压机	37KW	台	3
11	锅炉	—	台	3	27	风冷变频空压机	55KW	台	5
12	锅炉废气处理系统	—	套	2	28	不锈钢酒泵	JXL30-25	台	140
13	污水处理系统	—	套	1	29	酒处理冷冻机组设备	-10℃,10T/H	台套	7
14	电梯	KLH/VP-1600/0.5	台	8	30	反渗透水处理系统	30t/h	台	2
15	交流电动叉车	FB18PN-72B-300	台	45	31	电渗析	5T/H,DS400×1600	套	1
16	夏朗德式蒸馏机组设备系统	HSZL-5000L	套	2	32	化工液体运输车	ZJV5253GHY01TH	台	1
17	圆盘式制曲机及配套的连续蒸煮设备系统	—	套	2	33	电动葫芦双梁桥式起重机	LH5-19.95A4B	台	40
18	圆盘制曲机	ZQY20	台	2	34	不锈钢穿堆机	3.1m×1.1m	台	25
19	不锈钢酒罐	Φ8600×9000($523M^3$)	只	8	35	不锈钢套管式冷凝器	SLNQ72-17.6(72管)	台	79
20	不锈钢酒罐	Φ6000×8000($226M^3$)	只	6	36	不锈钢甑桶	$JJG3M^3$	台	66
21	不锈钢罐	$300M^3$	只	18	37	物料运输车辆	—	辆	20
22	不锈钢罐	$600M^3$	只	27					

【今世缘美酒银行(酒库)工程】 今世缘美酒银行项目主要功能是以今世缘品牌喜庆元素为基准点,半成品酒陶坛存储和文化旅游。总投资10亿元,规划用地22.06公顷,总建筑面积25.3万平方米,陶坛储酒总量10万吨。2017年2月12日,项目开工。一期工程主体建筑集中在高沟镇沿今世缘大道和高云路两侧,建筑以"囍"的形式为主要特色,主立面采用今世缘酒瓶和喜相连的钢板红色飘带为主要元素,喜庆气派。酒库有6幢单体,四层,通过地上连廊和地下通道彼此连通,工程土建造价1.67亿元,建筑总用地面积94684平方米,建筑物占地面积31738平方米,总建筑面积127822.2平方米,其中1号库21668 平方米,2号库15643.85平方米,3号库23600.45平方米,4号库21668.87平方米,5号库15643.85平方米,6号库23600.45平方米,其余为中转及辅助用房,地上建筑面积约12.69万平方米,地下约1000 平方米,建筑容积率1.3,建筑密度33.5%,建筑高度19.8米,计划酒罐坛5万余只,建筑地下耐火等级为一级,地上耐火等级为二级,每个酒库为1个防火分区,面积不超过400平方米。至年底,项目一期工程主体完工。

【美酒银行配套设施设备】 2017年4月,南厂区10万吨陶坛酒库即美酒银行一期项目开工,总建筑面积12.5万平方米,配套实施输酒管道、暂存罐、消防、配电设施以及酒库管理系统等设备设施项目,总投入约4000万元。包括:12只600立方米不锈钢暂存酒罐的制作安装项目,总投资303万元;南北厂区之间输酒管道及外网支架的制作安装,管道总长约70000米,总投资1700万元;配电设备采购安装工程,总投资1237万元。其中低压部分225万元,高压部分139万元,至各酒库的配电系统电缆由公司自行采购共计873万元;室外消防管网及控制系统,总价218万元。

【今世缘景区配套工程】 2017年,江苏今世缘酒业股份有限公司实施今世缘景区配套项目。总用地面积72640平方米,建筑占地面积14259平方米,总建筑面积40818.08 平方米,其中宾馆楼建筑面积18667.15 平方米,高度19.933米,框架结构四层,娱乐中心建筑面积9617.64平方米,16.53米,餐饮楼建筑面积12479.29平方米,高度18.996米,框架三层。屋面防水等级二级,抗震设防烈度7度,建筑耐火等级二级,建筑密度19.63%,综合容积率0.56,综合绿化率35%。到年底,今世缘景区配套工程主体结构完成。

【酿酒六车间智能化改造】 2016年6月,开始酿酒车间升级改造项目。2017年4月,完成酿酒六车间智能化升级改造项目的收尾工作,总投入2900万元,新增智能化酿酒生产线4条(含装甑机器人4套)、原料自动输送系统1套、稻壳自动蒸煮系统2套、自动打酒系统1套。　　(薛余超　秦守芹)

科 技 研 发

【概况】 2017年底,江苏今世缘酒业股份有限公司成有酿酒车间10个,其中传统手工酿酒车间2个,半机械化酿酒车间3个,机械化自动化酿酒车间3个,装甑机器人酿酒车间2个。有传统手工酿酒生产线18条,半机械化酿酒生产线12

条,机械化自动化酿酒生产线12条,装甑机器人酿酒生产线 16条。有圆盘机械化制曲机2台,机械化制曲生产线4条。年内,围绕浓香型酒体口感提升和芝麻香型变化两个方面开展酿酒工艺创新实验。在浓香型白酒口感方面,对标五粮液,开展底回底配醅工艺和大小馇工艺创新实验;在芝麻香型变化方面,对标酱香茅台,通过投粮、用曲的调整工艺配比实验,创新清雅酱香工艺。浓香型与芝麻香型的工艺特点主要区别在于:浓香型是泥窖固态发酵,续糟配料,混蒸混烧。芝麻香是泥底石窖,高氮配料,高温堆积高温发酵,大麸结合,多微共发酵。

【智能化酿造技改】 2004年起,江苏今世缘酒业股份有限公司启动机械化、自动化生产线研发建设,酒的勾兑过程、酒库管理、粉碎制曲、麸曲生产过程先后实现机械化、自动化控制和信息化管理。2015年5月,今世缘酒业建成中国白酒首套装甑机器人生产线。2017年2月18日,“全自动装甑机器人在酿酒机械化生产中的技术研究及应用示范”获中国轻工业联合会科技发明奖二等奖。9月22日,中国轻工业联合会组织中国工程院院士、北京工商大学校长孙宝国领衔主持的专家组对江苏今世缘酒业股份有限公司研发的“固态发酵浓香型白酒智能酿造关键技术的研发与应用”项目技术成果鉴定,认为“该项目成果具有创新性,达到国际同类研究的领先水平”。是月,江苏今世缘酒业股份有限公司被中国酒业协会认定为中国白酒158计划示范企业。

【全国示范院士专家工作站】 2015年7月,江苏今世缘酒业股份有限公司与中国工程院院士蔡鹤皋团队签约,共同建立“淮安市蔡鹤皋院士工作站”,为公司发展战略咨询、重大关键技术难题攻关、促进科技成果转化、培育企业自主知识产权、为增强企业自主创新能力提供技术支撑和智力服务。先后有院士1人,博士5人,硕士7人,本科学历11人等专业人才进站工作。至2017年底,经过院士专家团队和江南大学、常州铭赛机器人科技有限公司、江苏聚缘机械设备有限公司等单位联合攻关,今世缘酒业建成16条智能化酿酒生产线,累计技改投入11845.6万元,其中智能化车间基础设施建设费4000万元,实现科技经济深度融合。12月8日,江苏今世缘酒业股份有限公司院士专家工作站被中国科学技术部办公厅评为2017年度示范院士专家工作站。

【企业检测中心获国家实验室认可】 2017年,今世缘酒业检测中心有工作人员15人。其中:管理人员7人,检测人员8人;博士研究生学历1人,硕士研究生学历3人;研究员1人,高级工程师1人。配有气相色谱8台、三重四级杆气相色谱质谱仪1台、三重四级杆液相色谱质谱仪1台、四级杆—静电场轨道阱高分辨串联质谱系统1台、电感耦合等离子体质谱仪1台等大中型仪器设备72台。9月7日,检测中心经中国合格评定国家认可委员会审核,符合ISO/IEC 17025:2005《检测和校准实验室能力的通用要求》(CNAS-CL01《检测和校准实验室能力认可准则》)的要求,具备白酒酒精度、总酸、总酯、固形物、乙酸乙酯、甲醇和铅项目的检测能力,被授予中国合格评定国家认可委员会实验室认可证书。

【包装设计】 2017年,江苏今世缘酒业股份有限公司产成品酒有国缘、今世缘、高沟三大系列酒257个品种,其中,国缘11个,今世缘205个,高沟30个,其他11个。年内开发新产品设计93款。其中公司层面开发38度今世缘典藏(省外)系列、52度今世缘真龙系列等19款;区域开发今世缘雅系列、42度今世缘顺缘系列等33款;团购定制今世缘礼品酒系列等系列25款;喜庆家项目部开发今世缘吉祥如意系列、酒龙仓定制酒等7款;文化旅游公司开发今世缘旅游礼盒系列、封坛酒系列等8款;电商事业部开发今世缘蓝衣1款。按照“今世缘喜庆家”项目整体品类规划,做好今世缘A系列产品升级、酒龙仓定制酒、商务喜庆文创酒类产品开发,围绕“爱、婚、家、庆”四大主题,开发一系列“主体化、场景化、个性化”具有缘文化特色的文创产品,设计开发7款(招财进宝系列、同心同缘系列等)。设计制作美酒银行封坛仪式所需酒坛、酒样、标贴等物料,同时设计做好今世缘等着我礼品酒,完成5升及以上大坛酒、1升—5升常规坛装酒、100毫升—250毫升特色小坛酒产品开发。配合开发旅游系列产品设计开发13款,其中酒类产品8款(如:今世缘旅游纪念酒系列、封坛酒系列等),设计规划新酒体58/61.8度今世缘酒体;非酒类纪念产品5款(如:国缘鼎、等着我钥匙扣等)。设计开发今世缘蓝衣。四开盒结构进行优化调整,增加防伪。完成淡雅国缘、典藏系列、今世缘A系列、单/对开国缘、国缘K3/K5及老地球E盖测试。一次性防伪瓶盖获国家知识产权局发明专利证书;酒瓶(高沟老酒1号)获国家知识产权局外观设计专利证书; 42度国缘酒、42度今世缘新酱香酒、49度国缘酒3个品种获江苏省白酒淡雅绵柔酒体设计奖。

(薛余超　秦守芹)

品牌建设

【概况】 2017年,江苏今世缘酒业股份有限公司主要有“高沟”“今世缘”“国缘”三大品牌,其中,“国缘”品牌定位为高端中度白酒,“今世缘”品牌定位为喜庆用酒,“高沟”品牌定位大众消费苏派老名酒。

【“高沟”品牌】 高沟酿酒,历史悠久。《江苏名镇志·高沟镇志》《涟水县志》记载,明嘉靖年间(1522—1566年)高沟曲酒就已生产。1956年,高沟酒厂获江苏省“酿酒第一”奖旗。1979年4月,高沟大曲被评为江苏省优质酒。是年10月31日,“高沟”商标获准注册。1984年,高沟特曲在山西太原举行的全国第四届评酒会上,以95.13分名列全国浓香型白酒第二名。1985年,高沟特曲在轻工业部酒类大赛上获金杯奖。1989年,在安徽合肥举行的全国第五届评酒会上,高沟低度特曲获“中国名优酒”称号。1992年高沟酒有5个产品获“江苏省优质名牌产品”称号。1995年,高沟特曲被国家技术监督局批准为国家实物标准。“高沟”商标自1994年开始5次被评为“江苏省著名商标”。2010年7月，“高沟”商标被认定为“中华老字号”。

【“今世缘”品牌】 1996年8月，“今世缘”品牌创立。1997年8月，“今世缘”商标获准注册。公司通过举办今世缘发展战略研讨会、中华缘文化论坛、今世缘·感动中国十大真情故事颁奖晚会、在全国各地地举办集体婚礼、今世缘文学征文等活动，以事件营销的点，连成品牌成长的线，不断提升品牌知名度和美誉度。1999—2012年，今世缘酒连获“江苏省名牌产品”称号；2001—2013年，“今世缘”商标连续多年被认定为“江苏省著名商标”。2005年10月，“今世缘牌”地球酒被评为“全国酒类安全诚信推荐品牌”。2007年9月，“今世缘”商标成为淮安市第一例“中国驰名商标”。2015年12月，今世缘酒被评为1985—2015年间中国白酒（区域性）历史标志性产品。

【“国缘”品牌】 2004年8月18日，公司成功推出以“成大事，必有缘”为品牌主张，以“领袖级礼宾酒”为品牌占位的“国缘”系列酒，抢滩高端市场。2005年9月，获江苏省质量、包装‘双佳’创新产品称号。2008年8月，被评为“2007年中国十大高端商务白酒品牌”，12月，“国缘”商标被认定为江苏省著名商标。2009年9月，为庆祝新中国成立60周年，推出献礼酒——国缘V6酒。在酒体与包装的设计上，把60年、49度、胜利、喜庆热烈的“中国红”等元素融进产品。是年12月，国缘V6酒被认定为2009年度江苏省白酒创新产品。国缘V6酒的成功推出，标志着江苏超高端白酒时代的开启。2009年、2010年，国缘酒先后被认定为淮安市、江苏省名牌产品；2010年10月，“国缘”商标被认定为中国驰名商标，是年国缘酒成为上海世博会联合国馆专用酒。2013年6月，被评为中国名酒典型酒。2014年7月，获2014年中国白酒国家评委感官质量奖。2015年12月，国缘酒被评为1985—2015年间中国白酒（区域性）历史标志性产品。 （薛余超 秦守芹）

市场营销

【概况】 2017年，江苏今世缘酒业股份有限公司实行“品牌+渠道”双驱动，白酒主业与今世缘喜庆家、今世缘景区等项目融合发展新格局初步形成。国缘品牌定位升格为中国高端中度白酒，今世缘品牌升级情感文化及消费场景诉求。抓住“一带一路”高峰论坛、江苏发展大会等重要事件，整合新媒体进行精准传播，今世缘品牌升级情感文化及消费场景诉求，提升与中央电视台《等着我》栏目的合作，开展缘来有礼主题互动活动2600余场，组织寻找最美情缘等系列公关活动，冠名《缘来不晚》《缘定今生》等真人秀节目，在全国各省、市赞助或主办婚博会、集体婚礼、婚庆协会年会活动20余场次。公司全年累计用于市场营销、品牌宣传费用2.82亿元。聚焦战略单品，完成金玉满缘等5款商务喜庆文创酒的定样生产，实现定制酒上线试运营。

【营销网络建设】 2017年，江苏今世缘酒业股份有限公司加强乡镇区域精耕，推进营销网络建设。在全省各设区市设营销中心13个，下辖县级办事处70个，销售网点总数近10万家。细分网点类型，实现分渠道精耕，其中团购渠道网点数量1万余家，流通渠道6.3万余家，酒店渠道网点数近2万家，商超渠道网点数量近1000家。新增三方加盟店652家，总数达到1028家，覆盖乡镇554个，覆盖率63%。省外设有营销中心22个，办事处58个，经销部17个。实施终端网点开发，到年底，省外市场终端网点总数近3万家，与天猫、京东、1919、酒仙网等主流平台开展深度合作，对接智慧旅游、智慧E兑奖功能，优化Hybris日常运维，实现喜庆家与电商业务的前台店铺、中台站点与库存、后台核算体系的独立核算，基本完成“1+5+新零售”的渠道网络建设。全年公司累计实现营业收入29.52亿元。

【滁州市第一届广场舞大奖赛“今世缘杯”冠名】 2017年7月，江苏今世缘酒业股份有限公司塑造今世缘新品典藏的品牌形象，把滁州市场打造成为省外市场第一家销售过千万元的重点市场，冠名第一届滁州市“今世缘杯”广场舞大奖赛。该活动是滁州市首届全民健身的舞蹈比赛，由滁州市琅琊区文体局主办，琅琊区文化馆、华艺文化传媒有限公司承办。7月14日在滁州市人民广场举办开幕式，有65支代表队参加，参赛人数1040人。9月15日闭幕。大赛时间跨度3个月，充分展示今世缘酒业的独特企业文化，吸引广大市民参与，在滁州市场形成持续宣传企业品牌的氛围和效应，通过活动实现销售额20万元。

【首届江苏婚礼T20战略合作峰会举行】 2017年3月30日，江苏今世缘酒业股份有限公司联合江苏综艺频道携手全省200多家婚庆企业，共同举办“结缘、聚荔、赢未来”首届江苏婚礼T20战略合作峰会。大会由江苏综艺频道著名主持人陈怡主持，今世缘酒业董事长、党委书记、总经理周素明，省婚庆行业协会会长常真、江苏综艺频道总监席文宏分别致辞，与会代表就今世缘喜庆家渠道拓展等议题进行深入探讨。大会还举行今世缘喜庆家联盟会员、“今世缘·缘定今生”指定婚庆合作伙伴授牌仪式。

【“道德资本与企业经营”学术研讨会】 2017年4月15—16日，由中国伦理学会、南京师范大学、今世缘酒业共同举办的“道德资本与企业经营”学术研讨会在国缘宾馆召开。来自西班牙、印度、日本、菲律宾等国家，以及中国人民大学、中国社会科学院等科研院所的海内外40多位专家学者，就如何培育企业道德精神等实践问题提出富有启迪意义的观点。研讨会上，与会学者肯定道德文化建设的“今世缘样本”，认为今世缘以道德文化作为企业文化的底色，向上向善，立德创新，建立企业道德指标评估测评体系，突出道德建设的可视性，值得借鉴。企业成立道德文化研究院，以匠心酿造具有道德情怀的良心产品，携手中央电视台大型公益寻人栏目《今世缘·等着我》，开展常态化的“道德讲堂”“亲情家访”、建立管理层联系点、党员干部参加扶贫济困等举措是道德创新的有力实践。 （薛余超 秦守芹）

综　述

【概况】 2017年县委农工部着力培育发展农业新型经营主体，全年新培育家庭农场224家，新增家庭农场经营比重7.7%；新培育土地股份合作社27个，创成综合社7个，新增市级以上示范家庭农场22个、新增农民专业合作社20个，拥有3个以上家庭农场的农民合作社13个，新建南集镇、红窑镇、东胡集镇3个家庭农场集聚群；开展全程托管、联耕联种等连片经营面积66.67公顷(1000亩)以上12个，加强农业保险政策法规、典型案例宣传，在全面摸底调查的基础上，将高效农业保险任务分类别进行责任分解，落实责任单位和责任人，全年政策性农业保险总保费收入3869.4万元，其中三麦保费1283.77万元，水稻保费1478.41万元，高效农业保费427.6万元，育肥猪、能繁母猪保费679.62万元，实现高效保费占比46%，常规稻麦参保率80%，开办新险种7个。全县“一事一议”奖补项目投资3764万元，涉及168个项目民生实事，惠及22个乡镇(园区、办事处)，126个村组群众受益，共建村内道路165条，总里程166.45千米；帮助村民兴建小型水利涵闸、农村环卫设施，改善群众的生产生活。通过资产资源发包、租赁、盘活存量，利用区位优势，发展二、三产业，开展规模经营，发展高效农业，实现村平均集体经济收入43.03万元；完善农村产权交易市场建设，组织交易795笔，全县平台实现交易额2.75亿元，县产权交易中心获全省先进集体称号，涟城镇、东胡集镇获省产权交易示范乡镇称号。县委农工部获市对县农业农村目标考核第一名，全县部门服务科学跨越发展考核优秀奖。

【农村土地承包经营权登记确权颁证】 2014年，在东胡集试点；2015年，按照省六步工作法(即：前期准备、入户调查、测量制图、建档入库、登记发证、公示审核)全县推开；2016年，各乡镇与测绘公司配合推进证书发放、档案整理、村级检查和镇级验收等工作。2017年，全县22个乡镇(园区、办事处)、342个村(社区)、199984户开展确权登记颁证，颁发证书199783本，颁证率99.89%，11月6日涟水县农村土地确权数据集中提交数据汇交单位建库，并一次性通过省农委检验，11月10日县土地确权数据通过农业部检测。

【农村股份合作制改革】 2017年3月，涟水县出台《农村集体资产股份合作制改革试点工作方案》，改革内容：清产核资，核清核准村(居)所有资产和债权债务，并登记造册。界定成员资格，向村民公示，并做好登记造册。制定《农村股份合作社章程》(简称《章程》)，明确组织名称、性质和职能，股东确定和权利义务，组织机构设置、产生办法及职责，股权设置和具体量化方案，财务管理及收益分配等，《章程》报经乡镇(园区、办事处)农经站审核后，及时召开首次股东(代表)大会讨论通过；首届股东代表原则上由原村民代表直接过渡(非股东身份除外)，任期至首届届满。量化股份，按照《章程》规定，将改革范围的资产折股量化到人、村。股权设置，分个人股、集体股(主要用于集体公益事业和村部积累)，将集体资产净额的40%折股量化到村，将集体资产净额的55%折股平均量化到个人(基本股)，将集体资产净额的5%作为机动股，此股可用于对本村有特殊贡献的或解决特殊矛盾的人员(量化比例因村制宜)。确定股东，召开村民(代表)大会，讨论表决通过股东名单，形成决议并在村(居)务公开栏予以公示。颁发证书，由村集体股份合作社向持股股东发放全县统一印制的《农村集体资产股份合作

2017年4月12日，举办全县农村集体资产股份合作制改革试点工作培训班

(县委农工部　供稿)

制股权证》，作为其参与管理决策、享有收益分配的凭证。改革步骤：每个乡镇（园区、办事处）从2017年起，每年选择20%以上的试点村开展农村集体资产股份合作制改革，争取在3年内全县所有村全面改革到位。4月12日，县委农工部邀请市委农工部领导在县教育局会议室对参与改革的试点乡镇农经站站长、乡镇及村业务人员近300人进行业务授课。全县选择80个村参与试点改革，从中择优选择陈师镇团结村等20个村作为参加市对县考核加分项目。至年末，陈师11个村资产量化总额355.08万元，总股数55101股；时码3个村资产量化总额511.91万元，总股数8150股；东胡集镇2个村资产量化总额114万元，总股数8694股。

【村级财务E阳光试点】 2017年7月，县委农工部针对村级财务管理混乱、村居干部违规违纪问题易发高发等突出问题，制定村级财务E阳光试点工作方案，改变村级财务监管方式，实行账款分离、多方联管，构建"村集体决策+财政所管理资金+收付中心（第三方会计公司）审核记账+农经站检查监督+纪检再监督"的财务监管新模式，让村级财务监管在阳光下运行，扩大群众的参与权、知情权和监督权，促进村居干部廉洁履职，有效遏制侵害群众利益的不正之风和腐败问题发生，推动基层政治生态不断向善向好。邀请青岛软件有限公司工程师对涟城镇（东门社区、渠北路社区、南门社区）及其他乡镇农经站站长、农经业务人员、试点村（自行确定1个试点村业务人员1人）进行农村集体三资"阳光行动"APP软件培训，参训人数100余人。至年末，全县有25个村开展村级财务E阳光试点，改革试点村数量居全市首位。 （杨 成）

种 植 业

【概况】 2017年，全县农业经济继续保持稳定向好的态势。粮食生产稳定，推进高产增效创建和增产模式攻关，实施主推品种镇域精准化布局，推广小麦精量播种、肥水精准运筹、病虫害绿色防控等关键集成技术，不断提高粮食单产。全县小麦总产量34.28万吨，比上年增加1.49万吨。油菜总产量2.14万吨，增加0.05万吨。水稻种植面积53333.33公顷，总产量47.6万吨，增加0.92万吨。玉米种植面积9800公顷，总产量5.32万吨，增加0.14万吨。种植业三品比重46.68%。新建蔬菜设施大棚533.33公顷，新增蔬菜基地666.67公顷，引进辣椒、芦笋等新品种8个，新技术5个。全县新建果园133.33公顷，引进樱桃、夏黑、阳光玫瑰等新品种，推广虫板、杀虫灯、水肥一体化等等新技术，发展无公害果品基66.67公顷，改造中低产果园20公顷，新增集采摘、休闲、观光为一体的园艺基地10个333.33公顷。新增食用菌面积200公顷。培育万福葡萄主题创意农业、小乔生态景观主题创意农业等2个创意农业，申报万福、颜下庄、金鸡坨3个AAAA级休闲观光主体。创建保滩花卉农博小镇，红窑农业园区创成国家级创业创新示范园区（基地）。新开工建设固定资产投资3000万元以上农产品加工项目20个，累计在建固定资产投资3000万元以上农产品加工项目29个，总投资38.26亿元。新增1000万元以上农业一、三产项目21个。

【瓜蒌、食用菌、中药材种植基地】 2017年，全县农业特色产业初具规模。瓜蒌产业发展较快，新增东胡集、南集、徐集、梁岔、高沟、保滩等瓜蒌种植基地667公顷。食用菌产业跨越发展，新增鼎鼎、润禾、条河、厉渡、百植园等食用菌生产基地，每个基地种植菌棒20万支以上。中药材种植方兴未艾，陈师规划建设中药材基地800公顷，种植芍药、玫瑰、金银花、菊花、药用牡丹、石斛、丹参等中药材，已与20家企业签约，种植面积400公顷。建成梁岔胜利中药材基地67公顷。

【江苏汇丰木业有限公司】 位于黄营乡家具产业园，占地面积25公顷，新建厂房5万平方米，2016年开工建设，2017年11月建成投产，注册资本9000万元，总投资10亿元，其中设备投资6亿元，主要设备有刨花机、摔胶机、精磨机、测厚仪、计算料仓等，关键设备均从国外进口。属于国家产业政策鼓励的循环经济项目，年可产刨花板60万立方米，带动就业约400人。

【生物质热电联产项目】 位于高沟镇，由中国光大生物能源投资有限公司投资兴建，投资额5.8亿元，占地面积13公顷，建筑面积5000平方米。2017年2月正式签约，5000万元到账，12月底开工建设。项目建成后，可年处理生物质约30万吨。

【职业农民培育】 2017年，县农委实施新型职业农民培育推进工程，培育新型

瓜蒌种植基地 （县农委 供稿）

职业农民3300人。以从事农业专业化生产和社会化服务人员为重点,开展农业职业技能培训,培训农业从业人员6000人。针对生产经营型职业农民以及返乡农民工、在乡村农村青年,开展生产经营型职业农民培育,全年培育2000人。推广应用"农技耘"APP,扩大农业科技云平台服务对象,提高技术推广效率。11月17日,全省新型职业农民培育体系建设推进会议在涟水召开,与会人员参观涟水县万福农场农民田间学校,涟水农民培训工作得到省农委领导充分肯定。 (鲁家华)

林牧渔业

【概况】 2017年,全县完成成片造林300公顷,其中海防林133.33公顷,新建和完善林网1000公顷,其中新建333.33公顷,四旁植树100万株,新造珍贵用材树种林166.67公顷。完成10个村庄绿化,其中4个"三化"示范村、6个省级标准化示范村,森林抚育533.33公顷。森林覆盖率23.85%。全县生猪饲养量70万头,其中出栏50万头,家禽饲养量1100万只,其中出栏800万只。羊饲养量9.2万只,出栏4万只,大牲畜饲养量1.1万头。淮安安华农业5000头肉牛场投产,饲养肉牛500头,开工建设全稳康源(南集)、全稳康源(黄营)、正邦集团(石湖)猪场等3个年出栏20万头以上的生猪养殖场。全面落实"263"各项措施,推进畜禽养殖污染治理工作,全县禁养区7家养殖场,关闭4家,搬迁3家。需整改的规模养殖场592家,整改528家,正在整改28家,停产关闭36家。设施渔业跨越发展,完成水产放养面积5466.67公顷,特种养殖面积2800公顷,新增高效设施渔业面积333.33公顷。引进新技术2个,建成南美白对虾养殖基地666.67公顷,青虾养殖基地133.33公顷,稻虾共作基地133.33公顷。全面落实上级有关会议文件精神,开展"电捕鱼"、畜禽屠宰和"263"专项行动,未发生"电捕鱼"等事件。

【农产品质量安全】 2017年,县农委贯彻执行《中华人民共和国食品安全法》《中华人民共和国农产品质量安全法》等法律法规,加强对生产企业责任人的技术知识培训。按照检疫规程实施检疫,对检疫不合格动物严格执行"四不准一处理"(即:"不准宰杀、不准食用、不准出售、不准转运病死畜禽及其产品,对死亡畜禽必须进行无害化处理"),严防流入市场;开展肉品市场整治,坚持经常性检查与重大节日期间检查相结合,始终保持畜产品质量安全高压态势,确保上市肉品安全;对养殖环节按照每季度一次,屠宰环节不低于3%比例进行抽检,全年共抽检1000批次,均合格。推进以"三品一标"(无公害农产品、绿色食品、有机农产品、农产品地理标志)为主的农业标准化生产,协助8家农业企业申报无公害产地认证和产品认证,其中8家27个产品获农业部审核批准,3家6个产品完成认证材料上报,通过省级审核;协助2家农业企业申报绿色产品,其中2家4个产品获农业部审核批准,3家5个产品完成认证材料上报。复查换证2家10个产品。开展"三品一标"农产品标签使用情况大检查,规范"三品一标"经营市场,全年检查40家28个品种168批次,检查结果均合格;加强生产基地监管,狠抓源头管理,每月进行1次例行监督检查,全年检查628家生产基地58个品种4826批次,检查结果均合格;加强农产品质检体系建设,开展例行监测和风险预警,全年检查15家5个品种25个批次,检查结果均合格;蔬菜、水果农药残留抽检合格率100%;养殖环节每年不低于1次、屠宰环节5%进行抽检,全年共抽检33388头,100%合格。开展农业投入品专项整治,全县未发生农产品质量安全事件。 (鲁家华)

农业综合开发

【概况】 2017年,全县农业开发工作围绕"项目建设好、资金使用好、队伍打造好"的总体要求,稳步推进高标准农田建设,国家农业综合开发土地治理项目、省级黄河故道项目顺利立项开工,共向上争取财政资金8650万元,其中国家农业综合开发土地治理项目6750万元,省级黄河故道项目1900万元。全年在省定经济薄弱村及挂钩扶贫村新建电站6座、机桥10座、机耕路28.3千米、防渗渠8.01千米、农门2座、毛门195座、涵洞46座,完善农村基础水利设施配套,提高土地产出率。"十二五"高标准农田建设规划实施情况顺利通过国家农业综合开发第三方评估;县农业开发局一、三季度分别获得全县"争进位"竞赛考核三等奖;连续两年被评为全县部门服务科学跨越发展考核先进单位;成功承办全市高标准农田建设推进现场会;2016年度农业综合开发土地治理项目通过省级验收并获检查验收第一名。

【高标准农田建设】 2017年1月,县农业开发局完成国家农业综合开发土地治理项目立项,项目总投资6750万元,涉及成集、五港、大东、麻垛、灰墩、石湖、东胡集7个乡镇(办事处),计划建设高标准农田3000公顷,电站29座,机桥52座,防渗渠128.9千米,配套建筑物1280座,硬质路81.2千米。9月完成招标,11月进场施工,至年底,完成项目投资2025万元,建电站21座、机桥30座、配套建筑物768座、硬质路16千米。

【黄河故道农业综合开发项目】 2017年4月,涟水黄河故道农业综合开发项目获得立项,该项目全部为农产品基地项目,涉及南集、徐集、石湖、黄营4个乡镇,开发面积1267公顷,总投资1900万元。计划新建电灌站5座,渠系配套建筑物525座,防渗渠22.102千米,铺设机耕路24.54千米,种植苗木2520株。10月完成招标,11月进场施工,至年底,完成项目投资570万元,建成电站4座,配套建筑物315座,铺设机耕路8千米。 (朱小琳)

农业机械化

【概况】 2017年,全县推广各类农机具1250台套,新增农机专业合作社11个,创成省级农机示范合作社6个,实用技术培训3200人次，完成农机职业技能鉴定538人，组织联合收割机跨区作业2200台次，自测农业综合机械化水平86.41%，完成农机保险参保数2147台，开展“送检下乡、送检下社”活动20余次，检验各类农机具2983台。开展专项整治11次，出动执法车辆11台次，人员40余人次，检查各类农业机械58台次，消除各类农机安全除患8起，对违法行为人进行批评教育，并责令整改。创成全国“平安农机”示范县、省“平安农机”示范县。

【农机购置补贴规范】 2017年初，县农机局按照《江苏省2015—2017年农业机械购置补贴实施办法》要求，规范落实农机购置补贴政策。县委县政府成立以县委常委、宣传部部长姜杰任组长，各相关部门领导为成员的工作领导小组。与县财政局联合出台《2017年涟水县农业机械购置补贴实施方案》，定期召开农机购置补贴工作会议，研究部署全县农机购置补贴政策实施工作。与各乡镇(园区、办事处)签订落实农机购置补贴政策工作责任状，形成县、乡层层监管机制，建立“谁办理、谁负责、谁核实、谁负责”的责任追究制度。全年使用中央和省财政补贴资金1584.26万元，补贴农机具1527台，受益农户1125户。

【水稻机插秧技术推广】 2017年，县农机局利用惠民政策，推进水稻机插秧技术推广，在五港、灰墩、涟城等地开展技术培训4期320人，召开育插秧现场会1次。推广乘坐式插秧机21台，落实育秧面积442公顷，机插秧面积3.24万公顷，机插秧水平60.5%。

【粮食烘干服务中心建设】 2017年，县农机局依托农机专业合作社或家庭农场，通过政策引导、技术服务等多项措施的落实，推进粮食烘干服务中心建设，提升粮食烘干能力。利用政策指引，争取县政府出台政策，对购买烘干机每台给予1万元作业奖补。全县建成烘干中心18家，分布在石湖、五港、南集、东胡集、南集等12家乡镇，新增粮食烘干机具99台，产地年烘干批处理量4771.8吨。

【秸秆机械化还田】 2017年，县农机局通过争取扶持政策、落实作业面积、开展宣传培训、开展核实督查等措施，提高秸秆机械化还田作业水平。全县培训900人次。同时各乡镇在街道、镇村干道悬挂还田宣传横幅100多条，发放秸秆机械化还田作业补助政策告知书25万份，致全县农民朋友一封信6000份。全县夏秋秸秆机械化还田面积超过66666.67公顷(100万亩)。全年秸秆机械化还田率75%。

【农机合作社】 2017年，县农机局利用全县已组建的农机服务组织的成功案例，引导和推动全县农机合作社的快速健康发展。新增农机合作社11个，全县农机合作社总数166个，农机合作社土地流转约4667公顷，其中流转千亩以上的3个。

【粮食生产机械化】 2017年，县农机局按照县政府《关于推进粮食生产全程机械化的实施意见》，落实工作责任，加大政策扶持和资金投入力度，主攻粮食生产全程机械化的烘干、高效植保、水稻机插秧、小麦机条播等薄弱环节。全县产地机械化烘干批处理量4771.8吨，高效植保面积5.39万公顷(夏秋两季)，水稻机插秧面积3.24万公顷，小麦机条播面积4.87万公顷。5月10日，县政府专门召开粮食生产全程机械化示范县创建工作推进会，对工作目标、时间安排、人员分工、资金投入、责任落实等作出周密的安排和部署，至年末，涟城镇、南集镇、东胡集镇、义兴镇创成粮食生产机械化示范镇。 (刘力睿)

水 利

【概况】 2017年，县水利局围绕水利现代化这一目标，凝心聚力、开拓创新、苦干实干，各项工作成效显著。被省水利厅评为全省水利宣传工作先进单位，被市水利局评为水利现代化发展成绩突出集体，被县委县政府授予县级机关服务科学跨越发展特别贡献奖，被县委组织部、宣传部评为2016—2017年度全县基层党员冬训工作先进集体。

【水利基础设施建设】 2017年，县水利基础设施建设投入6.28亿元，组织实施淮涟十三期、涟东九期、涟西十期灌区改造，小型农田水利重点县项目，农村河道疏浚整治、农村饮水安全巩固提升、农桥、千亿斤粮食产能及2017年旱改水项目等农村水利项目和二塘沟、城北泵站拆建、二干渠改道等城市水利项目。累计挖土1060万立方米，新建防渗渠道113.8千米，疏浚县乡河道52条，整治村庄河塘52个；配套各类建筑物2232座，其中闸(含放水口门)233座、涵674座、泵站76座、桥852座，其他配套建筑物397座。到年底，全县有效灌溉面积

2017年，新建的大关防洪闸站 (县水利局 供稿)

93730公顷、旱涝保收田81400公顷、除涝面积93170公顷、节水灌溉面积57370公顷。

【高效节水示范片建设】 2017年,县水利局实施高效节水示范片建设,分别在2017年度涟东灌区、涟西灌区节水改造工程、小农水重点县、高效节水专项、旱改水项目和2016年度千亿斤粮食结转项目中实施。新建泵站13座,铺设干支管道120.3千米,建成高效节水灌溉面积927公顷。项目区农田灌溉水有效利用系数0.8以上,新增粮食生产能力91.2万千克,新增年节水能力179.36万立方米。

【防汛防旱】 2017年,县水利局坚持安全第一,扎实做好防汛防旱的各项准备工作。适时对全县河道堤防、涵闸等工程进行汛前检查,投入40余万元对26座病险涵闸、162座水闸进行维修养护;实施省级防汛急办和维修养护工程,投入367万元对一帆河闸、唐响河闸、朱码节制闸及越闸进行维修养护,在盐河朱码闸上游、北六塘孙湾段新建护岸挡土墙、清淤,实施北六塘河扁担段应急处理工程;完善防汛防旱体系,修订完善各项预案,召开防汛防旱工作会议,在《涟水日报》公示防汛责任人,坚持24小时值班;落实防汛抢险物资及队伍,全县落实编织袋50万只、木材25立方米、木棍25.4万根。组建抢险队伍248个,总人数3700人。成功应对"7·09"大暴雨和"8·20"连续强降水,实现全县安全度汛。

【水资源管理】 2017年,县水利局坚持可持续发展、人水和谐的理念,严格实行水资源管理"三条红线"。严格总量控制,科学制订用水计划,严格控制超量开采和浪费水资源现象;严格水功能区、饮用水源地管理,强化执法巡查,打击水事违法行为;严格地下水的"四个一"管理,实行一证、一牌、一表、一卡,做好地下水压采,全年封井11眼;投资34.4万元,建设隔离网3200米,防止人为活动对取水口造成污染,经市水文局检测饮用水源地水质达标率100%;推进节水型社会创建,创成省级节水型单位3个、节水示范项目1个及市级节水型学校3所。全年全县用水总量5.6亿立方米,万元GDP用水量、工业增加值用水量较2015年分别下降10.6%和8.66%。

【水事案件查处】 2017年,县水利局实行水政大队、中队及水政监察点联运机制,打击非法水事行为,保证堆堤安全。每月不少于4次对北六塘河高沟新农村段河道进行专项执法检查,防止河道非法采砂活动死灰复燃。加强古淮河饮用水源地保护,对一级保护区实行日巡查制度,全线实行二级保护并做好巡查记录。购置执法巡逻艇1只,加大古淮河巡查执法力度。全年巡查400多人次,查处、办结水事案件21起,其中违规占用河道建房、建码头4起,圈圩养殖7起,取土4起,取地下水6起。

【河长制实施】 2017年,县水利局按照市河长制工作部署,对照"六无"目标、"八大任务",提请县政府出台《涟水县全面推行河长制实施方案》;组建县乡村三级组织网络,县乡两级河长办全部组建到位,701名河长上岗;建立健全河长制工作会议、信息报送、河长巡查等9项制度;各级河长强化巡查,县级河长巡河38人次,乡镇河长巡河615人次,及时梳理和交办各类事项35件,拆除圈圩养殖4500平方米,乱搭乱建6558平方米,铲除乱耕乱种1243.93公顷,拆除排污口8处;开展河长制公示牌设置工作,推进"一河一策"编制工作,编制河长工作手册,全面量化河长制事务。聘请社会监督员对河湖管理保护进行监督,编印《涟水县全面推行河长制工作动态》。

【农业水价综合改革】 2017年,县水利局在南集、东胡集、五港3个乡镇开展农业水价综合改革试点工作,涉及耕地面积666.67公顷。成立领导小组,出台试点区水价核定办法等4个文件,配套农田量水设施,试点区完成11处明渠及2处泵站共14台流量计安装,组建用水者协会,到年底,全县组建农民用水者协会37个,协会控制有效灌溉面积41666.67公顷,占有效灌溉面积45.6%。县水利局牵头,会同县财政、物价、民政等部门,开展农业水价综合改革试点工作,选择南集镇冯陈村、五港镇黄码村、东胡集镇胡集居委会3个村(居),分自流灌溉、泵站提水明渠灌溉、泵站提水管道灌溉三种类型进行试点,改革的重点是建立健全农业用水精准补贴和节水奖励机制,确定用水定额与水权划分,在不增加农民负担的前提下,促进节约用水,保障用水管道维护与费用来源。县政府出台《涟水县农业水价综合改革试点区农业用水价格核定管理试行办法》《涟水县农业水价综合改革试点区节水奖励基金筹集、使用与管理办法(试行)》等4个文件。试点区改革面积667公顷内,完成安装355座泵站400台计时器,11台明渠流量计和3台管道流量计,计量设施配套率66%;完成实际用水量的统计以及精准补贴和节水奖励工作,落实精准补贴14.74万元,节水奖励资金0.57万元。

【五岛湖获批国家水利风景区】 五岛湖景区位于涟水县城中心,原为清乾隆年间水灾留下的小湖,俗称后澳。经1924、1929、1958、1983年先后4次整修,将湖上的五个不规则、不相连的小岛建成透迤相连、风景秀丽的五岛公园。1992年县政府正式将后澳更名为涟漪湖。2002年8月,省政府批准设立"夕照山省级黄嘴白鹭自然保护区";2013—2014年,投入1.2亿元,实施"涟水县五岛湖水环境综合整治工程",通过拆建进水闸、公园闸,新建过路管涵,五岛湖清淤、保安河清淤,拆建城区排涝泵站等五岛湖补水、活水工程,水环境、水景观明显提升,水质标准提高至Ⅲ类。整治后的五岛湖景区占地面积约65.9公顷,核心区由涟漪湖和丰乐岛、同乐岛、后主岛、米公岛、夕照岛5个岛组成,水域面积约35.8公顷,属城市河湖型水利风景区,包括五岛湖公园、能仁寺、县博物馆三大板块,园内有夕照山、同乐堂等八景。2016年12月,国家旅游局批准该景区为"国家AAAA级旅游景区"。2017年,县水利局依托五岛湖AAAA级旅游景区优势,申报创建国家水利风景区,8月,水利部公示涟水县五岛湖被评为国家水利风景区,11月,获水利部正式授牌。 (徐 静)

综 述

【概况】 2017年,全县实现社会消费品零售总额144.86亿元,比上年增长11.4%。分地域看,城镇零售额134.03亿元,比上年增长11.8%;农村零售额10.83亿元,比上年增长7.0%。分行业看,批发零售业零售额133.47亿元,比上年增长11.3%;住宿餐饮业零售额11.39亿元,比上年上升12.4%。全年实现服务业增加值203.95亿元,同比价增长9.4%;服务业增加值占GDP比重47.5%,较上年提高1个百分点。重点企业培育力度不断加大,全年新增限额以上批零住餐企业27户,限额以上批零住餐企业总数达到145户。实施5000万元以上"4+3"服务业项目23个,五岛湖创成国家水利风景区并初步通过江苏人居环境范例奖考察,今世缘旅游景区创成国家AAAA级旅游景区,"百花园"国庆节期间正式开园并成功举办首届百花节,游客满意度第三方测评全市第一。电子商务产业园创成省级电子商务示范基地,高沟获批省级农村电子商务示范镇,涟城军民社区获批首批省级电子商务示范社区,阿里巴巴进农村项目乡镇布点达到25个,涟水村淘在"6·18"和"双11"活动期间村均销售额、村均APP关注量均居全省第一。全县136户限额以上批发和零售业法人企业实现销售额136.93亿元,比上年增长9.4%。其中,汽车类销售额3.71亿元,家用电器和音像器材类销售额1.99亿元,石油及制品类实现销售额20.46亿元,三大类销售额占限额以上销售额比重达19.1%,比上年上升0.8个百分点。全年新增规模以上服务业企业41户,规模以上服务业企业总数达到187户。全年规模以上服务业企业实现营业收入73.10亿元,比上年增长8.5%。

2017年涟水县重点服务业企业目录

表8

企业名称	经营范围	负责人	电话	地　　址
大润发超市	百货	王亚丰	17805095666	县城常青路北侧
苏果超市	百货	张凌云	13952313456	县城北门闸东侧
新时代超市	百货	孙守宝	13064932386	县城安东路225号
苏宁电器	家用电器	谷　峰	13952385927	县城安东南路
超世电器	家用电器	李超军	13505247922	县城安东南路百货大楼
锦宏菜场	蔬菜	王振军	13952363099	县城锦绣前程小区西大门
东门菜场	蔬菜	邱风兵	13651565898	县城郑梁梅小学北侧
军民菜场	蔬菜	李秀娟	13605233952	县城军民中心村
渠北菜场	蔬菜	钱爱华	13805233907	县城安东路双桥东侧
东城批发市场	蔬菜、干货等	邱风兵	13651565898	县城坦克桥北侧
苏北果品批发市场	果品	徐亚东	13805233328	县城涟水大桥北侧
义乌小商品批发市场	百货	翟新华	15949181819	县城状元府东侧
红太阳物流中心	物流	赵开红	13182030888	县城炎黄大道9号
新港物流中心	物流	刘卫国	13952343001	县城车管所南侧
德润大酒店	住宿、餐饮	孙佳钧	82323321	县城红日路南侧
中央城大酒店	餐饮	蒋达华	82737777	县城常青路北侧
锦绣前程大酒店	餐饮	王洪磊	13901401511	县城涟州小区东侧
香江美食城	餐饮	江从德	82320988	县城安东路东侧

【农贸市场建设】 2017年,县商务局计划3—5年,把城区和城乡接合部的18家农贸市场改造成与市场需求相匹配、与居民生活相适应、与城市建设相协调的农贸市场体系。第一批改造城东、安东、新世纪农贸市场,其中,位于涟城镇金城南路98号的城东农贸市场年底竣工运营,改造后的城东农贸市场占地面积8000平方米,营业面积3000平方米,改造投资额230万元,有门面房60间,经营柜台536米,日客流量万余人次,主要经营肉类、水产、蔬菜、豆制品、干杂货、家禽、活禽分割、菌菇类以及季节性农产品批发等,年交易额1亿多元。

【老字号评选】 2017年,县商务局对连续经营时间在30年以上,经济效益好、产品质量(服务)好、社会评价好、具有一定知名度的企业进行筛选,继续组织参加各级"老字号"品牌评选。连续经营时间50年以上的今世缘酒业"高沟"品牌继获评"中华老字号"后,又获评"江苏老字号";连续经营时间30年以上的苏美集团"四季红"酱醋、碧绿汀酒店获评"淮安老字号"称号,东湖酒业、欧罗眼镜店、回民饭店、艺光照相、双塘酒业5家企业和个体工商户获评"涟水老字号"称号。

【市场秩序整治】 2017年,县商务局加大成品油市场整改力度,取缔无证经营户47户、非法加油车7辆;开展"263"专项整治,对全县45户有合法手续的成品油零售企业,完成油气回收装置改造;26户规模餐饮企业完成油烟净化系统改造。立案查处商标侵权案11起,结案5起,罚没8.87万元;查处制售假冒伪劣商品案件45件,已结案27起,罚没款9万多元,所有结案案件的行政处罚信息均在局门户网站予以公示。

【电子商务】 2017年,县商务局围绕"涟水特色、全省一流、全国知名"的发展定位,先后建成平台网络1个、非平台网络300多个,归属地在涟水的公司近2000户,以个人名义注册的近1万户。一大批在外从事电子商务的人才陆续返乡创业,相继建立网上交易平台,实现"农产品下乡,工业品进城"的格局,越来越多的农民借助淘宝网、天猫网、京东、1688农产品等电商平台,拓展农产品销路,实现网上二次创业。全县电子商务交易额39.5亿元,比上年增长28.5%。涟水县电子商务产业园被评为省级电子商务示范园区,高沟镇被评为省级电子商务示范镇,陈师镇柿园村被评为省级电子商务示范村,家德宝木业被评为省级电子商务示范企业,涟城镇军民社区被评为省级电子商务示范社区。 (陈 裕)

粮食购销

【概况】 2017年,县粮食局继续推进国有粮食购销企业改革工作,制定完善39项国有目标管理各项管理制度,聘请第三方机构对原承租人在承包期间自行添置的仓储机械设备进行评估,对粮管所(库)国有目标责任进行第三方审计,对原承租人在承包期间在粮管所院内投入建设的仓库进行返租,解决国有粮食企业库存多、空仓少压力。将地方粮油补贴纳入县级财政预算,共到位补贴资金85万元;安排产粮大县奖补资金683万元用于粮食仓库维修和管理,维修改造13个单位,涉及维修项目36个。176万元用于支持政策性小麦销售奖励配套政策,共出库托市小麦4.4万吨;县粮食局在夏粮收购前将1.4万吨自营粮全部销售,腾仓用于收购新粮;积极向中储粮争取托市小麦跨省移库计划,共移库小麦1.7万吨调往福建厦门;总建筑面积2万平方米,总投资1.75亿元的今世缘粮食循环产业园10万吨仓储设施建设主体工程完工,附属设施建设持续推进;下达3.2万吨小麦即购即销任务。年内,全县国有粮食购销企业从生产者收购粮食38万吨,其中收购托市小麦11.8万吨,带动全县农民增收近5000万元。

【"淮安大米"产业融合发展】 2017年,全县共建"淮安大米"核心示范基地500公顷,其中涟水县中达康农水稻种植专业合作社133.33公顷,全部种植富硒稻谷,产业实行从产品质量到标识、包装等统一的管理模式,共吸纳565户农民入社,经测算每亩地增收430元,累计增收320余万元;苏美黄营基地与南京农科院合作,引进种植9108、1402南粳133.33公顷,提高大米生产品质。新培育涟水县中达康农水稻种植专业合作社、淮安瑞丰米业2户企业加盟"淮安大米"品牌,使用"淮安大米"统一包装,共销售大米1.51万吨,增收180余万元。 (朱全省)

供销合作

【概况】 2017年,县供销总社认真贯彻中央、省、市、县关于深化供销合作社综合改革文件精神,按照"三体两强"(有自主经营实体、农民社员主体、合作经济组织联合体和综合实力强、为农服务能力强)的示范社创建标准,将朱码供销社打造成综合性的合作经济组织。新发展农民专业合作社10个,创办联合社2个,星级为农服务社提档升级10个,省定经济薄弱村为农综合服务社7个。累计有农民专业合作社123个,农村星级为农服务社(中心)163个(含"十三五"期间省定经济薄弱村12个为农综合服务社),流通体系经营网点729个。全面落实安全生产工作责任制,制订2017年烟花爆竹行业安全专项整治方案,与所属单位签订2017年安全生产、食品安全责任状。组织安全生产工作检查,排查安全隐患,特别是对人员密集、易燃易爆物品、危险品的场所和单位进行重点检查,下达整改通知书10份,限期整改安全隐患35项,并对整改落实情况进行督查,把安全工作落到实处,组织蓝天商厦、日杂果品公司职工开展安全事故现场应急演练。根据县防汛抗旱工作要求,成立组织,制定应急预案,并与责任单位签订编织袋40000只、毛竹1000支等救灾物资储备协议,确保安全度汛。被省供销社表彰为2017年度农民专业合作社建设先进单位、被县委、县政府表彰为全县中共十九大安保维稳工作先进集体、安全生产工作先进单位。

2017年建成的南集镇现代服务中心稻米加工中心 (县供销总社 供稿)

【现代农业全产链综合服务平台建设】 2017年，县供销总社积极整合资源、科学规划，与市供销总社紧密合作，由市、县、乡(镇)三级共同投资6000万元，在南集镇建成现代农业综合服务中心，中心占地面积2.67公顷，有农资库550平方米，配肥设备1台(套)，日配肥料30吨；农机库200平方米，有收割机、播种机、插秧机等机械设备65台(套)，农业植保无人机20台；粮食烘干中心厂房、仓库5000平方米，有烘干设备1台(套)，日烘干粮食400吨；稻米加工中心厂房、仓库面积1200平方米，有稻米加工机械设备1台(套)，日加工优质大米120吨，年加工能力2万吨以上；电商中心营业面积230平方米，年交易额50万元。中心集优质籽种选供、科学测土配肥、病虫害无人机统防、化肥农药等农资统供、粮食加工、烘干、仓储、农产品电子商务展销等功能于一体，服务范围覆盖周边10余个乡镇，年服务面积1万公顷。省委书记李强在涟水调研时对该项目给予充分肯定；全国供销合作总社常务副理事长骆林、办公厅副主任程庆新等领导先后视察该平台；省供销合作总社主任诸纪录对该平台给予“省内一流，国内领先”的高度评价。

（吴 艳）

食盐专卖

【概况】 县盐务局(分公司)位于涟城镇大关路22号，占地面积7774平方米，内设综合管理科、市场营销科、盐政科，有干部职工20人。2017年，县盐务局(分公司)贯彻落实国家盐业体制改革精神，加强食盐安全监管和供应，保障全县食盐市场秩序安全稳定。全年服务零售终端558户，销售终端118户，学校食堂25户，全年盐产品销售6808吨，其中小包装307吨，完成年计划的100%，品种盐1535吨，其中高端盐60吨，品种占比52%，小工业盐1881吨，非盐销售收入700万元，实现非盐毛利50多万元，实现利润200万元。积极协调县疾控中心，成立2个小组对全县所有乡镇卫生室进行未加碘低钠盐送销服务工作，共计服务乡镇18个，卫生室176个，送销服务未加碘低钠盐2.02吨；被淮安盐业公司评为先进集体。

【“脚臭盐”专项整治行动】 2017年，县盐务局(分公司)成立2个专项行动小组对县辖区内的商超、乡镇商店进行拉网式宣传走访，对走访中发现的“脚臭盐”严格按照相关法律法规进行处理，并与阜宁、滨海、响水、灌南、沭阳、淮阴等县区单位深化合作，加强接壤地区市场监管联动配合，保证周边农村市场的食盐安全。全年食盐安全执法180天，开展多部门联合执法行动8次，查处盐业案件67起，没收盐产品33.419吨，罚款15000元，查扣外市侵销案件4起，移送公安部门4起。

（何自勤）

烟草专卖

【概况】 2017年，县烟草专场局销售卷烟23889箱，完成全年目标任务的101.4%；单条销售价格为111元(含税)，比上年增长7.1%；重点品牌累计销售19374箱；细支烟销售503箱，增长91.8%；实现税利1.78亿元，增长10.8%；实现利润1.46亿元，增长9.2%。先后获得省级安康杯竞赛优胜单位、省级放心消费示范行业、省级优秀QC小组成果二等奖、市级基层党建工作贡献奖、市级无偿献血工作突出贡献奖等表彰。

2017年6月，盐务执法人员对高沟镇农贸市场开展食盐拉网式检查 （县盐务局 供稿）

【烟草执法与监管】 2017年，县烟草专卖局查获涉烟违法案件292起，各类违法卷烟501件，卷烟案值542万元，拘留7人，取保5人，破获国标网络案件1起，市标网络案件1起。获省烟草专卖局嘉奖令2次，市烟草专卖局嘉奖令4次。加强许可证后续监管，全年新办证211户、变更13户、延续120户、补办10户、停业178户、恢复营业22户，注销292户，证件管理效能显著提升。（梁 军）

开放型经济

对外贸易

【概况】 2017年,全县完成外贸进出口总额3.58亿美元。主要出口产品有服装、帽子、纺织品、电子元件、帘子布、医疗器械等。主要出口企业有源通制帽、泰丰纺织、新芳杰、锦纶化纤、金典纺织、睿基家具、永安化工、恒春医疗器械等。

【企业服务】 2017年,县商务局积极组织外资外贸企业参加春节用工招聘会,先后招录300多人。落实上级有关外贸进出口优惠政策,为金典纺织、东方乐器、恒春医疗器械等10多家外贸企业争取扶持资金1000多万元;组织外贸出口企业参加境外交易活动共3次,其中涟水盛远进出口有限公司参加美国贸易产品展销会,江苏润琦新材料有限公司参加巴基斯坦、越南食品药品包装展销会。召开阿里巴巴农村淘宝项目招募会,全县800多人参会,300多人应聘,在农村发展25个淘宝网点。窗口为50多家外贸企业提供高效、快捷、周到的帮办服务,所有接手的服务项目都在承诺期内提前办结,客商满意率100%。外贸科科长符琳,20年如一日,为全县50多家外贸企业当好"店小二",以其事迹写成的人物通讯《她把青春献外贸——记涟水商务局外贸科科长符琳》,先后在《企业家日报》《淮安日报》发表。县商务局被县委、县政府表彰为"部门服务跨越发展考核先进奖""三城同创工作先进集体"。

对外经济合作

【概况】 2017年,全县对外经济合作的主要企业有江苏金品、江苏五建、国涟集团,分别在阿尔及利亚、巴哈马、特立尼达及多巴哥等国家和地区创建优质工程。全县对外经济合作营业额1410万美元,均为江苏金品建筑工程有限公司外营业额,其他单位没有外派工程。

【江苏金品建筑工程有限公司】 位于县城安东路16号,1990年6月成立,注册资金10200万元,法人代表嵇华。主要业务为建筑工程施工、市政工程、桩基础工程、装饰装潢工程。近年来主要承包境外房屋建筑工程和国际招标工程,外派98人在阿尔及利亚、巴哈马施工。2017年,工程营业额1410万美元,建筑面积13.5万平方米。

利用外资

【概况】 2017年,全县完成到账外资9001.3万美元,其中开工项目19个,到账外资8260万美元,占市对县考核目标的114.72%,名列全市第一。其中,桑德环能项目到账外资1000万美元,康丰贸易到账外资1428万美元,振邦木业到账外资486万美元,海嘉建设到账外资563万美元,光大生物能源到账外资783万美元,全稳康源到账外资400万美元;源通制帽项目增资900万美元,汉门电子增资450万美元,信守化工增资300万美元。

【光大生物质热电项目建设】 2017年12月29日,位于高沟镇326省道与南六塘河相交处北岸的光大(涟水)生物质热电项目正式开工。县委副书记、县长时勇出席开工仪式并致辞,县委副书记刘爱国,县政协副主席姚兵,中国光大绿色环保有限公司副总裁王云刚,中国光大绿色环保清洁能源管理中心总经理孙先栋,中国光大绿色环保清洁能源管理中心工程总监吴少飚,县直有关部门、高沟镇及项目施工方代表参加仪式,光大生物能源(涟水)有限公司总经理王荣涛主持仪式。该项目由涟水县生物质热电联产项目投资31800万元建设,拟建设2×75吨/小时循环流化床锅炉+30兆瓦抽凝式汽轮发电机组。蒸汽管网长约10千米,可覆盖5.5千米半径内工业企业,管道管径的范围DN200–DN500,管材采用钢管,采用架空方式敷设为主,地埋方式为辅。

【江苏全稳康源农业发展有限公司】 成立于2012年3月,位于南集镇下营村,由慕德生技(开曼)有限公司投资兴建。是以种猪繁育、仔猪培育和合同养猪为主的市级农业产业化重点龙头企业。一期占地面积11公顷,注册资本4295万元,有专业技术人员25人。年存栏基础母猪2400头,出栏生猪5万头,品种为台系杜洛克、长白、大约克及其杂交产品。2015年,公司在猪场西侧租赁土地14公顷扩大养殖规模。2017年,到账外资400万美元。年底项目主体工程完工,后备母猪引种完成。公司先后获得江苏省"畜牧生态健康养殖示范基地""农业科技型企业""无公害农产品"产地认定、部级"畜禽标准化示范场"等荣誉称号。

(陈　裕)

银 行

综 述

【概况】 2017年,县人行贯彻执行稳健的货币政策,提升金融服务水平。年末,全县金融机构各项存款余额364.7亿元,比上年增加11.94%;各项贷款余额228.87亿元,增加16.17%。组织对辖内11家银行业金融机构2016年执行人民银行政策情况进行综合评价,涟水农村商业银行、农业银行涟水县支行2家机构被评为A类机构;江苏银行涟水县支行、邮政储蓄银行涟水县支行、苏州银行涟水县支行、工商银行涟水县支行、涟水太商村镇银行、中国银行涟水支行、建设银行涟水县支行、农业发展银行涟水县支行8家机构被评为B类机构;江南农村商业银行涟水县支行被评为C类机构。组织"制造业企业金融服务年"活动,先后组织辖内11家银行机构深入78户中小企业了解企业生产经营和资金需求情况,深入挖掘信贷需求潜力。组织开展打击非法集资宣传活动,利用展板、小区公开栏、村务公开栏等向广大群众宣传张贴打击非法集资相关资料3000余份。率先在全市建立首批绿色信贷企业名录,引导各银行机构在同等条件下,对名录企业信贷优先、利率优惠。运用货币政策工具聚焦小微企业,加大向上争取力度,顺利为涟水农商行办理5000万元债券质押支小再贷款。被江苏省金融稳定工作协调小组评为金融生态县创建工作先进单位,被县委、县政府评为服务科学跨越发展先进单位。

2017年末涟水县金融机构存贷款情况一览表

表9

指标(项目)	单位	2017年数值	2016年数值	比上年增减%
金融机构各项存款	亿元	364.70	325.80	11.94
其中:企业存款	亿元	69.33	60.41	14.77
储蓄存款	亿元	205.09	187.27	9.52
各项贷款	亿元	228.87	197.02	16.17
其中:短期贷款	亿元	93.48	79.85	17.07
长期贷款	亿元	127.74	109.49	16.67
个人消费贷款	亿元	89.02	72.25	23.21

【金融服务】 2017年,县人行推动召开全县实体经济发展大会,组织11家银行业金融机构与246家企业签订融资意向协议52.1亿元,其中,制造业企业147户,签约金额19亿元,资金到位17.64亿元,资金到位率为92.7%。组织开展"制造业企业金融服务乡镇行"活动,有10家银行机构深入涟城、高沟、南集、黄营、唐集等5个乡镇,与40多户企业面对面沟通交流。与涟水县广播电台合作设立《金融在线》栏目,播放征信知识。在炎黄职业技术学院设立淮安市首个"诚信书吧",书吧采取无人值守的运作模式,实行"自由借阅,自觉还书,自主登记"形式,以图书借阅行为影响和提高学生的诚信意识,"诚信书吧"内共有图书260本,3个月借阅586人次,每本图书平均借阅周转2.3人次,图书回收率95%以上,相关做法及取得成绩先后两次被分行《江苏征信工作简报》采用。与涟水农商行、驰宝公交、汽车客运站合作,共同打造"智慧公交,轻松

2017年6月,开展"制造业企业金融乡镇行(高沟站)"活动 (县人行 供稿)

出行”项目。在县城和乡村各试点2条线路,安装35台车载融合POS,共刷卡3996笔,金额16287元。探索运用“互联网+”模式,在锦宏、城东2个菜场打造全市县域首家“互联网+”智慧菜场,解决现金交易不卫生、找零困难、清点出错、假币纠纷等问题。为2个菜场近200名商户提供二合一支付台牌,支持微信、支付宝付款买菜,共交易1964笔,金额26.68万元。

【金融扶贫】 2017年,县人行深化“一站一户”金融精准扶贫模式,深入推进“金融扶贫示范户”创建活动,全年有515户新型农业经营主体加入到“金融扶贫示范户”创建活动中,带动2700多户低收入户就业增收,对低收入农户试点推广扶贫小额贷款“绿卡通”,发放扶贫小额贷款“绿卡通”12770多张,授信总额4.4亿元,这一做法被《江苏征信工作简报》第66期采用。鼓励和支持银行机构扩大应收账款质押融资,增加对小微企业的信贷投放。全年完成2条应收账款供应链融资业务,共为江苏大自然食品有限公司、淮安瑞丰米业有限公司等9户企业办理27笔,共计1452万元应收账款质押融资业务。至年末,全县通过应收账款融资平台融资成交超过15亿元。 (吴建军)

【中国银行股份有限公司涟水支行】 位于县城常青路1号,内设综合管理部、业务发展部,下辖营业部、中山支行、红日支行、炎黄大道支行。2017年末,县中行本外币一般性存款余额59.45亿元,较年初净增6.88亿元;本外币贷款余额30.78亿元,较年初净增2.59亿元。在全县四大行中,存款余额、贷款余额和新增额市场份额均排名第一,贷款新增、中小企业贷款客户新增、工业企业贷款新增等多项指标在全县金融系统名列前茅。2017年,县中行加强与政府、部门、企业的沟通对接,主动跟踪、对接县重点项目,把增加信贷投放、落实银企对接及服务地方经济作为全行的中心工作来抓,为县重点项目直接融资20亿元,其中发行中期票据融资6亿元。全年投放制造业贷款26笔、金额4.66亿元。在省中行系统中心支行排名中,县中行名列第13名,较上年度排名上升18位,在整个苏北六市中,仅县中行一家榜上有名。在淮安中行系统考核中名列第一,在全县金融机构考核中名列前茅。被市委、市政府评为文明单位,被淮安中行评为优秀集体、优秀管辖支行,支行公司和个金条线获淮安中行劳动竞赛第一名、优胜奖。 (王文明)

【中国邮政储蓄银行涟水县支行】 位于县城常青路中央城22号楼;下辖营业部、高沟镇支行、安东路支行;内设综合管理部、综合业务部、市场拓展一部、市场拓展三部。2017年末,县邮储银行存款余额21.43亿元,较年初净增2.24亿元,其中:个人储蓄存款13.76亿元,较年初净增1.71亿元;公司存款7.67亿元;各项贷款余额13.34亿元,较年初净增3.70亿元,其中:个人贷款余额11.50亿元,较年初净增2.92亿元;小企业贷款1.84亿元,较年初净增0.78亿元。全行实现收入6828万元,其中:各项贷款业务收入3023万元、各项存款业务收入3249万元。被市公安局评为全市单位内部安全保卫工作先进集体;高沟镇支行被中国金融工会江苏工作委员会授予“江苏金融先锋号”;高沟镇支行行长戴卫华被市银行业协会评为“十大优秀基层支行长”。 (张德婷)

【江苏涟水太商村镇银行】 位于县城红日大道府前御景园B区40–46号,成立于2012年7月18日,由江苏太仓农村商业银行在涟水投资设立。内设综合管理部、业务发展部、小微金融部、风险管理部、运营管理部5个职能部门,下辖营业部、高沟支行、城东支行、五岛湖支行4个营业网点,员工64人。2017年,涟水太商银行以“立足涟水、服务村镇、坚持小微、发展经济”的市场定位,深入服务小微企业,推出税易贷、订单融资、小微企业转续贷业务,缓解小微企业融资难、融资贵、续贷难等难题。其中,税易贷借款人为成立且实际经营2年(含)以上的企业,在涟水具有固定的经营场所;企业近2年按时足额缴税,无不良纳税记录,上一年度纳税总额在5万元(含)以上;一次授信、循环使用;在授信有效期内随借随还、方便快捷。订单融资是指借款人凭信用良好、实力较强的买方产品订单,在技术成熟、生产能力有保障情况下,由银行提供专项贷款,供借款人购买材料组织生产,借款人在收到货款后立即偿还贷款的业务。转续贷业务为缓解小微企业贷款客户在贷款周转过程中的资金压力,提高小微企业金融服务水平,符合规定条件的小微企业在贷款到期后仍有融资需求的,不需归还本金、按规定为其办理的贷款归还与续贷业务。至年末,涟水太商银行资产总额8.25亿元,各项存款余额6.74亿元,比年初净增1.14亿元,增长20.39%;储蓄存款总余额1.8亿元,其中活期储蓄存款0.95亿元,定期

2017年9月,涟水太商银行送金融知识进社区 (涟水太商银行 供稿)

储蓄存款0.86亿元。各项贷款余额6.19亿元,户均贷款29.99万元,中长期贷款余额1.6亿元,小微企业、个体工商户贷款余额4.86亿元,信贷客户超2000余户。 (王 丹)

【中国工商银行股份有限公司涟水支行】 位于县城常青西路,内设公司金融业务部、个人金融业务部、业务管理部等3个办事科室,下设支行营业室、安东、城北、高沟4个综合性对外营业机构,有在职员工63人。2017年,县工行在全国经济下行的压力下、坚持商业银行经营本源,牢固树立以客户为中心,以效益为目标,以市场为导向,拓思路,挖潜力,攻坚克难,在对项目拓展、公业务提升等多项指标取得突破,实现拨备前利润9345亿元,人均利润146万元。拓展代发工资业务,全行代发工资户143户;全年发卡量7745张,再次位居全市第一。加大科技投入,新增最新一代自动存取款机12台,新增对账打印机4台,新增3G离行式终端4台、自动产品销售机4台。(赵济东)

【中国建设银行股份有限公司涟水支行】 位于县城安东北路泰安大厦,内设办公室、客户部、业务管理部、营业部,下辖城中支行、商城支行、碧波楼支行,在册员工68人。2017年末,一般存款余额280724.84万元,比年初净增53645.94万元,其中,个人存款余额128831.4万元,比年初净增4892.2万元,公司存款151893.43万元,比年初净增48753.83万元;各类贷款余额227400万元,比年初净增31251万元,其中短期贷款37188万元,比年初净增4966万元,中长期贷款190212万元,比年初净增26285万元;完成中间业务收入788.06万元,实现利润6835.37万元。

(刘爱军)

【苏州银行股份有限公司涟水支行】 成立于2009年12月8号,位于常青西大道8号,营业面积1172.84平方米,下辖军民支行,有员工25人。县苏州银行秉持"服务中小企业,服务实体经济,服务市民百姓"的发展理念,全力支持地方经济发展,2017年末,全行各项存款余额71733万元,其中储蓄存款余额18610万元,定期储蓄存款余额9331万元,活期储蓄存款余额9279万元,对公存款余额53122万元,其中保证金存款余额2105万元;各项贷款余额73904万元,存贷比103.3%,其中公司类贷款余额46079万元,个人类贷款余额27825万元,中长期贷款余额20598万元,其中住房按揭贷款余额21784万元;制造业贷款余额占比20.34%,年末不良贷款率0.095%,全年实现营业收入3989万元,净利润2610万元。 (张亚甫)

【江南农村商业银行涟水支行】 成立于2013年12月26日,位于县城红日大道31号,内设综合办公室、风控分部、营销分部及营业部,有在职员工16人。江南农村商业银行是经国务院同意、中国银监会批准设立的全国首家地市级股份制农村商业银行,是江苏省农信系统内首家存款突破1千亿元的法人机构,是中国银监会确定的二级资本债券和资产证券化发行试点单位。2017年,江南农村商业银行涟水支行不断丰富业务品种、完善网络功能,强化内控管理、保障营运安全,向全功能零售型商业银行迈进,年末,各项存款余额40443万元,比年初增加1842万元;各项贷款余额48843万元,增加18500万元;实现营业收入3202万元。获省信用合作联社"立足三农抓服务、稳中求进增效益"劳动竞赛二等奖,被江南农村商业银行总行评为先进集体,并获总行支付清算系统业务知识竞赛决赛三等奖,"优服务、助转型、控风险、促发展"劳动竞赛活动三农贷款投放奖、电子银行拓展奖;被县委、县政府评为金融工作先进单位。

(冯 祥 俞 洋)

中国农业银行股份有限公司涟水县支行

【概况】 县农行位于红日大道中联壹城A2号楼,内设综合管理部、客户部、风险与信贷管理部、运营财会部等4个职能部门。下辖营业部、中山支行、涟城分理处、城北支行、五岛湖支行、政务服务中心支行等6个对外服务网点以及府前、县医院、东鼎、安东、城东等5个离行式自助银行,有员工112人。2017年末,全行本外币各项存款余额38.2亿元,比年初增加4.7亿元;个人存款余额20.4亿元,比年初增加1.1亿元;对公存款余额17.8亿元,比年初净增3.7亿元;各项贷款余额22.5亿元,比年初增加1.4亿元。实现拨备前利润0.8亿元,拨备后利润0.7亿元。年内,ATM机功能升级,成功上线"刷脸取款"功能,即系统通过比对现场抓拍的照片与可信照片源,验证客户手机或身份证号码、交易密码,办理取款业务,"刷脸取款"简化流程,严控风险,降低设备吞卡数量和伪卡风险。新增总行级"三铁"网点1家(涟城分理处),省行级"三铁"网点2家(中山支行、城北支行),总行级安全保卫"三化三达标"单位1家(支行本部),省行级安全保卫"三化三达标"优秀网点1家(涟城分理处);在省分行举办的"春天行动"中,县支行及1家网点(城北支行)获得表彰,5名员工获得"十佳"称号;在业务技术比赛和各类竞赛中,5名员工获得名次及嘉奖;还有多名员工被省分行、市分行、市银行业协会等表彰。

【超级柜台】 2017年,县农行6个网点大堂配备的"超级柜台"共办理业务19万笔,业务范围覆盖个人开卡、电子银行签约、账户挂失、密码重置、个人结售汇、西联汇款、跨境汇款、理财签约购买、基金购买赎回等50多项产品。客户在大堂经理指导下,无需填单,无需到人工柜台排队,即自助完成业务办理流程。超级柜台2016年1月上线后,即深得客户青睐,个人开卡联动网上银行、掌上银行、手机K码等6项服务办理时间从原来的20分钟提速到只需3分45秒。

【民生金融服务】 2017年,县农行大力支持民生工程,发放0.6亿元贷款支持高沟中学建设;布放惠农通机具372台,覆盖全县321个行政村,机具有效率99%,平均业务量28.5笔,其中助农业务量15笔。在农村地区设立代收电费业务点144个,代收电费2.3万元。与大东镇结成帮扶对子,66名员工参加帮扶,每名员工帮扶4名贫困户,每季度走访一次,及时掌握并切实解决贫困户的实际困难,为贫困户普及金融知识,介绍农行的惠农金融产品。在扶贫日为贫困户、五保户等送去大米、食用油等生活必需品,并送上慰问金。优化开户流程,协助企业及个体工商户做好账户开立工作,全年新开人民币对公结算账户576户,比上年多开150户,增长率35.4%。

【E收款】 2017年10月,县农行推出E收款业务,帮助小微商户归集日常营业资金,小微商户在"江苏农行金穗领航""金穗商铺通"微信公众号或农业银行掌上银行注册和认证后,通过"E收款"服务平台,即可生成收款二维码,客户到商户消费付款时只需使用农行掌上银行、微信或支付宝的扫一扫功能即可实现扫码即付。在支付过程中,付款客户还能享受商户的优惠活动,有助于商户聚拢人气。"E收款"收到的款项次日就能进入银行卡,免于提现又省手续费。该业务为商户实现注册、收款、查询、管理店铺的一键搞定,且收款后自动入账、交易提醒、流水可查等特点也为商户有效节约财务成本。至年底,E收款业务产生交易20325笔,金额576万元。 (胡尚君)

江苏涟水农村商业银行

【概况】 县农商行是县内首家地方法人金融机构,行总部大楼位于县城涟州路5号,占地面积18768平方米,建筑面积35248平方米,内设信贷管理部、电子银行部、合规风险部、人力资源部等17个机关部门,下辖35个支行,1个营业部,4个分理处,有员工400余人。2017年末,各项存款余额95.63亿元,较年初增加10.29亿元,增长12.06%;各项贷款余额69.59亿元,较年初增加8.39亿元,增长13.72%。被江苏省联社评为"AAAA"级单位,获省联社"提质增效惠'三农'、倾情献礼十九大"劳动竞赛苏北地区二等奖,被中国人民银行南京分行评为江苏省银行业金融机构先进现金整点中心,有2个网点被评为江苏银行业普惠金融文明规范服务五星级网点,1个网点被评为江苏银行业普惠金融文明规范服务五星级网点。

【贷款服务】 2017年,县农商行围绕支农支小市场定位,坚持"小额、分散、高效"的经营理念,积极打造"阳光信贷"升级版。至年末,阳光信贷授信户15.27万户,新增5979户,授信总额56.84亿元,授信面77.74%,用信户数4.1万户,用信金额28.98亿元,增加4.97亿元,用信面26.84%。发放光伏贷款850万元,创业示范大户贷款16000万元,农村土地两权抵押贷款1450万元。推进移动银行、微信银行等网上申贷系统平台建设,开辟"线上"申贷渠道,提供快速、便捷的贷款服务,全年签约手机自助贷9952笔。为小微企业让利,除贷款利息外,不收取小微企业其他费用,小微企业融资成本明显下降,贷款利率平均下降1.57个百分点。全年累计办理转续贷款21笔,转贷金额10417万元,有效缓解小微企业流动资金压力。积极与县社保局沟通合作,推进社保卡应用,建立预约取卡机制,分批实施,设立社保卡专柜,适当延长营业时间,确保社保卡按时足量发放到位。至年末,制社保卡63万张,发卡39万张,激活32.79万张。

2017年12月14日,县农商行开展小微企业宣传月活动 (县农商行 供稿)

【线上服务平台建设】 2017年,县农商行推进线上服务平台建设,提高线上服务效率,上线"燃气代扣代缴""融合支付POS""收银宝""银社平台"等项目,方便客户缴费、收费。拓展"瑞优生活·涟e家"电商平台,结合客户拓展、营销宣传、客户维护等实现线上资源共享。推出"智慧公交"和"智慧菜场"项目,丰富客户支付体验。加强全行自助设备的布局和管理,增设ATM、VTM、社保卡自助发卡机等自助设备,减少客户等待时间,提高客户自助服务体验。至年末,有特约商户1091户,较年初净增343户;累计交易36.04万笔,交易金额62299.53万元;新增收银宝商户133户,累计交易17284笔,金额23829万元;电费累计代扣35.77万笔,金额4813.11万元;燃气费累计代扣1780笔,金额14.54万元;拓展电子银行客户26.09万户,较年初增加14.61万户,增长127 %;手机银行新增38314户;网上银行新增958户。柜面替代率77.89%,较年初增加4.09个百分点。

【"互联网+智慧菜场"建设】 2017年,县农商银行在县城锦宏菜场率先引入"互联网+智慧菜场"运作模式,这是市内县级首家智慧菜场。锦宏菜场占地约5000平方米,拥有近300个摊位,日客流量约1.5万人次。每个摊位都贴有统一印有"互联网+智慧菜场"标示的招牌和收款二维码,消费者付款时只需使用支付宝、微信扫个二维码,即可完成支付,解决现金交易不卫生、找零困难、清点出错、假币纠纷等问题。同时,电子支付可留存交易记录,便于历史消费查询。至年末,锦宏菜场二维码支付实现全覆盖。

【金融扶贫】 2017年，县农商行严格执行国家“金融精准扶贫”政策，创新发放扶贫“绿卡”，推动精准扶贫有效开展。对全县4.2万户低收入农户进行走访，建立金融档案，开通绿色通道、简化手续。至年末，累计发放“绿卡”1.89万张，授信金额3.76亿元，发放扶贫小额贷款1.65亿元，惠及低收入农户9250户。充分发挥扶贫再贷款支农惠农政策，对农业创业大户给予人民银行再贷款利率优惠，全年发放扶贫再贷款1.6亿元，为创业大户降低融资成本约50%。 （韩永华）

中国农业发展银行涟水县支行

【概况】 县农发行成立于1996年10月，位于县城安东南路2号，占地面积3929平方米，建筑面积1189平方米，有干部职工23人。2017年末，资产总额138977.21万元；负债总额79545.18万元；账面营业利润12357.78万元；各项贷款余额138506万元（包括贷款转政府债券9100万元），较上半年增加23258万元，较年初增加57326万元。挂账及不合理占用贷款16878万元，较上半年及年初均持平；中长期项目贷款余额111200万元，较上半年增加17900万元，较年初增加110226万元，增加部分为2017年为淮安利民棚户区改造投资有限公司新投放的项目贷款；粮食收购贷款10428万元。企事业单位各项存款余额74555.55万元，较年初增加51971.62万元；日均存款余额62443.16万元，较上年同期增加9490.73万元，人均存款4385.62万元。实现中间业务收入59.36万元。完成代理保险收入10.13万元；完成国际结算量479万美元。

【实体经济贷款服务】 2017年，县农发行主动了解企业经营思路，与企业一道分析市场行情，小李集、浅集、余圩、岔庙等粮管所在经营小麦方面有稳定客户和经验，红窑、灰墩、陈师3个粮管所擅长经营稻谷，根据这一实际情况，对不同企业实现差别化的支持策略，确保做足收购业务，支持红窑、灰墩、陈师等粮管所稻谷收购贷款7850万元，占全县稻谷收购贷款的62%。全年共发放收购贷款31笔、13133万元。做好中长期项目贷款业务，淮安利民棚户区改造投资有限公司作为承贷主体的涟水县棚户区域改造一期项目贷款15亿元，年内成功发放6620万元。此外，还对接成功涟水交通控股集团有限公司6亿元农村路网项目、涟水县涟缘水务有限公司13900万元水利建设项目。发展并巩固涟水县投资项目资金管理办公室、江苏今世缘酒业有限公司、涟水县新园区商业投资管理有限公司、涟水经济开发区财税局、涟水县工程质量监督站、涟水现代农业园投资发展公司、涟水宏有建材贸易有限公司、涟水县市政工程公司、淮安清涟环保有限公司等业务单位。对县质监站、开发区财税局、淮安新港建设有限公司、江苏今世缘酒业有限公司等黄金客户，信贷部门主动上门服务，实时了解企业经营情况、现金流等，保证优质服务落到实处。 （赵 彤）

江苏银行涟水支行

【概况】 江苏银行涟水支行成立于2008年，位于红日路与安东北路交叉口中联壹城A01幢，内设综合管理部、业务发展部、零售业务部、营业部，下辖安东路支行，有干部职工33人。2017年，江苏银行涟水支行以防范风险为前提，扎实开展相关工作，努力服务地方经济，推动支行各项业务快速发展，至年末，本外币存款余额29.4亿元，较年初新增8.21亿元，各项贷款余额37.53亿元，较年初新增10.9亿元。获县级机关服务科学跨越发展考评“先进奖”，在县金融系统考核中位列第一，在分行获10多个奖项。营业部被淮安银行业协会评为“淮安市三十佳示范网点”。

【涉农金融服务】 2017年，江苏银行涟水支行按照总行服务三农的工作部署，积极创新涉农服务，推进涉农项目，8亿元土地流转项目准备提款手续、安置房项目拟授信1.28亿元、农贸市场项目拟授信3150万元、扶贫基金项目拟投入1亿元。全面启动“送金融知识下乡”活动，服务走访涟水县大东镇、梁岔镇等乡镇，宣传银行涉农产品与服务。支行领导班子带头和员工深入田间地头、企业厂房，向农业龙头企业、专业大户、家庭农场经营者等创业群体推介新型融资渠道，介绍“新农贷”产品，在全省投放第一笔土地整理及流转资金大单，贷款投放当日便提款5亿元，款项将投入10个村宅基地的有偿退出、高标准农田建设以及土地流转。年末，涉农贷款余额126193万元，较年初新增33692万元，增速达36.42%。

（朱鲲鹏 蒋雅娟）

保 险

【中国人民财产保险股份有限公司涟水支公司】 位于县城常青西路开元名都小区10号楼，内设经理室、业务主管部、综合部、财务部、营销部、承保部、非车险部、农险部、续保业务部、转保业务部、新车保险部、理赔部等12个科室。下辖支公司营业部，高沟营销服务部，梁岔营销服务部等9个服务网点，有干部职工53人，主要经营机动车保险，单位财产保险，家庭财产保险，意外伤害保险，各种责任保险和信用保险等业务。2017年，实现业务收入2.03亿元，比上年增长33%；接受报案24227件，累计支出赔款1.14亿元。占全县财产险市场份额60%以上。 （邓天甫）

【中国人寿保险股份有限公司涟水支公司】 位于县城红日大道16号，内设个人保险部、银行保险部、团体业务部、综合管理部、客户服务中心，下辖高沟、时码、唐集、梁岔、五港、城区、红日收展、常青收展、安东收展、铭远收展等营销职场。有员工54人，营销员1585人，主要经营人寿保险、健康保险、意外伤害保险等各类人身保险业务。2017年，实现保险保费收入2.54亿元，赔付支出1.18亿元。处理理赔案件8000余件，平均理赔时效3.5天。被省分公司评为“安康关爱”先进单位，被市分公司评为“传奇2017”队伍建设奖，公司连续11年被评为“诚信单位”。 （胡家楼）

交通运输

综　述

【概况】 2017年,全县实施交通基础设施建设工程(省财政实施公路、桥梁、铁路涟水站及客运枢纽、港口、农村公路提档升级等)近20个,投资12.68亿元,其中:重点公路投资8.22亿元,农村公路提档升级投资约1.7亿元,古淮河生态旅游景观走廊项目投资0.6亿元,桥梁工程项目5个1.5亿元,农批市场、港口二期、高铁客运枢纽、安东北路农贸市场投资约0.66亿元。至年末,全县公路总里程2563.95千米,有国道3条,其中:长深高速、京沪高速境内里程41千米,G233境内里程31.11千米(二级公路);省道6条(235、326、327、329、346、503),境内里程134.39千米;县道26条,总里程483.04千米;农村公路总里程1874.41千米;全县管理养护公路总里程2287.05千米,省道优良路率100%,县道优良路率83%。有航道10条,总里程176千米,其中盐河三级航道51.36千米。有港口1个,县级汽车客运站1个(涟水汽车客运站),乡镇汽车客运站11个;有城市公交线路14条,总里程193.8千米,有长途汽车客运企业2户,长途客运大巴70辆,长途客运线路45条;城市公交企业1户,公交车辆170辆;农村公交企业5户,农村公交车辆203辆;城市出租车企业2户,出租车283辆;年旅客运输量505万人次,旅客周转量30300万人千米。有公路货运企业2950户,年货运量996.64万吨,货运周转量159622.64万吨千米。有一、二类汽车维修企业17户,车辆检测企业2户,年检测车辆37953辆次。驾驶员培训学校21个,年培训机动车驾驶员13600人次。327省道涟水收费站"尽善心路"服务品牌荣获第七届江苏交通优质服务品牌称号,是全市交通运输系统唯一一家。

【交通环境与安全整治】 2017年,全县整治普通国、省道9个集镇段,实施326省道绿化提升工程;完成全县高速公路沿线广告设施、非法堆积物等调查和复查工作;加强重点船舶和水域监控,开展船舶污染物防治专项整治;加强港口码头粉尘和水污染综合防治;制定完成全县在建铁路沿线绿化实施方案。与公安交警部门联合制定治超工作计划和值班表,联合查处超限车辆,实施非现场处罚64件,港口、码头源头超限超载治理行动共检查港口运输车辆550余辆次,其中超限超载87辆次,卸载约200吨。县交通运输局领导班子成员带队检查安全生产4次,重点加强旅客运输、水上交通、危险化学品运输、交通工程建设、人员密集场所等行业领域的检查。联合公安、安监等部门对12户客货运输企业、4户危货运输企业进行明察暗访,排查客货运输企业安全隐患21个,全部整改到位。对3户水运企业开展安全执法检查,航道部门开展办公区域和航政艇锚地安全隐患专项检查。公路部门对辖区公路桥梁、工程建设等安全重点领域开展全面排查整治,共清除公路摊点116处、非标悬物169块、障碍物209平方米,下达隐患整改通知书5份,另外对辖区内道班房隐患进行全面排查。对17户港口企业的安全基础台账和现场安全管理进行检查。会同县安监部门对连淮扬镇铁路涟水段施工现场和安全台账进行专项检查。全系统有9个单位举办安全应急演练活动,举办3次安全知识考试;淮安红日交通投资发展总公司开展"优秀驾驶员"和"最美司机"评选活动。

【企业经营服务】 2017年,全县交通系统企业开拓市场、强化管理、优质服务,经济效益和社会效益不断提高。红日交投发展总公司在全县邮政网点开通代售客票业务的基础上,与巴士管家合作,开通网上售票业务,旅客可利用网

2017年11月21日,公路风灾应急抢险演练　　(县交通运输局　供稿)

络、手机客户端、微信平台及时购买中、长途车票；投入10余万元新增自动售取票机4台，方便旅客购票；公司全年完成站务营收7837.8万元，实现客运纯收入2355万元；完成三产收入541万元。交通控股集团创新融资方式，探索应用专项债券、政策性贷款等融资新模式，以集团公司及相关子公司为主体的融资规模30.15亿元（配合相关部门的融资规模36亿元），其中到账15.38亿元。红日港务完成吞吐量120万吨，实现收入近400万元，交通文化传媒公司收取租金77万元；通缘置业收取租金19.77万元，超额完成销售目标。交通景观绿化建设养护公司通过招投标、分包、经营承揽的工程11项，新增麻垛黄庄苗圃与朱码花园苗木基地，共有5个苗圃基地，面积约37公顷，投入20万元培育生态园花卉盆景，全年经营承揽实现营收912万元，完成年度计划130%。畅达养护公司积极参加县内、外工程建设项目招投标活动，累计中标和承建的项目2.7亿元；在建项目工程合格率100%，已经完成工程总量2.4亿元，比上年增长225%。车辆综合检测站完成新国标检验方法的设备改造，调整“一站式”服务流程，拆除大厅柜台玻璃隔断，拉近距离，与客户面对面，同时封闭检测车间，减少外界干扰，提高检测效率，全年检测各类汽车3万辆次，完成检测费收入689.5万元。交通工程公司全年完成工程建设2150万元，其中农村扶贫路工程建设投资560万元，农村公路建设及危桥改造投资1490万元，连淮扬镇铁路涟水段下穿公路建设投资100万元，比上年增长16%。（胡　湖）

公　路

【概况】 2017年，全县完成503省道涟水段10.01千米，建成通车；235、346省道涟水绕城段10.63千米，建成通车；清涟大道10.45千米，包括道路、桥梁工程及地下综合管廊工程6.26千米，主体完成98%；涟水路北延段，完成部分路基工程和雨污水管道工程；李码大桥连接线涟水段建成通车；南京路2.47千米，完成部分路基土方工程及过路管涵一道。329省道涟水段取得用地预审批复；346省道涟水段12.29千米，一期计划实施6.2千米，完成施工图审查。实施农村公路提档升级工程，建成农村公路101千米、改建农路危桥18座。坚持以“建好、管好、护好、运营好”农村公路为总目标，12月22日，顺利通过省“四好农村路”考核。

【古淮河生态旅游景观走廊建设】 古淮河生态旅游景观走廊西起涟城镇老“三百”工程与省道327交叉处，沿古淮河大堤向东北延伸，经徐集乡、南集镇、黄营乡、唐集镇至石湖镇Y001与省道327交叉处，全长约54千米，三级公路标准，项目主要包括公路工程和绿化等附属工程。项目总投资2.75亿元。2017年，完成投资0.6亿元，开工建设涟城、徐集段16.17千米，完成12千米。

【桥梁建设】 2017年，完成235省道跨古淮河大桥、宋保大桥、盐河时码大桥、蔡工大桥以及宁连高速上跨清涟大道桥梁。盐河薛行大桥主体完工；桥头接线华昌大道进入路面底基层施工。

235省道跨古淮河大桥　位于涟城镇谷嘴村235省道，2016年开工建设，2017年完工，桥长147米，宽40米，预应力混凝土结构，造价2000万元。

宋保大桥　位于保滩镇肖渡村327南延道上，2016年开工建设，2017年完工，桥长252米，宽26米，预应力混凝土结构，造价1330万元。

盐河时码大桥　位于东胡集镇时码村盐河时码渡口上游约190米处，是省交通厅“撤渡建桥”计划项目。该桥连接乡道372路，2015年开工建设，2017年完工，桥长513.8米，宽10米，接线长1460米，设计时速40公里/小时，桥梁主跨为下承式预应力砼系杆拱桥，两侧引桥为先张法预应力空心板梁，工程投资4996万元。

盐河蔡工大桥　位于盐河红窑镇朱圩村与五港镇交界处，是省交通厅“撤渡建桥”计划项目。该桥连接乡道799路，2015年开工建设，2017年完工，桥长575.52米，宽12米，接线长1290米，设计时速60公里/小时，桥梁主跨为变截面预应力砼连续梁桥，两侧引桥采用20米跨径预应力空心板梁，接线采用二级公路标准，工程总投资5469万元。

宁连高速上跨清涟大道桥　位于经济开发区，系清涟大道下穿G25高速而改造的项目，2017年5月开工建设，2017年9月完工，桥长100.9米，宽24.5米，上部采用6米×16米先张法空心板梁，下部结构采用一桩到顶加盖梁的形式，造价1200万元。

【清涟大道综合管廊】 位于清涟大道道路南侧人行道外5米的绿化带内，2016年开工建设，管廊长6.26千米，标准段面高3.6米，宽6.45米，设有市政和

2017年3月17日，工程建设者在宋保大桥工地紧张施工　（县交通运输局　供稿）

热力2个舱,可接入通讯、电力、市政、供热、供水等管线,预期使用寿命100年。是2017年省级改革试点任务,苏北地区率先开工建设的地下综合管廊。管廊可解决"马路拉链""空中蜘蛛网"等问题,提高土地集约化水平和城市综合承载能力,提升新型城镇化发展质量。

【公路管理与养护】 2017年,县公路管理养护部门管养国省干线公路166.1千米,县道494.7千米,干线公路机械化清扫率100%,干线公路优良路率100%;国、省干道好路率98%以上,重点做好省道327线、329线、235线以及机场路等穿城省道和重点部位的路面保洁工作,清除中分带和路肩的白色垃圾。在省、市公路养护检查评比中,成绩一直名列前茅,位居淮安市养护行列第一方阵。路政、养护人员在日常巡查工作中,做到"信息共享、巡查联合、整治联动、路段联保",提高快速处置能力,查处路损案件17起。投入100余万元,实施327省道公路安全生命防护工程建设,优化平交道口4处,完成中分带机动车道口向非机动车道口的转变,更新标志标线,安装隔离护栏。327省道涟水收费站放行免缴费车辆14.89万辆;交通行政审批服务窗口办理运输行政许可服务事项41000余件,无一差错。

【镇村公交建设】 2017年,全县新开通高沟、朱码、石湖、东胡集、陈师5个镇镇村公交,运行10条线路,全长139.8千米,投放13辆镇村公交班车,途经57个行政村,受益群众12万余人。县汽车客运站投放的空调公交车均安装动态监控系统和自助投币装置,实行车辆公司化管理及无人售票,全程票价2元。镇村公交和城乡班线无缝对接,让农民群众同城里人一样,在家门口坐上安全、便捷、经济的公交车。至年末,全县累计开通镇村公交乡镇16个,运行镇村公交线路23条,投放镇村公交班车31辆,覆盖270个行政村,乡镇镇村公交覆盖率85%,惠及65万余人。

2017年涟水县镇村公交班车开通情况表

表10

线路名称	班线		车辆数(辆)	座位数(个)	沿途停靠站点	总里程(千米)	票价(元)	开通时间
	起点	讫点						
301	红窑客运站	红窑客运站	1	19	红窑中学、三村、浦庵、金沙、潘老庄	11.1	2	2011年6月
302	红窑客运站	大金圩村	1	19	镇政府、颜下庄、黄锅甑、镇医院、西徐圩	17.2	2	2011年6月
304	皂角村	南集客运站	2	38	皂角、王圩、范荡	6	2	2011年12月
308	佘圩客运站	佘圩客运站	2	38	裕丰、杨庙、槐树、六塘、佘何	14	2	2013年12月
309	道明村	古寨东	1	19	道明、朱庄、旗杆庄、朱前、洋河、路北	15	2	2013年12月
310	梁岔客运站	双楼村	1	19	费庄、双楼	7.5	2	2013年12月
311	梁岔客运站	陈溪村	2	48	中心小学、何圩、金码、鲍营、卜圩、洪码、陈溪	13	2	2013年12月
313	大东街	场北村	2	38	大东街、薛三湾、南严、施洼、北严、场北	6	2	2014年12月
314	黄营街	南集客运站	2	38	李圩、九堡、大飞、祝贤、黄营街、王霍、严港、守阳	24	2	2014年8月
315	五港客运站	薛集村	1	19	五里、租田、桃园、埝口、薛集	12.5	2	2015年12月
316	方渡街	南禄村	1	19	方渡街、王杨、南禄、前营	11.3	2	2015年12月
317	义兴街	平安河桥	2	38	义兴街、张郑、白洼、大埝、五房	7	2	2015年12月
318	岔庙五支桥	周集大桥南	1	19	五支、马圩、左圩、四安庄、前进、黄庄、兴哨、王码、周集大桥	20.8	2	2016年12月
325	五港街	别洼村	1	19	别洼、东花园、卫生院、镇北、渠东、五里、五港街	16	2	2017年12月
326	复兴村	小埝村	1	19	复兴、姜桥、卫生院、胡谢、胡南、小埝	15.2	2	2017年12月
322	石湖客运站	淮泽村	1	19	月塔、三旗、南禄街、方圩、徐马、淮泽	14.7	2	2017年12月
323	石湖客运站	薛集村	1	19	五里井、齐庄、南禄街、张顾、薛集	11.2	2	2017年12月
327	蒋庵街	法华村	2	38	蒋庵、何庄、头堡、尹荡、悦来、官荡、北荡、朱楼、团结、跨河、法华	22.8	2	2017年12月
328	陈师街	金码村	1	19	陈师街、国民、水连、一里、金码	7.9	2	2017年12月
324	涟水汽车站	潘闸村	2	38	炎黄学院、薛大桥、顺集、桂生、鲁桥、潘闸	12.3	2	2017年12月
319	高沟客运站	新农村	1	19	老车站、晏庄、胡窑、七里、九里、新农	12.3	2	2017年12月
320	高沟客运站	戴洼村	1	19	老车站、高沟卫生院、盐店、苗荡、扁担、丁庙、戴洼	13.8	2	2017年12月
321	高沟客运站	花园村	2	38	高东、花园、张圩、荀庄、常园	13.6	2	2017年12月

【运输市场整治】 2017年，县运输管理所加强运政稽查，开展县主城区及重点线路运输市场和旅游包车市场专项整治，从源头上保障道路运输安全。全年查处各类违章161起，其中“黑车”31辆；查处使用普通货车运输危险品2起；旅游包车违规经营3起，处理投诉举报47起。 （胡 湖）

铁 路

【概况】 连淮扬镇铁路(连云港—淮安—扬州—镇江)全长约305.2千米，全程设计行车速度为每小时250千米。2015年9月开工建设，预计2020年4月全线建成通车。该铁路由灰墩办事处陈沟村入涟水境，经灰墩、红窑、岔庙、朱码、开发区、陈师、保滩，由保滩镇淮涟村出境，境内长度39.5千米。境内设有涟水站，位于县经济开发区蒋老庄村。

【涟水火车站主体工程竣工】 涟水火车站规划占地面积8000平方米，为新建中间站，设到发线4条(含正线2条)，有效长650米；基本站台和侧式站台各1座；进出站旅客地道1座；淮安端设置安全线1条。2017年，涟水火车站主体工程竣工，附属工程有序推进。（胡 湖）

水 运

【概况】 2017年，县境内有盐河三级干线航道1条，长51.36千米，有通航支线航道5条，分别为南六塘河、北六塘河、一帆河、公兴河、唐响河等，总长87.9千米，均为七级或等外级航道，可通行100吨以下船舶。涟水港位于县经济开发区盐河西岸、朱码船闸上游约3千米处，港区规划占地面积10万平方米，码头总长度410米。全县年初在册渡口12道，在渡渡口6道。通过撤渡建桥、动员自行申请撤渡、隐患渡口强制撤销、协调请示等方式，经村、镇申请，县政府批准，12道渡口全部撤销，提前完成全年项目化目标任务，受到省交通运输厅、市县政府表扬。

【航道治理】 2017年，全县完成辖区日常航道巡查及全年清障扫床任务，完成新增8座航标的遥控遥测改造工作。辖区干线航道通航率100%，境内航标正位率、发光率99%以上。收取航道赔(补)偿费17.5万元，处理违法案件10起。

【港口建设】 涟水港于2009年开始一期工程建设，完成基础设施有综合楼、仓库、配电房等，港口配备5吨固定吊7台，10吨固定吊1台，10—30吨龙门吊1台等设备，一期有5个300吨级泊位和3个500吨级泊位，设计年货物吞吐量169万吨。2017年，完成货物吞吐量107.39万吨。年内，完成涟水港二期项目前期手续办理，二期项目位于一期南侧，岸线长340米，总投资约2.23亿元，设计年货物吞吐量154万吨。

涟水港区安全作业 （县交通运输局 供稿）

【水上执法管理】 2017年，完成江苏中澳盐业有限公司码头审批工作；完成淮安港涟水港区二期工程施工图设计审查工作。全年出动海巡艇1069艘次，巡航里程13762千米，出动海巡车179辆次，行程8950千米，检查船舶3520艘次，实施现场监督检查619艘次，纠正违法行为1076起，拆解船舶19艘。未发生水上交通责任事故、船舶污染水域事故以及航道堵塞8小时以上事故。

（胡 湖）

航 空

【概况】 淮安涟水国际机场位于陈师镇境内(空港路1号)，距离淮安市中心22千米，距离涟水县城10千米。2008年10月8日经国务院、中央军委批准同意兴建，是国家“十一五”规划建设的重点支线机场，飞行区等级为4C，跑道长2400米，候机楼面积14700平方米，国内、国际厅各占一半；停机坪3.3万平方米，有停机位5个，具备年60万人次旅客的吞吐能力。2010年9月26日建成通航。通航后，淮安涟水机场走出一条独具特色的民航发展道路，为提升区域经济竞争力和扩大对外开放发挥着“空中桥梁”的重要作用，实现“点投面收”的良好效应，成为支线机场建设促进地方经济发展的成功典范，被国家民航局誉为支线机场发展的样板。2017年，在编员工292人，其中：女员工87人，专业技术人员40人；高级职称1人、中级职称10人、初级职称29人；管理人员54人，其中：中层以上管理人员26人。公司内设机构11个，分别是综合办公室、党群工作部、财务部、航空安全办公室、企业管理部、航务管理部、机场管理部、地面服务部、安全检查站、安全保卫部、市场营销部。同时设有二期扩建指挥部，内设综合组、财务组、前期组、工程组。全年保障各类飞行15385架次，其中运输航班11692架次，比上年增长50.61%；机场整体安全形势平稳，连续7年实现持续安全。完成旅客吞吐量128.63万人次，增长49.31%；完成货邮吞吐量5006.70吨，增长7.96%；仅用不到两年时间，就实现旅客吞吐量较"十二五"末翻一番，提前两个月完成"冲刺100万"近期发展目标，正式迈入中型机场行列。全年累计收入6623.39万元，增长30.49%，上缴税金94万元。固定资产原值67128.6万元，净值42971.72万元。获第七届机场建设与发展(上海)国际峰会"年度机场最佳航线拓展奖"，机场消防"先锋班"获"全国民航示范班组"称号。

【航线网络建设】 2017年，新开通淮安至长沙、济南、西宁3个省会城市直飞航班，由北部湾航空开通济南—淮安—长沙往返航班，每周一、三、五、七共4班；长龙航空开通的杭州—淮安—西宁往返航班，每周二、四、六共3班；淮安至昆明、天津、重庆、长春、杭州均加密为每天一班；淮安至曼谷、杭州、温州、石家庄进出港航班时刻均得到优化提前；增开柬埔寨暹粒、泰国曼谷国际航班，增开淮安至河内(越南)航线，每周四、周日各一班，由越南越捷航空公司执飞；一类航空口岸重要作用得到进一步提升。全年通航城市25个，通达中国台北和国内大部分枢纽机场及省会城市，以及泰国、柬埔寨等国外城市。

【机场二期扩建工程】 系省、市重点工程，2014年8月15日获省发改委批复立项，2016年3月11日可研报告获省发改委批复，9月26日初步设计及概算获省发改委和民航华东管理局联合批复，11月21日，飞行区工程全面开工建设。项目总投资约7.15亿元。主要建设内容为：跑道向北延长400米，新建2条垂直联络道；扩建站坪、新增机位11个，新建货机坪；改扩建目视助航设施及站坪照明系统；改扩建空管工程；新建货运站、航食楼；消防等级提升至7级等。项目建成后可满足2025年旅客吞吐量130万人次和货邮吞吐量1.3万吨的运输能力。2017年，场道工程、空管工程、航站楼改造工程、飞行区消防工程，场内变电站改造等项目已竣工投用，航站区、货运区工程竣工。2800米跑道投用后，客运停机位达到16个，可满足A321、B737-800机型起降要求，具备开通包括乌鲁木齐在内的所有国内航线能力，将有效缓解站坪机位紧张给机场带来的安全风险和运行保障压力，大大提升淮安涟水机场航空运输能力和服务保障水平，更好地为地方经济发展和广大旅客出行提供优质便捷服务。

【中小机场与区域经济发展论坛】 2017年12月1日，以"协同发展，创新作为"为主题的中小机场与区域经济发展论坛在淮安举行。论坛由淮安市政府与中国民航报社联合主办，淮安民用机场有限责任公司与淮安空港产业发展办公室承办。来自国家民航局、民航江苏监管局、行业协会、中小机场、航空公司、民航院校、航空物流企业、临港产业园区及淮安市政府相关部门等80多家单位近200人参加。聚焦中小机场发展现状和趋势，交流学习机场发展与区域经济协同发展的成功经验，深入探讨"十三五"期间促进中小机场与区域经济共同发展的有效方法和措施路径，推动中小机场在合作共赢的基础上全面发展。市长蔡丽新、中国民航报社社长马松伟为论坛致辞，市委常委、淮安经济技术开发区党工委书记唐道伦出席活动，中国航空运输协会理事长李军，中国国际经济交流中心副理事长、秘书长张大卫，淮安市政府副市长赵权等作主题演讲。淮安经济技术开发区管委会分别与海航集团旗下的海航机场集团、新华联航临空产业投资开发有限公司签订产业基金、产业生态城两份合作协议，标志着淮安经济技术开发区管委会与海航集团正式建立新型战略合作关系。论坛的成功举办，对于提升淮安的要素吸引力、产业集聚力、市场竞争力、区域带动力以及在全国范围内的知名度和影响力具有重要意义。

(王　勇)

2017年12月1日，承办中小机场与区域经济发展论坛　(淮安涟水机场　供稿)

城乡规划

【概况】 2017年，县规划局精心组织编制各类规划33项。以县域为研究范围，开展“多规合一”全县“一张图”专项规划，搭建多规信息平台，编制美丽乡村建设专项规划、村庄生活污水设施治理专项规划、加油加气站布点规划，统筹全县发展需求；组织编制五岛湖片区、经济开发区、红日朱码片区控制性规划，实现中心城区建设用地控规全覆盖；推进滨河新城重要片区城市设计、“海绵城市”专项规划、综合管廊专项规划、城市备用水源地原水管道方案、城市建成区黑臭水体识别排查及整治方案，完善城市功能配套；推进村镇规划工作，组织编制高沟镇扁担村、红窑镇夏楼村、保滩镇洪荡村、黄营乡朱桥村、徐集乡上营村等20个美丽乡村规划。参与县人大、政协的优化城乡布局调研，推进五港片区、黄营片区、梁岔片区空间发展规划，科学指导重点中心镇发展。累计完成景观类施工图12项，市政类施工图9项，亮化类施工图9项，综合性工程2项。完成涟水湖、盐河风光带、龙腾河景观、城南三角岛等街头游园景观等景观类规划及施工图设计；完成海安路与炎黄大道、广陵路与红日大道等7个交叉口渠化改造施工图，完成滨河小学西侧排水施工图设计、清水河河道开挖施工图设计等；完成红日大桥、坦克桥、西门大桥、白鹭桥等城区主要桥梁，涟水路、“三百”工程路、省道235连接线路等路灯亮化设计；完成梁岔镇费庄村“新社区新生活”、涟水外国语学校滨河分校项目等重点项目的规划方案及施工图设计。调整充实县规划委员会和专家咨询委员会文件，补充城市综合发展战略、城市设计与建筑景观、城市交通与市政工程等类别专家81人，组织召开规划委员会会议2次，审查通过开发区控规、红窑镇区控规等9个政府投资类项目、《涟水县中心城区建筑物停车设施配建准则（试行）》等规划政策以及安东农贸市场、荣马花苑小区等8个规划方案类项目。

盐河风光带规划设计效果图　　（县规划局　供稿）

【规划服务】 2017年，县规划局推进县重点项目规划服务工作，办理拟选址106件，规划条件75件，村镇规划条件54件，市政规划条件30件，为中信华科技园、优抗力食品科技、光大生物质发电等县重点建设项目开辟绿色通道，采取特事特办，先行对其项目总平图进行预审，促成项目早日开工。审查规划工业项目设计方案28件，教育等其他类53件，其中包括华昌固废、中民筑友装配式建筑生产基地、方渡中心小学、唐集卫生院、麻垛加油站等。

【城建规划监察】 2017年，县规划局加强城建规划监察，查处违法建设54户，交办拆除违法建设面积3952平方米，组织专项执法检查4次，下达停工通知书6份，整改通知书3份，及时纠正违规建设项目3个。对违反规划许可施工、未经验收擅自交付、材料检测不合格等30起违规行为进行行政处罚，罚款48.2万元，责令限期整改，打击各种违规行为。　（汪志豪）

城乡建设

【概况】 2017年，县住建局实施重点项目64个，计划总投资21亿元，年度总投资8.77亿元。其中，市重大项目2个，市政工程34个，公共设施项目5个。启动房屋征收（拆迁）项目5个，签约搬迁875户14.22万平方米。分配公共租赁住房289套，住房保障体系健全率位居全市第一。完成18个老旧小区改造。住房保障工作在市对县考核中，从2016年的倒数第一提升到2017年的正数第一。全县城镇化率51.8%,绿化覆盖率41.89%。全县住建系统完成招引亿元以上项目4个,在建10亿元项目1个,签约亿元项目1个。其中,投资10亿元的中民筑友(淮安)绿色科技园项目顺利签约,落户空港产业园。涟缘水务光伏发电项目完成签约和项目备案工作。先后被评为全省村镇建设档案管理工作先进单位、市住建系统县区目标考核优秀单位、县部门服务科学跨越发展考评先进单位,获省人居环境范例奖、地下管线普查三等奖、墙改工作业绩突出奖、县"三城同创"工作突出贡献奖。

【市政工程建设】 2017年,县住建局完善市政路网,滨河新城龙腾大道西段、清枫路、翠柏路、红枫路等市政道路相继竣工通车,其中龙腾大道一标段已申报省"扬子杯"优质工程奖。老城区环湖北路、一干渠桥梁工程竣工通车,炎黄大道慢车道改造顺利完成,上海路与金城路节点打通,涟新路稳步推进。完成海安路与炎黄大道等7个交叉口渠化改造以及上海路、襄贲南路等6个路段照明工程。实施生态绿化,完成新涟中校区绿化提升改造和安东北路、北京路、上海路等绿化配套,涟河、古淮河2个风光带和新世纪广场等3个游园相继投入使用。完善公共设施,滨河新苑安置小区全面交付,启动涟水外国语学校滨河分校建设,龙腾河、清水河开挖工程顺利完成,43座公共厕所、137只消火栓和应急避难场所建设全部完成交付使用。

【房屋征收与安置】 2017年,县房屋征收办按照省市下达涟水县棚户区改造目标任务,顺应各类重点项目建设的需要,依法实施房屋征收(拆迁)与补偿工作。全年房屋征收(拆迁)总量2500户30万平方米,实现亮底征收全覆盖。完成县城中山西路两侧棚户区改造二期(第一批)508户41548.04平方米、经济开发区美丽宜居乡村建设(凌庄二期)搬迁154户26128.66平方米及黄营乡祝贤村139户16435.34平方米、大东镇施洼村574户78445.8平方米、义兴镇施庵社区171户19932.04平方米、成集镇条河村及小延安共380户56676.31平方米、朱码镇鲁桥村257户31601.29平方米等乡镇高标准农田整治整村推进项目的房屋搬迁工作。针对县城区房屋征收安置实际情况,分类做好房屋搬迁超期过渡的处置工作,多渠道、多元化地推进安置房建设和交付工作,全年交付安置房(含政府回购)1608套16.18万平方米,五岛湖二期异地安置88套现房用于处理急需安置的被拆迁户,中央城项目回5号楼建至16层,回6号楼建至26层,预计2018年底交付。

【滨河新城建设】 2017年,县住建局加快推进中山西路棚户区改造项目,一期二期基本结束,三期完成拆迁方案制定;安置房建设稳步推进;滨河新苑安置小区一期,65幢全部交付,完成邻里中心施工,二期采用装配式建筑施工,完成施工图设计等工作;加快教育中心、医养中心、公共卫生服务中心、科技文化中心等公共服务设施建设,补齐城市功能短板。其中,教育中心全部建成投入使用,淮安外国语学校涟水校区小学、初中部入驻教育中心,公共卫生服务中心已经完成主体工程;涟水外国语学校滨河分校采取装配式建筑施工,预计2018年6月建成;加快市政设施建设,龙腾大道东延、清枫路、红枫路、翠柏路等市政道路顺利通车,龙腾大道西延、青松路、海西路、渠北西路有序推进;加快园林绿化建设,盐河风光带、备用水源地、涟水湖森林公园等规划设计工作完成,2018年启动实施。

【美丽乡村建设】 美丽乡村是指经济、政治、文化、社会和生态文明协调发展,规划科学、生产发展、生活宽裕、乡风文明、村容整洁、管理民主,宜居、宜业的可持续发展乡村(包括建制村和自然村),建设内容包括村庄规划、村庄建设、生态环境、经济发展、公共服务及其他方面。2017年,县住建局继续推进美丽乡村建设,完成保滩、高沟等16个乡镇管网建设和成集、前进、高沟等4个污水处理厂土建以及设备安装工作。创成市级村庄长效管护示范镇6个,市级村庄长效管护五星级乡镇5个。省级美丽乡村、康居村庄创建有序推进,东胡集镇小埝村、高沟镇三丰村、朱码镇嵇庄村、红窑镇大金圩村完成创建工作。重点中心镇建设进展顺利,省级重点中心镇高沟、红窑2个镇完成投入2.46亿元。

【住建系统文明城市创建】 2017年,县住建局参与省级文明城市创建,共收到省级文明城市创建指挥部交办任务61项,涉及建筑工地、市政基础设施、城区绿化亮化、小区物业管理、老旧小区改造、黑臭水体整治、公益广告宣传等7个方面,建工局、市政科、规划科、物管科、市政公司、绿化公司、便民公司、亮化公司承担大量工作任务,全部顺利完成。修补责任区范围内的主次干道破损的沥青、砼路面58000多平方米;修复人行道板和广场道板28000多平方米;修补

2017年建成古淮河风光带　　　　(县住建局　供稿)

路牙9000多米，确保市民出行安全，维护城市市政设施正常使用。施划责任区范围内主次干道标线5800多平方米，施划车位13000多个。补植高杆女贞、无患子、国槐等乔木约950株；补植大叶黄杨、红叶石楠、龙柏等绿篱约7600平方米，对城区裸露树池进行全覆盖，栽植麦冬约5500平方米。落实各项绿化管养措施，城区已植苗木管护保存率98%以上，主要道路绿带、公共绿地、游园风光带全天保洁，绿化设施完好无缺。维护范围内的亮灯率98%以上，设施完好率95%以上，保持长效化管理。城区在建工地围墙投放公益性广告总面积不小于围挡总面积的50%，其中文明标语占10%，社会主义核心价值观30%，民风民情30%，中国梦30%。

（黄立新　汪志豪）

房地产开发管理

【概况】 2017年，县住建局加强房地产市场监管，落实商品房销售备案制度，严格预售房款的管理，促进房地产市场的健康发展。年末，全县有房地产开发企业55家，其中一级资质1家，暂定二级资质46家，暂定三级资质8家，全年完成房地产开发投入14.2亿元，比上年下降34.20%；房地产销售面积121.82万平方米，增长3.56%；房地产销售额49.75亿元，增长25.28%。商品房每平方米平均售价4202元，增长4.11%。实现商品房去库存4776套44.07万平方米。

2017年涟水县新建住宅小区商品房销售情况一览表

表11

小区名称	建设时间	地　　址	价格（元/平方米）	法人代表	已销售情况（%）
中央城	2011.3	长青路北侧、安东路西侧	4294.71	崔海林	90
中联壹城	2010.3	红日路北侧、安东路西侧	4586.33	张月芹	90
领秀花都	2011.6	红日西路南侧	4858.32	陆　群	90
金地尚城	2007.12	金城南路	4005.23	朱国正	98
剑桥印象	2012.2	炎黄大道北侧	3895.63	徐立伟	75
翰林苑	2011.1	炎黄大道北侧	3645.67	张中华	70
龙源国际花园城	2010.3	金城北路东侧红日路南、北侧	4213.58	杨生生	85
艺达名都	2012.6	炎黄大道北侧	3868.76	周龙文	95
状元府	2009.8	淮浦路东侧	3890.13	高厚闯	95
中恒国际	2007.10	淮浦路东侧今世缘大道南侧	3320.83	赵　洁	85
东方红府（南区）	2013.9	深圳路与上海路交汇处	4557.81	陈红国	85
清华名都	2015.9	人才小区东侧，尚学路西侧	4725.19	蒋建安	45

【问题楼盘矛盾化解】 2017年，县住建局集中力量化解全县各个住宅小区存在的问题，问题楼盘从55个削减至22个。完成翰林苑、畔水美庭、中联壹城、状元府4个小区问题楼盘的部分楼幢交付备案手续和君悦华城一期14幢楼、二期10幢楼的交付备案手续，历史遗留问题得以化解。艺达名都小区、德运广场暂封剩余房源，采取逐步释放、回笼资金的方式，缴纳相关费用，回笼资金380万元，全部用于缴纳电力配套设施建设费用。

建筑施工管理

【概况】 2017年，县住建局健全市场准入、清出及联动协调机制，营造“公平竞争、规范有序”建设市场秩序。全县完成建筑业总产值255亿元；房屋建筑施工面积3600万平方米，其中新开工房屋建筑面积998万平方米，房屋建筑竣工面积1236万平方米。13项工程被评为年度市“翔宇杯”优质工程，滨河新苑安置小区、书香苑1—10号楼、五岛湖公馆1—6号楼及商铺等94个单项工程被评为淮安市优质结构工程，获奖数量创历史新高。检测中心通过江苏省质量技术监督局检测机构资质认定考核。年末，全县有建筑业资质企业总数85家，其中施工总承包企业47家，专业承包企业23家，劳务企业15家。

2017年涟水县优质工程项目一览表

表12

工程名称	施工企业名称	结构层次	建筑面积(平方米)	创优负责人	优质等级
东方红府(南区)1号楼	江西兴业建筑工程有限公司	框架六层	3309.15	朱爱军	市优
东方红府(南区)2号楼	江西兴业建筑工程有限公司	框架六层	3545.5	朱爱军	市优
东方红府(南区)3号楼	江西兴业建筑工程有限公司	框架六层	3442.3	朱爱军	市优
东方红府(南区)12号楼	江西兴业建筑工程有限公司	框架六层	3315.72	朱爱军	市优
东方红府(南区)13号楼	江西兴业建筑工程有限公司	框架六层	3094.8	朱爱军	市优
金轮世家32号楼	涟水科达建设工程有限公司	框架九层	8956.55	文　淳	市优
涟水县香山公馆1号楼	江苏武进建工集团有限公司	框剪地下二层地上十六层	9438.6	顾晓明	市优
涟水县香山公馆1号楼	江苏武进建工集团有限公司	框剪地下二层地上十六层	8195.7	顾晓明	市优
绿洲花苑7号楼	福建省永泰县第三建筑工程有限公司	框剪十七层	11752.7	高　磊	市优
绿洲花苑8号楼	福建省永泰县第三建筑工程有限公司	框剪十七层	3381	高　磊	市优
绿洲花苑10号楼	福建省永泰县第三建筑工程有限公司	框剪十七层	3381	高　磊	市优
天港领袖花都3号楼	江苏腾宇建设工程有限公司	框架五层	4580.84	张建明	市优
天港领袖花都5号楼	江苏腾宇建设工程有限公司	框架五层	4494.72	张建明	市优
天港领袖花都7号楼	江苏腾宇建设工程有限公司	框架五层	4683.98	张建明	市优
天港领袖花都8号楼	江苏腾宇建设工程有限公司	框架五层	4319.15	张建明	市优
天港领袖花都9号楼	江苏腾宇建设工程有限公司	框架五层	4319.15	张建明	市优
天港领袖花都10号楼	江苏腾宇建设工程有限公司	框架五层	4319.15	张建明	市优
天港领袖花都13号楼	江苏腾宇建设工程有限公司	框架五层	4802.07	张建明	市优
天港领袖花都15号楼	江苏腾宇建设工程有限公司	框架五层	4319.15	张建明	市优
天港领袖花都16号楼	江苏腾宇建设工程有限公司	框架五层	4802.07	张建明	市优
天港领袖花都38号楼	江苏腾宇建设工程有限公司	框剪十六层	18497.6	张建明	市优
涟水县人民医院新院工程	南通四建集团有限公司	框架21+1	110000	赵玉明	市优
涟水县人民医院新院工程	南通四建集团有限公司	框架21+1	110000	赵玉明	省优
涟水县五岛湖公园内部市政配套工程一标段	国涟建设集团有限公司	市政工程	1653.7	王卫东	省优
涟水县五岛湖公园内部市政配套工程一标段	国涟建设集团有限公司	市政工程	1653.7	王卫东	市优
涟水县汉文化广场铺设工程	涟水县市政工程公司	市政工程	347.87	赵卫林	市优
涟水县五岛湖公园一期遗留工程	涟水县市政工程公司	市政工程	904.64	孙曙云	市优
涟水县淮河路工程	江苏兴亚建设工程有限公司	市政工程	726	乔增强	市优
涟水县襄贲路(漪河南路—朱码路)道路和桥梁工程	国涟建设集团有限公司	市政工程	1133	王　杰	市优
涟水县泰山路(天元路—安东路)工程	国涟建设集团有限公司	市政工程	433.5	朱　健	市优

2017年涟水县建筑系统企业承建主要工程一览表

表13

工程名称	建筑面积（平方米）	层次(层)	施工单位
清华名都二期5、6、8—10、16、18号楼	41680.28	2、3、6、12、18、27	江苏弘发建设工程有限公司
香山新风景6号楼	14151.68	19	江苏五建工程集团有限公司
香山新风景1—5号楼、地下车库、人防地下室及商业	35118.39	3、7、13	江苏万同交通工程有限公司
亿泰隆国际商城项目一期一标段（A7号、A9号、A10号、A13号、A15号、A19号、A20号、A23号、A25号、A29号楼）	28606.19	2	江苏实上建设有限公司
德运广场A—C号楼及防空地下室	46660.64	18	涟水县建达建筑工程有限公司
清华名都一期一标段1—4、11—13、15号楼	31606.39	11	江苏弘发建设工程有限公司
金碧华府7—10号楼、7号楼裙房、非人防地下室1、2及人防地下室。	97260.54	24	江苏炎威建设工程有限公司
滨河新苑安置小区1号—65号楼及邻里中心	235448.19	6	深圳中海建筑有限公司
涟水东鼎商城三期A地块A、B号楼	44874.74	3	淮安东圳建筑工程有限公司
中央城28—1号楼、29号楼	19743.42	18	涟水县科达建设工程有限公司
泰丰针织二期扩建厂房（检验）	7316.00	2	江苏元达建设工程有限公司
涟水县黄营中学宿舍楼	954.00	3	淮安市开亮建设工程有限公司
中国供销涟水农产品批发市场一期工程2号B、3号A、5号、6号、7号A、7号B、8—19号楼	39059.82	1、2、6	合肥市义兴建筑安装工程有限责任公司
中顺环保1号厂房、综合楼、研发楼	18447.73	1、4	苏州卓鼎建设工程有限公司
涟水县义兴中学宿舍楼	985.00	3	涟水县科达建设工程有限公司
涟水县梁岔中心小学综合楼	1391.00	3	淮安经济开发区第一建筑有限公司
都市阳光4—17号楼	44604.97	6	涟水县建达建筑工程有限公司
高沟中学异地新建办公楼、教学楼、食堂、1号宿舍楼（女）、2号宿舍楼（男）。	25581.97	2、4、5	中交第二航务工程局有限公司
天港·领秀花都22号楼及2号地下车库	14523.50	19	江苏腾宇建设工程有限公司
凤凰星城2,3,5—10,13,16号楼，汽车库	33733.25	7	江苏兴港建设集团有限公司
液化石油气储备站新瓶库及办公建筑、生活建筑、辅房工程	1779.00	3	扬州泽宇建设工程有限公司
亿泰隆国际商城项目一期二标段A3、A8、A11、A12、A17、A18、A22、A27、A31号楼	30758.77	5	浙江腾远建设有限公司
涟水县五港中学宿舍楼	906.00	3	江苏苏旭建设发展有限公司
涟水经济开发区集中供热项目办公楼、化水车间、锅炉配套用房、消防泵房及水池	3474.8	1、2、3	江苏省工业设备安装集团有限公司
涟水县河网中学宿舍楼	1099.00	3	江苏全鹰建设有限公司
涟水县徐集中心小学教学楼	1516.00	4	
江苏永安化工有限公司仓库二、仓库三	2094.82	1	江苏同悦装饰工程有限公司
水岸城邦12号、13号、15号、16号、33号、35号、36号、38号、40号楼，幼儿园	14134.33	3、4	江苏名厦建设工程有限公司
中央城30号楼	25621.80	27	涟水县科达建设工程有限公司
书香苑小区二期13—16号楼及防空地下室	62577.48	20	涟水县科达建设工程有限公司
江苏涟水农村商业银行股份有限公司办公楼工程	34458	22	苏州工业园区国发国际建筑装饰工程有限公司
中央城32号楼	18823.20	34	江苏金品建筑工程有限公司
天港·领秀花都21号楼	14718.74	18	国涟建设集团有限公司

续表13

工程名称	建筑面积(平方米)	层次(层)	施工单位
世家花苑1—4号楼及1—3号地下车库	22633.93	6、7	江苏瑞航建设工程有限公司
涟水县第二水厂深度处理系统工程—深度处理组合池、炭滤池反洗泵房、臭氧发生间、脱水机房、预臭氧接触池、排泥池、浓缩池、储泥池	2999.8		齐力建设集团有限公司
亿泰隆国际商城项目一期二标段A16号、A21号、A26号、A30号楼	10118.92	2	浙江腾远建设有限公司
神龙盛唐4号、5号、10号、11号、14号、S1号、S2号、S3号楼	59572.7	18	国涟建设集团有限公司
天港.领秀花都25号、26号楼	23979.3	19	国涟建设集团有限公司
中央城幼儿园	5988.26	3	涟水县科达建设工程有限公司
金碧华府(原华源国际)4号、5号、6号楼	61554.67	29	江苏明远建设工程有限公司
1号厂房、1号、2号宿舍、食堂	30919.02	1、4、5	江苏瑞鼎建设有限公司
高沟中桥口国际商贸城二期A10号、A14号、A15号楼	8046.76	6	涟水县科达建设工程有限公司
苏杭科技1号厂房废水处理站	8264.08	2	江苏兴亚建设工程有限公司
中央城28号楼	13866.48	18	涟水县科达建设工程有限公司
中央城27号楼	24578.14	26	国涟建设集团有限公司
涟水县时码中学教学楼	1041.00	3	江苏兴亚建设工程有限公司
翰林苑二期1—3号楼及商业网点、地下车库	25844.97	18	涟水县科达建设工程有限公司
涟水县灰墩中学宿舍楼	1198	3	江苏恒晟源建设有限公司
涟水县河网中心小学幼教楼	1602.38	3	江苏仁达建设工程有限公司
徐集乡胡寨小学教学楼	682	2	江苏广悦建设工程有限公司
亿泰隆国际商城项目一期一标段A1号、A2号、A28号楼	15917.92	5	江苏实上建设有限公司
香山润园1号、2号、3号、8号、16号、17号楼。	24630.92	5、11	江苏万同交通工程有限公司
满庭芳园D座、E座、F座、G座、H座、地下汽车库	47449.99	19	涟水县科达建设工程有限公司

【装配式建筑产业】 装配式建筑是由预制部品部件在工地装配而成的建筑,按预制构件的形式和施工方法分为砌块建筑、板材建筑、盒式建筑、骨架板材建筑及升板升层建筑等5种类型。2017年,县住建局推动装配式建筑发展,促进建筑产业现代化,规划装配式建筑项目8.95万平方米,完成新开工装配式建筑项目7.2万平方米,完成工程总承包项目1个(空港产业园电子商务产业园)。涟水外国语学校滨河校区(6.4万平方米)快速推进,预计2018年6月底竣工。中民筑友科技(江苏)有限公司的绿色建筑科技园项目正式落户机场产业园,计划总投资10.5亿元,其中一期投入5.5亿元,占地8公顷,建设包括成套住宅部品部件制造中心、装配式节能建筑展示中心、建筑新材料制造中心、城市地下综合管廊制造中心、数字化物流中心,项目落地后,将成为全县首个装配式建筑产业基地。首个总承包项目淮安(涟水)空港产业园总建筑面积3万平方米的综合楼工程,已封顶

2017年启动建设的装配式建筑项目——涟水外国语学校滨河校区　（县住建局　供稿）

进入装修施工阶段。

【建筑业监管】 2017年，县住建局开展转包及违法分包监督执法检查活动，全年查处违法违规工程16项，向施工企业下达违法违规行为通知单82份，下达建筑工程停工通知单31份、建筑工程安全整改通知单368份、当场处罚决定书18份，全县建筑安全形势总体平稳。使用LBS定位管理系统，强化工程质量动态抽检和质量监督，全年受监工程365个，总面积130万平方米；开展质量抽查30余项次，季度巡查8次，组织质量观摩5次，现场会3次，动态抽检建筑原材料1002组，发出工程质量整改通知书10余份，申请行政处罚30起。资质认定由原有检测项目15项，参数50个，增加到检测项目38个，参数202个，顺利通过省级计量认证的扩项评审，通过项目38项，参数202个，顺利通过门窗能力和低应变能力验证。新墙材总产量完成1.35亿块(标砖)，新墙材占墙材总比量比例的102%，建筑节能竣工面积48万平方米，总建筑面积52万平方米，建筑节能竣工面积占总面积97.1%。对全县建设工程和新墙材生产企业进行产品质量抽检2次，对抽检不合格的新墙材，要求建设工地和新墙材生产企业立即停工并进行整改。推进陈师镇创建"禁粘"示范乡镇。实行农民工工资卡项目覆盖率80%以上，全年共组织16次市场及清欠飞行检查、5次专项检查，累计检查工程项目131批次。 （黄立新 汪志豪）

城市管理

【概况】 2017年，县城管局以创建省级文明城市、省级食品安全示范城市为契机，提升执法水平，圆满完成各项目标任务。全年累计开展各类市容环境专项整治行动50余次，依法纠正、取缔各类占道经营、流动摊点1.6万余处，暂扣物品1.8万余件，清理僵尸车287辆；做到主要道路保洁不低于18小时，一般道路保洁不低于12小时，累计清运积存生活垃圾10万余吨、建筑垃圾2.3万余吨，清理卫生死角1万余处，城区主次干道清扫保洁率100%；集中整治城市"牛皮癣"，累计清除各类城市"牛皮癣"12万余处，接到群众举报106次，查获违规小广告发布者232人，行政处罚232人，累计收缴各类小广告15万余张、印章63个；拆除各类违规设置、破损广告5000余块，条幅广告2800余条、布幔广告812处；对不按规定密闭运输，造成抛洒滴漏、车轮带泥行驶等现象予以查处，累计查处违规车辆46辆，查处和教育76人次。投资320万元，分别在高沟、成集、朱码和五港4个乡镇新建4座压缩式垃圾中转站；推进公共停车场项目建设，在县政务中心西侧和状元府小区西北角分别新建2个可容纳233辆、121辆车的公共停车场。获县委、县政府部门服务科学跨越发展考评优秀奖、"省级文明城市、省级卫生城市、省级园林城市"创建工作特别贡献奖、项目建设成绩突出单位、利用外资考核先进单位等表彰；在全市城管执法比赛中，获团体二等奖。

2017年8月29日，拆除违规设置广告 （县城管局 供稿）

【泰山中路店招店牌提升改造】 2017年，县城管局推动县城区店招店牌逐步实现"美化""亮化"，继续加大投入，按照"统一式样、统一材质、统一规格、色彩协调"的原则，对城区泰山中路(涟州路—淮浦路)全长约500米、591平方米的商铺店招店牌进行提升改造。12月改造完成并通过验收，改造后的店招店牌统一和谐、美观协调，有效提升泰山路市容市貌。

【放心早餐示范工程建设】 2017年，县城管局以惠民、利民为目的，推进放心早餐示范工程建设。年初，和江苏淮安苏食放心早餐工程有限公司共同研究、认真规划，在城区多处人流集中区投放统一式样的放心早餐亭。早餐包括各式包子、粥、面包、手抓饼等，品种多样，花色齐全。经营人员在规定期限内售卖，过期必须退回处理，既解决市民日常早餐的需求，又保障食品安全卫生。到年底，完成放心早餐亭安装32座，吸纳"40、50"人员32人。

【非机动车固定卡座建设】 2017年，县城管局结合省级文明城市创建要求，规范县城区非机动车停放秩序，由政府投资138.45万元，推进非机动车固定卡座项目建设，解决非机动车占用盲道、乱停乱放等问题。年初，组织人员在县城区走访考察，结合实际情况制定安装计划。同时加强宣传，强化管理，要求各商户、单位自觉遵守市容环卫责任区管理制度，严格落实"门前五包"。到年底，在城区安东路、淮浦路、金城路、郑梁梅大道、常青大道、红日大道、炎黄大道、涟州路、襄贲路等主次干道成功安装非机动车停车卡座共1万米，可停放非机动车约15000辆。加强非机动车停放秩序管理，按顺序入槽停放，县城区非机动车停放秩序显著改善。

【红日广场现代改厕建设】 2017年，县城管局将县红日广场公厕列为公厕改革试点项目之一，投入20万元，按照“第五空间”等现代公厕建设理念改建，拓展更多便民服务空间，彰显人文、现代、开放特色。改建后的公厕占地面积280平方米，由男女卫生间(厕位男14个，女16个)、洗漱间、第三卫生间、母婴休息室、工具间、阅览室和健康小屋等组成。颇具人性化地设施让“公厕”这方小小的天地发生巨大的变化，得到社会各界的一致好评。

【数字城管系统建设】 2017年，县城管局继续完善数字城管系统建设。6月，在具有城市管理职能的14家单位(县公安局、住建局、涟城镇、交通局、卫计委、旅游局、教育局、水利局、市场局、人防办、商务局、环保局、移动公司、电信公司、联通公司、供电公司、江苏有线涟水分公司)安装数字城管平台，进行案件的采集、上报、立案、派遣等工作，案件上报率、立案率、结案率等显著提升。9月数字城管系统通过市级初验收，10月通过省级验收。全年数字城管中心共接到上报案件23363件，覆盖18个职能部门，应处置22246件，已处置22220件，处置率99.88%，按期处置21203件，按期处置率95.31%，数字城管的运用，发挥现代信息技术的优势，推动形成城市管理“多部门联动效应”。

【垃圾分类试点】 2017年，县城管局结合省“263”专项行动要求，开展垃圾分类试点工作。采购分类果壳箱2000只，全部安装在城区主次干道两侧；采购分类垃圾桶1900只，安装在淮浦、涟洲等15个居民小区，开展垃圾分类收集试点工作；在府前御景园小区安装垃圾分类收集宣传亭棚20个，在涟洲花园小区和锦绣前程小区各安装3个生活垃圾分类收集宣传亭，在市民中广泛宣传，强化垃圾分类收集、投放意识，各项试点工作进展顺利。

【城市“牛皮癣”专项整治】 2017年，县城管局推进城市“牛皮癣”专项整治行动。通过悬赏公告，发动市民群众积极参与对非法小广告的监管和曝光，累计清除各类城市“牛皮癣”12万余处，接群众举报106次，查获违规小广告发布者232人，行政处罚232人，累计收缴各类小广告15万余张、印章63个。通过严管重罚，形成“不敢为”的高压态势，疏堵结合，在各小区设置便民信息宣传栏，城区各类小广告明显减少，城市面貌焕然一新。

【“僵尸”车专项整治】 2017年，县城管局积极开展城区“僵尸”车专项整治行动。前期全面排查城区主要道路两侧、小区内部长期占用公共道路及停车位的“僵尸”车辆，排查出287辆，并登记造册。认真制定整治方案，细化工作任务，倒排工作计划，分片划区，落实责任。下发整改通知，要求车主限期自行清理完毕，对拒不整改或无主车辆进行强制拖离，排查出的包括轿车、面包车、机动三轮车和摩托车等287辆“僵尸”车全部清理，其中，自行清理93辆，强制拖离194辆。加大宣传教育力度，畅通投诉举报渠道，各片区中队加强日常巡查，发现问题，及时整改，建立并完善长效机制。

“僵尸”车集中停放点　　（县城管局　供稿）

【城区楼顶广告专项整治】 2017年，县城管局围绕省级文明城创建标准，攻坚克难，连夜作战，对城区违规设置、影响市容的大型楼顶广告、过街龙门广告进行整治，在全面排查的基础上，认真制定拆除计划，累计拆除大型楼顶广告65处(145块)、过街龙门广告5处、高立柱广告16处、主要道路两侧大型道旗广告91个、精神堡垒广告75处。

【油烟烧烤专项整治】 2017年，县城管局结合省级文明城市创建工作及“两减六治三提升”行动要求，在县城区全面开展油烟烧烤专项整治行动。整治前期，各中队对负责区域露天油烟烧烤进行排查统计，下发责令整改通知书，要求限期安装油烟净化装置，对拒不整改或整改不到位仍然露天排放烧烤油烟的摊点，依法进行行政处罚，暂扣其违规经营物品。通过整治，取缔露天油烟烧烤89家，暂扣煤气罐97个、油烟烧烤炉63个、帐篷320顶、桌椅250余张，教育处罚560人次。城区主要道路有烟烧烤已基本改为无烟，同时，加大夜间巡查力度，开展突击整治，落实长效管理。

（陈雅男）

供 电

【概况】 2017年,全县用电量16.93亿千瓦时,比上年增长1.43%;售电量15.99亿千瓦时,增长0.94%;最高负荷48.2万千瓦,增长15.56%,创历史新高。电费回收率100%,线损率5.4%。完成业扩报装1.51万户,新增容量27.24万千伏安,增长21.72%。县供电公司成功蝉联全国质量创新大赛一等奖,系淮安市首家;获得国家实用新型专利2项。水滴QC小组、灰墩供电所分别被表彰为“全国优秀质量管理小组”“江苏省质量信得过班组”。配电运检班被国网公司评为先进班组,公司团委被省电力公司评为五四红旗团委。汪洋获“苏电工匠”称号,并高票当选省人大代表。开展“企庆日”系列活动,公司职工书屋被评为“国家电网公司职工书屋示范点”称号。汪洋劳模创新工作室被国网公司评为“模创新工作室示范点”、被省电力公司评为“企业文化示范点”“先进职工创新工作室”,其创新事迹获市供电公司“汇聚微感动”故事会决赛一等奖。发展建设部被表彰为感动淮电“十佳优秀团队”,黄伟、王雅琴分别被表彰为“十佳生产人员”及孝老爱亲“感动淮电好人”,法治微电影《高压线》被国网公司和省电力公司评为优秀作品,公司获“江苏省放心消费创建示范单位”。

【安全生产】 2017年,县供电公司开展“不伤害自己”员工本质安全素养提升、班组安全日效能提升等10项主题安全活动,“小课堂”分片区设在供电所,为900余名农电和外协人员进行针对性安全教育;“大讲堂”着眼于检验安全责任制落实情况,由23名中层管理人员讲述“我为安全做了什么”;两项活动模式均被市供电公司表扬推广。坚持现场管控“大小并重”,累计督察作业现场366个次,约谈违章单位14家。深刻吸取系统内外安全事故教训,扎实开展安全大检查,高效落实整改181条问题隐患。电力运行安全保障有序。推动召开全县电力工作会议,并在县政府的支持和推动下,完成清理树木35.8万棵,数量位居各县区之首。迎峰度夏前夕顺利投运4台主变,涟水电网平稳经受极端天气考验。狠抓运维管理和应急抢修体系建设,成功取得10千伏架空线路带电作业资质,独立开展带电作业54场次。统筹工程改造、线路消缺等工作,配网故障率下降66.02%、强停率下降42.3%、配变重复停运率下降59.75%。两名员工分别被表彰为国网公司、省公司“安全生产先进个人”。

【电网建设】 2017年,县供电公司强化属地保障,扎实推进锡泰特高压通道二次清理、档案收集等工作,保障500千伏沿海通道等线路工程顺利建设,有力支撑220千伏梁庄变按期启动。强化现场质量和进度管控,圆满完成110千伏左圩、五港输变电工程年度建设任务,按期投运梁庄变3条110千伏配套出线工程,提前投产110千伏支河变1号、2号主变,顺利合并朱码、河网供电所。滚动修编涟水配电网“十三五”规划,完成110千伏岔庙变土地项目批复与提前征地工作。充分依托单元制规划成果,引入标准化设计平台,持续推进农、配网源头规划设计融合,中低压电网愈加协调,低电压发生率下降77.63%。深化应用业务外包管理系统,实现对742名外协人员的有效管控。完成配农网工程投资3.63亿元,项目2280个。大力支持文明城市创建工作,完成49个老旧小区设备改造。

【供电服务】 2017年,县供电公司深入分析八大行业电量数据,形成服务专报8期,为工业经济运行分析提供支撑,得

2017年初,建成电动汽车城市快电站 (县供电公司 供稿)

到县领导高度肯定。积极服务中信华、华昌、云轨等重点项目,飞赴中信华总部对接用电事宜。高效实施薛行杆线迁移、高沟美丽乡村等政府项目,努力营造良好的发展环境。班子成员务实走访30家用电大户,帮助企业排忧解难,并先后2次组织专家支撑响应团队对大客户进行"体检"。全程守护2017砂板乒乓球世界杯赛事,有力展现供电企业的形象和担当。坚持"一张工单解决一类问题"的原则,投诉总量比上年减少86起。开展智能费控劳动竞赛,完成签约费控用户179216户,有效费控进度全省第一,15个供电所进入全省前20名。严控电费回收风险,高压客户风险可控率98.59%。成功促成今世缘1.2兆瓦时储能项目落地投产。建成投运1座电动汽车城市快充站,顺利签约6户企业接入源网荷Ⅱ期,高效服务717户分布式光伏并网,协调确保2个"6·30"大型光伏项目顺利发电。完成电能替代5000万千瓦时。坚持"一户一策"方针,成功办理3个小区正式用电,推动4个小区部分转为正式用电,减少转供用户2000余户。深化低压抢修网格化管理,95598报修处理时长下降7.82%,有效保障客户"用好电"。（王阳阳）

供　水

【概况】 涟水县涟缘水务有限公司是县城区唯一采取地表水集中式供水企业,老厂区位于县城郑梁梅大道568号,占地面积0.99公顷,日生产能力3.2万吨(2016年4月关闭)。新厂区位于县城郑梁梅大道109号,占地9.33公顷,设计日生产能力20万吨。公司固定资产3.37亿元,有生产机组11台套,纯净水生产线2条。供水用户14万户,常年供水人口约32万人,供水面积约300平方千米,供水管线总长537千米,供水总量2850万吨。2017年,投资2000万元,完成涟水路、北环线供水管道21.8千米铺设任务;维修直径15—70毫米小口径供水管道1520处,维修直径100毫米以上供水管道192处;完成水木花都小区、金安玫瑰园二期、东鼎商城三期、香山新风景等11个小区整体或期房的管道连接及水表安装工作;完成33个集体单位的管道连接工作;完成睿辉机械科技淮安有限公司、爱尔华电子科技公司、江苏百盛新材料科技有限公司等15家招商引资企业接水安装工作。先后被市"平安企业"创建领导小组评为平安企业、被市公安局评为全市单位内部安全保卫工作先进集体单位、被县精神文明建设指导委员会评为2015—2017年度文明单位。

【二水厂三期扩建】 2017年,涟缘水务有限公司启动二水厂三期扩建项目,项目投资约2亿元,供水规模为10万吨/日。主要建设内容包括:取水泵房(总规模20万吨/日)、絮凝沉淀池2座(每座5万吨/日)、气水反冲洗滤池2座(每座5万吨/日)、V形砂滤池2座、清水池2座(每座5万吨/日)、管廊、反冲洗泵房及配电间、送水泵房及配电间、加药间、预臭氧接触池、中间提升泵房及后臭氧接触池、翻板活性炭滤池、回水池、浓缩池、机修车间、管理用房、纯水车间等,及厂区各类管线及道路、绿化、照明等配套工程;水处理采用"常规处理及臭氧+生物活性炭深度处理"工艺。项目建成后,总供水规模将达到20万吨/日,能基本满足城乡区域供水一体化需求。土建工程于10月17日开标,11月初进场施工,年底清水池A、B主体、吸水井、送水泵房、活性炭翻板滤池、提升泵房及后臭氧接触池、取水泵房等单体工程开工。

【区域供水增压泵站建设】 2017年,涟缘水务有限公司投资约1590万元,新建完成区域供水自来水增压泵站4座,设计总规模7.2万吨/日,分别为位于东胡集采韩村的时码增压泵站,占地1080平方米,规模1万吨/日,工程造价320万元;位于黄营曹墩村的黄营旗杆增压泵站,占地2113平方米,规模1.7万吨/日,工程造价440万元;位于朱码河网街南的河网增压泵站,占地2173平方米,规模2.5万吨/日,工程造价385万元;位于高沟常园村的高沟增压泵站,占地2173平方米,规模2万吨/日,工程造价445万元。泵站增压设备系上海凯泉泵业(集团)有限公司提供的格兰富品牌,加氯设备系济南欧瑞实业有限公司提供的欧瑞品牌。（汪志豪　陈　艳）

供　气

【概况】 2017年,全县有液化气站8个,管道供气公司有涟水天达燃气有限公司和涟水中油昆仑新星旺燃气有限公司,年销售液化气1.3万吨,主城区液化石油气用户100%,乡镇液化石油气用户90%。有天然气中压管道116千米,低压管线敷约203千米左右,城市管线日均供气量7万立方米,加气站日供气量约2万立方米,与约80个小区签订通气协议,开通民用5.1万户、商用162多户、工业用38户,天然气普及率50%。

【涟水天达燃气有限公司】 位于县城炎黄大道5号,由江苏省天达投资控股有限公司和苏州燃气集团有限责任公司合资组建,于2007年8月31日注册成立,专业从事涟水县行政区域内管道燃气及配套设施的规划、设计、安装、建设及经营;为民用、工业、商业、汽车加气等领域提供天然气供应及销售服务。2017年,公司建有3万立方米压缩天然气(CNG)减压站1座、18万立方米液化天然气(LNG)储配站1座;铺设城区中压管网70千米,低压管线敷约200千米,覆盖城区民用户5.05万余户,工商业企业240户。日平均供气量5万立方米。燃气管网在城区构成环形供气网,初步形成主城区全部覆盖的供应模式。

【涟水中油昆仑新星旺燃气有限公司】 位于县经济开发区兴五路十号,由南京新星旺燃气有限公司和自然人斯庆合资组建,于2010年10月14日注册成立,专业从事授权区域内管道燃气经营,以管道输送形式向用户供应天然气,LNG、CNG加气站和相关管道燃气设施的建设、维护、运行、抢修抢险业务;燃气输配管网的经营;城市燃气工程(含管网)设计和施工;天然气、LNG、CNG气站建设;燃气具销售、安装、维修以及售后服务。2017年,公司建有4000立方米

CNG减压撬1座;12万立方米LNG应急储配站;有天然气中压管道46千米左右;低压管道3千米,日供气量2万立方米,与3个小区签订供气合同,覆盖居民1400余户,工商业企业22户;日平均供气2万立方米。初步形成授权区域内全部覆盖的供应模式。（汪志豪）

邮政通信

【中国邮政集团公司江苏省涟水县分公司】 2017年,涟水邮政金融业务转型发展,年末余额规模31亿元,年度平均余额净增3.86亿元,年净增列全市第一;累计实现代理金融业务收入7779万元,比上年增长12.06%。完成包裹快递103万件,新开发客户25家,实现业务收入596.31万元。渠道平台稳步推进,实现分销销售收入895.5万元,差价收入190.5万元;代购19649笔,完成率120.93%;率先完成邮乐平台招商15家,线上上架商品数量400件,完成率100%;线上批销订单6258笔,批销额931.82万元,完成率133.12%;新增邮掌柜144家,建成样板店88家;发行报刊12151092份,邮票224903枚。加大硬件设施投入,提高投递网络运营能力,新增电动三轮车8辆,更新电动自行车16辆,投入运行私车公助汽车18辆,新增邮政手持终端58部、快包揽投面包车5辆、箱式货车2辆。购置伸缩皮带传输机1台,爬坡传输机2台;投入160万元实施金融网点门前、大厅、现金区等监控数字化改造;投入2万元为投递部新建室外充电桩;为支局小食堂、投递室新增灭火器80只;更换3家老旧CK主机;改造邮件转运场地、分公司院内监控设备。建成便民服务站489个,实现行政村全覆盖,为全县老百姓提供生活缴费、助农取款等便民服务;打造农村电商三级运营体系,建成电商样板店88家,通过平台引进本地商家15家,被县商务局评为首批电子商务示范企业,获邮政电商项目补贴资金15万元。创建"雷锋邮路"受到社会好评,收到锦旗5面,表扬信12封。设立今世缘主题邮局,助力今世缘酒业打造国家AAAA级景区,为今世缘景区游客提供邮政普遍服务和邮政纪念服务。连续八年获得省文明行业称号,被淮安工商行政管理局评为守合同重信用企业,被市公安局评为安全保卫先进集体,获市"平安企业"称号,获县软环境建设奖,被县委宣传部评为文化科技卫生"三下乡"先进集体。（王珊珊）

【中国电信涟水分公司】 2017年,投资1300万元,推进退铜退网工程和无线网络优化工程建设,2017年,新建基站163个(其中建设开通800M基站138个),优化基站143个,整网流量下半年比上半年提升130%。室分站点10个,无线6期站点17个。退铜11.3万线对千米,结合退网和全光网格,按乡镇进行全光退铜,所有乡镇实现全光。全年C类ONU退网459台,AG设备退网24台,DSLAM退网43台。扩容37条96芯局间中继,建成涟州小区等6个小区为10GPON小区。公司综合考评位列全区第三名,被省公司评为2017年度市场经营先进县分公司,获省公司泛渠道生态建设标杆奖;公司农村收入增幅位列全省第一;泛渠道成功经验在江苏电信公司工作会议上作为典型交流发言。市场经营、流量经营、新闻宣传和服务管理四项工作获中国电信淮安分公司先进奖。（张晓文）

【中国移动通信集团江苏有限公司涟水分公司】 2017年,中国移动通信集团江苏有限公司涟水分公司投入建设和优化网络资金500万元,新建4G基站96座,物联网替换站点70个,优化4G站点808个扇区,有效解决弱覆盖区域,实现4G网络城乡全覆盖,为5G打下基础。投入建设和装维宽带资金近2000万元,政企客户独享带宽达万兆,家庭客户可享带宽达千兆。推出高清智能互联网电视,丰富媒体展现形式,丰富用户家庭娱乐终端,满足客户个性化需求。实现运营收入1.8亿元,服务连接用户62万户。积极参与全县政企"互联网+上云"建设,顺利建成县卫计委"远程诊疗系统"、县人大政协"两会大数据服务"、县委组织部"农村党员远程教育千里眼"、县经信委"网上村委会"、县公安局"电子围栏"、县教育局"智慧校园"、县委宣传部"电子好人馆"等信息化管理平台。投入700万元资金对原有FTTB网络进行光纤改造,确保中小企业、小型商铺快速接入百兆以上互联网络,政府机关、事业单位及大型企业接入兆以上光纤网络。开发集WEB、APP、短信等功能于一体的企业云视讯视频会议系统、移动云平台等产品,降低客户系统使用费用。按照"城镇一公里、农村三公里"服务圈建设要求,加大营业网点和便民服务点建设力度,移动营业厅已遍布城乡,便民店已基本实现一村一店,确保满足城乡居民所有通信业务服务需求。大规模建设家庭宽带装维服务站,保证"当日装当日修"对外服务承诺,县内用户平均装机时长1.1天左右,故障处理及时率99.39%,宽带NPS14.3全市领先。被中国移动通信集团工会江苏省委员会授予"工人先锋号"称号,涟水沟通100店被江苏省妇女联合会授予"巾帼文明岗"称号,家客维护班被淮安分公司评为全市先进班组。

·相关链接·

云视讯

云视讯是面向多方沟通需求的政府与企业,提供的高品质、专业级的高清视频会议解决方案。支持高清音频、1080P高清视频、高清辅流等功能,支持VoLTE手机、软件客户端、传统手机/固话等终端灵活接入,具有全网覆盖、全终端可达、全业务融合的技术优势,让远距离交流如同在身边。（支兰珍）

国土资源

【概况】 2017年,县国土资源局围绕“保护资源、保障发展、改革创新、维护权益”的总体要求,解放思想,开拓创新,国土资源各项工作取得丰硕的成果。融合推进卫片检查和年度变更调查,完成2016年度土地变更数据成果。完成农村建设用地调查工作。开展地图市场专项检查和测绘保密宣传,土地勘测队完成748宗2833.33公顷测绘任务,房产测绘队完成房产测绘204万平方米任务。全年办理各类不动产登记交易业务40215件,发放不动产权证书13615本,不动产登记证明19381份,开具查询结果证明3021份。涟水县被省国土资源厅评为耕地保护先进县,县国土资源局被省国土资源厅评为信访工作先进集体,被市法制办评为行政执法规范化示范点,被市国土资源局评为国土资源管理工作优秀单位、党风廉政先进单位,被县委、县政府评为部门服务科学跨越发展考核特别贡献奖优秀单位、市对县考核成绩突出单位。

【土地资源保护】 2017年,县国土资源局围绕保护抓责任,推进土地资源保护工作。县镇村三级层层签订国土资源保护责任状,明确乡镇(园区、办事处)耕地保护责任。完成永久基本农田划定工作,全县调出基本农田3866.67公顷。按照要求对卫片图斑进行梳理并做好调整,及时调整补划基本农田274.13公顷。全县新划定基本农田9.08万公顷,全部上图入库,设立371块保护标示牌。加大土地综合整治力度,创新实施整村推进土地整治项目11个,宅基地复垦新增耕地466.67公顷。竣工高标准农田项目5个5100公顷,实施高标准农田整治项目4个3086.67公顷,改善农业生产条件,促进土地流转和高效农业发展。完成2013年以前4个积存省投土地整治项目扫尾,争取到4个省投项目。实施城乡挂钩项目29个,新增耕地233.33公顷;实施占补平衡项目30个,新增耕地153.67公顷;实施工矿废弃地复垦项目6个,新增耕地40.53公顷。

【土地资源利用】 2017年,县国土资源局围绕节约抓挖潜,提高土地资源节约集约利用。严把节约用地门槛,通过预审从严控制开发强度和新增规模,将用地规模与亩均产出挂钩,以产出核定用地面积,推进使用存量控强度,年度新增建设使用存量土地80%。加大低效用地盘活力度,通过收回、嫁接等措施盘活“僵尸、半僵尸”企业用地27宗90公顷,通过实施整村推进项目等盘活农村建设用地466.67公顷。加强土地供应和建设用地批后监管,对报省征收地块全程跟踪,做好供地工作。加强出让合同管理,跟踪督促履约。重视“毛地出让”遗留问题处理,按照“一地一策”原则,通过司法调解、政府依法抵押等措施化解矛盾,促进尽早开发建设,全年追缴出让金(违约金)共计1.7亿元,完成6个楼盘计45.67公顷的土地开发。获省国土资源厅国土资源节约集约进步奖。完成土地利用总体规划调整完善,为全县七大板块调出基本农田1733.33公顷,划定允许建设区1533.33公顷,划定生态保护区80公顷,满足未来几年全县发展的用地空间需求。争取到用地计划367.33公顷,保障85个工业项目、50个基础设施和58个民生项目的落地。做好征地报批和供地服务工作,征转用土地421.2公顷(其中征收300公顷),报备设施农用地28个111.93公顷,出让43宗128.53公顷,划拨13宗58.2公顷。争取到省财政重点区域资源和地热调查资金323万元、农村建设用地调查补助资金337万元、挂钩补助资金919

土地整治　　　　(县国土资源局　供稿)

万元、4个省投土地整治项目资金1.32亿元,通过省级平台结余挂钩指标交易资金8亿元,通过市级平台占补指标交易资金4668万元,为全县脱贫攻坚提供资金支持。解决全县重点项目用地计划105.33公顷。

2017年涟水县公开出让土地情况一览表

表14

土地坐落	地块编号	受让单位(个人)	面积(平方米)	成交价款(万元)	成交时间
缘分大道东侧、进场路北侧	2016JY14	江苏安东控股集团有限公司	22106.31	910	2017-01-03
郑梁梅大道南侧	2016JY023	江苏安东控股集团有限公司	66667	20520	2017-01-10
郑梁梅大道南侧、桃园小区西侧	2016JY021	江苏安东控股集团有限公司	66134	17010	2017-01-10
涟水县达二路东侧、发三路南侧	2016GY23	淮安华昌固废处置有限公司	64119	960	2017-04-06
保滩镇十堡工业集中区淮涟一级公路西侧	2016GY33	淮安市东鹏建设有限公司	7500	80	2017-04-07
涟水县郑梁梅大道南侧	2016JY022	江苏安东控股集团有限公司	45749	14210	2017-04-18
涟水县郑梁梅大道南侧	2016JY022-1	江苏安东控股有限公司	41165	12810	2017-04-18
涟水县经济开发区文俊村李庄蒋庄组、振丰村祁庄组	2017GY1	涟水裕源纺织有限公司	12350	130	2017-07-03
涟水县经一路西侧、纬七路北侧	2017GY4	江苏永安化工有限公司	78254	1170	2017-09-12
涟水县红窑镇王刘村境内235省道西侧	2016JY7	涟水盛达燃气有限公司	6156	375	2017-10-10
涟城镇安东路东侧、城北大沟北侧(原车辆检测站)	2017JY1	涟水县安东农贸市场管理有限公司	8949	1200	2017-10-11
涟城镇北路北侧、东环路东侧	2017JY3	江苏亿泰隆置业有限公司	840	90	2017-10-11
涟城镇泰山路北侧、淮浦路西侧	2017JY5	增城市碧桂园物业发展有限公司	40877	5520	2017-10-12
高沟镇环镇东路东侧、S326南侧	2017JY2	汪洋	461	46	2017-10-12
涟水路东侧、纬十路(兴二路)南侧	2017GY9	江苏苏美食品股份有限公司	33833	355	2017-10-25
薛行循环经济产业园区	2016GY25	淮安汉新工贸有限公司	9333	98	2017-10-26
兴二路北侧、涟水路东侧	2017GY5	优抗力食品科技(江苏)有限公司	32359	340	2017-10-26
涟水路东侧、纬十路(兴二路)南侧	2017GY10	江苏苏美食品股份有限公司	847	9	2017-10-27
高沟镇高秀村二组S326北侧	2017JY4	蒋育华	1326	106	2017-10-31

【土地资源管理】 2017年,县国土资源局围绕法治抓规范,加强土地资源依法行政管理。开展国土资源政策法规普法宣讲,700余名村居干部参加,发放《村居干部国土资源政策法规简本》口袋书;"6·25"全国土地日,组织"百人百车逛安东"绿色骑行活动;以国土资源执法为背景,组织编排《慧眼守土》诗朗诵宣传片。加强土地执法监察,出台《关于进一步加强土地执法监管工作的通知》,明确地方党委政府对违法用地查处、整改的主体责任,借助"慧眼守土"加大执法巡查力度。全年开展执法巡查80余次,与县公安局治安办联合巡查38次,发现各类疑似违法用地26件,认定15件23.79公顷,发出《国土资源执法监察行政提示函》125份,谈话当事人12人,立案查处8起,拆除7起,立案率、查处率100%,全县土地管理秩序持续向好。对所有行政权力进行梳理,能归零的自由裁量权全部归零,不能归零的全都规范决策程序,并全部网上公开。做好行政调处,办理应诉案件17件,行政复议案件2件,权属争议案件10件,及时办结,无一败诉。与县检察院对接,开展资源类行政公益诉讼工作。连续两年被市评为"依法行政示范点"。

【不动产登记管理】 2017年,县国土资源局继续做好不动产登记管理工作。在全省率先启动不动产存量数据整理工作,对全县30余万份档案、数据进行挂接和整合入库,完成房屋权利表21.43万条,抵押权利表4.9万条,预告权力表5.2万条,查封权利表2733条,房屋信息表11.52万条,权利人表59.39万条,共计录入档案14.05万卷。全年办理各类不动产登记交易业务40215件,发放不动产权证书13615本,不动产登记证明19381份,开具查询结果证明3021份。

(袁正鲜)

生态建设

【概况】 2017年,县环保局委托省环科院编制完成《涟水县生态文明建设规划》,在分析生态文明建设优势和面临挑战的基础上,制定"优化国土空间格局、加快产业转型升级、持续改善环境质量、优化适宜生态生活、营造和谐生态文化、建立科学生态制度”六大任务,到2020年共安排六大类72项重点工程,总投资约82.28亿元。围绕生态文明建设与“6·5”世界环境日主题宣传活动,印发《涟水县2017年“6·5”世界环境日系列宣教活动实施方案》,组织开展生态环境宣传教育“进校园、进企业、进社区”活动,期间会同县摄影家协会举办“今世缘杯”生态文明建设摄影大赛获奖作品展,会同环保志愿者协会开展志愿者绿色骑行活动,会同老年大学开展生态环保文艺节目会演,联合县住建、水利、卫计、城管等10余家单位开展广场咨询活动,现场向市民发放各类宣传资料数千份;在县城区5所小学开设《青少年环境知识科普课堂——生命之水项目》专题环保课堂,数千名小学生接受专题教育。

【“两减六治三提升”专项行动】 2017年,全县贯彻落实省委、省政府《“两减六治三提升”专项行动方案》,“两减”即减少煤炭消费总量,减少落后化工产能,“六治”即治理太湖水环境、治理生活垃圾、治理黑臭水体、治理畜禽养殖污染、治理挥发性有机物污染、治理环境隐患,“三提升”即提升生态保护水平、提升环境经济政策调控水平、提升环境执法监管水平。全年召开动员会、推进会、观摩会20余次,县“263”办下发提醒函、交办单、转办单387件。电视公开曝光47期。创建省级生态文明建设示范乡镇3个、省级生态文明建设示范村1个,创建省级美丽乡村4个、省级三星级康居示范村4个。“两减”稳步推进,减煤1.5万吨,完成燃煤锅炉整治170台、砖瓦企业整治18家,关停化工企业1家、整改提升化工企业10家。“六治”有序开展,疏浚县乡河道52条、整治村庄河塘52座。完成2000只分类果壳箱和1900只分类垃圾桶安装任务;新增生活垃圾日处理能力350吨;建成涟水县粪便处理场项目;建成高沟、成集、五港、朱码等4座压缩式垃圾中转站。整治黑臭水体77条;建成高沟、成集、东胡集、前进等4个乡镇污水处理厂。关停搬迁禁养区7家养殖场;完成592家畜禽养殖场污染整治工作。完成13家企业泄漏检测与修复治理,完成19家重点企业挥发性有机物治理;建成淮安(薛行)循环经济产业园区泄漏检测与修复(LDAR)管理系统。新购置101辆新能源车。推广应用配方肥11.33万公顷。完成5家建材企业堆场扬尘治理工作;建成华昌固废处置项目。“三提升”成效显著,颁布实施《涟水县生态红线区域保护规划》,编制《涟水县生态文明建设规划》;完成饮用水源地一级保护区物理隔离建设;新建省级绿化示范村10个,完善农田林网1000公顷,森林抚育666.67公顷,四旁植树100万株。出台《涟水县排污权有偿使用和交易管理办法》《涟水县污染物减排和环境质量改善综合考核办法》,整合各类财政生态环境保护资金,支持生态保护引领区开展生态治理、修复和建设。处理环境信访1054件,责令改正违法行为决定书98份,立案查处环境违法行为84件,处罚金额400.3万元,责令停产整治4件,移送公安机关6件,抓获犯罪嫌疑人5人。

【大气污染防治】 2017年,县环保局围绕大气减排目标制定年度大气污染防治工作实施方案,明确全县年度重点工程项目并组织实施。全面整治10蒸吨及以下燃煤锅炉,对全县170台燃煤锅炉实施采取拆除、清洁能源替代和关停措施。开展砖瓦企业专项整治,对18家砖瓦厂实施拆除、升级改造和关闭。开展扬尘污染治理,完成美赞建材等5家堆场密闭厂房建设。对化工、印刷、制药、人造板等重点行业开展挥发性有机物综合治理,19家企业完成治理工作,13家化工企业实施挥发性有机物综合治理和泄漏检测与修复工作。出台全县餐饮油烟专项整治方案和汽车维修行业挥发性有机物治理方案,率先在全市范围内完成一、二类汽车维修厂挥发性有机物治理工作。削减大气污染物二氧化硫438.16吨、氮氧化物100.64吨、挥发性有机物184.62吨,超额完成省下达考核指标。

【区域水环境治理】 2017年,县环保局围绕水污染物减排约束性指标,结合全县实际,制定年度减排计划并及时将任务分解落实到相关单位,适时推动。江苏天平纸业有限公司、涟水永丰纸业有限公司、淮安恒发纸业有限公司、淮安源通制帽有限公司4个工程减排项目,完成污染物削减量为化学需氧量73.519吨、氨氮12.25吨、总氮22.02吨、总磷0.202吨。淮安同方水务有限公司涟水分公司、五港镇造纸产业园污水处理厂2个污水处理厂减排项目,完成污染物削减量为化学需氧量1625.65吨、氨氮162.44吨、总氮95.26吨、总磷16.72吨。推进限养区、适养区内247家畜禽养殖场农业源减排项目达标治理,完成污染物削减量为化学需氧量830吨,氨氮99吨、总氮171吨、总磷33吨。超额完成年初省市下达的减排任务。

【农村环境综合整治】 2017年,县环保局编制覆盖拉网式农村环境保护实施方案,在全县25个村开展拉网式农村环境综合整治工作,总投资2000万元,在其中10个自然村建设11套污水处理设施,总处理规模为690吨/日,处理工艺采用A/O工艺,配套建设污水管网48640米。购置垃圾转运车1辆,垃圾清运车22辆,建设垃圾中转站4座。做好乡镇“十五小”企业(小造纸、小制革、小染料厂及土法炼焦、炼硫、炼砷、炼汞、炼铅锌、炼油、选金和农药、漂染、电镀、石棉制品,放射性制品等小企业)关闭拆除后督查工作,对未完成整顿规范的违法违规项目及时依法立案查处,对高沟、梁岔等乡镇畜禽养殖场环境问题通过下达限期整改、立案查处等手段督促整改。推动企业开展挥发性有机物整治、泄露点检测修复和燃煤锅炉拆除改造。开展化工企业环保专项整治,推进嘉诚、永创、宏兴、华源、兴联、永安、德邦7家企业环境安全达标建设。8月,集中约谈6个乡镇分管领导和37家企业负责人,督促推动燃煤锅炉整治、挥发性有机物治理等环境问题整治,对逾期未完成整改任务的3家企业及时进行查处。

【生态红线区域管控】 2017年,县环保局加强生态红线区域保护,编制《涟水县生态红线保护区域规划》《涟水县生物多样性保护规划》,利用省级生态红线补偿资金739万元实施生态红线区域保护工程,投入400万元用于五岛湖水环境整治，投入300万元实施生态环境监控平台项目建设，投入39万元建设饮用水源地一级保护区物理隔离带建设。

（陆 义）

环境保护

【概况】 2017年，县环保局树立绿水青山就是金山银山的发展理念，以改善大气、水、土壤环境质量为核心，围绕环境保护目标责任，主攻大气、水、土壤三大污染防治，强化环境执法监管，环境质量改善显著。获“市对县”科学跨越发展考核、“市局对县局”目标考核和县委县政府科学跨越发展考核三个第一名。县环境监测站对全县主要河流水质进行监测。从监测情况看，辖区主要饮用水源古淮河（废黄河）水环境质量稳定达到Ⅲ类水质标准；盐河水质基本上达到Ⅲ类水标准；南六塘河水环境质量明显改善，基本达到Ⅳ类水考核要求。

2017年涟水县盐河、废黄河监控断面监测结果汇总表

表15

河流 测点 / 监测类型	盐河			废黄河
	朱码闸	时码	保滩	涟水县取水口
pH	7.34	7.38	7.38	7.39
溶解氧	7.4	7.3	7.3	7.3
氨氮	0.534	0.520	0.538	0.459
石油类	0.02	0.02	0.02	0.01
生化需氧量	2.2	2.2	2.2	2.1
高锰酸盐指数	4.8	4.6	4.5	4.0
铅	ND	ND	ND	ND
挥发酚	ND	ND	ND	ND

2017年涟水县六塘河监控断面监测结果汇总表

表16

河流名称	测点名称	高锰酸盐指数	氨氮	总磷
六塘河	六南	5.6	0.792	0.153
	六北	5.7	0.784	0.287

全县环境噪声与上年相比，上升与下降的幅度差距不大。城市区域声环境质量总体水平较好，与2016年基本持平；交通噪声总体劣于2016年，交通干线两侧环境噪声有明显恶化；功能区噪声环境质量除二类区夜间略有下降，其他均有所提高或维持不变。

2017年涟水县噪声环境质量监测汇总表

表17

时间	城市区域	交通	功能区（昼）	功能区（夜）
2016	51.6dB(A)	63.3dB(A)	41.8dB(A)	34.6dB(A)
2017	51.7dB(A)	68.8dB(A)	45.5dB(A)	37.0dB(A)

全县$PM_{2.5}$浓度均值为32.4微克/立方米，比上年下降17.3%；空气优良天数为298天，比上年增加15天。全县空气环境质量得到持续改善，实现$PM_{2.5}$浓度“三连降”、优良天数“三连升”。“市对县”大气目标考核合格，在全市排名进入先进行列。

2017年涟水县空气环境质量监测汇总表

表18 单位：毫克/标立方米

类型	数值	类型	数值
AQI均值	69	二氧化氮	0.0145
PM10	0.069	一氧化碳	0.948
二氧化硫	0.018	优良天数	298
$PM_{2.5}$	0.032	优良率	86.38%
臭氧	0.093		

【环境监测】 2017年，县环保局按照省市年度环境监测工作方案，开展环境质量例行监测。年内，完成辖区内盐河、古淮河、六塘河等9个地表水体共15个断面的例行监测；配合省市对南六塘河肖大桥断面、盐河新渡断面开展三方联合监测；完成红窑龙兴、唐集联富村和大东干东村等3个自然村农村环境监测；完成环境空气、酸雨、降尘、功能区噪声7个点位、区域环境噪声127个点位和交通噪声24个点位等例行监测任务；开展辖区内主要污染源的监督性监测，做好对县污水处理厂等3个国控污染源的监督监测和在线比对监测；有计划开展辖区内重金属污染企业、纺织印染、表面处理、化工和造纸企业的监督监测，做到国控源一季度一次，一般源半年一次，重点监控企业随机及时监测。

【环境执法监管】 2017年，县环保局坚持“双随机”检查制度，加大现场监管力度，把环境执法作为日常工作的重中之重，做到组织保障到位、措施手段运用到位、任务指令执行到位。通过梳理环境信访、上级交办、乡镇园区网格环境监管上报以及日常监管发现的相关案源信息，逐项排查违法线索，对废水废气排放异常企业加密监测频次，确保环境违法行为及时发现、及时查处。调配能力强、业务熟、敢碰硬的人员充实到执法一线，对薛行园区、经济开发区和乡镇园区等重点企业重点区域重点监管，加大检查频次；开展各类专项执法检查，对专项执法中发现的问题和不足，制定有针对性的措施并督促整改。在完成常规检查的基础上，建立明查与暗查、日常检查与突击检查、昼查与夜查、工作日查与节假日查、晴天查与雨天查相结合的工作机制。全年对各类污染源现场监察2176余人次，其中建设项目环保“三同时”执行情况现场监察620余人次，为95个建设项目选址、21个申请“三同时”验收企业出具环境监察意见。在检查中发现一般违法行为的给予现场纠正，责令限期整改；对环境影响较大、违法情节较重的环境违法行为依法实施行政处罚；涉嫌环境污染违法犯罪的行为，发现1起、查处1起、移送1起。全年累计查处84件环境违法行为，处罚金400.5万元，移送公安机关适用行政拘留案件6件，移送1起非法经营危险废物案件、1起通过渗坑排放有毒物质案件等2件环境污染犯罪案件，刑拘5名涉案人员。

【环境应急管理与处置】 2017年，县环保局开展环境风险隐患排查与整治，督促薛行园区、经济开发区20余家企业开展环境问题排查，推进企业环境安全达标建设，在永安化工开展综合应急演练，完成重点监控企业环境风险防控情况检查，对存在问题责令限期整改，促进企业完善环境应急管理的硬件和软

2017年7月12日，突发环境事件示范性应急演练　（县环保局　供稿）

件措施，对企业风险防控情况登记造册，以便随时备查。推动薛行园区相关企业开展挥发性有机物整治、泄露点检测修复，完成薛行园区化工企业环保专项整治。7月中旬，组织突发环境事件示范性应急演练，演练分事故发生和报警、初期响应、响应升级、事故后处理、总结讲评5个阶段实施，演练模拟场景为江苏永安化工有限公司二氯乙烷反应装置发生燃烧引发环境污染，同时伴有人员受伤，经现场救援无效，事态升级后，启动《涟水县突发环境事件应急预案》，经各成员单位通力协作、科学处置，圆满完成此次应急救援任务。年内，处置炎黄大道东首327省道交界处和灰墩办事处306省道2起危险化学品运输车辆交通事故时，环境执法人员为防止发生次生环境污染事件，第一时间赶到现场处置，组织人员妥善清运污泥，挖掘污水收集池消防废水，危险化学品全部得到安全处置，未发生因交通事故衍生次生环境污染事件。

【排污费征收】　2017年，县环保局严格申报、审核、核定、征收、入库程序，做到排污费应征尽征。开展排污申报现场核查、审核收费，将全县近400家企业录入排污费征收全程信息化管理系统后按程序征收排污费，在规范排污单位环境保护行为的同时促进排污费征收，达到项目管理与费用征收双赢的目的。全年征收排污费443.82万元。完善排污费改环境税台账资料，组织人员加大对申报企业填报基础数据的审查力度，确保排污申报真实有效，杜绝出现企业瞒报、谎报现象，对申报企业进行现场核查，整理排污申报表等相关资料，准备做好与税务部门移交衔接。

【土壤污染防治监测】　2017年，县环保局完成编制《涟水县土壤污染防治工作方案》《涟水县土壤环境保护方案》和《涟水县土壤污染治理与修复规划》。开展土壤污染状况详查，完成121户企业土壤污染重点行业企业筛查和空间位置遥感核实工作。做好农用地详查点位布设以及农用地土壤和农产品采集工作。根据企业名单通过查阅档案、到现场走访定位等方式，对20家关闭化工企业和涉重企业的遗留地块进行核实和排查，完成地块分布、使用及周边环境状况的资料搜集。确定江苏快乐电源(涟水)有限公司、淮安德邦化工有限公司、涟水县金山环保科技有限公司等8户企业为土壤环境重点监管企业。将原化工总厂、涟水县丰禾化工有限公司企业所占区域定为涟水县疑似污染地块。

【企业环保信用评价】　2017年，县环保局开展年度企业环保信用评价工作，及时上报评价结果并将环保信用情况录入社会诚信档案，适时向社会公开。全年对国控污染源企业3家、非国控污染源企业172家进行环保信用评价，评出绿色企业1家(新芳杰高科服装)、蓝色企业169家、黄色企业3家(五港镇工业集中区污水处理厂、晓文铝业、鑫诺化工)、红色企业2家(宏盛金属、红日钢铁)。

【民生环保系列行动】　2017年，县环保局组织开展民生环保系列行动。2次租用渔船从古黄河枢纽巡查至淮阴区水厂取水口，排查影响涟水县集中饮用水源地环境安全隐患，涉及涟水县境外非法排污口问题，及时向市环保局报告并向相关县区环保局发函建议协助查处。加强高中考期间噪声监管的巡查力度，对考生家长的举报、投诉及时、准确处理。对夏秋两季秸秆“两禁一用”工作重抽调专人全天候巡查，发现问题及时查处。组织开展县城区油烟污染突击整治专项行动，送达倡议书200余份，督促170多家餐饮单位安装油烟净化设施，对新餐饮项目一律要求先安装油烟净化装置，设置污水隔油池，建设完成报县环保局验收合格方可营业。

（陆　义）

科　　技

【概况】 2017年，涟水县申请专利超1300件，其中发明专利500件；专利授权590件，其中发明专利183件。全社会研究与开发支出占GDP比重2.16%。高新技术产业产值65.77亿元，占规模以上工业总产值比重26.1%；新培育15户企业申报国家级高新技术企业，新获批省级以上高新技术企业13家，其中国家级4家、省级9家，累计拥有国家高新技术企业17家。完成全国科普统计调查25家，新增校企联盟6家，收集企业技术需求26个。落实扬州大学教授喻礼怀等16位科技特派员与涟水县涉农相关企业开展技术合作。江苏捷达粮食设备有限公司、江苏聚源机械设备有限公司获批市级创新型领军企业。指导今世缘做好市级"国家级重点实验室培育点"项目建设工作，新增市级以上企业研发机构10家(其中省级3家)，获批省级企业研究生工作站1个。大中型工业企业和规模以上高新技术企业研发机构建有率95.4%，企业研发投入占销售1.3%。淮安(薛行)循环产业园区获批省级科技园区，为全市唯一一家。支持县经济开发区转型升级，新建市级PCB产业科技公共服务平台，重点服务电子线路板企业。向上争取项目支持，共有10个项目获批省苏北专项项目，累计争取资金350万元，位居全市第一；2个扶贫片区5个项目，争取资金150万元，促进扶贫片区脱贫攻坚。淮安(薛行)循环经济科技产业园获批省级科技产业园，涟水淘金创谷获批省级众创空间，三家企业获批省农村科技服务超市分店、便利店，江苏永安化工获批省级工程技术研究中心。

2017年涟水县国家级高新技术企业名录

表19

企业名称	获批年份	地　　址
江苏永安化工有限公司	2014	薛行循环经济产业园
江苏涟水制药有限公司	2015	县经济开发区
淮安嘉诚高新化工股份有限公司	2015	薛行循环经济产业园
江苏华宇印务有限公司	2015	高沟镇
淮安市康诺克彩印有限公司	2015	高沟镇
江苏永创医药科技股份有限公司	2015	薛行循环经济产业园
江苏阳光新格栅栏科技有限公司	2016	陈师镇
江苏捷达粮食设备有限公司	2016	保滩镇
江苏金典纺织有限公司	2016	县经济开发区
涟水县苏杭科技有限公司	2016	县经济开发区
涟水新源生物科技有限公司	2016	薛行循环经济产业园
江苏东方乐器有限公司	2016	成集镇
江苏聚缘机械设备有限公司	2016	高沟镇
淮安仕力达电子科技有限公司	2017	义兴镇
江苏肯帝亚森工科技股份有限公司	2017	县经济开发区
江苏普耐力橡胶有限公司	2017	县经济开发区
江苏沃格瑞特乐器制造有限公司	2017	县经济开发区

【高新技术企业申报】 2017年，县科技局把高新技术企业申报作为工作重点，主动联系淮安仕力达电子科技有限公司、江苏普耐力橡胶有限公司等企业，指导、帮助他们申报国家高新技术企业，积极培育增长点。共申报国家高新技术企业15家，获批5家；申报省级高新技术企业培育入库9家，获批9家；申报市级高新技术企业培育入库11家，获批11家。对全县31家市级企业技术中心进行筛选，重点培育江苏永安化工有限公司、江苏华源生态农业有限公司2家企业申报省级企业技术中心，最终获批。江苏永安化工有限公司获批省级工程技术研究中心。

【科技贷款发放】 2017年，县科技局会同县财政局协调沟通江苏银行涟水支行、中行涟水支行、苏州银行涟水支行等金融机构，向县内具有自主知识产权的科技型中小微企业发放"苏科贷"贷款。全年发放苏科贷3笔，其中涟水芯海洋电子科技有限公司贷款70万元，淮安娇子金属科技有限公司贷款150万元，淮安市康诺克彩印有限公司贷款200万元，利率均为4.35%。累计申请贷款1000万元。县财政和建行涟水支行合作设立科技企业贷款，贷款支持额度1.2亿元。

·相关链接·

“苏科贷”

“苏科贷”全称为江苏省科技成果转化风险补偿专项资金贷款，是由省、市科技部门联合商业银行以低息贷款的方式支持科技型中小微企业发展的一种政策性贷款，重点解决科技型小微企业首贷难题。支持对象是省内具有自主知识产权的科技型中小微企业。凡年销售收入5000万元以下，具有自主知识产权，职工总数在300人以下，大专学历30%以上，研发人员10%以上，研发投入不低于销售收入4%，注册地在省级以上高新技术产业开发区、科技产业园、大学科技园、科技创业园、科技企业加速器等科技园区内的科技型中小微企业均可申报。首次贷款额度一般在300万元以内，后续贷款额度一般不超过500万元，贷款期限1年。

【知识产权保护】 2017年，涟水县申请专利超1300件，其中发明专利500件，专利授权590件，其中发明专利183件。县科技局会同市知识产权局开展专利执法检查，完成专利执法39件；重点跟踪酷库冰柜、大量科技、恒春医疗等企业申报PCT国际专利，PCT专利申请量1件；培育规模企业自主知识产权意识，鼓励企业申请发明专利，专利申请量占全社会申请量58.8%。全社会研究与开发支出占GDP比重2.16%。

（周 蒙）

地 震

【概况】 2017年，县地震局贯彻执行防震减灾法律法规、方针政策，推进地震监测预报、震灾预防、应急救援三大工作体系建设，提高全县综合防震减灾能力。年内，抽样大东镇开展房屋抗震性能调查，分析研究房屋建筑的年代分布、结构形式及构造特征，掌握全县民用建筑物的基本概况、房屋面积、建设年代、结构类型等情况，找出农村房屋抗震存在的不足。被市地震局评为防震减灾工作优秀单位。

【地震监测预报】 2017年，县地震局坚持震情第一，加强地震监测预报工作，做好深井测震台、土层强震动台的监测、维护工作，确保地震监测网络的数据与国家、省、市地震台网正常传输。截至12月，全县共监测到2次地震，分别是：2017年08月28日07时49分14秒3，纬度33度52分、经度119度26分，M0.6级；2017年10月15日11时31分46秒5，纬度33度42分、经度119度24分，M0.9级。

【地震群测群防网络建设】 2017年，县地震局加强对地震宏观前兆的监测，做好地震宏观观测测报网、灾情速报网、防震减灾知识宣传网和乡镇防震减灾助理员“三网一员”的培训、管理工作。9月28日，在县地震应急指挥中心举办全县“三网一员”业务培训班，24名“三网一员”参加。通过培训，提高“三网一员”业务能力和工作积极性，推动全县地震群测群防工作的有序开展。

（刘 慧）

气 象

【概况】 2017年，县气象局加大管理力度，各项工作均衡发展。继续加大对值班人员的后勤保障力度，测报质量稳步提高，其中土壤水分测报基数1564个，无出站错和站内错。1月降雪，4月、5月干旱，7月强降水过程预测预报准确，预警及时。全年发送重要天气报告27篇、专题天气报告62篇、预警信号57期、旬报36期、一周天气与农事54期、农田干旱动态监测12期、春运服务40期、春耕春播4期、秋收秋种13期、夏收夏种9期。织开展“3·23”气象日、“5·12”防灾减灾日宣传活动，发放气象防灾减灾科普宣传材料5000余份，县电视台跟踪报道。

2017年涟水县气候资料一览表

表20

项目＼月份		1	2	3	4	5	6	7	8	9	10	11	12	年值
平均气温(℃)		3.4	4.7	8.9	16.7	21.8	24.5	29.4	27.3	22.6	16	10.1	3.8	15.8
极端最高气温(℃)	极值	14	19.4	20.2	29.8	34.5	33.3	37.8	36.3	30.2	28	23.7	14.9	37.8
	日值	26	19	10	30	2天	9	24	7	8	9	2	22	6月24日
极端最低气温(℃)	极值	—4.6	—4	—0.2	5.1	12.4	15.7	21.8	17	15.3	4.6	—0.3	—4.7	—4.7
	日值	23	11	8	1	9	6	10	30	29	31	19	17	12月17日
平均相对湿度(%)		75	69	64	64	66	71	84	86	86	80	70	65	73
平均地面温度(℃)		4.2	5.1	10.7	19.7	26.5	28.9	32.4	29.6	24.6	17.7	10.3	4	17.8
日照	时数(小时)	129	144.2	179.2	218.7	233.3	151.8	198.3	160.5	147	128.6	163.2	125.7	1979.5
	百分率(%)	41	47	48	56	54	35	46	39	40	37	53	41	45
降水量(毫米)		55.9	36.6	9.2	33.7	53.4	70.3	172.4	282.9	162	150.1	18.6	1.2	1046.3

续表20

项目	月份	1	2	3	4	5	6	7	8	9	10	11	12	年值
一日最大降水量	量(毫米)	23.1	18.2	4.2	11.4	47	27.9	61.5	114.3	49.1	97.1	16.8	1	114.3
	日期	7	22	20	17	4	24	10	18	4	1	17	14	18
最长连续降水	日数	4	3	2	2	2	2	6	4	5	6	2	2	6
	降水量(毫米)	497	204	29	91	471	28	1108	99	736	1209	170	12	1108\1209
	起止日期	5—8	20—22	22—23	10—11	4—5	24—25	5—10	28—31	2—6	30\9—5	17—18	14—15	2次
最长连续无降水	日数	19	6	16	9	13	13	13	4	8	13	29	23	29
	起止日期	9—27	2次	2—17	22—30	10—22	11—23	18—30	2次	12—19	19—31	19\10—16	21\11—13	10月16日—11月19日
平均风速(米/秒)		1.7	1.9	2.1	2.2	2	1.9	1.7	1.7	1.5	1.6	1.7	1.6	
最多风向及频率	风向	N	WNW	NE	N	ESE	ESE	S	ENE	ENE	N	NNE	N	N
	频率(%)	17	10	11	23	15	18	23	12	15	18	16	14	10%
最大定时风速(米/秒)		6.2	6.5	8.3	5.4	5.8	4.7	4.1	5.1	4.7	4.9	5.9	4.1	8.3
雪(次数)		0	3	0	0	0	0	0	0	0	0	0	0	3
霜(次数)		21	13	8	0	0	0	0	0	0	0	6	24	72

【气象管理】 2017年，县气象局加强管理力度，气象业务质量稳步提高。春耕春播、夏收夏种、秋收秋种期间，调整业务班次，合理安排岗位，强化值守班。汛期前，开展乡镇气象灾害监测站巡检，逐个排查运行故障和安全隐患，发现南集、徐集等多个乡镇自动站存在问题，及时更换调试，保障汛期使用。针对部分自动站雨量监测偏差的问题，开展雨量筒专项检查，清理出14个雨量筒基础偏低影响雨量准确性的自动站，逐个实施改造。组织业务骨干加强课题创新研究，结合实际有效促进业务质量提升。

【气象服务】 2017年，县气象局创新工作模式，为农气象服务面貌焕然一新。对照“市对县”农业农村考核指标，将乡镇为农服务和气象现代化水平纳入全县农业农村工作考评，突出村级气象大喇叭通响率和气象协理员、信息员下载并熟练运用全国气象信息员管理平台等工作事项。朱码、陈师两镇通过乡镇政府购买服务方式，投入3万元充值新增气象大喇叭300套，保证通响率。组织推广全国气象信息员管理平台（钉钉）应用工作，规范气象协理员、信息员队伍的管理，完善全县气象防灾减灾体系建设。制定完善《涟水县“三农”气象服务实施方案》，面向农业生产提供针对性气象服务信息。全年制作发布气象服务信息120期，其中重要天气报告23期，突发气象预警信号49期；制作发布农业气象旬(月)报28期，春耕春播春种气象服务专报5期，夏收夏种气象服务专题9期，秋收秋种气象服务专报目前已完成5期，重要天气信息专报1期。一季度，组织为农服务人员深入涟城镇城东、牌坊居委会，石湖镇石湖果园种植大户，开展“知农时、懂农事、察农需、接地气”的调研，了解一线生产对气象信息的需求，广泛征求意见建议，形成调研报告，为有针对性的气象服务奠定基础。到部分农业合作社、种养殖大户进行摸查，更新调整重点服务对象信息库，纳入短信收发系统，向他们及时准确的递送最新的气象资讯。紧盯做好重大灾害性天气过程气象服务。3月1日大风天气，导致部分房屋受损，部分农田受灾。针对这次灾害性天气，县气象局主动与市气象台专家联系会商，提前发布预警信号3次，预警信息通过手机短信、电视台、微博、“96121”声讯平台、气象电子显示屏、大喇叭广播等形式向社会公众发布。因服务及时高效、防范及时，使灾害降到最低，减少损失，受到县领导的批示及表扬。7月9—10日强降水期间，及时发布气象预警信息，组织人员深入镇村开展服务，提前发布预警信号5次，因预警信息发布及时，采取措施得力，未出现明显灾情，受到县领导的肯定和市民的广泛好评。

·相关链接·

气象大喇叭系统

该系统是采用国际先进的INTERNET、蜂窝网络带宽传输、UTP/Gn接入、嵌入式文语转换、LED 显示控制等技术，设计的集“无线文转语应急广播”和“无线LED 显示屏发布”于一体的气象大喇叭系统。可快速、及时、准确地将各类信息，特别是气象灾害预警信息传播给社会公众，扩大气象信息覆盖面，解决气象信息“最后一公里”问题，提高气象灾害预警能力，达到最大限度防灾减灾的目的。 （朱晓晓）

教育综述

【概况】 2017年,涟水县有各类中小学110所,其中普通高中5所、九年一贯制学校15所、初级中学22所、完全小学64所、五年高职学校1所、中职学校2所、特殊教育学校1所、小学教学点4个,在校生14.23万人;有成型幼儿园109所,其中公办幼儿园40所,民办幼儿园69所,另有办园点31个,在园幼儿3.7万人。县教育局深化改革,强化管理,各项工作取得显著成绩,获全国金钥匙竞赛团体赛奖,市教育目标考评优秀单位、教育现代化建设工作进步显著单位、创新创优项目一等奖、双拥先进单位,县委县政府科学跨越发展目标考评一等奖、“三城同创”工作先进单位等表彰近20项。

办学条件改善 投入2.62亿元建设滨河学校、高沟中学、3所标准化幼儿园,改善部分义务教育薄弱学校办学条件,全年规划学校建设项目46个。投入1000余万元提升12所乡镇中小学教学装备,建设智慧校园,创建教育现代化先进乡镇(学校)。全年组织“网络学习空间人人通”培训活动3期,培训800人次,举办智慧教育能力提升培训活动,培训骨干教师160余名。创成陈师镇、成集镇、前进镇3个市教育现代化先进乡镇和淮阴中学滨河高级中学等14所市教育现代化先进学校,全县教育现代化建设水平监测综合得分79.6分,比上一年度提高5.99分。

教育质量提升 县教育局以“重塑教育新辉煌”为目标指向,把“质量”贯串到教育工作各个层面。实施学生品格塑造工程,开展文明礼貌暨素质养成月教育、“呈三风、亮校徽、展校旗、唱三歌”竞赛、中小学生“入学仪式”“成长仪式”、纪念周恩来诞辰120周年暨“为中华之崛起而读书”主题演讲、征文等活动,助推学生爱党爱国、爱乡爱校的思想情感升华。实施学生技能提升工程,以学生社团活动为抓手,开辟第二课堂,丰富活动课程,助推个性发展。学生获国家、省、市级各类竞赛奖3200多人次,另有2人获评省优秀学生干部、13人获评省三好学生。推进教体结合,举办全县第三届中小学运动会,学生体质健康上报率100%。实施教学质量提优工程,以《涟水县中小学教育教学质量考核实施方案》为抓手,加大中小学学科教学质量的监控力度,全年开展质量监测9次,召开分析、总结会9场。细化中考、高考具体指标,建立健全科学的过程评价和终端评价机制,全县小学、初中教学质量稳步提升,高考取得重大突破,本科达线率和达线数双居全市县区之首,全市县区文理科高考状元均花落涟水,有1人考取清华大学。在年度全市高中教育工作会议上,涟水县作为唯一县区在会上作典型发言。淮文外国语学校、郑梁梅中学被评为淮安市初中教育教学先进单位,涟水中学、涟水一中获市普通高中教育教学质量特等奖,郑梁梅高级中学获市普通高中教育教学质量一等奖。职业学校在省职业技能大赛中取得1金3银1铜,在市第十二届职业技能大赛中取得4金13银6铜;县中专对口单招本科达线22人,继续保持对口单招成果领跑全市,被认定为市优秀创业教育人才培训基地,“服装设计与工艺专业群”被认定为省级专业群,“中餐烹饪实训基地”被认定为市级实训基地。

2017年11月23日,开展全县初一、初三期中学科抽测质量分析 (县教育局 供稿)

办学特色彰显 印发《关于进一步加强特色学校建设的意见》,围绕特色建设的“点”,拓展特色建设的“面”,推进学校特色建设。培育5所国家级校园足球特色校、1所国家级篮球特色校、3所省体育传统特色校,8所创成省校园足球特色校。外国语小学书画特色成为省级特色项目,南门小学足球、郑梁梅小学乒乓球、向阳小学竹笛、高沟中心小学诗词、陈师中心小学科技、幸福里小学陶艺面塑成为市级特色项目。陈师中心小学获省少工委“优秀红领巾小社团”称号。实验小学、县中专获江苏省科普教育基地称号，涟水中学、幸福里小学获淮安市科普教育基地称号。新创市级“周恩来班”13所，建成省市级质量提升项目5个，4个中小学生品格提升工程入选市级项目。外国语小学、幸福里实验小学为2017年江苏省小学教学改革与创新现场观摩研讨会进行特色化建设成果现场展示，受到与会省市领导、专家的高度评价。《扬子晚报》以《涟水小学生每周三下午在校就是“玩”！这是真的吗》为题深度报道涟水县小学生社团工作开展情况；中央电视台以《王彬：我的小发明是让爷爷少流汗》为题，报道涟水县陈师中心小学六(1)班王彬同学为爷爷制作手推播种机的感人事迹，获得社会各界广泛好评和高度赞誉。体卫艺工作实现新突破，在淮安市中小学体育艺术文化节活动中，获28个一等奖、27个二等奖、30个三等奖，县教育局获优秀组织奖；在省“友城绘”国际青少年绘画展活动，涟水县154幅作品分别荣获儿童组、少年组百强及优秀作品奖，县教育局获省优秀组织奖。

教育改革深化 实行民办学前教育机构独立评估制度，外聘专家成立评估组对申请登记注册民办学前教育机构进行现场评估，全年对77所申报办证幼儿园进行评估，最终2所幼儿通过审核取得办园证。树立以实绩用人、质量至上的鲜明导向，根据《义务教育学校副校级以上领导选拔条件》选拔27名中层干部到副校级领导岗位任职。在年度中级职称评审、高级职称申报人选推荐中，全部外聘专家成立评估组，严格工作流程，实行阳光操作，公平公正评定。落实《关于统筹推进城乡义务教育一体化促进优质均衡发展的实施意见》，严格实行施教区招生，彻底取消沿袭多年的城区公办中小学“择校”并违规收取择校费问题。高中教育招生严格按第一志愿择优录取，对全县中考特优生且进入涟水县四星级高中就读的颁发奖学金，此举不仅留住涟水县优质生源，也吸引在外就读的大批优秀学生纷纷填报涟水县重点高中校。加大管理力度，“双随机”教育教学督导入选市教育局和县政府年度立项的创新创优项目，受到市、县有关领导充分肯定，新华网及《新华日报》《江苏教育》《淮安日报》《涟水日报》等多家媒体对此进行报道推介，盐城市建湖县等县(区)到涟水学习借鉴。继续推行“一线工作法”，局领导班子成员随机深入学校的建设工地、课堂、食堂、学生宿舍查看学校的管理工作，与师生同吃，及时发现问题，督促整改，全系统上下形成抓管理、增效益、求发展的良好氛围。

“三名工程”推进 推进师德建设“三三三”工程(以“查、改、建”提升思想自觉，以“选、树、学”强化典范引领，以“督、考、问”倒逼履职尽责)，开展“爱与责任”家访故事微信征文赛，择优登载，把“百校千师访万家”活动推向深入。开展优秀主题班会课观摩及德育工作研讨、中小学心理健康教育专题培训、中学主题班会评比等活动10余项，培训教师3000余人次，有46人获评市级“优秀班主任”。优选中小学校长、骨干教师、业务管理者等200多人先后赴无锡、常州、镇江、海门等教育发达地区进行1周的跟岗学习，举行青年教师基本功大赛、优质课比赛、“领航杯”课堂教学大赛、统编教材培训会、有效教学研讨会等30项专业提升活动，提升管理能力和业务水平。招聘212名优秀师范毕业生，完成定向培养农村教师78人。健全义务教育阶段学校校长和教师交流制度，中小学校长、骨干教师交流比例25.35%。做好乡村学校从教30年教师荣誉证书颁发工作，发放荣誉证书3544份。落实住房补贴、乡镇补贴、职称评聘等多项支持鼓励乡村教师的具体措施，坚定教师驻守农村、扎根教育的信心。组织40余名校长赴苏南名校考察学习校园文化建设，召开全县校园文化建设暨学校管理工作推进会，优化管理，丰富内涵。经过重点培养与打造，学校的品牌建设不断彰显、办学品质不断提升。红窑实验学校等3所学校获批市级“广德育”项目，高沟中学的游学课程开发与实施、安东学校的初中英语课程基地建设获批市级质量提升项目。涟水中学国学教育、郑梁梅高中生命教育、滨河高中德育、涟水一中体育、红窑学校红色文化、安东学校竹文化在市内外产生较大影响。有10所名校、10位名校长、100位名师获县委、县政府表彰奖励，2名教师获评中学正高级职称，1人获评市劳动模范，2人获评市功勋教师。

发展环境优越 县委、县政府把教育作为重要的民生工程，纳入全县经济社会发展考核体系予以落实。县四套班子领导多次召开教育工作专题会、协调会、会办会，研究会办教育改革事项，多次深入学校调研指导、现场办公、亲自协调，研究解决教育工作问题。各部门、各乡镇关心、支持教育发展，县财政、人社、编办等部门提供人力、财力保障；县交通、住建等部门改善学校基础

2017年6月23日，上海德汇公益基金会助学奖学捐赠签订仪式 (县教育局 供稿)

设施;县公安、综治等部门净化校园周边环境;县经济开发区、涟城、高沟等地筹措资金新建、改建校舍;南集、义兴、保滩、成集、梁岔、五港等地设立奖教基金;梁岔、胡集、石湖、黄营等乡镇为学校改善办公、学习条件。全县有12家企事业单位、社会团体和13名个人先后向各级各类学校设立奖学金、助学金。上海德汇公益基金会、江苏温州商会、南京涟水商会等众多慈善人士和爱心企业参与捐赠善款,为600名困难学生捐资捐物计170余万元,全县上下形成重视教育、重抓教育、发展教育的良好氛围。

【全民终身学习】 2017年11月2日,由县委、县政府主办的"涟水县全民终身学习活动周"启动仪式在县外国语小学举行,活动周以"推动全民终身学习,建设学习型涟水"为主题,全县各部门、各乡镇围绕学习周主题,突出重点,紧扣特色,通过制作展板、悬挂横幅、媒体报道、活动宣传等方式,积极宣传区域全民学习活动情况,既丰富学习周内容,又营造氛围。活动计悬挂宣传横幅132条,出宣传板报90期,媒体报道150多条,发放宣传材料和读本10万余份。活动周期间,全县广大居民积极踊跃,参与活动的居民20.4万人次。 (陈 忠 王小成)

基础教育

【概况】 2017年,涟水县有成型幼儿园109所,其中公办幼儿园40所,民办幼儿园69所,另有公、民办附属幼儿班53个;在园幼儿37328人;专任教师2242人(其中公办性质140人,临聘人员2097人);省级优质幼儿园38所,市级优质幼儿园13所。有义务教育阶段学校106所(其中初中22所,九年一贯制15所,小学64所,教学点4个,特殊教育学校1所),教职工8142人(其中小学3937人,初中1926人,九年一贯制学校2247人,特殊教育学校32人),在校学生113794人(其中小学生79118人,初中生34594人,特殊教育学校学生82人)。普通高中5所(其中四星级高中3所,三星级高中2所),班级260个,在校高中生13584人,教师1242人。

2017年涟水县一类本科录取情况一览表

表21

姓名	毕业学校	录取院校	姓名	毕业学校	录取院校	姓名	毕业学校	录取院校
马可凡	涟水中学	上海交通大学	王浩	涟水中学	合肥工业大学	薛震	涟水中学	苏州大学
周栩行	郑梁梅高中	空军航空大学	王颢颖	郑梁梅高中	南京审计大学	丁闯	涟水中学	长安大学
王雪	涟水中学	南开大学	杨沛鑫	郑梁梅高中	南京医科大学	季梦	涟水中学	武汉理工大学
王浩	涟水中学	北京航空航天大学	苗凌	郑梁梅高中	南京审计大学	向金凤	涟水中学	徐州医科大学
于越	涟水中学	武汉大学	葛龙成	郑梁梅高中	苏州大学	徐安远	郑梁梅高中	南京农业大学
陈闯	郑梁梅高中	武汉大学	薛景恒	涟水中学	苏州大学	罗娴	涟水中学	南京审计大学
徐申怡	涟水中学	南京理工大学	王亦筝	涟水中学	苏州大学	何一佳	涟水中学	武汉理工大学
丁羽	涟水中学	南京航空航天大学	刘力嘉	涟水中学	南京中医药大学	徐勤朋	涟水中学	南通大学
周千千	郑梁梅高中	南开大学	王添露	郑梁梅高中	江苏师范大学	刘宇翔	涟水中学	南京中医药大学
徐晨晨	郑梁梅高中	中南财经政法大学	陈志强	郑梁梅高中	华北电力大学(北京)	焦梦君	郑梁梅高中	江南大学
万家正	涟水中学	南京理工大学				许静	郑梁梅高中	南京邮电大学
常万通	涟水中学	南京理工大学	张帆	涟水中学	苏州大学	井康乐	郑梁梅高中	南京农业大学
史耀辉	涟水中学	河海大学	王旭升	涟水中学	苏州大学	吕慧敏	郑梁梅高中	徐州医科大学
纪乐薇	郑梁梅高中	湖南大学	石晓锋	涟水中学	苏州大学	韦怡	郑梁梅高中	江南大学
朱桓毅	涟水中学	东南大学医学院	高远	涟水中学	南京师范大学	陈欢	郑梁梅高中	徐州医科大学
袁权	涟水中学	国防科技大学	陈颖	涟水中学	苏州大学	伏兴旺	涟水中学	华东政法大学
刘萱	涟水中学	南京航空航天大学	许晋玮	涟水中学	南京师范大学	王月如	涟水中学	南京财经大学
刘宛钦	涟水中学	河海大学	穆子康	涟水中学	中国人民公安大学	唐洁	郑梁梅高中	南通大学
王诗文	郑梁梅高中	苏州大学	周旺	郑梁梅高中	苏州大学	梁叶剑	郑梁梅高中	南京农业大学
王天宇	涟水中学	中南大学	何瀚柯	郑梁梅高中	苏州大学	陈飞燕	郑梁梅高中	扬州大学
李想	郑梁梅高中	湖南大学	殷浩	郑梁梅高中	河海大学	胡绍洲	涟水中学	南京邮电大学
徐健宇	郑梁梅高中	南京医科大学	张瑶	郑梁梅高中	苏州大学	彭雅雷	涟水中学	南京审计大学
颜正开	涟水中学	上海对外经贸大学	张嘉茜	涟水中学	徐州医科大学	王建钧	涟水中学	第三军医大学

续表21

姓　名	毕业学校	录取院校
徐舒蕊	涟水中学	徐州医科大学
姜　理	郑梁梅高中	南京农业大学
马　瑶	郑梁梅高中	南京财经大学
赵宇健	涟水中学	中国矿业大学
王枫叶	涟水中学	南京农业大学
刘格格	涟水中学	西南大学
刘思路	郑梁梅高中	安徽大学
李　想	郑梁梅高中	浙江工商大学
杨建飞	郑梁梅高中	南京师范大学
杨丽炜	郑梁梅高中	南京财经大学
王佳琦	郑梁梅高中	中国矿业大学
王紫妍	郑梁梅高中	江苏师范大学
顾文芹	郑梁梅高中	南京邮电大学
冯跃飞	郑梁梅高中	南京邮电大学
陈立宇	涟水中学	南京信息工程大学
张振翼	涟水中学	南京邮电大学
贾伟哲	涟水中学	南京理工大学
卜俊杰	涟水中学	中国矿业大学
张　冰	郑梁梅高中	南京邮电大学
赵文汇	涟水中学	福建医科大学
李　坤	涟水中学	徐州医科大学
张　宇	郑梁梅高中	南京审计大学
陆晓瑞	涟水中学	河海大学(常州校区)
成　慧	涟水中学	南京工业大学
嵇月镭	郑梁梅高中	南京审计大学
刘甜甜	郑梁梅高中	南京财经大学
刘宇翔	郑梁梅高中	南京工业大学
高晋阳	郑梁梅高中	北京化工大学
纪星羽	涟水中学	中国矿业大学
龚　宇	涟水中学	江苏师范大学
王　猛	郑梁梅高中	南京师范大学
刘中望	郑梁梅高中	南京工业大学
龙炳权	郑梁梅高中	河海大学(常州校区)
朱迎新	郑梁梅高中	中国地质大学(北京)
倪开翔	涟水中学	徐州医科大学
王　成	涟水中学	南京工业大学
吴　珵	涟水中学	杭州电子科技大学

姓　名	毕业学校	录取院校
于四海	涟水中学	南京工业大学
金芳竹	涟水中学	南京审计大学
解星原	金城学校	南京审计大学
徐志香	郑梁梅高中	南京审计大学
丁　妍	郑梁梅高中	江苏师范大学
肖　天	郑梁梅高中	南京工业大学
卢建文	涟水中学	徐州医科大学
皇甫新义	郑梁梅高中	南京工业大学
高　菲	郑梁梅高中	南京审计大学
吴国祥	郑梁梅高中	太原理工大学
蔡慧敏	涟水中学	南京财经大学
王春元	涟水中学	江苏师范大学
甘　旺	涟水中学	南京工业大学
查　璇	涟水中学	江苏大学
李　悦	涟水中学	江苏师范大学
沈正辉	涟水中学	南京工业大学
高　汐	涟水中学	江苏师范大学
马子涵	涟水中学	南京财经大学
吴昊旻	涟水中学	江苏大学
孙振玮	郑梁梅高中	南京审计大学
王宝华	涟水中学	南京工业大学
王磊磊	涟水中学	南京工业大学
孙　亮	涟水中学	南京工业大学
鞠成巍	涟水中学	南京工业大学
郭新邓	郑梁梅高中	南京中医药大学
方丽茹	郑梁梅高中	南京审计大学
高子轩	涟水中学	南京中医药大学
赵　新	涟水中学	南京财经大学
张文婧	涟水中学	徐州医科大学
江广志	涟水中学	南京信息工程大学
王　安	涟水中学	徐州医科大学
高　佗	涟水中学	南通大学
冯　政	郑梁梅高中	南京工业大学
朱佳婕	郑梁梅高中	南京医科大学
梁子夫	涟水中学	江苏大学
徐　畅	涟水中学	扬州大学
石　磊	涟水中学	江苏警官学院
穆子健	涟水中学	南京信息工程大学
马佩佩	涟水中学	南京工业大学
乐天一	涟水中学	江苏大学

姓　名	毕业学校	录取院校
刘梦妍	郑梁梅高中	江苏师范大学
邱昊月	郑梁梅高中	南京工业大学
尹一新	郑梁梅高中	江苏师范大学
谷　阳	郑梁梅高中	扬州大学
乔一明	郑梁梅高中	南京邮电大学
沙春树	涟水中学	南京信息工程大学
李相霖	涟水中学	南京工业大学
王　翔	涟水中学	南京林业大学
张　弛	郑梁梅高中	江苏大学
马苏会	郑梁梅高中	南京信息工程大学
周治文	郑梁梅高中	徐州医科大学
刘　望	郑梁梅高中	南京信息工程大学
张昊旻	郑梁梅高中	南京信息工程大学
王　芳	郑梁梅高中	扬州大学
张芳芳	郑梁梅高中	扬州大学
韩小波	涟水中学	徐州医科大学
薛梦怡	涟水中学	南京邮电大学
林倩倩	涟水中学	南京邮电大学
沈堦辉	郑梁梅高中	江苏大学
朱雅文	郑梁梅高中	江苏师范大学
张宇晗	涟水中学	扬州大学
童　妍	郑梁梅高中	江苏师范大学
李新宇	郑梁梅高中	南京信息工程大学
田兆亿	涟水中学	江苏大学
张　颖	涟水中学	南京信息工程大学
王　浩	涟水中学	常州大学
李　洁	涟水中学	南京工业大学
贾茜茹	涟水中学	江苏大学
严　一	涟水中学	江苏大学
张珠一	郑梁梅高中	江苏师范大学
朱延冲	郑梁梅高中	南京林业大学
王子怡	涟水中学	扬州大学
严　颖	郑梁梅高中	江苏师范大学
严金鑫	郑梁梅高中	徐州医科大学
冯　尹	郑梁梅高中	沈阳工业大学
朱智威	郑梁梅高中	南通大学
周程艳	涟水中学	南京林业大学
张成成	涟水中学	江苏大学
薛昕哲	涟水中学	江苏警官学院
章　妍	涟水中学	南京工业大学

续表21

姓　名	毕业学校	录取院校
邢泽尹	涟水中学	山西大学
张　艺	涟水中学	江苏大学
黄亚运	郑梁梅高中	南京中医药大学
徐澜心	涟水中学	江苏大学
肖宇航	涟水中学	江苏大学
倪庆鹏	郑梁梅高中	徐州医科大学
何加敏	郑梁梅高中	南京中医药大学
陈能权	郑梁梅高中	常州大学
王　正	郑梁梅高中	扬州大学
孟　利	涟水中学	河北医科大学
胡译丹	涟水中学	南京医科大学
李连芹	郑梁梅高中	江苏师范大学
徐　静	郑梁梅高中	南京信息工程大学
张书衔	涟水中学	扬州大学
朱　蕾	涟水中学	陕西科技大学
郑　雨	涟水中学	南京中医药大学
王甜甜	涟水中学	南京医科大学
王吉权	涟水中学	常州大学
张潇予	涟水中学	南京中医药大学
孙雪莹	郑梁梅高中	南京信息工程大学
向红洁	金城学校	常州大学
郭平安	涟水中学	扬州大学
纪大山	郑梁梅高中	南京林业大学
郁　杰	郑梁梅高中	扬州大学
陈冰雪	郑梁梅高中	苏州大学
孟　旭	涟水中学	苏州科技大学
徐苗惠	涟水中学	南京中医药大学
胡　倩	涟水中学	徐州医科大学
周玉洁	涟水中学	江苏大学
程　芮	涟水中学	徐州医科大学
汪　涛	涟水中学	扬州大学
张　羽	涟水中学	扬州大学
李家伟	涟水中学	武警警官学院
刘　艳	郑梁梅高中	江苏大学
高秀文	郑梁梅高中	江苏师范大学
蒯玉佩	郑梁梅高中	南京医科大学
吴建宇	郑梁梅高中	扬州大学
朱梦宇	涟水中学	扬州大学
杨　颖	郑梁梅高中	江苏师范大学
刘舒蕾	涟水中学	南京中医药大学

姓　名	毕业学校	录取院校
周　宇	涟水中学	南京林业大学
黄　晶	郑梁梅高中	江苏大学
王　茜	涟水中学	江苏大学
朱轩宇	涟水中学	徐州医科大学
邱　龚	涟水中学	常州大学
张梦如	涟水中学	南京林业大学
陈思洁	涟水中学	江苏师范大学
蒋府慧	郑梁梅高中	南通大学
霍　霄	涟水中学	长春理工大学
高仁雄	涟水中学	扬州大学
井品文	涟水中学	南京中医药大学
辜云飞	涟水中学	江西理工大学
崔银银	郑梁梅高中	江苏科技大学
田　威	郑梁梅高中	西南石油大学
严万成	郑梁梅高中	苏州科技大学
刘　浩	郑梁梅高中	扬州大学
高　峰	郑梁梅高中	常州大学
吴　怡	郑梁梅高中	南京医科大学
费言君	郑梁梅高中	江苏师范大学
王　葳	郑梁梅高中	南京林业大学
陈志闯	郑梁梅高中	常州大学
许开春	郑梁梅高中	扬州大学
孟刘成	郑梁梅高中	南京林业大学
胡　涛	涟水中学	扬州大学
吴成康	涟水中学	南京中医药大学
陆梦静	涟水中学	南通大学
朱佳欣	涟水中学	南通大学
蔡诚诚	涟水中学	南京林业大学(淮安校区)
张青	涟水中学	南通大学
李语婷	涟水中学	南京医科大学
汤锦林	郑梁梅高中	南京信息工程大学
徐彤彤	涟水中学	南京医科大学
朱敬荣	郑梁梅高中	南通大学
余丽雅	涟水中学	徐州医科大学
许静	郑梁梅高中	南京医科大学
张佩佩	郑梁梅高中	南京医科大学
顾　扬	郑梁梅高中	苏州科技大学
嵇新玥	郑梁梅高中	石家庄铁道大学
黄佳豪	郑梁梅高中	苏州科技大学

姓　名	毕业学校	录取院校
江　芳	郑梁梅高中	江苏科技大学(张家港校区)
徐才志	郑梁梅高中	南通大学
曹姗姗	郑梁梅高中	南京医科大学
陈杰	涟水中学	徐州医科大学
谷安琪	涟水中学	南京中医药大学
查子雄	涟水中学	江苏科技大学
徐海平	郑梁梅高中	江苏师范大学
曹竟文	郑梁梅高中	南通大学
张梦娜	涟水中学	苏州科技大学
夏　新	涟水中学	南京森林警察学院
高　颖	涟水中学	苏州科技大学
章念念	涟水中学	苏州科技大学
陈　雷	涟水中学	苏州科技大学
王慧敏	涟水中学	江苏师范大学
王必柔	涟水中学	南通大学
夏洪睿	涟水中学	南通大学
刘康杰	涟水中学	苏州科技大学
李国庆	涟水中学	苏州科技大学
李栋梁	郑梁梅高中	苏州科技大学
张妍妍	郑梁梅高中	南通大学
董俊杰	郑梁梅高中	南通大学
黄绮祯	郑梁梅高中	苏州科技大学
吴晶晶	涟水中学	苏州科技大学
王　安	涟水中学	南京医科大学
尹晓晓	涟水中学	南京医科大学
许津铭	涟水中学	扬州大学
姜　睿	涟水中学	苏州科技大学
胡逢春	郑梁梅高中	苏州科技大学
潘柯澎	涟水中学	南京森林警察学院
王芷璇	郑梁梅高中	徐州医科大学
王列茹	涟水中学	苏州科技大学
徐辉	郑梁梅高中	苏州科技大学
顾　杨	郑梁梅高中	苏州科技大学
罗　帆	涟水中学	苏州科技大学
徐子越	涟水中学	江苏科技大学(张家港校区)
马文丽	涟水中学	南通大学
刘馨宇	涟水中学	江西理工大学
羊致远	涟水中学	哈尔滨理工大学

续表21

姓 名	毕业学校	录取院校
叶文静	涟水中学	扬州大学
衡 叶	涟水中学	徐州医科大学
凡军建	郑梁梅高中	安徽工业大学
苏越	郑梁梅高中	南通大学
张天昊	郑梁梅高中	南通大学
沈文浩	郑梁梅高中	南京医科大学
杨文静	郑梁梅高中	南通大学
钱雨康	涟水中学	南通大学
金 毅	郑梁梅高中	南京林业大学(淮安校区)
张 帆	郑梁梅高中	南通大学
张志杰	涟水中学	徐州医科大学
朱春妮	涟水中学	江苏科技大学
张宇皓	涟水中学	江苏科技大学(张家港校区)
丁媛媛	涟水中学	江苏科技大学
沈严苹	涟水中学	南通大学
唐冯旭	涟水中学	南京工业大学
潘媛媛	郑梁梅高中	南通大学
秦丽娟	涟水中学	南通大学

姓 名	毕业学校	录取院校
蒋 雪	涟水中学	南通大学
李雨清	郑梁梅高中	南通大学
何静	郑梁梅高中	徐州医科大学
尹思澎	郑梁梅高中	南通大学
方 取	郑梁梅高中	南通大学
郑卫凯	郑梁梅高中	江苏科技大学
范家宝	郑梁梅高中	江苏科技大学
王 晨	郑梁梅高中	南通大学
赵 浩	涟水中学	南通大学
杨 影	郑梁梅高中	江苏师范大学
刘月明	郑梁梅高中	哈尔滨商业大学
范玉健	涟水中学	南京林业大学(淮安校区)
孙 聪	涟水中学	江苏科技大学(张家港校区)
徐 瑶	涟水中学	江苏科技大学(张家港校区)
汤 聪	涟水中学	江苏科技大学(张家港校区)
何南翔	涟水中学	南京林业大学(淮安校区)

姓 名	毕业学校	录取院校
王 辉	郑梁梅高中	江苏第二师范学院
孙梦达	郑梁梅高中	河海大学
王英豪	涟水中学	江苏科技大学(张家港校区)
任睿祺	涟水中学	南京信息工程大学
陆宪峰	涟水中学	南京林业大学(淮安校区)
陈佳丽	郑梁梅高中	南京林业大学(淮安校区)
朱冠臻	郑梁梅高中	南京林业大学(淮安校区)
张烜榕	涟水中学	南京林业大学(淮安校区)
张可欣	郑梁梅高中	扬州大学
朱明仁	郑梁梅高中	江苏警官学院
衡立行	涟水中学	江苏警官学院
朱 然	涟水中学	南京邮电大学
赵 安	涟水中学	江苏警官学院
朱清远	郑梁梅高中	江苏警官学院
侯昊昕	涟水中学	南京工业大学

【德育工作】 2017年,县教育局以《中小学德育工作指南》和市教育局《广德育建设工程实施方案》为指引,创新德育活动方式。举行全县中小学班主任基本功竞赛、主题班会评比及观摩活动、“班主任工作论坛”“爱与责任——我的家访故事”微信征文大赛、全县中小学心理健康教育专题培训,提升专业素养,厚植发展根基;举行“小手拉大手,共创文明城”中小学生演讲比赛、全县中小学生“习惯养成月”展示研讨活动,举行小学生入队仪式、入学仪式、成长仪式、“拥抱青春,放飞梦想”十四岁青春仪式暨全县未成年人文明礼仪养成教育示范活动、“十八而志——感恩与责任”十八岁成人礼仪式及观摩活动、“为中华之崛起而读书”中小学生演讲征文等活动,丰富德育活动内涵,提高德育工作的针对性和实效性,成功创建市级“周恩来班”13个。

2017年10月20日,承办市高中生物优质课评比 (县教育局 供稿)

【教学质量监控】 2017年,全县各中小学确立教学中心地位不动摇,以“质量兴校”为鲜明导向,教学管理、教学监控和教学评价等相关制度得到完善,建立以校本级为主、以教育发展联盟和县教育局为辅的全方位立体式教学质量监控网络,加强教学质量评价方式方法的探索研究。以严格落实《涟水县中小学教育教学质量评估方案》为突破口,全年分别组织中、小学县级学科教学质量监测6次和4次(含六年级学生毕业水平测试),质量分析如实精细、红脸出汗,严格兑现奖惩,全年累计奖励教育教学成绩显著的教师和先进集体100余万元，对6所成绩末位的学校及任课教师实行解剖式调研10余次，加强督促整改。同时，将监测结果发放到各校所在辖区党委政府，进一步提升学校、教师的责任意识、进取意识，推动教育教学质量稳步提升。

【校园文化建设】 2017年，县教育局组织开展全县中小学"三风一训"展评及"呈三风、亮校徽、展校旗、唱三歌"竞赛活动；举行全县中小学校园文化建设暨学校管理工作推进会；涟水中学的"国学特色"、幸福里实验小学的"幸福文化"、红窑实验学校的"红色红窑"、安东学校的"竹韵悠扬，书香成趣"的校园文化在县内外产生较大影响。实验中学等学校成功申报市"中小学生品格提升工程"项目；安东学校、实验小学成功申报市心理健康教育特色学校；高沟中学的"游学课程开发与实施"、安东学校的"初中英语课程基地建设"获批市级质量提升项目。全县中小学加大学校特色文化建设力度，中学组建文艺体科类学生社团422个，小学组建文艺体科类学生社团976个。中学开辟第二课堂，小学每周三下午为学生社团活动专门时间，丰富学生社团活动课程，促进学生的个性发展。外国语小学被评为江苏省书画特色项目学校，南门小学足球、郑梁梅小学乒乓球、向阳小学竹笛、高沟中心小学诗词、陈师中心小学科技、幸福里实验小学陶艺面塑被评为市级特色项目。10月，外国语小学、幸福里实验小学为2017年江苏省小学教学改革与创新现场观摩研讨会现场展示特色化建设成果。11月24日，《扬子晚报》以《涟水小学生每周三下午在校就是"玩"！这是真的吗》为题深度报道全县小学生社团工作开展情况。

【学科竞赛活动】 2017年，县教育局把培养优秀学生参加大赛作为提升全县教育品牌知名度和影响力重要渠道，积极开展学科竞赛活动。4月，举办全县高中学生学科知识竞赛，高一年级数学、物理、化学、生物四科共600余名学生参赛。通过竞赛，评选出40余名优秀学生进行集中训练，并组织参加国家级竞赛，有6人获全国数学联赛省级二等奖，1人(全市仅3人)获全国物理奥林匹克竞赛二等奖，1人获全国物理奥林匹克竞赛省一等奖，2人获全国生物奥林匹克竞赛省一等奖，5人获省中学生作文竞赛一等奖，获全国金钥匙竞赛团体二等奖。

【省级优质幼儿园建设】 2017年，县教育局根据省级优质幼儿园创建标准，从保教队伍、办园条件、安全卫生、保教水平和管理绩效五大方面对县实验幼儿园今世缘分园、灰墩中心幼儿园和河网幼儿园进行全方位提升。实验幼儿园今世缘分园按照省优质园标准配备室内外所有设施设备，投入15万元扩建1000平方米的户外活动场地，增加5件大型木制户外体育器械。灰墩中心幼儿园迁入新楼，投入20多万元进行绿化布置，铺设130平方米的草坪操场，新建假山、水池、沙池等，开辟生态式户外游戏区走迷宫、农家乐、玩沙区、玩水区、涂鸦墙、种植园等。河网幼儿园投入250万元新建幼教楼，建设幼儿园标准活动室、专用活动室、多功能室、厨房、保健室等各类用房，投入近40万元添置教育教学设施，完善各室配备，购足、购齐各类运动器械、教(玩)具和图书资料，购置大型组合攀爬玩具，满足幼儿生活、活动和游戏的需要。新招编8名幼师分配到相关创建单位，专任教师合格率100%。年底，3所创建园顺利通过省专家验收组现场评估验收。南门小学、陈师中心小学等10所幼儿园通过省优质园复验评估组验收，省优复验通过率100%。全县省级优质园累计有38所，公办园省级优质园比例95%。

【义务教育标准化建设】 2017年，县教育局按照《江苏省义务教育学校标准化建设要求》，立足城乡义务教育优质均衡发展，积极完善学校布局规划与调整，努力加大薄弱学校改造力度。实施标准化建设工程，教育资源不断向农村薄弱学校倾斜，为北集、成集、南集、余圩、前进等乡镇中小学建设教学楼、综合楼等，共投入资金1149万元，新建校舍4752平方米。另外，异地新建高沟中学，投入资金8000万元，于2017年8月投入使用。加快滨河新城小学、初中的建设，引进淮安外国语学校在涟水举办滨河分校，全力打造新的教育中心。实施教育集团化办学，在原城乡教育联盟的基础上，将安东学校与徐集中学、郑梁梅小学与牌坊小学、南门小学与永兴学校分别组建成紧密型教育集团。规范义务教育学校招生行为，从2017年起，县城区中小学进一步"减肥瘦身"，控制起始年级招生规模。通过标准化建设的强力实施，推进义务教育均衡发展，不断缩小城乡之间、校际之间在办学条件和办学水平上的差距。全县79.3%的义务教育学校基本达到省定办学标准。

【张新宇获全国中小学电脑制作活动机器人大赛一等奖】 全国中小学电脑制作活动是由教育部指导、中央电化教育馆主办的一项旨在促进中国基础教育信息化建设、展示中小学生信息技术实践成果的重要赛事。2017年8月，第十八届全国中小学电脑制作活动举行，设评选项目、创客项目、竞赛项目3个大项。竞赛项目机器人灭火小学组比赛，有25支代表队参赛，涟水县陈师中心小学学生张新宇代表江苏参赛。比赛中，张新宇根据场地情况，自行编排程序，通过传感控制等方式，用很短的时间让机器人到达放置蜡烛的区域，将蜡烛吹灭。最终，张新宇获小学组灭火比赛一等奖，实现苏北地区小学生机器人灭火项目在全国大赛上奖牌零的突破。

(陈　忠　王小成)

高等教育

【概况】 2017年，涟水县有高等教育学校2所，其中高职1所(炎黄职业技术学院)、开放大学1所(与涟水中专共用1个校区，一套班子，两块牌子)。学生4901人，专兼职教师429人。

【炎黄职业技术学院】 是涟水籍台胞、教育家、爱国实业家蒋志平筹资创办、省政府批准建立、教育部核准正式备案的一所全日制民办职业技术学院。校园占地面积20.6公顷，校舍建筑面积近12万平方米，馆藏图书约23万册，中外文期刊600余种。学院设三年制专科和五年制专科,设有建筑工程系、机电信息工程系、经济管理系、时尚造型设计系、汽车工程系、休闲观光系等6个系。开设汽车检测与维修、计算机应用与维护、电子信息工程、建筑工程技术、机电一体化技术、会计、旅游管理、应用英语、人物形象设计、空中乘务等32个专业,涵盖理、工、经、管、文5个学科门类,覆盖制造、土建、电子信息、财经、旅游、交通运输、教育7大类职业岗位群和行业。学院经省教育厅批准,与南师大、南航、南工大、苏州大学等省内多家"211"高校合办"专接本"本科班。还与电子科技大学、淮阴工学院等院校合作举办网络教育、成人教育本科班。2017年,有班级85个,学生3896人,教职工220人,专、兼职教师203人,其中,中高级职称有138人,研究生学历18人,双师型(双师素质)教师54人。学院空中乘务和民航安全技术管理2个新办专业招收第一批学生,与南京禄口国际机场签订订单培养协议,人才培养方案由学院和北京翔宇通用航空公司共同制定并实施,培养模式为"2+1",2年讲授公共基础知识和专业知识,1年赴北京由翔宇集团培养专业技能。组织师生参加各类竞赛,12名教师获县职社教育信息化教学、优秀论文和优秀教案比赛一等奖,学生获省高职院校教师信息化教学大赛三等奖1项,获市中职学生技能比赛一等奖1项,二、三等奖4项,6件作品获市创业能力大赛二、三等奖。10项大学生实践创新项目通过结题验收,1项省哲学社会科学课题通过中期检查,2项省哲学社会科学课题通过结题验收,1项省教育科学"十二五"规划课题通过中期检查。学院教师获批省教育厅大学生实践创新项目3项、省哲学社会科学项目3项、省级信息化研究课题3项、省教改课题1项、其他科研项目28项。年内,与上汽集团南京名爵汽车有限公司、中国农业银行、华硕电子、美的集团电热水器事业部(芜湖)基地、江苏通信置业有限公司、顺风物流杭州转运中心、江苏久基网络科技有限公司等数十家企业合作培养专业人才,定期安排相关专业学生顶岗、跟岗实习实训,提升学生专业技能。

【江苏省涟水开放大学】 与江苏省涟水中等专业学校(原涟水县职业技术教育中心),实行一套班子、两块牌子,资源共享。学校开设国家开放大学本、专科专业,本科专业有法学、小学教育、学前教育、汉语言、计算机科学、工商管理、会计学、行政管理、土木工程;专科专业有法学、小学教育、学前教育、计算机科学、工商管理、会计学。学校与江苏开放大学合办机电一体化、建筑工程、会计、行政管理、工程管理、农业与农产品安全、文化产业管理等专业。2017年,有专兼职教师226人,在校生1005人,其中国家开放大学662人(专科421人,本科231人),江苏省开放大学172人,奥鹏远程教育本、专科171人。年内获省招生先进单位、全省网上教学先进集体、优秀奥鹏学习支持服务中心等表彰。 (陈 忠 王小成)

职业教育

【概况】 2017年,全县有职业(中、高职)学校3所,其中高职1所(炎黄职业技术学院,详见"高等教育")、四星级中职1所(江苏省涟水中等专业学校)、普通民办职业学校1所(淮安市辅仁职业技术学校)。全县各类职业学校在校生7494人。

【炎黄职业技术学院】 (详见"高等教育")

【江苏省涟水中等专业学校】 学校集开放本科、开放专科、中专、短期培训于一体,是江苏省四星级中等职业学校、江苏省高水平示范性中等职业学校。占地面积20公顷,建筑面积64000平方米。2017年,有教职工283人,专任教师226人;有教学班60个,在校生2815人。5月,"服装设计与工艺"现代化专业群通过省教育厅验收,这是全省服装类第一个现代化专业群;"十二五"期间重点建设的机电技术应用、服装设计与工艺2个省级高水平示范性实训基地通过验收。对口单招再创辉煌,本科达线22人,处于全市前列。组织师生参加技能创新大赛活动,在省技能大赛中获1金4银1铜;在省创新大赛中获1金2银1铜,其中1件作品获第十三届宋庆龄少年儿童发明奖,1件作品入围第32届全国青少年科技创新大赛。在市技能大赛中获一等奖3个,二等奖12个,三等奖4个,19名师生入围省技能大赛,位居淮安市前列;在市第十二届青少年科技创新大赛中获10枚奖牌,囊刮金银铜奖;在市职业学校创业大赛获一等奖3个、二等奖2个、三等奖3个,还获最佳组织学校奖,全市领先。 (陈 忠 王小成)

教育科研

【概况】 2017年,全县省级规划课题、

2017年9月,举办"建构我们的教学主张"主题学习研讨活动 (县教育局 供稿)

教研课题开题5个,结题8个;市级规划课题、教研课题开题32个,结题9个;县级规划课题、教研课题开题12个,结题5个。4个课题获省教学研究室第十二课题立项,10个课题获得市教学研究第十二课题立项,其中一个为重点研究课题。组织全县500余名教师参加省"师陶杯" "五四杯"教育教学论文评比活动,有3人获一等奖。组织各校教科研教师80余人参加省、市级课题研究培训活动。在省教科院组织的"2017年江苏省人民教育家培养对象影响力论坛"活动中,县教研室主任王坤作专题发言,受到广泛好评。通过县域教研、校本教研、网络教研、联片教研、送教下乡等多种教研方式,建立对话、交流和研究的新机制,以开展活动培训、锻造教师,扩大教师研修的参与面和受益面,促进教师专业成长。全年开展教学研讨、观摩交流等省、市、县级活动50余次,采取"请进来"的办法,先后邀请省、市教研室专家到涟水举办教学教研专题讲座10余场,开展名师送课20余节,提升教师的业务水平。举行高中青年教师基本功大赛、"红日杯"初中教师课堂教学大比武、小学各科课堂教学竞赛、"一师一优课"网上晒课等活动,促进教师成长,其中"一师一优课"网上晒课有10多人获得部优,有8人获省级一等奖,29名获市级一等奖,10多篇论文在省"师陶杯"教育教学论文评比中获奖,236篇论文在市教学设计与教学论文评比中获奖,200余篇论文省级以上正规教育期刊发表。

2017年涟水县获奖(发表)教学论文一览表

表22

论文标题	所获奖项(发表媒体)	作　者	作者单位
认识容量和升	全国优质教育科研成果展评一等奖	张黎黎	滨河外国语学校
让个性阅读在生态高效课堂中闪光	中国教育学会重点课堂研讨会优秀论文一等奖	陈婷婷	郑梁梅小学
与"悦"读同行	省一等奖	井迎花	梁岔镇中心小学
新时期的少先队辅导员工作之我见	省一等奖	井迎花	梁岔镇中心小学
勤写乐改,打开创作之门	省一等奖	汪　敏	高沟镇中心小学
小学语文古诗教学的策略分析	省蓝天杯一等奖	郭海霞	外国语小学
教学设计谈礼貌	省蓝天杯一等奖	鲁庆华	杨口小学
浅析如何提高小学数学的教学水平	省蓝天杯一等奖	徐　军	淮文外国语学校
浅谈作文教学中的细节描写	省蓝天杯一等奖	樊　景	滨河外国语学校
父母的心	省蓝天杯一等奖	樊　景	滨河外国语学校
诚信伴我行	省一等奖	陈亚军	方渡小学
如何理性评价儿童画教学	省一等奖	朱中国	实验小学
新课改局势下乡村小学语文课堂的文学性教育	省师培中心、省教育行政中心一等奖	闵　松	陈师镇中心小学
如何培养少年儿童审美意识	省少工委二等奖	陈亚军	方渡小学
信息技术在数学教学中的应用	省二等奖	肖建国	梁岔镇中心小学
激发兴趣,提高效益	省二等奖	胡从兵	五港镇中心小学
乡村资源:农村儿童核心素养发展的有效载体	省一等奖	卢梅英	徐集中心小学
浅析陶行知"生活教育"及对教学实践的影响	省陶行知研究会二等奖	何梦洁	淮文外国语学校
浅谈陶行知的教育思想	省陶行知研究会二等奖	刘希茜	淮文外国语学校
以科学之方,新教育之事	省陶行知研究会二等奖	石国惠	淮文外国语学校
符号化思想在小学数学教学中的渗透	省蓝天杯二等奖	赵洪玉	河网中心小学
用好游戏教学,激活小语课堂	省蓝天杯二等奖	嵇玉花	河网中心小学
发挥家庭教育培育价值探索少先队活动的新途径	省教师培训中心二等奖	朱环宇	黄营中心小学
浅谈如何上好小学数学复习课	省教师培训中心二等奖	翟孝春	黄营中心小学
教学中"教"与"学"得关系及其把握	省教师培训中心二等奖	翟孝春	黄营中心小学
论文浅谈信息技术与数学教学模式的整合	省教师培训中心二等奖	徐风雷	黄营中心小学
论文试论如何提高低年级学生的计算能力	省教师培训中心二等奖	徐风雷	黄营中心小学
浅谈构建和谐的小学语文课堂	省教师培训中心论文评比二等奖	朱　芹	朱码镇中心小学
如何在乡村小学数学教学中培养学生的问题意识	省教师培训中心论文评比二等奖	符晓利	朱码镇中心小学

续表22

论文标题	所获奖项(发表媒体)	作　者	作者单位
赋予英语课堂全新的开端	省蓝天杯二等奖	嵇晓冬	郑梁梅小学
夹竹桃	省蓝天杯二等奖	王金霞	郑梁梅小学
浅谈小学英语趣味性教学	省蓝天杯二等奖	陆　霞	郑梁梅小学
论文浅谈幼儿手工能力培养	省教师培训中心三等奖	王永林	黄营中心小学
论文浅析体育教学对留守儿童的影响	省教师培训中心三等奖	陈丽萍	黄营中心小学
论文多媒体在语文教学中的优势于运用	省教师培训中心三等奖	郑红喜	黄营中心小学
浅谈在小学数学课堂中自主性学习的组织	省蓝天杯三等奖	吴素红	河网中心小学
小学数学教学中培养学生的创新能力	省蓝天杯三等奖	李凤萍	河网中心小学
以乐激情乐学促效	市论文评比一等奖	陶丽莉	郑梁梅小学
优化语用训练的几点尝试	市一等奖	章雪娥	南门小学
A silkwaun ´s lifecqcle	市小学英语教学设计一等奖	齐树丽	红窑镇中心小学
竖笛进课堂及其有效性分析	市教研室一等奖	马玉明	灰墩中心小学
乐写善改,打开习作教学的序幕	市一等奖	汪　敏	高沟镇中心小学
让农村儿童的语文核心素养在本土资源中自然生长	市教研室论文评比一等奖	卢梅英	徐集中心小学
浅谈语文阅读教学中的“小练笔”	市级一等奖	朱　艳	淮文外国语学校
一亿有多大	市小学数学学科教学论文评比一等奖	张　昊	保滩中心小学
思维导图,图导思维	市小学英语学科教学论文评比一等奖	张　艳	保滩中心小学
开心读绘本 ,开启阅读之旅	市小学英语学科教学论文评比一等奖	周晓英	保滩中心小学
激发问题意识,提升核心素养	市教学论文评比一等奖	颜春红	朱码镇中心小学
倡导整体感悟,促进深度学习	市教学论文评比一等奖	颜春红	朱码镇中心小学
浅谈思维导图在小学英语课外阅读教学中的运用	市一等奖	何　刚	唐集中心小学
借网络之翼,助习作翱翔	市一等奖	路　红	唐集中心小学
有声课堂中的无声语言	市一等奖	郑静芝	军民小学
让阅读成为学习推手	市一等奖	李海艳	实验小学
浅议《道德与法制》课堂教学有效性	市道德与法制学科教学论文评比二等奖	刘亚兰	保滩中心小学
课内外相结合丰盈品德教育	市道德与法制学科教学论文评比二等奖	徐银平	保滩中心小学
巧设疑乐探究,上活科学课	市小学科学学科教学论文评比二等奖	徐银平	保滩中心小学
优化教学模式构建有效课堂	市教研室三等奖	郑安全	河网中心小学
技巧与素养并重,浅析小学语文中高年级阅读教学方向	《考试周刊》	陈红英	安东学校
小学音乐审美教育若干问题探讨	《教育界》	朱云鹏	安东学校
循序渐进,指导小学生保护嗓音	《小学科学》	朱云鹏	安东学校
搭建平台,促进特长生有效发展	《小学科学》	朱云鹏	安东学校
说名道姓	《小学生作文辅导》杂志2017年1月	王　飞	郑梁梅小学
浅谈对学生无主题作文指导的几点看法	《小学生作文辅导》杂志2017年2月	王　飞	郑梁梅小学
平面图形复习指导	《小学生数学报》六年级版第1354期	周爱菊	郑梁梅小学
浅析学校音乐教育与教育改革	《通俗歌曲》201706	陶丽莉	郑梁梅小学
浅谈如何创新小学音乐课堂教学方式	《北方音乐》201708(上)	陶丽莉	郑梁梅小学
关于小学生音乐启蒙教育的探究	《读与写》201712	陶丽莉	郑梁梅小学
运用信息技术提高学生写作能力	《作文成功之路》201707	何爱香	郑梁梅小学
小学数学教学中分组学习的思维对话式策略	《数学大世界》	尹　慧	五港镇中心小学

续表22

论文标题	所获奖项(发表媒体)	作　者	作者单位
浅谈如何打造诗意的小学语文课堂氛围	2017年8月《新作文.语文教学研究》	唐春连	五港镇中心小学
关于小学语文"兴趣教学"模式探究	2017年33期《好家长》	唐春连	五港镇中心小学
运用交互式电子白板打造小学……	《中学生报》	徐卫军	南门小学
浅谈如何运用小故事进行小学数学教学	哈尔滨师范大学《数理化学习》	王　勇	外国语小学
开展课堂表演 激发学习兴趣	南京晓庄学院《生活教育》	王　勇	外国语小学
新课改下如何创建小学数学高效课堂	《好家长》	徐亮生	永兴学校
论小学语文	《读写算》	龙素娟	永兴学校
培养现代小学写话和习作教学模式	《教研周刊》	龙素娟	永兴学校
农村小学开好音乐课的重要性	《祖国》2017年第04期	谢观瑞	杨口小学
探讨小学阶段音乐优质教育教学	《好家长》2017年总第609期	谢观瑞	杨口小学
探究小学音乐合唱教学的有效性	《好家长》2017年总第607期	谢观瑞	杨口小学
小学数学分层异步教学的实施漫谈	《好家长》杂志	吴红艳	高沟镇中心小学
浅谈如何培养学生观察能力	《教育科学》杂志	朱中新	高沟镇中心小学
如何构建高效课堂的策略	《考试周刊》	朱中新	高沟镇中心小学
小学数学解决问题方法多样化的策略初探	《考试周刊》	刘宏伟	高沟镇中心小学
小学数学核心素养培养的思考与实践	《教育界》	刘宏伟	高沟镇中心小学
让农村孩子的习作尽显"乡土"本色	《小学作文创新教学》2017年第11期	卢梅英	徐集中心小学
论著《学生数学整体思维培养》	江苏凤凰教育出版社出版	颜春红	朱码镇中心小学
乘除法竖式这样调整是合理的	《小学数学教与学》	颜春红	朱码镇中心小学
实施结构化教学,促经验生长	《新教师》	颜春红	朱码镇中心小学
毕业班的语文教学与班级管理	《成长》杂志2017年第六期	唐海成	方渡小学
浅谈小学作文教学中学生创造性思维的指导	《成长》杂志2017年第九期	唐海成	方渡小学
有效的课堂教学活动策略分析	《教育学》杂志2017年第12期	唐海成	方渡小学
指向核心素养的小学数学教学法应用	《教育科学》2017年第10期	潘龙浩	方渡小学
基于对话视角的小学数学课堂教材探讨	《好家长》杂志2017年第7期	唐银萍	方渡小学
小学语文教学中创设有效问题情境探析	省级刊物《作文成功之路》	施凤萍	方渡小学
更新理念、促进学生全面发展	《语文课内外》	罗林云	方渡小学

【初一语数英集体备课活动】 2017年,县教研室为实现教育资源共享,提高初一年级语数英课堂教学质量,组织开展初一年级语数英集体备课活动。县学科教研员遴选各学科名师担任主备人,每次活动做到"四定"(定时间、定地点、定内容、定中心发言人),开展形式多样的集体研讨,对研讨出的教学案、课件和随堂练习,每位教师结合班级情况进行二次修订,全县初一语数英老师共商、共建、共享优质备课资源。全年共组织集体备课30场次,参加活动600人次,研讨、制定教学案1200 余件。除集体备课外,还开设学科讲座,提升学科教学理论素养,定期观摩名师执教的示范课,以同课异构的视角提升教师的教学操作能力,定期开展现场备课竞赛,考核教师备课能力。全县初一年级语数外教师的业务能力得到有效提升,形成从起始年级狠抓质量的良好氛围。

【小古文教学研究联谊活动】 2017年,县教研室继续推进名师工作室建设。10月25日,"陈云宇特级教师工作室""乡村小学语文骨干教师培育站"部分成员到安徽省蚌埠市龙子湖实验学校,与蚌埠市"马之先名师工作室""王云名师工作室"开展"培养核心语文素养的小古文教学研究"的教学联谊活动,共同研讨小古文教学的策略、路径,把握小学文言文教学研究最新动向。"王云名师工作室"成员李雪庆老师和"陈云宇特级教师工作室"成员陶会老师分别展示1节高质量的小古文教学研讨课。课后,江苏省特级教师陈云宇、安徽省特级教师马之先、王云和涟水县教学研究室副主任朱延桂等专家对这两节课进行点评,指明拓宽小学生学习小古文的渠道和方向,让与会老师们受益匪浅。

【省市级教育专题培训活动承办】 2017年,县教育局积极承办省市级教育专题培训活动。4月11日、12日,淮安市“中小学写字(书法)教育现场推进会”在县外国语小学举办,省教研室朱家珑、李亮、市教研室杨红梅等领导及全市各县区400多名教育工作者参会。与会人员首先观摩县外国语小学师生集体书法表演,1000多师生坐满整个操场,共做写字操,共同展示软笔字和硬笔字书法。随后省教研室小学语文教研员李亮对《中小学书法教育指导纲要》进行解读,省硬笔书法家协会副主席刘有林开设《书法教学资源的应用》专题讲座。11月17日,淮安市小学语文一年级统编教材“识字写字”专题研讨活动在县南门小学成功举行,全市的小学语文学科专家、教研员、骨干教师共350余人参加活动。活动为期一天,分为课例示范、教学点评、专家报告三个部分。上午,观摩“识字写字”类三堂教学示范课,县南门小学龙素娟老师执教《大小多少》第一课时,县外国语小学解红老师执教《大小多少》第二课时,淮安市工业园区实验学校孙源婕老师执教《比尾巴》第一课时。下午,由执教者讲述对教材的解读,专家和一线老师现场对三位执教者的课堂教学进行点评,县小学语文中心教研组成员及市区骨干教师一起举行“识字写字”教学沙龙研讨。最后,县教研室副主任朱延桂就“识字写字”教材编排特色和教学策略作专题讲座。县外国语小学、幸福里实验小学向参加江苏省第七届小学教育改革与创新观摩研讨会的教育专家及领导现场展示涟水县小学教育改革成果,获省教研室领导等与会人员的高度评价。 (王　坤　朱延桂)

2017年4月11日,千名学生为中小学写字教育现场推进会参会人员现场集体书法表演

(县教育局　供稿)

体　育

【概况】 2017年,全县有体育场馆约280个(不含学校体育场馆),其中城区健身馆16个,社区室内健身室15个,乡镇室内健身室8个,乡镇篮球场80个,健身路径场140个,室外乒乓球场19个,田径场2片,基本满足全县居民健身需求;各类运动员40人,等级裁判员34人;体育社团25个,新增4个,累计会员2万多人;有社会体育指导员3541人,其中国家级16人、一级137人、二级978人、三级2410人,新增368人。县体育局围绕“十三五”规划中期目标,构建更加完善的公共体育服务体系。建成4个体育公园、7个乡镇多功能运动场,建成健身步道2.8千米。举办涟水县《国家体育体育锻炼标准》达标赛、涟水县“农商行杯”第五届篮球俱乐部联赛、全国“第九个全民健身日”系列活动及“舞动江苏”2017年江苏省广场舞大赛(涟水赛区),参加活动人数5000人次。承办淮安市“苏美杯”老年健身气功展示比赛及淮安市第一届智力运动会职工部掼蛋比赛涟水分站赛等比赛,参赛1000多人。协办2017年“邮政杯”社区广场舞大赛、2017年重阳节“福彩杯”老年人运动会、庆“国庆”迎“中秋”涟水县“美涂士杯”羽毛球比赛等赛事10次,参加人数1500人。组织健身秧歌三级社会体育指导员培训、“体育+扶贫”广场舞三级社会体育指导员培训、健身气功三级社会体育指导员培训、喜迎“十九大幸福舞起来”广场舞等培训,参加人数2000人。组队参加省市比赛,获省一线社会体育指导员技能展示大赛一等奖;获市“邮政杯”广场舞晋级赛特等奖;获市喜迎“十九大幸福舞起来”广场舞比赛一等奖;获“苏美杯”老年健身气功展示比赛团体总分第一名,获团体一等奖1个,个人一等奖4个;获“舞动江苏”2017年江苏省广场舞大赛一等奖(淮安赛区),代表市参加省总决赛。竞技体育成绩显著,参加省级以上自行车比赛获得金牌15枚,在江苏省青少年自行车锦标赛上获6金5银3铜的优异成绩。销售体育彩票1.02亿元,比上年增长31.03%,是淮安市体育彩票销量史上首次销量过亿的县区,被省体育局评为体育彩票销售先进单位。

【体育设施建设】 2017年,县体育局投入200余万元,推进体育公园和乡镇体育中心多功能运动场建设。在已有的公园添加体育器材,融合体育元素,改建、新建建成4个体育公园。其中:红日主题广场体育公园为Ⅰ类体育公园,设有室内东西两馆,馆内有游泳区、动感单车区、组合健身区、自由力量区、高温瑜伽室、羽毛球、乒乓球、台球等活动区域,室外设有3.5千米的健身步道、室外游泳池、硅PU灯光篮球场4片、笼式足球场1片、网球场1片、标准田径场1片等;五岛湖体育公园为Ⅱ类体育公园,设有硅PU笼式篮球场(足球场)1片,环湖健身步道5千米,门球场2个,铝木健身路径2套,羽毛球场2片,室外和室内乒乓球室,以及儿童娱乐区和垂钓区,健身广场多片等;高沟镇许庄村体育公园、东胡集镇小埝村体育公园为Ⅲ类体育公园,设有室内乒乓球室,室内健身房,室外有硅PU灯光篮球场1片,健身路径2套,室外乒乓球桌2张,健身步道2公里千米以及娱乐垂钓区,容纳100人

2017年11月，“今世缘·国缘”2017砂板乒乓球世界杯在涟水举办　　（县体育局　供稿）

以上的健身广场等。建成乡镇多功能运动场7个，每个乡镇均有不少于2000平方米的健身广场、1片灯光篮球场、20件器材的健身路径和2张室外乒乓球桌等体育设施，体育设施实现由“量”到“质”的转变。

【全民健身日系列活动】 2017年8月8日是全国第九个“全民健身日”，涟水县开展广场舞大赛、徒步行、绿色骑行、“辰星杯”足球赛以及游泳比赛等五大板块活动。“低碳出行”绿色骑行公益活动，200多名骑行爱好者参加，活动途径红日路、淮浦路、郑梁梅大道、金城路，最后抵达红日广场，行程约18千米；“今世缘·国缘”杯健步走活动，10个体育类社会团体组织广大市民参与此次活动，活动现场有700余人参加；广场舞会演，来自全县的近30支健身代表队共1000多人，在体育馆西馆进行广场舞、太极拳、健身气功、太极剑、功夫扇等不同类型的文体表演；“辰星杯”足球赛；游泳比赛，持续近2个月，活动参加活动人数多达5000人次。

【“今世缘·国缘”2017砂板乒乓球世界杯赛】 2017年11月24—26日，“今世缘·国缘杯”2017砂板乒乓球世界杯在淮阴中学滨河高级中学体育馆举办，此次比赛分为小组赛和淘汰赛。比赛采取五局三胜制，执行“砂板世乒赛竞赛规则”。“今世缘·国缘”2017砂板乒乓球世界杯赛是世界顶级砂板乒乓球比赛，也是涟水第一次承办世界最高级别的赛事活动。比赛由江苏省乒乓球运动协会和涟水县人民政府主办，南京金农砂板乒乓球俱乐部承办，江苏今世缘酒业股份有限公司冠名，江苏省体育总会作为支持单位全力支持赛事运行。参赛的选手为2017年世锦赛排名前16名，分别来自英国、德国、西班牙、斯洛伐克、俄罗斯、菲律宾以及东道主中国，其中包括前俄罗斯乒乓球队主力、三届砂板世锦赛冠军马克西姆、中国的新科砂板世锦赛冠军严魏豪等人。县委书记、赛事组委会名誉主任王向红在开幕式上致辞。中国乒乓球协会副主席陆元盛，江苏省乒乓球协会常务副主席顾星，江苏省乒乓球协会副主席、南京金农砂板乒乓球俱乐部理事长、赛事组委会主任王国琛，县人大常委会主任别纯海，市体育局副局长朱金华，县委副书记、赛事组委会执行主任刘爱国，副县长李阔，政协副主席鲁家宁，今世缘酒业党委副书记、副总经理倪从春等出席开幕式。最后，中国选手严魏豪3∶0战胜队友胡俊超成功登顶，成为砂板界目前唯一一个世锦赛、世界杯双料冠军。梁红安获得季军，中国选手包揽前三名。中央电视台五套首席记者李武军全程参与采访报道，中央电视台五套体育新闻栏目4次进行宣传报道，中央电视台五套新媒体对砂板乒乓球世界杯决赛进行现场直播。人民日报、人民网、新华网等多家报刊和主流媒体对赛事情况跟踪报道。

·相关链接·

砂板乒乓球

砂板乒乓球是源于乒乓球的一项衍生项目，和一般的乒乓球略有区别。砂板乒乓球因其使用的球拍覆盖物为薄薄砂纸而得名。由于砂纸产生摩擦和蓄能的效果不如胶皮，所以砂板乒乓球相比乒乓球的速度和旋转都会大打折扣，回合则相应的变多，更容易上手，观赏性也大大提高，再加上对器材的依赖更低，十分有利于普及和推广。砂板乒乓球严格来讲并不是一个全新的项目，而是一种“原始”的乒乓球打法，在乒乓球的发展之初，就曾经出现在乒乓球的舞台中。后来随着胶皮球拍，特别是20世纪50年代，海绵球拍在乒乓球运动中的普及运用，砂板乒乓球旋转和速度已不占优势，随着1952年世乒赛上使用砂板球拍的美国选手马蒂·赖斯曼输给使用海绵球拍的日本选手佐藤博治后，便逐渐退出现代乒乓球的历史。当乒乓球发展到现阶段，旋转过强和速度太快，观赏程度不够，再加上胶皮海绵球拍对器材的要求很高，参与程度也很低，砂板乒乓球这一“复古”打法重新回到人们的视野当中。

【涟水外国语中学自行车队】 属于“市队县办”项目，又名涟水县自行车队，组建于1997年，先后培养釜山亚运会冠军李梅芳、多哈亚运会季军王又国、全运会亚军姚变娃、青运会冠军王雪莲，向省体校、省队输送近30名高水平运动员，在省运会、省青少年自行车锦标赛获得金牌30余枚。2017年，有教练员2人，运动员40人，运动员均就读于涟水外国语中学。6月2日至5日，县自行车队25名运动员参加在仪征市枣林湾生态园举办的2017中国芍药节“两园”杯江苏省青少年自行车锦标赛12个项目的比赛，获4枚金牌、4枚银牌和2枚铜牌。9月15日，参加在海门自行车训练基地举办的2017“Look”杯江苏省青少年自行车（场地项目）锦标赛，获2金、1

银和1铜。参加2017年江苏省青少年自行车锦标赛,获6金5银3铜。

【涟水县太极拳协会】 成立于1998年,2017年有会员800人,社会体育运动指导员86人,其中国家级8人,江苏省一级32人 、二级16人,三级30人;拥有武术段位18人,其中,七段1人,六段11人,五段3人,四段1人,三段2人。有健身站点16个。年内,组织会员参加社会各类公益活动,到学校、社区、敬老院、部队、企业进行义务宣传、展示,选派一批中青年骨干参加省级以上各类技能培训,应邀赴省内外从事太极拳运动交流,相互切磋技艺。

【涟水县广场健身舞运动协会】 成立于2017年6月,有会员1800余人。年内,组织5次广场舞技能培训,为广场舞爱好者搭建一个交流的平台。获市“邮政杯”广场舞晋级赛特等奖;获市喜迎“十九大幸福舞起来”广场舞比赛市一等奖;获“舞动江苏”淮安赛区一等奖,并代表市参加省总决赛。

【涟水县篮球协会】 成立于2011年3月。2017年,有会员366人。年内,举办2017年涟水县篮球联赛,分甲、乙两组,两组各12支球队,从4月至9月共进行200余场比赛,观众20多万人次。

【涟水县羽毛球协会】 成立于2014年,有会员180多人。2017年,县羽协组织开展活动有:2月26日,在县体育中心羽毛球馆举办迎“三八”“苏芮之家杯”涟水县羽毛球精英公开赛,有60人参加,王丽霞、朱海霞获女子双打(甲组)冠军,吴秀梅、成彩华获女子双打(乙组)冠军,吴晓峰、高燕获混合双打(甲组)冠军,蒋雨明、金扬获混合双打(乙组)冠军。5月29日,在县体育中心羽毛球馆举办涟水县“端午杯”羽毛球大赛,有64人参加,洪跃利、陈春梅和王秀梅、贾长美分获女子双打(甲、乙组)冠军,金海蒸、袁伟荣和蒋雨明、童雪芹分获混合双打(甲、乙组)冠军,刘东洋、王光灿和周林、郭海年分获男子双打(甲、乙组)冠军。7月22日,在淮安市奥体中心举办的淮安市“中澳华美达杯”羽毛球假日联赛中,县羽协会员洪阳获男子单打季军。9月3日,在淮安市奥体中心举行的全市“洋河·微分子”杯羽毛球邀请赛,洪阳和外地选手搭档,获男子双打亚军。9月23日,在县体育中心羽毛球馆举行首届“长安涟水”体育运动会羽毛球比赛,公、检、法、司等4个单位30多名运动员参加,潘高峰获男子单打冠军,穆丽霞获女子单打冠军,钮立祥、邓新宇获男子双打冠军,潘高峰、朱怀凤获混合双打冠军,县公安局获混合团体冠军。10月3日,在县体育中心羽毛球馆举行“庆国庆”“美涂士杯”羽毛球赛,有70多名运动员参加,比赛为团体对抗赛,分成6组,三对男双,一对女双,两对混双,朱永刚、李莉领军的团队获得第一名。11月,在南京市举办全省阳光保险集团(财产保险)首届“超越杯”职工运动会中,县羽协刘东洋获羽毛球男子单打亚军。 (王传宝)

【涟水县老年人体育协会】 成立于1998年,有会员300人。2017年,县老体协积极组织参加省、市、县体育活动。4月29日,省老年人体育节涟水分会场启动仪式在涟水举行,中老年健身爱好者数百人参加。启动仪式上进行健身腰鼓、柔力球球、柔乐球等健身项目展示和文艺节目表演。5月5日,县太极拳协会会长万莲率队代表淮安市参加在泰州市体育馆举行的全省老年人太极拳(剑)展示交流活动,获集体优胜奖、个人优秀奖。6月,在县体育中心举行的市“苏美杯”老年健身活动展示交流活动中,县老体协代表队林从德等获优胜奖;在市体育中心举行的全市老年人广场舞展示交流活动中,王虹率领的代表队获优胜奖;10月,在淮阴区体育馆举行的全市老年人气排球比赛中,县老体协代表队获优秀奖;在参加市“铭泽杯”老年乒乓球单项比赛中,万元朝和黄晓平分获男子甲组和女子乙组季军;在市第五届“福彩杯·最美夕阳红”老年人门球赛,县老体协代表队获第五名;在市第二届“福彩杯·最美夕阳红”老年人广场舞比赛,县老体协代表队获二等奖。10月28日,县老体协在县体育中心举行庆重阳“福彩杯”老年人体育运动会,进行乒乓球、羽毛球、篮球定点投篮、乒乓球端球跑跑、中国象棋、掼蛋等项目比赛,全县有老年运动爱好者1000余名参加相关赛事活动,省老体协《乐天报》予以报道。11月22日,在金湖县举行的淮安市“浦发银行杯”暨第六届老年乒乓球、象棋、掼蛋3项赛事中,由万元朝、成晓东、汤琼等率队参加,3项总分最高,首次获得全市第一名。

(王传宝)

【涟水县乒乓球协会】 成立于1993年,有主席1人、秘书长1人,副主席、副秘书长若干人,内设竞赛部、宣传部、后勤部、纪检部,有会员200余人,辖康杰电子、涟漪竞彩、太商村镇银行、巴黎春天、向新医疗器械、顺缘、新港等俱乐部32个。2017年,县乒协组织俱乐部联赛“悠乐汇杯”团体比赛,花渡俱乐部、涟水农商行俱乐部、涟水太平洋保险俱乐部、和之源俱乐部分获前四名。县乒乓球馆(苏果)、醉雨亭球馆、南门球馆等组织“向新医疗器械杯”“醉雨亭杯”“千福茗茶杯”“重庆烧鸡公杯”“新华保险杯”“华翔渔具杯”“依苹生活馆杯”“西凤原浆杯”“中粮长城葡萄酒杯”“全国快乐乒乓联赛涟水站”等中小型乒乓球团体、单打、双打赛事近20次。南门球馆于2016年初在涟城镇城南社区居委会大力支持下成立,球馆面积240平方米,有球台7张,每天有社区中老年乒乓球爱好者会员50余人到球馆参加活动。

(黄晓东)

文化旅游

文化综述

【概况】 2017年，县文广新局围绕“强化思想引领，实现文化振兴”的奋斗目标，瞄准进位争先，着力创新创优，文化工作异彩纷呈，亮点繁多。县博物馆、非遗馆、毛广淞爨体艺术馆建成对外开放，县图书馆完成主体建设；淮剧现代戏《留守村长留守鹅》获第三届江苏省文华大奖；县淮剧团被省文化厅表彰为现代戏创作先进集体；首部本土院线电影《小猫爱上鱼》顺利开机拍摄；比利时李山吉教授在涟举办书画摄影展，上海淮剧团、南京越剧团在涟演出；第三届周信芳戏剧艺术节之2016年度“双名”工程戏曲类项目成果展、2017年淮安市文艺调演在涟水举行。

【2017年淮安市文艺调演活动】 2017年12月12日，在涟水大剧院隆重举行。活动由市委宣传部主办，县委宣传部承办，市委宣传部副部长杨静，市文广新局副局长徐克，市文联副主席叶华洲，县委常委、宣传部部长姜杰出席活动。全市各县区推选23个优秀节目参与展演，评委由市文化艺术学校校长陈娟、市文化馆馆长王淮生等全市文化艺术界享有盛誉的专业人士组成。演员们通过各种艺术门类的表演为观众展示独具匠心的艺术魅力。最终，县淮剧团淮剧《留守村长留守鹅》选段《卖房》获一等奖，市经济开发区音诗画表演《不忘初心》、淮阴区舞蹈《马灯舞》获二等奖，淮安区杂技《力量造型》、淮阴区歌舞表演《美丽淮阴》、盱眙县黄梅戏歌舞《乡音醉》获三等奖。 (徐洪祥)

文艺创作

【概况】 2017年，全县广大文艺工作者坚持以人民为中心的创作导向，聚焦聚力现实题材作品生产，创作出一大批讴歌党、讴歌人民、讴歌时代的精品力作。大型淮剧现代戏《留守村长留守鹅》经反复打磨，参加在北京举办的全国基层院团戏曲会演首演并一炮而红，获得省文华大奖；小戏《卖房》获市2017年群文调演一等奖；歌曲《我在水岸等你》在涟水各个主流媒体播放，读阅10万多人次；原创歌曲《拥抱春光》被编创成广场舞，在全县培训1.5万多人次，受到广大广场舞爱好者的好评；诗歌《坚守的辉煌》制作成宣传片；美术作品《山水》获第七届江苏省企业职工美术书法作品优秀奖，《瓜棚架下》《我的家乡》获美术佳作奖。

【大型现代淮剧《留守村长留守鹅》】 该剧原名《留守娘儿们留守鹅》，是县淮剧团创作的现实题材村干部戏三部曲中的第二部，剧作以苏北农村一个把“吃亏是福”当成生活习惯的普通村干部为原型，再现乡村基层干部坚守村庄、为民奉献、带领大家发家致富建设新农村的历程，歌颂农村基层干部心为民所想、情为民所系、权为民所谋的高尚品德。2016年12月排演，参加第七届江苏省淮剧艺术节展演月演出，获优秀剧目一等奖。后更名为《留守村长留守鹅》，7月3日经中宣部、文化部遴选参加2017年全国基层院团戏曲会演开幕式演出并获得圆满成功，文化部部长雒树刚、副部长董伟，江苏省副省长蓝绍敏、省文化厅厅长徐耀新等领导专家亲赴现场观看演出。文化部部长雒树刚对该剧给予高度评价。中央电视台、《人民日报》等大型媒体先后对该剧进行报道。9月3日该剧被省文化厅现代戏研究会选定为“全省基层院团戏曲现代戏优秀剧目”在建湖文化中心展演。 9月20日参加在徐州举办的精彩江苏艺术

2017年7月3日，文化部部长雒树刚会见《留守村长留守鹅》剧组人员（县文广新局 供稿）

展演月暨第三届江苏省文华奖大赛，10月，经专家评议，《留守村长留守鹅》在全省院团28台剧目中名列第二，获江苏省政府舞台艺术最高奖——文华大奖，同时获文华编剧奖、文华导演奖、文华表演奖。被省文化厅列为2017年重点投入剧目、厅市合作项目。12月26日赴上海逸夫大舞台参加第28届上海白玉兰戏剧表演艺术奖演出。

（徐洪祥）

公共文化

【概况】 2017年，县文广新局加强公共文化服务设施建设，博物馆、非遗馆、毛广淞爨体艺术馆等已建成免费对外开放，完成7个乡镇75个行政村基层综合文化服务中心提档升级。开展丰富多彩的文化惠民活动。先后举办"中国涟水·首届阿累读书节纪念邮折首发式"，"涟水因我而美丽"百场春节文化惠民活动，"触摸历史文脉、弘扬传统文化"端午节戏曲联谊会，"共享文化成果，同创文明城市"百场公益文化活动进社区演出，"喜迎十九大·共圆小康梦"广场舞大赛，"宣传十九大、百村千场文化惠民基层行"巡演。举办"重彩生活、新春惠民"淮安市首届美术作品涟水展，情牵"一带一路·从布鲁塞尔到五岛湖畔"涟水"洋女婿"Serge CESCOTTO（李山吉）绘画摄影展，"讴歌新时代、共筑中国梦"四市五县书画精品展。全年送戏76场，送展览10场，各类培训30余次；先后组织群众性文化惠民活动100余场。

【基层综合文化服务中心建设】 2017年，县文广新局全面落实省市县关于公共文化服务体系建设要求，加大公共文化服务阵地建设力度，在全县7个乡镇75个行政村开展集宣传文化、广播电视、党员教育、科学普及、普法教育、体育健身功能于一体的基层综合性文化服务中心建设，至11月底，75个村全部通过省、市、县验收，投入以奖代补资金150万元。

【涟水米芾书院】 2017年6月8日成立，位于县城安东路原劳动大楼，建筑面积300平方米，由县书法家协会创始人，县书协名誉主席张木林等人创办，院长由张木林兼任。名誉院长由曹宝麟（著名书法家、书法理论家，暨南大学教授、博士生导师，中国书法最高奖兰亭奖评委）、荀德麟（淮安市政协原副主席，民盟主委，著名诗人、辞赋家，市诗词协会会长）、姜华（著名书法家，淮安市文联副主席，市书法家协会主席）担任。米芾书院内设院务委员会，下辖艺术委员会、米芾书画艺术研究会和办公室、外联部、内务部、教学部等工作机构。中国书协原主席、现名誉主席沈鹏题写"米芾书院"院名。书院成立后，开展活动主要有：邀请曹宝麟、王家连、姜华、徐久维、朱志刚、谢景行、吴建华、郑国强、王买成、张春等省内外书画家到涟水参访、笔会、指导，推进涟水书画事业发展；开展书画进校园活动，在实验中学、唐集学校、淮文学校等校建立书画辅导基地；培训书法师资，先后为中小学教师授课约200课时，受益教师80余人；帮助企业开展职工书画、国学培训活动；组织书画家下基层义务为群众写春联、送祝福，书写春联近2000副。

【比利时教授书画摄影展】 2017年8月，县文化馆举办"情牵'一带一路·从布鲁塞尔到五岛湖畔'——涟水'洋女婿'比利时李山吉教授绘画摄影作品展"，展出比利时列日大学一级终身教授李山吉油画、摄影作品共60余幅，题材涉及"一带一路"亚、非、欧多个国家地区。展出期间，先后观展1.2万人次，促进涟水地方文化与国外文化的交流交融、提高提升。搜狐网、江苏国际在线等媒体予以报道。

【四市五县书画摄影展】 2017年12月26日，响水、灌南、灌云、沭阳、涟水五县文广新局，前进镇政府举办，五县文化馆、涟水县书画院承办的"讴歌新时代、共筑中国梦"四市五县书画精品展在县文化馆开幕。书画展共展出书画作品100余幅，近20名书画家现场笔会，用实际行动宣传和践行中共十九大，弘扬优秀传统文化。书画展共持续20天，观展人次8000余人，深化涟水与周边县区的文化交流。

【百村千场文化惠民演出】 2017年，县文广新局组织开展"迈进新时代、共筑中国梦"百村千场文化惠民基层行演出活动，组织县淮剧团、文化馆、江苏青春歌舞团等专业文化团体及20多家业余文艺团队一起宣传中共十九大。活动设有综艺专场、淮剧专场、非遗专场等多个场次，组织县淮剧团获奖剧目《留守村长留守鹅》，省淮海剧团《秋月》《林道静》，市京剧团《都市寻梦》，市淮剧团

2017年8月18日，举办情牵"一带一路·从布鲁塞尔到五岛湖畔"李山吉书画摄影展

（县文广新局　供稿）

2017年11月10日,百村千场文化惠民基层行演出　　（县文广新局　供稿）

《大湖魂》等多部优秀舞台经典剧目进行集中展演。此次活动地点遍及县城区大剧院、东鼎广场、北门闸广场、常青社区、军民社区及各乡镇,节目内容包含戏曲、舞蹈、器乐、小品、诗朗诵、琴书、工鼓锣等,受益观众20多万人次。

（徐洪祥）

文化市场管理

【概况】 2017年,全县文化市场综合执法工作围绕“深化改革、规范管理、繁荣稳定”目标,开展专项治理,狠抓市场监管,规范全县文化市场经营秩序。组织开展全国“两会”期间出版物市场治理、中高考期间校园周边环境整治、中共十九大文化市场专项保障行动等,加大对网吧、影城、娱乐场所、校园周边文化环境的整治,先后检查网吧320余家次、书店190余家次、影院30余家次,收缴盗版《现代汉语词曲》42本、教材35本,盗版图书335册,立案查处办结一般程序行政执法案件24件,办结的行政处罚案件先后在省、市获奖,其中立案办结的“网吧接纳未成年人”案获江苏省第十二届文化行政执法“十佳案卷”。先后开展“扫黄打非·护苗2017”“绿书签进校园”活动、“扫黄打非进基层”活动,开展“扫黄打非”整治,全县“扫黄打非”工作受到市表彰。

【“扫黄打非”整治】 2017年6月,县政府调整县、乡两级“扫黄打非”工作领导小组工作成员,召开全县“扫黄打非”工作会议,出台实施“扫黄打非”行动方案和清源、净网、秋风等实施方案,组织开展“扫黄打非”集中行动,为中共十九大胜利召开营造良好的文化环境。10月初,举办“扫黄打非”进基层工作业务培训班,部署安排各乡镇“扫黄打非”八个一项目建设(建立一个工作机构、设立一个工作站、建立一支管理队伍、聘请一支优秀义务监督员队伍、完善一批规章制度、开辟一个宣传阵地、每月开展一次“扫黄打非”联合执法行动、组织一次教育征文活动),完善373个行政村“扫黄打非”联系点标牌、联络员平台等建设。

【文化娱乐场所文明城市创建】 2017年8月,县文广新局召开全县文化娱乐场所文明城市创建工作推进会,与各场所签订文明城市、综治与平安文化市场等创建工作承诺书200份,印制社会主义核心价值观内容创建标语、行为规范等标志牌600块,分发张贴到各文化娱乐场所。对照文明城市创建工作标准,先后检查网吧120家次、书店80家次、影剧院20家次、歌舞厅30家次,落实整改措施22条,纠正违规行为50余个,规范全县文化市场经营秩序,打造平安文化市场,助推全县文明城市创建工作。

（卜训东）

影剧事业

【概况】 2017年,县文广新局继续在全县实施农村电影放映工程,全年免费为群众放映电影4320场。儿童剧《寻找“红头发”》走进涟水15个乡镇,巡演5天。涟水籍刚毕业的两位大学生自拍自导反映涟水乡土故事的首部电影《小猫爱上鱼》开机拍摄。淮剧村干部戏三部曲第二部《留守村长留守鹅》被遴选参加全国基层院团戏曲会演开幕式演出,获第三届江苏省文华大奖(排名第二)。村干部戏第三部《村里来了花喜鹊》完成初稿。

【儿童剧《寻找“红头发”》巡演走进涟水】 2017年11月28日,省委宣传部、省文明办、常州市委宣传部、常州市文明办联合出品,华罗庚艺术团排演的未成年人文明礼仪养成教育大型原创儿童剧《寻找“红头发”》在涟水县陈师中心小学上演。《寻找“红头发”》是一部以“人的一切都应该是美的,容貌、衣裳、心灵和思想”为线索,以“八礼四仪”文明礼仪养成教育为主题,反映未成年人的亲情与友情、宽容与理解、成长与梦想的原创儿童剧。通过新学期“礼仪风采展示大赛”前后风波,一个顶着红头发自称“火星人”,同学们眼中的异类转变的过程,以及他与同学、父母之间发生的感人故事,生动地展现青少年从寻找美、寻找爱到懂得美、懂得爱的心路历程,表现出青少年在精神文明教育中的成长。《寻找“红头发”》在涟水15个乡镇巡回演出5天,累计观众3万多人次。

【电影《小猫爱上鱼》开机拍摄】 2017年,涟水籍刚毕业的两名大学生自主创业、新成立的一家文化传媒公司——江苏自奋蹄文化传媒有限公司投资1000万元拍摄喜剧、动作、爱情电影《小猫爱上鱼》,由淮安本土青年导演轲然执导。影片讲述的是涟水本土发生的故事,是一部反映当代年轻人学习、生活、工作、爱情的励志青春喜剧动作影片。影片拍摄总长度约为90分钟,情节生动,高潮迭起,故事感人,是一部融思想

2017年12月12日，电影《小猫爱上鱼》在涟水开机拍摄　（县文广新局　供稿）

性、艺术性于一体的写实性亲情故事片。该片大部分镜头在涟水县幸福里小学、县医院、五岛湖公园景区等地拍摄。12月12日上午，影片拍摄开机仪式在五岛湖旅游区广场举行。市文广新局副局长徐克，县委常委、宣传部部长姜杰，县政府副县长李阔，县文广新局局长刘宝泽，影片导演轲然，著名影星方青卓，制片方代表及影片主要演员出席仪式。（徐洪祥）

图书阅览

【概况】 2017年，县图书馆新增馆藏图书2000余册，累计馆藏图书20多万册，订阅报刊100多种；送书下乡12000册。举办“阅读与少儿”“阅读与文明”“阅读与法律”等公益讲座，促进全民阅读，邀请阿累先生的女儿朱棱女士作“向我的父亲那样阅读”的演讲，邀请淮安市朗读专家、阅读推广员嵇波举办“全民阅读朗诵艺术培训班”。开展阅读“七进”、阅读展览等活动，推广全民阅读。举办“共享文化成果、同创文明城市”为主题的少儿经典诵读专场演出，“金秋诵读音乐会”，与电台联合举办的“小小诵读者”栏目被市读书节组委会表彰为优秀项目。

【金秋诵读音乐会】 2017年10月14日，由市全民阅读促进会、县委宣传部主办，县文广新局、教育局、广电台承办的“书香涟水、诵读金秋” 2017年涟水县金秋朗诵音乐会在县文化馆举行。音乐会有歌伴舞《美丽涟水、幸福家园》，情景朗诵《中华好家风》，朗诵《涟水，一片芬芳的土地》《我骄傲，我是中国人》《山丹丹花开红艳艳》《西花厅的海棠花又开了》《新编三字经，美德齐传承》等10多个节目。全县文广新系统全体人员、乡镇阅读辅导员、阅读志愿者近200人观看演出。

【“红领巾读书”活动】 2017年5—7月，县图书馆精心策划，在全县中、小学生中开展主题为“阅读，遇见更好的自己”红领巾读书征文活动。收集征文400余篇，推荐优秀征文20余篇参加省、市红读优秀征文评选，获省二等奖1篇、三等奖3篇，市一等奖3篇、二等奖6篇、三等奖13篇；县图书馆获市组织奖。

（朱　娟）

文物保护与非遗

【概况】 2017年，县文广新局推进非物质文化遗产的活态传承和展演展示。3月，在实验中学、军民小学举办“走进传统文化、共享非遗魅力”“走进传统戏曲、共享非遗魅力”——非遗进校园系列活动女工布艺、淮海琴书、淮剧专题讲座。组织高沟捆蹄、涟水鸡糕制作技艺赴连云港参加“文化和自然遗产日”全省文化遗产宣传展示活动，举办走进百花园——国庆天天乐、“今世缘·国缘”杯砂板乒乓球世界杯活动——非遗项目手工技艺展演、展示活动。申报嵇安墓为第八批省级文物保护单位，新申报洪大楼、大东东方红桥为第五批市级文物保护单位，南集黄河故道水箭、石湖知青点旧址、涟水中学图书室旧址、临河巷码头、张大卓纪念亭为第五批县级文物保护单位。

2017年涟水县非物质文化遗产名录

表23

项目名称	批次	等级	获批时间	代表性传承人
工鼓锣（淮海锣鼓）	第一批	省级	2007年3月24日	陈志云
				朱礼兵
苏北琴书（徐州琴书、淮海琴书）	第一批	省级	2009年4月	许桂富
				朱石福
				纪兆胜
高沟酒酿造技艺	第一批	省级	2009年4月	费志刚
淮　剧	第四批	省级	2016年1月14日	许　晴
蒋氏骨伤膏药制作技艺	第四批	省级	2016年1月14日	蒋鹤轩
莲湘	第二批	市级	2009年6月12日	施怀山
麒麟唱	第二批	市级	2009年6月12日	—
洗墨池的传说	第二批	市级	2009年6月12日	彭云生

续表 23

项目名称	批次	等级	获批时间	代表性传承人
月塔的传说	第二批	市级	2009年6月12日	彭　云
涟水鸡糕	第三批	市级	2012年7月17日	涂恒明
涟水捆蹄	第三批	市级	2012年7月17日	胡永来
涟水剪纸	第三批	市级	2012年7月17日	徐加兰
民间绣活(虎头鞋制作技艺)	第四批	市级	2012年7月17日	苗福贵
张邋遢借牛拉宝塔传说	第四批	市级	2012年7月17日	彭云生
要上云梯关必走化龙桥传说	第四批	市级	2012年7月17日	彭云生
云锦织造技艺	第五批	市级	2014年5月26日	刘菊红
				刘广社
清涟小调	第五批	市级	2014年5月26日	开兰英

【非遗进校园专题讲座】 2017年3月，县非遗中心在涟水实验中学举办“走进传统文化、共享非遗魅力”——非遗进校园系列活动女工布艺、淮海琴书专题讲座，在军民小学举办“走进传统戏曲、共享非遗魅力”——非遗进校园系列活动淮剧专题讲座。县非遗中心主任嵇礼红带领淮剧许晴、淮海琴书许桂富、剪纸徐加兰、女工布艺徐海涛等非遗项目市、县级代表性传承人走进校园，为学校师生讲解非遗文化，现场“活态”展示。参与讲座的师生400多人次。

【云锦《红楼梦人物全景图》】 由涟水天宫云锦织造有限公司与中国红学会合作实施，为128米长、宽1米的长卷，以清朝画家孙温工笔重彩绘制的230幅红楼梦故事全景图为蓝本，利用自主知识产权18项专利和“天衣无缝”专有技术，采用自主研制的超长幅四层循环式特制木织机，由拽花工和织手互相配合，纯手工织造，120回红楼梦故事情节自然连接，浑然一体，整幅无缝。该项目2008年启动立项，2011年11月正式开机，到2017年底，完成95%的织造工作量，预计2018年2月全部完成。

【水文化遗产调查】 2017年，县博物馆根据省文物局、省水利厅工作安排，联合市考古所开展全县水文化遗产调查。涟水治水历史悠久，拥有形式多样、内容丰富的水文化遗产，这些古老的水文化遗产穿越历史、跨越时空，成为现代水利宝贵的文化财富和水文化的传承载体。经过调查摸底、资料汇总，到年底，全县水文化遗产包含桥涵码头、堤坝渠堰、池塘古井等三大类，北门闸、朱码发电站和电灌站、古淮河、六塘河等共计24处(个)。　(徐洪祥)

文化场馆

【涟水县博物馆】 位于五岛湖文旅区北大门对面县纪念广场，定位为地方历史综合博物馆。2017年5月18日，通过省公安厅安防初验，开馆试运行。总建筑面积3250平方米，展陈面积近4000平方米，总投入约4000万元。分为地面二层，一楼为涟水历史基本陈列(以涟水通史为线，串淮浦人初、楚韵汉风、煮盐春秋、烽火岁月和治水改土5个章节)和公共服务区域(接待室、报告厅、办公室、安防监控机房和游客服务中心等)；二楼为2个专题展厅和1个临时展厅，2个专题展厅分别是佛光塔影、崇教尚文展厅，临时展厅用于摄影、书画等临时展览和馆际文物交流展、借展。至年底，县博物馆接待游客逾1万人次。

【涟水县图书馆】 位于县滨河新城规划区机场路东北侧、郑梁梅大道西侧。建筑面积16700平方米，占地面积1.33公顷，投资9000万元。2015年11月正式立项，2017年1月18日封顶，3月29日主体工程验收完毕，年底进入设备采购安装阶段，预计2018年下半年局部对外开放。新馆以“国家一级图书馆”标准实施建设，主体四层，地下一层、地上四层。地下一层为汽车库区，主体一楼为儿童阅览及展览会议区，二楼为公共开放区，三楼为图书阅览区，四楼为图书阅览区和办公区。馆内设置成人借阅、少年儿童借阅启蒙阅读、视障人借阅、音视频借阅、电子阅览室读者自修等服务窗口，提供多媒体欣赏、触摸屏读报读刊、读者自助借还办证、书目检索、大屏公告导航、网站数字服务、手机移动服务、参考咨询服务、读者讨论交流、公益讲

2017年5月开馆的涟水县博物馆　　（县文广新局　供稿）

座、公益展览、文化培训、文献采编加工和配送、地方数字资源加工等服务功能。

【涟水县非物质文化遗产馆】 位于五岛湖公园内，占地面积近500平方米，建筑面积1200平方米，展陈面积近500平方米，投资200万元。2016年3月正式立项，2016年底建成试开放。馆内突出“活态展示，传承发展”的主题，分设安东味道、安东百俗、安东技艺、安东人家、博物堂、安东方言、安东书场等7个板块，邀请一批优秀非物质文化遗产代表性传承人以及民间手工艺人进行现场制作和展示、展演，开展现场观摩及传授技艺教学活动。2017年，接待游客3万多人次。

【涟水县文化馆】 位于县城中心五岛湖公园北大门西侧，总建筑面积2884平方米，局部二层框架结构。一楼主要有门厅，阿累书屋，多功能厅，小剧场，舞蹈培训室，书画培训室，器乐教室，剪纸室，儿童实境体验中心等；二楼有办公室，电子阅览室，女性社会组织服务中心等。2017年，县文化馆坚持“公益服务、免费开放、文化惠民、开门办馆”的宗旨，实行“零门槛、无障碍”免费开放。小剧场、多功能厅、舞蹈室、电子阅览室、书画创作室等场所均免费开放。普及性的文艺辅导培训，讲座，展览等基本文化服务健全并免费提供。年内，先后举办涟水好人发布会、全县性各类文艺演出，春节、“六一”、国庆等惠民文艺演出，创卫、巾帼风采等专题展览。 （徐洪祥）

中共十九大重要出版物专架展销 （县新华书店 供稿）

图书发行

【概况】 县新华书店位于县城中山路12号，有1个县城中心门店（中山路门店），9个农村门店，在县城炎黄大道19号租用1幢标准化厂房，面积约1800平方米，作为全县中小学教材仓储库房。2017年，县新华书店实现销售收入5049万元，实现利润379万元。向全县90个村的农家书屋图书室的配送图书12960册，码洋35万元。投入10多万元开设天猫网店销售平台，公司微信公众号建成开通，定期向广大读者发布图书相关信息和营销活动，实现线上线下共同发展。

【政治读物发行】 2017年，县新华书店做好十九大重要出版物及辅导读物、新党章等政治读物发行工作，专门制定销售方案，在门市设专架，全体员工实行分区划块，确保发行区域全覆盖。全年发行《十九大报告》单行本3万册，码洋18万元；发行《文件汇编》6500册，码洋7.8万元；发行《辅导读本》4450册，码洋14.69万元；发行《学习笔记》9500册，码洋11.4万元；发行《中国共产党章程》4.3万册，码洋17.2万元；发行《习近平谈治国理政》（第二卷）300册。

【教材教辅及本簿发行】 2017年，县新华书店发行教材教辅1000余万册，码洋5715余万元。其中：一类免费教科书共279万余册，码洋1900多万元；教辅发行274万多册，码洋2360万余元；高中教材发行46余万册，码洋364万元，高中教辅发行31余万册，码洋670多万元。发行本簿358余万册，发行码洋332余万元。发行幼儿教材12万余册，计89万余元。

涟水县文化馆 （县文广新局 供稿）

【图书营销活动】 2017年,县新华书店开展庆祝新华书店成立八十周年系列活动,举办全场图书八折销售活动、"我来描绘新华书店"涂鸦大赛、"我和新华书店一起过生日"、支付宝口令红包、支付宝扫码优惠等活动。推选选手参加淮安市"亲子共读"朗读比赛获一等奖,7月代表淮安市参加在苏州举行的第七届江苏书展"亲子共读"朗读节目总决赛,获优异成绩。门店先后开展"三下乡"、有奖销售、新年读书、新学期新希望让利销售活动、名社书展、畅销书展、特价图书联展活动、五一假日活动、六一童年、"世界读书日"等活动,带动销售近10万元。

【凤凰阅读吧】 2017年6月20日,位于县实验中学院内的校园书店——"凤凰阅读吧"举行揭牌仪式。"凤凰阅读吧"是县新华书店进驻校园规模最大的校园书店,面积100多平方米,集阅读、朗读、书画培训于一体。参加揭牌仪式的有书法家姜华及涟水书画界人士,实验中学全校师生2000余人。"凤凰阅读吧"开业后,每周五均安排不同的班级学生参加阅读或朗读活动,每月举办书法培训课1次。全年销售《跟上兔子》5万多册,码洋19万元;书法字帖1.2万元。

广 播 电 视

【概况】 县广电台为县政府直属正科级事业单位,2011年2月成立,位于县城郑梁梅大道150号,占地面积1500平方米,建筑面积4400平方米,在县城安东北路设有电视发射台,占地面积3300平方米,建筑面积1030平方米。有工作人员111人,其中在编人员58人,聘用人员53人。在编人员中具有高级专业技术职务5人,中级专业技术职务14人,初级专业技术职务13人。2017年,县广电台新闻外宣工作位列全市各县区第一,实现经营创收932万余元。投入60余万元升级数字高清制作网、服务器播出系统;新的广电中心和广播电视发射塔迁建工程启动建设;添置涟水广电历史上第一辆转播车。

【新闻宣传】 2017年,县广电台围绕县委县政府工作中心,为"决战决胜达小康,做强做美副中心"凝心聚力、鼓劲造势,全年推出20多个主题宣传和战役性报道。全年共采制电视《涟水新闻》352档近3000条,采制市电视台《直播县区(涟水版)》52档,全方位展示新时代新涟水的新气象、新业绩。《视听涟水》充分发挥"视""听"特色,推送《涟水新闻》352档,重大时政新闻718条,平台自采新闻685条,其他图文消息536条。外宣办全年在中央电视台用稿4条,省电视台用稿220余条,市电视台用稿250余条,电视新闻外宣积分10500分,比市第二名高出1300分左右。外宣用稿总积分、省台用稿条数、市台用稿条数在全市各县区中蝉联第一。实施"广电+"发展战略,拓展商业合作模式,成功举办涟水首届本土春节联欢晚会、第二届少儿春节联欢晚会、广场舞大赛、小主持人培训、少儿才艺大赛、百悦广场系列活动等,全年实现创收930多万元。

【节目内容创新创优】 2017年,县广电台立足自媒体时代的受众需求,实行广播电视服务的"供给侧"改革,立体式推进节目内容和服务创新。广告中心突破传统广告形式束缚,创办《百悦购》等服务类导购节目,用新的形式服务商家和受众。广播中心新推出2档谈话类节目《上班路上》和《开心回家路》,重点打造生活类直播节目《896生活风向标》,推行电台直播+微信平台+手机App直播"三合一"模式,实现户外第一现场与直播室的音、视频互动直播。艺术中心精心打造旅游类节目《跟我出发》、教育类节目《成长1+1》、生活类节目《家有喜事》,节目定位准,形式新,质量好,社会知晓率、关注度显著提高。新媒体部成功举办"网友读诗""最美妈妈评选"等网友互动活动,参与"涟水十大封面人物"评选、春节联欢晚会等大型活动,粉丝数突破5.3万人次。新创办网络微视频方言节目《安东呱话》,受到社会高度关注,成为涟水"网红",获2017涟水首届网络文化节创新项目奖。所有主持人集体出镜录制的公益微视频《我们的中国梦》获评县首届网络文化节十大微信作品奖。

【广播电视获奖作品】 2017年,县广电台多件新闻作品在全市广播电视好新闻作品评比中获奖。广播方面,《我县乡镇尿毒症患者凭卡免费乘车》(作者:侍中华、王伟)获广播新闻类短消息三等奖;《康惠明:夜奔500多公里赴安徽献"熊猫血"》(作者:王跃、贾玲俊)获广播新闻类长消息二等奖;系列报道《精准扶贫奔小康》(作者:徐海英、李志伟)获广播新闻类系列报道二等奖;评论《涟水:倡导"好人文化",让好人由"盆景"变"风景"》(作者:周达远、王伟)获广播新闻类评论二等奖;《演好老百姓的戏让涟水淮剧团"走进春天里"》(作者:邵仲、刘曼曼)获

2017年1月,举办首届本土春节联欢晚会 (县广电台 供稿)

广播新闻类专题二等奖;《胶片的守望者》(作者:贾玲俊)获广播社教类对象性节目二等奖;《小剧团的半世情缘》(作者:贾玲俊)获播音主持作品类二等奖;《家乡,你是我一生的爱》(作者:刘曼曼)获广播剧、广播文艺类音乐节目二等奖;《永远的"一面"——纪念〈一面〉的作者阿累》(作者:陈万舟、王伟)获广播剧、广播文艺类文学节目三等奖;《〈留守村长留守鹅〉深度赏析》获广播剧、广播文艺类戏曲、曲艺节目二等奖;《〈书香涟水、诵读金秋〉朗诵会拾粹》(作者:洪娟娟)获广播剧、广播文艺类综艺节目三等奖。电视方面:《我县乡镇尿毒症患者凭卡免费乘车》(作者:侍中华)获电视新闻类短消息三等奖;《康惠明:夜奔500多公里赴安徽献"熊猫血"》(作者:王跃)获电视新闻类长消息一等奖;《志愿者筹款为贫困三姐弟购"冬日暖房"》(作者:王跃)获电视新闻类长消息三等奖;评论《倡导"好人文化",让好人由"盆景"变"风景"》(作者:周达远、王跃)获电视新闻类评论二等奖;系列报道《精准扶贫奔小康》(作者:汪春雷、徐海英、钱柏州)获电视新闻类系列报道三等奖;《改革让淮剧"走进春天里"——县淮剧团改革发展纪略》(作者:邵仲)获电视新闻类专题片二等奖;《成长1+1》(作者:陈琼、高尚、采杰、陈治如)获得电视社教类少儿节目一等奖,并被市文广新局选送到省参加评奖,获省广播电视新闻好作品评比三等奖。

(顾爱梅)

涟水日报

【概况】 2017年,《涟水日报》出报250期,周五刊,每期印发2万份,实行免费赠阅,农村、县城区分别实行邮发与自发相结合。获江苏省县市新闻中心先进集体,"天南地北涟水人"微信公众平台获中国传媒融合年度创新案例奖;县新闻中心主任、涟水日报社总编戴从柏获中国传媒融合年度创新人物奖、江苏省县市报名总编表彰。

【总编戴从柏被评为中国传媒融合年度创新人物】 戴从柏,男,2015年底任《涟水日报》总编。2017年,面对传统媒体逐步被边缘化的新形势,大胆探索、不断创新,在新媒体搭建、推广、运行等多方面,走出一条独具特色的媒体融合发展之路。涟水日报社旗下共有2个公众号,分别为"醉美五岛湖"和"天南地北涟水人",总粉丝量超过30万人次,在全省县市报中稳居第一。其中,"天南地北涟水人"公众号在全国县级媒体中为首创,在县内外涟水人中得到广泛好评;"醉美五岛湖"的"语音导读"栏目获得"金长城·中国融合创新新锐传媒"荣誉称号,公众号推出的原创性内容"震撼视频!快来感受涟水这五年变化……"在全省县市报喜迎十九大新媒体竞赛中获得全省第4名的好成绩。戴从柏被授予"2017年度全省县市报名总编"称号,年底在中国报协主办的中国传媒融合发展年会上被评为中国传媒融合年度创新人物。

【"醉美五岛湖"微信公众平台】 2017年5月4日,县新闻中心与县创建省级文明城市指挥部办公室联合打造的"醉美五岛湖"微信公众平台上线运行,每天为广大读者推送第一手的涟水时事热点、生活实用信息。全年推送资讯3000多条,全年阅读量超千万人次,重点资讯标题有头条新闻、要闻(语音导读)、悦听(彭老讲故事、子蝶说养生)。2017年10月,在江苏省县市新闻中心工委举办,全省23家县市报理事单位参加的"喜迎十九大 全景看家乡"微信竞赛中,代表涟水县参赛的"醉美五岛湖"微信公众平台原创作品《震撼视频!快来感受涟水五年巨变……》获二等奖。至年底,"醉美五岛湖"累计关注人数突破20万人次,在全省县市报新媒体平台中,粉丝量、阅读量均位居第一。

【"天南地北涟水人"微信公众平台】 2017年8月,县新闻中心推出"天南地北涟水人"微信公众平台,主要推介展示涟水籍贤良名士的不平凡的创业故事和奋斗历程,以此激励和鼓舞全县人民。全年推送资讯1500多条,重点资讯栏目有涟水人物、老照片、涟水乡贤、安东悦听、安东美文,总点击量超200多万。其中,"涟水人物"细分为"历史名人""当代乡贤""安东骄子""行业之星""小城故事"5个子版块。"天南地北涟水人"微信公众平台推出后,受到广大网民热捧,粉丝量迅速增多,到年底粉丝数增加到10余万人。

【中国晚报协会副会长朱铭佐捐赠新闻书籍】 2017年9月19日,曾任《新华日报》副总编辑、《扬子晚报》总编辑,江苏省记协副主席,中国晚报协会副会长、执行会长、学术委员会主任,享受国务院特殊津贴、全国长江韬奋奖和省戈公振奖获得者朱铭佐,将他退休以后精心创作的《我和扬子晚报20年》《50年,我的新闻学步》和《我说办报大白话》1套3

2017年9月19日,中国晚报协会副会长向县新闻中心捐赠书籍 (县新闻中心 供稿)

本,共140套新闻书籍,无偿赠送给县新闻中心。

【县市新闻中心好新闻获奖】 2017年,县新闻中心精心组织《涟水日报》刊发的好新闻,参加全省县市新闻中心好新闻评选活动。获一等奖2项、二等奖5项、三等奖9项,在全省位居第二(并列),在全市位居第一(并列)。通讯《这个淮剧团,不简单!》(吴晟)、消息《减"肥"》(孙国柱)荣获一等奖;言论《要"讲究"不要"将就"》(爱莲)、专栏类《"涟水好人·德馨安东"专栏》(万洪勇)、网微类《十九大归来!县委书记首个周末在忙啥?关注啥?》(陈海霞)、通讯《我用一生照顾你——记"中国好人"任罗伯》(杨海燕)和通讯《乘客飞机上呼吸困难,90后护士紧急施救》(徐洁)荣获二等奖;消息《光伏照亮乡村致富路》(周建)、消息《交警大队直播严查6.4万网友围观点赞》(周培雷、马凌云)、言论《让阳光普照每一个贫困家庭》(吴晟)、通讯《盲道岂能不"帮盲"》(陈海霞、曹康姣)、通讯《一位乡村老师的"千金之诺"》(姜志翔)、通讯《特殊的党费赤诚的心》(李梦琪、姜浩)、通讯《好居民朱晓卫勇闯火海救老人》(曹康姣、靳正友)、新闻摄影作品《自信》(嵇永新)和新闻摄影作品《"小柳编"织就"大梦想"》(纪骁洋)荣获三等奖;《涟水日报》2017年7月6日三版"美丽乡村"(刘超)荣获好版面奖;《多沾点"泥土味" 少一些"烟酒气"》(爱莲)荣获好标题奖。

(刘武东)

地 方 志

【概况】 2017年,县地方志办完成《涟水年鉴(2017)》和袖珍型地情书《涟水县情2017》编纂出版工作。做好江苏名镇志《高沟镇志》编纂督导工作,年底前高沟镇志稿完成总纂送县复审。参与县博物馆、县图书馆等重点文化工程建设与布展的规划论证,参与《涟水赋》研讨、县经济开发区不规范路名专家评审、现代淮剧《留守村长留守鹅》北京首映涟水籍在京嘉宾邀请等工作,认真查找相关地情资料,组织研讨会商,提出多条有价值的意见和建议。整理完成研讨文章《黄河故道的演变与对涟水的影响》,为召开全县黄河故道开发座谈会做好准备工作。开展地情书籍进企业、进单位、进学校、进军营、进社区、进老年大学"六进"活动,共向村(社区)群众、离退老干部发放年鉴、县志及其他地情书籍1500册。在县"两会"期间,向政协委员、人大代表免费赠阅年鉴600余册。

【《涟水年鉴(2017)》】 2017年1月中旬,编纂工作启动,框架结构适当微调。4月初,各组稿单位完成年鉴稿件上报工作后,县地方志办组织编辑人员按照既定的篇目组稿框架,对通过审核的稿件进行整合汇编,适时查漏补缺。6月底,将整合的年鉴稿件送交印刷厂排版后,又组织全体工作人员开展3个轮次的校对工作,以减少文字差错率。11月初,《涟水年鉴(2017)》由河海大学出版社公开出版发行,这是涟水县第19部地方综合年鉴。全书记载涟水县2016年1月1日至12月31日各行各业的新情况、新成就、大事、要事、新事、特事,部分活动性图片分别延伸至2017年6月、8月。全书分为27篇,有栏目160个,条目640个,刊插彩色图片96页515幅,随文刊插彩色照片171幅,另有表格90个。

【江苏名镇志《高沟镇志》编纂督导】 2017年初,县地方志办按照省志办编纂江苏省名镇志的相关要求,督促高沟镇成立镇志编纂组织,配齐配备人员及相关办公设备,指导高沟镇做好《高沟镇志》篇目设置上报市志办验收。每周上门1至2次,加强与镇志编纂人员之间的业务交流。2月17—18日,组织《高沟镇志》编纂人员赴昆山市周庄镇学习交流镇志编纂经验。4月24日,指导高沟镇举办《高沟镇志》资料收集暨撰写培训会,安排专业人员就镇志资料考证收集与条目撰写现场授课。12月底,高沟镇志资料收集、初稿撰写、总纂等工作基本完成,初步形成《高沟镇志》送县复审稿,该进度在全省名镇名村志的编纂单位中名列前茅。

【全市江苏省名镇名村志推进会】 2017年3月30日,淮安市江苏省名镇名村志工作推进暨镇村志编纂业务培训会在高沟镇今世缘国缘宾馆举行。出席会议的领导有省志办副主任蔡金良,省志办市县指导处处长陈华,市志办主任周平,市志办副主任方宏伟,县政府副县长李阔。各县区志办主任、名镇名村志业务指导员,已上报省志办的9家镇村志编纂工作负责人等60多人参加会议。副县长李阔代表涟水县政府致欢迎辞,涟水县志办、淮阴区志办、洪泽区志办、高沟镇、刘老庄村等7家单位进行交流发言。省志办副主任蔡金良出

2017年3月30日,全市省名镇名村志推进会在涟水召开 (县地方志办 供稿)

席会议并讲话，充分肯定《高沟镇志》编纂工作成绩。省志办市县指导处处长陈华针对镇村志编纂作具体业务培训。

【《涟水县情2017》编印】 2017年10月底，县地方志办充分利用编纂年鉴所收集的各方面资料，编印袖珍型地情书《涟水县情2017》。全书共192页，17万字，采用小32开本，具有查询快捷、易于携带、便于阅读的优点，全书浓缩年鉴内容的精华，全面展示涟水的历史底蕴、文化脉络、资源状况和地域风情，记录全县各行各业的年度发展变化，集史料信息和年度公报于一体，具有显著的资料性、科学性、权威性与可读性、趣味性、实用性，便于县外各界人士和社会大众更快捷地了解涟水。（张晓永）

档　案

【概况】 2017年，县档案局(馆)档案库房建筑面积796平方米，办公用房面积200平方米。县档案局(馆)按照省市档案部门工作部署，加强档案资源、安全和利用体系建设，开创档案工作服务民生、服务社会新局面。配合县委农工部做好农村土地确权登记档案管理验收工作，做好县经济开发区、交通局、人社局等单位档案测评指导工作。完成50万条档案数字化采集工作，建立馆藏档案目录数据库，推进档案管理现代化和数字化档案馆建设。参与县廉政文化展示馆布展工作，提供王氏、程氏、颜氏、陶氏等家谱、家训，及郑兆财先生名人档案相关资料。利用馆藏资源，开拓档案工作服务领域，满足社会各界群众查档需求，全年共接待查档2185人次，利用档案3270卷(件)次，为企业改制办理职工养老保险、退休等工作提供翔实的原始依据。

【档案征集】 2017年，县档案局(馆)主动与全县各机关事业单位联系，征集有关档案资料。整理接收2016年县委办、县政府办文书档案3000余件进馆，征集《涟水年鉴(2016)》《档案中的里运河》《安东墨韵》《淮安市2016大事记》等书籍资料。（马　克）

涟水政府网

【概况】 “中国·涟水”政府门户网站是涟水县对外展示政府形象、服务群众办事的重要平台，分设“走进涟水”“新闻中心”“政民互动”“网上办事”“政府信息公开”等栏目。2017年，“中国·涟水”政府门户网站产生访问量7381192次，发布各类新闻8445条，公开政府信息1220条，发布解读信息14条，发布民意征集信息6条。

【政府网站建设与管理】 2017年，县政务办强化组织保障，设立专门科室负责网站的管理、维护、建设和发展，电子政务网络的保障工作，确保各类政府信息及时、全面、准确公开，网络系统安全、高效、稳定运行。完善网站版面，新增“双拥工作专栏”“水质检测报告”等特色专题栏目。依托政府门户网站，开设“涟水县政府采购计划申报平台”子系统，构建政府与群众之间交流的有效平台。建立网站内容保障工作责任制，强化日常巡检和随时监测，确保网站全天候工作、信息页面正常浏览、办事和互动平台畅通有效。制定《政府门户网站24小时读网制度》，细化分工，每天形成“24小时读网情况汇总表”，对读网过程中出现的问题及时整改。各栏目由相应单位明确专人进行维护，按照“谁发布谁负责”“先审核后公开”等原则，明确管理职责。（朱　午）

旅　游

【概况】 2017年，全县拥有全国工业旅游示范点1个，国家AAAA级景区2个，国家AAA级景区1个，省四星级乡村旅游示范点2个，省二星级乡村旅游示范点4个。全年累计接待游客近100万人次，比上年增长45.6%，实现旅游综合收入2.85亿元，增长26%。年内，县旅游局通过包装项目，争取旅游专项引导资金200多万元；市旅游局专门拨付10万元用于编制全县“十三五”旅游发展规划；向上申报30座旅游厕所改造项目。继续与上海大通旅行社合作，上海游客组团到涟水旅游150次近2万人次，开展与上海东晖旅行社、上海春春国际旅行社旅游合作。

【旅游规划编制】 2017年，县旅游局围绕把涟水打造成全域旅游新高地、大众旅游目的地、乡村旅游新坐标的总体要求，启动《涟水县全域旅游发展总体规划》和《古淮河生态观光走廊专项规划》。组织规划中标单位南京尔目公司等旅游专家到涟水进行5次座谈考察调研，充分整合农业、交通、水利、国土、住建、文化、教育、卫生等资源要素，实行“多规合一”，促进旅游规划与各个专项规划相匹配，预计2018年完成。投资2.6亿元的生态旅游观光道路已先行建设。通过努力，把古淮河故道沿线打造成花卉观光、运动休闲、生态种植、生态养殖、文化旅游“五大经济特色区”，形成生态观光廊道、产业示范廊道、运动休闲廊道、文旅景观廊道。

【今世缘旅游区国家AAAA级景区创建】 2017年初，省旅游局将今世缘旅游区列入国家AAAA级景区创建计划。县旅游局明确专人，对创建工作全过程进行督促检查和业务指导。多次邀请省市旅游专家采取千分制形式，对景区创建指标进行现场打分，及时发现问题，补短板，加长板，消除创建盲点，弥补薄弱环节。根据《涟水县城市总体规划(2013—2030)》，坚持高沟酒非遗保护区和今世缘全国工业旅游示范点“双核”驱动，聘请高端设计单位科学编制《今世缘旅游景区景观规划》等专项规划，以规划引领景区项目开发。投资5亿元，新建今世缘展示中心、中国白酒智能化酿造示范车间、今世缘·美酒银行、今世缘·等着我展示馆、酒艺广场、陶瓷工艺馆、酒道人生馆、自助酿酒体验区等特色景点，新修建景区旅游道路和步道36千米；新建改建生态智能化停车场6个17700平方米，可停放大小车辆400余辆；改建游客接待中心面积2750平方米、生态厕所8座，添置分类垃

2017年1月10日,今世缘旅游区试营业　　(县旅游局　供稿)

圾箱189个、垃圾转运车3辆。制定出台《今世缘旅游景区投诉管理暂行规定》《游客投诉处理制度》《旅游突发公共安全事件应急预案》及《景区导游工作职责》等规范性文件,加强旅游从业人员在质量、营销、安全、讲解、服务等方面的知识培训,受训率100%,以规范服务标准、程序、承诺和言行。建立健全景区安全和卫生管理体制,实行24小时全天候轮查和卫生保洁,确保游客"零投诉"、满意率100%。开通上海至涟水的旅游直通车和景区旅游公交线路,添置旅游观光车8辆,配备警务室、医务室、数字监控、安防器材、救护设备及从业人员106名,设立旅游引导标识牌314块。围绕"参观、体验、定制"三大功能,加强景区智慧建设,开发景区网站、微信公众号、旅游报单、POS机、自助验票等系统,加盟美团网,实现网上售票,为游客量身定制旅游项目。强化产品服务,开发旅游系列特色酒品20款,引进高沟捆蹄、涟水鸡糕、金鹿食品、淮安茶馓等地方土特产品23款,开发今世缘景区挂件、明信片、邮折、纪念封等旅游纪念品。12月26日,今世缘旅游区正式被评定为国家AAAA级旅游景区。全年景区接待游客56.2万人次,实现综合收入5600余万元。

【旅游景区复核验收】 2017年,红窑生态旅游示范区接受省四星级乡村旅游示范区复核验收,苏淮生态农业观光园、华夏云锦艺术馆景区接受国家AAA级景区复核验收。县旅游局把迎接省复核验收摆在重要位置,分工到点,定期加强督促、指导、服务。对3个景区进行明察暗访,发现需整改的问题,及时下发交办单,限期整改。红窑生态旅游示范区升级改造正在抓紧实施,华夏云锦艺术馆的游客中心、停车场、厕所、标牌标识等旅游设施按要求整改到位。对3个景区的资料进行整理归档,建立健全各项管理制度,完善线路、导引等标志标识。年底,苏淮生态观光园通过市旅游局验收,红窑生态旅游示范区申请延缓至2018年复核验收。

【旅游宣传推介】 2017年,县旅游局贯彻《中华人民共和国旅游法》《江苏省旅游条例》,利用"3·15"消费者日、"5·19"中国旅游日、"11·25"砂板乒乓球世界杯等时间节点开展集中宣传活动。"5·19"中国旅游日,组织全县旅行社、星级宾馆以及五岛湖景区工作人员举办以"涟水人游涟水"为主题的宣传活动,与各旅行社签订"诚信旅游承诺书",组织千名市民开展"游在涟水"活动。建立"游在涟水"微信公众号,及时发布旅游信息。广泛开展涟水旅游形象宣传语征集活动,来自27个省市自治区的人员参与征集活动,征集宣传语6096条,通过网友投票和评委评定,最终产生3条涟水旅游形象宣传语,分别是"醉美涟水欢迎您"(黄海)、"因缘而来,留'涟'忘返"(季振华)、"一湖藏五岛,一酒缘天下"(谭作军)。10月2日日涟水百花园开园时对外发布。参与"水韵江苏"旅游博览会,设立涟水旅游展区,宣传推介涟水旅游。参加淮安市"星级导游"大赛,今世缘旅游区2名导游获星级导游称号,同时获团体奖和优秀组织奖。参加淮安旅游小吃大赛,涟水县选手获1银7铜。

2017年10月9日,市委书记姚晓东(左二)调研涟水百花园　　(县旅游局　供稿)

综　述

【概况】 2017年，涟水县有各级各类卫生计生机构477个，其中二级医院3个，疾病预防控制、卫生监督执法、妇幼保健、皮肤病防治以及120急救机构各1个，计划生育服务机构27个，民营医院9个，乡镇卫生院30个，村卫生室368个，个体诊所20个，企事业单位诊所5个，医务室10个。全县核定病床2968张，实际开放床位4535张，拥有万元以上医疗设备1371台。有在编在职卫技人员1424人，聘用卫技人员1833人；有执业（助理）医师1971人，执业护士2192人。全系统有高级职称337人，中级职称631人；拥有博士研究生学历4人，硕士研究生学历87人，本科生1035人，大专及以下2131人。注册乡村医生1416人，在岗在职1049人，中专以上学历的795人，乡村执业助理医师585人。

【无偿献血】 2017年，全县无偿献血11334人次，比上年增长8.2%；采集血液226.68万毫升，增长15.8%，其中街头献血7337人次，计146.75万毫升，站内献血3997人次，计79.93万毫升。供应临床红细胞117.02万毫升，比上年增长9.5%；血浆54.73万毫升，增长7.2%，采血量与用血量比例为132%，自愿无偿献血比例为100%，成分血比例100%，无1例经血传染性疾病发生。

【人口健康信息化建设】 2017年，县卫计委积极完善县级健康信息平台功能，投入70多万元，升级人口健康信息平台功能，整合县内诊疗数据，实现诊疗数据县域内共享，进一步提升基层医务人员的诊疗水平，提高患者就医的满意度。全面开展签约服务信息管理系统的推广、使用工作。不断提升信息系统互联互通和务实应用水平，通过省卫计委信息平台三级测评。进一步加强信息系统升级改造，全面实现数据共享和对接工作。签约服务信息管理系统的建设和应用工作，在南京都市圈信息化年会上，作为典型经验交流发言。

【“医联体”建设】 2017年，县卫计委大力推进医联体建设。县医院分别与省人民医院、省口腔医院、省肿瘤医院、南京市鼓楼医院、东南大学附属中大医院、淮安市第二人民医院等单位建组建多学科医联体；县中医院加入“南京都市圈中医医院合作发展联合体”，与省中医院建成协作医院。县医院、县中医院、县第三人民医院3个核心医院分别和唐集中心卫生院、五港中心卫生院、南禄卫生院、方渡卫生院，朱码卫生院、河网卫生院，经济开发新区卫生院、杨口卫生院组建紧密型医联体。各医联体成员单位呈现“六增长一下降”的趋势，即门、急诊比上年增长3.7%；业务收入增长10.51%；住院人次增长27.98%；手术人次增长41.37%；职工人均工资增长16.63%；群众满意度进一步提升；群众医疗支出逐步下降。

【家庭医生签约服务】 2017年，县卫计委围绕群众需求设计供给，立足解决群众实际健康问题，出台《涟水县家庭医生签约服务工作实施方案》《涟水县家庭医生签约服务工作实施管理办法》等6份文件，为广大签约居民提供公共卫生服务、基本医疗服务和健康管理服务；成立39个家庭医生签约服务管理团队，198个家庭医生签约服务团队，建成5个家庭医生工作站；不断优化服务模式，将医疗服务和公共卫生服务有机融合，推行个性化签约，依托信息化扩大签约服务项目宣传、推进网上签约，切实方便群众，多措并举提高签约服务吸引力，增强签约居民获得感。全年常住人口签约35.1万人，常住人口签约率

2017年12月，家庭医生上门开展签约服务　　（县卫计委　供稿）

41.39%，其中，重点人群签约18.95万人，重点人群签约率65.94%，建档立卡贫困人口、计划生育特殊家庭、低保、五保等特殊人群签约10.55万人，特殊人群签约率98.49%。全年家庭医生深入基层为签约居民提供各项医疗卫生服务约400余万人次。　（嵇伟杰）

医院建设

【概况】 2017年，县委、县政府重视医疗服务体系建设，投资2.12亿元、建筑面积3.5万平方米的县公共卫生服务中心建设项目和投资6亿元、建筑面积7.8万平方米的县三院异地新建项目主体工程封顶。总投资9000余万元实施梁岔等27个乡镇卫生院标准化改扩建项目、徐集卫生院续建项目、五港中心卫生院异地新建项目及10个村卫生室改造项目。推进数字化预防接种门诊建设，北集、方渡、浅集、开发区防保所等4个单位建成数字化预防接种门诊，全县数字化预防接种门诊建成率82.4%。县医院投入3500余万元、县中医院投入170万元购置设备，梁岔、黄营2家卫生院争取省卫计委投入200万元进行设备提档升级。新增万元以上医疗设备85台（件），其中县医院购置256排CT 1台，心脏彩超1台。县医院按照三级医院标准强化内部管理、引进人才技术、打造重点专科、提升服务能力，创成三级医院。县中医院适宜技术建设项目和基层医疗机构中医特色专科心病科通过市考评验收。

【县公共卫生服务中心建设项目】 位于涟水县滨河新城，计划投资2.12亿元，项目占地面积6.67公顷，建筑面积3.5万平方米，2017年2月开工建设，12月主体工程封顶。县公共卫生服务中心建成后，成为集疾病预防控制、卫生监督、妇幼保健、计划生育技术指导和服务、卫生应急指挥、卫生信息管理、社区卫生服务等为一体的公共卫生服平台，为全县居民提供更加优质的公共卫生服务。

2017年12月，县公共卫生服务中心封顶　（县卫计委　供稿）

【县第三人民医院异地新建项目】 位于高沟镇，计划投资6亿元，占地面积6.67公顷，建筑面积7.8万平方米，设置床位500张，按二等甲级医院用房标准设计，2017年12月主体工程封顶。　（嵇伟杰）

医政管理

【概况】 2017年，县卫计委调整医疗质量控质中心的专家组成员，发挥医疗质量控制中心对全县医疗质量与安全的指导作用。规范医疗质量管理，落实医疗质量管理办法、十八项医疗核心制度等，强化医疗质量安全监管，促进合理检查、治疗。规范管理临床用药，继续严格实行抗菌药物分级管理制度，做到常态化管理。组织全县医护人员开展急救技能全员轮训，共约20期，参训1200余人次。督促指导基层单位加强医院感染管理工作，规范医疗废物管理。继续实施医护质量培优工程，开展“三好一满意”、平安医院创建和优质护理示范工程活动。实现医疗责任保险全覆盖，建立健全医疗纠纷处置机制，最大限度缓解医患矛盾。

【中医药管理】 2017年，县卫计委开展中医药工作示范单位、乡镇卫生院示范中医科、中医馆创建，将乡镇卫生院中医药临床科室集中独立设置、营造浓郁的中医药文化氛围、综合使用多种中医药技术方法服务城乡居民，切实加强在基层防治常见病多发病中中医药适宜技术的推广与应用，提升基层中医药服务能力，东胡集、大东、义兴等3家卫生院建成中医馆；县中医院适宜技术建设项目和基层医疗机构中医特色专科心病科通过市考评验收。开展中医文化推广工作，举办“中医药就在你身边”中医药文化科普巡讲活动19场次；开展中医药适宜技术培训，发挥中医药在健康养老、养生保健服务中的特色优势，积极推动医养结合政策落地生根。

【卫生应急】 2017年，县政府成立应急管理委员会、卫生应急指挥部和应急管理办公室，建立健全突发公共卫生应急事件多部门协调联动处置机制，在信息沟通、联合执法、快速反应、应急处置等方面形成合力；县卫计委修订完善《涟水县突发公共卫生事件应急预案》和《涟水县突发事件医疗卫生应急救援预案》等专项应急预案41个。加强卫生应急队伍建设，成立县突发公共事件卫生应急专家咨询委员会，组建紧急医学救援、急性传染病防控、中毒事件处置、食品和饮用水突发事件处置、核和辐射应急处置等5个专家组，成立各类应急处置队7个，建立覆盖全县的卫生应急网络，组建卫生应急志愿者队伍计六类141人。投入40多万元购置各类应急物资，投入150多万元，在全县基本建成具

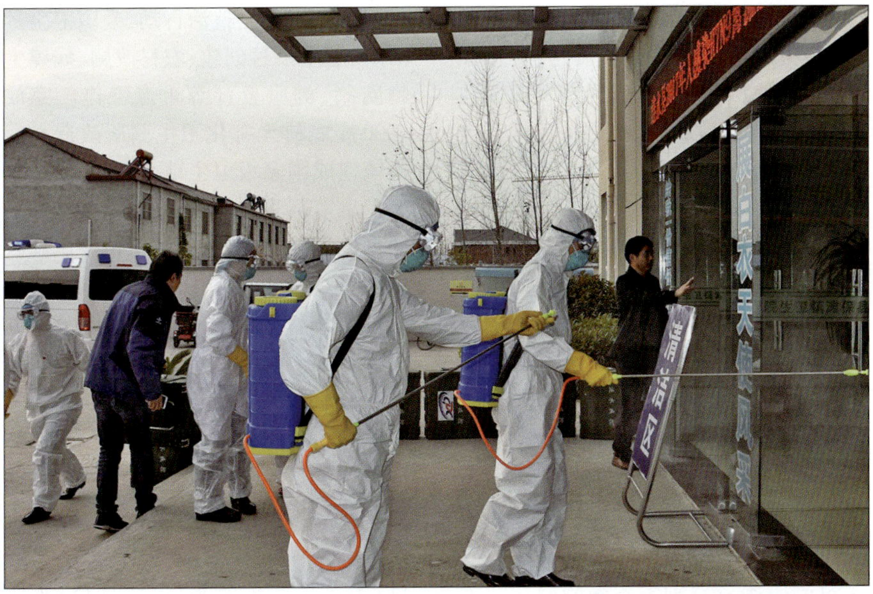

2017年11月，开展卫生应急处置演练 （县卫计委 供稿）

备远程视频会商功能的卫生应急决策指挥系统。深入社区、企业、学校、农村、家庭等进行卫生应急及自救知识宣讲，多次组织各医疗卫生机构开展卫生应急处置演练。举办应急救护技能培训班4期，培训应急救护人员262人。联合县总工会开展急救技能竞赛活动。组织全县医疗卫生人员参加市急救技能竞赛活动，获团体二等奖，各有1人分获急救技能竞赛二、三等奖。徐集、南集、唐集、五港、成集、东胡集等6个乡镇创成“淮安市卫生应急工作规范乡镇”。切实抓好卫生应急处置工作，全年共出动医疗卫生人员200多人次，成功处置各类突发事件8起，以及1起疑似人感染H7N9禽流感疫情；县红十字会深入学校、企业、机关等单位开展自救互救技能培训，积极落实百万群众自救互救素养提升工程活动。年内涟水县建成省级卫生应急规范乡镇。

【药政管理】 2017年，县卫计委落实《医疗机构管理条例》《处方管理办法》《医疗机构药事管理规定》《抗菌药物临床应用管理办法》《医院处方点评管理规范（试行）》等法规规定，加强抗菌药物管理。落实抗菌药物管理责任，健全抗菌药物管理工作制度，明确工作职责，细化工作流程，提高抗菌药物临床应用管理水平。全年使用抗菌药物与上年同期相比下降5%。对全县医疗卫生机构下达药品不良反应和医疗器械不良事件监测及报告报送任务，确保全县药械不良反应监测管理工作顺利开展，提高药械不良反应监测工作质量，保证报告的真实性、准确性、及时性，全年累计报送药品一般不良反应680例，严重不良反应13例；医疗器械不良反应256例。实施基本药物制度，落实药品集中采购政策，全面实施公立医疗机构药品购销“两票制”。实行医用耗材和检验检测试剂集中采购。加强基层医疗卫生机构与二级以上医院用药衔接，允许基层医疗卫生机构按规定比例配备使用国家基本药物目录和省增补目录以外、医保目录内的药品。建立健全短缺药品供应保障机制，执行短缺药品信息监测预警“每月零报告”制度。 （嵇伟杰）

卫 生 监 督

【概况】 2017年，县卫生监督所扎实开展卫生监督执法工作，办理办结卫生许可证件193份，其中新申请158份，变更25份，延续5份，遗失、损坏补发5份，办结率100%。受理各类投诉举报81件，其中上级交办50件。立案处罚22起，其中医疗类19起，传染病防治类1起，生活饮用水类2起，没收医疗器械和药品13箱，取缔非法行医户13户次，移送公安机关1件。在市卫生行政处罚案卷评查中有1份案卷获得二等奖，2份案卷获得三等奖。成功创成市级行政执法规范化示范点。

【医疗服务监督】 2017年，县卫生监督所开展医疗机构依法执业专项监督检查，监督检查医疗机构51户次，下达卫生监督意见书26份；立案查处无证行医15起，医疗机构违法案件4起，罚款6.14万元，没收医疗器械和药品13箱，价值0.79万余元；受理投诉举报及上级转办案件62件。开展查处违法违规应用人类辅助生殖技术专项行动，监督检查一级以上医疗机构29家，制作监督文书29份，未查及有开展应用人类辅助生殖技术服务的医疗机构和开展人类采供精、采供卵、性别鉴定以及“代孕”活动行为。开展严厉打击非法医疗美容专项行动，监督检查医疗机构35个，现场制作监督文书35份，签订承诺书29份；监督检查美容服务业经营户161个，与经营户签订承诺书161份，在经营场所张贴宣传牌161块；立案查处生活美容场所非法从事医学美容活动案件1起。

【公共卫生监督】 2017年，县卫生监督所完成各类公共场所单位卫生监督检查1万余户次，制作检查笔录900余份，下达卫生监督意见书580余份，监督覆盖率100%；对住宿、沐浴、理发美容、游泳场所等11个公共场所经营单位进行检查；对11户公共场所经营单位进行顾客用品消毒效果监督抽检，抽检样品51份，合格50份；对4户公共场所经营单位的空气质量（二氧化碳含量）进行监督抽检，采样20份，均符合国家相关标准；对2家游泳场所的池水、浸脚池水进行抽查，采集样品10份。积极开展“四小”经营户专项整治，整治经营单位900余户，监督5000余户次，900余户经营户持证（卫生许可证、健康证、卫生知识培训合格证）率、卫生制度落实到位率、消毒实施到位率均达97%以上。开展学校卫监“护苗”行动，检查学校87所，制作现场检查记录87份，下达监督意见书61份。开展农村集中式供水单位巡查，巡查852户次。

【传染病防治监督】 2017年，县卫生监督所开展传染病防治分类监督综合评价,对辖区内41家医疗机构进行监督检查,没有医疗机构被定为重点监督单位。开展传染病防治专项监督检查,检查医疗机构56家,小学28所,高校1所,中职学校1所,普通中学35所。开展医疗废物专项检查工作,检查医疗机构49家,制作检查记录和监督意见书49份,提出整改意见260余条。开展餐饮具集中消毒监督,对5家正常生产经营的餐饮具集中消毒单位进行监督检查,抽检样品425件,检测指标近2000项次,所抽样品的各项指标均符合相应标准的要求。(嵇伟杰)

疾病控制

【概况】 2017年,县疾控中心继续免费为广大居民提供14大类55项基本公共卫生服务项目,累计接种一类疫苗21.8万余人次,以乡为单位适龄儿童免疫规划接种率和接种及时率均超过目标要求,育苗通App绑定率79%,上报疑似预防接种异常反应181例。开展淮河流域上消化道癌早诊早治项目工作,县医院、县疾控中心、徐集乡卫生院共同完成高危人群健康知识及健康因素调查2397人,临床食管镜检查1044人,复查40人。加强传染病防控,报告乙、丙类传染病15种共1157例,与前五年平均发病水平相比下降23.8%,传染病报告率、报告及时率100 %,全年无甲类传染病报告。建立居民电子健康档案82.08万份,常住居民电子健康档案建档率96.8%。累计管理高血压患者87227人、Ⅱ型糖尿病患者21336人、精神障碍患者3323人。加强食品安全风险监测工作,完成食品安全风险监测352例,县医院圆满完成基于HIS系统的食源性疾病网络报告系统建设。加强农村饮用水水质监测工作,实现全县223家农村水厂水质监测全覆盖。开展学生常见病监测和防治,落实学生缺课监测网络直报和早期预警。

【老年人健康体检】 2017年,县卫计委组织开展60岁以上老年人免费健康体检。共为12.6万名老年人开展免费体检,体检率95.1%,新发现高血压患者1827人、糖尿病患者973人,肿瘤患者36人,其他疾病6870人,为新发现慢性病患者建立健康档案,按照服务规范进行管理。

【重点传染病防控】 2017年,县疾控中心着重抓好艾滋病、结核病、霍乱等重点传染病防控工作。贯彻落实艾滋病"四免一关怀"政策("一免":对农村居民和城镇居民未参加基本医疗保险等医疗保障制度的经济困难人员中的艾滋病病人免费提供抗病毒药物;"二免":在全国范围内为自愿接受艾滋病咨询检测的人员免费提供咨询和初筛检测;"三免":为感染艾滋病病毒的孕产妇提供免费母婴阻断药物及婴儿检测试剂;"四免":对艾滋病病人的孤儿免收上学费用;"一关怀":将生活困难的艾滋病病人纳入政府救助范围,按照国家有关规定给予必要的生活救济),发放艾滋病专题宣传材料13.4万份,艾滋病自愿咨询检测899人,艾滋病高危行为干预140场次,HIV抗体筛查9.06万人次,协调县民政部门为经济困难的感染者和病人发放生活救助金1.5万元。发现活动性肺结核病人335例,全部按规范要求实施督导管理。全面落实学校结核病防控措施,学校结核病疫情处置率100%。做好手足口病防控工作,报告手足口病213例。加强腹泻病防治工作,登记腹泻病人3670例,送检2191例,送检率59.7%,未检测到霍乱弧菌阳性病例。各医疗机构认真落实发热门诊、预检分诊、疫情报告制度,配备应急处置物资,开展人员培训,建立多部门联防联控及信息沟通机制,积极做好人感染H7N9禽流感疫情防控工作,调整防控工作领导组织,修订预案,及时处置1例疑似人感染H7N9禽流感疫情。(嵇伟杰)

爱国卫生

【概况】 2017年,县爱卫办以开展纪念爱国卫生运动65周年暨第29个爱国卫生月和健康教育宣传月活动为契机,推进城乡环境卫生整治行动、爱国卫生月活动、卫生镇村创建、农村改厕、病媒生物防制、健康教育等重点工作。完成5000座农村无害化卫生厕所改造。南集镇建成国家级卫生镇,红窑镇通过省级卫生镇复验,县交通局、教育局、烟草局创成省级健康单位,涟城镇中山社区创成省级健康社区,朱码镇樊卜村、朱码镇嵇庄村、红窑镇夏楼村、红窑镇大金圩村、大东镇施洼村、大东镇瓦滩村等建成省级卫生村,大东镇陈庄村,朱码镇谈陈村、殷庄村,陈师镇合心村,红窑镇钦北村、朱圩村、三村村、金城村、花庄村、延寿村、河湾村、蔡庄村,大东镇大东居委会、干东村、南严村、王老庄村,梁岔镇梁岔居委会、左圩村,费庄村、胜利村、士流村等建成市级卫生村。

【健康教育】 2017年,县爱卫办开展以提高全民健康素养为目标的健康教育活动,普及健康知识与技能,促进健康行为养成。征订省编印的《健康知识挂历》22.68万份,全县以户为单位覆盖率达到100%;征订《江苏卫生保健》杂志501份;《祝您健康》437份;《健康之窗》墙报474份;基本公共卫生光盘54份、学校健康教育光盘10份;《江苏省健康教育与健康促进工作技术指南》481份;《公民健康素养66条》漫画版1400本;健康教育处方10.2万份。县健康素养巡讲团组织巡讲19场,受众2648人次;乡镇举办巡讲和居民健康知识讲座共408场,受众22137人次,村举办居民健康知识讲座2169场,受众108355人次;乡村两级组织播放健康教育影像资料12410场次计99280小时;县疾控中心组织卫生节日宣传12场,散发宣传资料90种计16733份,接待咨询群众19533人次;乡镇开展卫生节日宣传495场,散发宣传资料186455份,接待咨询群众22033人次;举办健康素养知识展牌巡展542场次,年内,全县上网测试健康素养人数184916人次,常住人口覆盖率21.50%。2017年4月是全国第29个爱国卫生月和江苏省第21个健康教育宣传月。县爱卫办和县疾控中心联合举办形式多样的宣传活动,组织相关单位人员在县北门闸广场开展街头宣传咨询活动。活动期间,乡镇组织健康知识讲座34场次，受众1831人次；开展个体健康咨询3227余人次；展出76块健康知识展板19场次；开展卫生节日宣传125场次，发放宣传单44866份，咨询5265人次；对全县464个健康教育宣传栏进行更新；播放音像资料1020场次时长8160小时。

【禁烟控烟】 2017年，县爱卫办充分利用各类媒体（包括广播、电视、网络、报纸等）和学校、社区、街道等宣传栏，宣传普及烟草烟雾危害。组织相关职能部门对公共场所进行控烟工作专项检查，对无烟卫生计生系统建设的完善和巩固情况进行暗访和督导。5月31日是第30个世界无烟日，县爱卫办、县疾控中心紧紧围绕国家“无烟·健康·发展”和省“我为控烟发声，共创无烟生活”宣传主题，会同县二院等城区医院，在北门闸广场开展宣传咨询活动，展出控烟知识宣传展牌10块，散发宣传手册4种计1200余份、宣传单2种计700余份，赠送健康生活方式手提包300余个，向群众面对面传授烟草危害及控烟有关知识，教育引导群众远离烟草，防止受到烟草伤害。

【病媒生物防治】 2017年，县爱卫办加强环境综合治理，清除（苍蝇、蚊子、老鼠、蟑螂）“四害”孳生地，开展病媒生物监测。对全县灭鼠、灭蝇、灭蟑工作进行具体安排，有针对性地开展灭鼠、灭蚊蝇活动。组织新创建的卫生镇村开展病媒生物防治工作。县疾控中心认真做好病媒生物密度监测，及时上报相关报表。对重点乡镇和单位进行灭鼠前和灭鼠后鼠密度监测。全县新建毒饵站12000余个，投放鼠药2吨；其他病媒投入4万元；清理各类蚊蝇滋生地2657处。县疾控中心定期开展灭蚊蝇活动，发动各村（社区）开展夏季灭蚊蝇工作。全县“四害”密度控制在国家标准以内。

【城乡环境综合治理】 2017年，县爱卫办开展城乡环境综合整治工作。实行“网格化”管理，分片包干，分工负责，建立健全城乡环境卫生长效管理机制，以治理脏、乱、差和卫生死角为重点，全面清除垃圾，彻底清除卫生死角，消灭“四害”孳生场所，切断疾病传播途径。治理城乡接合部、“城中村”卫生，清理“牛皮癣”，规范城市户外广告设施设置、摊点摆设、车辆停放和农贸市场管理等，保持大街小巷、庭院村庄整洁卫生，环境优美、舒适。对道路进行拓宽铺垫，河面的杂草、漂浮物全部清除，村庄内所有乱堆乱放一律清理，面向交通要道的墙面进行出新。开展以清理“乱堆乱放”为重点的村容村貌整治行动，清理卫生死角3500多处，清理河道45千米，清运各类垃圾9万多吨。全县各机关、企业、学校、汽车站等窗口单位，社区全部落实卫生责任制，垃圾日产日清，实行全天候保洁。开展城中村及城乡接合部环境、老旧小区、小广告、沟河塘、交通秩序、马路市场等专项整治活动，取缔或规范不合格门店3500余个，出店占道经营1600余户，清理私搭乱建500余处，清理乱贴乱画、喷涂办证小广告1.1万多处，拆除不规范广告牌匾800余块。

【水质监测】 2017年，全县有地面水厂1座，深井水厂222座，全部列入监测范围。城区供水为涟水县涟缘水务有限公司1家，水源类型为地面水，每月采集出厂水1份、末梢水10份，每个季度采集二次供水10份。全年采集172份，合格172份，合格率100%。其中，出厂水采样12份，合格率12份，合格率100%，末梢水采样120份，合格120份，合格率100%。二次供水40份，合格40份，合格率为100%。共检测4792项次，合格4792项次，合格率为100%。全年分枯水期、丰水期两次采集农村饮用水912份，合格744份，合格率81.58%。枯水期农村水厂222座监测采样456份，合格411份，合格率90.13%。其中出厂水222份，合格196份，合格率88.29%，末梢水234份，合格率194份，合格率82.91%。丰水期215座水厂监测采样456份，合格333份，合格率73.03%。其中出厂水采样215份，合格164份，合格率76.28%，末梢水采样241份，合格168份，合格率69.71%。共检测30134个项次，合格29865项次，合格率99.11%。不合格项为总大肠菌群160项次、菌落总数70项次、耐热大肠群26项次、氯化物4项次、总硬度4项次、溶解性总固体4项次、锰1项次。 （嵇伟杰）

妇幼保健

【概况】 2017年，县卫计委认真贯彻执行《中华人民共和国母婴保健法》，强化母婴保健行业管理，依法严格助产技术准入。全县共有39所医疗卫生机构从事妇幼保健技术服务，其中有14所医疗保健机构取得助产技术执业资质，169名从事母婴保健技术服务人员全部持证上岗。管理孕产妇10172人，0—6周岁儿童72220人。完成新生儿疾病筛查10893人，儿童听力筛查10925例。

【孕产妇保健】 2017年，全县完成孕产妇艾滋病、梅毒、乙肝免费检测10263人，共检查出梅毒阳性23例、乙肝病毒阳性345人，对梅毒感染、乙肝病毒感染的孕产妇及分娩的新生儿，全部及时采取干预措施。发放农村孕产妇住院分娩补助5247人，补助金额262.35万元。孕前和孕早期农村妇女增补叶酸预防神经管缺陷8944人。为2598对新婚夫妇提供免费婚前医学检查。为4960对符合生育政策计划怀孕夫妇提供免费孕前优生健康检查，面对面的个性化指导高风险对象1260人。

【农村妇女乳腺癌、宫颈癌筛查】 2017年，县卫计委在全县各乡镇开展35—64岁农村妇女乳腺癌、宫颈癌筛查，免费检查25366人，其中查出乳腺癌6例、宫颈癌4例、宫颈癌前病变94例、生殖道感染4602例、乳腺良性疾病460例，均给予再次检查、治疗、转诊及后续随访等服务。 （嵇伟杰）

农村卫生

【概况】 2017年，县卫计委深化乡村一体化管理工作、示范化乡镇卫生院创建等工作。涟城镇卫生院获国家卫生计生委2016—2017年度群众满意的乡镇卫生院表彰。南集镇卫生院、大东镇卫生院建成省示范乡镇卫生院，蒋庵官荡、陈师寿延、高庄3所村卫生室建成省示范化村卫生室。陈师镇高庄村等5个卫生室建成家庭医生工作站。

开展健康扶贫，对经济薄弱村投入30余万元，对村内基础设施进行改造。组织开展扶贫慰问，春节和中秋节发放慰问金及慰问品1.7余万元。加大片区扶贫开发，累计投入1048万元，对片区内卫生院及村卫生室进行基础设施改造和设备配置。

【农村基本药物采购】 2017年，县卫计委全面巩固基本药物制度，完善集中采购制度，采购金额9392.92万元，结算金额8885.48万元；开展目录外药品采购申报工作，采购目录外药品43种，占基药品规9.51%，金额312.43万元，占总采购金额的3.33%；启动实施药品“两票制”；开展医用耗材和检验检测试剂集中采购工作；实施短缺药品供应保障方案，调整优化药品库存及短缺药品储备；扎实开展乡镇卫生院药剂人员培训，增强合理用药意识。

医学教育与科研

【概况】 2017年，县卫生计生委大力招引卫生技术人才，畅通人才引进绿色通道，公开招聘43人。其中：县医院12人，疾控中心4人，乡镇卫生院27人；博士研究生学历2人，硕士研究生学历10人，本科学历17人，专科学历14人。完成农村订单定向医学生免费培养签约17人。继续开展继续医学教育工作，规范工作流程，强化考核，不断提高继续教育工作的质量和成效。积极开展护理管理工作培训、抗菌药物临床应用与管理培训、家庭医生签约业务培训等专题培训，培训医务人员2000余人次；选排21名学员进行住院医师规范化培训；安排38名“城市医生”到乡镇卫生院进行支农；选派35名医疗骨干外出进修学习。湖北咸宁卫校学历补偿班教学工作顺利结束，护理、助产、药剂、检验、康复5个科目80名学员取得毕业证书。

【医学科研】 2017年，县卫计委深入开展县级临床重点专科建设与管理，县医院肿瘤科建成市级临床重点专科，县中医院骨伤科、肛肠科被评为市级中医临床重点专科，县医院放疗科等15个专科建成A类县级临床重点专科，县中医院妇产科等5个专科建成B类县级临床重点专科。全年共发表医学论文73篇，其中SCI11篇，省级以上62篇。（嵇伟杰）

计划生育

【概况】 2017年末，全县常住人口84.92万人，户籍人口113.61万人，家庭户总数30.19万户，100岁及以上老人86人，60岁及以上老年人口22.54万人，占户籍人口19.84%。全年出生13883人，死亡8850人，人口自然增长率4.43‰，出生人口性别比102.88，流动人口婚育信息异地查询、反馈率100%。年内，县卫计委完善基层源头人口数据采集、信息共享和校核机制，提高人口信息质量，深入开展“婚育新风进万家”“关爱女孩”行动和“圆梦女孩”志愿活动。

【全面两孩政策实施】 2017年，县卫计委继续坚持计划生育基本国策，扎实推进计划生育服务管理改革，全面推行生育服务登记制度，全面两孩政策稳妥扎实有序实施。全年办理全面两孩生育登记10571例，其中二孩6890例，已生育两孩5880人，占总生育人数的54.34%。依法审批再生育一个孩子334例；组织4960对计划怀孕夫妇参加免费孕前优生健康检查，组织2598对新婚夫妇参加免费婚检；落实奖扶、特扶对象4245人，发放奖扶金484.42万元。

·相关链接·

孕前优生健康检查

1.检查内容

体格检查、B超检查及血尿常规、血糖、肝肾功能、乙型肝炎血清学五项、甲状腺功能等9项实验室检查和4项病毒筛查。

2.检查时间

每天上午，节假日不休息。

3.检查地点

县计划生育指导站（县城城东路121号）

4.检查对象

符合生育政策、计划怀孕的夫妇，包括流动人口计划怀孕夫妇。

5.所需证件

新婚对象携带夫妻双方身份证、结婚证。

批生对象携带夫妻双方身份证、结婚证、生育登记证明。（嵇伟杰）

2017年9月，开展孕前优生健康检查　　（县卫计委　供稿）

居民收入与消费

【居民收入】 2017年,涟水县城乡居民人均可支配收入20044.0元,比上年增加1741.6元,增长9.5%。其中:城镇常住居民人均可支配收入27422.5元,增加2192.3元,增长8.7%;农村常住居民人均可支配收入14561.2元,比上年增加1189.3元,增长8.9%。

【居民消费】 2017年,涟水县城乡居民人均消费性支出达到12346.9元,比上年增加1036.5元,增长9.2%。其中:城镇居民人均消费性支出16681.9元,增加914.4元,增长5.8%;农村居民人均消费性支出9125.6元,比上年增加801.5元,增长9.6%。城镇人均住房建筑面积达到49平方米,年末每百户拥有私人汽车量达到47辆,比年初增加5辆。

(黄树华)

就业与社会保障

【概况】 2017年,县人社局实施更加积极的就业政策,全面落实社会保险、岗位、培训、稳岗等补贴政策,城镇登记失业率1.74%。发放创业担保贷款2291万元,创业带动新增就业岗位8529个。推动560户企业签订集体合同和工资集体协商专项协议。全年累计征缴保费8.26亿元,累计参保人数32.3万人。

【就业促进与创业扶持】 2017年,县人社局主动开展调研,深入掌握企业职工、低收入劳动力、农村妇女等重点人群培训需求,为4147名城乡劳动力提供职业技能培训。全年实现城镇新增就业9963人,城镇失业人员再就业6513人,新增转移农村劳动力5203人,城镇登记失业率控制在1.74%。强化创业扶持,加快"涟水县电子商务产业园""高沟第一街""现代农业园"创业孵化基地建设,"现代农业园"被评为"省级创业孵化基地";对符合条件的创业项目,发放创业担保贷款2291万元,扶持2391人走上创业之路,创业带动新增就业岗位8529个。

【劳动关系维护】 2017年,县人社局坚持准确界定劳动关系信访群众的合理诉求,细致把握信访诉求合理成分,接收109件信访件全部办结,化解一批积累多年的历史遗留问题。推动560户企业签订集体合同和工资集体协商专项协议;首次运用"互联网+书面审查"模式,对全县1300多家单位的近8万人劳动用工情况进行网上书面审查;落实联席会议和重点问题交办制度,解决拖欠工资300多万元。受理仲裁案件272件,全部100%按时办结。

【社会保险】 2017年,县人社局选取县城区4个重点区域,宣讲社保政策,与县电视台、《涟水日报》联合推出专题栏目,普及社会保险知识。全年新参保单位230户,灵活就业人员新参保1191人;累计征缴保费8.26亿元,累计参保人数32.3万人。其中:企业养老保险参保8.6万人,基金收入5.08亿元;医疗保险参保8.7万人,基金收入2.73亿元;失业保险参保4万人,基金收入1395万元;工伤保险参保5.6万人,基金收入1797万元;生育保险参保5.4万人,基金收入1198万元。县人社局严格按政策、依规定100%发放各类人员社会保障待遇。把新农合纳入全县医保统筹,社保卡持卡总人数达到88.9万人;完成机关事业单位退休人员养老待遇调整;企业退休人员基本养老金人均月增130元;城乡居民基础养老金由115元提至125元;加大重点人群保障,为3857名重度残疾人代缴保费52万元。

【服务企业】 2017年,县人社局把服务企业发展作为履行部门职责的重要内容,努力解决企业用工难题,降低企业招工成本。对83户开发区企业、台资企业、规模以上企业开展"大走访"活动,全面掌握企业缺工情况,有针对性地举办各类招聘会53场,帮助企业招工5386人。实施援企降本工程,通过降低失业保险费率,为企业减少用工支出600多万元;加上其他补贴,全年援助企业资金总额1500多万元。

(杨丰榕 王云生)

住房公积金

【概况】 2017年,县公积金中心加强住房公积金归集扩面力度,全年新增住房公积金缴存职工4790人,其中新增开户单位40家3171人,累计开户单位581家缴存职工31683人;归集住房公积金4.09亿元,归集余额8.90亿元;发放住房公积金贷款549户1.39亿元;实现增值收益1134.50万元,上缴县政府廉租住房资金1005.19万元。年内,取消业务办理单位预留印鉴,取消住房公积金贷款提供住房情况证明,安排专人至合作楼盘现场受理缴存职工贷款申请,深入非公有制企业,面对面向职工宣传、解释公积金提取、贷款使用政策,实现不动产登记授权代理与不动产登记证明网上交接,解决办事职工来回路、多窗

2017年5月，住房公积金服务走进企业　（县公积金中心　供稿）

口跑问题，住房公积金贷款办理由法定时限15个工作日缩短为5个工作日。住房公积金异地转移接续接入全国统一平台，职工住房公积金异地转移实现“账随人走、钱随账走”。新查实职工通过先买房后退房骗提住房公积金8人，累计19人，经失信提醒退回11人，8人拒不退回的被依规认定为严重失信，被列入住房公积金管理“黑名单”。

【住房公积金扩面】 2017年，县政府继续坚持“民生优先”导向，统筹安排财力，扩大住房公积金受益人群。统一规范机关事业单位缴存基数口径，由县财政部门通过预算进行保障；将294名环卫职工住房公积金纳入县财政预算，从7月起执行；实现全县卫生系统编外人员284人成建制缴存住房公积金。加强对非公有制企业的扩面，源通制帽、基久网络、通威饲料、德邦化工等用工相对稳定的非公企业近3000名职工实现住房公积金缴存。

【住房公积金提取与贷款】 2017年，县公积金中心办理职工因购买、建造、翻建、大修自住住房，偿还购买住房贷款本息，无房租赁住房，离休、退休以及重大疾病等情况使用提取住房公积金52984人次2.69亿元，占归集额的65.77%。经市住房公积金管理委员会批准，维持住房公积金贷款最高60万元不变，对二套二次住房贷款首付款比例由20%调为50%，优先支持刚需、改善型住房贷款需求，全年发放住房公积金贷款549户1.39亿元。　（蒋亚娟）

民政事务

【概况】 2017年，县民政局以“五型”（学习型、服务型、高效型、责任型、廉洁型）民政机关，“五心”（待群众真心、对群众关心、和群众贴心、让群众放心、使群众安心）民政干部为抓手，以创建省级文明单位和省现代民政示范县为工作重点，着力改善民生，强化社会管理，提升服务能力。新发展各类社会组织61个，累计有各类社会组织605个。发放城乡低保金6966万元，社会救助资金3261.92万元。销售福利彩票4568万元，募集福彩公益资金456.8万元。实行惠民殡葬，全面减免基本殡葬费用，累计减免5039名基本殡葬费用453.84万元。开展第二次全国地名普查工作，加强平安边界建设工作，规范界线管理工作，完成毗邻县（区）界线被毁、移位界桩补设和行政区划资料上报工作。配合做好文明城市创建工作，加强重点区域、重点路段巡查，累计救助流浪乞讨人员176人次。为全县22万户农村农户开展农村房屋保险工作。开展“5·12”防灾减灾日及宣传周活动，涟城镇南门社区创成全国综合减灾示范社区，朱码镇红星社区创成市级综合减灾示范社区。全县被列为县级以上保护单位的革命烈士纪念建筑物有4个：分别是县烈士陵园、高杨战役纪念碑、抗日第一枪纪念碑、苏北小延安纪念园；被列入乡镇级保护单位的革命烈士纪念建筑物有14个，著名烈士纪念碑、亭22个，零散烈士墓、碑、亭1200多座。涟水县被省民政厅评为省级现代民政示范县，县民政局获市民政局、市老龄办、市人保公司“安康关爱行动”组织奖、规模贡献奖，第六届“中国人寿杯”老年文艺节目会演二等奖，县委、县政府服务科学赶超跨越发展考评优秀奖。

【殡葬管理】 2017年，县政府出台《涟水县开展整治散葬坟墓美化乡村环境活动的实施方案》，组织各乡镇对境内高速公路、主干道、主河道两侧和城镇建设规划区、居民集中区、水源保护区、农田保护区范围内的散葬坟墓、碑亭、石墓进行搬迁或平拆，拆碑亭1864座，搬迁坟墓1189座。对规模在20座以上的11个墓场进行绿化遮挡，整治违规存量公益性公墓，实现“旧坟不露、新坟不增、保护生态、美化环境”的目标任务。启动建设县殡仪服务中心，开展殡葬改革移风易俗宣传活动，倡导绿色殡葬、生态殡葬，全县火化率100%。

【城乡低保】 2017年7月1日起，全县城镇低保按550元/月标准、农村低保按460元/月标准发放。全年新增低保2481人，因就业增加收入等因素减少低保2384人。全县有城乡低保14530户，最低生活保障对象30326人，其中城镇低保368户、901人，农村低保14168户、29444人。累计发放城乡低保金6966万元。

【社会救助】 2017年，县民政局按照新修订《涟水县城乡医疗救助实施细则》，资助城乡低保、农村五保、重点优抚对象参加农村合作医疗或城镇居民医保，提高救助比例，通过“一站式”平台救助，将符合条件的城乡困难群众医疗救助比例提高到70%，累计救助36918人次，发放救助资金3261.92万元。累计下拨乡镇救灾救济、过渡安置、冬春救助等自然灾害补助资金154万元,救助受灾困难群众1.5万人。出台《涟水县临时救助实施细则》,建立城乡困难群众基本生活保障工作联席会议制度,按季度下拨乡镇临时救助金274.03万元。出台《关于完善困难残疾人生活补贴和重度残疾人护理补贴制度的意见》,做好困难残疾人生活补贴和护理补贴发放工作。结合全县城乡低保标准,从7月1日起,困难残疾人生活补贴由原城镇520元/月·人、农村400元/月·人提高到城镇550元/月·人、农村460元/月·人的标准发放。从7月1日起,残疾人护理补贴调整提高到170、130元/月·人和140、110元/月·人,逐步提高残疾人的生活质量和水平。全年累计为3800名低保内一级至四级困难残疾人发放生活补贴480.87万元,累计为低保外无固定收入的3949名困难残疾人发放生活补贴2026.03万元。累计为2156名残疾等级评定为一级、二级且需要长期照护的智力、肢体、精神、盲视力重度残疾人发放护理补贴237.58万元。开展儿童大病救助62例,发放救助资金72.15万元,救助困境儿童150人,发放救助资金30万元;开展"慈善温暖百里家"活动慰问城乡困难群众376人,发放慰问金37.6万元;开展金秋助学活动,资助困难学生41人,发放资金81万元;开展定向救助77人,发放资金20万元;开展慈善光明行活动,救助50人,发放资金4.89万元;捐助低收入户大病保险10万元。

【社会福利】 2017年,全县有农村留守儿童4691人,散居孤儿288人,机构养育孤儿12人;农村"五保"供养对象4272人,其中集中供养966人、分散供养3306人。7月1日起,全县社会散居孤儿标准提高到1350元/月,集中供养孤儿标准提高到2000元/月,监护人失儿童提高到1080元/月;农村"五保"对象分散供养标准提高到6686元/年、集中供养提高到7486元/年。县民政局开展"涟心筑梦,一路童行"农村留守关爱保护工作,促进留守儿童健康成长。向300名孤儿发放孤儿养育费490.76万元,发放春节补助3.26万元,向21名困境儿童发放养育费20.77元。按省一星级标准要求,推进27个乡镇敬老院建设,做好乡镇敬老院消防设施改造工作,提升农村五保供养服务机构的供养服务水平。累计为23409名80周岁以上老年人发放尊老金1551.07万元。累计办理"老年人优待证"5446份。

【优抚安置】 2017年,县民政局累计发放重点优抚对象优抚金、老复员及残疾军人立功荣誉金及遗孀生活补助金,"两参"人员生活定补金约5325.7万元;发放2015、2016年度义务兵优待金和立功现役军人奖励金930万元。春节、"八一"建军期间,县民政局配合县领导走访慰问老红军、烈军属,一级至四级残疾军人,困难企业的残疾军人等重点优抚对象502人次,发放慰问品和慰问金126万元。县政府常务会议专题研究落实《省政府办公厅关于切实做好优抚安置有关工作的通知》文件精神,做好部分重点优抚对象和退役士兵权益保障工作。向755人次生活困难的重点优抚对象发放临时救济37.76万元;368名重点优抚对象优先纳入城乡低保;提高下岗无业的企业伤残军人生活补助金,由原来的每人每月1150元调增到1270元;资助重点优抚对象参加农村合作医疗和城镇职工医疗保险,一级至六级残疾军人医疗费用标准提高到9000元/人/年。累计接收退役士兵、转业士官296人,报名参加培训290人。组织2015、2016年度657名退役士兵参加职业技能培训,提高退役士兵就业能力。

【婚姻和儿童收养登记】 2017年,县民政局做好婚姻和儿童收养登记工作,累计办理婚姻登记17489对,其中结婚登记11708对,离婚登记2926对,补领结婚证2855对,婚姻登记合格率及档案合格率均达100%。按照《中华人民共和国收养法》办理儿童收养登记5件。

【涟水县慈善总会】 2017年,县慈善总会围绕全县扶贫工作目标,聚焦因病致贫、因病返贫等特殊困难群体,开展慈善募捐、慈善救助。慈善募捐到账收入270多万元,其中县内爱心人士捐赠40多万元。上海德汇公益基金会定设立奖助学基金,向县慈善总会定向捐赠1000万元(10年)。参与实施全县农村低收入人口精准扶贫补充医疗保险项目,联合县残联实施白内障复明手术救助项目,实施"慈善温暖百家"春节慰问、儿童大病救助、成人大病慈善救助、慈善义诊、徐集王湾村定点挂钩扶贫等项目,支出471万元,救助1533人。11月通过淮安市AAAA级社会组织复评,在省民政厅社会组织管理局年度检查中连续五年合格。 (杨 帅)

扶贫促小康

【概况】 2017年,全县扶贫开发工作聚焦低收入人口脱贫、经济薄弱村新"八有"(有群众拥护的"双强"班子;有科学合理的发展规划;有高产高效的农业设施;有特色鲜明的主导产业;有持续稳定的集体收入;有先进适用的信息网络;有健康向上的文明新风;有村容整洁的居住环境)、片区整体脱贫三大重点,推进"精准扶贫、精准脱贫"措施落实落细,实现低收入人口3.4万人实现脱贫,17个省市定经济薄弱村达更高水平"新八有"标准。7月,成立县扶贫开发服务中心,为县委农村工作部所属正科级事业单位,具体承担扶贫开发服务工作。核定编制8人,领导职数为主任1人、副主任1人,下设综合科、项目管理科、政策法规科,设科长各1人,经费纳入县财政预算。2016年底,全县共有建档立卡户41149户131219人,2017年清退不符合条件农户7270户28030人,新增符合条件农户4152户9583人,截至2017年12月底,全县共有建档立卡户38031户112772人。

【"阳光扶贫""三个一"帮扶体系】 2017年,县扶贫办按照"阳光扶贫""三个一"体系要求,即每个低收入农户落实一名帮扶责任人,每个省、市定经济薄弱村建立一个联动帮扶组,每个统筹带动增收项目建立一个项目帮扶组,建立健全领导干部"点线面"责任体系。全县8457名党员干部与低收入户牵手、118个机关事业单位与经济薄弱村结"穷亲",实现结对帮扶全覆盖。遴选22

名扶贫专干专职扶贫，选派53名“扶贫书记(主任)”，选派62人“村书记顾问团”指导扶贫。构建政府、市场、社会联动“大扶贫”格局，五方挂钩、村企挂钩、慈善救助、社会参与，做好扶贫促小康工作。全年累计吸纳各种社会资金5亿元。推进“阳光扶贫”，将61个村级、4689个到户项目，扶贫、民政、教育、农委等7个部门28条资金线全部纳入“阳光扶贫”系统监管，全方位、全天候监控项目建设和资金使用情况。利用“阳光扶贫”手机App，对帮扶过程全程留痕，帮扶情况适时了解，帮扶数据全面精准，帮扶问题及时预警。每季度开展1次走访活动，走访信息及时录入手机App，现场签到定位、上传图片。通过大数据比对，精细化甄别扶贫信息，先后开展4轮“回头看”活动，整改问题500余个，通报责任人300余人。

【精准扶贫】 2017年，县扶贫办紧扣低收入农户实际情况，实施创业、就业、健康、光伏、分红、金融、教育、兜底精准帮扶。全年申报实施精准到户项目2600多个；实施技能培训20期2600人次，落实就业岗位1800多个；统筹资金1317万元，按每人每年100元标准，为农户购买补充医疗保险；发放入股分红金700余万元；落实3千瓦屋顶光伏项目1600余户；累计发放扶贫小额贷款1.6亿元，惠及农户近9000户；资助各级各类学生35012人次，累计金额2344.43万元，为2663名贫困大学生办理助学贷款，累计金额2100.48万元；对丧失劳动能力、收入在最低保障线以下的，落实低保、临时救助等社会保障兜底式帮扶，做到“应保尽保”。

【项目扶贫】 2017年，县扶贫办把项目建设作为脱贫攻坚重要抓手，精心谋划项目，加快项目建设，全力招引项目，以项目建设大突破实现脱贫成效大提升。全年共实施精准到户项目3800余户，统筹规划使用上级各类项目扶持资金，确定实施六大类22个产业扶贫项目，涵盖光伏发电、果蔬种植、粮食烘干、土地股份合作试点等方面。编排涟沭接合部、渠北两大片区三大类119个项目，总投资76.79亿元，已启动53个，总投资21.7亿元。成功招引6亿元分散式风力发电项目1个。

【“阳光扶贫”超市平台】 2017年，县扶贫办拓展延伸市“阳光扶贫”系统服务功能，针对低收入农户与经济薄弱村“不会富”、帮扶责任人“不会帮”、致富求助政策服务信息“不对称”等难题，汇聚全县线上线下所有扶贫资源，搭建“阳光扶贫”超市平台。超市设在县政务服务中心，一期投入80余万元，以创业就业、慈善求助、咨询服务为主题，变“政府端菜”为“群众点菜”，将富民壮村项目、技能培训项目、就业岗位信息、慈善求助信息、政策服务信息等清单式展示，供各类人群人工咨询、自助查询；将现实成功案例、身边先进典型与具体项目进行链接展示，以身边人、真实事增强低收入农户发家致富、经济薄弱村创业致富的信心；让有创业、就业、培训、慈善等意向的低收入农户、经济薄弱村、慈善企业、爱心人士现场“选购”、洽谈、登记，县扶贫办跟踪对接服务，提供多元扶贫渠道，解决他们后顾之忧，以此打通扶贫最后一公里。推动超市服务功能向乡镇、村居延伸，在乡镇政务服务中心增设“阳光扶贫”窗口，村居设立“阳光扶贫”工作室，让群众就近享受优质便捷服务。全年接待基层群众1000多人。 （刘天广）

【涟水县扶贫开发协会】 是经县民政部门依法登记的公益性社会团体，主要工作是开展项目扶贫和助学扶贫，办公地点在县夕阳红文化中心。2017年，争取市扶贫开发协会扶贫借款20万元，高沟捆蹄有限公司、启力木制品厂各使用10万元，带动20户贫困户劳力就业，户均年收入达到2万元。资助贫困高中生498人，发放助学金99.6万元。年内受助高三学生124人参加高考，考取本科院校93人，考取高职院校11人，总录取率83.87%。 （王寿宇）

老龄事业

【概况】 2017年，涟水县有户籍老年人21.04万人，其中常住老年人15.88万人，80周岁以上老年人2.34万人。县老龄办以提高为老服务质量为目标，在维护老年人权益、化解社会矛盾、关心下一代工作中发挥应有作用。春节、重阳节等节日期间，配合县领导上门慰问高龄老人，发放慰问金10余万元；为全县80周岁以上老年人办理“老年人优待证”5446份，发放尊老金1551万元。组织实施“安康关爱行动”，为全县60840名60周岁以上老年人办理人身意外伤害保险，参保率39%。被省老龄办授予“全省老龄宣传工作先进单位”“2017年‘安康关爱行动’先进单位”等称号。

【养老服务设施建设】 2017年，县老龄办贯彻落实《江苏省养老服务条例》，新建社区居家养老服务中心18个、老年人日间照料中心1个、老年人助餐点14个、关爱驿站4个，城乡社区居家养老服务中心(站)建成率95.44%。累计建成养老床位8495张，每千名老年人口拥有养老床位40.38张。

【老年人家庭医生服务团队】 2017年，县老龄办依托社区卫生服务机构基层优势，组建家庭医生服务团队，提供上门诊疗服务；免费为老人建立健康档案，提供国家规定的基本公共卫生服务及约定服务项目，建立以家庭医生为主的“点对点”健康服务体系。家庭医生服务团队主动深入社区和家庭，通过实施“积分制”“健康储蓄银行”“粉丝签约”和老年人健康俱乐部等形式，对社区老年人实施分级分类健康管理。全县组建57个家庭医生服务团队，签约服务60岁以上老年人4.3万余人。

（杨　帅）

关心青少年事业

【概况】 2017年，全县有关工委组织683个，其中乡镇关工委32个，县部门关工委5个，村关工委377个，社区关工委4个，中小学关工委107个，规模以上民营企业关工委158个。县关工委在全县广大青少年中开展多种形式的活动，宣传中共十九大精神；推动普法教育与道德教育相结合，在广大青少年中开展“遵纪守法，从我做起”活动，通过老少共读、学校导读、亲子共读等多种方式，组织广大青少年学习法律知识；提高社会对家庭教育地位的认识，编写家庭教育宣传材料下发给各乡镇关工委和“五老”（老党员、老干部、老军人、老模范、老教师）骨干，举办五老骨干家庭教育培训班。

【主题活动】 2017年，全县各级关工委就地取材，挖掘地方党史教育资源，在广大青少年中开展主题活动。朱码镇关工委利用校外教育辅导站阵地，邀请王兆祥、金厚东两位老革命为青少年讲述革命战争中英勇牺牲的烈士事迹，教育青少年幸福生活是广大烈士用生命换来的，激发青少年的爱国热情。小李集小学认真组织学生参加省关工委主办的“阳光少年网”组织的“童心向党”系列活动，利用小记者站采访身边的好党员，宣传他们的感人事迹，并向“江苏少年网”等媒体投稿20余篇，其中陈嘉宇同学的征文《我的党员爷爷》被评为三等奖，辅导员陈飞撰写的关心下一代辅导新闻在“阳光少年网”上发表6篇。梁岔镇关工委在全镇中小学生中开展读一本红色书籍，讲一个红军故事，唱一首红色歌曲，留守儿童写一封信给在外打工父母等“四个一”活动。浅集关工委编写《英雄的谢庄》《抗日第一枪》等革命故事，先后在浅集中心小学和花庄小学演讲，用身边的革命斗争史来提高广大中小学的爱国情怀。石湖镇关工委把党史、国史教育纳入校外辅导站电子阅览室宣传活动计划，通过网上阅读、电子小报制作、英雄故事会主题演讲等形式，让全体学生在各种活动中接受教育。县教育局关工委在全县中小学开展“十个一”系列活动，即“美德少年”评选活动、“八礼四仪”主题教育活动、“文明礼仪养成教育”微电影拍摄活动、“我进社区做宣传”实践活动、“文明交通”宣传劝导和服务活动、“创建文明城，你我共参与”万人签名活动、“未成年人思想道德建设”主题班队会、“小手拉大手、共创文明城”演讲与征文活动、“知党爱党、听党话跟党走”爱国歌曲传唱活动、“孝敬、友善、节俭、诚信”中华传统美德经典诵读活动。县教育局关工委和中小教科联合编写《社会主义核心价值观》和《八礼四仪养成教育》读本等地方教材，并将其纳入全县中小学地方课程，全面提升青少年学生的思想道德情操和文明礼仪素养。 （谢观湖）

民族宗教

【概况】 2017年，涟水县有汉族、回族、蒙古族、土家族、哈尼族、壮族、苗族、彝族等28个民族。其中汉族113.33万人，少数民族2800多人，散居于全县所有乡镇，黄营乡朱桥村是回族集中居住村，回民1200余人，城区有回民饭店和8家清真拉面店。县内有佛教、伊斯兰教、基督教三大宗教，有3个县级宗教团体——涟水县基督教三自爱国运动委员会、涟水县基督教协会和涟水县佛教协会。经省市批准登记的宗教活动场所338处，其中：佛教寺院2处，分别是涟水县能仁寺、法华古寺，有佛教信众6000余人；伊斯兰教清真寺1处，在黄营乡朱桥村，阿訇1人，经常参加礼拜的信众数十人；基督教是涟水县的主要宗教，有基督教中心教堂和石湖福音堂2个教堂和332处固定处所，信教群众6万多人。全县90%以上的宗教场所、80%的信教群众都在农村。县民宗局为全县经济社会和谐发展发挥积极作用，民族发展首次列入省重点扶持，宗教管理工作在全市处于领先位置。向省民委争取少数民族项目资金220万元，支持朱桥民族村生态养牛基地等项目建设。落实县委、县政府关于回民饭店专题会办会精神，解决回民饭店遗留问题。

【教职人员培训】 2017年，县民宗局引导宗教坚持中国化方向，通过开展系列活动，提高宗教教职人员队伍综合素质。3月20日，围绕宗教中国化举办基督教教职人员示范讲道竞赛活动，16人参加。3月21—31日，在县基督教中心教堂举办教职人员爱国主义学习班，250多人参加，集中学习全国、省、市宗教工作会议精神，部署近期全县宗教工作重点任务，邀请县公安局工作人员宣讲邪教方面知识和“打邪制非”工作开展情况，邀请省市爱国宗教组织及宗教院校领导授课。6月27日，县基督教中心教堂组织爱国主义和宗教政策法规知识书面考试，40多名工作人员参加。全年先后召开宗教团体组成人员政治学习会4次，学习党关于宗教工作的新理论、新任务、新要求，把握宗教的正确方向。

【宗教事务管理】 2017年，县民宗局加强宗教事务管理。年初，开展宗教星级场所创建工作。5月底，举办涟水县“星级”宗教活动场所档案管理培训班，推动星级场所创建工作扎实开展。9—11月，会同县档案局档案馆再次举办“星级”宗教活动场所档案管理培训班，并对全县“星级”宗教场所创建进行档案业务辅导、培训，对重点宗教活动场所档案建设情况进行督查、检查。年底，南集和大楼2个基督教活动场所获省宗教局星级场所表彰。开展场所整合和私设点治理工作，召开宗教场所整合和私设点治理推进会2次，将私设点全部纳入政府监管和县宗教团体指导范畴。

（朱　娟）

乡 镇

涟 城 镇

【概况】 涟城镇位于涟水县域南部，是县委、县政府所在地，是全县政治、经济、文化和商贸中心。全镇总面积72平方千米，耕地面积1466.67公顷，辖30个村(社区)，1个蚕种场，136个居民组，60124户，180712人。2017年，实现地区生产总值122.5亿元，财政总收入9000万元，公共财政收入5000万元，城镇居民人均可支配收入27340元，获县委、县政府科学跨越发展乡镇考评一等奖。

农业 实现农业总产值55906万元，粮食作物播种面积1000公顷，总产量2.8万吨，浅水藕总产量230吨，油菜作物播种面积180公顷，总产量840吨。高效农业发展加速，围绕浅水藕、蔬菜、生猪、肉牛、家禽养殖等主导产业，新增高效农业面积333.33公顷，新增设施化种植面积133.33公顷，城东高效农业园、荷缘万亩浅水藕基地被列为江苏省高效农业示范园。新增规模化种养大户60户，新增注册家庭农场5个，新增土地股份合作社2个，引进农业项目4个，新增农民专业合作经济组织14个。全镇家禽饲养量13.6万只，万只以上草鸡养殖大户达到134户；生猪饲养6万头，年出栏4.8万头，百头以上养殖大户224户。成片林1249公顷，其中新拓植13.33公顷，“四旁”植树3万株，农用林网3593.33公顷。农田水利建设不断加强，河道疏浚和整理土地共挖土7万立方米，维修防渗渠道3000米。新建改造泵渠1座，改造农桥8座，发放各类支农补贴近1000万元。农业保险覆盖率99%。

工业与招商引资 实施工业强镇、工业立镇战略，加大镇工业集中新区和基础建设投入，完成老工业集中区“退二进三”，实现规模以上固定资产投资25亿元，规模以上工业固定资产投资12亿元，规模以上工业总产值185亿元，固定资产进项税650万元。新增各类规模以上企业24家。有15个项目被列入市督考体系，总投资8.2亿元的新乐康日化产业园项目、总投资1.3亿元的德运广场和投资5亿元的金陵大酒店等项目先后签约落户、开工。

2017年6月21日，涟城镇渠北路社区创建省文明城市文艺演出 (涟城镇 供稿)

第三产业 实现第三产业增加值826303万元，限额以上服务业和限额以上贸易单位营业收入60亿元，服务业入库税收6800万元。推动第三产业稳步发展，首次实现劳动力转移和回乡创业人员大逆转。举办各类劳动技能培训9场次，培训各类技能人员1590人。全年新发展个体工商户570户，新增私营企业272户，新增私营企业注册资金15亿元。

社会事业 投入80多万元铺设乡村混凝土路，混凝土路面覆盖率99%。投入200多万元用于美丽乡村建设，新栽绿色植物30余种，新栽苗木1.1万余株，投入500多万元对镇村环境进行综合整治，逐步实现城乡环境管理的规范化、精细化和长效化。卫生事业建设取得新进展，社区卫生服务中心覆盖率100%，群众就医条件得到改善；民政优抚工作取得新进展，及时为优抚对象和低保户发放“两金”，实现农民参保率100%、农资补贴率100%；依法推进土地流转，万顷良田项目土地流转率100%；实施“脱贫攻坚”工程，投入各类帮扶资金1000万元，收缩剩余贫困面80%。

【房屋征收及安置】 2017年，涟城镇克服各种不利因素，做好房屋征收及安置工作，全力配合滨河新城建设，保证教育中心、文化中心等重大民生项目的顺利实施。组织对五岛湖南侧、清华名都、满庭芳园、神龙盛唐、剑桥印象等地块内房屋征收扫尾。全年累计交付安置房952套约9.8万平方米，基本完成历史遗留的安置房交付任务。

【涟城镇工业集中区】　位于淮涟一级公路东侧、“三百”工程路北侧，规划总面积3平方千米。2009年1月启动建设，先后被评为江苏省中小企业产业集聚示范区、首批市级工业园区、全市重点乡镇工业集中区。至2017年底，建成标准化厂房192幢，建设总面积约46.4万平方米；配套基础设施建设累计投入近1亿元，道路、亮化、绿化及管网建设基本到位。新进驻园区企业17家，累计291家，其中规模以上企业55家，初步形成以机械电子、服装纺织为主导的产业特色。全年集中区企业完成工业开票销售收入超过25亿元，其中规模以上企业开票销售收入18亿元。

【河道“河长制”管理】　2017年，涟城镇加强河道管护，确保河道范围不受侵占和污染，对全镇28条(个)沟河渠塘建立镇、村河长体系。镇级总河长由县委常委、镇党委书记刘泽年和镇长苍凯担任，副总河长由镇党委、镇政府分管领导担任。全镇流域性河道、跨村骨干河道由镇党委、镇政府领导担任河长，河道所在村领导担任所属区域河段河长。建立“河长工作联系单”，在河道、沟渠岸边显著位置设立河长公示牌，标明河长职责、河渠概况、管护目标、举报电话等，接受社会监督。各河段河长开展辖区内河道沟渠管理、保护和治理工作，禁止向河塘沟渠直排污水、抛弃秸秆、设置杂草河坝埂等，禁止向河塘沟渠直排污水、抛弃秸秆、设置障碍物及围网养殖等导致水质恶化的行为，清除阻水杂物、高秆植物、有害杂草，河渠沟塘管理范围内无破坏灌排水系、无乱耕种、乱搭建、乱取土等现象。全年实现“河道无垃圾、河岸无违章、河中无障碍、河床无淤塞、污水无直排、生态无破坏”和河畅、水清、绿岸、景美。

【现任领导班子成员名录】

党委书记　刘泽年(县委常委)
镇　　长　苍　凯
党委副书记　王吉生
副 镇 长　蒋松其　杨全日
　　　　　单从明　吴进祥
　　　　　李　猛
人大副主席　栾海涛
纪委书记　高　红
组织委员　栾海涛
宣统委员　梁海浪
人武部部长　龚华国
政法委员　徐　辉

2017年涟城镇村级概况一览表

表24

村(社区)名	村民小组(个)	户数	人口(人)	党总支书记	村(居)委会主任
东门村	33	6164	22868	梁海浪	张玉龙
南门村	15	5400	19056	高玉祥	刘桂平
渠　北	6	6516	19086	陈永斌	童兆明
军民村	10	4229	22509	张成海	禹旭明
东　门	14	1568	5278	顾金凤	于万江
金城路	4	1625	6886	樊玉军	卢福高
常青路	3	2420	7260	王　华	董雅芝
城　南	6	4297	15067	席树高	韩海兵
黄　河	9	456	2038	张崇明	谷　辉
渠北路	6	3970	10700	童兆明	姚益伟
涟州路	2	2546	8386	胡　海	张木宇
秉　同	14	593	2556	王加伟	石兆会
西　蒋	9	365	1400	蒋海国	陈永才
荷　缘	10	526	2227	邹凤雷	张绍军
城　东	6	582	2683	汪正军	王爱成
牌　坊	16	696	3097	王　伟	邵家荣
二　塘	6	551	2523	钟洪强	张龙金
谷　嘴	10	521	2520	张务明	张　军
大　关	9	1060	3659	张成林	张乃武
新　涟	22	2212	7126	王　飞	孙红梅
中山路	14	1537	5386	张春桃	徐春生
淮浦路	8	2876	10126	徐建龙	吴大鹏
新　北	6	924	3575	徐敏年	徐洪建
北　门	26	1104	3976	—	梁玉和

续表24

村(社区)名	村民小组(个)	户数	人口(人)	党总支书记	村(居)委会主任
莲　花	10	856	4466	吴大鹏	—
闸　北	6	561	2978	李家高	查夕兵
大　楼	7	422	2407	薛小宝	查夕九
蚕种场	—	838	3302	周慧莲	蒋卫东
军　民	10	1478	6100	张成林	张　冲
红　日	—	—	—	陈永斌	李　刚
城　北	—	—	—	高志祥	—
涟东新村	—	—	—	—	蒋建军
引　河	—	—	—	将平生	周从付
蚕桑场	—	—	—	周慧莲	蒋卫东

（刘岳文）

高　沟　镇

【概况】 高沟镇地处淮安、连云港、宿迁三市交界处，是淮安市及涟水县北大门，镇区距市区50千米，距县城25千米，距涟水机场35千米，宁连高速、236省道、326省、兴建中的连淮扬镇高铁道贯穿全境，南北六塘河、公兴河穿境而过，新326省道向西延伸与京沪高速相连。全镇总面积112平方千米，辖28个村(社区)，25876户，102172人，耕地面积6366.67公顷；镇区建成面积6.9平方千米，镇区人口近7万人。2017年，全镇实现地区生产总值413720万元，财政收入5703万元，公共预算收入3313万元，农民人均纯收入23887元。先后获国家级重点中心镇、全国文明镇、全国卫生镇、国家级生态镇等称号；被省确定为经济发达镇行政管理体制改革试点镇，相继被市县确立为新型城镇化先行区和县域副中心；连续多年蝉联县科学跨越发展综合考评一等奖。

农业　围绕农业增效、农民增收、农村增绿这一中心，按照高效农业规模化、产业化、服务社会化的要求，推进农业供给侧结构性改革，完成农业总产值7.83亿元。粮食作物播种面积12709公顷，总产量5.72万吨，油料作物播种面积264.1公顷，总产量741吨。饲养生猪5.2万头，出栏3.75万头，饲养家禽22.8万只，出栏19.5万只。以农民增收为出发点和落脚点，充分发挥龙头企业、农民合作社、家庭农场等带动作用，多层次、多方面加强农业基础设施建设，优化农业产业结构。推动盐店大棚蔬菜、晏庄瓜蒌种植、常兴水产养殖、高东浅水藕套养等高效农业集群发展，夯实农民脱贫致富“根基”。农业基础设施建设投入资金1200万元，新建高标准农田135公顷，新增大棚蔬菜120公顷、高效设施渔业34.27公顷、瓜蒌106.67公顷。组建9个家庭农场，创建1个市级农村专业示范合作社和1个省级示范家庭农场。

工业与招商引资　完成工业固定资产投资279705万元；工业总产值97.3亿元，其中规模以上工业总产值872451万元；开票销售收入19.1亿元，其中规模以上开票销售收入138089万元；工业入库税金4837万元；工业用电量3136万千瓦时；固定资产购置进项税完成566万元。瞄准食品特色产业和高端产业，拓宽招商渠道。新开工冠伦农牧、美酒银行、品冠粮油、江苏旋压机械设备、江涛电子、柏芮伦电子、百菌园7个项目；新签约冠伦农牧项目、远景能源——风力发电项目、中国光大生物能源项目、江苏旋压机械项目、中国冷链物流项目、江苏帆顺荣航运项目6个亿元以上项目和通恒船务有限公司涟水分公司、创业天地服务有限公司等50个总部经济项目。今世缘酒业荣膺全国质量奖，今世缘工业旅游景区创成国家AAAA级旅游景区。品冠粮油、珍品生物科技2个项目纳入市盘考核，凯佳塑业纳入县盘考核项目，全镇共有市盘考核项目8个，县盘考核项目2个。

第三产业　围绕景区配套服务，在餐饮、住宿、购物等方面下功夫，依托高沟第一街、高心路传统商圈，打造民俗一条街、美食一条街、购物一条街。围绕全域旅游开发和美丽乡村建设，深入挖掘非物质文化遗产，精心包装高沟捆蹄、鸡糕、小豆饼等地方特产。大力发展扁担美丽乡村、高东世外桃源等旅游新业态，在生态观光、养老养生、休闲度假等方面打造一批精品服务项目和服务品牌。获批省级农村电子商务示范镇，工业园区内电商企业近20户，现代物流快递企业EMS、顺丰快递等20个驻点服务，电商发展势头较好。完成第三产业增加值249128万元。新增个体工商户592户，新发展私营企业254家，新增私营企业注册资金130067.25万元。劳务输出1.3万人。

社会事业　围绕特色小镇发展定位和“一体两翼”发展布局，推进高沟片区各板区间资源整合和基础设施连接，立足高沟主镇区，推进医联体、联合办学及生产、生活、生态资源共享，实现区域融合。高沟中学新校区建成投入使用，今世缘粮食循环产业园十万吨粮食仓储项目通过竣工验收并投入使用；涟水县第三人民医院、今世缘产业园安置小区所有建筑基础工程全部完成；今世缘粮食产业园路网项目、文体活动中心、社会福利中心项目等开工建设；高沟第二小学、高杨战役纪念广场等项目规划设计方案全部完成。杨口交通路口信号灯及道路绿化工程，康乐路与淮高路立面改造工程、今世缘产业园东区厂房改造完成；三丰村美丽乡村项目便民中心竣工；污水处理厂扩建、国缘大道绿化工程施工接近尾声；今世缘景区周边城市小客厅、今世缘景区提升工程、农家乐项目在加紧推进当中。在全县率先开展网格化社会治理创新试点工作，初步将全镇划分为50个一级网格，203个二级网格，每个网格配备专兼职网格员，承担网格综合治理任务。组建28支巡逻队伍实行24小时不间断巡逻，范围覆盖全镇。重视发展教育，在今世缘会展中心召开高沟片区年度教育发展大会，对涟水县高沟中心小学等6个教育工作先进集体、高沟镇人民政府城管大队等10个尊师重教先进单位、高沟中心小学六(7)班等6个为教育发展突出贡献的班级、秦明等74名优秀教师予以表彰，由高沟片区成立的慈善教育事业基金会分别对教育发展突出贡献团队每个奖励1万元，涟水名师、名校长每位奖励3000元，优秀教师每位奖励1000元。完善社会救助体系，对因病和突发事件致贫的，采取民政救助、社会资助等措施帮扶，救助总金额160余万元，医疗救助56户，总额36.6万元，最高金额3.5万元；发放困难群众临时生活救助65户，总额16.8万元。开展4次低收入户动态调整，做到应进则进，根据低收入户具体情况，制定脱贫方案，实现精准扶贫、精准脱贫，全年实现902户低收入户、3731人脱贫。实施扁担村史玉军等4户光伏发电项目、杨口沈军农业观光项目、晏庄孔方华瓜蒌种植项目等增加土地收入，创造更多就业岗位，促进农民增收。推进殡改，加大村级公益性公墓管理力度，累计清理散葬坟墓3472座。创新计生管理理念，推广计生承诺诚信服务以及孕前筛查服务；创成全市唯一省级“关爱留守儿童”示范基地；落实安全生产责任制，签订安全生产目标责任状村级28份，企业40份，部门单位30份；开展各类专项大检查10余次，排查安全隐患283个，交办和整改283个。在“双拥模范城‘四连冠’”创建工作中，被市委、市政府、市军分区联合授予“双拥模范乡镇”称号。

【省诗词之乡创建】　2013年，为促进高沟文化的大繁荣大发展和打造特色名城，高沟镇开始中华诗词之乡创建工作。成立诗教工作领导小组，明确镇党委书记为组长，镇长为常务副组长，领导班子成员为副组长，以镇宣传部门牵头，镇文化站、财政所、党政办、城建、企管、城管、司法、民政、妇联、老龄委等部门负责人为成员。把创建“诗词之乡”纳入全镇文化建设和精神文明建设的重要内容，先后组织召开创建中华诗词之乡动员大会，多次召开创建中华诗词之乡推进会，下发《高沟镇关于创建“中华诗词之乡”的实施方案》《高沟镇关于创建“中华诗词之乡”工作领导小组的通知》和《高沟镇诗教工作领导小组名单》，对创建工作进行部署。在县诗词协会帮助下，整合本地资源，成立涟水县诗词协会高沟分会和许庄村诗社、明珠诗社、今世缘诗社、芳草诗社等6个诗社组织。每个诗社平均拥有成员60人以上。征集诗社成员编辑出版《酒乡诗潮》3期，许庄诗社成员诗集2期，明珠诗社成员诗集、评论等2期，举办书法、诗词、绘画联展3次。利用镇电视台、政府网站等平台，刊载诗词、楹联写作知识，印发诗词写作技巧资料，指导会员和群众提高写作水平。镇诗词协会先后举办培训班8期，参加培训400多人，壮大全镇诗词队伍。全年先后在各级媒体和网站上发表诗词之乡创建报道50余篇，营造良好的社会氛围。12月，高沟镇获“江苏省诗词之乡”称号。

【高沟镇工业集中区】　分为高秀集中区、常兴集中区、高杨集中区3个部分，规划总面积233.33公顷，2006年经县政府批准成立，2009年被认定为江苏省重点培育小企业创业基地，2010年3月产业发展规划经县政府批准实施，2010年被认定为江苏省小企业创业示范基地，2011年10月被认定为省中小企业产业集聚示范基地。累计投入1.6亿元，铺设道路8000米，修建下水道1.9万米，架设路灯260盏，绿化5万平方米；投入1.2亿元修建新城路网，将集中区与宁连高速，236、326省道，淮高路，涟高路，今世缘大道相连，形成非常便捷的道路交通网。2017年，投入600余万元用于工业集中区的道路、通讯、绿化、亮化、下水管道等基础设施建设。年内集中区有3个新开工项目：品冠粮油年产10万吨大米粮食精加工项目、江涛电子项目、百菌园项目。到年底，集中区累计建成标准化厂房54.6万平方米，入驻工业企业149家，其中规模以上企业35家，实现规模以上工业开票销售收入13.48亿元，工业入库税金4622万元。

【今世缘产业园】　位于高沟镇今世缘景观大道南侧，总投资40亿元，规划面积11.24平方千米，2015年由上海福睿智库顾问有限公司规划设计，计划建设周期5年。2016年，园区建设启动，前期房屋征收工作全部完成，涉及拆迁转移住户550余户，补偿费用约7000万元。到2017年底，园区总投资约20亿元，已开发项目用地面积33公顷，规划调整土地40公顷，落地园区项目共7个：10万吨粮食仓储(总投资2亿元)、今世缘美酒银行(总投资10亿元)、江苏旋压机械设备有限公司(总投资1.2亿元)、淮安兴保印刷有限公司、江苏冠伦农牧有限公司(总投资5000万美元)、江苏安华农业发展有限公司(总投资1.2亿元)、江苏聚缘机械设备有限公司。建成投产并纳入规模以上企业管理的有2户：淮安兴保印刷有限公司、江苏聚缘机械设备有限公司。2017年兴保印刷完成开票销售收入1540万元，入库税金64万元；聚缘机械完成开票销售收入1749万元，入库税金151万元。

【重点项目建设】　2017年，高沟镇实施今世缘产业园路网、涟水县第三人民医院异地新建、今世缘产业园安置小区、今世缘景区提升工程(景区周边主要街道街景整治)、今世缘景区提升工程(景区周边城市小客厅)等重大项目建设。8月，位于今世缘大道北侧(今世缘南大门向东约1.5千米处)的高沟中学新校区正式投入使用。9月，位于今世缘大道南侧、长深高速高沟出口西侧的今世缘粮食产业园10万吨仓储项目竣工。12月，总投资1000万元、绿化总面积3.76万平方米的国缘大道绿化工程竣工。

【高沟中学新校区】 位于高沟镇今世缘大道北侧(今世缘公司南大门向东1.5千米处),新校区项目总投资8590.8万元,由中交第二航务工程局有限公司负责施工建设。2016年4月28日,高沟中学新校区正式开工建设。2017年6月26日,高沟中学新校区项目全部竣工。9月,高沟中学整体搬入新校区。新校区占地面积44689平方米,建筑面积25600平方米,其中教学楼11000平方米,学生宿舍9000平方米,办公楼3300平方米,食堂2300平方米,学生容量标准10轨30个班。配齐各类功能室,有理化生数字实验室、数学实验室等现代化实验室,有多媒体教室、信息技术教室、电子阅览室等信息化装备室;有舞蹈教室、书法教室等体艺类功能室,另外还配备劳技教室、创客教室、心理健康咨询室、数字化理科实验室、史地教室、游学体验中心、录播教室等特色功能室。年内,高沟中学有25个教学班,学生1580人,专职教师91人。

2017年9月,高沟中学新校区投入使用　　(高沟镇　供稿)

【今世缘美酒银行】 是2017年初全省集中开工重点项目,由江苏今世缘酒业股份有限公司投资兴建,总投资10亿元,规划总用地22.07公顷,总建筑面积25.3万平方米,主要功能是半成品酒陶坛存储和文化旅游。其中项目一期位于高沟镇今世缘大道南侧,2017年1月正式开工建设,投资约5亿元,用地12.6万平方米,分为5个部分:12.8万平方米的6幢4层的主体陶坛酒库、4100平方米的辅助用房、主厂区10万吨酒库与南厂区美酒银行陶坛区之间资源能够共享的原酒输送系统及其他配套设施。到12月底,1—6号酒库主体完成,正在外墙砌筑,屋面正在施工,钢结构构架进场,屋顶脚手架开始搭设,窗框完成50%,2号酒库正在浇筑地坪。酒瓶雕塑正在安装,辅助用房东侧两层浇筑完成,道路正在施工。

【"世外桃源"生态农庄】 位于高沟镇高东村今世缘大道北侧,2017年2月由当地老板陈法同、高建宝创办,规划面积33.33公顷,分为采摘、观光游览、垂钓、餐饮、民宿、农事体验、技术培训等七大功能区,拟建成以采摘、垂钓、生态、餐饮、民宿、乡村旅游为一体的新型乡村特色景区。一期总投资1000万元,建设桃园13.33公顷,鱼塘6.67公顷,温室大棚6.67公顷,生态餐厅1200平方米及配套设施,二期将增加儿童乐园、水上游玩项目,孔雀园、五彩山鸡园。项目建成后,预计年产值500万元,用工50余人,带动周边群众40多户,人均增加年收入1.5万元至2.5万元。

【扁担村】 位于高沟镇区西南方向约6千米,西六塘河东岸、新326省道南侧。对外交通联系方便,主要有新老326省道,东西联系宿迁市沭阳县和高沟镇区,新周路南北贯穿村域。全村总面积约3.56平方千米,耕地面积186.67公顷(其中水田162.67公顷、旱田24公顷),养殖水面26.67公顷,以种植小麦、水稻为主,土地流转面积13.13公顷。辖8个村民小组, 513户,2274人,农民人均纯收入12380元。2017年,实施美丽乡村建设等帮扶项目6个,帮办农民合作社5个。通过协调今世缘集团及县交通、住建、国土、水利等部门,投入资金1200万元实施游客服务中心、垂钓中心、休闲步道、污水处理厂等项目建设及村庄整治,9月开工建设。利用省、市扶贫资金60万元,在高沟镇圆绿捆蹄厂厂房顶上,安装太阳能电磁板发电。4月,项目并网发电,实现村集体增收5.2万元,带动10户低收入农户脱贫。协助贫困户姚王奎注册涟水县清水源龙虾合作社,鼓励其利用扶贫贷款发展龙虾养殖,年内实现脱贫,带动5户贫困户增收,村集体获管理费收入3000元。年内,初步实现集体增效、农民增收的目标,村集体经济收入27万元。

【现任领导班子成员名录】

党委书记	姜井旭	
镇　　长	许志武	
人大主席	潘峻岭	
党委副书记	笪　勇	刘庆卫
纪委书记	夏劲松	
副 镇 长	陈　标	陈立龙
	李建国	朱兴宇
	谷　虎	
组织委员	李　永	
宣统委员	尚　进	
政法委员	朱兴宇	
人武部部长	刘吉松	
人大副主席	侯海艳	

2017年高沟镇村级概况一览表

表25

村(社区)名	村民小组(个)	户数	人口(人)	耕地(公顷)	党总支书记	村(居)委会主任
常 兴	19	703	3146	182.4	戴建康	常三照
张 圩	19	703	3293	266.2	郑志邦	陈怀志
荀 庄	15	804	3428	241.7	徐志勇	徐志勇
高 东	15	858	3906	150.9	王建国	苗学华
常 园	21	938	4100	184.5	潘立功	蒋华文
许 庄	11	671	2750	20	王凤磊	王中年
高 南	9	565	2810	82	于明华	刘 威
三 丰	16	1175	5556	302	倪志伟	—
盐 店	11	703	2890	146.3	汪良刚	朱 强
高 西	8	556	2462	87.7	黄德权	陆大鹏
晏 庄	25	975	4460	234	孔方华	王 冲
七 里	10	739	2124	141.6	姜 华	华以才
胡 窑	17	1028	4731	340	郁建兵	刘庆东
花 园	18	1005	4768	331	程维华	陈占军
大 兴	14	699	3106	199.9	吴建华	陈树民
高 秀	2	323	1200	14.5	戴建康	郑春生
扁 担	8	513	2274	186.7	谢翠平	王永兵
丁 庙	6	468	2124	141.6	倪美军	高志洪
周 码	10	396	2010	105.6	潘成芳	郑九军
新 农	19	871	3940	225.4	秦 龙	徐金虎
九 里	17	751	3860	233.3	—	张桂华
安 伏	14	794	3500	226.6	倪美军	王光泽
戴 洼	12	441	2183	133.8	戴明元	戴苏红
金 郑	19	780	3243	230.4	丁建同	于士强
苗 荡	18	1011	4237	274.1	—	苗增勇
镇 东	22	3846	9851	—	汪俊松	金 鑫
镇 西	11	752	3850	—	朱 权	杨 康
杨 口	23	1350	6950	310	汪建亚	葛恒山

（皇甫秀凯 宋广亮）

红 窑 镇

【概况】 红窑镇地处涟水县域中心，东依盐河与五港镇相望，西至宁连高速与岔庙镇为邻，南与朱码镇接壤，北与义兴镇交界。235省道贯穿南北，麻左唐路横跨东西，镇域面积117.42平方千米，耕地面积7265公顷，辖28个村(社区)，150个村民组，16208户，69040人。是远近闻名的红色热土、人文家园、生态之乡、投资福地；作为国内最大的手工云锦织造基地，红窑镇素有“中国云锦之乡”美誉；成功创建国家重点镇、国家级生态镇、国家典型供电模式试点镇、国家级诗词乡镇，省级卫生镇、文明镇、省级四星级乡村旅游点、省级特色旅游名镇。2017年，全镇实现地区生产总值101885万元，财政总收入2690万元，公共财政预算收入1576万元，农民人均纯收入17524元。

农业 实现农业总产值59065万元。粮食作物播种面积5466.67公顷，粮食总产量7.8万吨。大豆、花生等油料面积1000公顷，油料总产量2200吨。全镇家禽饲养量236万只，出栏195万只。生猪饲养量4.2万头，出栏2.8万头。全年落实三麦保险2790公顷，水稻保险2826.67公顷，设施化高效农业保险56.67公顷。大型农业机械405台，开展农民实用技术培训5场次，培训农民850人。实施完成大金圩、小金圩总计200公顷的土地整理项目，西徐圩、朱集片333.33公顷的农业开发项目。红窑镇现代农业园获批全国农村创业创新园区、省级创业示范基地，带动园区内鲜切花、温室盆栽等产业持续健康发展，产品远销上海、深圳等地。成功创建省级示范家庭农场1家，市级示范家庭农场3家，全镇设施蔬菜、精品苗木、芦笋等高效设施农业发展产业形势喜人，农业产业质态显著提升。

工业与招商引资　完成工业总产值20.8亿元，工业开票销售收入24.7亿元，其中规模以上工业开票销售收入21.2亿元，工业入库税金1685万元，新增规模以上企业1户，初步形成以天宫云锦为代表的云锦织造、以汇丰木业为代表的木业加工、以丰腾纺织为代表的纺织服装、以大宇玻璃为代表的新型建材和以杭泰光伏为代表的绿色能源等五大产业集群发展态势。新纳入市盘考核项目1个，竣工1个，新纳入县盘考核项目5个，竣工2个，先后签约正豪木业、龙马包装、农贸市场等招商引资重点项目6个。

第三产业　实现第三产业增加值35415万元。新增私营企业130家，新增私营企业注册资金3.85亿元。全年举办各类劳动技能培训4次，培训各类技能人员1056人。振红商业街、商业广场等项目先后建成投入使用，管道燃气等配套设施有序推进，京东商城、苏宁易购等先后入驻，全镇有家美乐、购乐多等规模较大超市4家，娱乐、餐饮等营业场所30余家，从业人员近3000人。

社会事业　完善宜居宜业、产城融合、美丽和谐的重点中心镇建设，投入近5000万元，继续实施仿古街西区道路提升、污水管网四期等多项工程，新建金城、新灯塔2个村部，新建新灯塔村卫生室、颜下庄村综合服务中心等多个项目。集中开展省级文明城市创建、镇村环境综合整治，顺利通过省级卫生镇复验，李庄村、大金圩村创建省级卫生村，夏楼村列入市特色田园乡村试点。开展“阳光扶贫”工作，落实光伏发电、颜下庄草莓采摘园等多个扶贫项目，全年实现脱贫1091户。投入100余万元，改扩建政务服务中心。

【红窑镇工业集中区】　位于235省道西侧，2008年5月经县政府批准建设。规划占地2平方千米，一期占地100公顷，核心区连片开发面积90公顷，累计基础设施投入9200万元，基本实现“五通一平”。截至2017年底，工业集中区建成标准化厂房16.2万平方米，铺设南北1100米、宽12米的中心水泥路和东西600米、宽16米的沥青道路，绿化、下水道、路灯等配套设施齐全，核心区污水管网实现全覆盖。新入驻集中区企业正豪木业、龙马包装、耀鹏服饰等6家，累计45家；新培育规模以上企业1家，累计11家。全年集中区企业实现开票销售收入24.7亿元，入库税金1685万元。

【全域旅游建设】　2017年，红窑镇围绕全域旅游发展主题主线，立足云锦文化、现代农业、特色城镇等资源禀赋，挖掘乡村旅游资源，打造独具特色的云锦织造体验馆、乡土文化陈列室、仿古一条街、民宿庄园等休闲娱乐示范景点。通过宣传推介，动员在外乡贤返乡创业，先后招引“金鸡坨”生态农庄等生态农业项目，丰富“美丽乡村游”板块。挖掘地方传统文化，打造磨盘农桥、农耕文化博物馆等景点，展现浓厚的乡土记忆。收集整理当地抗日战争事迹，通过重建日伪碉堡等景点，建设爱国主义教育基地，让人们在游玩中体验农耕、感悟历史、接受教育、留住乡愁。到年底，红窑镇全域旅游建设初见成效：云锦产业园初具规模，参观者络绎不绝；“金鸡坨”景区生态与乡土交融，为县内外游客提供休闲度假的最好选择；颜下庄“美丽乡村”成效初显，采摘园内游人如织。

【“金鸡坨”生态农庄】　位于红窑镇夏楼村，由红窑镇招引金鸡荡旅游发展有限公司投资建设，项目于2017年3月正式启动，总投入6200万元，占地100公顷。项目集农耕体验，爱国主义教育，休闲垂钓于一体，提供民宿度假、绿色有机食品、果园采摘、娱乐休闲等服务。到年底，建成景观长廊、土灶台、儿童动物园、垂钓中心、乡村大舞台等景点，农耕文化体验馆、民俗馆、爱国主义教育基地、盐河渡口等正在紧张建设，全年接待游客超过6万人，预计项目正式运营后，年接待游客30万人次。

2017年3月，启动建设红窑镇金鸡坨生态农庄　　（红窑镇　供稿）

【特色田园乡村夏楼村】　位于红窑镇镇区东南，占地面积516公顷，耕地面积346.67公顷，7个村民小组，664户，3100人。2017年，夏楼村推进特色田园乡村建设。将景区建设与庄台改造相结合，邀请专家结合村庄风貌对景区进行设计规划，对有特色的老庄台予以保留改造，合理布局点缀，彰显特色。到年底，改造完成农户房屋156户，庄台内外磨盘石桥、竹篱笆环绕，构建庄台、水系、农桥相映成趣的平原乡村美景。将项目建设与富民增收相结合。先后吸纳村民100余人参与项目建设，发挥民间能工巧匠的参与家乡建设的主观能动性，增加经济收入。将生态建设与乡土文化相结合。立足充分发掘地方特色，从民间收集磨盘、石磙等3万余件，打造磨盘广场、农桥、石磨体验等特色项目，展现浓厚的乡村回忆，让人们在游玩中体验农耕、感悟历史、留住乡愁。

【现任领导班子成员名录】

党委书记　吉　海
镇　　长　魏玉国
人大主席　黄广生
党委副书记　冯彬彬
副 镇 长　姚永余　翟伟国　王海英　尹希明
纪委书记　曾庆波
组织委员　王　波
宣统委员　刘向前
人武部部长　薛奎华
政法委员　王　正

2017年红窑镇村级概况一览表

表26

村(社区)名	村民小组(个)	户数	人口(人)	耕地(公顷)	党总支书记	村(居)委会主任
红　窑	5	1036	4413	285.00	沈大伟	张井虎
黄锅甑	5	462	2233	226.90	—	笪靖飞
龙　兴	4	330	1382	239.50	刘之洲	刘之东
小金圩	4	485	2151	225.20	陈志刚	罗时怀
大金圩	4	433	1814	236.80	何孝夫	陈云浩
朱　集	6	761	3568	452.90	喻敏	张祝兵
颜下庄	6	584	2698	229.40	何井刚	曹从梅
西徐圩	4	404	1838	372.00	金中林	孙凤祥
朱　圩	6	742	3038	386.60	朱晓石	朱兆海
金　沙	5	638	2539	326.30	陈勤林	—
蔡　庄	5	536	2225	310.50	张庆亮	黄义中
潘老庄	5	676	2773	265.20	程永权	穆传文
三　村	4	489	1993	175.00	梁怀连	高朝伍
普　安	5	487	1920	185.00	刘亚群	刘卫功
钦　北	4	406	1776	142.80	梁茂德	潘永龙
浅　集	7	928	3609	276.00	宋非洲	—
新灯塔	9	753	3148	315.00	赵洪明	嵇永录
梨　元	5	445	1814	203.40	王永健	宋井文
王　刘	6	619	2667	257.00	—	杨正明
延　寿	5	373	1566	164.60	宋海功	王志连
孔　王	4	422	1684	166.00	王寿贵	宋井苏
金　城	4	543	2274	195.50	刘国轩	李正伟
花　庄	5	480	2108	162.00	肖海山	—
夏　楼	7	664	3049	357.50	时培国	夏硕然
潘　码	8	683	2935	332.20	刘中成	贾爱华
刘　桥	5	427	1755	214.30	徐发友	刘井楼
河　湾	6	608	2707	310.00	徐敏如	卞海涛
李　庄	7	524	2355	252.80	薛进军	刘广成

（肖华杰）

朱　码　镇

【概况】　朱码镇地处涟水县域南部，县城北郊，东与徐集乡、黄营乡、大东镇、东胡集镇为邻，南与涟城镇接壤，西与经济开发区、陈师镇、梁岔镇相交，北与岔庙镇、红窑镇毗连，盐河、公兴河及宁连高速公路、235省道、327省道、涟新路等道路贯穿全境，辖区总面积118.46平方千米，耕地面积5639公顷，辖30个村（社区），193个村民小组，20362户，80430人。2017年，实现地区生产总值321085万元，财政收入7497万元，农民人均纯收入25028元。被评为江苏省创业型乡镇，获县委、县政府科学跨越发展乡镇考评二等奖。

实施盐河航道"五改三"改造后的朱码水利枢纽　　（朱码镇　供稿）

农业　完成农业总产值164199万元。粮食作物播种面积10374公顷，总产量6.99万吨，油料作物播种面积856公顷，总产量3150吨。饲养生猪4.1万头，出栏3.1万头，饲养家禽90万只，出栏80万只。新竣工固定资产投资3000万元以上农业加工项目2个，通过市考核验收，1000万元以上项目4个。新增高效实施农业65公顷、高效设施渔业48.8公顷，新增家庭农场7个：涟水县筐北润研粮食种植家庭农场、涟水县良海家庭农场、涟水县向前家庭农场、涟水县王万清家庭农场、涟水县王恩明家庭农场、涟水县彭勇家庭农场、涟水县翟岐华家庭农场；创成省级示范家庭农场：涟水县顺高家庭农场；新增市级示范农民合作社：涟水县陈韩树果种植专业合作社。放大安东米富、余庄粉丝、红星羊肉、柴市草莓等特色农产品品牌效应。余庄粉丝年销量2000千克以上的大户有4家，年销售约150万元。

工业与招商引资　完成规模以上企业工业总产值68.16亿元，工业开票销售收入32.8亿元，其中规模以上工业开票销售收入10.87亿元；规模以上工业固定资产投资18.2亿元，比上年增长33.2%；工业入库税金3000万元，增长24.8%；工业用电量4001千瓦时。全年收集有价值招商引资信息142条，接待客商实地考察46批人次，新招引工业项目12个，其中亿元以上项目5个，3000万元以上项目7个。市盘亿元项目华昌固废、暴郭科技、飞波粮油、众安之梅等相继竣工；县盘项目益利源科技、亿力管业、汉新工贸、娇子科技通过开、竣工验收。投资超亿元的沪阳新能源、安田化学正在建设，稼穑技改、依都涂料等项目办理前期开工手续，形成项目"投产一批、在建一批、在谈一批"的良性循环。全年入库税金超50万元企业11家，超100万元企业7家，其中华源生态开票销售收入11.4亿元，全县排名第三；新城建材、亚森木业2家企业开票销售收入首次突破亿元大关。

第三产业　实现第三产业增加值106725万元。新增私营企业245家，新增私营企业注册资金4.2亿元，新增个体工商户380户。全年培训劳动力1750人次，为县经济开发区、镇工业集中区以及相关重点企业专门组织大型招聘会3次，累计为企业输送劳动力680人次。

社会事业　实施44项民生实事项目，及时、足额发放民政、财政、涉农、计生等各项惠民资金，社会保障日趋完善，城乡基本养老保险缴费率98%。深入开展阳光扶贫，实现低收入人口397户1494人脱贫，市定经济薄弱村军田村达更高水平"新八有"标准。加大文教卫生的投入，投入160余万元改善学校环境，发放30余万元资助、奖励困难和优秀师生。推进规划搬迁、基础设施建设、城乡环境整治、城市管理等工作，加快"融入主城区"步伐，搬迁2088户，启动24万平方米的柴市安置小区建设，新建镇综合文化服务中心，完成朱码、河网2个农贸市场升级改造，北环路建成通车，安东北路改造工程全面完工并通车，外立面改造工程已招投标结束，即将开始实施；河网街道、李集街道进行亮化、美化，新架设太阳能路灯134盏。新改建农村公路7千米，新建农桥10座。整治东风花园等老旧小区，实施背街小巷、道路两侧绿化、亮化、硬化工程，加强城区街道管理，城镇功能日益完善。被县委、县政府表彰为"三城同创"工作先进集体。

【朱码镇工业集中区】　分为"三区一园"，即孙徐工业区、河网工业区、双河工业区、朱码民营经济产业园。2017年，加大基础设施投入，累计修建园区道路6.2千米，架设路灯35盏，集中区基础设施得到完善，功能配套增强，累计入驻企业70家，形成金属材料、新型建材、塑料制品、电工材料、纺织服装等产业发展集群。全年集中区企业开票销售收入26.2亿元。

【涟水县安东米富种植专业合作联社】　由涟水县田丰农作物种植专业合作社等多年从事水稻种植生产，种植经验丰富的3家合作社联合组建，专业从事生物有机大米种植、加工、销售。合作联社致力于打造有机农业的涟水品牌，发展现代高效农业，带动低收入户和村集体脱贫致富。种植的有机大米生长于弱碱土壤，由省农科院专家团队指导和江苏农抬头生物农业发展有限公司技术支持，具有生态有机、营养丰富（富含胚芽90%以上）、安全可溯、色香味美等特点。2017年，合作联社对全体加盟会员，统一选择水稻优质品种，统一技术管理，统一生产销售。并从每斤大米销售额中提取0.5元成立农业发展基金，用于有机大米种植推广。全年流转基地周边600多户农民土地151.33公顷，年产生物有机大米750吨，实现销售收入1200多万元。

【涟水民梦电子商务有限公司】　2016年注册成立，2017年1月在朱码镇红星村建立以销售山羊肉、草鸡肉、草鸡蛋等当地农产品线上销售平台以及线下体验店，为红星村及周边村民提供“买”“卖”物品的便捷服务，解决农特产品进城和工业品下乡的“最后一公里”问题，同时带动村民家门口创业就业。全年实现销售额200万元，帮助红星村及周边村村民销售草鸡、草鸡蛋、羊肉等，实现家门口增收致富，创造10个就业岗位。

【江苏环宇篷布有限公司】 由盐城客商李加斌投资3000万元兴办，主要生产篷布，2017年1月竣工投产，租用朱码镇民营经济产业园标准化厂房8000平方米，新上涂覆机、热合机、整经机、剑杆机等设备120台套，产品销往全国各地，年产篷布500万平方米。2017年，实现开票销售收入345万元，入库税金72.3万元。

【现任领导班子成员名录】

党委书记	黄吕军
镇　　长	邱加文
人大主席	陈　梅
党委副书记	徐　洋
副 镇 长	贾诗洪　解耀斌　杨成林
纪委书记	汪海祥
组织委员	朱延亮
宣统委员	宁桂龙
政法委员	宁桂龙
人大副主席	肖　彬
人武部部长	施慎勇

2017年朱码镇村级概况一览表

表27

村(社区)名	村民小组(个)	户数	人口(人)	耕地(公顷)	党总支书记	村(居)委会主任
孙　徐	6	980	4809	100.33	施国兵	王京兵
河　网	6	434	2021	166.73	周德中	沈烈鹏
柴　市	8	710	3127	236.67	杨成林	林寿祥
高　台	6	418	1733	125.47	薛树强	郝从亮
王二庄	7	714	3189	264.40	王万宏	倪平卫
樊　卜	8	896	3774	259.73	杨华云	樊修飞
余　庄	12	715	4493	259.00	王传文	庄茂跃
余　东	7	318	1890	170.27	裴彦虎	张　军
潘　刘	8	498	2481	231.53	吴冬芹	王少平
谈　陈	7	576	2207	161.60	周迎滨	谈秀娟
韩　陈	7	396	2081	156.73	贾　静	彭　勇
嵇　庄	9	349	2464	171.13	何一平	王亚连
军　田	5	343	1805	151.07	曾海军	朱海刚
花　桥	5	427	2023	169.13	孙亚群	吴守红
胡　楼	7	557	3865	184.00	胡成亿	胡成付
鲁　桥	7	539	2601	244.40	马志良	马美生
桂　生	8	646	2987	243.40	邵金虎	张开亚
顺　集	4	685	3158	241.30	刘　坤	陈少东
薛大桥	7	347	1504	160.00	薛业祥	鲁桂声
红　星	3	551	2486	243.70	桂高生	王永生
万　元	2	322	1356	94.00	缪义军	缪义军
双　路	10	247	827	39.40	成跃荣	—
双　河	4	955	4546	333.30	成跃荣	支伯友
殷　庄	6	221	1436	101.70	支永伯	陈永文
嵇　陆	5	664	2797	146.70	张桂勤	嵇志聪
李　集	5	525	2888	206.70	刘汉军	薛玉华
薛　行	9	650	2990	218.70	赵　龙	何　岩
韩　高	5	365	1591	145.00	嵇士伯	王克双
笪　巷	5	612	2527	180.20	成小成	王　军
笪　北	6	667	2893	233.00	李　亚	李玉宁

（卜　白）

五 港 镇

【概况】 五港镇位于涟水县域东北部，东与石湖镇毗邻，南与东胡集镇接壤，西与红窑、义兴两镇隔盐河相望，北与连云港市灌南县新集镇交界，西傍盐河，涟新路贯穿全镇，水路交通便利。全镇总面积111.92平方千米，耕地面积5932.81公顷，辖22个村(社区)，195个村民小组，15501户，60693人。2017年，实现地区生产总值124437万元，财政总收入7446万元，其中公共财政预算收入4020万元，农民人均纯收入 16935元。获县委、县政府乡镇科学跨越发展考评二等奖。

农业 实现农业总产值81627万元。粮食作物播种面积9059公顷，粮食总产量62398吨，油料作物播种面积770顷、产量2390吨。生猪饲养量1.75万头，家禽饲养量16.2万只。推进农业供给侧改革，农村产权交易额335万元。推广机插秧680多公顷，流转土地1000公顷，稻麦规模种植现代化综合服务比例超过15%。新开工3000万元以上农业加工项目1个。新培育各类专业大户21个；新发展家庭农场5个；新增大型农机具43台套；新建粮食烘干房3家。农业综合机械化水平85.91%，获省级平安农机示范乡镇称号。

工业与招商引资 完成工业总产值3.8亿元，工业开票销售收入7.7亿元，工业用电量4773万千瓦时。落实各类项目8个，其中新开工、竣工亿元项目各1个。天平纸业技改亿元项目竣工投产通过市盘考核；丰凯纸业再生纸亿元项目正在建设中，被纳入市重点考核项目；永诚纸业瓦楞纸、五平热力二期、思佰润木业项目进展顺利。加大项目帮办力度，协调解决项目立项、征地、拆迁等各类大小问题20余个，保障重点项目快速推进。

第三产业 实现第三产业增加值43035万元。新发展个体商户172户，新增私营企业141家，新增私营企业注册资金1.25亿元。全镇实现劳动力转移2.8万人，落实就业创业扶持政策，开展劳动技能培训420人次，办理创业登记证162份。举办4期新型职业农民培训班，累计培训870人次。苏淮生态农业观光园完成提档升级，顺利通过省四星级乡村旅游示范点复核。培育“农村+电商”，阿里巴巴进农村项目在五港镇布点。

社会事业 五港中心卫生院与县医院结成紧密型医联体，新院区预计2018年投入使用。启动方渡中学教学楼建设工程，对五港小学食堂、幼儿园设施等进行维修改造，硬化五港小学门前道路840平方米，表彰奖励55名先进教育工作者和61名考上本科院校的优秀学子。建成五港政务服务分中心，初步实现“进一个门，办所有事”。完成镇文化中心和10个村综合文化服务中心建设工作。维修改造集镇路面近500米；拓宽、新铺镇区中港路0.53千米，实施亮化、绿化工程；实施西至新港桥、东至方渡小学近10千米道路亮化工程。新铺农路约16千米、防渗渠7.5千米，新建农桥10座，新改建电灌站3座，整理复垦土地17.33公顷。深入推进“263”专项行动，全面落实河长制，铺设完成镇区污水管网约2千米，方渡垃圾中转站建成使用，整治河塘25个，疏浚大中河道31.7千米，清理树木9万余棵，拆除违法小颗粒厂3家，整治企业和浴室燃煤锅炉8台；完成13户畜禽规模养殖户达标整改。蔡工渡口纪念亭、郑潭口战斗纪念园规划建设有序推进。

【五港政务服务分中心】 2017年4月启动建设，将1层13间房屋全部打通，改建为敞开式服务大厅，8月初建成使用，总投资约45万元，总面积350平方米。财政、民政、计生、人社、村镇建设部门在大厅内集中办公，窗口服务，设立18个服务窗口，日均办件70多件。

2017年建成开放的县政务服务中心五港分中心 (五港镇 供稿)

【苏淮生态观光园】 位于五港镇港北村，总投资1.2亿元，规划面积100公顷，建成区面积26.67公顷，为省AAAA级乡村旅游景点，园内建有真人CS场地，跑马场、烧烤区+篝火区、露营区、别墅区、采摘园、垂钓中心、水上乐园，拓展训练中心等诸多旅游健身休闲场所，可同时容纳6000余人在园内活动。2017年，接待游客1.5万人次，收入约2000万元。

【现任领导班子成员名录】

党委书记	陆士江
镇　　长	张红梅
人大主席	沈士领
党委副书记	孙国贵
纪委书记	陈　鑫
副 镇 长	李长桂　孙加刚
	徐　军　左庄岩
组织委员	于　涛
宣统委员	胡玲玲
政法委员	沈士领
人武部部长	刘　明

2017年五港镇村级概况一览表

表28

村(社区)名	村民小组(个)	户数	人口(人)	耕地(公顷)	党总支书记	村(居)委会主任
五 港	14	1420	5140	258.53	陈耀兵	孙守勤
港 南	9	795	3347	429.07	王成标	韩少甫
港 西	15	700	3400	284	高志干	施于浪
港 北	7	548	2348	176.67	刘功山	袁成中
港 东	11	425	1725	123.73	孙卫东	韩志超
平 安	16	610	2260	153.33	孙信功	王一华
蔡 工	7	725	3108	206.67	贾成生	王海林
桃 园	11	737	2760	486.67	潘洪刚	陆恒林
五 里	10	700	3340	399.67	王玉田	陈华能
黄 码	9	540	2426	195.33	徐广珍	刘春保
薛 桥	12	570	2600	260	李德明	王寿建
租 田	7	386	1750	126.67	庄风军	孙海浪
三 里	7	790	3400	251.33	金德顺	刘尚超
谭 赵	5	486	2366	117.27	张加坚	王士海
王 杨	8	890	4200	493.33	王吕进	冯伟军
南 禄	5	570	2130	180	施勤山	施良山
前 营	8	860	3260	416.67	嵇永富	张如建
方 渡	8	605	2730	280	苏建华	鲁 全
韩 鲁	7	620	3450	270.67	胡玲玲	李德路
罗 冲	6	540	2250	195.53	朱士清	刘一国
马 渡	10	620	2510	204.87	潘绍友	戴中华
埝 口	7	648	3183	265.33	刘 帮	胡建伟

（欧塞娜）

保滩镇

【概况】 保滩镇位于涟水县域的西南部，东临古淮河与淮安区、市经济开发区相望，西傍盐河与淮阴区王兴镇、新渡乡相连，南依淮安市区，北接涟水县城。保滩镇是古淮河生态旅游观光廊道“桥头堡”，对接淮安中心城市发展的门户镇，区域狭长，南北长约21千米，东西宽约3千米，呈纺锤形。全镇总面积45.08平方千米，耕地面积2174.66公顷，辖9个村（社区），64个村民小组，7196户，26811人。2017年，实现地区生产总值76216万元，公共财政预算收入6244万元，农民人均纯收入16854元。获全县科学跨越发展综合考评二等奖。

农业 完成农业总产值29878万元，粮食作物播种面积2611.73公顷，产量17617吨，油料作物播种面积568公顷，产量2004吨；蔬菜面积783公顷，总产量33560吨；家禽饲养量54.2万只，生猪饲养量1.04万头。作为全县“2+2+4”现代农业主阵地，重点围绕打造花卉观光、运动休闲、生态种植、文化旅游生态经济特色区，突出以百花园、百果园为核心区，培育瓜蒌、中药材、黄桃、葡萄、食用菌等一批特色产业。围绕“一村一品，一村一特”产业发展定位，发挥花卉特色小镇优势，培育约1000公顷各类特色农业版块。加速土地流转，推行“企业+合作社+基地”的生产模式，累计流转土地800公顷，占全部耕地面积的48%，带动培育一批农业观光园、精品展示园、休闲采摘园。推行肖渡、周集两村农村股份制改革试点；指导新港北、厉渡村建立村集体领办土地股份合作社；累计发展各类新型农村经营主体41个，其中创建省市级经营主体9个、县级经营主体12个，新培育家庭农场12个，市级名牌产品3个，培育省级示范社1个，培育省级示范家庭农场2个、市级示范家庭农场1个，万福家庭农场被农业部评为省三星级乡村旅游景点。保滩花海农博小镇入选全省首批农业特色小镇名录，花卉小镇入选淮安市特色小镇名录。

工业与招商引资 完成工业总产值80亿元，其中规模以上工业总产值71亿元，工业开票销售收入24.48亿元，规模以上工业开票销售收入13.49亿元，工业用电量1765.2万千瓦时，工业入库税金2735万元。制定重点项目招引考核奖励办法，召开保滩籍在外创业有成人员“看提谈”座谈会，动员在外有成人员关心、关注家乡发展，为保滩发展献计献策；全方位做好企业帮办服务工作;收集有价值信息84条,建立经济发展"项目库"。完成招商引资项目5个,引资额2.13亿元。新签约投资2000万美元的正大饲料项目、投资4500万元的颖帆电子项目、投资3300万元的普特瑞精密机械项目、投资4000万元的苏州高峰特种织带项目、投资3500万元的汇德建材。华石建材项目二期、通威饲料技改项目二期实现当年开工当年竣工。年产20万吨膨化材料的通威饲料技改项目、投资1.2亿元盛佳宏装饰城项目通过市重点项目办验收。

第三产业　以农村党员创业致富工程为载体,采取政策鼓动、典型带动、利益驱动、干部先动、各方齐动的方法,促进全民创业。完成第三产业增加值18810万元,新增私营企业130家,个体工商户240户。全年劳动力培训680人次,为县经济开发区、镇工业集中区以及相关重点企业专门组织大型招聘会2次,劳务输出1.3万人。

社会事业　做好低收入户建档立卡动态管理工作,以开展"阳光扶贫"工作为抓手,以手机App为载体,明确帮扶人责任,确保每一个低收入户生活有保障,增收有渠道。年内脱贫低收入农户236户886人,占总低收入农户的28.7%。总投资178.48万元,新铺设一事一议道路8456米;推进农村安全饮水工程,完成6个小水厂回购和三级管网改造工作,启动入户对接工程;建设农桥4座,完成厉渡引河砼护坡工程及疏浚和新港北村险工段加固工程。全镇有低保户405户891人,加强低保户动态管理,对32户不符合条件的及时予以调整,对新出现的12户困难家庭及时纳入保障范围,做到"应保尽保"。为78名重度残疾人员发放生活救助金,为全镇80周岁以上老人办理尊老金发放手续。孕前健康检查项目落实率101%,共筛查161例。保滩镇作为国家生育状况调查点,完成为期3个月的各项调查任务,保滩人口文化园被列为全市幸福家庭创建活动示范点。新农保新增参保2007人,续保18931人,参保率97%,完成率位于全县前列。全镇60周岁以上领取基础养老金4103人,发放率100%。开展群众性文体活动,百花节期间举办大型文艺演出7场,重阳节联合县文广新局非遗科在镇敬老院举办文艺演出1场。妥善解决民生诉求,全年办结群众诉求190余件,排查化解各类矛盾纠纷472起。开展经常性安全生产检查工作,抓好安全生产隐患排查、整改,消除安全隐患35起,被表彰为全省安全生产监管监察系统先进集体。

【保滩镇工业集中区】　位于327省道以西、盐河以东,2009年启动建设,按照"一区两园"(镇工业集中区、机械产业园、十堡创业园)进行规划,规划总面积200公顷。累计投入1.3亿元,进行集中区配套建设,新建设配电房1座,新增设路灯30盏,完善工业集中区道路、通讯、绿化、亮化等基础设施。至2017年底,累计建成标准化厂房34.47万平方米,入驻企业62家,其中规模以上企业19家,投资超3000万元项目15个,超亿元项目5个。年内新进企业5家:投资2000万美元的正大饲料、投资4500万元的颖发电子、投资3300万元的普特瑞精密机械、投资4000万元的苏州高峰特种织带、投资3500万元的汇德建材。集中区企业实现开票销售收入24.48亿元,入库税金2735万元。

【涟水首届百花节】　涟水百花园位于保滩镇十堡村境内,以花海、特色餐饮为主题,建有以涟水"八大碗"传统饮食文化和"百花宴"为主题的生态餐厅,主要种植格桑花、硫华菊、丰花月季及粉黛乱子草等国内外知名花卉,同时建有国内一流的植物工厂、儿童乐园、露天婚礼广场、观景台等节点景观,是将人、花、生活融为一体的花海主题公园。2017年国庆节期间,正式开园,举办首届百花节。百花节期间,花卉展示中心推出140多种造型各异的盆栽、水培、多肉等以及100多幅以花为主题的书画展;园区演艺广场的非遗展示区,展出烙铁画技艺、虎头鞋制作、柳编技艺等;县文化部门编排老百姓喜闻乐见的文艺节目走进百花园,组织非遗文化现场展演活动3场。

【重点项目建设服务】　2017年,保滩镇做好辖区内滨河教育新城、缘分大道、龙腾路、青松路、红枫路、翠柏路等县重点工程帮办服务工作,按时完成龙腾河、清水河周边的征地搬迁、树木清点及清障工作,完成100余户农户建筑面积约2万平方米搬迁工作,清理树木19.95万株。服务滨河新城项目建设,征用土地16宗面积80公顷。加快高标准农田整治以及肖渡谷嘴安置小区、金宝新苑二区、十堡等3个安置小区建设,安置点由中交建和中核建等企业承建,已全面开工建设。

【保滩政务服务分中心】　2017年,保滩镇按照"集中办公、窗口服务"的理念,对原镇便民服务大厅进行改造升级,优化空间布局,增设办公席位,统一配置办公设备及便民设施。按照"能进必进"原则,工业、民政、财政、农经等16个部门工作人员全部进驻大厅集中办公。大厅设立服务窗口12个,涉及群众办理证件、行政许可、惠农服务等51类便民事项,让群众进一个门,享受一站式服务,全年累计办理服务事项2.6万人次。

【涟水嘉天下果树种植合作社】　位于保滩镇肖渡村境内,新327省道西侧,按照"林、路、水"相依存的思路规划建设,累计投入2000余万元,占地面积133.33公顷,集种苗繁育、原料基地、生产加工、科技开发、休闲旅游"五位一体",是周边地区唯一一个标准化黄桃栽培示范园区,有5个黄桃品种以及李子、石榴、葡萄等果树。2017年,合作社生产黄桃等水果925吨,实现产值222万元,带动周边近400户农户增收,帮助保滩镇肖渡、缺口、新港北3个村近50户低收入农户脱贫。

【涟水县银果叶农场】　由盐城客商李如祥投资4000万元兴建的农业加工项目,占地面积约13.33公顷,分为豆制品加工、调味品加工、食用菌生产3个区域。其中:年加工2.5万吨豆制品、调味品项目总建筑面积约7000平方米,标准厂房、冷库、基础设施建设全部竣工,设备全部安装完毕,2015年11月投产。2017年,投资500余万元购买锅炉、食用菌生产机器、灭菌房等设备,发展食用菌种植,从福建古田聘请4名技术人员,打造食用菌种植基地,年内新发展香菇菌棒80万只、茶树菇菌棒100万只、平菇菌棒10万只、姬菇菌棒10万只，球盖菇2公顷、杨肚菇0.33公顷，年产1000吨，销售额1000万元，实现利润150万元。带动周边18户低收入户脱贫。

【保滩镇厉渡村】 厉渡村为“十三五”市定经济薄弱村，位于老淮涟路西侧、保滩镇西南。耕地面积183.33公顷，420户，1835人，其中建档立卡户73户、224人，市软建办和县委宣传部挂钩帮扶。为实现村集体经济和低收入农户“双增”目标，村两委通过召开村组干部、党员群众代表会议及外出考察学习，并结合厉渡村在20世纪70年代种植食用菌的实际，决定发展食用菌种植。村集体成立食用菌合作社，流转土地1公顷，兴建大棚26个，18户农户在自家门前建大棚，通过与保滩镇银果叶农场合作，由农场负责提供菌棒、技术支持和香菇回收服务，村集体和农户根据技术人员的指导进行种植、采摘等。8万个香菇棒通过招投标程序，由银果叶农场负责生产，香菇棒已运入大棚长菌，其中第一批5000个香菇棒已经开始出菇，可实现经营性收入38.4万元。

【现任领导班子成员名录】

党委书记	谢正亚	
镇　　长	付建文	
副 镇 长	薛卫锋	顾海静
	朱礼峰	蔡志峰
纪委书记	何　奇	
人大副主席	乔明建	
组织委员	王云毅	
宣统委员	黄爱军	
人武部部长	石文勇	
政法委员	王前舟	

2017年保滩镇村级概况一览表

表29

村(社区)名	村民小组(个)	户数	人口(人)	耕地(公顷)	党支部书记	村(居)委会主任
十　堡	9	889	3402	236.5	高尚来	徐君成
洪　荡	6	536	2410	220.5	姜勇芝	郭从保
喻　集	4	421	1443	144.1	时明军	喻士华
周　集	8	663	2756	286.2	张青海	颜士平
新港北	10	725	3112	310.1	曹祝青	—
肖　渡	6	529	2432	212.7	肖立亚	肖立文
张　渡	9	718	3277	216.3	赵国成	王卫生
缺　口	8	682	3112	286.0	王士宝	—
厉　渡	4	407	1623	219.2	齐云洋	姜鹤政

（韩　文）

陈　师　镇

【概况】 陈师镇位于涟水县域西部，东邻朱码镇和县经济开发区，南接淮阴区王兴镇，西与成集镇隔河相望，与淮阴县老张集乡接壤，北与梁岔镇毗连。境内主要排水干河有刘泓河、西张河、鲍营河，主要灌溉干渠有涟西二干渠、淮涟五干渠。陈师镇区位优势明显，拥有“空、铁、水、公”立体交通体系，镇区距淮安涟水机场、连淮扬镇高铁涟水站、京沪高速出口、盐河航道涟水港都在10分钟车程圈，省道503、省道346公路穿境而过。全镇总面积132.9平方千米，耕地面积6466公顷，辖20个村(社区)，258个村民小组，13594户，54441人。2017年，实现地区总产值191467万元，财政总收入4330.82万元，公共财政预算收入2965.12万元，农民人均纯收入16980元。获县委、县政府科学跨越发展综合考评二等奖。

农业　实现农业总产值65417万元。粮食作物播种面积7333公顷，粮食总产量5.3万吨；油料作物播种面积1421.93公顷，产量5400吨。生猪饲养量2.1万头，出栏1.3万头；家禽饲养量120万只。争取省国土资源厅资金，实施1200公顷高标准农田整治项目，结合素有种植中草药的传统和独特的交通优势、区位优势、平台优势，发展中草药特色种植，打造“中医药养生小镇”。项目启动后，建桥12座、涵462座，修建拓宽沟渠27千米，项目区土地表面达到无房屋、树木与附着物，基本形成田成方、路相通、渠相连、旱能灌、涝能排的生产格局。项目区内签约中药材种植项目20个，种植面积665公顷。发展特色养殖，打造高效农业示范基地上，建成一批有特色、示范好、带动强的农业产业化龙头企业，如卿竹源苗木种植合作社、寿丰家庭农场、同心苔韭种植基地、尹荡菊花产业、朱楼蔬菜种植基地等。

工业与招商引资　完成规模以上工业总产值16.5亿元，比上年增长50%；规模以上开票销售收入10.5亿元，增长15.4%；工业用电量1350万千瓦时，增长22.73%；固定资产购置进项税完成785万元。实行定点招商、区域招商、专业招商、代理招商、以商招商，突出围绕淮安(涟水)空港产业园四大主导产业定位，紧盯长三角、珠三角等资本密集区、台资集聚区、产业集聚区，加快项目招引和落地，先后于8月、12月在全镇开展招商引资“突击月”“提升月”活动，抽调镇村干部60余人，分成4个招商组，由镇三套班子成员带队分赴浙江、安徽、上海、苏州、无锡、常州等地区

陈师镇朱楼村蔬菜种植基地百菜生态园　　（陈师镇　供稿）

开展工业及农业招商，先后有100多批客商来镇考察，洽谈投资，期间投资4.5亿元的中民筑友智造项目落户空港产业园区。收集各类高含金量信息28条，其中，投资1.5亿元的东莞中探针项目、投资1.6亿元的苏州特种织带项目、投资5亿元的高端物流项目进入深度对接。江苏弘晟包装项目一期完成竣工验收，7月正式投产；中欧飞机公司汽车零部件生产项目，开票销售收入超亿元。投资6.5亿元的机场航空物流综合服务中心项目通过市督考办验收，即将投入试运营；投资3000万元以上的市重点农产品加工项目家德宝技改、顺心面粉技改，以及投资3000万元以上的县重点项目伟得服饰技改均通过市、县验收，投入运营；总投资1.6亿元的污水处理厂项目，签订PPP合作模式暨PPP公司组建合同，并通过可行性论证评审。

第三产业　实现第三产业增加值61145万元。新增个体工商户270户，新增私营企业41家，新增私营企业注册资金4.8亿元，完成服务业税收近7000万元。以信息进村入户为抓手，以企业为龙头，以农民专业合作社、家庭农场为建设重点，推动电子商务发展，全镇电商交易额突破2亿元，其中家德宝木制品11月11日交易额500万元；阳光新格栅栏11月第一周网上签单近400万元；亚泰纺织、美逸儿服装、真宏包装等企业电子商务发展迅猛。全镇有十个村开设电子商务服务网点。柿元村被评为省级电子商务示范村。

社会事业　推进“263”专项行动，在全县率先拆除砖瓦厂1家，关闭颗粒厂5家，对镇域内企业锅炉及燃煤锅炉下达整改通知书，限期整改；关闭拆除3家禁养区养殖场，对56家畜禽养殖场进行整改。实施国民、水连、官荡、头堡等11个村32千米的村级道路扩宽改造工程，配合做好测绘、积土、清障和矛盾调处工作，年内道路建成通行并开通镇村公交。实施饮用水安全工程，四级入户管网正在施工，其中红旗、国民、陈师等村已具备供水条件。广泛开展“评选好人、宣传好人、学习好人、争当好人、关爱好人”等五好活动，年内全镇有5人被评为涟水好人，其中2人被评为中国好人；5人被评为省道德模范。

【陈师镇工业集中区】　2009年下半年启动建设，规划面积2平方千米，产业规划以纺织服装、电子机械、食品加工、塑料制品为主。集中区内的道路、给排水、电力、绿化、亮化、美化等基础设施全部建成，建成标准化厂房61幢，总面积12万平方米，厂房使用率100%，入驻企业26家，其中规模以上企业10家，均运行良好。2017年，集中区企业实现产值9.6亿元，开票销售收入6.5亿元，其中由台商投资3500万元的伟得服饰有限公司和无锡客商投资2000万元的金叶制衣有限公司以及亚泰纺织公司，开票销售收入均达到5500万元以上。总投资6000万元的涟水家德宝木制品有限公司被评为江苏省电子商务示范企业，江苏阳光栅栏有限公司被认定为国家级高新技术企业。

【陈师镇万亩中药材种植基地】　是以省国土资源厅立项的1200公顷高标准农田整治项目为基础建设实施的一项集中药材种植、旅游、观光的富民项目。2017年6月初，中药材种植基地开展招商工作，先后有120余批各地客商来镇考察，成功签约中草药种植项目20个。中草药种植全面展开，总面积500多公顷，其中芍药园233公顷、牡丹40公顷、玫瑰54公顷、葛根35公顷、樱桃园13.5公顷、金银花20公顷、丹参20公顷、玄参20公顷、白术13.3公顷。

【淮安（涟水）空港电子商务产业园】　位于淮安（涟水）空港产业园中欧路北侧、机场中路西侧，总投资2亿元，占地面积3.3万平方米，一期建筑面积3.8万平方米，其中建设电子商务楼2幢1.4万平方米；企业服务楼、总部经济楼、生活服务楼各1幢2.2万平方米；派出所2000平方米。项目采取PPP模式建设，2016年4月开工建设。2017年，完成企业服务楼、总部经济楼、电子商务1号楼、2号楼、生活服务楼主体施工和电梯安装，电子商务招引项目甲骨文人才创新创业基地、植保机器人、台湾生物科技等进入投资合同细节磋商阶段，腾讯易车、家德宝童床等电商项目确认入驻。

【江苏弘晟包装有限公司】　位于淮安（涟水）空港产业园迎宾大道北侧、503省道（机场路）东侧，计划总投资3.9亿元，规划用地10.66公顷，其中一期工程投资2.5亿元，注册资金5000万元，占地面积7公顷，建筑面积4.4万平方米，主要包括厂房、综合楼、宿舍楼等设施。项目全部建成投产后年可生产瓦楞纸板3.5亿平方米，年可实现开票收入7亿元，纳税4000余万元。项目于2016年6月开工建设，一期通过市重点办竣工项目验收，2017年7月11日开始批量生产。

【朱楼村蔬菜种植基地】 2015年起，朱楼村在市农科院技术支持下，打造朱楼蔬菜种植基地品牌，实施“企业+合作社+农户”模式，流转土地230多公顷，建成蔬菜合作社8家，家庭农场7个，主要种植品种有青椒、豆角、冬瓜、西瓜、花菜、包菜、番茄、青菜等多个品种，全村从事规模蔬菜种植的农户110户。通过镇村两级牵头，与淮安李龙食品有限公司建立长期的销售合作关系，农户生产出的成品蔬菜除销售给淮安市场外，均销售给淮安李龙食品公司。2017年，全村蔬菜销售额8000余万元。

【现任领导班子成员名录】
党委书记　左　鹏
镇　　长　吴正超
人大主席　李中芹
副 镇 长　高　明　陈　军
　　　　　宗　平　尚　伟
纪委书记　高树森
组织委员　朱东阳
宣统委员　翟孝猛
政法委员　陈　军
人武部部长　郭亚军

2017年陈师镇村级概况一览表

表30

村(社区)名	村民小组(个)	户数(户)	人口(人)	耕地(公顷)	党总支书记	村(居)委会主任
团结	13	614	2427	358.78	朱　勇	王　勇
跨河	17	838	3295	415.92	丁中伦	卜贵超
合心	15	721	3035	324.80	沈正海	朱献亚
高庄	11	590	2567	251.15	乔从云	沈玉全
红旗	15	795	3362	316.27	姜汉松	沈正生
沙河	10	391	1634	206.42	谷洪林	何孝飞
柿园	10	433	1825	213.74	谷洪林	刘建国
寿延	9	494	2222	270.22	王永月	王勇官
水连	14	725	3172	416.31	严庆亚	胡学云
国民	20	787	3331	422.95	袁树平	朱洪雷
陈师	9	744	3033	149.52	宋友华	朱汉生
蒋庵	10	806	2804	152.97	蒋雪松	朱希武
何庄	8	473	1886	148.30	何孝竹	周　红
头堡	10	532	2037	209.21	朱荣军	张建成
尹荡	14	731	3098	265.37	尹明太	尹希兵
悦来	19	1112	4305	394.80	朱炳贵	尹希亮
官荡	19	796	3043	460.00	陈正高	刘水华
北荡	5	288	1095	150.02	徐书梅	陈正高
朱楼	17	778	2952	371.47	朱延春	乔之洲
同心	13	740	3002	243.82	刘中洪	刘中洋

（陈　冲）

梁 岔 镇

【概况】 梁岔镇位于涟水县域西部，东与岔庙镇、陈师镇、朱码镇为邻，南与成集镇接壤，西与麻垛现代农业开发区交界，北与前进镇相连。镇政府驻梁岔街，距淮安市区、涟水城区均约25千米。全镇总面积69平方千米，耕地面积3785公顷，辖15个村(社区)，113个村民组，10085户，37933人。2017年，实现地区生产总值81734万元，财政总收入2494万元，公共财政预算收入1327万元，人均农民纯收入16980元。

农　业　实现农业总产值50548万元，粮食作物播种面积3200公顷，粮食产量4.82万吨；油料作物播种面积820公顷，产量2650吨；饲养生猪1.7万头，出栏生猪1.2万头，饲养家禽330万只，出栏240万只。秸秆还田率96%，综合农业机械化水平93.5%。新发展农村合作经济组织18个，其中省级合作社1个，市级合作社2个，省级家庭农场1个，市级家庭农场2个。流转土地215公顷，增加特色种养基地4个。投资1000万元以上农业项目2个，300万元以上项目4个，整治农田近1380公顷。投资1500万元实施万亩农田综合开发项目，疏通河道4900米，挖土2.5万立方米，新建、维修电灌站8座，铺设防渗渠道29.45千米，配套桥梁、涵洞794座，铺设道路20.71千米；投资800万元实施

梁岔镇区　　（梁岔镇　供稿）

533.33公顷水利重点县项目，新建、拆建电灌站2座，铺设防渗渠道9.7千米，配套桥梁、涵洞73座，铺设道路2.5千米。完成涉及多村的333.33公顷旱改水项目及万亩农田整治工作的上报立项工作。实施饮水安全工程，全镇11个小水厂改制完成，一、二、三级管网铺设工作完工，四级管网施工正紧锣密鼓进行，确保全镇群众吃上与县城同质同源同价的放心水。

工业与招商引资　实现工业总产值12.22亿元，规模以上工业开票销售收入4.51亿元，固定资产进项税390.5万元，工业用电量445万千瓦时。完成规模以上固定资产投资5.2亿元，规模以上工业投资4.2亿元。项目建设持续推进，通过精准招商，建成、在建项目5个。力诺新能源农光互补项目成功并网发电；兴飞包装项目，一期1万平方米厂房建成，已投产试运行；华彪模塑项目，投资3200万元，占地面积1.73万平方米，年底厂房建成，即将投入生产。科琪教具项目，投资4800万元，企业从落户到生产仅用40天，产品远销全国各地。建立重点项目领导挂钩联络帮扶机制，贴身服务解决企业发展难题，帮助东祥电子有限公司融资200万元增加生产线、扩大企业规模。投入300余万元对镇工业集中区的水、电、路、下水道等基础设施建设提档升级；新建标准化厂房1.18万平方米；开展闲置、低效用地处置，通过项目招引嫁接，成功盘活低效用地13.33公顷。

第三产业　实现第二产业增加值37604万元。新发展个体工商户162户，新发展私营企业91户，新增私营企业注册资金4350万元。完成批零住餐、重点服务企业营业收入20324万元。

社会事业　加大镇区基础设施建设力度，新架设路灯150盏，累计架设路灯560盏，基本实现镇区范围路灯全覆盖；在对40千米镇村道路提档升级的基础上，铺设完成费庄村朱庄路、李庄路及洪胜路、费何路、镇区腾飞路等5条公路，计6.6千米，实现镇区、工业集中区、费庄村三层循环路网，全镇范围基本实现道路户户到。建立健全河长制，累计整治黑臭水体河塘6个，挖土超2万立方米；累计投入60万元，植树近8万株。深挖涟西重镇文化，围绕乡愁文化、名人文化、红色文化三大主线，合理布局，深度挖掘。按照左圩村自然肌理进行布局，打造“竹栏农舍环绕、小桥流水人家”美丽新左圩；依托“农家子弟的摇篮”涟西中学深度梳理梁岔能人名人，宣传推介，扩大知名度；全力挖掘红色文化，各村建设党史村史室。投入专项资金235万元用于镇域环境整治和环保生态工作。新购置垃圾桶3000多只，对全镇范围内的垃圾桶进行更换和补充。对全镇83家养殖厂进行集中整顿，不留1处污染源，通过县环保部门验收；整治燃煤锅炉，更换生产设备，年均可有效降低煤炭使用1.1万吨以上。年底，创成市村庄环境长效管护示范乡镇。

【梁岔镇工业集中区】　创建于2009年，位于梁岔镇镇区南首，规划总面积2平方千米。完善基础设施建设，投入1000余万元，建成标准化厂房5.95万平方米，新铺设水泥路4.1千米，形成“三纵四横”的道路网络，铺设自来水主管道3500米、下水道4100米，架设10千伏高压线路2100米，新建桥梁2座。区内实现道路、给水、排水、高压线路、通信光缆、有线电视、路灯照明等全部到位。2017年新入驻企业4家，累计19家，涉及阀门制造、陶瓷酒瓶生产、包装材料、电子产品生产、服装加工，精密注塑等行业，完成开票销售收入近5亿元。

【费庄采摘园】　由江苏丰久起航有限公司2017年12月投资创办，注册资金1000万元，是以观赏、水果采摘、中药套种、产品深加工、新品种培育研发为主导的农业公司。流转土地37.33公顷，种植红心猕猴桃、桑葚、软籽石榴、大山楂、红心苹果、海棠果、蓝莓、樱花，果园中套种芍药、益母草、紫丁地花等品种。项目建成后全年有9个月可以采摘新鲜水果。预计2018年建设二期工程，扩大种植规模，面积达到67公顷，对种植农产品进行产品深加工，建设冷库、酿酒等生产车间。全部建成后，每亩纯收益超过5000元，带动周边剩余劳动力60余人就业。

【黄安村螃蟹水产养殖项目】　由黄安村党总支书记左建招引，靖江客商沈洪坤投资350万元，流转土地20公顷，养殖“长江”品种螃蟹。该螃蟹每亩投放量为1000只—1200只，产量为150千克—175千克。2017年，完成产值500万元，利润100万元。固定用工5人，人均年收入2万元以上；临时用工20人，其中低收入农户13人，人均增收6000元；为村集体增收1.5万元。

【江苏科琪教学设备有限公司】　坐落于涟水县梁岔镇工业集中区，占地面积1.73公顷，标准化厂房及办公用房1.56平方米。2017年7月注册成立，注册资金1036万元，9月1日开工建设。主要从事幼儿木制品教学设备的加工，预计年产量10万件以上，主要原料樟子松、橡木、红木等。年产值6000万元，开票销售收入5000万元以上。

【梁岔镇农光互补光伏发电项目】 位于梁岔镇薛元村，2017年由涟水力诺新能源科技有限公司投资，山东力诺电力设计咨询有限公司承建。项目投资6000多万元，占地面积约11.53公顷，其中高效农业大棚占地面积6.67公顷。利用行间土地和组件下方土地建设6.67公顷GAP认证标准的中草药标准化种植基地，形成绿色旅游观光生态一体化光伏发电示范基地。项目建成后，年可发电615万千瓦时。

【费庄村"新社区、新生活"整村推进】 费庄村为省定经济薄弱村，位于梁岔镇东南部，面积约2.5平方千米，耕地面积213.33公顷，有6个村民小组，435户，1794人。2016年7月，实施"新社区、新生活"整村推进项目。12月7日，启动农户搬迁工作，仅用10天时间，完成395户搬迁。"新社区、新生活"安置小区由中核二三建设有限公司投资建设，2017年7月正式开工。小区总占地面积11.18万平方米，建筑面积11.72万平方米。一期建设31幢建筑，面积69253.41平方米。其中住宅楼28幢，面积64906.35平方米；公共服务建筑3幢，包括村公共服务中心、幼儿园和社区商业，建筑面积4347.06平方米。新社区容积率1.09、建筑密度26%、绿地率30%。项目采用新中式风格，用护村河替代传统的围墙，种植果石榴树、山楂树、杏树、枣树、柿树等树种，用果木树代替传统的小区绿化，美化村庄环境，增加群众收入。

【现任领导班子成员名录】

党委书记　丁元中
镇　　长　王万里
人大主席　季成俊
党委副书记　尹传秀
副 镇 长　周健康　姜继红
　　　　　谢观忠　程大春
纪委书记　汪洪祥
组织委员　张师勇
宣统委员　朱全成
政法委员　王　飞
人武部部长　王　飞

2017年梁岔镇村级概况一览表

表31

村(社区)名	村民小组(个)	户数(户)	人口(人)	耕地(公顷)	党总支书记	村(居)委会主任
梁　岔	11	986	4952	320	周九梅	郭劲松
黄　安	7	526	2876	326	左　建	左建华
左　圩	6	446	1982	220	左冬军	庄桂林
胜　利	9	605	3200	260	郭劲松	—
陈　溪	7	509	2390	229	宁　军	左敬才
洪　码	8	667	3340	295	郝道成	代文祥
士　流	8	620	3075	340	左仁军	孙　权
卜　圩	7	560	2700	199	王　飞	卜正祥
鲍　营	8	528	2028	252	苏鹏飞	吴言清
金　码	8	560	2760	235	朱德兵	刘　闯
何　圩	8	520	2700	300	何志安	刘玉梅
双　楼	6	426	1920	149	王成东	倪　荣
费　庄	6	435	1794	213	王以中	费培文
薛　元	8	520	2420	200	尤学宽	井瑞瑞
马　棚	6	432	2200	247	姜建洋	姜万虎

（殷　春）

东胡集镇

【概况】 东胡集镇位于涟水县域东北部，东与石湖镇、唐集镇、黄营乡为邻，西依盐河和朱码镇、红窑镇相邻，南与大东镇、淮安(薛行)循环经济产业园接壤，北与五港镇毗邻，省329公路横穿东西。通往大东、唐集、五港等乡镇的道路全部提档升级为7米的沥青路和水泥路，交通十分便利。全镇总面积114.87平方千米，耕地面积6080.63公顷，辖23个村(社区)，146个村民小组，14933户，58810人。2017年，实现地区生产总值109980万元，财政收入6327万元，农民人均纯收入16820元。

农业　完成农业总产值87605万元。粮食作物播种面积9588公顷，粮食产量4.35万吨，油菜种植面积880公顷，油菜籽产量640吨，饲养生猪2.05万头、家禽128万只、獭兔2.2万只。全镇亩纯收益2000元以上的高效种植业面积1333.3公顷。推广优质高产、特粮特经

东胡集镇发展柳编技艺带动多人就业增收　　(东胡集镇 供稿)

等优势产业，种植优质水稻4000公顷、弱筋类小麦4200公顷、双低油菜700公顷、玉米500公顷和优质大豆200公顷。推广水稻机插秧面积1200公顷，新增插秧机6台，累计285台，推广水稻抛秧面积200公顷；推广秸秆还田技术，落实秸秆机械还田面积4613.33公顷，55千瓦以上拖拉机105台；推广水稻、小麦、玉米优良品种，良种覆盖率95%以上；推广植物病、虫、草防治新技术，把病虫损失降到最低限度。引进总投资1亿元海涟生猪养殖有限公司，占地面积200公顷，有标准化猪舍10幢，面积1.2万平方米，年生猪养殖1.5万头，建成屠宰生产线，形成农贸工一体化、产供销一条龙格局。全镇有万头生猪基地1个、千头生猪基地2个，年出栏100头以上生猪的养殖大户18户；养羊100只以上13户；年养万只獭兔大户1户；年养肉鸽千只以上4户；年养万只养鸡场7个，2000只以上家禽养殖大户34户，水产特种养殖面积13.33公顷以上9户。做好省定土地确权登记试点工作，申请登记农户13836户，颁发证书13830户，完成农户一户一档、镇村两级档案的归档工作。围绕发展高效农业，新建家庭农场13个、土地股份合作社1个、千亩连片规模经营示范方1个，创建市级示范主体2个、创建省级示范合作社1个，市级示范家庭农场1个，推广种植业保险4000公顷。县下达新型职业农民培育任务818人，完成培育人数915人，完成率111.2%，发放技术资料4000余份，解决疑难问题13件，并做好培训后跟踪服务和技术指导工作。实施科技入户工程，培植科技示范户80户，带动农户1600户；实施测土配方工程，面积800公顷。新发展大棚蔬菜面积30公顷，新建基围虾66.67公顷、高围渔场66.67公顷的规模养殖基地。农村水利工程挖土方48.36万立方米。疏浚斗农毛渠累计挖土24.78万立方米；新建电灌站5座；拆建、维修电灌站1座，建斗农门85个座、涵洞230座、桥22座，防渗渠39公里，累计挖土23.98万立方米，总投资3300余万元。

工业与招商引资　完成规模以上工业总产值4.2亿元，规模以上固定资产投资和工业投资3.2亿元；规模以上工业开票销售收入2.31亿元，工业用电量482万千瓦时。大唐红木工艺品厂、小野木业等农业加工项目纳入市盘考核，全部投产达效，通过市竣工验收；海旺包装、瑞新建材、浩巨玻璃纤维等工业项目纳入县盘考核项目，全部投产达效，通过县盘竣工验收；馨平面粉农业加工项目，投产达效，通过县盘竣工验收；星畅木业农业加工项目，2017年底开工建设。

第三产业　完成第三产业增加值50911万元。新增私营企业90家，新增私营企业注册资金4200万元，新发展个体工商户230户。劳动力转移1.6万人次，实现劳务收入2.21亿元。

社会事业　落实惠农政策，发放农业支持保护补贴(耕地地力保护)资金841.29万元；争取一事一议财政奖补及其他资金480.36万元，铺设道路23.9千米。发展有线电视用户3800余户，其中数字电视用户2900余户；全镇居民医保49195人，上缴保费1033万元，完成县下达任务的104%，发放社会保障卡2.4万张；参加居民养老保险15600人，60岁以上领取人数14500人，年发放养老金2000余万元，60岁以上领取丧葬补助费40余万元。享受农村低保875户、1930人，五保老人289人，发放各类救助金243户、32.7万元。全镇共有低收入户1466户，368户完成脱贫。计划生育率97.3%，优生健康检查308例，办理生育证620本，奖励扶助202户，发放独生子女费3.27万元；发放优抚对象款461.8万元。农民集中居住点入住889多户，建筑面积19.95万平方米，居住点内绿化、硬化、亮化等民生工程初步配套，村村建标准化村部和社区卫生服务站，新建污水处理厂1座。

【东胡集政务服务分中心】　总面积1620平方米，分为上下两层，中心大厅里分为窗口服务区和集中办公区，另有等待区供办事群众休息，大厅外有市民广场、灯光篮球场等居民健身休闲场所。为优化窗口设置，简化办事流程，进驻民政、劳保、户政、新农合等15个部门，开设办事窗口35个，为群众提供便捷的优质服务。2017年，共接待咨询、办事群众1.5万人次，为群众办理各类事项7000余件，调解各类矛盾纠纷150多起，被评为淮安市乡镇示范政务服务中心。

【道路提档升级】　2017年，东胡集镇针对多年来道路不畅，交通不便，严重制约镇域经济社会发展的实际，实施道路提档升级工程。该工程涉及15个村，总长60多千米的7条镇村主要道路率先纳入改造，年底竣工通车。投入100余万元在道路两侧架设太阳能路灯460盏，方便群众出行。

【"关爱驿站"建设】　2017年，东胡集镇投入40余万元，在学校附近，精心打造

500平方米集“休闲、娱乐、服务”为一体的“关爱驿站”，为原本站在路边接送孩子的学生家长遮风挡雨。“关爱驿站”设有影视室、棋牌室、图书阅览室、医务室、精神关爱室、远程视频室、健身运动室。影视室可供家长观看各类影片；视频室可为老人提供与在外务工子女视频聊天；家长把孩子送进学校后，可以到“关爱驿站”读书看报看电视，打牌下棋玩手机，健身锻炼聊天和休息一切均是免费服务。

【农业特色产业建设】 2017年，东胡集镇注重发展农业特色产业。总投资260万元的瓜蒌产业园，总面积35公顷，实现产、加、销一条龙的规模效应。投资200余万元的稻虾蟹鳖混养基地，总面积13.33公顷，取得较好的经济效益。投资2000万元的高围鱼塘养殖，占地66.67公顷；投资2000万元的基围虾养殖，占地54公顷；占地12.6公顷的鲑鱼基地，是垂钓休闲的好去处。传承发展柳编技艺，全镇有3个柳艺合作社，在编织传统花篮的基础上，积极研发筐、箱、包及灯罩等各类装饰品，放在互联网上销售。12月，柳编技艺传承人李利元，被省委组织部等8家单位评为江苏省乡土人才“三带”新秀。

【现任领导班子成员名录】

党委书记　高正飞
镇　　长　吴亮亮
人大主席　杨立彬
党委副书记　肖　悦
副 镇 长　张　瑞　杨　松
　　　　　朱成霞　朱飞雷
纪委书记　王　永
组织委员　曹建成
宣统委员　徐志鹏
政法委员　肖　悦
人武部部长　徐帮奎

2017年东胡集镇村级概况一览表

表32

村(社区)名	村民小组(个)	户数(户)	人口(人)	耕地(公顷)	党总支书记	村(居)委会主任
胡　谢	7	715	3447	391	杨成军	陈士梅
胡　南	8	730	3352	380.6	李春华	李友成
小　埝	6	632	2937	333.93	薛　亚	徐　健
别　洼	5	462	2331	246.73	朱加良	别同新
花　元	4	359	1725	195.33	程如明	程如明
斗　墩	4	375	1565	177.2	顾正伟	刘猛路
复　兴	7	788	3421	368.13	—	刘国贤
姜　桥	3	276	1342	151.86	王军成	王军成
严　黄	4	381	1788	202.53	严树成	严树成
渠　东	7	689	3321	376.6	朱广军	聂步兵
镇　北	7	692	3224	365.93	王中来	徐　海
桥　西	3	215	1080	121.1	朱中树	郁秀锦
胡　集	5	521	2410	279.49	笪　飞	吴献平
嵇　码	7	601	2670	168.2	刘金领	—
马　老	9	627	3363	293.9	嵇　兵	马启民
白　果	7	561	2880	272.5	姚月功	薛如美
姜　圩	7	661	3465	307.3	姜铭红	朱学功
李　圩	9	762	3610	372.5	张自力	姚士权
陈　圩	4	331	1960	172	陈四新	陈四新
钦　工	8	610	3295	253.7	张忠春	刘雪举
鲁　渡	9	758	3426	262.9	吴　刚	—
黄　湾	6	380	2296	116.2	费泽海	胡井河
时　码	10	1032	5663	275.1	采长红	—

（胡学元）

岔庙镇

【概况】 岔庙镇位于涟水县域腹地,东隔公兴河与红窑镇相望,南与朱码镇为邻,西与梁岔镇、前进镇毗连,北与高沟镇交界。全镇面积82.6平方千米,耕地面积3188.24公顷,辖17个村(社区),91个村民小组,10673户,43128人。2017年,实现地区生产总值91587万元,财政总收入2192万元,其中公共财政预算收入1262万元,农民人均纯收入16954元。

农业 实现农业总产值61948万元。粮食作物播种面积6400公顷,其中,水稻3130公顷,小麦3106公顷,玉米246公顷,大豆58公顷,粮食总产量42818.85吨;油料作物面积133.1公顷,产量249.5吨。全年共流转土地120公顷,成立土地股份合作社1个,3个家庭农场合并组建合作社1个,新发展家庭农场10个。新增高效农业75公顷,荣锦丽林农村和旋桥葛奎成农场初具规模,示范带动作用明显。开展新型职业农民培训509人次。新增大型收割机、拖拉机80余台,农业机械化程度稳步提升。

工业与招商引资 实现工业开票销售收入151268万元,规模以上固定资产投资102616万元,工业入库税金817万元,工业用电718万千瓦时。引进亿元以上工业项目2个,3000万元以上农业加工项目1个,3000万元以上工业项目4个。总投资1.7亿元的涟水盛缘包装有限公司,主要生产各种品牌高档酒盒、酒箱、手提袋等包装物,年开票8000万元,纳税近400万元;总投资1.7亿元的涟水建强纺织有限公司,主要进行仿真丝加工,占地面积3.2公顷,计划新建厂房2.5万平方米,建成后可年产仿真丝5000万米,开票销售收入1.5亿元,纳税600万元;总投资4500万元的淮安匠之心木业有限公司,主要进行木材深加工,年开票销售收入3000万元以上,纳税100万元;总投资3800万元的淮安福鸣纺织有限公司,主要生产纺织品,新上热熔胶复合机流水线、提花织机等设备,年产纺织品1200万米,折合布件20万件,开票销售收入5000万元,纳税200万元;总投资3300万元的淮安亿汇通金属制品有限公司,主要生产垃圾桶、分类箱、转运箱及其他金属制品,占地1万平方米,年开票销售收入3300万元,纳税150万元。总投资3600万元的淮安嘉栾翔纺织有限公司,项目占地1.4万平方米,建成后年产仿真丝4000万米,年开票销售收入3000万元,纳税120万元。

第三产业 实现第三产业增加值37421万元。新增个体工商户326户,私营企业158家。全镇交通物流、餐饮、洗浴、休闲娱乐等得到全面发展,新增普通饭店2个,实现营业额150万元。新增交通物流开票销售收入295万元,入库税金30多万元。引进总部经济企业32家,开票销售收入1.9亿元,入库税金988万元。

社会事业 新河村整村推进有序开展,全年搬迁农户165户,平整成片土地22公顷。新建洪滨污水处理厂,辐射中心村居民300多户,集中处理生活污水;投资100万元新建集运动、健身、休闲、娱乐于一体的体育公园,丰富居民的精神生活;投资50万元新建关爱驿站并通过第三方机构验收。投入30余万元,完成岔庙卫生院D级危房改造,争取资金500多万元新建病房楼1800平方米、医技楼300平方米;联合市中医院打造"特色中医",双方共建医联体,市中医院专家周三、周日定期坐诊,让群众不出远门就可以享受到市级专家的诊疗。结合涟水省级文明城市创建,在全镇开展创评"四美在农家"活动,把评选"四星级文明户"作为新时期加强农村精神文明建设的重要载体,在全镇形成健康文明新风尚,评选出文明户400户。全年在国家、省市县级各类报刊和网站发表宣传报道88篇,积极推介"幸福岔庙"微信公众号,全年推送微刊42期。打卡发放秸秆还田补贴110万元和农机具补贴55万元。孕前筛查214例,任务完成率103%。便民服务中心完成改造升级,方便群众办事。核准低保户509户,发放低保金171.36万元;慰问中华人民共和国成立前老党员17人,发放慰问金8.16万元;成立岔庙镇爱心公益基金,发布微心愿3期,圆梦65人,开展金秋助学行动和"小青淮"志愿活动。

【现任领导班子成员名录】

镇长	嵇晓海
人大主席	孙林
党委副书记	黄在良
副镇长	郑庆 成刚
	苏海波
纪委书记	王付忠
组织委员	贾海龙
政法委员	成刚
人武部部长	张红旗

2017年岔庙镇村级概况一览表

表33

村(社区)名	村民小组(个)	户数(户)	人口(人)	耕地(公顷)	党总支书记	村(居)委会主任
岔河	4	348	1601	147.27	王传伟	吴立高
新河	5	536	1812	230.93	嵇从华	方兵
荣锦	5	400	1819	176.73	穆艳香	朱云
百子	7	986	3601	229.4	嵇连高	万秀林
岔庙	5	478	2275	128.8	王东成	程军
原种场	5	434	1869	147.13	桑友荣	颜士杭
和平	5	580	2477	187.27	朱大娥	戴培超

续表33

村(社区)名	村民小组(个)	户数(户)	人口(人)	耕地(公顷)	党总支书记	村(居)委会主任
濒 河	5	585	2566	255.33	皇正平	马文松
洪 滨	7	730	3152	251.27	叶建海	李友祥
旋 桥	5	584	2396	211.87	徐成军	伏珍权
西 集	4	409	2019	126	刘新云	朱文国
夜 合	4	391	1991	136.11	张久仁	刘炳中
桑 庄	5	506	2363	176.33	桑友亮	曹成龙
纪 集	5	523	2656	145.93	纪文成	丁维坚
郝 友	6	682	3052	266.6	刘保荣	高子洪
义 河	10	1030	4809	295	王 震	吴元洲
路 口	4	374	1642	144.07	纪云成	王红梅

（王 健）

石 湖 镇

【概况】 石湖镇地处三市五县交界处，东与盐城市响水县黄圩镇、滨海县天场镇、阜宁县羊寨镇接壤，南与本县唐集镇相邻，西与东胡集镇、五港镇交界，北与连云港市灌南县百禄镇毗邻。327省道横穿境内，东连沿海高速、西接宁连高速公路，交通十分便利，商贸繁荣，人杰地灵。全镇总面积84.3平方千米，耕地面积5546公顷，辖17个村（社区），11834户，45165人。2017年，全镇实现地区生产总值77925万元，财政收入1.46亿元，农民人均纯收入16958元。

农业 完成农业总产值50164万元。粮食作物播种面积5926公顷，粮食产量40393吨，油料作物播种面积600公顷，产量1842吨，蔬菜面积481.8公顷，产量1.95万吨。生猪饲养量17670头，家禽饲养量10.3万只。全镇大型收割机登记年审110台，55千瓦以上大型拖拉机登记年审48台，购置秸秆打捆机4台。扶持发展养殖大户5户，组建家庭农场6个，农民专业合作社3个，其中土地股份合作社2个，土地流转390多公顷，完成小麦1050公顷、水稻1226公顷和高效农业投保任务。新建镇村主要道路6千米，村内道路8千米，改造危桥3座，新建电灌站6座。投资3500万元的淮安黄河故道花果湖生态园道路、历史遗存、果园拓展等前期工程初步建成，为打造特色文化旅游商圈打下良好基础。

工业与招商引资 实现规模工业总产值5.98亿元，规模以上工业开票销售收入5.76亿元；工业入库税金1846万元。以招商引资和优化服务为抓手，推进项目建设，大力推进工业经济上台阶。新竣工亿元项目1个；新开工3000万元以上项目2个，新竣工3000万元以上项目1个，新增规模以上企业1家。

第三产业 商贸、流通、运输、餐饮等服务业发展较快，新发展个体工商户136户，新增私营企业85家，新增个体私营企业注册资本2.59亿元。输出劳动力19569人，其中有组织输出7239人。完成第三产业增加值24646万元。

社会事业 开展低收入人口建档立卡户1771户，4个省市县经济薄弱村推广创业、就业等脱贫方式，逐户精准脱贫，依托能人大户，盘活地方资源，拓展增收渠道。全年化解各类信访矛盾300余件，包案率98%。抓好安全生产工作，全年未发生重大以上安全生产事故。推进农村饮水安全工程，解决长期以来全镇居民饮水不安全问题，对接落实好区域供水三级管网完善改造、入户工程组织实施、费用筹集、协调施工矛盾。新建十七堡村部460平方米；高标准建设17个村（社区）公开栏。

【正邦集团涟水石湖循环农业生态园】 位于石湖镇楼庄村，2017年5月由正邦

2017年5月，正邦集团涟水石湖循环农业生态园项目开工建设 （石湖镇 供稿）

(香港)贸易有限公司与江西正邦养殖有限公司合资成立涟水正邦牧业有限公司,投资3050万美元建设涟水石湖循环农业生态园项目,占地面积12公顷,发展年出栏30万头生猪养殖,计划用10个月时间建设存栏800头规模的GP种猪场1个、存栏2000头/组规模PS繁殖场6组及配套养殖场,建成后预计年产值近6亿元。到年底,项目主体工程完成60%。

【石湖镇工业集中区】 分为瓦房、外口、东兴3个工业集中区。总面积10.29公顷,建筑面积1.83万平方米,入驻企业9家,区内道路、绿化、下水道、路灯等基础设施完善。2017年,重点建设瓦房工业集中区,规划占地30公顷,建成区4.67公顷。金盟机械、三盛塑料、金新泰管业、圣宇制刷等企业在园区投资兴业。全年集中区实现开票销售收入6200万元,税收310万元。

【现任领导班子成员名录】

党委书记　李　兵
镇　　长　李华强
党委副书记　费清松
副 镇 长　张　洋　李　芳　程国宝
纪委书记　嵇应斌
组织委员　李　珞
宣统委员　孙中岩
政法委员　张德军
人大副主席　李　珞
人武部部长　张德军

2017年石湖镇村级概况一览表

表34

村(社区)名	村民小组(个)	户数(户)	人口(人)	耕地(公顷)	党总支书记	村(居)委会主任
石　湖	6	837	3905	114.13	刘成刚	蔡金霞
果　园	8	682	3860	150.00	周海章	盛桂军
齐　庄	6	445	1902	108.80	黄绍举	卞祝青
十七堡	8	567	2367	240.54	陈素伟	张中严
外　口	6	763	3430	242.60	杨中元	孙维清
五　里	4	421	1836	121.07	李　中	倪　松
瓦　房	4	332	1560	116.20	张中茂	张中涛
楼　庄	6	373	1720	173.32	程　华	薛伍生
朱　圩	8	466	1900	225.20	马宏图	薛红啸
三　齐	4	423	2000	117.90	秦　忠	—
四　兴	7	720	2850	241.80	张　刚	顾云勇
方　圩	8	829	4620	327.25	殷亚东	高明东
东　兴	8	745	3501	292.64	顾云辉	张加乔
张　顾	5	445	2382	181.60	张翠竹	张木友
薛　集	8	589	3213	193.30	张朋飞	李龙成
徐　马	9	736	4820	273.00	顾东升	殷开兵
淮　泽	8	457	2340	181.64	张明生	马荣辉

(陈素伟)

义 兴 镇

【概况】 义兴镇位于涟水县域最北端,东隔盐河与灌南县新集镇以及本县的五港镇为邻,南与红窑镇交界,西与灰墩办事处毗连,北与灌南县新安镇接壤。全镇水陆交通便捷,东有盐河三级航道纵贯南北,通江达海,县道301公路横穿东西,西距宁连高速公路8千米。全镇总面积46.3平方千米,耕地面积2854公顷,辖9个村(社区),59个村民小组,5637户,22315人。2017年,全镇实现地区生产总值43596万元,财政总收入6146万元,农民人均纯收入16584元。被评为江苏省散装水泥示范乡镇、淮安市村庄环境长效管护示范乡镇,获县委、县政府乡镇科学赶超跨越发展考评三等奖。

农业　完成农业总产值17946万元。粮食作物播种面积3313.3公顷,粮食总产量2.23万吨;油料作物播种面积178公顷,产量503吨;生猪饲养量3000头,家禽饲养量20万只。义兴村残疾人胡波发展特种养殖,饲养孔雀和火鸡200多只。以苗戴村为核心,以老桃园、万民、义兴等村多点种植的黄花菜产业项目,核心区占地面积25.47公顷,总占地面积近50公顷,建连幢大棚3850平方米。苗戴村新建390平方柳艺编织厂房,村部周围种植苔韭1.73公顷。五房村流转土地13.33公顷,购买瓜蒌苗10万元,与村民开展合作种植瓜蒌;大埝村通过流转土地发展塑料大棚蔬菜2.67公顷。

工业与招商引资　完成工业总产值18.2亿元,其中规模以上工业总产值12.5亿元,工业开票销售收入11.5亿元,规模以上工业开票销售收入10.8亿元，工业入库税金656万元，规模以上固定资产投资8.35亿元，其中规模以上工业固定资产投资4.56亿元。淮安仲益电机项目外资到账415万美元；总投资6500万元的淮安裕淮菇业厂房主体部分完工，正在建设配套设施。新申报3000万元以上农产品加工项目及工业项目各1个，新发展总部经济企业30余家。

第三产业 完成第三产业增加值15690万元。新增个体工商户126户，私营企业80家；输出劳动力5800人，其中有组织输出1800人，培训劳动力780人。

社会事业 铺设水泥路4600米，实施农路提档升级工程拓宽道路3条；新建农桥10座，新建小学西门桥1座，修缮小学北门桥1座；新建十支二斗桃园组翻灌1座，维修电站1座；完成河道疏浚14.4千米，建防渗渠2000米，维修疏浚防渗渠道60条，其中斗渠清障13条；投入100多万元改造万民闸。饮用水安全改造工程顺利推进，成立涟水县兴民水务有限公司，四级管网入户2300余户。基本养老保险参保率99.5%，居全县第一。计划生育政策符合率98.13%，计生工作获全县综合考核先进。对生重病的优抚对象、低保户、五保户、孤儿和低保边缘户等弱势群体，实施大病救助和临时生活救助政策，上报大病救助330多人次，临时生活救助25人。发动镇企业公益联盟救助困难群众、病灾户69户5.14万元，救助留守儿童6人。在2017年中考和小升初考试中，义兴中学和义兴小学分别取得全县第六名和全县农村小学第二名。

【镇村环境综合整治】 2017年，义兴镇结合“263”专项行动，开展燃煤锅炉、畜禽养殖、黑臭水体等拉网式农村环境综合整治。整治黑臭水体5条，挥发性有机化合物治理1家，9家锅炉使用单位全部完成生物质改造，靠近盐河2家养殖场关闭，2家养殖场整改完毕通过县级验收，污水管网二期施工完毕并投入运行。完善农村环境网格化管理，整治“脏、乱、差”，投入资金新建垃圾中转站，配齐垃圾桶，规范保洁队伍管理，做到全镇环境卫生无盲区、无死角。镇主要领导多次带队对各村（居）环境整治工作进行验收评比，累计投入环境整治经费100多万元。10月，义兴镇被评为淮安市村庄环境长效管护示范乡镇。

【淮安裕淮菇业有限公司】 由江苏裕灌现代农业科技有限公司投资兴办，项目位于义兴镇苗戴村境内。一期投入6500万元，占地面积3.33公顷，新建48幢菇房及辅助用房，面积1.6万平方米，主要生产双孢菇。项目引进爱尔兰最先进的智能化成套设备，采用世界领先的三次发酵种植技术和电脑自动化控制系统，提供双孢菇生长所需要足够优质培养料的同时，通过智能化控温控湿，为蘑菇生长创造最适合的生态环境，投产后可年生产双孢菇4000吨，可带动200多名低收入农户就近就业。到2017年12月底，土建部分全部完工，正覆盖保温膜及完善配套设施。

义兴镇建设中的淮安裕淮菇业有限公司 （义兴镇 供稿）

【义兴镇工业集中区】 位于义兴镇五房村境内，创建于2008年，规划面积2平方千米，一期建设标准化厂房50幢，厂房面积6.6万平方米，其中双层厂房12幢，总计2.4万平方米，单层厂房42幢，总计4.2万平方米。2017年底，园区累计入驻企业26户，形成以电子加工（艾巴电子、新邦电子、仕力达电子等）、机械制造（仲益电机、凯嘉建筑机械制造、汇鸿精密模具等）、木材加工（金通元盘具、鑫骏宏木业、永恒木业等）为主的产业集群。全年完成工业销售收入8.1亿元，利税656万元。

【现任领导班子成员名录】

党委书记	张建国
镇　长	苗增武
人大主席	丁天霄
副镇长	林王琛　施应才　潘　健
组织委员	汪海亮
宣统委员	周双宁
政法委员	左偕平
人武部部长	左偕平

2017年义兴镇村级概况一览表

表35

村（社区）名	村民小组（个）	户数（户）	人口（人）	耕地（公顷）	党支部书记	村（居）委会主任
五房	8	709	3584	280.8	施应才	王福华
老桃园	7	780	3600	460	孙信东	孙中明

续表35

村(社区)名	村民小组(个)	户数(户)	人口(人)	耕地(公顷)	党支部书记	村(居)委会主任
万民	9	777	2450	266.67	孙海平	孙文礼
义兴	5	419	2106	240	——	孙维正
大埝	8	784	3150	221.33	孙国平	嵇孝云
白洼	6	395	1801	233.33	张明亚	蔡友村
施庵	5	295	1301	213.33	刘爱梅	潘成华
张郑	7	356	1650	313.33	于晶晶	于晶晶
苗戴	4	416	2216	245.33	苗珍利	——

(孙卫卫)

大东镇

【概况】 大东镇位于涟水县域中东部,东隔古盐河与黄营乡相望,南与淮安(薛行)循环经济产业园为邻,西、北与东胡集镇毗连。省道327穿镇而过,涟北路横跨南境,镇政府驻地大东街,距县城13千米。全镇总面积54平方千米,耕地面积3639公顷,下辖1个场圃,12个村(社区),87个村民小组,7697户,28898人。2017年,实现地区生产总值72218万元,财政收入3176万元,农民人均纯收入16895元。获全县乡镇科学跨越发展考评一等奖,平安创建、脱贫攻坚、卫生集镇、司法等多项工作均受到省、市表彰。

农业 实现农业总产值21763万元。粮食作物播种面积4659.33公顷,粮食总产量37653吨;油料作物播种面积143公顷,产量456吨。生猪饲养量2万头,出栏1.6万头;家禽饲养量100万只。实施"一村一品一店"党组织书记项目,南严村争取省级土地股份试点项目资金200万元,打造20公顷玫瑰生态产业园,栽植药用玫瑰16万株,季节性用工200多人,人均年增加6000元收入,村集体年增收18万元。中达康农合作社将富硒产品种植面积扩大到130多公顷,生产的"雪鹭"牌富硒大米被评为淮安市知名品牌,获得国家绿色产品认证,带动周边农户持续增收,辐射范围1500户。探索"农产品+互联网+社区店"运作模式,实现线上销售收入200万元。施洼村双强蔬菜合作社大棚蔬菜种植面积新增27公顷,累计37公顷,通过招商引进年饲养量500头肉牛的亚夫畜禽养殖合作社和22.67公顷的以水生蔬菜为主的家庭农场,实现村集体经营性收入20.5万元。其他村扩种土豆33.5公顷、瓜蒌6.67公顷、蛇床子6.67公顷、益母草6.67公顷,全镇初步形成多彩农业的新田园综合体格局。完成投资1300万元的千东村土地治理项目和投资2400万元的皇圩—王老庄片区水利开发项目,铺设田间道路20余千米,新建砼防渗渠39.8千米,新建涵洞8座、农门163座、生产桥60座、节制闸11个,清障排水沟16千米,对镇域范围的排灌溉渠进行有效管护,确保灌得进排得出;陈庄、瓦滩、客堂、镇南4个村水利设施经营体制改制,使水利设施的效益得到充分发挥。制定大东镇配套河长制,落实日常河长制巡查工作。

工业与招商引资 以镇工业集中区为载体,持续推进招商引资与全民创业,工业经济实现历史性突破,实现规模以上固定资产投资6.18亿元,比上年增长2.7%;规模以上工业开票销售收入2.32亿元,增长6.4%;全部工业入库税金586万元,增长7.2%;工业用电量1360.7万千瓦时,增长11.9%;固定资产进项税166.12万元,增长13.08%。开工和续建项目4个,分别是常熟江南不锈钢有限公司投资1.5亿元的年产1.5万吨铝棒和1万吨铝合金型材项目,9月部分试投产,年内开票销售收入1000万元;浙江客商傅国方投资3000万元的宏信亚麻三期技改项目;回乡创业的王健强投资3000万元的牙刷加工项目;上海客商投资4500万元的自动化传输设备生产项目,拥有上海交通大学科研资源,10月试生产,与西门子、富士康等公司合作,生产智能机器人零部件并组装成机器人手臂,每台价格在20万—30万元;与县城管局共同帮办的北京桑德集团投资5000万美元的生活垃圾焚烧发电项目,9月顺利通过市重大项目开工考核。

第三产业 完成第三产业增加值2.42亿元。新增个体工商户140户,私营企业100家,新增私营企业注册资金1.36亿元。输出劳动力10152人,其中有组织输出1762人,培训劳动力1043人。餐饮服务、经济、咨询等行业齐全,交通运输、批发、零售等行业得到较快发展。

社会事业 落实孕前优生健康筛查149对,对全镇2—14周岁独生子女进行全覆盖登记,为456户计生家庭办理计生全家福保险。全县小候鸟阅读室·儿童快乐家园的启动仪式在大东居委会举行。城乡居民养老保险完成率100%,6150人的保费足额到账。发放最低生活保障398户112万元,发放尊老金749人60.2万元,发放定补人员补助经费191人259.6万元,发放临时生活救助13户2.23万元。饮用水巩固提升工程全面启动,处置小水厂14个,完成对各村用水户数的调查工作,形成资料归档。铺设三级管网151.5千米,入户工程施工5414户,完成率超80%。通过争取交通项目,投入资金300余万元,对大胡路进行提档升级,将由原来的3.5米扩宽至7.5米的沥青道路,12月底正式通车;实施完成697户改厕任务,全县领先;投入6万余元在大东居委会新建公共厕所,并投入使用,便利周边群众。

【瓦滩村乡村旅游建设】 2017年,瓦滩村投入资金260万元,新建村综合服务中心，面积1732平方米，局部四层，具有便民服务、超市、卫生室等功能，主体工程基本结束。通过改造民居民房、疏浚整治河塘沟渠、补栽花草树木等措施，改善村域生态环境，在民居民房上创作墙体彩绘，发展宜居宜游的美丽乡村旅游。全年共接待上海、南京、浙江等地游客90余批5000人次，旅游直接收入200多万元，带动农户销售草鸡、草鸡蛋、菜籽油、大米、大豆、花生、玉米面、蔬菜等农产品80余万元。年内，先后承办全市住建系统"美丽乡村"建设专题会议并作交流发言，周边多个市县到村观摩学习，被认定为江苏省三星级乡村旅游示范基地，入选江苏省水美乡村，被市推荐为江苏省最美乡村候选单位（全市仅三家）。

【大东镇工业集中区】 位于大东镇镇区北侧，规划总面积21.25公顷，其中一期规划14公顷，2009年3月启动建设，南区规划14公顷，2012年8月启动建设。累计投入1000余万元，新上2台变压器和高压线路，建成综合办公楼1幢，架设路灯65盏，硬化集中区道路1万平方米，铺设下水道6000米，绿化草坪8000平方米，集中区基本实现"六通一平"。到2017年底，标准化厂房投入使用32幢。入驻企业10家，完成工业开票销售收入3.74亿元，利税455万元。规模以上企业7家，分别是淮安宏信亚麻纺织有限公司、淮安市兴联化工有限公司、涟水惠丰机电（苏禾电器）有限公司、淮安新林日用品有限公司、涟水县语晨制刷厂、淮安睿基家具有限公司、涟水县依达木制品加工厂。

大东镇瓦滩村生态旅游休闲农业园 （大东镇 供稿）

【现任领导班子成员名录】

党委书记 胡建明
镇　　长 汪树安
人大主席 季　智
党委副书记 李雷鸣
副 镇 长 单　军 季从善 孙中健
纪委书记 罗　廷
组织委员 徐少游
宣统委员 秦朝霞
政法委员 徐少游
人武部部长 李超亮

2017年大东村级概况一览表

表36

村(社区)名	村民小组(个)	户数(户)	人口(人)	耕地(公顷)	党总支书记	村(居)委会主任
大　东	9	820	2850	155.87	金德平	刘洋军
千　东	10	735	2513	254.60	嵇兴军	袁义超
陈　庄	5	424	1396	106.87	李同亚	贾正权
客　堂	9	539	1918	172.00	苏简刚	高　明
镇　南	6	542	1787	182.13	袁以文	赵建洲
瓦　滩	8	631	2144	233.33	刘泽春	刘金山
王老庄	10	552	1957	171.40	张业宽	王　康
皇　圩	8	530	1871	202.20	皇本树	朱留生
南　严	6	364	1335	111.33	严殿良	王　波
施　洼	8	685	2280	292.07	孙中健	贾中林
场　北	4	301	1160	106.60	杨大华	—
严　庄	3	148	680	68.00	严兰明	严亚军

（郑媛媛）

南集镇

【概况】 南集镇位于涟水县域东南部，东依古淮河与阜宁县芦蒲镇、淮安区苏嘴镇隔河相望，西与徐集乡相连，北与黄营乡接壤，涟南羊公路纵穿南北。镇政府驻南集居委会，距县城23千米。南集历史悠久，民风淳朴，是淮河古道名镇，南宋沿海巡检使嵇安故里，绿色品牌基地，全国小戏之乡，江苏省文明镇，国家级卫生镇。总面积56.3平方千米，耕地面积2826.36公顷，辖12个村(社区)，67个村民小组，8123户，3.3万人。2017年，全镇完成地区生产总值61994万元，财政收入1.02亿元，农民人均纯收入15989元。

农业　完成农业总产值40797万元。粮食作物播种面积3893.33公顷，总产量2.732万吨，油料作物播种面积133.33公顷，总产量400吨。饲养生猪4.8万头，出栏4.1万头，饲养家禽60万只，出栏45万只。涉及下营、冯陈、南集等村的南集镇现代农业示范园总投资1.5亿元，被列入省重大项目，年内开工建设，投资700万元。开展农业招商，引入淮供欣隆，打造农业全程社会化服务体系。以166.67公顷瓜蒌、20公顷苗圃、40公顷螃蟹、13.33公顷西瓜、13.33公顷低收入农户创业园等五大特色园为核心，优质稻米全产业链核心区、生猪养殖示范区、现代农业服务区为代表的"五园三区"的基本格局初步形成，促进农业的转型升级。投资1328万元，涉及码头、冯陈、新合等村土地整理项目进入最后扫尾，新建防渗渠14365米、疏浚沟渠10140米，铺设田间道路16134米，新建桥、涵等田间配套建筑物647座，平整土地117.53公顷，新建倒虹吸5座，新建泵站4座、维修1座，新建桥梁6座；完成总投资500万元涉及朱陈、直属、下营、南营等村黄河故道农业开发项目，铺设道路7135米，防渗渠7001米，拆建泵站1座；完成总投资350万元灌区节水改造，镇兴彭滩片田间最后1公里问题基本解决；总投资500万元涉及镇兴长浦片、范荡杜窑片黄河故道开发项目已顺利开工。

工业与招商引资　实现规模以上工业开票销售收入15亿元，规模以上固定资产投资10.3亿元，固定资产进项税300万元，工业入库税金1035万元；总部经济企业突破80家，其中年纳税200万元以上的企业4家，100万元以上18家。投资4000万元的嘉穗食品科技、6000万元的润泽工贸、3500万元的恒达木业、3000万元的雪球箱包4个项目成功落户，实现当年开工当年竣工，其中通过市盘重点项目开竣工考核项目3个，雪球箱包顺利进入县重大项目考核盘子；投资20亿元的高传风力发电项目一期顺利开工建设；投资3000万美元的全稳康源生猪养殖项目200万美元外资顺利到账，纳入市督考体系。

第三产业　实现第三产业增加值34161万元，服务业入库税收6900万元。新增个体工商户120户，新增私营企业110家，新增私营企业注册资金2.2亿元，劳务输出1.01万人。

社会事业　投入2200余万元，对镇区污水管网、下水道、道路、农贸市场、公厕等基础设施全面完善提档，建设主题公园，休闲广场，健身步道，绿色走廊，对镇区周边的建筑墙体等美化出新，对中小学周边停车位、绿化、下水道等设施进行改造，镇村面貌得到改善，创成国家级卫生镇。开展"263"专项行动，16个养殖大户、4家挥发性有机物、7家锅炉及范荡中心村北侧河塘、政府南大河黑臭水体全部整治、整改到位，通过县级验收。在冯陈村新建1个垃圾中转站，基本满足全镇垃圾收集需求。创成淮安市五星级村庄环境长效管护乡镇。围绕低收入农户增收致富，整合县级产业扶贫资金240万元，打造南集低收入农户增收创业园；实施精准到户项目67个，发放精准扶贫项目资金22.48万元，536户、1670人达到6000元脱贫标准，市定经济薄弱村朱陈村实现脱贫；发放各类涉农补贴到户资金433.99万元。投入370万元，新建南集中心小学综合楼，完成育才路绿化、停车位改造、完成中学教学楼立面改造；发放教育激励引导资金约20万元。

【南集现代农业示范园】 2017年，南集镇实施农业转型升级工程，聘请省农科院专家团队规划设计现代农业示范园，推动"产户、产村、产镇、产廊"四产融合，创建省级农业示范园区。示范园总投资1.5亿元，被列入省重大项目，年内投资700万元，铺设道路1万余米，其中核心区道路6000多米，纵穿园区南北的兴农大道4000多米；核心区基础设施配套日益完善，投资约1500万元建成景观廊道400米，铺设生态停车场约1500平方米，完成绿化6000平方米，新建园区眺望塔，西官河桥建成通车。"一心一轴两片多点"园区框架基本形成。到年底，园区已有各类经营主体9个，全年兑现各类经营奖补资金54.4万元；以瓜蒌、苗圃、果蔬、水产、低收入农户创业

南集镇现代农业示范园

(南集镇　供稿)

园等五大特色园为核心，以优质稻米全产业链核心区、生猪养殖示范区、现代农业服务区为保障，以“金东休闲农庄”为代表，“五园三区一庄”的产业布局初步形成。

【国家级卫生镇创建】 2017年5月，南集镇开展国家级卫生镇创建工作。投入2200余万元完善镇区基础设施，铺设污水管网3381米，完成农贸市场改造、新建公厕3座；投入1200万元完善镇村路网结构，兴农大道、兴农大桥建成通车，码头504斗、伏堆河桥全面竣工，5千米小内环、12千米中二环、30千米大三环路网格局初步形成；投入350万元打造南集东入口主题公园、南大河水体景观；投入100余万元完成镇区外立面改造工程；投入100余万元建成南大门健康公园。10月31日，高标准通过国家级卫生镇考核，为全市唯一一家通过考核乡镇。

【现任领导班子成员名录】
党委书记　张　峰
镇　长　薛必猛
人大主席　陈从友
副镇长　周隆成　朱晓斌
　　　　潘效彬　王　波
纪委书记　李　祥
组织委员　王晓飞
宣统委员　翟长颖
政法委员　仲一飞
人武部部长　仲一飞

2017年南集镇村级概况一览表

表37

村(社区)名	村民小组(个)	户数(户)	人口(人)	耕地(公顷)	党总支书记	村(居)委会主任
下营	6	581	2750	246.20	潘效彬	朱　平
新合	7	758	3265	267.33	陈艾仁	禹建中
码头	5	524	2610	246.67	邓天山	石甫林
镇兴	6	630	2760	363.33	朱延淮	刘兆全
南营	6	644	2800	322.07	乔书明	孙志祥
范荡	6	496	2240	161.33	范加银	金厚友
王圩	4	450	2350	253.20	朱宝成	夏成华
皂角	6	629	2802	205.39	张　坤	羊　兵
冯陈	8	906	3786	386.87	于秀忠	邵树生
南集	7	782	3980	185.30	朱峰峰	禹绍祥
直属	2	198	1030	56.67	禹长平	左文兵
朱陈	5	501	2600	132.00	袁成亮	陶学俊

（林晓珉）

成　集　镇

【概况】 成集镇地处涟水县域西部，南与淮阴区老张集乡、刘老庄乡交界，西与淮阴区古寨乡、宿迁市沭阳县张圩乡相邻，北与麻垛现代农业开发区、梁岔镇接壤，东与陈师镇毗邻。交通便利，灌溉沟渠密布，涟古路（涟麻路）、国道233（淮高路）在镇区交汇；淮涟三干渠从镇内过境，是全镇的灌溉主河道，杰勋河、西张河、小洋河、六塘河为镇内的主要排水河道。全镇总面积77.79平方千米，耕地面积5031.27公顷，辖18个村（社区），122个村民小组，11501户，45966人。2017年，实现地区生产总值81536万元，财政收入6089万元，农民人均纯收入16086元。

农业　实现农业总产值26138万元。粮食作物播种面积6885.8公顷，产量45897吨；油料作物播种面积1151公顷，产量4013吨；蔬菜面积123.33公顷，产量5.5万吨；生猪饲养量1.2万头，家禽饲养量30万只。全面推广优质稻米种植产业，在永锋、条河等村发展优质稻米种植54公顷。推广秸秆还田4000公顷。完成土地确权工作，颁发证书10291户。推广水稻、小麦、玉米优良品种。优化和调整农业产业结构，全年土地流转340公顷。引进投入1000万元的涟水奕诺农业有限公司，占地222公顷，采用有机栽培技术，主要种植有机黄瓜、青椒、南瓜等，农产品直供上海等生鲜超市，形成产供销一条龙格局。新建家庭农场9个，土地股份合作社2个.新增规模养殖大户23户、规模种植大户35户，新增设施渔业面积15.33公顷。推广种植业保险4500公顷。培训新型职业农民487人，帮助解决农业技术疑难问题252件。发放各类农业补贴860万元。投入近2000万元，启动实施朱庄、道明等4个村“旱改水”工程；实施六塘、杨庙等村农业开发项目；实施农桥、道路等一事一议项目，铺设农路20千米、桥涵及配套建筑物等30多座；疏浚河道近60千米，整治河塘30个、拆建电灌站10座、修建防渗渠22千米；新建标准化农田666.67公顷。

工业与招商引资　有各类企业45家，其中规模以上企业11家。实现工业总产值18.6亿元,全部工业销售收入9亿元,其中规模以上工业开票销售收入8亿元,工业入库税金2100万元,工业用电量5187万千瓦时。引进总投资1.5亿元的荣顺祥打击乐器项目,落户县经济开发区。腾耀包装加大技改投入,新建厂房2万平方米、研发楼5000平方米。汇玻材料完成资金、技术整合,纳入市盘考核验收。云雾日化、天马纺织、霞客科技等规模以上企业产销两旺。

第三产业　商贸、流通、运输、餐饮等行业规模、数量和服务质量均有大的提高。新增个体工商户140户,新注册私营企业90家,三产从业人员8200余人。完成劳动力转移2.3万人,完成贫困户劳动力免费培训700人,培育农民经纪人40人。全年实现第三产业增加值32029万元。

社会事业　投入600余万元实施涟古路、周成路等路段绿化提档升级工程。投入1300万元,建成杰勋村至条河村道路约5.5千米。投入20余万元,对镇区主要干道路灯进行维修改造。实施余圩敬老院等附属工程,改善老人居住条件。成集学校完成1500平方米的综合教学楼主体建设,建成餐厅宿舍。成集卫生院新建1000平方米防保所,余圩卫生院完成门诊楼、职工宿舍升级改造工程。条河、杰勋两村搬迁近400户,实施高标准农田综合整治项目,规划启动苏北小延安(条河)特色田园乡村建设。18家农家书屋更新各类图书1.9万册,“送戏下乡”活动演出36场。弘扬好人文化,有2人当选“涟水好人”。为全镇65岁以上老人免费提供常规体检服务。

【成集镇工业集中区】　建于2007年,位于国道233东侧的杰勋村境内,占地面积约10公顷,形成“两纵两横”的道路框架,供水、排水、电力、通信设施完备,绿化、亮化同步到位,建有标准化厂房22幢,总面积约3万平方米。2017年,集中区内有企业11家,用工240余人。其中固定资产投入3000万元以上企业3家,分别是圣农禽业、毕豪食品、浩远机械。区内企业开票销售收入1.42亿元,工业入库税金245.1万元,工业用电量846万千瓦时。

【扶贫特色产业开发】　2017年,成集镇抓住被纳入涟沭片区扶贫开发开发的机遇,实施产业扶贫、精准扶贫,发展优质稻米、食用菌、果蔬和绿色草坪等特色主导产业,打造6.67公顷食用菌生产基地,发展133.33公顷果蔬、200公顷草坪基地,培育666.67公顷优质稻米种植基地,带动当地1000户以上低收入农户增收。在六塘、余何、永锋等村发展光伏发电项目,放大阳光增收效益。永锋村开辟“电商+基地”的模式,帮助当地农户网上销售农副产品,开辟脱贫致富的新路径。年内,全镇实现低收入农户474户1843人脱贫。

【淮安荣顺祥乐器有限公司】　为成集镇招商引资企业,位于县经济开发区兴十路南侧、旺旺三路北侧,占地面积3.07万平方米,规划建筑面积1.34万平方米,生产及辅助设备有旋床、铣床、冲床、车床、雕刻机、剪板机、注塑机等100余台(套)。主要产品有铃鼓、砂球、鱼蛙、木琴、铝板琴、摇铃等近1000种,产品主要销往江浙沪等地,欧美等国家。预计2018年12月建成投产。投产后年预计销售收入5000万元,税金约200万元,利润450万元,将带动280余人就业。

【现任领导班子成员名录】

党委书记　黄　勇
镇　　长　池鹏飞
党委副书记　孙　林
副 镇 长　张云飞　颜世飞
　　　　　郑祥年　何孝刚
纪委书记　顾　威
组织委员　任正刚
宣统委员　童　心
政法委员　郑　科
人大副主席　刘良山
人武部部长　马会超

2017年成集镇村级概况一览表

表38

村(社区)名	村民小组(个)	户数(户)	人口(人)	耕地(公顷)	党总支书记	村(居)委会主任
余圩	5	485	2560	219	余一海	余学华
道明	5	496	2586	272	朱靖友	朱靖荣
法华	6	464	2686	305	谢观安	谢时林
槐树	4	241	1385	125	刘训超	刘训祥
杰勋	8	677	3319	355	史好平	皇小林
六塘	8	577	2914	298	邱以楼	嵇友立
旗杆	6	462	2013	269	—	张同华
三潘	9	643	2456	291	成士奎	张绍年
条河	10	786	3385	415	刘正荣	周玉俊
杨庙	7	580	2779	298	胡正华	胡正华
洋河	6	514	2073	228	朱从东	朱昭海
永锋	8	663	2988	351	冯安成	姜建国

续表38

村(社区)名	村民小组(个)	户数(户)	人口(人)	耕地(公顷)	党总支书记	村(居)委会主任
油坊	5	344	1758	212	韩志清	朱千山
余何	7	603	2779	253	朱晓义	余江轩
裕丰	8	589	2783	307	吴从林	吴永刚
朱前	6	458	2186	205	郑 丹	朱伟彪
朱庄	8	685	3989	334	王苏平	朱从杰
成集	7	904	3346	294	王德亚	姜汉举

（严立阁）

唐 集 镇

【概况】 唐集镇位于涟水县域东部，东、北与石湖镇接壤，南与黄营乡相连，西隔西官河与东胡集镇毗邻，古淮河、唐响河、唐松河、一帆河及省道327、省道329、涟阜路构成便捷的水陆交通运输网络。境内地势平坦，一般高程3米左右。有宋代月塔1座，为仿木结构砖塔，高约16米，属国家级保护文物单位。全镇总面积68平方千米，耕地面积3810.33公顷，辖13个村(社区)，160个村民小组，8501户，33252人。2017年，实现地区生产总值61245万元，财政收入2289万元，农民人均纯收入16778元。

农业 完成农业总产值58675万元。农作物播种面积3178公顷，其中，水稻2573公顷，小麦3086公顷，玉米142公顷，大豆132公顷，花生115公顷，红薯106公顷，油菜92公顷，粮食总产量62354吨，良种普及率100%。全镇新增大型农业机械21台，累计拥有各种农业机械3156台(套)。植树16万多株，培育苗圃近20公顷。生猪饲养量11256头，家禽饲养量35623只，有养殖大户68户。新发展周亚稻虾套养项目、六舍20公顷瓜蒌生态园，成立小顾蔬菜种植专业合作社，通过淘宝等电商平台销售无公害绿色纯菜籽油。投入资金600万元，顺利实施涟东灌区改造项目，新建、拆建电灌站5座，防渗渠7.5千米。投入200多万元建设中营片小农水项目，新建中营四组、胡缪一组电灌站2座，浇筑防渗渠4.5千米，铺设水泥路2.5千米。

工业与招商引资 实现全部工业开票销售收入7.1亿元，比上年增长21.5%，工业入库税金491万元，增长68.7%，实现工业总产值23亿元。项目引进工作取得突破，洽谈项目9个，其中亿元项目5个，3000万元以上项目4个；签约亿元项目3个，3000万元以上项目3个。涟水鑫源15兆瓦“农光互补”光伏发电项目1月18日成功并网发电，年总计发电量约2200万千瓦时。总投资10亿元(其中外资2000万美元)，装机总容量100兆瓦的中广核风力发电项目获得市发改委正式核准，预计2018年8月开工建设，项目建成投产后年开票销售收入2.5亿元，税收1800万元。丰河村返乡创业人员冯磊投资2.1亿元(其中外资500万美元)键合丝项目，与县经济开发区签订用地协议，预计2018年3月开工建设。投资2300万美元的光伏组件生产项目签约，前期手续已办理，到账80万美元及人民币570万元，与县经济开发区签订2.1公顷的用地协议，项目投产后年开票销售收入2.1亿元，利税1600万元。总投资3.7亿元的鱼氏纺织项目签约，落户县经济开发区。

2017年1月18日，唐集镇涟水农光互补项目建成并网发电　　（唐集镇　供稿）

第三产业 实现第三产业增加值17365万元。新增个体工商户140户，新增从业人员386人，新增私营企业100家，新增私营企业注册资金7152万元。全镇初步形成餐饮业、服务业、运输业全面发展的势头，实现利税284万元。劳务输出15568人，在开展劳务输出的同时，建立全镇的劳动力档案，引导广大青年在本地就业，为县、镇内企业输送优秀人才1756人。创办农村经济合作组织1个，家庭农场8个，新增各类经纪人362人。

社会事业 落实结对帮扶制度，做好“阳光扶贫”信息采集及录入工作，实现帮扶全覆盖，有361户低收入农户1091人脱贫。投入近100万元对唐集中心卫生院门前、院内道路、病房楼、门诊楼进行硬化及改造，新建生态化停车场、中医馆。小学适龄儿童的入学率、巩固率100%。组织辖村进行民主理财，严格执行村务公开，13个村(社区)统一设立公布栏，对群众关心的村级财务、计划生育、土地补偿款、粮食补贴等即时公布。发放大病救助资金16人次13.34万元，临时救助资金23人次3.62万元；发放政府购买养老服务人员资金1.74万元；完成"安康关爱资金"上解10.67万元，参保人数达到2133人次。完成26435人的新农合筹资任务。定期对困难对象、民政定期补助对象、退役士兵、老党员、全镇五保老人等进行走访慰问。全镇范围内开展"大接访"活动，班子成员每日带班接访。通过镇、部门、村三级联动集中精力化解老矛盾、严控新矛盾，认真做好群众来信来访工作，真诚回复群众的合理诉求，全镇社会政治和谐稳定。

【唐集镇工业集中区】 兴建于2009年，位于老327公路北侧，坐落在唐集镇月塔村境内，工业集中区一期占地面积10公顷，基础设施建设相对完善。工业集中区内有标准化厂房19幢，面积2.5万平方米。2017年，累计入驻企业12家，其中投资3000万元以上的企业10家，完成工业销售收入15881万元，利税208万元。

【现任领导班子成员名录】

党委书记　徐汉军
镇　长　魏加平
人大主席　李　焱
副镇长　朱延洋　曹　霞　颜建东
纪委书记　谷通飞
组织委员　王　坤
宣统委员　卜　杨
政法委员　刘亚然
人武部部长　朱海平

2017年唐集镇村级概况一览表

表39

村(社区)名	村民小组(个)	户数(户)	人口(人)	耕地(公顷)	党总支书记	村(居)委会主任
唐集	19	1231	4546	371.67	张日生	唐寿红
月塔	9	453	1926	176.87	李劲松	薛国中
兴旺	17	759	3401	319.07	肖乃文	王　坤
沈费	17	740	2381	277.87	孙　祥	张学才
费窑	14	526	2680	283.07	费桂成	费桂成(兼)
大桥	16	635	2785	215.87	陈桂满	蔡礼清
联富	19	825	3412	307.93	徐兆兵	陆俊彩
周程	13	535	2248	372.40	薛建中(副)	周培豪
中营	6	485	1860	230.60	顾松光	顾树国
丰华	6	424	1896	203.60	张木海	嵇井亚
丰河	9	549	2436	289.00	倪玉华	朱善军
胡缪	9	443	2026	205.07	缪树海	王　兵
六舍	10	525	2256	242.13	韩建奎	朱俭成

(程育法　朱颖苏)

前 进 镇

【概况】 前进镇位于涟水县域西北部，东临东张河与岔庙镇相邻，西依六塘河与麻垛现代农业开发区相连，南与梁岔镇接壤，北与高沟镇交界。历史悠久，人文厚重，是中共淮属临时工委诞生地、中国淮海琴书之乡。交通便利，233国道(淮高公路)、304县道(涟麻公路)和303县道(前周公路)穿境而过，镇区距涟水机场、宁连高速、京沪高速出口分别为15千米、10千米、20千米；河网密布，有西张河、东张河、南六塘等3条河流。镇政府驻同兴居委会同兴街，距淮安市区和涟水县城皆36千米。全镇总面积50.9平方千米，耕地面积3277.47公顷，辖11个村(社区)，76个村民小组，6839户，28422人。2017年，实现地区生产总值49405万元，财政收入4824万元，农民人均纯收入16990元。

农业　实现农业生产总值31067万元。粮食作物播种面积3935公顷，粮食年产量27556吨；油料作物播种面积254公顷，产量713吨；肉类总产量2814吨，其中猪肉产量2132吨；禽蛋产量794吨，水产品产量60吨。新增农机具44台(套)。完善水利设施网络建设，新建电灌站7座、防渗渠道24.31千米、各类桥涵43座。完成土地确权发证工作，顺利通过省市县验收。建立农作物病虫害情况监测机制，及时指导农民防病治虫。与县农广校联合举办新型职业农民培训，培训人员532人次。实施"一村一品""一村多品"战略，朱后圩村、戴码村流转土地17.33公顷，扩大瓜蒌种植面积，瓜蒌种植园累计面积近90公顷。

工业与招商引资　完成全部工业开票销售收入9.36亿元，其中规模以上工业开票销售8.37亿元；工业用电量236万千瓦时。营造全民招商氛围，创新招引方式，共招引馨耐尔旅游用品、常兴纺织、兴宏木业、瑞琪箱包、漆包线加工项目以及生物质颗粒加工等10余个大小项目,招引总部经济项目近100个。重点项目建设进度较快,瑞琪箱包、兴宏木业顺利通过县3000万元项目竣工考核,北稻村食品与荣宇机械2个亿元项目正式投产,宏鼎生物质颗粒加工项目通过县重点办开工验收,部分已投产。

第三产业　完成第三产业增加值17660万元。新发展个体工商户173户,私营企业90家,新增私营企业注册资金38870万元。劳务输出12010人次。全镇形成以批发零售贸易为主导,交通运输、餐饮住宿、社区服务为支撑的服务业发展体系。

社会事业　发放粮食直补382.5万元、农机具补贴资金31.9万元、秸秆还田补贴资金66.75万元。小水厂产权处置全部完成,铺设三级管网231千米,完成率95.1%,四级管网入户4020户。改建县政务服务中心前进镇分中心,面积360平方米,设置18个服务窗口。实施一事一议道路建设8.5千米;启动罗堆村张河桥建设,桥宽10米、长80米,惠及周围群众约8000人;实施233国道、金茂路两侧及前周路沿线绿化工程,栽植行道树400余棵。累计发放低保、五保资金160万元,优抚资金170万元,残疾人两项补贴96万元,直接受益群众1600人;缴纳城乡居民养老保险金240万元,参保7000多人;缴纳城乡居民医疗保险486万元,参保率100%。办理生育服务证241份,共为153对夫妇进行孕前优生健康筛查,为2—14周岁独生子女父母办理平安保险,发放奖励金9.4万元。投入资金改建敬老院老人宿舍、食堂共计1200平方米,成功创成省三星级敬老院;新建2个村居家养老服务中心和残疾人之家,通过验收。

【前进镇工业集中区】　位于前进镇区东南侧,2010年经县政府批准启动,规划面积约33.33公顷,主要引进服装、箱包、汽车零配件、机械制造等优势产业。建成的标准化厂房37幢7万余平方米,初步形成以汽车配件、机械加工为基础的现代工业产业园,入驻企业22户,其中规模以上企业6户。2017年,新入驻企业有馨耐尔旅游用品、常兴纺织、兴宏木业、瑞琪箱包、漆包线加工项目以及生物质颗粒加工等12户,全年完成工业开票销售收入9.36亿元,其中规模以上工业开票销售收入8.37亿元,入库税金4824万元,工业用电量236万千瓦时。

【前进镇瓜蒌种植基地】　位于前进镇戴码村境内,2016年由涟水县紫苑农作物种植专业合作社投资1300万元建设,种植面积80公顷,基地采用"公司+基地+农民"的模式,年可产瓜蒌籽140吨,瓜蒌皮140吨;瓜蒌根1600吨(第三年采挖)。基地根据瓜蒌生长周期性,通过套种蔬菜卷心菜和紫甘蓝及架下养鸡、养鹅的经营模式,充分利用土地资源,每亩可增收5000元以上.2017年,完成产值1000万元,雇用当地村民100余人(其中低收入农户49人),带动当地农户就业、脱贫增收。

前进镇瓜蒌种植基地　　（前进镇　供稿）

【淮安市凤翔养鸡场】　由前进镇四安庄村、老堆村、罗堆村、陈祝村共同创办,总投资738万元,占地面积2.07公顷,建标准化育雏鸡舍4000平方米,年育雏青鸡20万只,年最大生产能力100万只。2017年,实现销售收入4000万元,利润300余万元,4个村分红30余万元。

【淮安市北稻村食品有限公司】　位于前进镇麻左唐路8号,2017年创办,总投资6000万元,占地面积7.07公顷(其中食品加工、冷藏生产区2.67公顷,家禽养殖基地4.4公顷),建筑面积约1.2万平方米,包含标准化厂房7幢,冷库4间,办公楼3幢,库房1间。拥有蒸炼机、麻花机、全自动枕式包装机、切糕机、多功能包馅成型机、馅中馅食品包馅机等机械设备100余台(套)。主要产品有烤鸡、蛋制品及糕点等休闲食品。建成后,预计年可实现产值1亿元,利税1200多万元。

【朱后圩村生态农业】　朱后圩村位于前进镇镇区西部,有8个村民小组,660户,3010人,总面积611公顷,耕地面积271公顷。2016年流转土地66.67公顷,以村民和客商共同入股的方式成立涟水县紫坤霖浅水藕种植基地,进行浅水藕种植套养农虾,年收入600万元,带动周边农民70人就业,年增收5000元。村民除土地租金外,年终还有每公顷2250元的分红。下半年,流转土地47公顷,与客商刘卫东合作,成立涟水县紫苑农植物种植专业合作社,进行瓜蒌种植并套种青椒,种植面积80多公顷,带动周边农民100多人就业,人均增收1万元。2017年,签约"前进人民公社"生态旅游项目,占地25.33公顷,总投资800万元,新建河边游步道、凉亭、钓鱼场及淮海琴书演艺厅等基础设施,旅游接待中心及多家乡村客栈及农家乐等服务设施,拟建成高标准的农业旅游示范基地。

【现任领导班子成员名录】
党委书记　卢建农
镇　　长　别同文
人大主席　朱万成
党委副书记　金　鑫
副 镇 长　沈小新　唐苏林　王　兵　徐　祥
组织委员　徐晓进
宣统委员　苗大鹏
政法委员　赵海杰
人武部部长　郑曙荣

2017年前进镇村级概况一览表

表40

村(社区)名	村民小组(个)	户数(户)	人口(人)	耕地(公顷)	党总支书记	村(居)委会主任
陈　祝	8	558	2733	223.00	余松云	李苏成
马　圩	5	421	2024	198.67	唐兴龙	李海军
四安庄	11	801	3658	330.67	汪大庆	刘　岚
罗　堆	7	627	2880	228.20	王　胜	安　忠
老　堆	4	370	1684	127.00	刘忠胜	秦新星
兴　北	8	668	2930	265.00	范从伟	刘宝华
丁　口	5	428	1945	170.40	王中明	于士中
戴　码	5	401	1835	175.67	戴东荣	姜建康
朱后圩	8	660	3010	271.20	唐苏林	戴兆亚
前　进	8	559	2601	228.00	余华章	程从亚
同　兴	8	701	3685	257.20	范从伟	陈春明

(邱　月)

黄　营　乡

【概况】　黄营乡位于涟水县域东部，东隔古淮河与盐城市阜宁县羊寨镇、芦蒲镇相望，南与本县南集镇、徐集乡毗邻，西隔一帆河与大东镇、朱码镇为邻，北与东胡集镇、唐集镇交界，省道327穿境而过，交通便利，区位优势明显。全乡总面积107.27平方千米，耕地面积6855公顷，辖23个村(社区)、166个村民小组，13866户，55055人，镇区常住人口1.2万人。2017年，实现地区生产总值77475万元，财政收入8126万元，农民人均纯收入15623元。获县委、县政府科学赶超跨越发展综合考评三等奖。

农业　完成农业总产值48105万元，粮食作物播种面积10064.8公顷，总产量61748.6吨；油料作物播种面积540.6公顷，产量1549吨；生猪饲养量4.1万头，家禽饲养量30.2万只。成功招引投资3600万美元的台湾全稳康源农牧科技养殖项目，年出栏生猪3万头以上；投资1100万元的犇旺生态牧业项目，年出栏肉牛4000头以上。祝贤村高标准农田整治项目整理土地66.67公顷，拆迁179户；实施农村饮水安全巩固提升工程，已有10个村通上与县城同质同价的自来水。完善农业基础设施，铺设田间水泥路26.5千米，新建农桥13座，维修电灌站6座；黄河故道开发工程全面完工；发放农业综合补贴120万元；新增农机专业合作社3家，培训新型农机手4批次400余人，兴办农业职业技能培训，培训5批次600余人。

工业与招商引资　完成工业总产值25.6亿元，工业开票销售收入8600万元，其中规模以上工业开票销售收入5400万元，工业入库税金569万元；完成规模以上固定资产投资10.6亿元，其中工业固定资产投资5.9亿元；完成固定资产进项税809万元；完成工业用电量2568万千瓦时，增长900%；新增规模以上工业企业2户。总投资10亿元的汇丰木业正式投产达效；推进乡老工业集中区提档升级，打造一流园区。

第三产业　完成第三产业增加值24133万元，完成服务业入库税收4523万元；新增个体工商户245户，私营企业62户，新增私营企业注册资金2.31亿元；输出劳动力23156人，培训劳动力1200人。

社会事业　新农保覆盖率98%以上、新农合覆盖率100%，在全县处于领先位置。全年发放低保金450万元。省定经济薄弱村祝贤村实现精准脱贫，全乡665户低收入户、1961人实现精准脱贫。新建黄营中学宿舍楼1幢，乡财政出资30万元购买空调30台、改造栅栏式围墙260米，改善办学条件。实施文化惠民工程，新建450平方米居民健身广场。丰富群众精神文化生活，承办“送戏下乡”等各类演出12场。开展免费孕前筛查336对，落实独生子女父母奖励金17.2万元。

【黄营乡工业集中区】　分为工业孵化园、家具产业园两部分。工业孵化园2008年启动建设，规划总面积33.33公顷，分为启动区、拓展区和控制区，主要引进机械制造、电子装配等科技型企业。投入500万元，用于标准化厂房建设，打破一企一院的分隔式建设模式，集约利用土地，在启动区建成24幢标准化厂房2.4万平方米和3幢生活办公用房。区内6家企业正常开工生产，用工100余人，月工资平均2000元以上。家具产业园，位于327省道与黄营乡迎宾路连接处，2017年启动规划建设，占地面积66.67公顷，入驻投资10亿元的江苏汇丰木业有限公司。汇丰木业一期占地

2017年12月，建成投产的江苏汇丰木业　　（黄营乡　供稿）

面积24.67公顷，注册资金9000万元，基建投入1.8亿元，建设厂房7000平方米，附属设施1.2万平方米，提供就业岗位200个，职工平均月工资3700元，年消耗树枝丫材30万吨。12月正式投产，预计年开票销售收入8亿元，税金3000万元。

【现任领导班子成员名录】

党委书记　吉爱国
乡　长　杨　帆
党委副书记　王茂中
副乡长　陈中华　王　林
纪委书记　严书华
组织委员　穆厚成
宣统委员　陆　祥
政法委员　谢秀金
人大副主席　张　静
人武部部长　谢秀金

2017年黄营乡村级概况一览表

表41

村(社区)名	村民小组(个)	户数(户)	人口(人)	耕地(公顷)	党总支书记	村(居)委会主任
黄营	8	710	2800	266.6	沈素香	王长仕
南洋	8	645	3340	418	顾俊飞	范爱军
王霍	7	635	2796	199.1	王俊仁	王东生
六堡	6	684	2965	324	陈柱刚	高亚东
大飞	6	587	2974	226.6	孙志亚	解育群
九堡	8	451	2300	154	邵春生	卢国华
张庄	11	438	2181	186	张德成	张久荣
李圩	12	458	2745	184	曹建峰	—
曹墩	7	687	2945	325	陈卫东	邹春云
旗杆	6	710	3210	436	翟建军	丁天金
徐跳	5	331	1620	126	郭安山	姚云闪
街西	7	479	1948	332	陈中华	顾永代
张桥	6	483	2353	156.4	李立祝	张师元
杨桂	7	570	2538	358	柴甫兰	许开玉
祝贤	5	410	1826	123	冯加祯	—
北集	11	772	3954	226	赵四光	朱礼桂
守阳	12	1215	4260	300.6	杨　军	孙亚清
沈荡	7	640	2670	150.6	查同仁	严井成
道行	7	499	2417	162.4	耿　祥	徐　华
严港	8	400	1789	132	郭　飞	胡相清
吴刘	9	426	1860	110	刘海祥	刘洪生
潘闸	8	580	2500	200	陈为虎	宋春阳
朱桥	9	410	2170	120	郭正海	邵其兵

（严　胜）

徐 集 乡

【概况】 徐集乡位于涟水县域东部，古淮河北岸，东与南集镇接壤，南与淮安区茭菱乡隔河相望，西与涟城镇为邻，北与朱码镇、黄营乡毗连。乡政府驻地徐集街，距县城14千米。全乡地势南高北低，总面积75平方千米，耕地面积4675.9公顷，辖15个村(社区)，115个村民小组，10298户，39954人。2017年，全乡实现地区生产总值83022万元，财政收入 2882万元，农民人均纯收入16861元。获县委、县政府科学跨越发展乡镇考核三等奖，被评为市村庄环境长效管护示范乡镇。

农业　实现农业总产值63391万元。全乡农作物总面积8289公顷，其中粮食作物6371公顷，油料作物588公顷。粮食总产量42216吨，肉类总产量3625吨，禽蛋总产量973吨，水产品总产量1131吨，生猪出栏量11020头，家禽出栏数30.2万只。抓住古淮河生态观光廊道建设机遇，打造现代高效农业示范区，通过农业招商、土地流转，以大户租赁承包和家庭农场等方式推进高效农业发展。新建石庄、红刘蔬菜标准园、葛根种植、桃树、葡萄、西瓜、芡实、大棚蔬菜等，新增高标准农田333.33公顷，新增设施农业面积146.67公顷，新增规模畜禽养殖大户6户，新增农业专业合作社和家庭农场等市级以上新型经营主体13个，土地股份合作社1个，市级示范农民合作社1个。

工业与招商引资　实现规模以上工业总产值18.9亿元，工业开票销售收入15亿元，规模以上工业开票销售收入12亿元，工业入库税收535万元，工业用电量721万千瓦时，规模以上固定资产投资12亿元，规模以上工业固定资产投资8亿元，固定资产进项税511万元。引进工业项目12个，引资额17亿元。祥云旭升化工、银凤化纤技改、龙胜纺织、苏瑞化工等亿元项目，龙峰木业、大林木业、淮涟米业等农产品加工项目和红旗木业、美仕达塑料、秀慧包装等3000万元项目有序推进。祥云旭升化工通过市盘竣工验收，银凤化纤通过市亿元竣工项目质量考核。苏瑞化工、大林木业、龙祥木业纳入市盘新开工项目。龙峰木业、大林木业通过市盘新竣工验收。秀慧包装当年通过县盘新开工新竣工验收，美仕达塑料项目通过县盘新竣工验收。新增总部经济项目86家，入库税收1800万元。

季安冬桃紫薯基地　　　(徐集乡　供稿)

第三产业　完成第三产业增加值23104万元，服务业入库税收1800万元，限额以上批发零售住餐和重点服务业营业收入1.7亿元。新增私营企业100家，新增个体工商户140户。

社会事业　新农合、新农保参保率100%。农业保险参保率95%。实施区域供水工程，完成三级管网改造307.5千米，入户安装自来水6714户，8个村吃上安全饮用水。新建电灌站3座，防渗渠3.8千米，桥梁5座，农桥7座。新建中心小学教学楼、高标准幼儿园、卫生院门诊楼。成立安东学校徐集分校，招生380余人。实施危房改造项目，启动32户，建成28户。全额及时发放粮食直补、农资综合补、良种补贴，发放惠农补贴545万元。投资50万元，升级改造乡敬老院，五保户供养223人。发放救灾救济款5.6万元，大病救助266户。投资120.5万元，实施一事一议财政奖补项目7个。

【徐集乡工业集中区】 创建于2008年，位于涟水县城东郊，距淮安市区40千米，涟水县城12千米，淮安涟水机场20千米。规划总面积1.5平方千米，启动面积33.33公顷。区内实现道路、给水、排水、高压线路、通信光缆“五通一平”，形成“两纵三横”的道路网络，建成标准化厂房53幢，计8.5万平方米。2017年，新建标准化厂房2万平方米，新进企业12家。全年集中区企业实现开票销售收入12亿元，入库税金535万余元。

【现任领导班子成员名录】

党委书记	席隆之
乡　长	薛青鹏
人大主席	朱一晗
党委副书记	殷作梅
副 乡 长	程东涛　胡智万
	刘亚东　杨士勇
组织委员	成　文
宣统委员	薛三青
政法委员	甘玉成
人武部部长	范学勇

2017年徐集乡村级概况一览表

表42

村(社区)名	村民小组(个)	户数(户)	人口(人)	耕地(公顷)	党总支书记	村(居)委会主任
徐　集	9	820	3500	300.00	吴行义	潘柏林
王　湾	6	468	2109	183.33	羊兆林	王凤华
张　罗	5	430	1980	152.80	张成年	丁永红
安　元	7	545	2050	167.40	周桂志	张留才
上　庄	6	510	2100	220.11	王士玉	马凤林
石　庄	7	675	2800	240.00	王友冬	—
红　刘	14	750	3320	211.8	刘兆元	何正环
林　码	6	505	2150	173.33	郭海宝	刘兆群
胡　新	8	760	3265	210.00	胡步高	崔为铨
林　场	4	384	1700	89.47	陈发宝	吴良俊
许官营	9	405	2100	153.33	—	范　海
双　码	9	900	4182	345.33	严中举	严卫东
左　程	7	600	2900	266.67	谈培秀	宋学付
季　安	8	720	3010	219.10	袁跃兵	季成法
上　营	10	960	4600	446.89	陆士军	马　彪

（洪梦雪）

麻垛现代农业开发区

【概况】 麻垛现代农业开发区(经济开发新区)位于涟水县域西北边缘,东与前进镇毗邻,南与梁岔镇接壤,北与高沟镇相连,西隔北六塘河与沭阳县张圩乡、周集乡相望。境内有涟麻路、周余路、南六塘、北六塘河通过,涟麻路与宁连路相通,水陆交通便利。全区总面积45.4平方千米,耕地面积2820.93公顷,辖9个村(社区),65个村民小组,7189户,27460人。2017年,全区完成地区生产总值23298万元,财政收入2321万元,农民人均纯收入14671元。

农业　完成农业总产值16646万元。种植水稻1437.3公顷,小麦1587.06公顷,油菜143.2公顷,大豆127公顷,玉米75公顷,粮食产量25630吨;出栏生猪2.2万头,家禽130万只。新增农业专业合作社1个,家庭农场9个,市级示范合作社2个,土地股份合作社1个。新增高效农业50公顷。夏秋两季共完成秸秆还田1400公顷。街南村食用菌生产基地引进2个食用菌龙头加工项目,二期投资3000万元的朵朵食用菌项目于6月开始生产,年内通过市重点项目验收;占地面积1.6公顷的润禾农业食用菌基地11月开始生产,并流转土地53.33公顷用于良种稻麦种植。沿南六塘河建设果木、苗木基地,打造南六塘河沿岸花卉、苗木、果木种植休闲农业观光带。先后维修和拆建3个泵站、2个节制闸、1个蓄水闸、16座涵闸、10座农桥,修建防渗渠22千米,疏浚河道20千米,增加有效灌溉面积1500公顷,受益人口1.8万人。全区9个村(社区)全部纳入小型水利工程管护范围。

工业及招商引资　实现规模以上工业总产值4.92亿元,规模以上工业开票销售收入4.8亿元,工业用电量27.5万千瓦时,规模以上固定资产投资4.2亿元,规模以上工业固定资产投资2.23亿元。引进工业企业4家,分别为淮安涟丰木业有限公司、淮安华彩服装有限公司、涟水县鑫悦旅游用品、海纳百川纺织

麻垛润禾农业食用菌基地　　（麻垛现代农业开发区　供稿）

有限公司,年可实现税收100万元以上。

第三产业　新发展个体工商户42户,新增私营企业51家,新增私营企业注册资金1210万元。对农村富余劳动力进行有序转移,召开劳务输出人员交流会1次、举办劳动技能培训班4次,积极培植劳动力输出中介和劳务经纪人队伍,共输出劳动力7000余人次。完成第三产业增加值9962万元。

社会事业　新建兴哨村法制广场及麻垛文体活动中心;投资40多万元新建麻垛卫生院输液大厅300平方米,改善群众的就医条件。投入资金3500万元铺设道路、改善水利设施,群众生产生活条件明显改善。铺设乡村道路40多千米,9个村(社区)道路基本达到全覆盖;重新铺设学校、卫生院门前两条2千米破损严重的下水道。

【麻垛便民服务中心】　2017年,麻垛积极策应全县政务服务改革,打造服务型政府。投资40余万元,新建300余平方米的便民服务中心,户政、劳保、村建、国土、司法、民政等11个部门进驻,开设办事窗口13个,为群众提供方便、快捷的优质服务,全年接待群众1000人,办理服务量850件。

【麻垛工业集中区】　位于北、周麻路东侧,占地面积3.5公顷,拥有标准化厂房6幢,水电、道路、路灯等基础设施基本完善。2017年,区管委会完善工业集中区配套设施建设,栽种草坪400平方米,行道树200株,铺设混凝土路面300平方米,下水道200米,架设路灯20盏。进区企业有淮安涟丰木业有限公司、淮安华彩服装有限公司、涟水县鑫悦旅游用品公司、海纳百川纺织有限公司4家。全年实现工业开票销售收入1800多万元,税收100万元。

【现任领导班子成员名录】

党委书记　刘　庆

主　　任　贾奇志

副 主 任　王　兵　徐　祥

组织委员　程大春

2017年麻垛现代农业开发区村级概况一览表

表43

村(社区)名	村民小组(个)	户数(户)	人口(人)	耕 地(公顷)	党总支书记	村(居)委会主任
麻　垛	10	689	3956	220.04	高金霞	江洪林
春　华	9	583	2941	252.17	黄友亚	秦成奎
街　南	7	725	3765	450.12	张兆建	朱建中
黄　庄	6	587	2632	277.39	时宽华	代　青
街　东	7	621	2530	317.73	李相海	陈文昌
王　码	10	771	3132	316.45	卢建军	吴海峰
孙　湾	8	667	2839	222.99	孙　昂	周中余
严　庄	10	675	2754	253.29	徐建中	徐成孝
兴　哨	7	652	2592	263.42	徐勤刚	龚华林

(朱连国)

灰墩办事处

【概况】　灰墩办事处位于涟水县域最北端,北与连云港市灌南县接壤,东临义兴镇,南接红窑镇,西与岔庙镇、高沟镇隔公兴河相望。地域面积47平方千米,耕地面积3090公顷,下辖9个村,55个村民小组,6595户,26137人。省道235、326穿境而过,东靠盐河,西临公兴河,水陆交通便利。办事处驻地灰墩街,距宁连高速出口0.5千米。2017年,全办事处实现地区生产总值44424万元,财政收入1249万元,农民人均纯收入15706元。

农业　完成农业总产值36711万元,粮食作物播种面积4188公顷,粮食总产量29542吨,油料作物播种面积254公顷,产量620吨,蔬菜面积277公顷,产量11360吨。生猪饲养量1.1万头,家禽饲养量29万只。投资5000万元新建高标准水产养殖基地、蔬菜基地和休闲观光农业。新增专业合作联社1个,新增市级示范合作社1个,新增市级示范家庭农场1个,新办家庭农场9个,新增家庭农场规模经营比重达8%。投入640多万元建设南元和天鹅荡村农业开发项目。投入1000多万元建设尹荡和陈沟村涟西灌区节水改造项目。涟水聚龙生态旅游发展有限公司注册资金1000万元,投资4000万元,在墩南村境内建造蒙古大营项目。该项目于2016年11月开工建设,2017年8月正式营业,一期占地面积13.33公顷,共有大小蒙古包21个,能同时容纳400余人就餐。二期规划以旅游文化开发为主,拟建滑雪场、儿童水上乐园、跑马场、汽车露营基地等。项目总体以经营正宗蒙古族餐饮为特色,全力打造独具少数民族特色的旅游休闲文化项目。

工业与招商引资　实现规模以上工业总产值67285万元,全部工业开票销售收入19481万元,利税2915万元,工业入库税金988万元,规模以上固定资产投资50100万元,规模以上工业固定资产投资21034万元。帮办的江苏永创医药科技有限公司于2015年8月成功在新三板上市,2016年纳入市盘亿元项目考核,2017年分别对废水、废气处理和自动化控制进行技改。江苏畅通

2017年8月，蒙古大营正式营业　　（灰墩办　供稿）

源粮油有限公司、淮安阿兰贝尔供水设备有限公司、分布式屋面光伏发电等项目先后开工建设。

第三产业　完成第三产业增加值13548万元。新发展个体工商户52户，新增私营企业16家，新增私营企业注册资本4453万元。

社会事业　投入100多万元架设和修建太阳能路灯240盏，投入80多万元铺设一事一议道路4千米，投入50多万元建设农桥5座，投入38万元修建灰墩办事处便民服务中心。完成优生孕前筛查140对，奖励扶助政策兑现率100%。新建区域性养老服务中心，提供48张护理性床位；投入10万余元对敬老院进行消防改造；对低保金、五保金、尊老金、优待金、残疾人生活补贴金、慈善款和救灾救济款，发放准确率100%。在灰墩蒙古大营项目建设过程中，先后解决建档立卡低收入户家庭100余人就业问题，长期就业的低收入户有40多户，带动周边10余家农户种植香菜、青蒜、小葱等农副产品，每年为家庭增收2万余元。投入100多万元对村庄环境进行全域整治，实现由“脏乱差”到“洁净美”的转变，被评为市村庄环境长效管护示范乡镇。

【灰墩工业集中区】　创建于2008年，位于灰墩办事处大胡村，紧靠326省道，西临公兴河，距宁连高速出口仅300米，水陆交通便利。2017年，厂房累计建成13幢，总面积11122平方米。入驻企业包括飞翔木业、淮安澄欢玩具有限公司、丰乔木业、广发木制品厂、阿兰贝尔供水设备有限公司。集中区入驻企业完成产值6640万元，入库税金300万元。

【扶贫项目建设】　2017年，灰墩继续推进脱贫奔小康工作。省定经济薄弱村南元村在省委扶贫工作队的支持下，通过向上争取项目，以土地鱼塘发包成立农业合作社，投资25万元发展光伏发电项目。市中级人民法院对口扶贫帮扶大胡村，实施扶贫开发项目5个，援助资金33.75万元，项目资金249.12万元，其中投入100万元建设光伏发电项目，投入资金70万元新建标准化厂房1幢，投入资金13万元购置大型农用旋耕机1台，协调资金58.8万元，修建1680米农田防渗渠，解决农田用水难问题，村集体增收20.1万元，60%低收入户实现脱贫。

【现任领导班子成员名录】

党委书记　姜井旭
主　　任　葛　森
党委副书记　陈　标
副 主 任　朱礼文　张连超
　　　　　桑　勇　李建国
　　　　　陈立龙
组织委员　李　永

2017年灰墩办事处村级概况一览表

表44

村(社区)名	村民小组(个)	户数(户)	人口(人)	耕地(公顷)	党总支书记	村(居)委会主任
灰　墩	6	517	2613	69.8	蔡井红	周亚剑
大　胡	7	658	2898	204.1	林小军	林小军
万　圩	4	479	2102	194.1	吴秀军	贾一元
墩　南	7	825	3684	385.2	嵇　飞	嵇　飞
南　元	5	658	2898	200.2	王　举	曹应伍
陈　沟	5	541	2174	215.9	卢晓花	卢晓花
尹　荡	6	531	2613	267.5	刘　喜	孙茂芳
王　嘴	8	832	3640	471.7	王学保	张立虎
天鹅荡	7	799	3470	299.7	徐礼祥	徐礼兵

（范加雷）

县 领 导

王向红 女,1966年3月生,1987年7月参加工作,1994年1月加入中国共产党,党校研究生学历,宝应县人。1987年6月毕业于江苏电大淮阴分校无机化工专业,7月起,历任金湖县化肥厂办事员、银集镇镇长助理、县妇联秘书等职;1994年12月任金湖县吕良镇副镇长(其间:1995年5月至1995年10月挂职淮阴卷烟厂车间副主任);1997年1月任金湖县淮建乡党委副书记、乡长;1999年4月任金湖县淮建乡党委书记;2000年2月任金湖县陈桥镇党委书记;2002年1月任涟水县政府副县长;2003年12月任淮安市清河区委常委、组织部部长;2004年12月任淮安市淮阴区委常委、副区长;2010年1月任淮安市妇联主席、党组书记;2015年1月任中共涟水县委副书记、县政府代县长、县长;2016年5月任中共涟水县委书记。

时　勇 男,1974年1月生,1994年6月加入中国共产党,1996年8月参加工作,党校研究生学历,宿迁市人。1996年6月毕业于南京师范大学中文系汉语言文学专业;1996年8月在淮阴师专中文系任教;1997年7月调入淮阴市委办督查科工作;1997年11月为淮阴市委办督查科科员;1999年8月任淮阴市委办副主任科员;2001年12月任淮安市委办综合一处副处长(其间:2000年3月至2002年12月参加省委党校政治经济学专业在职研究生学习);2003年8月任淮安市委办主任科员、综合一处副处长;2005年8月任淮安市委办综合一处处长;2009年8月任淮安市委办副主任;2013年6月任淮安市委副秘书长;2015年1月任中共涟水县委副书记;2016年6月任中共涟水县委副书记、县政府代县长;2017年1月任中共涟水县委副书记、县政府县长。

别纯海 男,1960年8月生,1981年7月参加工作,1983年9月加入中国共产党,大专学历,政工师,涟水东胡集人。1981年7月毕业于淮阴师范大专班,历任涟水县大东中学教师、校团委书记等职;1983年11月起先后任涟水县牌坊乡团委书记,党委委员、组织科长,副乡长等职;1989年9月起历任涟水县灰墩乡党委副书记、乡长,党委书记等职;1993年12月起先后任麻垛乡党委书记、前进乡党委书记等职;1998年12月任涟水县人民政府副县长;2006年5月任中共涟水县委常委、政法委书记;2007年11月任县委常委、县政府常务副县长、县经济开发区工委书记;2011年6月任县委副书记、县经济开发区工委书记;2012年2月任涟水县人大常委会主任、党组书记。

蒋东明 男,1966年12月生,1986年8月参加工作,1994年4月加入中国共产党,党校研究生学历,灌南县人。1982年9月进入扬州师范学院中文系汉语言文学专业学习;1986年8月起,历任淮阴市冶金公司教育科教师、经理办秘书,市监察局人教科办事员、科员,市纪委科员等职;1996年12月任淮阴市纪委副科级纪检员;2000年2月任淮阴市纪委正科级纪检员;2001年10月任淮安市纪委办公室副主任;2003年9月任市纪委干部管理室副主任;2003年12月任市纪委干部管理室副主任、市纪委机关党委副书记;2004年2月任市纪委干部管理室副主任(主持工作);2005年6月任市纪委干部管理室主任;2006年5月任洪泽县委常委、组织部部长(其间:2007年9月至2010年7月参加省委党校区域经济学专业在职研究生学习);2011年5月任金湖县委常委、常务副县长;2013年12月任金湖县委副书记、调研员(援疆);2016年11月任涟水县政协主席、党组书记。

马乃骏 男,1970年9月生,1989年8月参加工作,1993年1月加入中国共产党,研究生学历,淮安市淮阴区人。1989年8月起,历任淮阴市清浦区黄码乡严卓中学教师、团总支书记、教导副主任等职;1994年12月任淮阴市清浦区武墩乡团委副书记、党委秘书;1996年10月起,历任淮阴市清浦区委组织部干部科组织员,综合科副科长、科长等职;2000年3月任淮阴市清浦区委组织部副科级组织员、办公室主任;2000年11月任淮阴市清浦区政府办副主任(在市委组织部帮助工作);2001年12月任淮安市委组织部研究室副科级组织员、副主任;2005年9月任淮安市委组织部研究室副主任、正科级组织员(主持工作)(其间:2004年12月至2005年7月抽调淮安市先进性教育活动办公室综合组工作);2007年2月任淮安市委组织部研究室主任;2009年12月任淮安市委组织部机关干部处处长;2011年6月任淮安市楚州(淮安)区委常委、组织部部长;2013年9月任淮安市清河区委常委、组织部部长;2014年8月任淮安市清河区委常委、组织部部长,区总工会主席、党组书记;2016年2月任淮安市清河区委常委、常务副区长;2016年9月任淮安市清江浦区委常委、常务副区长;2018年7月任中共涟水县委副书记。

孙国君 男,1962年7月生,1981年参加工作,1992年6月加入中国共产党，大学文化，山东济南人。1992年任江苏省政府办公厅正科级秘书；2002年任省政府办公厅政府公报室副主任；2009年任省政府信息公开办正处级干部(其间：参加美国马里兰大学政府信息管理培训)；2014年任省政府办公厅督查专员；2015年任省政府应急管理办公室副主任；2016年4月任中共涟水县委副书记(挂职)、省委驻涟帮扶工作队队长。

张　超　男，1967年5月生，1985年7月参加工作，1994年5月加入中国共产党，党校研究生学历，淮安市淮阴区人。1985年7月起，历任淮阴市委党校附属学校教师、淮阴市第七中学教师等职；1992年4月任淮阴县县志办办事员、秘书；1995年3月任淮阴县人大办秘书；1998年3月任淮阴县委组织部组织员；1998年9月任淮阴县委组织部办公室副主任、主任；1999年7月任淮阴县委组织部干部科科长、副科级组织员；2000年9月任淮阴县(区)委县(区)级机关工委副书记；2003年10月调至市委市级机关工委工作；2003年12月任市级机关工委办公室副主任；2005年1月任市级机关工委主任科员、宣教处副处长；2005年12月任市级机关工委主任科员、办公室副主任(其间：2005年1月至2006年6月抽调到市委先进性教育实践活动办公室工作)；2007年9月任市级机关工委办公室主任；2011年4月任市级机关工委委员、纪工委书记；2013年6月任市卫生局党委委员、纪委书记；2015年1月任市卫计委党委委员、纪委书记；2016年4月任中共涟水县委常委、县纪委书记；2018年1月兼任县监委主任。

洪　然　男，1977年11月生，1999年3月加入中国共产党，1999年8月参加工作，省委党校研究生学历、硕士学位，淮安市洪泽区人。1995年9月入南京师范大学化学教育专业学习；1999年8月起先后为洪泽县司法局办事员、检察院书记员(其间：1999年8月至2000年8月在洪泽县检察院借用)；2001年9月起，历任洪泽县委组织部办事员，副股级组织员，青年干部科副科长，乡镇干部科副科长、青年干部科副科长，乡镇干部科科长等职(其间：2001年9月至2004年7月参加省委党校科学社会主义专业在职研究生学习)；2005年3月任洪泽县委组织部乡镇干部科科长、副科级组织员；2005年4月任共青团洪泽县委书记；2008年5月任洪泽县三河镇党委副书记、镇长；2010年7月任洪泽县三河镇党委书记、镇长；2010年9月任洪泽县三河镇党委书记、人大主席；2011年6月任涟水县政府副县长、党组成员；2013年6月任中共涟水县委常委、副县长、县政府党组成员(其间：2015年4月取得南京航空航天大学工商管理专业硕士学位)；2016年4月任中共涟水县委常委、县政府党组成员、经济开发区党工委书记；2017年12月起任中共涟水县委常委、县政府常务副县长。

姜　杰　男，1969年9月生，1989年8月参加工作，1990年12月加入中国共产党，研究生学历，涟水黄营人。1989年8月起，历任涟水县黄营中心小学教师，保滩镇文书、党委秘书，涟水县委组织部组织员、青年干部科副科长、青年干部科科长、办公室主任(副科级)，涟水县委组织员办公室主任，义兴镇党委书记，红窑镇党委书记，涟城镇党委书记等职。2010年4月任涟水县副调研员，涟城镇党委书记；2011年3月任涟水县副调研员，县水利局党委副书记、局长；2014年1月任涟水县人民政府副县长、县水利局局长；2014年8月任涟水县人民政府副县长；2015年1月任中共涟水县委常委、宣传部部长、县政府党组成员；2017年5月任中共涟水县委常委、宣传部部长。

刘泽年　男，1966年7月生，1988年8月参加工作，1995年7月加入中国共产党，大学文化，涟水涟城人。1988年8月起，先后任涟水县公安局徐集派出所、南集派出所、大东派出所办事员，民警，南禄派出所副所长等职；1996年3月起，先后任涟水县公安局南禄派出所所长，石湖派出所所长等职；1998年12月起，先后任涟水县石湖镇副镇长、派出所所长，石湖镇党委委员、派出所所长，岔庙镇党委委员、派出所所长，高沟镇党委委员、派出所所长等职(其间：1996年9月至1999年7月参加中央党校党政管理专业大专函授学习)；2007年2月任高沟镇党委副书记、镇长、县公安局主任科员；2009年7月任灰墩办事处党委书记、县公安局主任科员(其间：2007年8月至2009年12月参加中央党校法律专业本科函授学习)；2010年5月任保滩镇党委书记、县公安局主任科员；2014年2月任涟城镇党委书记；2015年1月任中共涟水县委常委、涟城镇党委书记。

胡春雷　男，1970年1月生，1990年8月参加工作，2002年11月加入中国共产党，党校研究生学历，淮安市淮阴区人。1986年9月进入天津大学化工设备与机械专业学习；1990年8月任淮阴化工机械厂技术员；1996年2月任淮阴化工机械厂设计科副科长；1998年1月起，历任市经济委员会办事员、科员等职；2002年3月任市经贸委投资与规划处副处长(其间：2004年4月至2005年4月挂职楚州区钦工镇副镇长)；2006年9月任市经贸委工商业投资处处长(其间：2005年8月至2007年5月在市重点项目建设督查考核办公室帮助工作)；2007年11月任市委组织部正科级组织员；2010年3月任市委组织部企业干部处副处长、正科级组织员；2012年5月任市重点项目建设督查考核办公室副主任、正科级组织员(其间：2010年9月至2013年7月参加省委党校区域经济学专业在职研究生学习)；2016年4月任市委组织部宣传信息办公室主任、正科级组织员；2016年7月任中共涟水县委常委、组织部部长；2016年8月任中共涟水县委常委、组织部部长、淮安(涟水)空港产业园党工委书记；2016年11月任中共涟水县委常委、组织部部长、县总工会主席、淮安(涟水)空港产业园党工委书记。2018年2月，任中共涟水县委常委、组织部部长、县总工会主席。

吴从荣　男，1975年11月生，1997年9月参加工作，1999年12月加入中国共产党，大学文化，涟水唐集人。1994年9月入本溪冶金高等专科学校微型计算机应用专业学习；1997年9月起先后任涟水县委机要室机要员，县委办公室秘书,信息科科长,调研科科长,主任助理、调研科科长等职(其间:2001年9月至2003年12月参加省委党校法律专业本科函授学习);2006年6月任县委办公室副主任;2008年9月任徐集乡党委书记;2015年3月任县市场监管局党委书记、局长,县食药监局局长、县食安办主任;2016年1月任县住建局局长、党委书记,县规划局局长;2016年11月任县人民政府副县长;2017年12月任中共涟水县委常委、经济开发区党工委书记、县政府党组成员;2018年2月任中共涟水县委常委、经济开发区党工委书记、淮安(涟水)空港产业园党工委书记。

李雄威 男,1976年5月生,1997年9月参加工作,2004年6月加入中国共产党,研究生学历,工学博士学位,湖北武汉人。1997年9月在东风汽车公司工作,2008年7月在常州工学院土木建筑工程学院任教,2009年2月至2010年4月,借调常州市交通局铁路建设指挥部办公室,从事沪宁城际铁路常州站北广场项目建设;2012年5月任常州工学院土木建筑工程学院党委副书记、副院长,2015年4月任常州工学院土木建筑工程学院副院长,2015年8月至2016年3月,香港城市大学土木工程系访问学者,2016年5月任常州工学院土木建筑工程学院党委书记。2017年1月任中共涟水县委常委,县政府副县长(挂职)。

郑劲松 男,1969年7月生,1990年7月参加工作,2011年11月加入农工党,大学学历,硕士学位,高级工程师,涟水陈师人。1986年9月入甘肃工业大学建筑工程系学习;1990年7月任无锡市通用机械厂技改办技术员;1992年10月任淮阴市房地产开发公司科长;1995年5月任淮阴经济开发区重点办副主任;1995年10月任淮阴市房地产开发公司副总经理、法人代表;1999年8月任淮阴市城市建设设计院副院长;2001年12月起,历任淮安市建筑安全监督站副站长、站长等职;2004年2月东南大学工业工程专业硕士毕业;2009年9月任淮安市市政公用事业管理局副调研员;2012年6月任农工党淮安市委专职副主委;2016年11月任涟水县人民政府副县长、农工党淮安市委副主委。

朱国海 男,1968年10月生,1989年8月参加工作,1994年12月加入中国共产党,大学文化,淮安市洪泽区人。1986年9月进入江苏公安专科学校刑侦专业学习;1989年8月起,历任盱眙县公安局仇集派出所民警,县公安局刑警大队民警,副大队长等职;2003年2月任盱眙县公安局刑警大队大队长;2005年12月任盱眙县公安局党委委员、刑警大队大队长;2007年7月任盱眙县公安局党委委员、副局长;2009年11月任盱眙县公安局党委委员、副局长、主任科员(其间:2010年6月通过中国人民公安大学公安管理专业本科自学考试);2011年4月任盱眙县维稳办主任、公安局党委委员、副局长;2012年10月任洪泽县公安局政委、党委副书记;2016年4月任涟水县人民政府副县长、公安局党委书记、局长、督察长。

宋月霞 女,1979年10月生,1997年10月参加工作,1998年9月加入中国共产党,党校研究生学历,涟水红窑人。1997年10月起,历任县委县级机关党委团委干事、组织干事等职;2002年2月任县委县级机关工委委员、宣传委员(其间:1999年8月至2001年12月参加中央党校法律专业本科函授学习);2006年6月任县纪委常委;2011年3月任南集镇党委书记;2013年12月任义兴镇党委书记(其间:2010年9月至2013年7月参加省委党校区域经济学专业在职研究生学习);2016年1月任保滩镇党委书记;2016年4月任涟水县人民政府副县长、保滩镇党委书记;2017年1月任涟水县人民政府副县长、保滩镇党委书记,挂职省经信委中小企业科技创新处副处长;2018年2月任涟水县人民政府副县长,挂职省经信委中小企业科技创新处副处长。

李　阔 女,1983年5月生,2004年10月加入中国共产党,2006年8月参加工作,研究生学历,硕士学位,黑龙江萝北人。2002年9月进入东南大学英语专业学习;2006年8月为洪泽县高良涧镇办事员;2007年9月任洪泽团县委副书记;2008年1月任洪泽团县委副书记、县第二招商局局长;2010年3月任洪泽团县委书记、县第二招商局局长;2010年9月任洪泽县共和镇党委副书记、镇长;2012年2月任洪泽县共和镇党委书记(其间:2011年9月至2014年6月参加南京大学公共管理专业硕士研究生学习);2014年11月任洪泽县三河镇党委书记;2016年11月任涟水县人民政府副县长。

徐成东 男,1968年8月生,1988年12月加入中国共产党,1990年8月参加工作,研究生学历,金湖县人。1986年9月考入西安交通大学工程力学专业学习;1990年8月起,历任金湖县公路站技术员、黎城工区主任、人秘股副股长;1993年8月起,历任金湖县交通局工程股副股长、局长助理;1998年7月任金湖县交通局副局长、党组成员;2001年12月任金湖县交通局副局长、党组成员,县公路站站长;2002年11月任金湖县交通局副局长、党委委员,县公路站站长、党支部书记;2002年12月任金湖县黎城镇党委副书记、镇长;2005年7月任金湖县交通局局长、党委副书记(其间:2004年6月至2006年7月参加南京大学工商管理专业在职硕士学习);2010年6月任金湖县交通运输局局长、党委副书记;2011年5月任金湖县副县长;2013年12月任市交通运输局副局长、党委委员;2016年3月任市委驻涟帮扶工作队队长;2016年4月任涟水县人民政府副县长(挂职)、市委驻涟帮扶工作队队长。

张　亮 男,1982年10月生,2005年12月加入中国共产党,2012年6月参加工作,研究生学历,工学博士,安徽马鞍山市人。2012年6月在南京工程学院电力工程学院任教;2013年7月在清华大学计算机系智能技术与系统国家重点实验室从事博士后研究;2013年9月挂职南京市江宁区东山街道党工委副书记;2014年9月挂职江宁开发区科技人才局副局长(其间:2015年6月参加第15批中国博士后西部服务团新疆昌吉团);2016年1月任南京工程学院电力工程学院副院长、党委委员;2017年7月任涟水县人民政府副县长(挂职)。

袁灿生　男，1975年12月生，中共党员，博士研究生学历，博士学位，农业技术推广研究员，江西省余干县人。1997年7月至2011年2月，历任南京市土壤肥料站（南京市农林局农业环境监测站）助理农艺师、农艺师、高级农艺师、办公室负责人等职，其间，1999年9月至2004年12月任南京长虹肥料公司副经理（兼）；2011年3月至2013年8月任南京市江宁区农业局总农艺师；2013年9月至2015年1月任省科普服务中心主任；2015年2月至2017年12月任省科协新技术推广中心主任，2018年1月任省科协农村技术服务中心主任，其间，2016年6月任中共江苏省科技社团委员会委员（兼），2017年8月任涟水县人民政府副县长（挂职）。

刘　腾　男，1970年12月生，1989年3月入伍，1990年9月加入中国共产党，研究生学历，泗阳县人。1989年3月任空军唐山指挥所公务班战士；1991年9月任空军后勤学院学员；2012年12月任南京经济技术开发区管委会干部（未定级）；2013年6月任南京经济技术开发区管委会城市管理局（综合执法支队）主任科员；2017年1月任南京经济技术开发区管委会安全生产监督管理局副调研员；2018年6月任涟水县人民政府副县长（挂职）。

吴建峰　男，1966年7月生，1988年7月参加工作，1993年9月加入中国共产党，大学文化，博士学位，如皋市人。无锡轻工学院毕业，1988年7月起先后任江苏高沟酒厂技术员，技术科副科长，白酒分厂生技科科长，江苏高沟酒厂驻河南办事处主任，江苏高沟酒厂生产一科副科长，企划科副科长，生产科科长等职；1996年8月任江苏高沟酒厂副厂长；1998年1月任江苏今世缘酒业有限公司副总经理；2002年1月任涟水县政协副主席、江苏今世缘酒业有限公司副总经理；2002年3月任涟水县政协党组成员、副主席、江苏今世缘酒业有限公司副总经理；2002年11月任涟水县人大常委会副主任、江苏今世缘酒业有限公司副总经理；2014年3月任涟水县人大常委会副主任、江苏今世缘酒业有限公司副董事长、副总经理。

方建中　男，1959年10月生，1976年12月参加工作，1979年12月加入中国共产党，本科学历，涟水岔庙人。1976年12月起在部队服役；1980年12月任涟水县劳动服务公司就业股股长；1984年8月任涟水县经委秘书；1984年12月录用为国家干部；1985年5月任涟水县轻工业供销公司政工股股长；1987年2月任涟水县经济技术协作委秘书；1989年3月起先后任涟水县委组织部干事、组织员、青干科副科长等职；1993年3月起先后任涟水县委组织部审干办主任（副科级）、青干科科长（副科级）（其间：1990年9月至1993年7月参加省委党校行政管理专业大专函授学习，1993年8月至1995年12月参加中央党校党政专业本科函授学习）；1996年12月任涟水县灰墩乡党委副书记、乡长；1998年2月任涟水县陈师乡党委书记；1999年6月起在涟水县招商办工作；2000年8月任涟水县工业新区管委会副主任、党工委副书记；2001年5月任涟水县招商局局长；2003年1月任涟水县高沟镇党委书记；2006年5月任涟水县副调研员、县总工会主席；2008年9月任涟水县副调研员、县发改委主任；2011年3月任涟水县副调研员、县住建局局长、县规划局局长；2012年2月任涟水县人大常委会副主任。

孙　辉　女，1966年4月生，1987年7月参加工作，研究生学历，教育硕士学位，中学高级教师，涟水义兴人。1987年7月起先后任涟水县中学教师、级部副主任等职；1999年6月任郑梁梅高级中学校长助理；2000年8月任郑梁梅高级中学副校长（其间：2000年5月至2002年6月在苏州大学教育学院教育经济与管理专业研究生课程班学习，2003年8月至10月被省教育厅选派到英国达纳姆大学进修；2005年7月至2008年6月在南京师范大学教育科学学院攻读在职教育管理硕士，获教育硕士学位）；2004年10月明确为正科级；2007年12月任涟水县政协副主席、郑梁梅高级中学副校长；2013年9月任涟水县政协副主席、郑梁梅高级中学校长；2015年8月任涟水县政协副主席、涟水中学副校长（主持工作）；2016年2月任涟水县政协副主席、涟水中学校长；2016年11月任涟水县人大常委会副主任、涟水中学校长。

朱太伟　男，1963年8月生，1979年9月参加工作，1994年6月加入中国共产党，党校大学文化，涟水东胡集人。1979年9月起历任涟水县东胡集乡工办室文书、工业经理部会计、方渡乡财政所会计等职；1992年5月起历任县财政局农业税征收办办事员、副股级驻厂员、正股级驻厂员、会计中心主任等职；1999年2月起历任县财政局预算股负责人、局长助理等职；2003年2月起历任县财政局副局长、局长等职；2014年1月任涟水县政协副主席、县财政局局长；2016年2月任涟水县人民政府副县长、县财政局局长；2017年2月任涟水县人大常委会副主任、县财政局党组书记；2017年5月任涟水县人大常委会副主任。

薛　芹　女，1963年5月生，1984年7月参加工作，党校本科学历，涟水五港人。1982年9月入淮阴供销学校财会专业学习；1984年7月任涟水县财政局办事员（其间：1986年8月至1988年7月参加省电大经济管理专业大专函授学习）；1991年8月起先后任涟水县财政局商贸股副股长、股长、局长助理等职；1996年12月任涟水县财政局副局长；1998年2月任涟水县财政局副局长（正科级）、县国有资产管理局局长（其间：1998年8月至2000年12月参加中央党校经济管理专业本科函授学习）；2011年12月任涟水县工商业联合会主席；2012年1月任涟水县政协副主席、县工商业联合会主席。

鲁家宁　男，1962年11月生，1981年8月参加工作，1983年8月加入中国共产党，党校研究生学历，涟水大东人。1981年8月起，历任县文化馆办事员、唐集乡团委书记、涟城镇团委书记、县政府办秘书等职（其间：1984年9月至1986年7月参加江苏省团校干部专修科政治专业大专班学习）；1991年2月起，历任县委农经委政秘科科长(副科级)、生产计划科科长(副科级)等职;1997年8月任黄营乡党委副书记、乡长(其间:1995年8月至1997年12月参加中央党校经济管理专业本科函授学习);1999年6月起,历任义兴乡党委副书记、乡长,义兴乡(镇)党委书记,徐集乡党委书记,县人事局局长、编办副主任,县人事局局长、县编办主任等职;2005年8月明确副县级;2006年5月任县副调研员、人事局局长、县编办主任(其间:2003年9月至2006年7月参加省委党校区域经济学专业在职研究生学习);2007年11月任县副调研员、县教育局局长、体育局局长;2015年9月兼任郑梁梅学校副校长、郑梁梅滨河高中(筹)校长;2015年11月免县副调研员,原职级待遇不变;2016年1月任涟水县政府党组成员、郑梁梅学校副校长、郑梁梅滨河高中校长;2016年4月提名为涟水县政协副主席人选、郑梁梅学校校长;2016年11月任涟水县政协副主席、郑梁梅学校校长。

冯建华 男,1963年10月生,1981年7月参加工作,1986年10月加入中国共产党,党校大学学历,涟水经济开发区人。1979年9月入淮阴财校企财专业学习;1981年7月起,历任涟水县财政局会计、股长,县政府办秘书、综合科科长等职(其间:1983年9月至1986年12月参加江苏广播电视大学工业企业经营管理专业大专函授学习);1993年1月明确副科级;1994年10月任县政府办党组成员、副主任;1999年1月任县财政局党组成员、副局长;2000年8月任县财政局党组书记(其间:1999年8月至2001年12月参加中央党校经济管理专业本科函授学习);2002年1月任县审计局党组副书记、局长,2004年1月任县政府办党组副书记、主任、县政府党组成员(其间:2005年4月兼任涟水县接待办主任);2007年11月任县政府党组成员、县政府办党组副书记、主任;2012年2月任县副调研员、县政府党组成员、县政府办主任、党组副书记;2015年9月任县副调研员、县政府党组成员、县政府办主任、党组书记;2015年11月免县副调研员,原职级待遇不变;2016年11月任涟水县政协副主席。

姚　兵 男,1976年6月生,1999年8月参加工作,民建会员,大学文化,淮安市人。1995年9月进入淮阴工学院房屋建筑工程专业学习;1998年9月进入常州技术师范学院专科起点职校专业课师资专业学习;1999年8月为淮阴(淮安)市城镇建设学校教师;2002年7月为淮安市人防办工程处办事员;2004年7月任淮安市人防办工程处副主任科员;2009年1月任淮安市人防办秘书处副处长(其间:2009年10月至2010年9月挂职任楚州区施河镇镇长助理;2010年1月至2010年9月为楚州区扶贫工作队队员);2010年9月任淮安市民防局主任科员(其间:2011年3月至2012年1月挂职楚州区复兴镇副镇长);2014年2月任淮安市民防局工程处(行政许可服务处)处长;2015年3月任盱眙县兴隆乡乡长;2016年11月任涟水县政协副主席。

涟 水 工 匠

朱广道 男,1969年生,本科学历,中共党员,现任淮安锦纶化纤有限公司总工程师。1989年7月参加工作,2009年4月起任现职。中国纺织大学(现东华大学)毕业后,一直从事化纤织造方面的科技项目领导工作,组织实施100吨/日高粘切片生产线、100米/分浸胶生产线、直捻机改造、Lyocell长丝纤维方面研发等工作,担任年产1.5万吨锦纶6浸胶帘子布技改项目和年产3万吨锦纶6浸胶帘子布扩建项目总指挥。申报十多项高分子材料和技术创校报方面专利(已授权),发表高性能纤维方面论文5篇,代表公司参与GB/T 9102—2016标准制定。兼东华大学、淮阴工学院校外辅导老师。

刘　松 男,1985年5月生,盱眙县人,本科学历,中共党员,现任县公安局刑警大队技术中队指导员。2007年毕业于中山大学法医系,2008年参加公安工作,从事法医工作以来,进行活体鉴定2200余份,尸体鉴定1400余例,出具各类鉴定书达3000余份,参与命案等重大案件现场勘查120余起,无任何差错。

刘菊红 女,1969年1月生,涟水红窑人,大专学历,中共党员,高级传统工艺师,现任涟水天宫云锦织造有限公司总经理,为非遗项目代表性传承人。从事云锦行业31年,多次获国家及省市级表彰,曾获市级劳动模范、省新长征突击手、省创业之星、省创新创业先进个人、全国优秀农民工、省乡土人才二带名人称号,2012年12月获高级传统工艺师称号,2013年1月获中华传统工艺大师称号。近年来,刘菊红围绕织造技艺和织机改进等申请专利136件,其中发明20件,申请云锦作品著作权332件,承担省、市科技项目5项。带领周边200多名妇女从事云锦织造工作,让农村富余劳力在家门口致富赚钱。

汤树海 男,1971年生,大专学历,中共党员,工程师,现任县水利科学研究站副站长(主持工作)。1992年参加工作以来,先后从事灌区建设与管理、水利科研等工作,熟练掌握农田灌排试验与节水灌溉、高标准农田水利工程建设、水稻蓄雨控灌与沟田协同控制排水、灌溉有效水利用系数测试、沙土区水土保持综合防治、灌区灌排沟渠生态工程建设、灌溉泵站节能减排及其测流等技术,是单位核心技术骨干。获发明专利1项、实用新型专利1项;在部、省、市级刊物上发表论文5篇,2015年获全国商业科技进步三等奖、第七届省农业技术推广二等奖,连续两年获省水利科技进步一等奖,2017年获市第十六届自然科学优秀学术论文二等奖。

许　晴 女,1965年11月生,涟水县经济开发区人,中共党员,高中学历,国家一级演员,省戏剧家协会会员,现任涟水县淮剧团副团长,为省淮剧艺术研究会理事、市戏剧家协会理事、市非物资文化遗产项目(淮剧)优秀代表性传承人。1979年9月参加工作,先后获第六届江苏省淮剧节优秀表演奖、第六届江苏省戏剧节优秀表演奖、第八届江苏省精神文明建设“五个一工程奖”、第七届江苏戏剧奖·小戏小品大赛优秀表演奖;主演现代扬剧《花旦当家》在北京梅兰芳大剧院参加由中宣部、文化部主办的全国基层院团戏曲会演开幕式演出，并在中央电视台十一套播出；主演小淮剧《鸟归巢》获第十一届中国滨州·博兴小戏艺术节优秀演员奖、江苏省五星工程奖银奖。

杨　桦　男，1963年生，大专学历，中共党员，工程师，现任江苏永创医药科技股份有限公司副总经理。2005年加入江苏永创医药科技股份有限公司，负责企业研发、管理及安全环保工作。带领企业技术人员获实用新型专利8项（即：硝化反应中的水洗装置、一种氯化生产尾气中有机物料收集系统、硝化生产过程中的离心装置、可缩减反应周期的氯化反应设备、一种侧链氯化生产用过滤装置及生产系统、氟化生产系统中的氟化氢回收装置、溴化生产过程中溴素添加装置、高效精馏塔冷凝器）及发明专利1项（一种制备2-溴-5-氟三氟甲苯的方法）。

邱正富　男，1965年12月生，涟水陈师人，本科学历，中共党员，现任县外资招商局副局长、县外资招商服务中心副主任。2010年以来，一直从事招商引资工作，先后直接引进工业项目15个，其中：内资项目12个，固定资产总额82.5亿元；外资项目3个，固定资产投资总额1.7亿美元。建成投产企业10家，分别是瑞展纺织、金锚包装、旭池电子、洲旭电路、爱尔华电子、卓伦电子、汉门电子、信守化工、大量科技、守信助剂；在建项目5个，分别是汇卓电路、中信华电子产业园、特创科技、嘉立创电子、立创工业互联网产业园。

陈云宇　男，1969年12月生，涟水朱码人，双本科学历，中共党员，教育学学士，江苏省特级教师，中学高级教师，现任县幸福里实验小学校长，为全国优秀班主任、《中国教师成长观察丛书·名班主任卷》入选人物、省首届师德先进个人、市十佳师德模范、中央教科所教育科研先进个人、省优秀科技教育校、市特级教师工作室领衔人、省涟水县乡村小学语文骨干教师培育站主持人、市教育教学指导委员会委员、市533工程专业技术拔尖人才培养对象、全国青少年道德培养导师、中国教育学会教育管理委员会常务理事，县第十六届人大常委，市第七次、县十一次党代会代表。1988年8月参加工作，创造性提出"幸福教育"办学主张，形成"简约、开放、自能、高效"的鲜明教学风格，教育教学实绩显著，在省市县基础教育界独树一帜。在《中国教育学刊》等教育教学核心期刊发表论文40余篇，著有《基于儿童幸福发展的语文教学观》《特级教师教你写作文》等著作。多次执教国家、省、市、县各级各类公开课、作专题讲座，主持国家、省、市级立项重点课题研究。坚持深化课程改革，着重于儿童幸福发展课程的开发与实施，组建学生社团52个，编印校本教材28套（本）。在市级以上报刊发表管理文章5篇，《向幸福出发，往品牌发展》等办学经验全文收入由教育科学出版社出版的《中国名校长治校之道》《校魂》等丛书。

黄　曙　女，1979年生，涟水高沟人，博士研究生学历，民盟盟员，主任医师，副教授，硕士研究生导师，现任县人民医院消化科副主任，为省第一批"卫生拔尖人才"培养对象，第四期、第五期省 "333高层次人才"培养对象，省青年医学重点人才，省"双创博士"。2013年在美国约翰霍普金斯大学医学院博士后研修。从事消化系统疾病的医、教、研12年，承担消化系统各种急慢危重疾病的诊治；专攻"消化道肿瘤"方向，不仅擅长消化道肿瘤的早期诊断及综合诊疗，并且将临床和科研相结合，形成以"消化道肿瘤"为中心的基础与临床研究方向，主持国家自然科学基金以及省、市科研项目6项，以第一或通讯作者发表论文近20篇，其中包括Endoscopy等SCI收录杂志论文10篇，研究成果受邀到美国消化年会进行口头报告与壁报交流2次。

程钇涵　男，1965年生，大专学历，现任涟水芯海洋电子科技有限公司工程师。先后主持江苏省2011—2013年"免污染防雷二极管新工艺转化"项目，并准时结题。2013年获市科技进步三等奖。主持淮安市2015年"防雷充电器转化"项目，并准时结题；先后发明一种防雷电路、防静电手表、汽车静电消除器等，2017年发明浸水防触电断路器，属于国际领先技术。　（县总工会）

教育英才

王向阳　男，1970年11月生，涟水红窑人，中共党员，本科学历，中学高级教师，现任涟水县五港镇中心小学校长，为市小学数学学科带头人。多次获市、县优课评比一等奖。先后获江苏省小学生数学竞赛"优秀指导老师"称号8次。《让心灵的窗户更加明亮》等7篇论文获奖，《学写数学日记，提高学习兴趣》等8篇论文在国家核心期刊发表，主持、参与中央教科所《小学数学有效课堂教学行动策略研究》等省、市级立项课题5个均顺利结题。先后被评为县模范教师、县优秀德育工作者、县优秀教育工作者、省优秀科技辅导员、市小学学科学首席教师、市小学数学中青年骨干教师。

刘吉勇　男，1969年2月生，涟水灰墩人，中共党员，本科学历，中学高级教师，现任涟水县唐集学校校长。所创"三环三学"教学模式被评为涟水县十大课改模式。主持市级课题《小组合作自主探究教——学模式》、省级课题《新时期苏北农村初中学生思想品德存在问题及教育对策研究》结题。撰写的《农村初中学生自主教育管理模式探索》《浅议信息技术环境下的思想品德课教学》《中学生厌学原因及对策研究》等9篇论文在《生活教育》《中学政史地》《教育界》《校长》等杂志上发表，有11篇教学论文或教案设计在省、市、县竞赛中获奖。被评为省青少年科技教育先进个人、淮安市优秀班主任、涟水县优秀教育工作者，2017年9月被县委、县政府授予"涟水名校长"称号。

孙　燕　女，1974年3月生，涟水涟城人，本科学历，小学一级教师，现任涟水县实验幼儿园教务处主任。长期承担幼儿园音乐、美术教学和班主任工作，多次参加园内外举行的活动并获奖，班级多次被评为先进班级。多次获得幼儿园优课评比活动一、二等奖，所写论文在省、市、县论文评比中获得一、二等奖，所辅导的幼儿在市、县级美术、舞蹈比赛中多次获奖；曾获"伯乐奖"，被市、县教育主管部门评为中青年骨干教师、县师德模范、县学科带头人，2014年被评为"市优秀教师"2015年被评为县优秀教师，2017年9月被县委、县政府授予"涟水名师"称号。

苏秀梦 女，1981年7月生，涟水黄营人，中共党员，本科学历，中小学一级教师，现任实验小学教师，第二期"533英才工程"学术技术骨干人才培养对象。工作以来，认真、敬业，成绩显著，曾多次在市、县组织的数学、英语、思品、科学、信息、主题班会等赛课活动中获一等奖，积极参与课题研究。教学论文在各类评比中获奖，有4篇在期刊上发表。辅导学生多次参加各类竞赛并获奖，悉心指导年轻教师进行教育教学活动。多次被县教育局评为"教学先进个人""优秀班主任" "师德典范"，2013年被市委、市政府评为 "优秀教师"，2016—2017年连续两年被县委、县政府授予"涟水名师" 称号，2017年被淮安市教育局评为"师德典范"。

沈　翔 女，1979年12月生，涟水涟城人，本科学历，中学一级教师，现任江苏省郑梁梅高级中学英语教师。任教16年以来，8年连续从事高三英语教学工作，成绩优异，先后获得 "淮安市优秀青年志愿服务指导老师""涟水名师""先进个人""优秀教师""五一巾帼标兵""优秀团干"等称号。多次开设县级观摩课，在课堂中努力塑造自己的教学风格。教学论文、教学设计多篇发表、获奖，积极参与教育部"十二五"教育科研规划重点课题中子课题以及淮安市第九期教学研究课题的研究。

张玉荣 男，1976年2月生，涟水黄营人，中共党员，本科学历，中学高级教师，现任涟水县外国语小学副校长，为市第二期"533英才工程"学术技术骨干人才培养对象，淮安市第三批小学数学学科带头人。1996年8月参加工作，曾获教育部2015—2016年度"一师一优课、一课一名师"活动"优课"、淮安市基础教育青年教师教学基本功大赛二等奖、涟水县首届"新华杯"教师专业素养大赛一等奖。参与多个市规划课题研究，并顺利结题，善于新媒体、新技术与学科教学的融合研究，多篇论文在省级以上刊物发表。2017年9月被县委、县政府授予"涟水名师"称号。

张晓峰 男，1980年7月生，涟水石湖人，中共党员，本科学历，学士学位，中学高级教师，国家级社会体育指导员，自行车国家一级裁判员，现任涟水县红日中学团委书记，初二级部主任，先后被授予"县优秀教师""县优秀班主任"，市、县"周恩来班"班主任、县"薄弱学科转岗培训"优秀辅导教师、"涟水名师"、涟水县"优秀共青团干部"等称号，被县教育局聘为县"骨干教师""名师工作室"成员，作为2015年10月由省教育厅组织的体艺学科教师赴加拿大学习一个月。曾获优秀裁判员称号，县首届教师基本功"三项大比武"竞赛一等奖，县优课竞赛一等奖，多次开设市、县公开课、观摩课并获奖，多篇论文在省、市、县获奖并发表。

周海峰 男，1977年12月生，涟水唐集人，中共党员，本科学历，中学高级教师，中国教育教学研究会会员，县第二届兼职督学，县初中语文教学能手，县第十六届人大代表，现任涟水县高沟中学校长。1996年8月参加工作，2010年8月，任前进中学校长。2014年主持教育部"十二五"教育科研规划重点课题《新课程课堂教学方式与途经研究》并顺利结题。先后被评为市"优秀班主任"、县"优秀教师""优秀教育工作者""优秀德育工作者"，2017年9月被县委、县政府授予"涟水名校长"称号。

徐崇明 男，1970年10月生，涟水灰墩人，中共党员，研究生学历，教育硕士，中学语文高级教师，淮安市语文学科带头人，现任涟水县淮文外国语学校党支部书记、校长。在教学业务方面，认真推行"五步索引"导学案；在德育管理方面，努力按照德育校本课程进行立德树人教育。2009年9月被市政府授予"优秀教育工作者"称号，2016年8月被司法部评为普法教育"优秀辅导员"，2016年9月被县委、县政府授予"涟水名校长"称号，2017年11月被省教育厅评为"优秀青少年科技教育校长"。

程树鹏 男，1979年6月生，涟水涟城人，中共党员，本科学历，中学一级教师，现任涟水县安东学校初三(15)班班主仕、中学部德育处主任。多次在县级教研活动中，承担公开教学或作主题交流发言，《注重交际，提高能力》《农村英语教学中合作意识的培养》等多篇论文在省、市、县获奖，论文《浅谈英语教学中的小组合作》在《校园英语》杂志上发表，编写的校本教材《节日文化》被评为市第六批中小学优秀德育校本课程教材，曾获"淮安市优秀班主任""涟水县优秀教师""教坛标兵""优秀德育工作者"等称号。

鲁国富 男，1967年2月生，涟水黄营人，本科学历，学士学位，中学正高级教师，现任江苏省涟水中学教务处副主任。教育教学成绩优秀，所教学生先后各有2人在中考、高中会考中获得满分，有4名学生在其辅导下获县政府表彰，2017年担任班主任的班级高考本科达线数远超校同类班级。多年参与苏北四市高三统测政治学科命题工作，发表论文100余篇，主持或参与多个省级课题研究。先后被市委、市政府、市教育局授予"淮安市优秀教师""淮安市功勋教师""淮安市师德标兵"等称号，先后被县委、县政府授予"涟水名师""县教育教学先进个人"等称号，先后入选省"333"人才工程第三层次培养对象、市"533"专业技术拔尖人才培养对象，是淮安市第二、三批高中政治学科带头人。

颜栋祥 男，1976年10月生，涟水红窑人，本科学历，中学高级教师，现任淮阴中学滨河高级中学工会副主席、化学教研组组长。长期担任高一至高三年级化学教学、备课组长和班主任工作，多次在市、县化学教学研讨会上执教示范课和作交流发言，获市化学学科优课、微课评比一等奖，多次参与市统测试卷命题，指导青年教师多人获市优课一、二等奖，辅导多名学生获省化学奥赛一、二等奖，多篇论文在省、市级刊物上发表，先后被县委、县政府授予“县优秀班主任”“县教育教学先进个人”“涟水名师”等称号。　（县教育局）

文化之星

从　正　男，1970年2月生，涟水涟城人，大专学历，省美术家协会会员、省书法家协会会员、省摄影家协会会员，现任县书画院院长。1989年参加工作。2013年5月，在市首届青年美术作品展中，美术作品《大湖魂》获优秀奖，美术作品《留守娃》入展；2013年12月，美术作品《运河岸边春来早》获市“走进运河”书画大赛二等奖；2013年11月，在省“生态文明·美丽江苏”摄影展中，摄影作品《乡情》《守候》获优秀奖；2014年，美术作品《大丽菊》入展省中青年优秀作品展，书法作品《古文选抄》入展江苏省第九届新人书法篆刻展；美术作品《清风》参加市“盛世牡丹欢歌”淮安市首届艺术节获二等奖，书法作品《古诗一首》入展；2015年，摄影作品《绿树枝头春意闹》入选“镜像涟水梦缘小康”全国摄影作品展；2016年，美术作品《2015年的那场雪》入展江苏省第七届水彩、粉画作品展，美术作品《乡趣》入展省花鸟画研究会30周年优秀作品展，5月《沂蒙山上》入展“江山如画”全国油画写生作品展，12月美术作品《春去春又回》入展市首届美术奖展览。2017年《瓜棚架下》获第六届美术新人作品展佳作奖，《月是故乡明》入展新金陵画派运河沿岸巡展。

孙爱华　男，1974年1月生，中共党员，大专学历，省摄影家协会会员，现任县文化馆群文馆员。1990年6月参加工作，2009年，参与编纂《江苏非物质文化遗产普查涟水资料汇编》资料丛书；2011年5月，摄影作品《翰墨幽境》入选庆祝建党90周年江苏省美术书法摄影作品大展；2012年，摄影作品《翰墨幽境》获全市喜庆十八大群文美术书法摄影展三等奖；2014年，论文《公共服务体系中的群众文化》入选《文化大视野》论文集；2015年，摄影作品《芙蓉出岫》《翰墨幽静》《荷芳争艳》《鹭影翩跹》获全国群文系统文艺作品优秀作品奖，论文《农村文化事业的现状与对策》入选《青年与社会》论文集。

杨建球　男，1959年8月生，涟水五港人，中国书法家协会会员，现任县文联副主席。潜心研习书法艺术多年，楷、草、隶、篆、行皆精。作品先后在各类大赛中多次获奖并被《中国书法》《书法报》《书法导报》《青少年书法报》等报刊发表。1990年9月书法作品入选《第一版》中国翰园碑林首批刻石；2004年5月书法作品入选中国第八届书法篆刻作品展；8月书法作品入展中国秦皇岛之夏大字展；2005年1月书法作品入选当代江苏省书法篆刻作品晋京展等；2007年12月书法作品入选中国第九届书法篆刻作品展。

陈钢殊　男，1972年9月生，河南省温县人，省摄影家协会会员、省艺术摄影学会会员、市摄影家协会会员，现供职于县文化馆。1992年参加工作，1996年12月，摄影作品《岁月》入选省第五届群众文化干部美术书法摄影展；1999年10月，摄影作品《黎明》入选“庆祝中华人民共和国成立五十周年”江苏省摄影作品展；2002年6月，摄影作品《一夜春风》获省百人摄影艺术作品大展佳作奖；2004年11月，摄影作品《身教胜于言教》入选省消防漫画、摄影大赛；2007年6月，摄影作品《天堂》获“和谐文化”——全省文化馆（站）美术、书法、摄影干部作品大展铜奖；2008年6月，摄影作品《淮安月塔（宋）》获省文化遗产摄影大展铜奖；2011年6月，摄影作品《返老还童》入选“光辉的节日”——江苏省庆祝建党90周年大型摄影作品巡回展；2012年5月，摄影作品《自由飞翔》入选首届“丹顶鹤杯”江苏盐城湿地鸟类摄影大赛；2014年10月，摄影作品《出淤泥而不染》入选“清正廉洁·和谐幸福”全省文化系统反腐倡廉摄影作品大展。

严成刚　男，1972年2月生，涟水黄营人，大专学历，小学一级，现任涟水县外国语小学美术教师，为南京印社社员、省书法家协会会员、省篆刻研究会会员、省教育考试院书画等级培训高级培训教师。1991年毕业于淮安师范美术班，长期从事小学美术教育。2003年硬笔书法作品获“爱华杯”第九届中国钢笔书法大赛优秀奖，书法作品在中国文联、中央电视台组织的“墨彩杯”全国书画作品电视大赛中获青年组二等奖；2005年书法作品《楷书中堂》在中国教育学会组织的世纪之星全国教师艺术教育成果展中获金奖；2007年、2009年篆刻作品入展省青年书法家协会组织的第四、第五届青年篆刻展；2010年篆刻作品在团省委、省青联、省青书协组织的第6届省青年书法篆刻展中获金奖；2012年篆刻作品入展省书协组织的第八届新人书法篆刻展；2013年篆刻作品在省书协、省教学研究室组织的“江苏省首届中小学教师书法篆刻作品展览”中获三等奖，篆刻作品入展团省委、省青联、省青书协组织的“第7届江苏省青年书法篆刻展”，书法作品在南京艺术学院、省教育考试院组织的《文化强省中国梦》江苏省书法教师作品展获二等奖；2014年美术作品《国画人物》入展市委宣传部、市文联组织的“盛世牡丹·欢歌淮安”首届淮安百姓文化艺术节美术作品大展；2015年篆刻作品入展省篆刻研究会组织的江苏篆刻艺术大展，篆刻作品入展省文联、省书协、南京印社组织的第二届江苏省篆刻艺术展，书法、篆刻同时入展省文联、省书协、市委宣传部、市文联组织的“苏风艺韵·淮安市书法篆刻晋省展”；2016年书法作品《林散之诗词》入展省文化厅、省书协组织的第四届林散之江苏书法双年展，书法作品入展省书协组织的第十届新人书法篆刻展，书法作品获省教育书法协会、省书法院主办的全省中小学教师书法作品展一等奖，国画作品在市美术家协会、市文联等主办的“淮安美术奖”展览中入展入集。

（县文广新局）

文献选编

中共涟水县委常委会深化落实党风廉政建设主体责任五项举措

涟发〔2017〕4号

一、建立县委落实党风廉政建设主体责任工作协调机制。县委书记为第一责任人，对全县党风廉政建设工作负总责。县委专职副书记协助县委书记落实县委党风廉政建设主体责任，负责调度全县落实党风廉政建设主体责任工作；研究部署全县各级党委（党组）落实主体责任工作；组织实施县委落实主体责任重大活动；督查指导县委所属党委（党组）主体责任落实情况；组织开展落实主体责任工作调研。

二、县委严格落实党风廉政建设责任制。印发、公示县委常委党风廉政建设责任清单；每年初与所属党委（党组）签订党风廉政建设责任书；印发党风廉政建设责任制考核办法；召开警示教育大会；每年底开展党风廉政建设责任制检查考核；通报所属党委（党组）履行主体责任情况；听取县委常委落实党风廉政建设主体责任工作情况报告。

三、县委常委会坚持党风廉政建设与经济建设、政治建设、文化建设、社会建设以及生态文明建设紧密结合，同部署、同落实、同检查、同考核。每年研究谋划党风廉政建设工作不少于4次；听取县人大、县政府、县政协、县法院、县检察院党组和乡镇党委履行主体责任情况汇报；听取巡察工作情况汇报；落实党内监督责任，听取县纪委履行监督责任情况汇报；听取监督执纪“四种形态”大数据情况分析，推动开展政治生态评价。定期召开民主生活会，解决突出问题。

四、县委常委对分管联系乡镇、部门政治生态负领导责任。把握运用监督执纪第一种形态，真抓严管；每年围绕全面从严治党、党风廉政建设主题同分管联系乡镇、部门主要负责人至少谈话1次，针对存在问题提出具体整改意见；每年参加分管联系乡镇、部门1次以上民主生活会；听取责令召开的指定内容专题民主生活会情况；指导分管联系乡镇、部门开展述责述廉；发现苗头性、倾向性问题时，抓早抓小，及时约谈提醒；根据需要，对分管联系乡镇、部门主要负责人进行诫勉谈话。认真履行“一岗双责”责任，检查指导分管联系乡镇、部门落实党风廉政建设主体责任工作情况，每半年至少听取1次专题汇报，提出意见建议。

五、县委办与县落实党风廉政建设责任制领导小组办公室共同负责组织协调联络、监督检查指导、汇总分析报告等日常工作。承担编制落实党风廉政建设主体责任工作计划；传达贯彻中央、省委和市委、县委关于落实主体责任工作部署；汇总县委常委落实主体责任工作情况；分析研究全县贯彻落实中央八项规定精神和省委十项规定、市委、县委十二项规定情况；分析研究全县落实主体责任工作情况；分析全县政治生态评价结果，为领导决策提供参考；汇总分析县委所属党委（党组）及其第一责任人主体责任报告，指出存在问题，提出工作建议；向市委报告县委落实主体责任情况，牵头做好迎接市委责任制检查考核等相关工作。

关于加强全县农村基层党建工作的十九条意见

涟发〔2017〕6号

2017年，全县农村基层党建工作围绕深化落实全省农村基层党建“六强六过硬”、全市农村基层党建“七个一”工程要求，以党建“书记项目”为抓手，重点围绕夯实基础、建强堡垒，补齐短板、激发活力，强化农村基层党组织政治功能和服务功能，推动基层党建工作全面提升、全面过硬，为实现两大目标提供坚强组织保证。现提出如下意见。

一、重抓关键核心，提升基层带头人能力素质

1.拓宽选拔培养渠道。扩大选人视野，将退伍军人、创业能人、回乡大学生以及县乡机关干部中的优秀党员，选配到村（居）党组织书记岗位上；推广退职干部兼任、优秀邻村干部跨任、“凤还巢”人员选任等选配方式；及时调整发展无思路、致富无项目、工作无方法的党组织书记，建立村（居）党组织书记、主任梯次培养机制；按照“一岗多备”要求，做好村（居）后备干部选培工作。

2.强化教育培训工作。分层分类组织开展村（居）党组织书记专题培训；开设“村书记自讲坛”，成立“村书记顾问团”，开展强村弱村结对帮带活动。

3.加大管理考核力度。强化村（居）党组织书记任职报批报备制度，乡镇党委建立村（居）党组织书记“小档案”；认真执行《村（居）权力运行制约监督办法（暂行）》，完善《村（居）党组织书记目标责任考核办法》，分档分类强化结果运用。坚持“一酬多元”，严格按规定发放村（居）干部报酬。

二、紧盯难点重点，提升基层党组织服务实效

4.开展并村联组“扫尾”行动。落实乡镇党委主体责任，彻底解决并村联组“尾巴”问题。

5.培育“项目书记”“项目党员”。坚持“一村多品”，推动80%以上的村（居）及农村合作经济组织党组织书记创办、领办或招引一个致富带富的实体项目、农村电商项目；实施农村党员创业致富工程，培育乡土人才、党员能手等创业主体。

6.深化“三进三帮”活动成效。指导村（居）围绕富民强村、和谐共治，理清发展思路，谋划实事项目，排查问题矛盾。加强对梳理问题建议的交办、会办、督办。

三、立足优化提升，规范党员教育管理

7.规范党员发展工作。固化发展党员规范流程，实行发展党员全程纪实、审批前移、报批报审制度；落实发展党员工作责任，建立新发展党员谈心谈话制度，从严把好发展党员“入口关”。

8.强化党员党性教育。坚持“一村多群”，打造红色教育实境课堂，丰富学习教育载体和内容，提高党员党性修养。

9.促进党员作用发挥。开展党员公开承诺活动，推行党员“挂牌”亮身份，按时开展民主评议党员工作，加大评议结果运用力度，稳妥处置不合格党员。探索党内关爱正向激励制度，彰显党员先锋模范价值。

四、坚持建管并重，推进党组织阵地提档升级

10.完善阵地配套设施。继续推动党组织阵地提档升级，按照“一主多辅”模式，根据实际情况，分类进行新建和改扩建，总面积不低于400平方米；及时更新、维修办公设备，按标准配备远教设备。建设一批村级便民服务站，构建县乡村便民服务链。

11.加强阵地管理使用。实行村（居）活动场所机构挂牌准入制，实现村（居）党组织阵地标识、工作制度规范化，建设基层党组织阵地规范化示范点；坚持“一站多能”，每个乡镇打造村居数30%以上的远教示范基地（站点）。严格执行村（居）干部“坐班值班”制度。

五、突出增强实效，规范党内组织生活

12.推进“两学一做”学习教育常态化制度化。各级党组织履行主体责任，把思想教育作为第一位任务，突出分类指导；党支部要发挥教育管理党员主体作用，把“两学一做”纳入“三会一课”等基本制度，融入日常，抓在经常。

13.严格党内组织生活。落实“三会一课”、民主生活会、民主评议党员和领导干部双重组织生活等基本制度；搭建“互联网+党建”学习教育平台，增强组织生活的吸引力、感染力。

14.拓展“统一党员活动日”内涵外延。在“520支部活动法”基础上，进一步创新党员活动的方式方法。将党群议事会融入“统一党员活动日”，扩大参与面，提高影响力。

六、加强基层监督，规范村（居）“三务”公开

15.明确公开要求。坚持“一季多单”，对村（居）“三务”公开的内容、方式、时间、地点等予以规范。

16.拓展公开范围。多渠道收集群众诉求，探索实行“群众点单”公开方式；发挥阳光扶贫平台作用，促进扶贫项目和资金使用公开、公平、公正。

七、围绕责任落实，强化基层党建工作督导

17.深化党建“书记项目”。持续聚焦基层党建工作的重点难点热点，将双带能力不强、并村联组不到位、信访问题严重、党组织阵地缺失等突出问题作为既定党建“书记项目”，压实乡镇党委主体责任。

18.明确党建工作责任。完善乡镇、村（居）党组织书记抓基层党建责任清单、问题清单、整改清单。实行乡镇党委与村（居）党组织捆绑考核，健全乡镇党委书记抓基层党建工作述职评议考核机制，强化考核结果运用。

19.加大督导考核力度。坚持月度抽查、季度巡查、半年督查、年终核查制度。对先进典型加大培育、选树和宣传力度；对重视不够、履职不力、措施不实、落实不到位的，及时提醒、约谈、通报、问责，推动基层党建责任落到实处。

关于聚焦富民持续提高城乡居民收入水平的十九条意见

涟发〔2017〕14号

为贯彻落实省委、省政府《关于聚焦富民持续提高城乡居民收入水平的若干意见》（苏发〔2016〕49号）和市委、市政府《关于聚焦富民持续提高城乡居民收入水平的实施意见》（淮发〔2017〕27号）精神，促进我县城乡居民收入持续较快增长，让人民群众享有更强的获得感和幸福感，为加快高水平全面建成小康社会和建设“强富美高”新涟水提供重要支撑。现提出如下意见：

一、保持居民收入与经济同步增长

1.推进全面小康目标建设。到2020年，城乡居民人均可支配收入比2010年翻一番，居民收入在地区生产总值中的比重逐步提高。收入分配格局进一步优化，城乡居民收入差距进一步缩小。农村居民收入增幅高于城镇居民收入增幅，全县人均年收入6000元以下的农村低收入人口在高水平全面建成小康社会的路上“一个不少、一户不落”，共建共享格局基本形成。（责任单位：县统计局、发改委、经信委、农委、扶贫办、人社局、财政局，各乡镇人民政府）

二、大力推进就业创业富民

2.统筹做好重点群体就业。实施离校未就业高校毕业生就业促进计划、岗位倍增计划、岗位拓展计划和创业引领计划，确保2017年末总体就业率达92%。健全就业援助制度，加大就业援助力度，加强公益性岗位管理，分类实施帮扶，解决好就业困难人员、零就业家庭、被征地农民以及失业人员就业问题。加强对登记失业的优抚对象家庭人员和军队退役人员等就业困难群体的就业援助，全面落实岗位补贴政策，鼓励全县用人单位优先吸纳就业困难人员。对残疾人创业给予扶持奖励，对残疾人创业贷款给予利息补贴，对中介机构介绍残疾人就业的服务费以及对开展残疾人辅助性就业的机构给予补助。（责任单位：县人社局、财政局、民政

局、教育局、残联,各乡镇人民政府)

3.积极打造创业载体平台。鼓励引导各乡镇积极利用现有的工业集中区、创业点开展创业孵化基地建设,推动我县"大众创业,万众创新"。各乡镇、相关单位积极主动与相关部门对接,重点推进"电子商务产业园"创业创新平台建设,发挥涟水现代农业产业园区获批全国农村创业创新园区带动效应,争创省级创业孵化基地。开展"创业项目评比""创业事迹报告会""优秀创业者表彰"等系列活动,营造创业的浓厚氛围。(责任单位:各乡镇人民政府,县农委、科技局、国土局、人社局、教育局、商务局)

4.深入推进创业带动就业。建设以众创空间为特色的众创集聚区,实现众创集聚区县内全覆盖。积极推动县内各职业学校根据专业特色设置各类主题鲜明的"创业专业",探索政府部门为主、专业机构运营、职业学校全程参与的新模式,集成化推进职业学校毕业生创业,实现"一校一点""一校一特"。每年推荐申报2个以上市级众创空间、众创社区。(责任单位:县科技局、人社局、经信委、教育局)

5.持续强化职业技能培训。推动炎黄职业技术学院、涟水开放大学、县社区学院、涟水中等专业学校、教师进修学校、辅仁职业技术学校等职教资源融合发展,推广"互联网+职业培训"模式,开发紧缺职业培训包,提高职业教育质量。大力实施产教融合发展工程,深化县中专服装、建筑、机电等3个省级高技能人才实训基地建设。支持县中专争创省级机电高水平示范性实训基地。(责任单位:县教育局、人社局,各乡镇人民政府)

6.有效保障职工合法权益。完善最低工资标准动态调整机制,逐步提高最低工资标准。大力推进集体协商扩面提质,建会企业工资集体协商制度覆盖面达95%以上。严厉打击企业经营者恶意欠薪行为,重点解决建设领域等农民工就业集中行业的工资支付保障问题,切实保障农民工报酬权益。加强劳动人事争议调解仲裁工作,增强调处能力。(责任单位:县人社局、住建局,县经济开发区、薛行循环经济产业园、空港产业园,各乡镇人民政府)

三、致力加快产业发展促进居民增收

7.着力提高工业发展水平。加快推进新型工业化,重点发展食品饮料、纺织服装、医药化工、电子电气、机械装备、汽车零部件、航空制造等产业,积极培育"互联网+"、大数据、云计算、物联网等新型业态,提高财富创造能级。坚持把乡镇工业集中区作为支撑镇村经济发展的重要平台,加强基础配套,加快项目建设,做大做强纺织服装产业区、食品酿造及彩印包装产业区、机械制造加工区、板材产业区、造纸产业园等一批特色经济板块,努力打造"升级版"乡镇工业集中区,带动农民就地就近就业,增加农民工资性收入。大力发展箱包、编织加工等家庭手工业,促进农民增收致富。(责任单位:县经信委、发改委、金融办,各乡镇人民政府)

8.加快推进农业现代化。围绕"4+1"产业体系,壮大优质稻米、规模畜禽、高效园艺、休闲观光等产业,拓宽富民受益面,到2020年,建成各类种养基地90万亩,新增优质稻米种植面积40万亩以上,新建省级生态健康养殖示范场3个,畜牧业大中型规模养殖比重达71%。聚焦"一带一路一廊"产业布局,深入推进农业供给侧结构性改革,规划建设"五大生态经济特色圈",加快发展芦笋、花卉、中药材、食用菌等特色种植业,全力打造现代农博园、南集现代农业示范园等一批特色园区,到2020年创成国家级农业示范园1个、省级现代农业产业园2个、市县级农业园区100个以上。培育新型经营主体,到2020年全县家庭农场达950家、家庭农场经营面积占农户承包地面积50%以上,县级以上农民专业合作示范社达350家、全县农户参加农民专业合作示范社比重达80%。不断提升粮食生产保障能力,到2020年新增高标准农田20万亩,高标准农田比重达25%以上。(责任单位:县委农工部、县农委、粮食局、农机局、开发局、科技局,各乡镇人民政府)

9.不断提升服务业贡献度。积极构建物流、金融、旅游、商贸和电子商务、健康养生、文化创意"4+3"服务业特色产业体系,提高群众增收空间。大力发展休闲农业和乡村旅游,推动农林渔业、水利与旅游、教育、文化等产业深度融合,全力打造5个具有一定规模和较高档次的休闲观光农业示范园、6个特色"农家乐"示范村,新培育2条休闲观光农业精品线路,力争到2020年建成AAAA级景区3个、AAA级和三星级以上乡村旅游示范点10个,全县旅游经济综合收入突破30亿元,努力形成"以点串线、以线成带"的发展新格局。(责任单位:县发改委、农委、卫生计生委、旅游局、教育局、文广新局、民政局、金融办、工商联,各乡镇人民政府)

10.深入实施农业农村综合改革。统筹推进农村承包地"三权分置",全面完成农村土地承包经营权确权登记颁证工作。扩大农村集体资产股份合作制改革试点范围,力争2017年20%的村基本完成改革工作。健全农村集体"三资"管理监督,提升农村集体财务、资产管理水平。加强农村产权交易市场建设,不断拓展交易品种,推进农村土地承包经营权、集体经营性资产等十大类农村产权进场交易,规范交易程序,到2020年累计交易额达到6.5亿元。加快农业水价综合改革,推广农业灌溉工程节水模式,筹建农民用水者协会,小型灌溉泵站计量设施配套率达40%以上。推进供销合作社综合改革,建成社区合作共建服务载体11个。(责任单位:县委农工部、县农委、水利局、供销社、国土局、金融办、人行,各乡镇人民政府)

四、全力加快推进扶贫脱贫

11.深入推进"阳光扶贫"。按照"党政主导、部门协同、平台运作、责任到人、纪委监督"的总体要求,将"阳光扶贫"作为"十三五"期间的一项重点工作抓紧抓实、抓出成效。不断完善"三个一"帮扶体系,对每个建档立卡低收入农户落实一名帮扶责任人,对每个省、市、县定经济薄弱村组建一个联动帮扶工作组,对每个带动增收项目组建一个项目帮扶组。以低收入农户和经济薄弱村"两个增收"为重点,以资金管理为核心,以扶贫对象精准和增收项目精准为前提基础,以"信息+制度+公开"为方法路径,不断完善相关配套制度,让扶贫工作、扶贫项目、扶贫资金全部在阳光下运行,努力实现扶贫资金精准滴灌、扶贫对象精准识别、扶贫责任精准定位、扶贫过程精准监管、扶贫绩效精准评估。(责任单位:各乡镇党委、政府,县“阳光扶贫”工作领导小组成员单位)

12.健全扶贫资金投入机制。县级各项惠民政策、项目和工程,最大限度地向重点片区、经济薄弱村和低收入人口倾斜。支持金融机构为农村低收入农户提供免抵押、免担保扶贫小额信贷。完善扶贫小额贷款贴息奖励政策,适当提高建档立卡低收入农户单户贷款额度。积极鼓励社会资本参与扶贫开发。(责任单位:县扶贫办、金融办、财政局、人行,各乡镇人民政府)

13.统筹各方扶贫脱贫资源。继续深化市、县、镇三级机关挂钩帮扶机制,吸引各方力量参与扶贫开发;科学统筹省、市、县和社会各方资金资源,集中力量,精准发力。到2020年低收入人口人均年收入达到6000元,生活水平明显提高;经济薄弱村达到更高水平新“八有”,集体经济年收入达到18万元;重点片区面貌显著改善,基本公共服务主要指标接近全市平均水平;基本建立缓解相对贫困的长效机制。(责任单位:县有关部门,各乡镇人民政府)

五、提升基本公共服务惠民水平

14.推进社保扩面提标。深入推进全民参保计划,加大依法扩面征缴力度,积极推进城乡居民基本养老保险由“制度全覆盖”向“参保人员全覆盖”转变。积极稳妥推进机关事业单位养老保险制度改革。落实企业职业年金政策,全面实施机关事业单位职业年金制度。加快推进城镇居民基本医疗保险和新农合制度并轨。完善推进农村低收入人口补充医疗保险制度,防范因病返贫。按照国家、省市部署,适时提高退休人员养老金、城乡居民基础养老金标准。逐步提高医保待遇标准,制定城乡居民大病保险政策,推进医保支付方式改革,完善病种分值结算办法,逐步提高医保基金报销比例。(责任单位:县人社局、卫生计生委,各乡镇人民政府)

15.加大各类社会事业惠民力度。围绕重塑涟水教育辉煌目标,大力推进城乡教育一体化,突出以教学业绩为导向,着力推动名师、名校长、名校“三名”工程建设,科学划分施教区,优化教育资源布局。按照“1+X+X”模式,稳步开展医联体建设,促进优质医疗资源上下贯通,提供更多质优、价廉、便利的诊疗服务,健康涟水建设取得积极进展。认真组织实施“送戏、送书、送电影、送展览”下乡等文化惠民活动,加快推进公共文化服务设施建设,努力丰富城乡群众的文化生活和满足致富需求。深入推进“263”专项行动,狠抓源头治理,强化问题整改,加大村庄环境综合整治力度,全力打好治气、治水、治土攻坚战,营造宜居宜业的良好生态环境。(责任单位:县教育局、卫生计生委、文广新局、环保局、住建局、水利局、国土局,各乡镇人民政府)

16.积极推进公共租赁住房建设。大力发展房屋租赁市场,到2020年保障性住房覆盖25%的城镇常住人口,住房保障体系健全率达到95%。对符合条件的城镇稳定就业的外来务工人员、新就业高校毕业生等,纳入公共租赁住房保障范围。加强农村危房改造,加快实施棚户区改造工程,稳步推进货币化安置,“十三五”期间,完成6600户以上家庭居住的各类棚户区和城中村住房改造。(责任单位:县住建局、人社局、教育局,各乡镇人民政府)

六、强化富民增收保障措施

17.完善资金扶持政策。将创业担保贷款对象范围扩大到创办个体工商户(含网络创业)的在校大学生、城乡劳动者,个人贷款额度最高30万元,贷款期限最长延至3年;合伙经营或创办企业的,可适当提高贷款额度;对城镇登记失业人员、就业困难人员(含残疾人)、复员转业退役军人、高校毕业生(含大学生村官和留学回国学生)、化解过剩产能企业职工和失业人员、返乡创业农民工、建档立卡低收入人口等群体据实贴息。通过与省“苏北急需人才引进计划”、淮安市“名校优生”计划的政策叠加,加速优质年轻人才向涟水集聚,着力提高外地毕业生来涟创业的成功率、涟水籍学生返乡创业的回归率;完善“科技贷款资金池”,加大对科技创业创新人才的支持,促进优秀创业人才和创业团队快速发展。(责任单位:县人社局、财政局、民政局、教育局、科技局、人才办、残联、金融办、人行,各乡镇人民政府)

18.优化创业环境。以国家级“互联网+政务服务”平台建设试点为抓手,深入推进行政审批制度改革,积极探索“放管服”新路径,加快实施“35745”审改专项行动,大力推行“不见面审批”模式,全面施行“双随机一公开”监管,努力构建政务服务“一张网”。加快推进商事制度改革,确保“多证合一、一照一码”登记模式顺利实施,扩大适用范围,巩固“先照后证”成果。(责任单位:县编办、政务办、发改委、经信委、市场监管局、法制办,各乡镇人民政府)

19.强化组织领导。成立县富民增收工作领导小组,领导小组办公室设在县发改委,负责处理日常事务;各乡镇成立相应工作领导小组及其办公室。县、乡镇在富民增收工作领导小组领导下建立富民增收协调推进工作机制,及时研究实施居民增收的重大事项,强化组织领导和督促推进。各乡镇、县有关部门要增强全局意识,强化责任落实,完善配套措施,形成政策合力,并根据实际情况,制定实施促进居民增收的具体方案,确保完成居民增收目标。(责任单位:县委办、县政府办、县有关部门,各乡镇人民政府)

本文公布之前县各相关富民增收文件涉及上述条款的以本文为准,其他未纳入本文条款的仍按原文件执行。

文件索引

中共涟水县委

涟发〔2017〕

3号 关于开展2017年度全县领导干部“三进三帮”活动的通知

4号 关于印发《中共涟水县委常委会深化落实党风廉政建设主体责任五项举措》的通知

5号 转发《中共淮安市委关于运用监督执纪“第一种形态”的实施细则》的通知

6号 印发《关于加强全县农村基层党建工作的十九条意见》的通知

7号　批转《涟水县人大常委会2017年工作要点》的通知

8号　关于印发《涟水县“两减六治三提升”专项行动方案》的通知

9号　关于印发《2017年度全县科学跨越发展考核实施意见》的通知

12号　关于印发《中共涟水县委2016—2020年巡察工作规划》的通知

13号　批转《政协涟水县委员会2017年工作要点》的通知

14号　印发《关于聚焦富民持续提高城乡居民收入水平的十九条意见》的通知

15号　印发《关于全面落实县纪委向县一级党和国家机关派驻纪检机构的改革方案》的通知

16号　印发《关于健全人大讨论决定重大事项制度县人民政府重大决策出台前向人大报告的实施办法》的通知

18号　关于建立“阳光扶贫”系统推进精准扶贫精准脱贫的意见

19号　印发《关于深化供销合作社综合改革的实施意见》的通知

20号　关于认真学习贯彻党的十九大精神的通知

21号　关于深入推进全县人民防空改革发展实施意见

22号　批转县人大常委会党组《关于涟水县第十六届人民代表大会第二次会议筹备工作意见的报告》的通知

23号　批转政协涟水县委员会党组《关于筹备和召开政协涟水县十届二次会议的报告》的通知

中共涟水县委办公室

涟办发〔2017〕

3号　关于开展2016年度落实党风廉政建设责任制和意识形态责任制情况检查考核工作的通知

4号　关于印发《县委十一届二次全会重点工作任务分解表》的通知

6号　印发《全县春节期间开展返乡人员留乡创业就业活动实施方案》的通知

7号　关于做好《涟水年鉴》(2017卷)组稿工作的通知

8号　关于做好2017年淮安市劳动模范评选工作的通知

11号　关于做好综治与平安建设联系共建工作的通知

12号　关于2016年全县信访工作情况的通报

16号　关于转发县委宣传部《2017年全县宣传思想文化工作要点》的通知

18号　关于印发《涟水县农村集体资产股份合作制改革试点工作方案》的通知

19号　关于开展第十一届“涟水县十大杰出青年”评选活动的通知

20号　关于印发《中共涟水县委关于落实市委对涟水县落实党风廉政建设责任制情况检查考核反馈意见的整改方案》的通知

22号　印发《关于全面深化“三治三促”专项行动的实施意见》的通知

23号　关于印发《2017中国涟水·第二届阿累读书节总体活动方案》的通知

24号　关于进一步加强土地执法监管工作的通知

25号　关于印发《全县2017年二季度“双过半”竞赛活动实施方案》的通知

26号　关于印发《运用监督执纪“第一种形态”操作办法》的通知

27号　关于印发《涟水县创建省级文明城市工作实施意见》的通知

28号　关于印发《涟水县创建省级文明城市任务分解表》和《涟水县未成年人思想道德建设任务分解表》的通知

29号　关于印发《涟水县“35745”审改专项行动工作方案》的通知

32号　关于县领导联系创建省级文明城市社区、乡镇的通知

36号　关于印发《涟水县村(居)党组织书记目标责任考核办法》的通知

37号　印发《关于推进“两学一做”学习教育常态化制度化的实施方案》的通知

38号　关于印发《涟水县全面推行河长制实施方案》的通知

42号　关于开展纪念建党96周年系列活动的通知

45号　中共涟水县委全面深化改革领导小组2017年工作要点

46号　关于印发《2017年度县城区城镇就业困难人员再就业帮扶工作实施方案》的通知

49号　转发《2017年“扫黄打非”行动方案》的通知

50号　关于印发《全县2017年三季度“争进位”竞赛活动实施方案》的通知

56号　关于印发《2017年度农业农村工作考评及计分办法》的通知

57号　转发《县人大党组关于审计查出突出问题整改工作监督办法(试行)》的通知

58号　关于印发《涟水县2017年双拥工作任务和军地互办实事计划》的通知

63号　关于建立扶贫项目预评审制度的通知

64号　关于建立“阳光扶贫”工作联席会议制度的通知

67号　关于印发《全县出租房屋安全隐患集中整治工作方案》的通知

68号　关于印发《乡镇纪委书记、副书记提名考察办法(试行)》《县纪委派驻纪检组组长、副组长提名考察办法(试行)》《县直单位内设纪委书记、副书记提名考察办法(试行)》《县纪委派出机构纪工委书记、副书记提名考察办法(试行)》的通知

69号　关于开展信访稳定联合督查工作的通知

70号　印发《涟水县县级机关党组(党委)党风廉政建设主体责任联络员制度》的通知

74号　转发《关于进一步加强招标投标管理规范招标投标行为的实施意见》的通知

75号　关于开展出租房屋主动登记备案工作的通知

77号　关于在全县开展慈善捐赠活动的通知

78号　关于做好学习贯彻中共十九大精神宣讲工作通知

79号　关于做好2018年度重点党报党刊发行工作的通知

80号　关于下发《涟水县贯彻落实〈党

政主要负责人履行推进法治建设第一责任人职责规定〉实施办法》的通知

81号 关于印发《涟水县村级集体资金乡镇财政所管理工作实施方案（试行）》的通知

85号 关于印发《涟水县科协系统深化改革实施方案》的通知

88号 关于开展乡镇党政领导干部挂钩村居重点企业服务安全生产工作的通知

89号 关于聘任县委法律顾问和法律专家库成员的通知

涟水县人民政府

涟政发〔2017〕

6号 关于明确2016年县乡镇财力结算口径和增加乡镇财政补助的通知

7号 关于2017年水利建设工作的意见

8号 关于收回部分国有建设用地使用权的决定

9号 关于收回涟水县车辆综合性能监测站国有建设用地使用权的决定

10号 关于表彰涟水最美涟水优秀警察的决定

15号 关于进一步扩大利用外资若干措施的通知

16号 关于进一步降低实体经济企业成本的实施意见

17号 关于表彰2016年度实体经济先进企业暨服务实体经济发展的先进单位和先进个人的决定

18号 关于印发涟水县南六塘河肖大桥断面水质达标方案的通知

19号 关于印发涟水县盐河袁闸断面水质达标方案的通知

20号 关于印发涟水县2017年政府投资项目计划的通知

21号 关于印发县政府三重一大集体决策工作制度的通知

22号 关于印发涟水县十三五环境保护规划的通知

23号 关于印发涟水县生态红线区域保护规划的通知

24号 关于印发涟水县生物多样性保护规划的通知

26号 关于表彰2016年度食品安全工作先进集体和先进个人的决定

27号 关于印发县政府党组成员党风廉政建设责任清单的通知

29号 关于印发加快推进残疾人小康进程实施办法的通知

31号 关于成立五岛湖水利风景区管委会的通知

36号 关于表彰涟水县2016年度县长质量奖获奖单位的决定

37号 关于表彰2016年度质量强县工作先进单位和先进个人的决定

38号 关于将梁岔镇费庄村新社区新生活整村推进项目收入纳入县本级财政预算的通知

40号 关于上报涟水县涉农资金整治试点工作实施方案的报告

45号 关于印发2017年全县秸秆机械化还田实施办法的通知

50号 关于印发统筹推进城乡义务教育一体化促进优质均衡发展的实施意见的通知

51号 关于印发加快推进学前教育发展实施意见的通知

52号 关于实施梁岔、黄营片区高标准农田建设工程项目的通知

54号 关于加强政府性债务管理的实施意见

55号 关于成立涟水县交通干线沿线环境综合整治五项行动工作领导小组的通知

56号 关于完善困难残疾人生活补贴和重度残疾人护理补贴制度的意见

62号 关于加强全县农贸市场建设管理工作的实施意见

72号 关于加强农机安全生产工作的意见

74号 关于收回原中国农业银行涟水县支行大东营业所国有建设用地使用权的决定

75号 关于收回高沟镇高秀村二组、326省道西侧部分划拨用地的决定

77号 关于表彰2016年度征兵工作先进单位和先进个人的通知

78号 关于村级财务专项审计发现问题整改情况的报告

79号 关于收回城关粮油管理所（城东林场）国有建设用地使用权的决定

80号 关于2015年度工矿废弃地复垦利用第二批实施方案的通知

84号 县政府关于不规范融资担保行为整改情况的报告

85号 关于收回淮安浦西建设有限公司国有建设用地使用权的决定

86号 关于收回苏美食品有限公司国有建设用地使用权的决定

87号 关于印发县有关部门和单位安全生产工作职责规定的通知

88号 关于2017年质量强县工作的实施意见

90号 关于申请327省道涟水收费站实行统贷债还的报告

101号 关于表彰第十届涟水优秀科技工作者的通知

103号 关于印发涟水县政府性债务风险预警管理暂行办法的通知

107号 关于以政府购买服务名义违法违规融资清理整改情况的报告

110号 关于公布第五批县级文物保护单位的通知

113号 关于收回涟水县大东镇马鹏农场国有建设用地使用权的决定

119号 关于实施涟水县土地整治及流转项目的通知

122号 关于开展涟水县第二次全国污染源普查的通知

124号 关于印发涟水县土壤污染防治工作方案的通知

125号 关于调整高污染燃料禁燃区的通告

127号 关于淮安市瑞丰米业国有建设用地使用权用途变更的决定

128号 关于收回淮安浦西建设有限公司名下创新创业园国有建设用地使用权的决定

129号 关于印发涟水县2018年度水利工作意见的通知

130号 关于印发涟水县重大行政决策规范化管理试点工作实施意见的通知

134号 关于将高沟镇市政基础设施等工程PPP项目分年度纳入我县财政预算管理及中长期财政规划的报告

135号 关于提请授予孙国君等二十名同志涟水县荣誉市民称号的决定

涟水县人民政府办公室

涟政办发〔2017〕

1号　关于印发涟水县2017年度无偿献血志愿者献血时间安排表的通知
2号　关于成立涟水县人民政府行政复议委员会的通知
3号　关于印发2017年春节期间服务经济开发区企业招工实施方案的通知
4号　关于印发涟水县重污染天气应急预案的通知
7号　关于印发涟水县2017年春节运输工作意见的通知
8号　关于开展全县2017年元旦及春节期间防范非法集资集中宣传教育活动的通知
10号　关于印发涟水县加强农村留守儿童关爱保护工作的实施方案的通知
12号　关于印发涟水县美丽乡村建设工作实施方案试行的通知
13号　关于印发涟水县人感染H7N9禽流感联防联控工作方案的通知
14号　关于做好2016年公共机构能源资源消费统计报送工作的通知
16号　关于做好2017年林业工作的通知
17号　关于做好2017年县政府为城乡居民办十件实事的通知
18号　关于印发县政府部门行政许可中介服务事项清单的通知
19号　关于印发涟水县建立双随机抽查机制强化事中事后监管实施方案的通知
20号　关于印发县政府部门公共服务事项清单的通知
22号　关于印发涟水县县级土地综合整治专项资金管理办法试行的通知
24号　关于印发涟水县财政资金与银行信贷挂钩试行办法的通知
25号　关于做好涉农资金整治试点工作的通知
26号　关于印发涟水县开展整治散葬坟墓美化乡村环境活动的实施方案的通知
27号　关于做好2017年水利工程水费征收管理工作的通知
28号　关于印发涟水县政务服务中心乡镇园区分中心建设的实施意见的通知
30号　关于重新确定全县内部治安保卫重点单位的通知
32号　关于下达2017年新型职业农民培育任务的通知
34号　关于在全县开展电力线路通道清理工作的通知
35号　关于印发县政府2017年重点工作任务分解方案的通知
36号　关于成立机关事业单位养老保险制度改革工作领导小组的通知
37号　关于印发涟水县两减六治三提升专项行动实施方案及2017年工作计划的通知
38号　关于印发涟水县推进基层综合治理性文化服务中心建设实施方案的通知
41号　关于印发涟水县医疗联合体医疗集团建设工作实施方案的通知
44号　关于交办县人大建议和政协提案的通知
45号　关于切实做好小麦赤霉病防控工作的通知
49号　关于转发市政府关于印发市整合城乡居民基本医疗保险制度实施方案的通知的通知
50号　关于印发涟水县2017年度支持外贸稳定增长实施方案的通知
51号　关于开展涟水县创建省级文明城市十佳单位、最差单位评选活动的通知
52号　关于印发涟水县2017年新增农机具作业奖补实施意见的通知
53号　关于印发涟水县2017年秸秆机械化还田作业补助第三方核查办法和涟水县2017年秸秆机械化还田考核办法的通知
54号　关于落实2017年省级财政精准扶贫帮扶资金帮扶项目的通知
55号　关于做好全县林业有害生物防控工作的通知
56号　关于印发涟水县投资建设代办服务暂行办法的通知
59号　关于推荐淮安市优秀科技工作者候选人暨评选第十一届涟水县优秀科技工作者的通知
61号　关于印发涟水县2017年夏季秸秆禁烧禁抛和综合利用工作方案的通知
62号　关于提高城乡低保和特困人员供养标准的通知
63号　关于印发涟水县家庭医生签约服务工作实施方案的通知
65号　关于印发涟水县政府性债务风险应急处置预案的通知
67号　关于印发涟水县养犬管理办法的通知
69号　关于印发2017年涟水县成品油市场集中专项整治方案的通知
70号　关于印发2017年公共机构节能考评办法的通知
71号　关于下达2017年度全县公共机构节能目标任务的通知
72号　关于印发2017年公共机构节能工作实施意见的通知
73号　关于组织实施2017年度拉网式农村环境综合整治项目的通知
74号　关于继续做好2017年全县独生子女父母奖励金发放工作的通知
76号　关于调整2017年度涟水县住房保障的通知
85号　关于印发涟水县民生服务平台建设工作方案的通知
86号　关于切实做好第一次全国海洋经济调查工作的通知
87号　关于印发涟水县农业支持保护补贴耕地地方保护实施方案的通知
88号　关于印发涟水县打击固体废弃物违法转移专项行动方案的通知
89号　关于印发涟水县2016年农业支持保护补贴粮食适度规模经营管理工作实施方案的通知
90号　关于印发涟水县突发公共卫生事件应急预案和涟水县突发事件医疗卫生救援应急预案的通知
91号　关于印发涟水县突发事件卫生应急处置协调联动机制的通知
93号　关于转发县总工会等部门《关于弘扬工匠精神开展建功十三五建设强富美高新涟水劳动竞赛意见》的通知
96号　关于实行县政府阶段性重要工作交办单制度的通知
97号　关于印发关于加强县城区餐饮业环境管理工作的实施意见(试行)的通知

98号　关于转发县交通运输局等部门关于进一步做好全县货车非法改装和超限超载治理工作实施方案的通知
100号　关于印发全县交通干线沿线环境综合整治五项行动方案的通知
101号　关于落实全县低收入人口参加基本医疗保险政策的通知
102号　关于县政府2017年度重点工作上半年实施情况的通报
104号　关于建立全县税费协同共治联席会议制度的通知
105号　关于印发关于推进全县义务教育阶段教师县管校聘管理体制改革的实施意见的通知
106号　关于印发《涟水县十三五卫生与健康规划》的通知
107号　关于印发涟水县基本医疗保险支付稽核专项行动工作方案的通知
109号　关于印发涟水县2017年农村危房改造工作实施方案的通知
111号　关于印发涟水县临时救助实施办法的通知
112号　关于建立困难群众基本生活保障工作联席会议制度的通知
114号　关于印发涟水县航道沿线非法码头和浮吊船作业点综合整治方案的通知
115号　关于建立涟水县成品油市场管理工作联席会议制度的通知
116号　关于印发涟水县高层建筑消防安全综合治理工作方案的通知
119号　关于印发涟水县文明城镇长效管理工作月考核记分与奖惩办法的通知
120号　关于新增全县治安保卫重点单位的通知
121号　关于开展文明城镇长效管理工作十佳单位、三差单位评选活动的通知
122号　关于成立政府大数据平台建设工作领导小组的通知
124号　关于涟水县贯彻落实中办回访调研报告反馈意见整改工作实施方案的通知
125号　关于印发县违规违法用地专项整治行动方案的通知
128号　关于开展全覆盖排查整治问题地图专项行动的通知
129号　关于集中开展全县中小学幼儿园隐患整改工作的通知
131号　关于印发2017年全县审计工作计划的通知
132号　关于公布涟水县不见面审批服务事项清单的通知
133号　关于印发涟水县数字化城市管理考核办法试行的通知
134号　关于印发涟水县2017年政协提案办理绩效评议工作方案的通知
135号　关于印发涟水县关于加强工商资本租赁农地监管和风险防范实施规划的通知
136号　关于印发涟水县2017年秋季秸秆禁烧禁抛和综合利用工作方案的通知
137号　关于印发涟水县优化开办企业不动产交易登记施工许可联合评审联合审图审批服务流程的通知
139号　关于转发市政府关于印发淮安市地名管理办法的通知的通知
140号　关于印发涟水县加强社会组织联合执法监察机制实施意见的通知
141号　关于印发涟水县级土地综合整治专项资金管理办法的通知
142号　关于印发涟水县城乡建设用地增减挂钩节余指标收益资金管理办法的通知
143号　关于做好2018年度城乡居民基本医疗保险筹资工作的通知
144号　关于印发涟水县2016年度退役士兵安置方案的通知
145号　关于做好民间投资项目报建审批情况清理核查工作的通知
147号　关于进一步加强审计整改工作意见的通知
148号　关于印发涟水县创新公共服务体制优化便民高效服务工作实施方案的通知
150号　关于印发涟水县2017年减煤应急方案的通知
151号　关于进一步加强综合治税工作的通知
152号　关于建立涟水县环境保护征收管理工作部门联席会议制度的通知
153号　关于转发市政府办关于印发淮安市城乡居民医疗保险暂行办法的通知的通知
154号　关于明确PPP项目实施机构及职责的通知
155号　关于印发涟水县生产安全事故应急预案的通知
156号　关于做好乡镇残联换届工作的通知
157号　关于开展保障农民工资支付情况专项检查的通知
158号　关于建立全民健身工作部门联席会议制度的通知

荣　誉　榜

2017年度先进集体名录

表45

单　位	荣誉称号	命名机关	单　位	荣誉称号	命名机关
涟水县	省级文明城市	省精神文明建设指导委员会	涟水县	耕地保护先进县	省国土资源厅
涟水县	食品工业十强县	省经信委	涟水县	省级食品安全示范城市	省食安委

续表45

单　位	荣誉称号	命名机关
涟水县	食品安全工作优秀县区	市食安委
县人大常委会	全省农民增收和农村扶贫工作优秀调研报告评选一等奖	省人大常委会办公厅
县人大常委会	质效考评先进单位	市人大常委会党组
县委办	县级机关服务科学跨越发展考评优秀奖	县委、县政府
县人大办	《人民与权力》杂志通联先进集体	省人大常委会研究室
县人大办	县级机关服务科学跨越发展考核先进奖	县委、县政府
县委组织部	县级机关服务科学跨越发展考评优秀奖	县委、县政府
县委宣传部	社科工作创新奖	省社科联
县委宣传部	优秀组织奖	省社科联
县委宣传部	宣传思想文化工作先进集体	市委宣传部
县委宣传部	网络文化节组织推广奖	市委宣传部、市委网信办
县委宣传部	三城同创先进单位	县委、县政府
县纪委、监察局	省纪检监察先进集体	省纪委
县纪委、监察局	省纪检监察信息工作先进单位	省纪委办公室
县纪委、监察局	三城同创先进单位	县委、县政府
县纪委、监察局	县级机关服务科学跨越发展考评优秀奖	县委、县政府
县软建办	服务实体经济发展先进单位	县委、县政府
县委农工部	全省农村产权交易市场建设先进集体	省委农工办、省农村综合改革领导小组办公室
涟城镇农村产权交易服务中心	全省农村产权交易市场建设先进集体	省委农工办、省农村综合改革领导小组办公室
东胡集镇农村产权交易服务中心	全省农村产权交易市场建设先进集体	省委农工办、省农村综合改革领导小组办公室
县级机关工委	三城同创先进单位	县委、县政府
县级机关工委	县区级机关工委党建目标考核先进单位	市级机关工作委员会
县级机关工委	机关党建信息工作先进单位	市级机关工作委员会
县发改委	发改系统优秀集体	市发改委
县发改委	县级机关服务科学赶超跨越发展考评先进奖	县委、县政府
县农机局	安全生产工作先进单位	县政府
县水利局	省水利新闻宣传工作先进单位	省水利厅信息中心
县水利局	水利现代化发展成绩突出集体	市水利局
县水利局	县级机关服务科学跨越发展特别贡献奖	县委、县政府
县科技局	省知识产权宣传培训工作成绩突出单位	省知识产权局
县地震局	市防震减灾工作优秀单位	市地震局
县财政局	2013—2015年度江苏省文明单位	市精神文明建设指导委员会
县财政局	企业财务工作先进单位	市财政局
县财政局	三八红旗集体	市妇联
县财政局	部门服务科学跨越发展考核优秀奖	县委、县政府
县财政局	软环境建设十佳单位	县委、县政府
县财政局	党建工作先进单位	县委、县政府
县法院	全省法院第二十八届学术讨论会组织工作先进奖	省高级人民法院
县法院	县级机关服务科学跨越发展考评先进奖	县委、县政府
县法院执行局	集体三等功	市中级人民法院
县法院民事审判第二庭	公正司法示范点	市委政法委
县法院审判监督庭	工人先锋号	市总工会
县法院民事审判第二庭	先进基层党组织	县委
县检察院	优秀巾帼志愿服务项目("小雨滴")	市妇联
县检察院	服务实体经济发展先进单位	县政府
县检察院	首届网络文化节创新创优奖	县政府
县检察院刑事执行检察科	全国法律监督精品案件(薛亚丽案件)	最高人民检察院
县检察院控告申诉检察科	集体三等功	市检察院
县检察院派驻大东检察室	优秀派驻检察室	市检察院
县检察院民控党支部	先进基层党组织	县委
县公安局	全省党的十九大安保维稳工作先进集体	省委、省政府
县公安局	县级机关服务科学跨越发展考评优秀单位	县委、县政府

续表45

单位	荣誉称号	命名机关
县公安局	三城同创先进单位	县委、县政府
县公安局刑警大队	全市公安机关在党的十九大安保维稳工作中成绩突出的集体(集体三等功)	市公安局
县公安局治安大队	全市公安机关在党的十九大安保维稳工作中成绩突出的集体(集体三等功)	市公安局
县公安局涟城派出所	全市公安机关在党的十九大安保维稳工作中成绩突出的集体(集体三等功)	市公安局
县消防大队	信息调研工作先进基层单位	省消防总队
县消防大队	十九大安保集体三等功	市公安局
县消防大队	先进大队	市消防支队
县消防大队	大队级“好班子”	市消防支队
县消防大队	信息调研工作先进集体	市消防支队
县消防大队	消防执法先进单位	市消防支队
县人武部	双拥工作先进单位	市委、市政府
安东控股	服务科学跨越发展考核优秀奖	县委、县政府
安东控股	利用外资考核先进单位	县委、县政府
县安监局	先进集体	市安委会
县安监局	先进单位	县委、县政府
县残联	残疾人就业服务工作先进单位	省残工委
县残联	公益助残最具执行力单位	省残疾人福利基金会
县“星火”爱心者协会	优秀助残志愿服务组织	省残联
县残联	市第七届残疾人运动会团体一等奖、优秀组织奖、道德风尚奖	市残联
县残联	首季开门红竞赛三等奖	县委、县政府
县信访局	县级机关服务科学跨越发展特别贡献奖先进奖	县委、县政府
县扶贫办	县级机关服务科学跨越发展考核先进奖	县委、县政府
县扶贫办	项目建设成绩突出单位	县委、县政府
县扶贫办	“市对县”考核成绩突出单位	县委、县政府
淮安(薛行)循环经济产业园建设指挥部	前线指挥部科学跨越发展考核一等奖	县委、县政府
县委老干部局	县级机关服务科学赶超跨越发展考核优秀奖	县委、县政府
县委老干部局	老干部工作先进集体	省委组织部、省委老干部局、省人社厅
县旅游局	五一劳动奖状	市政府
县旅游局	市星级导游大赛“优秀组织奖”	市旅游局
县旅游局	市旅游小吃大赛优秀组织奖	市旅游局
县旅游局	部门科学赶超跨越发展考核“特别贡献奖”	县委、县政府
县旅游局	三城同创先进单位	县委、县政府
涟水国调队	江苏调查队系统先进单位	国家统计局江苏调查总队
涟水国调队	人事工作优秀奖	国家统计局江苏调查总队
涟水国调队	综合工作二等奖	国家统计局江苏调查总队
涟水国调队	农业工作二等奖	国家统计局江苏调查总队
涟水国调队	畜牧业工作二等奖	国家统计局江苏调查总队
涟水国调队	新设立小微企业工作二等奖	国家统计局江苏调查总队
涟水国调队	专项调查工作二等奖	国家统计局江苏调查总队
涟水国调队	纪检工作二等奖	国家统计局江苏调查总队
涟水国调队	信息化工作二等奖	国家统计局江苏调查总队
县政务办	江苏政务服务改革创新成果奖	省政务服务管理办公室
县政务办	综合先进县区	市政务服务管理办公室
县政务办	优秀政务服务体系建设县区	市政务服务管理办公室
县政务办	县级机关服务科学跨越发展考核特别贡献奖	县委、县政府
县国税局	集体三等功	省人社厅、省国家税务局
县国税局	全省国税系统法治基地	省国家税务局
县国税局	健康单位	省爱国卫生运动委员会
县国税局	全省国税系统县级绩效管理标杆单位	省国家税务局
县国税局	服务科学跨越发展考核优秀奖	县委、县政府
县国税局财务科	巾帼文明岗	省城镇妇女“巾帼建功”活动领导小组 省妇女“双学双比”竞赛活动领导小组
县国税局第一税务分局	青年文明号	市国税局、共青团淮安市委

续表45

单　位	荣誉称号	命名机关	单　位	荣誉称号	命名机关
县国税局办公室	青年文明号	市国税局、共青团淮安市委	县淮剧团	现代戏创作先进单位	省文化厅
县城管局	争先创优奖	市城市管理局	县淮剧团	第七届江苏省淮剧艺术展演月优秀剧目奖	省文化厅
县城管局	全市城管执法比赛团体二等奖	市城市管理局、市城市管理行政执法局	县淮剧团	市宣传思想工作先进集体	市委宣传部
县城管局	服务科学跨越发展考核优秀奖	县委、县政府	县淮剧团	先进基层党支部	县委
县城管局	三城同创先进单位	县委、县政府	县文化馆	市文艺调演一等奖	市委宣传部
县城管局	项目建设成绩突出单位	县委、县政府	县"扫黄打非"办公室	"扫黄打非"工作优秀单位	市"扫黄打非"工作领导小组
县城管局城管执法大队党支部	先进基层党组织	县委	县"扫黄打非"办公室	2015—2016年度全市"扫黄打非"工作先进集体	市"扫黄打非"工作领导小组
县环卫总公司	三城同创先进单位	县委、县政府	县文化行政综合执法大队	2015—2016年度全市"扫黄打非"工作先进集体	市"扫黄打非"工作领导小组
县台办	目标任务考核一等奖	市委台湾工作办公室	县统计局	县级机关服务科学跨越发展考核先进奖	县委、县政府
县台办	县级机关服务科学跨越发展考核优秀奖	县委、县政府	县统计局	市统计业务知识竞赛三等奖	淮安市统计局
县台办	全县利用外资考核获奖单位	县委、县政府	县统计局	规范化建设市级示范县	淮安市统计局
县工商联	全国"五好县级工商联"	中华全国工商业联合会	县老龄办	全省老龄宣传工作先进单位	省老龄办
县妇联	"爱心储蓄罐 传承好家风"项目优秀组织奖	省妇联、省儿童少年福利基金会	县老龄办	"安康关爱行动"先进单位	省老龄办
县妇联	妇女儿童工作先进集体	市政府	县经信委	高标准厂房先进地区	省经信委、省国土厅
县妇联	县级机关服务科学跨越发展考核先进奖	中共涟水县委、涟水县人民政府	县经信委	部门服务科学赶超跨越发展考核先进奖	县委、县政府
团县委	全省团属报刊宣传工作先进单位	团省委	县经信委	三城同创先进单位	县委、县政府
县文广新局	"三下乡"工作先进集体	市委宣传部	县经信委	项目建设成绩突出单位	县委、县政府
县文广新局	全市"剪纸芳华"淮安市非物质文化遗产剪纸作品展优秀组织奖	市文广新局	县住建局	全省村镇建设档案管理工作先进单位	省住房和城乡建设厅
县文广新局	全市文化工作先进集体	淮安市文广新局	县住建局	省级人居环境范例奖	省住房和城乡建设厅
县文广新局	三城同创先进单位	县委、县政府	县住建局	省墙体材料改革业绩突出奖	省墙体材料改革办公室表彰
县文广新局	县级机关科学跨越发展考核特别贡献奖	县委、县政府	涟水涟缘市政工程有限公司	江苏省优秀市政施工企业	省建筑市场质量安全跟踪调查办公室、省工程建设招投标监督管理办公室、江苏名牌事业促进会
县文广新局	"市对县"考核成绩突出单位	县委、县政府	县住建局	住房和城乡建设系统县区局目标考评优秀单位	市住房和城乡建设局
县文广新局	安全生产工作先进单位	县政府	县住建局	矛盾排查化解先进集体	市大排查大整治领导小组办公室
县图书馆	红领巾读书节组织奖	市文广新局	县住建局	市园林职工插花艺术技能竞赛活动优秀组织奖	市园林管理局
县淮剧团	艺术创作先进单位	省文化厅	涟水涟缘市政工程有限公司	淮安市平安企业	淮安市"平安企业"创建领导小组
县淮剧团	第三届江苏省文华大奖	省文化厅	涟城镇卫生院	2016–2017年度群众满意的乡镇卫生院	国家卫生和计划生育委员会

续表45

单　位	荣誉称号	命名机关
县卫计委	省级卫生应急工作规范县	省卫计委
县卫计委	县级机关服务科学跨越发展考核先进奖	县委、县政府
县卫计委	创建省级文明城市、省级卫生城市、省级园林城市工作特别贡献奖	县委、县政府
南集镇卫生院	省示范乡镇卫生院	省卫计委
大东镇卫生院	省示范乡镇卫生院	省卫计委
蒋庵官荡村卫生室	省示范化村卫生室	省卫计委
陈师寿延村卫生室	省示范化村卫生室	省卫计委
陈师高庄村卫生室	省示范化村卫生室	省卫计委
县疾病预防控制中心	省卫生科普工作先进集体	省健康教育协会
县卫生监督所	市行政执法规范化示范点	市政府法制办
县计划生育协会	全市计划生育工作县级先进单位	市计划生育协会
陈师镇计划生育协会	全市计划生育工作乡级先进单位	市计划生育协会
保滩镇计划生育协会	全市计划生育工作乡级先进单位	市计划生育协会
高沟镇计划生育协会	全市计划生育工作乡级先进单位	市计划生育协会
县人民医院	创建省级文明城市、省级卫生城市、省级园林城市工作先进集体	县委、县政府
县疾病预防控制中心	创建省级文明城市、省级卫生城市、省级园林城市工作先进集体	县委、县政府
涟水县电子商务产业园	省级电子商务示范园区	省商务厅
高沟镇	省级电子商务示范镇	省商务厅
陈师镇柿园村	省级电子商务示范村	省商务厅
涟城镇军民社区	省级电子商务示范社区	省商务厅
家德宝木业	省级电子商务示范企业	省商务厅
县商务局	服务科学跨越发展先进奖	县委、县政府
县商务局	"三创"工作先进集体	县委、县政府
县市场监管局	全省食品药品监管工作先进单位	省食药局
县市场监管局	商事制度改革工作中被给予"嘉奖"	省工商局
县市场监管局	食品安全工作考核第一名	市食安委
县市场监管局	淮安市第一届执业药师职业技能竞赛最佳组织奖	市食药局、市药学会执业药师分会
县市场监管局	县级机关服务科学跨越发展考核先进奖	县委、县政府
县市场监管局城区分局	食品安全工作先进基层分局	市食安委
县司法局基层科	全市三八红旗集体	市妇联
县司法局宣教科	全市第三届法治文化作品征集活动组织奖	市司法局
县法律援助中心	妇女维权示范岗	市综治委、市妇联
县法律援助中心	"三八"红旗集体	县委、县政府
县人社局	全市信访工作先进集体	市信访联席会议
县人社局	县级机关服务科学赶超跨越发展考核特别贡献优秀奖	县委、县政府
县人社局	十九大安保维稳工作先进集体	县委、县政府
县人社局	安全生产工作先进集体	县委、县政府
县广电台	市文化广电新闻出版系统"先进集体"	市文广新局
县广电台	县级机关服务科学跨越发展考核先进奖	县委、县政府
县广电台	三城同创先进单位	县委、县政府
县农业资源开发局	全市农业综合开发一等奖	市农业资源开发局
县农业资源开发局	全市农业综合开发宣传信息一等奖	市农业资源开发局
县农业资源开发局	县级机关服务科学跨越发展考评先进奖	县委县政府
县教育局	全国第五批学习型部门	教育部社区教育研究培训中心、中成协农专委
县教育局	全民活动周"成功组织奖"	中国成人教育协会
县教育局	省国际青少年绘画展活动优秀组织奖。	省教育厅、省政府外事办、省文学联、省少工委省广播电视总台
县教育局	全省社会教育宣传报道先进集体	省社会教育指导服务中心
县教育局	省诗教先进单位	省教育学会、省诗词协会
县教育局	"江苏学习在线"应用推广先行区	江苏省社会教育指导服务中心
县教育局	省学习联盟达标单位	江苏省社会教育指导服务中心
县教育局	双拥先进单位	市委、市政府、淮安军分区
县教育局	教育工作目标考评先进单位	市教育局

续表45

单　位	荣誉称号	命名机关	单　位	荣誉称号	命名机关
县教育局	教育现代化建设工作进步显著单位	市教育局	淮文外国语学校	金钥匙科技竞赛团体二等奖	省教育厅、省科学技术学会
县教育局	教育创新创优项目一等奖	市教育局	陈师镇中心小学	中国青少年机器人竞赛、全国中小学电脑制作活动(江苏赛区)团体二等奖	省教育厅、省科学技术学会
江苏省郑梁梅高级中学	空军招飞工作先进单位	东部战区空军政治工作部、省高等学校招生委员会	外国语小学	苏派名校联盟学校	省教育厅、省教育报刊总社
涟水县第一中学	全国青少年校园篮球特色学校	教育部	外国语小学	苏派书法名校联盟学校	省教育厅、省教育报刊总社
淮文外国语学校	全国青少年校园足球特色学校	教育部	外国语小学	省小学课程基地	省教育厅、省财政厅
江苏省涟水中等专业学校	第二十届全国青少年五好小公民主题教育读书活动示范学校	教育部关工委全国青少年"五好小公民"主题教育活动组委会	郑梁梅中学	第二十九届中小学生金钥匙科技竞赛青少年科技教育先进校	省教育厅
涟水县安东学校	青少年普法教育活动"零犯罪学校"	中国关工委、司法部中央社会治安综治办	涟水县第一中学	江苏省体育课程基地	省教育厅
淮文外国语学校	全国中小学"金钥匙"竞赛团体赛一等奖	全国中小学生金钥匙竞赛组委会	陈师镇中心小学	"我是美丽江苏小主人"生态环保活动"优秀组织奖"	省教育厅
岔庙社区教育中心	全国首批城乡社区教育特色学校	中国成人教育协会教育部社区教育研究培训中心	涟水县实验小学	巾帼建功先进集体	省妇联
涟水县红日中学	省"中学生与社会"作文大赛优秀组织奖	省中小学教研室	涟水县实验小学	巾帼文明岗	省妇联
幸福里实验小学	省STEM教育项目试点学校	省中小学教研室	幸福里实验小学	《小学生数学报》优秀团体奖	江苏教育报刊总社
南集中学	省暑期社会实践先进集体	省委宣传部、省文明办共青团江苏省委	淮文外国语学校	"小小数学家"优秀团体奖	江苏教育报刊总社
南门小学	省节水型学校	省水利厅、省教育厅	郑梁梅小学	中小学校先进基层党组织	市委教工委
向阳小学	省节水型学校	省水利厅、省教育厅	江苏省郑梁梅高级中学	中小学校先进基层党组织	市委教工委
涟水县第一中学	省节水型学校	省水利厅、省教育厅	杨口中心小学	市教育系统关心下一代工作先进集体	市委教工委
红窑实验学校	省诗教先进单位	省诗词协会	黄营中学	中小学校先进基层党组织	市委教工委
成集学校	2017年12月江苏省诗教先进单位	省诗词协会	陈师镇中心小学	市"十三五"首批"科学教育综合示范校"	市科协、市教育局
陈师镇中心小学	优秀红领巾小社团	省少工委	江苏省涟水中等专业学校	职业教育教科研工作先进单位	市职业教育教学研究室
幸福里实验小学	省华文教育基地	省政府侨办、省教育厅	陈师镇中心小学	市第二届青少年水利与气象科普知识大赛优秀组织奖	市水利局、市教育局
涟城镇中心小学	省校外教育工作示范辅导站	省文明办、省关工委	陈师镇中心小学	市第二届青少年水利与气象科普知识大赛团体三等奖	市水利局、市教育局
高沟镇中心小学	省诗教工作先进单位	省教育学会、省诗词协会	幸福里实验小学	市科普教育基地	市科学技术学会、市教育局
外国语小学	"友城绘"江苏省国际青少年绘画展活动优秀组织奖	省教育厅、省少工委、省广播电视台	幸福里实验小学	市"十三五"首批教育综合示范学校、STEM教育优秀项目单位	市科学技术学会、市教育局
涟水县实验小学	"友城绘"江苏省国际青少年绘画展活动优秀组织奖	省教育厅、省少工委、省广播电视台	江苏省郑梁梅高级中学	全市毒品预防教育工作示范学校	市教育局、市公安局
涟水县安东学校	"友城绘"江苏省国际青少年绘画展活动中获优秀组织奖	省教育厅、省少工委、省广播电视台	涟水县红日中学	市中小学优秀社团	市教育局
涟水县南门小学	省优秀少先队集体	省教育厅、省少工委共青团江苏省委	外国语小学	省红十字示范校	市教育局、市红十字会
淮文外国语学校	青少年科技教育先进学校	省教育厅、省科学技术学会	涟水县南门小学	市书香校园	市教育局

续表45

单　位	荣誉称号	命名机关
涟水县南门小学	市教育信息化工作先进集体	市教育局
涟水县安东学校	巾帼文明岗	市妇联
外国语小学	涟水名校	县委、县政府
江苏省郑梁梅高级中学	涟水名校	县委、县政府
幸福里实验小学	涟水名校	县委、县政府
外国语中学	涟水名校	县委、县政府
涟水县实验小学	涟水名校	县委、县政府
江苏省涟水中学	涟水名校	县委、县政府
淮文外国语学校	涟水名校	县委、县政府
红窑实验学校	涟水名校	县委、县政府
高沟镇中心小学	涟水名校	县委、县政府
滨河高级中学	涟水名校	县委、县政府
涟水县南门小学	县文明校园	县委、县政府
涟水县实验小学	第二届艺术节优秀组织奖	县政府
涟水县安东学校	先进基层党组织	县委
县交通运输局	县级机关服务科学跨越发展考评优秀奖	县委、县政府
县交通运输局	政法综治工作先进单位	县委
涟水县交通控股集团有限公司	全国“职工书屋”示范点	中华全国总工会
327省道涟水收费站	先进集体	省交通运输厅公路局
县公路管理站	公路工作先进集体	省交通运输厅公路局
涟水县交通运输局工会	五一劳动奖状	市政府
327省道涟水收费站	优秀巾帼志愿服务队	市妇联
327省道涟水收费站	先进单位	市公路处
涟水县运输管理所	全市运输管理工作优秀单位	市运输管理处
涟水县公路管理站	公路工作优胜单位	市公路管理处
涟水县地方海事处	基层行业安全生产监管先进单位	市交通运输局
涟水县车辆综合性能检测站	市劳动关系和谐企业	市协调劳动关系三方委员会
淮安红日交通投资发展总公司	县“省级文明城市、省级卫生城市、省级园林城市”“三城同创”先进集体	县委、县政府
县经济开发区	科学跨越发展考核一等奖	县委、县政府
县经济开发区	安全生产工作先进单位	县政府
创建国家级经济技术开发区指挥部	前线指挥部科学跨越发展考核一等奖	县委、县政府
县经济开发区安监分局	全市职业健康监管工作先进集体	市安全生产监督管理局
县供销合作总社	农民专业合作社建设先进单位	省供销合作总社
县供销合作总社	全县党的十九大安保维稳工作先进集体	县委、县政府
县供销合作总社	安全生产工作先进单位	县委、县政府
江苏今世缘酒业股份有限公司	全国文明单位	中央文明委员
江苏今世缘酒业股份有限公司	质量管理知识普及教育先进集体	中国质量协会
江苏今世缘酒业股份有限公司	第十七届全国质量奖	中国质量协会
江苏今世缘酒业股份有限公司包装中心一车间	现场管理星级评价四星级现场	中国质量协会
江苏今世缘酒业股份有限公司酿酒10车间	现场管理星级评价四星级现场	中国质量协会
江苏今世缘酒业股份有限公司院士专家工作站	示范院士专家工作站	中国科学技术协会办公厅
江苏今世缘酒业股份有限公司	中国白酒158计划示范企业	中国酒业协会
江苏今世缘酒业股份有限公司	中国酒业上市公司最具投资价值企业	中国酒类流通协会、新浪财经、云酒传媒
江苏今世缘酒业股份有限公司检测中心	中国合格评定国家认可委员会实验室认可证书	中国合格评定国家认可委员会
江苏今世缘酒业股份有限公司	第十一届中国上市公司价值评选主板上市公司价值百强企业	证券时报
江苏今世缘酒业股份有限公司包装中心11组	质量信得过班组	省质量管理协会、总工会、妇联、科协
江苏今世缘酒业股份有限公司麸曲QC小组	优秀质量管理小组	省质量管理协会、总工会、妇联、科协
江苏今世缘酒业股份有限公司降本增效QC小组	优秀质量管理小组	省质量管理协会、总工会、妇联、科协
江苏今世缘酒业股份有限公司酿酒中心2组	质量信得过班组	省质量管理协会、总工会、妇联、科协
江苏今世缘酒业股份有限公司	2016—2017年度江苏地标型企业	省苏商发展促进会
江苏今世缘酒业股份有限公司	省商标战略实施示范企业（金帆奖）	省商标战略实施工作领导小组
江苏今世缘酒业股份有限公司	守合同重信用企业	省工商行政管理局

续表45

单　位	荣誉称号	命名机关
江苏今世缘酒业股份有限公司	第二届淮安慈善奖淮安市最具爱心捐赠企业	市政府
江苏今世缘酒业股份有限公司今世缘景区团队	2017淮安市星级导游大赛团体三等奖	市旅游协会
江苏今世缘酒业股份有限公司	技改投入先进企业	县政府
中共江苏今世缘酒业股份有限公司南京党支部	先进基层党组织	县委
苏盐连锁有限公司涟水分公司	先进集体	苏盐连锁有限公司淮安分公司
县烟草专卖局(分公司)	江苏省安康杯竞赛优胜单位	省总工会、江苏省安全生产监督管理局
县烟草专卖局(分公司)	江苏省放心消费创建活动示范行业	省放心消费创建活动办公室
县烟草专卖局(分公司)	优秀QC小组成果二等奖	省质量管理协会、省总工会、省科协、省妇联
县烟草专卖局(分公司)	无偿献血突出贡献奖	市无偿献血工作领导小组
县烟草专卖局	市卷烟打假工作先进集体	市烟草专卖局、市公安局
市烟草公司涟水分公司	卷烟营销101%服务竞赛活动先进单位三等奖	市烟草公司
市烟草公司涟水分公司客户服务科	先进科室	市烟草专卖局(公司)
县烟草专卖局稽查二中队	优秀稽查中队	市烟草专卖局
县烟草专卖局	科技创新一等奖	市烟草专卖局(公司)
市烟草公司涟水分公司	创新课题评审二等奖	市烟草公司
国网涟水县供电公司	省放心消费创建示范单位	省放心消费创建活动办公室
国网涟水县供电公司水滴QC小组	全国优秀质量管理小组	中国质量协会、中华全国总工会、中华全国妇女联合会、中国科学技术协会
国网江苏省电力公司涟水县供电公司水滴QC小组	第二届全国质量创新大赛一等奖	中国质量协会
国网涟水县供电公司变电运维班	江苏省“安康杯”竞赛优胜班组	省总工会、省安全生产监督管理局
国网涟水县供电公司配抢指挥班	巾帼文明岗	省城镇妇女“巾帼建功”活动领导小组、省妇女“双学双比”竞赛活动领导小组
国网涟水县供电公司灰墩供电所	省质量信得过班组	省质量管理协会、省总工会、省妇女联合会、省科协
国网涟水县供电公司	市职工文艺调演银奖	市总工会
县国土资源局	信访工作先进集体	省国土资源厅
县国土资源局	行政执法规范化示范点	市依法行政工作领导小组办公室、市法制办
县国土资源局	特别贡献奖	县委、县政府
县国土资源局梁岔分局	通报表扬	省国土资源厅
中国邮政集团公司江苏省涟水县分公司	文明单位	省文明委
中国邮政集团公司江苏省涟水县分公司	守合同重信用企业	淮安工商行政管理局
中国邮政集团公司江苏省涟水县分公司	安全保卫先进集体	市公安局
中国邮政集团公司江苏省涟水县分公司	淮安市“平安企业”	市“平安企业”创建领导小组
中国电信涟水分公司	市场经营先进县分公司	中国电信江苏公司
中国电信涟水分公司	泛渠道生态建设标杆奖	中国电信江苏公司
中国电信涟水分公司	服务工作先进单位	中国电信淮安分公司
中国电信涟水分公司	流量经营工作先进单位	中国电信淮安分公司
中国电信涟水分公司	市场经营先进单位	中国电信淮安分公司
中国电信涟水分公司	新闻宣传先进单位	中国电信淮安分公司
中国移动通信集团江苏有限公司涟水分公司	工人先锋号	中国移动通信集团工会江苏省委员会
中国移动通信集团江苏有限公司涟水沟通100店	巾帼文明岗	省妇联
中国移动通信集团江苏有限公司涟水分公司家客维护班	先进班组	中国移动通信集团江苏有限公司淮安分公司
中国移动通信集团江苏有限公司涟水分公司市场部	先进工会小组	中国移动通信集团工会淮安分公司委员会
涟水住房公积金管理中心	101%服务先进单位	市住房公积金管理中心
中国人民银行涟水县支行	2014—2016年度金融生态县创建工作先进单位	省金融稳定工作协调小组
中国人民银行涟水县支行	县级机关服务科学跨越发展先进单位	县委、县政府
中国银行涟水支行营业部	青年文明号	中国银行江苏省分行
涟城分理处	“三化三铁”网点	中国农业银行总行
中国农业银行涟水县支行	“三化三达标”支行	中国农业银行总行
中国农业银行涟水县支行	“春天行动”个人账面存款点均先进县支行	中国农业银行淮安市分行
中国农业银行中山支行	“三化三铁”网点	中国农业银行江苏省分行
中国农业银行城北支行	“三化三铁”网点	中国农业银行江苏省分行
中国农业银行涟城分理处	“三化三达标”优秀营业网点	中国农业银行江苏省分行
中国农业银行城北支行	十大核心存款增量贡献奖	中国农业银行淮安市分行
江苏涟水农村商业银行股份有限公司	“提质增效惠‘三农’、倾情献礼十九大”劳动竞赛苏北地区二等奖	江苏省农村信用社联合社

续表45

单　位	荣誉称号	命名机关	单　位	荣誉称号	命名机关
江苏涟水农村商业银行股份有限公司	银行业金融机构先进现金整点中心	中国人民银行南京分行办公室	涟城镇金城路社区	文明社区	市委、市政府
江苏涟水农村商业银行股份有限公司高沟支行	江苏银行业普惠金融文明规范服务五星级网点	省银行业协会	涟城镇金城路社区	计划生育协会先进单位	市委、市政府
江苏涟水农村商业银行股份有限公司石湖支行	江苏银行业普惠金融文明规范服务五星级网点	省银行业协会	红窑镇	农村产权交易市场建设先进集体	省委农工办
江苏涟水农村商业银行股份有限公司北集支行	江苏银行业普惠金融文明规范服务四星级网点	省银行业协会	红窑镇	省诗教先进单位	省诗词协会
江苏涟水农村商业银行股份有限公司营业部	淮安市银行业文明规范服务'三十佳'星级示范网点	淮安市银行业协会	红窑镇李庄村	民主法治示范村	省依法治领导小组
江苏银行涟水支行	县级机关服务科学跨越发展考评先进奖	县委、县政府	红窑镇大金圩村	民主法治示范村	省依法治领导小组
江苏银行涟水支行党支部	优秀党支部	江苏银行党委	红窑镇大金圩村	卫生村	省爱卫会
江苏银行涟水支行党支部	优秀党支部	江苏银行淮安分行党委	红窑夏楼村	卫生村	省爱卫会
江苏银行涟水支行营业部	十佳示范网点	市银行业协会	朱码镇	省级创业型乡镇	省人社厅
中国邮政储蓄银行股份有限公司涟水县高沟镇支行	江苏金融先锋号	中国金融工会江苏工作委员会	朱码镇	十九大安保维稳先进集体	县委、县政府
中国邮政储蓄银行股份有限公司涟水县支行	先进集体	市公安局	朱码镇	"三进三帮"竞赛先进集体三等奖	县委、县政府
江南农村商业银行涟水支行	金融工作先进单位	县委、县政府	朱码镇	"三城同创"先进集体	县委、县政府
江南农村商业银行涟水支行	先进集体	江南农村商业银行总行	朱码镇红星村	江苏省农村电子商务示范村	省商务厅
江南农村商业银行涟水支行	"立足三农抓服务、稳中求进增效益"劳动竞赛二等奖	江苏省信用合作联社	朱码镇樊卜村	卫生村	省爱卫会
江南农村商业银行涟水支行	支付清算系统业务知识竞赛决赛三等奖	江南农村商业银行总行	朱码镇嵇庄村	卫生村	省爱卫会
江南农村商业银行涟水支行	"优服务、助转型、控风险、促发展"劳动竞赛活动三农贷款投放奖、电子银行拓展奖	江南农村商业银行总行	朱码镇孙徐社区	省级创业型社区(村)	省人社厅
中国人寿涟水支公司	"传奇2017"队伍建设奖	中国人寿淮安市分公司	朱码镇殷庄村	省级创业型社区(村)	省人社厅
中国人寿涟水支公司	"安康关爱"先进单位	中国人寿江苏省分公司	朱码镇谈陈村	省级创业型社区(村)	省人社厅
中国人寿涟水支公司	"安康关爱"组织奖	市民政局、中国人寿淮安市分公司	朱码镇嵇庄村	省级创业型社区(村)	省人社厅
涟城镇	乡镇科学跨越发展考核一等奖	县委、县政府	朱码镇嵇陆村	省级创业型社区(村)	省人社厅
涟城镇中山路社区	"三八"红旗集体	县委、县政府	朱码镇柴市村	省级创业型社区(村)	省人社厅
涟城镇计生办	卫生计生综合目标考核优秀奖	县委、县政府	朱码镇王二庄村	省级创业型社区(村)	省人社厅
涟城镇东门社区	创业型示范社区	省人社厅	朱码镇薛行村	省级创业型社区(村)	省人社厅
涟城镇北门社区	充分就业社区	省人社厅	朱码镇谈陈村	卫生村	市爱卫会
涟城镇东门社区	文明社区	市委、市政府	朱码镇殷庄村	卫生村	市爱卫会
涟城镇东门社区	计划生育协会先进单位	市委、市政府	朱码镇小微企业联合党支部	AAAAA级非公企业党组织	市委组织部

续表 45

单　　位	荣誉称号	命名机关
五港镇	安全生产先进乡镇	县政府
五港镇	科学跨越发展考核二等奖	县委、县政府
五港镇财政所	“三八”红旗先进集体	县政府
五港人大代表小组	优秀县人大代表小组	县人大常委会
保滩镇	全省安全生产监管监察系统先进集体	省人社厅、省安全生产监督管理局、省煤矿安全监察局
保滩镇	省特级村镇建设档案室	省住建厅
保滩镇	法治文化建设示范点	省司法厅
保滩镇	双拥模范乡镇	市委、市政府、淮安军分区
保滩镇	计划生育协会先进单位	市计划生育协会
保滩镇	科学跨越发展考核二等奖	县委、县政府
保滩镇	安全生产先进集体	县政府
保滩镇洪荡村	第五批江苏省特色景观旅游创建示范村	省住建厅、省旅游局
保滩镇缺口村	计划生育协会先进单位	市计划生育协会
陈师镇	“禁粘”示范乡镇	省墙体材料改革办公室
陈师镇	省一级村镇建设档案室	省住建厅
陈师镇	优秀红领巾小社团	省少工委
陈师镇	主题创意农园	省农委
陈师镇	计划生育协会工作乡级先进单位	市计划生育协会
陈师镇	安全生产工作先进单位	县委、县政府
陈师镇统计站	乡镇统计规范化建设“十佳单位”	市统计局
梁岔镇	村庄环境长效管护示范乡镇	市村庄环境长效管护工作领导小组办公室
梁岔镇黄安村党总支	先进基层党组织	县委
梁岔镇人大代表之家	优秀人大代表之家	县人大常委会
东胡集镇	农村产权交易市场建设先进集体	省委农工办、省农村综合改革办
东胡集镇	科学跨越发展考核二等奖	县委、县政府
东胡集镇	残疾人工作先进集体	县委、县政府
东胡集镇政务服务中心	乡镇示范政务服务中心	市政务服务管理委员会、市政务服务管理办公室
岔庙镇	科学跨越发展考核三等奖	县委、县政府
石湖镇	科学跨越发展考核一等奖	县委、县政府
石湖镇	信访工作先进单位	市政府
石湖镇	社会治安综合保险先进单位	市社会治安综合治理委员会办公室
石湖镇	食品安全先进单位	县政府
石湖镇	村庄环境长效管护五星级乡镇	市村庄环境长效管护工作领导小组办公室
石湖镇	关工委工作先进单位	市委、市政府
义兴镇万民村	和谐社区建设示范社区(村)	省民政厅
义兴镇施庵居委会	2014—2016年度全市预防青少年违法犯罪工作先进集体	市综治办、市预防办、市关工委
义兴镇民政办	“安康关爱行动”先进单位奖	市民政局、市老龄工作委员会办公室、中国人寿保险股份有限公司淮安市分公司
义兴镇	科学赶超跨越发展考核三等奖	县委、县政府
大东镇	科学跨越发展考核一等奖	县委、县政府
大东镇施洼村	法治文化示范点	省委宣传部
大东镇瓦滩村	卫生村	省爱卫会
大东镇南严村	基层综合性文化服务中心	省文化厅
大东镇陈庄村	基层综合性文化服务中心	省文化厅
大东镇千东村	基层综合性文化服务中心	省文化厅
大东居委会	基层综合性文化服务中心	省文化厅
大东镇施洼村	优秀基层党组织	县委
南集镇	科学跨越发展考核一等奖	县委、县政府
南集镇	扫黄打非先进集体	市“扫黄打非”工作领导小组
南集镇	国家级卫生镇	国家爱卫办
南集镇皂角村	基层武装工作先进单位	省军区
成集镇	乡镇科学跨越发展考核三等奖	县委、县政府
唐集镇	十九大期间信访安保先进单位	县委、县政府

续表45

单　　位	荣誉称号	命名机关	单　　位	荣誉称号	命名机关
唐集镇	利用外资先进单位	县委、县政府	前进镇	残联工作先进集体	县委、县政府
前进镇	村庄环境长效管护五星级乡镇	市村庄环境长效管护工作领导小组办公室	前进镇前进村	民主法治示范村	省依法治省领导小组

2017年度先进个人名录

表46

姓　名	性别	单位及职务	荣誉称号	表彰单位
陈　泽	男	县委办主任，县委改革办主任	先进工作者	县委、县政府
丁卫华	男	县委办副主任、县志办主任	全省党委办公室（厅）、研究室系统先进工作者	省委办公厅、省委研究室、省人社厅
李凌峰	男	县委办副主任	先进工作者	县委、县政府
张建峰	男	县委办副主任科员、县扶贫办副主任	党委机要系统先进个人	省委机要局
王士兵	男	县委机要局副局长	先进工作者	县委、县政府
黄　海	男	县委改革办督查科科长	先进工作者	县委、县政府
梁延达	男	县委办综合科科长	先进工作者	县委、县政府
马　林	男	县委办调研科科长	“省级文明城市、省级卫生城市、省级园林城市”创建工作先进个人	县委、县政府
管昌凯	男	县人大常委会办公室副主任	先进工作者	县委、县政府
谷　悲	男	县人大常委会办公室科员	“省级文明城市、省级卫生城市、省级园林城市”创建工作先进个人	县委、县政府
江洪文	男	县政协秘书处副秘书长	先进工作者	县委、县政府
王　猛	男	县政协秘书处	先进工作者	县委、县政府
刘光雨	男	县委组织部主任科员、干部科科长，县人才办副主任	先进工作者	县委、县政府
季振华	男	县委组织部企业和社会组织工委副书记	先进工作者	县委、县政府
马兆万	男	县委组织部党管科科长	全省大走访先进个人	省委、省政府
王中齐	男	县委组织部办公室主任、研究室主任	农村基层党建贡献奖	市委组织部
王新建	男	县委组织部组织科科长、党代联科科长	“省级文明城市、省级卫生城市、省级园林城市”创建工作先进个人	县委、县政府
王新建	男	县委组织部组织科科长、党代联科科长	先进工作者	县委、县政府
杜长青	男	县委组织部青干科科长、干部科副科长	先进工作者	县委、县政府
尤盼文	男	县委组织部人才科科长	先进工作者	县委、县政府
袁帅之	男	县委组织部组织科副科长	优秀党务工作者	县委
曾　俊	男	县委组织部办公室工作人员	“省级文明城市、省级卫生城市、省级园林城市”创建工作先进个人	县委、县政府
顾云华	男	县委宣传部副部长、文联主席、文明办主任	先进工作者	县委、县政府
王晓忠	男	文联副主席、文艺科科长	先进工作者	县委、县政府
王晓忠	男	文联副主席、文艺科科长	“省级文明城市、省级卫生城市、省级园林城市”创建工作先进个人	县委、县政府
段宗科	男	县委宣传部理论科科员	冬训先进个人	省委组织部、省委宣传部
段宗科	男	县委宣传部理论科科员	先进个人	省社科联
包　昀	女	县委宣传部宣教科负责人	“三下乡”先进个人	市委宣传部
张新宁	男	县文明办负责人	“省级文明城市、省级卫生城市、省级园林城市”创建工作先进个人	县委、县政府

续表46

姓 名	性别	单位及职务	荣誉称号	表彰单位
潘小岑	女	县文明办科员	优秀党务工作者	县委、县政府
潘小岑	女	县文明办科员	“省级文明城市、省级卫生城市、省级园林城市”创建工作先进个人	县委、县政府
成 刚	男	宣传部理论科	“省级文明城市、省级卫生城市、省级园林城市”创建工作先进个人	县委、县政府
张保军	男	县纪委常委、巡察办主任	先进工作者	县委、县政府
刘永祥	男	县监委委员	先进工作者	县委、县政府
李亚亮	男	县纪委办公室主任	先进工作者	县委、县政府
王文斌	男	县纪委党风党政监督室主任	先进工作者	县委、县政府
洪良涛	男	县纪委第五纪检监察室主任	先进工作者	县委、县政府
徐建军	男	县纪委第三纪检监察室副主任	先进工作者	县委、县政府
钟 祥	男	县纪委第一执纪监督工作室副主任	先进工作者	县委、县政府
张光明	男	县纪委第二纪检监察室副主任	先进工作者	县委、县政府
倪军同	男	县委农工部部长	先进个人	县委、县政府
沈绍宏	男	县委农工部副部长	先进工作者	省委农工办、省农村综合改革领导小组办公室
沈绍宏	男	县委农工部副部长	先进工作者	县委、县政府
王汉虎	男	县委农工部办公室主任	先进工作者	县委、县政府
王汉利	女	县委农工部财务辅导站副站长	先进工作者	县委、县政府
穆厚亮	男	县信访局副局长	信访工作先进个人	市信访工作联席会议
王立新	男	县信访局查办科科长	信访工作先进个人	市信访工作联席会议
胡 峰	男	县信访局督查室副主任	信访工作先进个人	市信访工作联席会议
于士春	男	县扶贫办副主任	创建省级文明城市、省级卫生城市、省级园林城市工作先进个人	县委、县政府
陈洪喜	男	县扶贫办项目管理科科长	先进工作者	县委、县政府
周建华	男	县发改委主任	先进工作者	县委、县政府
李开明	男	县发改委副主任	先进工作者	县委、县政府
孙 洁	女	县发改委综合科长	先进工作者	县委、县政府
陈秋丹	女	县发改委办公室科员	发改系统先进个人	市发改委
翟连成	男	县农委副主任	先进工作者	县委、县政府
鲁家华	男	县农委办公室主任	安全生产工作先进个人	县委、县政府
周红霞	女	县农委财务审计科科长	先进工作者	县委、县政府
胡艳艳	女	县农委科技教育科科长、工会主席	先进工作者	县委、县政府
薛乐平	男	县耕保站站长	先进工作者	县委、县政府
薛大中	男	县农委农监科科长	先进工作者	县委、县政府
刘宣东	男	县农委产业划科科长	先进工作者	县委、县政府
刘三强	男	县农委组织人事科科长	先进工作者	县委、县政府
单国超	男	县农委办公室办事员	先进工作者	县委、县政府
周文军	女	县水产站站长	三八红旗手	县委
刘三强	男	县农委组织人事科科长	优秀党务工作者	县委
杨 军	男	县农业机械管理局副局长	先进工作者	县委、县政府
潘 刚	男	县农业机械管理局办公室主任	全县党的十九大安保维稳工作先进个人	县委、县政府

续表46

姓 名	性别	单位及职务	荣誉称号	表彰单位
潘 刚	男	县农业机械管理局办公室主任	创建省级文明城市、省级卫生城市、省级园林城市先进个人	县委、县政府
刘力睿	女	县农业机械管理局办公室副主任	先进工作者	县委、县政府
赵 斌	男	县农业机械安全监理所所长	安全生产工作先进个人	县政府
王 飞	男	县水利局老龄支部书记	省水利系统十佳通讯员	省水利厅信息中心
李长春	男	县水利局局长、党委书记	先进工作者	县委、县政府
罗会永	男	县水利局农水科科长	先进工作者	县委、县政府
徐红红	女	县水利局政工科科长	先进工作者	县委、县政府
唐安光	男	县水利局办公室副主任	先进工作者	县委、县政府
彭金秋	女	县水利局财务科副科长	先进工作者	县委、县政府
羊兆中	男	县水利科学研究站站长	"省级文明城、省级卫生城、省级园林城"创建工作先进个人	县委、县政府
高 明	男	县河道管理所副所长	"省级文明城、省级卫生城、省级园林城"创建工作先进个人	县委、县政府
袁育云	男	涟中灌区管理所副所长	"省级文明城、省级卫生城、省级园林城"创建工作先进个人	县委、县政府
张晓玲	女	县水利局政工科办事员	三八红旗手	县委、县政府
汤树海	男	县水利科学研究站副站长	优秀科技工作者	县政府
鲁家申	男	县科技局副局长	先进工作者	县委、县政府
朱观军	男	县科技局副局长	先进工作者	县委、县政府
周 蒙	男	县科技局科员	知识产权行政执法工作成绩突出个人	省知识产权局
李艾红	女	县地震局副局长	安全生产先进个人	县委、县政府
李一芬	女	县地震局办公室副主任	先进工作者	县委、县政府
刘光雪	男	县编办副主任	先进工作者	县委、县政府
姜 陶	女	县编办副主任	创建省级文明城市、省级卫生城市、省级园林城市工作先进个人	县委、县政府
朱家雨	女	县编办办事员	先进工作者	县委、县政府
徐承志	男	县财政局党委委员、副局长	先进工作者	县委、县政府
郑志梅	女	县财政局副局长	创建省级文明城市、省级卫生城市、省级园林城市工作先进个人	县委、县政府
殷沐青	男	县财政局党委委员、预算外资金管理局局长	劳动模范	市委、市政府
殷沐青	男	县财政局党委委员、预算外资金管理局局长	先进工作者	县委、县政府
殷沐青	男	县财政局党委委员、预算外资金管理局局长	优秀共产党员	县委、县政府
黄 芹	女	县财政局农业科科长	最美家庭	市委宣传部
姜良成	男	县财政局办公室主任	创建省级文明城市、省级卫生城市、省级园林城市工作先进个人	县委、县政府
姚顺兵	男	县财政局企业科科长	服务实体经济先进个人	县政府
姚顺兵	男	县财政局企业科科长	食品安全先进个人	县政府
朱 丽	女	县财政局企业科科员	企业财务工作先进个人	市财政局
刘泽海	男	县财政局社保科科长	先进工作者	县委、县政府
孙 敏	女	县财政局综合科副科长	先进工作者	县委、县政府
贾 明	男	涟城镇财政所所长	先进工作者	县委、县政府
胡永梅	女	朱码镇财政所所长	先进工作者	县委、县政府

续表46

姓　名	性别	单位及职务	荣誉称号	表彰单位
李　勇	男	黄营乡财政所所长	先进工作者	县委、县政府
朱延明	男	唐集镇财政所所长	先进工作者	县委、县政府
赵立群	男	大东镇财政所所长	先进工作者	县委、县政府
高海军	男	石湖镇财政所所长	先进工作者	县委、县政府
桂林兵	男	县残疾人劳动服务所所长	先进工作者	县委、县政府
郑雅文	女	县残疾人联合会办公室办事员	先进工作者	县委、县政府
姜红兵	男	县委党校行政科科长	先进工作者	县委、县政府
颜　蕾	女	县委党校理论室主任	先进工作者	县委、县政府
赵　蒙	男	县委党校科员	先进工作者	县委、县政府
王士贵	男	县法院党组副书记	先进工作者	县委、县政府
翟春花	女	县法院民二庭副庭长	全省法院系统先进工作者	省高院、省人社厅
翟春花	女	县法院民二庭副庭长	先进工作者	县委、县政府
翟春花	女	县法院民二庭副庭长	十佳青年法官	中院、市总工会、市妇联、团市委
陈永海	男	县法院高沟庭庭长	全省优秀人民法庭庭长	省高院
陈永海	男	县法院高沟庭庭长	先进工作者	县委、县政府
陈永海	男	县法院高沟庭庭长	优秀共产党员	市委政法委
孙　勇	男	县法院法警大队大队长	市优秀工作者	市中院
朱　剑	男	县法院审管办审判员	市优秀法官	市中院
孙爱明	男	县法院速裁庭庭长	三等功	市中院
王　翔	男	县法院高沟庭副庭长	三等功	市中院
于四伟	男	县法院办公室法官助理	三等功	省高院
于四伟	男	县法院办公室法官助理	三等功	市中院
王　翔	男	县法院高沟庭副庭长	十佳法官	中院、市总工会、市妇联、团市委
王　丽	女	县法院审监庭审判员	十佳女干警	中院、市总工会、市妇联、团市委
周从华	男	县法院专职审判委员会委员	服务实体经济发展先进个人	县委、县政府
王　磊	男	县法院执行局副局长	先进工作者	县委、县政府
付礼彬	男	县法院刑庭审判员	先进工作者	县委、县政府
朱行江	男	县法院梁岔庭庭长	先进工作者	县委、县政府
刘乐家	男	县法院梁岔庭审判员	先进工作者	县委、县政府
孙　刚	男	县法院执行局书记员	先进工作者	县委、县政府
李林峰	男	县法院民一庭副庭长	先进工作者	县委、县政府
杨　军	男	县法院法警队政委	先进工作者	县委、县政府
杨金星	男	县法院速裁庭副庭长	先进工作者	县委、县政府
殷作武	男	县法院立案庭庭长	先进工作者	县委、县政府
何志强	男	县法院大东庭副庭长	先进工作者	县委、县政府
张　云	女	县法院行政庭庭长	先进工作者	县委、县政府
张　健	男	县法院民二庭审判员	先进工作者	县委、县政府
姜怀友	男	县法院审监庭庭长	先进工作者	县委、县政府
凌亚明	男	县法院大东庭审判员	先进工作者	县委、县政府
郁文林	男	县检察院党组成员、副检察长	劳动模范	市政府

续表46

姓　名	性别	单位及职务	荣誉称号	表彰单位
陶书祥	男	县检察院党组成员、检察委员会专职委员	服务实体经济发展先进个人	县政府
陶书祥	男	县检察院党组成员、检察委员会专职委员	先进工作者	县委、县政府
陈宏亚	男	县检察院警务科科员	司法警察专业技能“十佳标兵”	省检察院
吴　莹	女	县检察院公诉科书记员	全省检察机关书记员培训优秀学员	省检察院
周荷芳	女	县检察院政治处书记员	全省检察机关书记员培训优秀学员	省检察院
丁秀光	男	县检察院政治处办事员	“践行恩来精神 争当忠诚卫士”先进个人	市政府
付云海	男	县检察院政治处科员	平安法治建设先进个人	市政府
徐贵娟	女	县检察院案件监督管理中心主任	政法系统优秀共产党员	市委政法委
张　倩	女	县检察院公诉科副科长	预防青少年犯罪工作先进个人	市委政法委
于　飞	男	县检察院政治处副主任	个人三等功	市检察院
胡慧慧	女	县检察院公诉科副科长	个人三等功	市检察院
栾　斌	男	县检察院办公室档案员	个人三等功	市检察院
金德勤	男	县检察院办公室后勤管理人员	个人三等功	市检察院
陈宏亚	男	县检察院警务科科员	个人三等功	市检察院
蒋红军	男	县检察院警务科科员	个人三等功	市检察院
陈宏亚	男	县检察院警务科科员	通报表扬	市检察院
蒋红军	男	县检察院警务科科员	通报表扬	市检察院
蒋红军	男	县检察院警务科科员	全市优秀检察信息员	市检察院
周荷芳	女	县检察院政治处书记员	全市优秀检察信息员	市检察院
徐贵娟	女	县检察院案件监督管理中心主任	先进工作者	县委、县政府
张　倩	女	县检察院公诉科副科长	先进工作者	县委、县政府
陈宏亚	男	县检察院警务科科员	先进工作者	县委、县政府
任正雷	男	县检察院公诉科科员	先进工作者	县委、县政府
孙　奥	女	县检察院公诉科科员	先进工作者	县委、县政府
纪　娟	女	县检察院侦查监督科科员	先进工作者	县委、县政府
朱美君	女	县检察院控告申诉检察科科员	先进工作者	县委、县政府
刘金亮	男	县检察院控告申诉检察科科员	先进工作者	县委、县政府
张巍巍	男	县公安局党委副书记、政委	个人二等功	省公安厅
裴彦龙	男	县公安局副局长、县维稳办主任	优秀人民警察	省公安厅
裴彦龙	男	县公安局副局长、县维稳办主任	个人三等功	市公安局
高中华	男	县公安局副局长、县委610办主任	个人三等功	市公安局
王　虎	男	县公安局副政委	嘉奖	市公安局
陈战天	男	县公安局刑警大队大队长	个人二等功	省公安厅
赖华军	女	县公安局指挥中心秘书科副科长	公安档案工作成绩突出个人	省公安厅政治部
邵志成	男	县公安局巡特警大队科员	厦门金砖会晤安保我省增援警力个人嘉奖	省公安厅
于华军	男	县公安局闸口水上派出所所长	十九大安保先进个人	省委、省政府
陈同波	男	县公安局治安大队派出所工作指导大队副中队长	劳动模范	市委、市政府
杨司剑	男	县公安局网安大队案件侦查中队中队长	政法系统优秀党员	市委政法委
嵇道林	男	成集派出所副所长	个人三等功	市公安局
韩　栋	男	南集派出所副所长	四星级社区民警	市公安局
厉明辉	男	成集派出所科员	四星级社区民警	市公安局

续表46

姓　名	性别	单位及职务	荣誉称号	表彰单位
邓汉清	男	灰墩派出所科员	四星级社区民警	市公安局
黄　金	男	五港派出所副所长	四星级社区民警	市公安局
王菲菲	男	涟城派出所科员	四星级社区民警	市公安局
许宇轩	男	朱码派出所科员	四星级社区民警	市公安局
张光前	男	杨口派出所科员	四星级社区民警	市公安局
丁　凯	男	方渡派出所科员	四星级社区民警	市公安局
刘笑然	男	县公安局刑警大队三中队副中队长	个人三等功	市公安局
闫双磊	男	县公安局刑警大队特情中队中队长	个人三等功	市公安局
丁学满	男	县公安局国保大队副大队长	个人三等功	市公安局
崔　曦	男	县公安局刑警大队联侦办科长	个人三等功	市公安局
徐元俊	男	县公安局交警大队三中队科员	个人三等功	市公安局
李　刚	男	大东派出所科员	个人三等功	市公安局
朱安全	男	经济开发区派出所所长	个人三等功	市公安局
邱　明	男	县公安局指挥中心副主任	个人三等功	市公安局
朱　军	男	县公安局国保大队教导员	个人三等功	市公安局
翟树权	男	县公安局治安大队教导员	个人三等功	市公安局
李绍桂	男	县公安局治安大队户政中队副科长	个人三等功	市公安局
陆金富	男	县公安局刑警大队一中队中队长	个人三等功	市公安局
莫　凡	男	县公安局交警大队事故处理科科员	个人三等功	市公安局
宋长军	男	涟城派出所科员	个人三等功	市公安局
汪克峰	男	成集派出所副教导员	个人三等功	市公安局
陈英聪	男	义兴派出所科员	个人三等功	市公安局
钱卫峰	男	高沟派出所副所长	个人三等功	市公安局
唐海军	男	县公安局巡特警大队三中队中队长	嘉奖	市公安局
陈立虎	男	县公安局国保大队副大队长	个人嘉奖	市公安局
陈同波	男	县公安局治安大队派出所工作指导大队副中队长	十大杰出青年	县委、县政府
黎明辉	男	县消防大队大队长	“党的十九大安保”先进个人	公安部消防局
姜　李	男	县消防大队助理工程师	消防宣传先进个人	省消防总队
许驼驼	男	县消防队助理工程师	优秀消防监督员	市消防支队
庹伟	男	县消防大队中队长助理	三等功	市消防支队
龙喜兵	男	县消防大队二班班长	优秀士兵	市消防支队
周武杰	男	县消防大队二班副班长	优秀士兵	市消防支队
李雪冰	男	县消防大队战斗员	优秀士兵	市消防支队
张振华	男	县消防大队驾驶员	优秀士兵	市消防支队
李扬磊	男	县消防大队战斗员	优秀士兵	市消防支队
薛文翔	男	县消防大队通讯员	信息调研先进个人	市消防支队
周军霞	女	县旅游局局长	先进工作者	县委、县政府
宋海亚	男	县旅游局副局长	先进工作者	县委、县政府
宋海亚	男	县旅游局副局长	县创建“省级文明城市、省级卫生城市、省级园林城市”工作先进个人	县委、县政府
张书亮	男	县旅游局办公室负责人	创建“省级文明城市、省级卫生城市、省级园林城市”工作先进个人	县委、县政府

续表46

姓 名	性别	单位及职务	荣誉称号	表彰单位
黄树华	男	县统计局综合科科长	统计系统先进工作者	省人社厅、省统计局、国家统计局江苏调查总队
王建成	男	县统计局办公室负责人、工业科负责人	年度统计调查工作先进个人	市统计局
王建成	男	县统计局办公室负责人、工业科负责人	最美统计人	市统计局
俞祥宇	男	涟水县统计局能源科负责人	年度统计调查工作先进个人	市统计局
刘洪翔	男	县统计局副局长	先进工作者	县委、县政府
张云鹏	男	县统计局法制科负责人	年度统计调查工作先进个人	市统计局
张云鹏	男	县统计局法制科负责人	先进工作者	县委、县政府
王建成	男	县统计局办公室负责人、工业科负责人	先进工作者	县委、县政府
贾 东	男	县政务服务管理办公室	三等功	省政务服务管理办公室、省人力资源与社会保障厅
陆士国	男	县招管办主任	先进工作者	县委、县政府
张 辉	男	县招管办副主任	先进工作者	县委、县政府
张 辉	男	县招管办副主任	“省级文明城市、省级卫生城市、省级园林城市”创建工作先进个人	县委、县政府
王 虎	男	县招管办综合法规科科长	先进工作者	县委、县政府
侯建军	男	县档案局(馆)副馆长	先进工作者	县委、县政府
马 克	男	县档案局(馆)办公室主任	先进工作者	县委、县政府
姜金平	男	县城管局局长、党委书记	先进工作者	县委、县政府
徐洪兵	男	县城管局副局长、党委委员	先进工作者	县委、县政府
顾明红	男	县城管局市容规划科科长	先进工作者	县委、县政府
查建军	男	县城管执法一大队大队长	“省级文明城市、省级卫生城市、省级园林城市”创建工作先进个人	县委、县政府
顾明红	男	县城管局市容规划科科长	“省级文明城市、省级卫生城市、省级园林城市”创建工作先进个人	县委、县政府
张 磊	男	县城管局办公室主任	“省级文明城市、省级卫生城市、省级园林城市”创建工作先进个人	县委、县政府
朱 峰	男	县城管局行政许可科科长	“省级文明城市、省级卫生城市、省级园林城市”创建工作先进个人	县委、县政府
顾 浩	男	县城管执法大队副大队长	“省级文明城市、省级卫生城市、省级园林城市”创建工作先进个人	县委、县政府
李海蓉	女	县台办主任	先进工作者	县委、县政府
张 昕	女	县台办科员	先进工作者	县委、县政府
刘顺国	男	县台办科员	“省级文明城市、省级卫生城市、省级园林城市”创建工作先进个人	县委、县政府
查爱霞	女	县妇联副主席	“省级文明城市、省级卫生城市、省级园林城市”创建工作先进个人	县委、县政府
费霓云	女	团县委科员	“省级文明城市、省级卫生城市、省级园林城市”创建工作先进个人	县委、县政府
费霓云	女	团县委科员	团属报刊宣传工作“先进个人”	团省委
刘宝泽	男	县文广新局局长、党委书记	先进工作者	县委、县政府
王 锋	男	县文广新局党委副书记	先进个人	市文广新局
梁春明	女	县文广新局副局长	社会事业工作先进个人	市政府
陈家国	男	县文广新局副局长	先进工作者	县委、县政府
严玲红	女	县文广新局副局长	“省级文明城市、省级卫生城市、省级园林城市”创建工作先进个人	县委、县政府

续表46

姓　名	性别	单位及职务	荣誉称号	表彰单位
张海山	男	县文化行政综合执法大队	2015—2017年度全市“扫黄打非”工作先进个人	市“扫黄打非"工作领导小组
吴迎春	女	县文广新局	全民阅读先进个人	市周恩来读书节组委会
颜大文	男	县文广新局	先进工作者	县委、县政府
颜大文	男	县文广新局	扶贫工作先进个人	县委、县政府
嵇礼红	女	县文广新局非中心主任	十优巾帼诗人	市妇女联合会 、市诗词协会
嵇礼红	女	县非遗中心主任	三八红旗手	县委、县政府
陈钢殊	男	县文化馆	先进个人	市文广新局
左国香	男	县图书馆馆长	安全保卫工作先进个人	县委、县政府
陆前生	男	县淮剧团	先进工作者	县委、县政府
汪大鹏	男	县博物馆馆长	先进工作者	县委、县政府
吴迎春	女	县图书馆	先进工作者	县委、县政府
陈　琦	女	县文化馆	先进工作者	县委、县政府
卜训东	男	县文化行政综合执法大队	“省级文明城市、省级卫生城市、省级园林城市”创建工作先进个人	县委、县政府
卜训东	男	县文化行政综合执法大队	安全生产工作先进个人	县政府
张晓永	男	县地方志办公室副主任	先进工作者	县委、县政府
陈全昌	男	县地方志办公室年鉴科科长	先进工作者	县委、县政府
陈全昌	男	县地方志办公室年鉴科科长	“省级文明城市、省级卫生城市、省级园林城市”创建工作先进个人	县委、县政府
袁　媛	女	县民政局老龄工作科科长	“安康关爱行动”先进个人	省老龄办
袁　媛	女	县民政局老龄工作科科长	先进工作者	县委、县政府
袁　媛	女	县民政局老龄工作科科长	三八红旗手	县委、县政府
成东洲	男	县经信委副主任	先进工作者	县委、县政府
成东洲	男	县经信委副主任	党的十九大安保维稳工作先进个人	县委、县政府
刘喜芝	男	县经信委副主任	“省级文明城市、省级卫生城市、省级园林城市”创建工作先进个人	县委、县政府
刘苏安	男	县中小企业局副局长	先进工作者	县委、县政府
卜延军	男	县经信委综合协调科科长	先进工作者	县委、县政府
王慧敏	女	县经信委中小企业科技创新科负责人	先进工作者	县委、县政府
孙国梁	男	县经信委企业发展服务科科长	“省级文明城市、省级卫生城市、省级园林城市”创建工作先进个人	县委、县政府
周万庆	男	县卫生和计划生育委员会党委委员、副主任	先进个人	市计划生育协会
周万庆	男	县卫生和计划生育委员会党委委员、副主任	创建省级文明城市、省级卫生城市、省级园林城市工作先进个人	县委、县政府
周万庆	男	县卫生和计划生育委员会党委委员、副主任	先进工作者	县委、县政府
张成富	男	县卫生和计划生育委员会党委委员，涟水县疾病预防控制中心主任	创建省级文明城市、省级卫生城市、省级园林城市工作先进个人	县委、县政府
张军成	男	县疾病预防控制中心健教科科长	卫生科普工作先进个人	省健康教育协会
郑恩香	女	涟水县第三人民医院药剂科科长	五一创新能手	省总工会
朱伟华	男	县卫生和计划生育委员会家庭发展科	先进个人	市计划生育协会
左　娟	女	陈师计生服务站副站长	先进个人	市计划生育协会
梁玉乾	男	保滩镇计生服务站站长	先进个人	市计划生育协会

续表46

姓　名	性别	单位及职务	荣誉称号	表彰单位
井团林	男	义兴镇计生服务站站长	先进个人	市计划生育协会
朱延东	男	大东镇计生服务站站长	先进个人	市计划生育协会
余德水	男	前进镇计生服务站站长	先进个人	市计划生育协会
张彩凤	女	县计划生育指导站	先进个人	市计划生育协会
陈树云	男	石湖镇计生服务站站长	先进个人	市计划生育协会
刘　锐	男	县卫生和计划生育委员会爱国卫生科负责人	先进个人	市计划生育协会
夏雪阳	男	县卫生和计划生育委员会党风廉政室主任	创建省级文明城市、省级卫生城市、省级园林城市工作先进个人	县委、县政府
刘　锐	男	县卫生和计划生育委员会爱国卫生科负责人	创建省级文明城市、省级卫生城市、省级园林城市工作先进个人	县委、县政府
王　玲	女	县卫生和计划生育委员会家庭发展科科长	先进工作者	县委、县政府
葛志成	男	县卫生和计划生育委员会组织人事科负责人	先进工作者	县委、县政府
沈文沂	男	涟水县人民医院副院长	先进工作者	县委、县政府
濮　娟	女	涟水县人民医院副院长	先进工作者	县委、县政府
韩品旭	男	涟水县中医院副院长	先进工作者	县委、县政府
王　瑞	男	涟水县红窑中心卫生院院长	先进工作者	县委、县政府
薛剑峰	男	涟水县朱码卫生院院长	先进工作者	县委、县政府
王　凤	女	涟水县陈师计生站服务站长	先进工作者	县委、县政府
梁玉乾	男	保滩镇计生服务站站长	先进工作者	县委、县政府
罗　永	男	涟水县东胡集计生服务站站长	先进工作者	县委、县政府
梁　超	男	县商务局办公室主任	先进工作者	县委、县政府
崔文华	男	县商务局商务执法大队办事员	创建省级文明城市、省级卫生城市、省级园林城市工作先进个人	县委、县政府
芦　江	男	县商务局商务执法大队办事员	创建省级文明城市、省级卫生城市、省级园林城市工作先进个人	县委、县政府
陈照耀	男	县住建局党委书记、局长	先进工作者	县委、县政府
万明金	男	县住建局党委副书记	先进工作者	县委、县政府
周红飞	男	县规划局副局长	创建省级文明城市、省级卫生城市、省级园林城市工作先进个人	县委、县政府
周红飞	男	县规划局副局长	市劳动模范	市政府
禹大勇	男	县住建局墙改办副主任	墙体材料改革先进个人	省墙体材料改革办公室
陈　艳	女	涟水涟缘市政工程有限公司	五一巾帼标兵	省建设工会工委
戴启海	男	县房屋征收管理办公室工会主席	住房和城乡建设系统优秀工会工作者	省建设工会工委
许鹤军	男	县绿化公司工会主席	市劳动模范	市政府
黄立新	男	县住建局办公室主任	先进工作者	县委、县政府
冒旭建	男	县住建局市政科科长	先进工作者	县委、县政府
戴　强	男	县住建局规划科副科长	先进工作者	县委、县政府
王　永	男	县住建局信息科科长	先进工作者	县委、县政府
施慎中	男	县建工局质安股股长	创建省级文明城市、省级卫生城市、省级园林城市工作先进个人	县委、县政府
吕　斌	男	县住建局绿化科科长	创建省级文明城市、省级卫生城市、省级园林城市工作先进个人	县委、县政府
宋建春	男	县住建局开发科科长	创建省级文明城市、省级卫生城市、省级园林城市工作先进个人	县委、县政府

续表46

姓　名	性别	单位及职务	荣誉称号	表彰单位
丁海鹏	男	县住建局办公室副主任	创建省级文明城市、省级卫生城市、省级园林城市工作先进个人	县委、县政府
濮加斌	男	县住建局信访科科长	全县党的十九大安保维稳工作先进个人	县委、县政府
张木春	男	县市场监管局党委书记、局长	先进工作者	县委、县政府
张爱国	男	县市场监管局党委委员、副局长	先进工作者	县委、县政府
汪友庆	男	县市场监管局党委委员、副局长	创建省级文明城市、省级卫生城市、省级园林城市工作先进个人	县委、县政府
冯　刚	男	县市场监管局党委委员、食安办副主任	创建省级文明城市、省级卫生城市、省级园林城市工作先进个人	县委、县政府
郁　斌	男	县市场监管局食品监管科科长	先进工作者	县委、县政府
宋全功	男	县市场监管局食品协调科科长	先进工作者	县委、县政府
郭　波	男	县市场监管局城区分局分局长	先进工作者	县委、县政府
张连云	男	县市场监管局法制科科长	先进工作者	县委、县政府
高　秀	女	县市场监管局食品监管科副科长	三八红旗手	县委、县政府
王　跃	男	县市场监管局朱码分局分局长	创建省级文明城市、省级卫生城市、省级园林城市工作先进个人	县委、县政府
工向阳	男	县市场监管局南集分局分局长	食品安全工作先进个人	县委、县政府
张木春	男	县市场监管局党委书记、局长	先进工作者	县委、县政府
张爱国	男	县市场监管局党委委员、副局长	先进工作者	县委、县政府
郁　斌	男	县市场监管局食品监管科科长	先进工作者	县委、县政府
宋全功	男	县市场监管局食品协调科科长	先进工作者	县委、县政府
张　静	男	县市场监管局食品监管科副科长	先进个人	省工商局
贾淑成	男	县市场监管局高沟分局分局长	先进个人	市食安委
高　秀	女	县市场监管局食品监管科副科长	先进个人	市食安委
胡如洲	男	县市场监管局特种设备科科长	质量技术监督先进个人	市食安委
向育蕾	女	县市场监管局科员	市药品不良反应监测工作先进个人	市食药局
葛晓冬	男	县司法局副局长	先进工作者	市司法局
稽国富	男	朱码司法所所长	全省司法行政系统党的十九大安保维稳工作先进个人	市食药局
罗会超	男	东胡集司法所所长	“践行恩来精神、争当卫士”先进个人	市食药局
史灵芝	女	徐集司法所工作人员	先进个人	市质监局
陈瑞	男	唐集司法所所长	先进个人	市工商局
胡浪涛	男	县司法局社区矫正科科长	大排查大整治先进个人	市食药局、市卫计委
刘　娜	女	县司法局社区矫正科科员	大排查大整治先进个人	省司法厅
刘锦秀	女	县司法局基层科科长	先进工作者	市矛调办
石文锦	男	县司法局宣教科科长	创建省级文明城市、省级卫生城市、省级园林城市工作先进个人	县委、县政府
陈丽华	男	前进司法所所长	先进工作者	县委、县政府
杜海燕	男	徐集司法所所长	先进工作者	县委、县政府
叶华兵	男	县人社局副局长、党委委员，社会保险基金管理中心主任	先进工作者	县委、县政府
陈　中	男	县人才交流服务中心主任	先进工作者	县委、县政府
朱宇林	男	县人社局政策法规和劳动监察科科长	先进工作者	县委、县政府
刘　敏	女	县人社局专业技术人员管理科科长	先进工作者	县委、县政府

续表46

姓　名	性别	单位及职务	荣誉称号	表彰单位
贾智为	男	县人社局办公室主任、工资福利科科长	先进工作者	市信访联席会议
卢耀辉	男	县劳动就业管理处主任	先进工作者	县委县政府
季淮阳	男	县劳动监察大队书记	先进工作者	县委县政府
童玉明	男	县劳动人事争议仲裁院院长	先进工作者	县委县政府
李卫兵	男	县广电台副台长、党委委员	创建省级文明城市、省级卫生城市、省级园林城市工作先进个人	县委、县政府
孙宁清	男	县广电台副台长、党委委员	先进工作者	县委、县政府
王海飞	男	县广电台党委副书记	十九大安保工作先进个人	县委、县政府
汪春雷	男	县广电台新闻中心主任	宣传思想文化工作先进个人	市委宣传部
朱东红	男	县广电台办公室主任	文化广电新闻出版系统先进个人	市文广新局
邵薇薇	女	县广电台艺术中心主任	文化广电新闻出版系统先进个人	市文广新局
徐海英	男	县广电台新闻中心主任助理	市新闻战线深入开展“走基层、转作风、改文风”先进个人	市委宣传部
徐国耀	男	县广电台运营总监	先进工作者	县委、县政府
朱东红	男	县广电台办公室主任	先进工作者	县委、县政府
汪春雷	男	县广电台新闻中心主任	先进工作者	县委、县政府
马尔萍	女	县广电台广告中心总监	先进工作者	县委、县政府
赵　海	男	县广电台台工会主席	先进工作者	县委、县政府
顾爱梅	女	县广电台办公室副主任兼主体责任办副主任	先进工作者	县委、县政府
吕　鑫	男	县广电台新闻中心记者	创建省级文明城市、省级卫生城市、省级园林城市工作先进个人	县委、县政府
蒋晓卫	女	县广电台广播中心副主任	三八红旗手	县委、县政府
朱小琳	女	县农业资源开发局	农业综合开发综合先进个人	市农业资源开发局
薛君慧	女	县农业资源开发局	农业综合开发宣传信息先进个人	市农业资源开发局
胡卫华	男	县农业资源开发局	先进工作者	县委、县政府
朱小琳	女	县农业资源开发局	先进工作者	县委、县政府
朱昭营	女	江苏省涟水中学教师	师德标兵	市教育局
郭文亮	男	涟水县高沟镇中心小学校长	师德标兵	市教育局
苏秀梦	女	涟水县实验小学教师	师德标兵	市教育局
王金霞	女	涟水县郑梁梅小学教师	师德标兵	市教育局
刘敬东	男	涟水县小李集中心小学教师	师德标兵	市教育局
王　静	女	江苏省郑梁梅高级中学教师	师德标兵	市教育局
刘步建	男	涟水县向阳小学教师	师德标兵	市教育局
尚海红	女	涟水县东胡集学校班主任	中小学优秀班主任	市教育局
许亚东	男	涟水县黄营中心小学班主任	中小学优秀班主任	市教育局
薛　涛	女	涟水县时码中心小学班主任	中小学优秀班主任	市教育局
高文静	女	涟水县外国语小学班主任	中小学优秀班主任	市教育局
孙　芹	女	涟水县义兴镇中心小学班主任	中小学优秀班主任	市教育局
吕亚红	女	涟水县岔庙中心小学班主任	中小学优秀班主任	市教育局
吴海霞	女	涟水县成集镇中心小学班主任	中小学优秀班主任	市教育局
王跃云	女	涟水县高沟镇中心小学班主任	中小学优秀班主任	市教育局
陈思含	女	涟水县淮文外国语学校班主任	中小学优秀班主任	市教育局
陈　明	男	涟水县灰墩中心小学班主任	中小学优秀班主任	市教育局

续表46

姓　名	性别	单位及职务	荣誉称号	表彰单位
单　敏	女	涟水县军民小学班主任	中小学优秀班主任	市教育局
冯海彦	女	涟水县涟城镇中心小学班主任	中小学优秀班主任	市教育局
万元浪	男	涟水县梁岔镇中心小学班主任	中小学优秀班主任	市教育局
毛素玲	女	涟水县南门小学班主任	中小学优秀班主任	市教育局
朱　渲	女	涟水县实验小学班主任	中小学优秀班主任	市教育局
路　红	女	涟水县唐集中心小学班主任	中小学优秀班主任	市教育局
钱蓉蓉	女	涟水县特殊教育学校班主任	中小学优秀班主任	市教育局
孙月清	女	涟水县小李集中心小学班主任	中小学优秀班主任	市教育局
俞　磊	男	涟水县幸福里实验小学班副主任	中小学优秀班主任	市教育局
叶　青	女	涟水县余圩中心小学班主任	中小学优秀班主任	市教育局
何爱香	女	涟水县郑梁梅小学班主任	中小学优秀班主任	市教育局
孙小燕	女	涟水县郑梁梅小学牌坊校区班主任	中小学优秀班主任	市教育局
朱　芹	女	涟水县朱码中心小学班主任	中小学优秀班主任	市教育局
程树鹏	男	涟水县安东学校班主任	中小学优秀班主任	市教育局
何妍华	女	涟水县第四中学班主任	中小学优秀班主任	市教育局
马军位	男	涟水县高沟中学班主任	中小学优秀班主任	市教育局
朱念东	男	涟水县红日中学班主任	中小学优秀班主任	市教育局
左扬四	男	涟水县红窑中学班主任	中小学优秀班主任	市教育局
沈　淳	男	涟水县淮文外国语学校班主任	中小学优秀班主任	市教育局
高晓松	男	涟水县黄营中学班主任	中小学优秀班主任	市教育局
汪红军	男	涟水县实验中学班主任	中小学优秀班主任	市教育局
王兰梅	女	涟水县唐集中学班主任	中小学优秀班主任	市教育局
周兴涛	男	涟水县外国语中学班主任	中小学优秀班主任	市教育局
李相静	女	涟水县文成外国语学校班主任	中小学优秀班主任	市教育局
徐华茂	男	涟水县五港中学班主任	中小学优秀班主任	市教育局
朱海波	男	涟水县杨口中学班主任	中小学优秀班主任	市教育局
孙剑广	男	涟水县义兴中学副校长	中小学优秀班主任	市教育局
周　杨	男	涟水县郑梁梅中学班主任	中小学优秀班主任	市教育局
耿以胜	男	江苏省淮阴中学滨河高级中学班主任	中小学优秀班主任	市教育局
谷　祥	男	江苏省涟水中学班主任	中小学优秀班主任	市教育局
何井贤	男	江苏省涟水中学班主任	中小学优秀班主任	市教育局
王贝贝	女	江苏省郑梁梅高级中学班主任	中小学优秀班主任	市教育局
张晓曼	女	江苏省郑梁梅高级中学班主任	中小学优秀班主任	市教育局
孙玲玲	女	涟水县第一中学班主任	中小学优秀班主任	市教育局
徐跃刚	男	涟水县金城外国语学校班主任	中小学优秀班主任	市教育局
周永达	男	江苏省涟水中等专业学校班主任	中小学优秀班主任	市教育局
高　辉	男	涟水县郑梁梅中学主任	名教师	县委、县政府
朱传红	女	涟水县郑梁梅中学团委书记	名教师	县委、县政府
黄义松	男	涟水县第四中学主任	名教师	县委、县政府
张晓峰	男	涟水县红日中学主任	名教师	县委、县政府
马　骏	男	涟水县郑梁梅中学主任	名教师	县委、县政府

续表46

姓 名	性别	单位及职务	荣誉称号	表彰单位
朱金峰	男	淮文外国语学校副校长	名教师	县委、县政府
于新浪	男	涟水县郑梁梅中学教师	名教师	县委、县政府
蒋红霞	女	涟水县外国语中学教师	名教师	县委、县政府
汪晓涛	女	涟水县外国语中学教师	名教师	县委、县政府
孙 思	女	涟水县红日中学团委书记	名教师	县委、县政府
周正明	男	涟水县第四中学教师	名教师	县委、县政府
汪红军	男	涟水县实验中学班主任	名教师	县委、县政府
沈正凯	男	淮文外国语学校教师	名教师	县委、县政府
朱艳华	女	淮文外国语学校教师	名教师	县委、县政府
罗 全	男	淮文外国语学校教师	名教师	县委、县政府
李华芹	女	涟水县外国语中学教师	名教师	县委、县政府
刘 霞	女	涟水县安东学校(初中部)主任	名教师	县委、县政府
杨文才	男	涟水县成集学校教师	名教师	县委、县政府
左 健	男	涟水县陈师中学教师	名教师	县委、县政府
朱月光	男	涟水县高沟中学副校长	名教师	县委、县政府
高晓松	男	涟水县黄营中学主任	名教师	县委、县政府
张建军	男	涟水县方渡中学副校长	名教师	县委、县政府
朱雪峰	男	涟水县前进中学副校长	名教师	县委、县政府
姜铭鑫	男	涟水县红窑中学主任	名教师	县委、县政府
井伊康	男	涟水县成集学校副校长	名教师	县委、县政府
孙长霞	女	涟水县河网中学教师	名教师	县委、县政府
李海锋	男	涟水县蒋庵中学主任	名教师	县委、县政府
周培文	男	涟水县石湖中学副校长	名教师	县委、县政府
刘冠中	男	涟水县红窑中学主任	名教师	县委、县政府
陈莉莉	女	涟水县经济开发新区中学教师	名教师	县委、县政府
丁青青	女	涟水县高沟中学教师	名教师	县委、县政府
尹建兵	男	涟水县高沟中学主任	名教师	县委、县政府
谷 磊	男	涟水县高沟中学教师	名教师	县委、县政府
戈玉丽	女	涟水县陈师中学教师	名教师	县委、县政府
华 玲	女	涟水县红窑中学教师	名教师	县委、县政府
鲁国富	男	江苏省涟水中学主任	名教师	县委、县政府
王 静	女	江苏省郑梁梅高级中学教师	名教师	县委、县政府
朱 飞	男	江苏省郑梁梅高级中学副校长	名教师	县委、县政府
张绍军	男	江苏省郑梁梅高级中学主任	名教师	县委、县政府
徐耀林	男	涟水县教师进修学校主任	名教师	县委、县政府
刘海菊	女	涟水县第一中学副主任	名教师	县委、县政府
孙玲玲	女	涟水县第一中学教师	名教师	县委、县政府
颜廷财	男	江苏省涟水中等专业学校主任	名教师	县委、县政府
杨冬云	女	江苏省涟水中等专业学校教师	名教师	县委、县政府
朱昭营	女	江苏省涟水中学团委副书记	名教师	县委、县政府
吴卫平	男	江苏省郑梁梅高级中学支部书记	名教师	县委、县政府

续表46

姓　名	性别	单位及职务	荣誉称号	表彰单位
姜洪刚	男	江苏省涟水中学教师	名教师	县委、县政府
陈　永	男	江苏省涟水中等专业学校教师	名教师	县委、县政府
嵇春艳	女	江苏省郑梁梅高级中学教师	名教师	县委、县政府
薛　颖	女	涟水县第一中学教师	名教师	县委、县政府
胡大志	男	江苏省涟水中学主任	名教师	县委、县政府
何　忠	男	江苏省郑梁梅高级中学主任	名教师	县委、县政府
朱彦霞	女	涟水县第一中学教师	名教师	县委、县政府
张　震	男	江苏省涟水中学副主任	名教师	县委、县政府
沈　翔	男	江苏省郑梁梅高级中学教师	名教师	县委、县政府
颜栋祥	男	淮阴中学滨河高级中学教师	名教师	县委、县政府
水玉军	男	江苏省涟水中学主任	名教师	县委、县政府
季大成	男	涟水县实验小学主任	名教师	县委、县政府
张桂霞	女	涟水县郑梁梅小学主任	名教师	县委、县政府
贾建波	男	涟水县外国语小学主任	名教师	县委、县政府
席　艳	女	涟水县南门小学教师	名教师	县委、县政府
徐　军	男	涟水县淮文外国语学校小学部副校长	名教师	县委、县政府
林海芹	女	涟水县幸福里实验小学主任	名教师	县委、县政府
李玉贞	女	涟水县南门小学教师	名教师	县委、县政府
苏秀梦	女	涟水县实验小学教师	名教师	县委、县政府
张黎黎	女	涟水县实验小学教师	名教师	县委、县政府
王　勇	男	涟水县外国语小学副校长	名教师	县委、县政府
张玉荣	男	涟水县外国语小学副校长	名教师	县委、县政府
杨　杨	女	涟水县郑梁梅小学教师	名教师	县委、县政府
钱小林	女	幸福里实验小学教师	名教师	县委、县政府
王金霞	女	涟水县时码中心小学教师	名教师	县委、县政府
左建峰	男	涟水县军民小学教师	名教师	县委、县政府
黄　英	女	涟水县郑梁梅小学教师	名教师	县委、县政府
王倩倩	女	涟水县南门小学教师	名教师	县委、县政府
刘从梅	女	涟水县南禄学校教师	名教师	县委、县政府
唐春连	女	涟水县时码中心小学副主任	名教师	县委、县政府
卢梅英	女	涟水县徐集中心小学教师	名教师	县委、县政府
刘　华	男	涟水县陈师镇中心小学教师	名教师	县委、县政府
周祝君	男	涟水县南集中心小学主任	名教师	县委、县政府
颜春红	女	涟水县朱码镇中心小学主任	名教师	县委、县政府
徐重云	女	涟水县时码中心小学教师	名教师	县委、县政府
王义芹	女	涟水县杨口中心小学副校长	名教师	县委、县政府
王永兵	男	涟水县小李集中心小学主任	名教师	县委、县政府
徐　瑞	男	涟水县南禄学校校长	名教师	县委、县政府
薛　花	女	涟水县朱码镇中心小学教师	名教师	县委、县政府
刘　伟	男	涟水县红窑镇中心小学主任	名教师	县委、县政府
张　红	女	涟水县陈师镇中心小学教师	名教师	县委、县政府

续表46

姓 名	性别	单位及职务	荣誉称号	表彰单位
周建伟	男	涟水县东胡集镇中心小学主任	名教师	县委、县政府
杭玉平	男	涟水县南集中心小学	名教师	县委、县政府
桑爱伦	男	岔庙镇中心小学主任	名教师	县委、县政府
路 红	女	唐集中心小学主任	名教师	县委、县政府
汪建军	男	涟水县高沟镇中心小学主任	名教师	县委、县政府
吴佩军	男	涟水县北集小学主任	名教师	县委、县政府
朱丽娟	女	涟水县陈师镇中心小学	名教师	县委、县政府
谈 成	男	涟水县成集学校小学部副校长	名教师	县委、县政府
孙志林	男	唐集中心小学教师	名教师	县委、县政府
刘利利	女	涟水县朱码镇中心小学教师	名教师	县委、县政府
鲍如红	女	南门小学幼儿园教师	名教师	县委、县政府
孙 燕	女	涟水县实验幼儿园主任	名教师	县委、县政府
余利平	女	涟水县梁岔镇中心小学	名教师	县委、县政府
孙辉	女	江苏省涟水中学校长	名教师	县委、县政府
陈云宇	男	涟水县幸福里实验小学校长	名教师	县委、县政府
梁公留	男	涟水县第四中学校长	名教师	县委、县政府
周海峰	男	涟水县高沟中学校长	名教师	县委、县政府
井 兵	男	涟水县黄营中学校长	名教师	县委、县政府
余 辉	男	涟水县郑梁梅小学校长	名教师	县委、县政府
刘茂生	男	涟水县外国语小学校长	名教师	县委、县政府
黄克勇	男	涟水县实验小学校长	名教师	县委、县政府
刘吉勇	男	涟水县唐集学校校长	名教师	县委、县政府
鲁 彦	男	涟水县朱码中心小学校长	名教师	县委、县政府
汪海洋	男	涟水县教育局人事科副科长	先进工作者	县委、县政府
潘银春	男	江苏省郑梁梅高级中学高二级部书记	先进工作者	县委、县政府
周爱庆	男	江苏省涟水中等专业学校主任	先进工作者	县委、县政府
陈立勤	男	涟水县南集中心小学校长	先进工作者	县委、县政府
周海峰	男	涟水县高沟中学校长	先进工作者	县委、县政府
徐崇明	男	涟水县淮文外国语学校校长	先进工作者	县委、县政府
俞军义	男	涟水县第一中学校长	先进工作者	县委、县政府
赵学武	男	涟水中学教师	先进工作者	县委、县政府
刘 峰	男	淮安(薛行)循环经济产业园党工委委员、管委会副主任	先进工作者	县委、县政府
杨 骥	男	淮安(薛行)循环经济产业园安全环保局局长、朱码镇农业办科员	安全生产先进个人	县政府
周 辉	男	涟水县交通控股集团有限公司总支书记、总经理	劳动模范	市政府
卢明磊	男	县公路管理站党总支书记、站长	交通运输工作先进个人	市交通运输局
汪苏州	男	县交通运输局工会副主席	先进工作者	县委、县政府
王 梅	女	县公路管理站副书记	先进工作者	县委、县政府
李继峰	男	县公路管理站副站长、副大队长	先进工作者	县委、县政府
周子会	女	327省道涟水收费站、班长	县三八红旗手	县委、县政府
张玉香	女	327省道涟水收费站、稽查员	最美家庭	县委、县政府

续表46

姓　名	性别	单位及职务	荣誉称号	表彰单位
周雪颖	女	327省道涟水收费站、书记、副站长(主持工作)	优秀思想政治工作者	市公路管理处
陈晓峰	男	327省道涟水收费站、副站长	优秀思想政治工作者	市公路管理处
晋文明	男	327省道涟水收费站、副站长	先进个人	市公路管理处
左美高	男	县运输管理所客运股长	全市运输管理工作先进个人	市运输管理处
杨立冬	男	县运输管理所驾培股长	全市运输管理工作先进个人	市运输管理处
王玉华	男	327省道涟水收费站、征稽股长	先进个人	市公路管理处
袁　军	女	县经济开发区党工委委员、管委会副主任	先进工作者	县委、县政府
席海翔	男	县经济开发区党工委委员、管委会副主任	先进工作者	县委、县政府
辜小红	女	县经济开发区经济发展局局长	开发区统计工作先进个人	省商务厅
周　军	男	县经济开发区安监分局局长	安全生产工作先进个人	县人民政府
胡蓉蓉	女	县经济开发区党建办主任、党政办副主任	三八红旗手	县委、县政府
严焕之	男	县经济开发区党政办副主任、陶码居委会党总支副书记	优秀大学生村官	县委、县政府
李　冲	男	县经济开发区文俊村党总支副书记	优秀大学生村官	县委、县政府
张业生	男	国家统计局涟水调查队队长	优秀公务员	国家统计局
张业生	男	国家统计局涟水调查队队长	三等功	江苏调查总队
孙冬如	女	国家统计局涟水调查队副队长	江苏省第三次全国农业普查先进个人	省第三次全国农业普查办公室
周晓荷	女	国家统计局涟水调查队科员	江苏省第三次全国农业普查先进个人	省第三次全国农业普查办公室
卫　蔚	女	国家统计局涟水调查队科长	年度先进个人	国家统计局江苏调查总队
周晓荷	女	国家统计局涟水调查队科员	年度先进个人	国家统计局江苏调查总队
张　旭	男	县总社党委书记、主任	全县党的十九大安保维稳工作先进个人	县委、县政府
吴元康	男	县总社副主任	全县党的十九大安保维稳工作先进个人	县委、县政府
吴元康	男	县总社副主任	先进工作者	县委、县政府
徐新兰	女	县总社副主任、工会主席	安全生产先进个人	县委、县政府
高银山	男	县总社工会副主席、办公室副主任	先进工作者	县委、县政府
高银山	男	县总社工会副主席、办公室副主任	创建省级文明城市、省级卫生城市、省级园林城市工作先进个人	县委、县政府
徐学军	男	县总社信访室、党办主任	市大排查大整治工作先进个人	县委、县政府
徐学军	男	县总社信访室、党办主任	全县党的十九大安保维稳工作先进个人	县委、县政府
周素明	男	江苏今世缘酒业股份有限公司董事长、总经理、党委书记	中国酒业上市公司最受尊敬管理者	中国酒类流通协会
周素明	男	江苏今世缘酒业股份有限公司董事长、总经理、党委书记	年度经济人物	市政府
张晓健	男	江苏今世缘酒业股份有限公司车间主任	劳动模范	市政府
孙定贵	男	江苏今世缘酒业股份有限公司办公室职员	杰出青年岗位能手	市精神文明建设指导委员会办公室、市委
许　青	女	江苏今世缘酒业股份有限公司导游	二星级导游	市旅游协会
刘君雅	女	江苏今世缘酒业股份有限公司导游	二星级导游	市旅游协会
王月芸	女	江苏今世缘酒业股份有限公司导游	优秀导游	市旅游协会
马梦洁	女	江苏今世缘酒业股份有限公司导游	优秀导游	市旅游协会
王文举	男	江苏今世缘酒业股份有限公司办公室职员	优秀办税员	县地税局

续表46

姓　名	性别	单位及职务	荣誉称号	表彰单位
庄洪光	男	县国税局	先进个人	省人力资源和社会保障厅 省国家税务局
朱延智	男	县国税局	淮安慈善奖	市政府
周　洁	女	县国税局	五一创新能手	市国家税务局
陈红玲	女	县国税局	五一创新能手	市国家税务局
顾　陈	女	县国税局	岗位能手	市国家税务局
禹纯启	男	县国税局	岗位能手	市国家税务局
徐军武	男	县国税局	服务实体经济先进个人	县政府
时　榕	女	县国税局	青年岗位能手	市文明委
郑　淼	男	县国税局	先进工作者	县委、县政府
徐浙南	男	县国税局	先进工作者	县委、县政府
江中年	男	县国税局	先进工作者	县委、县政府
高燕云	女	县地税局法规科科长	地税系统纳税服务岗位能手	省地税局
高燕云	女	县地税局法规科科长	五一业务能手	市总工会
杨　松	男	县盐务局(公司)营销经理	银牌营销经理	省盐业集团有限公司
杨　松	男	县盐务局(公司)营销经理	先进个人	省苏盐连锁有限公司淮安分公司
吴永杰	男	国网涟水县供电公司总经理	劳动模范	市政府
王雅琴	女	国网涟水县供电公司档案管理	"巾帼建功"标兵	省城镇妇女"巾帼建功"活动领导小组、省妇女"双学双比"竞赛活动领导小组
王雅琴	女	国网涟水县供电公司档案管理	无偿献血奉献奖	省无偿献血工作联席会议办公室
石旭初	男	国网涟水县供电公司运维站副经理	优秀共青团干部	市委
王阳阳	男	国网涟水县供电公司行政秘书	优秀志愿者	市精神文明建设指导委员会办公室
石旭初	男	国网涟水县供电公司运维站副经理	优秀青年标兵	县委、县政府
徐　锐	男	县国土局党委副书记	"十二五"国土资源 科技工作先进个人	省国土资源厅
刘怀远	男	县国土局耕地保护科科长	先进个人	市国土资源局
王安国	男	县国土局征地事务所所长	先进个人	市国土资源局
李大勇	男	县国土局土地利用科科长	先进个人	市国土资源局
高观吾	男	县国土局不动产登记中心主任	先进个人	市国土资源局
严玉平	男	县国土局信访室主任	先进个人	市国土资源局
严玉平	男	县国土局信访室主任	安保工作先进个人	县委、县政府
赵　勇	男	县国土局财务科科长	先进工作者	县委、县政府
金厚勇	男	县国土局规划科科长	先进工作者	县委、县政府
高　林	男	县国土局办公室主任	先进工作者	县委、县政府
桑龙跃	男	县国土局地籍科科长	先进工作者	县委、县政府
嵇金成	男	县国土局人事科科长	先进工作者	县委、县政府
张晓文	男	中国电信涟水分公司办公室行业创建负责人	宣传工作先进个人	中国电信江苏公司
胡正中	男	中国电信涟水分公司销售部管理员	流量经营先进个人	中国电信淮安分公司
黄爱玲	女	中国移动通信集团江苏有限公司涟水分公司(营销服务支撑)	先进个人	中国移动通信集团江苏有限公司
蒋亚娟	女	涟水公积金中心副主任	先进管理工作者	市公积金中心

续表46

姓　名	性别	单位及职务	荣誉称号	表彰单位
万珊珊	女	涟水公积金中心办事员	先进个人	市公积金中心
李小霞	女	江苏有线涟水分公司营业员	先进个人	江苏有线网络责任公司
马　可	男	江苏有线涟水分公司副主任	先进个人	江苏有线网络责任公司
顾成东	男	江苏有线涟水分公司经理	先进个人	江苏有线网络责任公司
黄　瑞	男	江苏有线涟水分公司站长	先进个人	江苏有线网络责任公司
沈星星	男	江苏有线涟水分公司运维	先进个人	江苏有线网络责任公司
王金龙	男	江苏有线涟水分公司副经理	先进个人	江苏有线淮安市公司
董　阳	男	江苏有线涟水分公司站长	先进个人	江苏有线淮安市公司
林洪军	男	江苏有线涟水分公司维修员	先进个人	江苏有线淮安市公司
金　永	男	江苏有线涟水分公司党支部书记	先进个人	江苏有线淮安市公司
薛玉萍	女	江苏有线涟水分公司经理	先进个人	江苏有线淮安市公司
左克敏	男	江苏有线涟水分公司经理	先进个人	江苏有线淮安市公司
王淑海	男	江苏有线涟水分公司副经理	先进个人	江苏有线淮安市公司
李大鹏	男	县中行大堂经理	先进个人	市中行
杨欣欣	女	县中行营业部柜员	先进个人	市中行
沈婷婷	女	县中行对公客户经理	先进个人	市中行
孙　娟	女	县中行大堂经理	先进个人	市中行
严　安	男	县农行城北支行柜员	先进个人	中国农业银行江苏省分行
朱伟杰	男	县农行行长助理	先进个人	中国农业银行淮安市分行
殷信礼	男	县农行中山支行行长	先进个人	中国农业银行淮安市分行
严　安	男	县农行城北支行柜员	先进个人	中国农业银行淮安市分行
刘　晗	女	县农行五岛湖支行内勤行长	文明规范服务明星	淮安市银行业协会
李文宁	女	县农行营业部柜员	十佳女员工	中国农业银行淮安市分行
严　安	男	县农行城北支行柜员	优秀柜员	中国农业银行淮安市分行
陶鹏宇	男	县农行五岛湖支行柜员	优秀柜员	中国农业银行淮安市分行
孙溶璐	女	县农行涟城分理处内勤行长	优秀内勤主任	中国农业银行淮安市分行
刘会军	男	县农行政务中心支行行长	十佳管理明星	中国农业银行淮安市分行
嵇　岭	男	县农行综合部总经理	十佳客户维护明星	中国农业银行淮安市分行
叶　雪	女	县农行营业部运营副主管	十佳优质服务柜员	中国农业银行淮安市分行
郑劲松	男	县农行营业部大堂经理	十佳大堂经理	中国农业银行淮安市分行
王习荣	女	县农行五岛湖支行大堂经理	十佳产品综合营销明星	中国农业银行淮安市分行
季　清	女	江苏涟水农村商业银行股份有限公司黄营支行大堂经理	省银行业明星大堂经理	江苏省银行业协会、中国金融工会江苏工作委员会
丁加亮	男	江苏涟水农村商业银行股份有限公司营业部总经理	市银行业优秀基层支行行长	市银行业协会
季　清	女	江苏涟水农村商业银行股份有限公司黄营支行大堂经理	文明规范服务明星	市银行业协会
何冬影	女	江苏涟水农村商业银行股份有限公司保滩支行会计主管	文明规范服务明星	市银行业协会
韩永华	男	江苏涟水农村商业银行股份有限公司办公室文秘	银行业金融机构信息调研优秀通讯员	中国银监会淮安监管分局办公室
姜　伟	男	江苏涟水农村商业银行股份有限公司信贷管理部办事员	银行业金融机构小微企业金融服务先进个人	中国银监会淮安监管分局办公室

续表46

姓　名	性别	单位及职务	荣誉称号	表彰单位
房坤绢	女	江苏涟水农村商业银行股份有限公司信贷管理部办事员	金融统计工作先进个人	中国人民银行淮安市中心支行
濮　阳	男	县农发行执行客户经理	先进个人	市农发行
赵　彤	男	县农发行行政副经理	优秀共产党员	市农发行
孙思红	女	县农发行财务副经理	优秀共产党员	市农发行
王　森	男	县农发行执行信贷经理	先进个人	市农发行
李咪弟	女	江苏银行涟水支行行长	劳动模范	市政府
李咪弟	女	江苏银行涟水支行行长	单位内部安全保卫工作先进个人	市公安局
李咪弟	女	江苏银行涟水支行行长	十大基层优秀支行行长	中国人民银行淮安市中心支行
赵　鑫	女	江苏银行涟水支行副行长	优秀共产党员	江苏银行淮安分行党委
丁　祎	男	江苏银行涟水支行公司业务部副经理	银行业服务明星	淮安市银行业协会
黄培东	男	江苏银行涟水支行副行长	先进工作者	县委、县政府
陈登华	男	中国人寿涟水支公司基建组长	脱贫致富奔小康先进个人	县委、县政府
胡家楼	男	中国人寿涟水支公司综合部经理	创建省级文明城市、省级卫生城市、省级园林城市工作先进个人	县委、县政府
沈春芹	女	中国人寿涟水支公司团险部经理	先进个人	市分公司
徐朦婕	女	中国人寿涟水支公司个险部经理	先进个人	市分公司
魏健康	男	中国人寿涟水支公司客服柜员	先进个人	市分公司
王吉生	男	涟城镇党委副书记	先进工作者	县委、县政府
高　红	女	涟城镇纪委书记	先进工作者	县委、县政府
徐　辉	男	涟城镇党委委员、涟城镇派出所所长	先进工作者	县委、县政府
时　芬	女	涟城镇党委组织干事	先进工作者	县委、县政府
贾　明	男	涟城镇财政所长	先进工作者	县委、县政府
朱延大	男	涟城镇税征办主任	先进工作者	县委、县政府
刘正龙	男	涟城镇计生站站长	卫生计生工作先进个人	县委、县政府
毕海宁	男	涟城镇计生办	卫生计生工作先进个人	县委、县政府
方东升	男	涟城镇整治办副主任	创建省级文明城市、省级卫生城市、省级园林城市工作先进个人	县委、县政府
顾金凤	女	涟城镇东门社区党总支书记	农村基层党建工作突出贡献奖	省委、省政府
梁玉和	男	涟城镇北门社区党总支书记	十佳社区工作者	市委组织部、民政局
王　华	男	涟城镇常青路社区党总支书记	十佳社区党组织书记	市委、组织部、民政局
王　华	男	涟城镇常青路社区党总支书记	创建省级文明城市、省级卫生城市、省级园林城市工作先进个人	县委、县政府
王　飞	男	涟城镇新涟社区党总支书记	优秀大学生村干部	县委、县政府
刘逸芳	女	涟城镇金城路社区工作人员	关心下一代先进个人	县委、县政府
刘逸芳	女	涟城镇金城路社区工作人员	网吧市场义务监管先进个人	县委、县政府
邹长英	女	涟城镇淮浦路社区工作人员	网吧市场义务监管先进个人	县委、县政府
姜井旭	男	高沟镇(灰墩)党委书记	农村基层党建工作突出贡献奖	省委组织部
姜井旭	男	高沟镇(灰墩办)党委书记	先进工作者	县委、县政府
潘峻岭	男	高沟镇人大主席	先进工作者	县委、县政府
陈　标	男	高沟镇副镇长、灰墩党委副书记	先进工作者	县委、县政府
朱兴宇	男	高沟镇副镇长	创建省级文明城市、省级卫生城市、省级园林城市工作先进个人	县委、县政府

续表46

姓　名	性别	单位及职务	荣誉称号	表彰单位
张　润	男	高沟镇团委书记	先进工作者	县委、县政府
刘绪蔚	男	高沟镇创卫办主任	创建省级文明城市、省级卫生城市、省级园林城市工作先进个人	县委、县政府
张海伦	男	高沟镇信访办科员	先进工作者	县委、县政府
吉　祥	男	高沟镇工业及招商引资办科员	先进工作者	县委、县政府
倪美军	男	高沟镇安伏村、丁庙村党总支书记	优秀村(居)党组织书记	县委、县政府
郁建兵	男	高沟镇大兴村总支书记	农村基层党建工作突出贡献奖	省委组织部
刘　威	男	高沟镇大学生村干部	优秀大学生村官	县委、县政府
孙雪枫	男	高沟镇大学生村干部	优秀大学生村官	县委、县政府
尹希明	男	红窑镇副镇长	创建省级文明城市、省级卫生城市、省级园林城市工作先进个人	县委、县政府
姚永余	男	红窑镇副镇长	先进个人	县委、县政府
肖华杰	男	红窑镇党政办主任	先进个人	县委、县政府
姚光晖	男	红窑镇团委副书记	先进个人	县委、县政府
薛进军	男	红窑镇农经站副站长	优秀党务工作者	县委
解耀斌	男	朱码镇副镇长	创建省级文明城市、省级卫生城市、省级园林城市工作先进个人	县委、县政府
解耀斌	男	朱码镇副镇长	先进个人	县委、县政府
施慎勇	男	朱码镇党委委员、人武部部长	创建省级文明城市、省级卫生城市、省级园林城市工作先进个人	县委、县政府
陈东海	男	朱码镇党政办副主任、农技站副站长、扶贫专干	科技推广奖	省政府
吴　强	男	朱码镇统计办负责人	基础统计岗位标兵	省统计局
嵇国富	男	朱码镇司法所所长	个人二等功	省司法厅
王永生	男	朱码镇红星村委会主任	优秀大学生村官	省委组织部、宣传部、人社厅
胡永梅	女	朱码镇财政所所长	先进个人	县委、县政府
郁汉飞	男	朱码镇工业办主任	先进个人	县委、县政府
成跃荣	男	朱码镇双河、双路村党总支书记	优秀党务工作者	县委
朱青枚	女	朱码镇党政办办事员	优秀共产党员	县委
张洪明	男	朱码镇农技站站长	优秀科技工作者	县政府
陆士江	男	五港镇党委书记	先进工作者	县委、县政府
沈士领	男	五港镇人大主席	先进工作者	县委县政府
刘　明	男	五港镇人武部部长	先进工作者	县委、县政府
刘　明	男	五港镇人武部部长	创建省级文明城市、省级卫生城市、省级园林城市工作先进个人	县委县政府
胡玲玲	女	五港镇党委宣统委员	助残先进个人	县委、县政府
王　辉	男	五港镇党政办主任	先进工作者	县委县政府
庞树发	男	五港镇团委书记	先进工作者	县委县政府
缪硕风	男	五港镇方渡居委会硕丰稻麦种植专业合作社理事长	省乡土人才"三带"新秀	省委组织部、省发改委等
王连军	男	五港中学校长	优秀党务工作者	市委教育工委
蔺春亚	男	五港中学教师	市初中优秀班主任	市教育局
徐华茂	男	五港中学教师	市初中优秀班主任	市教育局
高志干	男	五港镇港西村党支部书记	市青年岗位能手	市文明办

续表46

姓　名	性别	单位及职务	荣誉称号	表彰单位
罗林云	女	五港镇方渡小学教师	优秀县人大代表	县人大常委会
孙信功	男	五港镇平安村党总支书记	优秀村居党组织书记	县委、县政府
李　锐	男	五港镇政府科员	安全生产先进个人	县政府
封俊霞	女	五港镇民政办工作人员	残疾人工作先进个人	县委、县政府
黄爱军	男	保滩镇宣传委员、统战委员	先进工作者	县委、县政府
石文勇	男	保滩镇人武部部长	优秀转业干部	市委、市政府、市军分区
梁玉乾	男	保滩镇党政办主任、计生办主任	先进工作者	市计划生育协会
梁玉乾	男	保滩镇党政办主任、计生办主任	先进工作者	县委、县政府
孙大勇	男	保滩镇安全办主任	安全生产先进个人	市安全生产委员会
唐流成	男	保滩镇村建办副主任	先进工作者	县委、县政府
吴　昊	男	保滩镇党政办科员	先进工作者	县委、县政府
周再新	男	保滩镇农经站站长	先进工作者	县委、县政府
孙大勇	男	保滩镇安全办负责人	安全生产先进个人	县政府
时明军	男	保滩镇喻集村党支部书记	优秀共产党员	县委
左　鹏	男	陈师镇党委书记	先进工作者	县委、县政府
李中芹	女	陈师镇人大主席	先进工作者	县委、县政府
朱东阳	男	陈师镇党委组织委员	先进工作者	县委、县政府
陈　军	男	陈师镇党委政法委员	先进工作者	县委、县政府
李步中	男	陈师镇工业办主任	先进工作者	县委、县政府
马东海	男	陈师镇安监办助理	先进工作者	县委、县政府
于　泳	男	蒋庵派出所所长	先进工作者	县委、县政府
余海峰	男	陈师镇党政办副主任	先进工作者	县委、县政府
王　凤	女	陈师镇计生站站长	先进工作者	县委、县政府
朱亮军	男	陈师镇村建办主任	先进工作者	县委、县政府
朱慧芹	女	陈师镇妇联主席	先进工作者	县委、县政府
林　松	男	陈师镇农业办副主任、纪检科员	先进工作者	县委、县政府
龙　翔	男	陈师镇综治办科员	先进工作者	县委、县政府
韩　旭	男	陈师镇大学生村干部	先进工作者	县委、县政府
谷洪林	男	陈师镇柿园村党总支书记	先进工作者	县委、县政府
朱献亚	男	陈师镇合心村委会主任	先进工作者	县委、县政府
左　娟	女	陈师镇计生站副站长	先进工作者	市计划生育协会
张师勇	男	梁岔镇党委组织委员	先进工作者	县委县政府
朱金成	男	梁岔镇党委宣统委员	创建省级文明城市、省级卫生城市、省级园林城市工作先进个人	县委县政府
马海燕	女	梁岔镇党政办主任	先进工作者	县委县政府
严荣平	女	梁岔镇妇联主任	优秀巾帼志愿者	市妇联
严荣平	女	梁岔镇妇联主任	三八红旗手	市妇联
左　建	男	梁岔镇黄安村书记	优秀县人大代表	县人大常委会
杨立彬	男	东胡集镇人大主席	先进工作者	县委、县政府
肖　悦	男	东胡集镇党委副书记	先进工作者	县委、县政府
肖　悦	男	东胡集镇党委副书记	创建省级文明城市、省级卫生城市、省级园林城市工作先进个人	县委、县政府

续表46

姓 名	性别	单位及职务	荣誉称号	表彰单位
徐梅生	男	东胡集镇农技站长	先进工作者	县委、县政府
王长俊	男	岔庙镇党委书记	先进工作者	县委、县政府
黄在良	男	岔庙镇党委副书记	先进工作者	县委、县政府
别同祥	男	岔庙镇农经站站长	先进工作者	县委、县政府
周华林	男	岔庙镇文化站站长	先进工作者	县委、县政府
顾明龙	男	岔庙镇水利站站长	先进工作者	县委、县政府
朱大娥	女	岔庙镇和平村大学生村干部	优秀大学生村官	县委、县政府
李 兵	男	石湖镇党委书记	先进工作者	县委、县政府
费清松	男	石湖镇党委副书记	先进工作者	县委、县政府
孙中岩	男	石湖镇党委宣统委员	信访工作先进个人	市政府
孙中岩	男	石湖镇党委宣统委员	创建省级文明城市、省级卫生城市、省级园林城市工作先进个人	县委、县政府
高海军	男	石湖镇财政所所长	先进工作者	县委、县政府
殷作君	男	石湖镇工业办科员	先进工作者	县委、县政府
孙海军	男	石湖镇大学生村干部	优秀大学生村官	县委、县政府
陈俊峰	男	石湖镇文化站站长	先进个人	市文广新局
杨子贵	男	石湖镇关工委主任	先进个人	市关工委
马宏图	男	石湖镇朱圩村支部书记	优秀县人大代表、优秀共产党员	县委、县人大
顾云辉	男	石湖镇东兴村支部书记	残联服务先进个人	县政府
程 华	女	石湖镇楼庄村支部书记	“三八”红旗手	县委、县政府
张建国	男	义兴镇党委书记	优秀县人大代表	县人大常委会
林王琛	男	义兴镇副镇长	安全生产工作先进个人	县政府
陈英聪	男	涟水县公安局义兴派出所	三等功	市公安局
井团林	男	义兴镇计生站站长	先进工作者	市计划生育协会
左偕平	男	义兴镇人武部部长	先进工作者	县委、县政府
汤曙阳	男	义兴镇党政办负责人、农经站站长	先进工作者	县委、县政府
王海权	男	义兴镇民政办主任	残疾人工作先进个人	县委、县政府
韦建林	男	义兴镇司法所所长	先进个人	县委、县政府
李 伟	男	义兴镇农业办科员	先进个人	县委、县政府
孙海平	男	义兴镇万民村党总支书记	优秀共产党员	县委
孙中健	男	大东镇副镇长	农村基层党建工作突出贡献奖	省委组织部
孙中健	男	大东镇副镇长	农村基层党建工作贡献奖	市委组织部
孙中健	男	大东镇副镇长	脱贫致富标兵	市农工部、市扶贫办
杨海霞	女	大东镇妇联主任	市巾帼建功标兵	市巾帼建功活动领导小组
胡建明	男	大东镇党委书记	先进工作者	县委、县政府
季 智	男	大东镇人大主席	创建省级文明城市、省级卫生城市、省级园林城市工作先进个人	县委、县政府
李雷鸣	男	大东镇党委副书记	先进工作者	县委、县政府
徐少游	男	大东镇党委组织委员	先进工作者	县委、县政府
阳 源	女	大东镇农业办科员	先进工作者	县委、县政府
杨大华	男	大东镇村建办主任	先进工作者	县委、县政府
顾爱梅	女	大东镇统计办会计	先进工作者	县委、县政府

续表46

姓　名	性别	单位及职务	荣誉称号	表彰单位
郑媛媛	女	大东镇党政办副主任	先进工作者	县委、县政府
杨　阳	女	南集镇团委书记、党政办负责人	先进工作者	县委、县政府
杨　阳	女	南集镇团委书记、党政办负责人	三八红旗手	县委、县政府
林彩红	女	南集镇工业办负责人	先进工作者	县委、县政府
朱峰峰	男	南集镇农技站站长	先进工作者	县委、县政府
袁　勇	男	南集镇村建站副站长	先进工作者	县委、县政府
单　珊	女	南集镇社事办科员	先进工作者	县委、县政府
左　斌	男	南集镇安监办负责人	先进工作者	县委、县政府
何孝刚	男	成集镇副镇长	先进工作者	县委、县政府
谢观安	男	成集镇劳保所所长	先进工作者	县委、县政府
谷通飞	男	唐集镇纪委书记	先进工作者	县委、县政府
朱延明	男	唐集镇财政所所长	先进工作者	县委、县政府
肖乃文	男	唐集镇兴旺村党总支书记	优秀村(居)党总支书记	县委
邵　静	女	唐集镇文广站站长	三八红旗手	县委、县政府
沈小新	男	前进镇副镇长	先进工作者	县委、县政府
苗大鹏	男	前进镇宣统委员	先进工作者	县委、县政府
王晓飞	男	前进镇派出所所长	先进工作者	县委、县政府
陈丽华	男	前进镇司法所所长	先进工作者	县委、县政府
陈丽华	男	前进镇司法所所长	优秀政法卫士	县委、县政府
戴东荣	男	前进镇戴码村党支部书记	助残工作先进个人	县委、县政府
戴东荣	男	前进镇戴码村党支部书记	优秀村(居)党组织书记	县委、县政府
汤恒雷	男	前进镇四安庄大学生村干部	优秀大学生村官	县委、县政府
王　林	男	黄营乡副乡长	先进工作者	县委、县政府
王　林	男	黄营乡副乡长	先进工作者	县委、县政府
严嗣君	男	黄营乡副乡长	十九大维稳先进个人	县政府
陆　祥	男	黄营乡宣统委员	十九大维稳先进个人	县政府
欧文成	男	黄营乡民政助理	先进工作者	县委、县政府
李　勇	男	黄营乡财政所长	先进工作者	县委、县政府
席隆之	男	徐集乡党委书记	先进工作者	县委、县政府
胡智万	男	徐集乡副乡长	先进工作者	县委、县政府
程东涛	男	徐集乡副乡长	先进工作者	县委、县政府
薛三青	男	徐集乡党委宣统委员	先进工作者	县委、县政府
杜海燕	男	徐集乡司法所长、信访助理	先进工作者	县委、县政府
陈亚中	男	徐集乡农技站站长	优秀科技工作者	县政府
袁跃兵	男	徐集乡季安村党总支书记	劳动模范	市政府
王友冬	男	徐集乡石庄村党总支书记	十大见义勇为先进分子	市政府
郭海宝	男	徐集乡林码村党总支书记	先进个人	县委、县政府
李　永	男	灰墩办事处党委委员、组织委员	先进工作者	县委、县政府
李　永	男	灰墩办事处党委委员、组织委员	创建省级文明城市、省级卫生城市、省级园林城市工作先进个人	县委、县政府
张宏渊	男	灰墩办事处司法所副所长	先进工作者	县委、县政府
蔡井红	男	灰墩办事处灰墩村党总支书记	先进工作者	县委、县政府

说　　明

一、本索引采取分析索引方法编制，按标引词第一字汉语拼音字母(同音字按声调)的音序排列，如第一字相同，按第二字的音序排列，依次类推。部分首字符为特殊字符或符号的，未按音序排列，而是单独置于前面。

二、索引名称一般采用主题词、中心词或简称。标引词后的阿拉伯数字表示内容所在页码。

三、索引包括条目索引、表格索引两部分，随文图片、彩页插页等未作索引。

“1121”合成维稳平台　78
“315”国际消费者权益日　92
“35745”审改专项行动　55
“4+2”特色主导产业建设　58
“八大碗”美食大赛　51
“不见面审批(服务)”改革　55
“残疾人之家”建设　75
“打铁还需自身硬”专题交流会　60
“大练兵、大比武”　81
“代表之家”观摩活动　49
“道德资本与企业经营”学术研讨会　113
“放管服”改革经验做法复制推广　55
“高沟”品牌　112
“关爱驿站”建设　206
“国缘”品牌　113
“红领巾读书”活动　169
“互联网+智慧菜场”建设　126
“淮安大米”产业融合发展　120
“僵尸”车专项整治　140
“讲好’2016令我自豪的一件事”主题活动　40
“脚臭盐”专项整治行动　121
“今世缘”品牌　113
“今世缘杯”113
“今世缘等着我”展示馆　110
“金鸡坨”生态农庄　194
“两个责任”落实　61
“两减六治三提升”专项行动　146
“两减六治三提升”专项行动会议　50
“两学一做”学习教育　41
“三警一线”专题活动　61
“三治三促”专项行动　61
“扫黄打非”整治　168
“世外桃源”生态农庄　192
“苏北小延安”纪略　45
“苏科贷”　150
“天南地北涟水人”微信公众平台　173
“县镇村”三级政务服务体系建设推进会　50
“小微权力”监督　61
“阳光扶贫”“三个一”帮扶体系　185
“阳光扶贫”超市平台　186
“医联体”建设　177
“缘聚涟水、暖心服务”季季评活动　62
“政法惠民暖冬行动”　69
“住建杯”人大代表履职知识电视大奖赛　49
“醉美五岛湖”微信公众平台　173
《烽火岁月——老兵话当年》　46
《江苏省物业管理条例》执法检查　48
《涟水年鉴(2017)》　174
《涟水县情2017》　175
《留守村长留守鹅》　52
《苏北小延安》　45
E收款　126

A

爱国卫生　180
爱心“1”计划　70
安全监管　93
安全生产　141
安全生产工作会议　50
安全生产监管　93
安全宣传教育　93
安全隐患排查整治　93

B

百村千场文化惠民演出　167
办公用房清理　56
包装设计　112
保滩镇　199
保滩镇工业集中区　200
保滩镇厉渡村　201
保滩镇现任领导班子成员名录　201
保滩政务服务分中心　200
保险　127
比利时教授书画摄影展　167
扁担村　192
别纯海　226
滨河新城建设　134
殡葬管理　184
病媒生物防治　181
不动产登记管理　145

C

财税工作会议　51

财税政策扶持 100
财政改革 101
财政税务 99
残疾人保障政策落实 75
残疾人创业就业 75
残疾人辅助器具适配 76
残疾人技能培训 75
残疾人脱贫工程 75
查仿明 235
岔庙镇 208
岔庙镇现任领导班子成员名录 208
产业提质工程 37
常委分工 40
超级柜台 125
陈钢殊 235
陈师镇 201
陈师镇工业集中区 202
陈师镇万亩中药材种植基地 202
陈师镇现任领导班子成员名录 203
陈云宇 232
成集延安园 23
成集镇 215
成集镇工业集中区 216
成集镇现任领导班子成员名录 216
城建规划监察 133
城区楼顶广告专项整治 140
城市“牛皮癣”专项整治 140
城市管理 139
城乡低保 184
城乡规划 133
城乡环境综合治理 181
城乡建设 133
城乡建设 133
城乡住户一体化调查 97
程树鹏 234
程钇涵 232
出租房屋网上自主报备平台 82
初一语数英集体备课活动 162
滁州市第一届广场舞大奖赛 113
畜牧业调查 98
传染病防治监督 179
窗口行业 62
创建省级文明城市决战动员会议 51
创文明城市承诺践诺活动 45
创新创优项目督考 45
创新对接工作 72
创新提效工程 37
从正 234
村(居)统计规范化建设 97
村级财务E阳光试点 115
村级财务收支审计 95

D

打击犯罪机制创新 81
大东镇 212
大东镇工业集中区 213
大东镇现任领导班子成员名录 213
大量科技(涟水)有限公司 105
大气污染防治 146
大事记 26
贷款服务 126
戴从柏 173
档案 175
党的建设 39
党风廉政建设 61
党建工作会 59
党史宣传 46
党史研究 45
党外知识分子联谊会 43
党校 46
党校新校区建设 46
道路提挡升级 206
德育工作 157
地方税务 101
地方特产 20
地方特色品牌培育 92
地方志 174
地方组织机构 36
地情概览 19
地震 150
地震监测预报 150
地质地貌 19
第六届苏台(淮安)青年菁英峰会 69
第三次全国农业普查 97
第三届涟水县青少年科技创新大赛 72
第三人民医院异地新建项目 178
电网建设 141
电影《小猫爱上鱼》 168
电子电气 105
电子商务 120
东胡集镇 205
东胡集镇现任领导班子成员名录 207
东胡集政务服务分中心 206
对台工作 46
对外经济合作 22
对外贸易 122
多轨联侦作战平台 82
多元化康复服务体系构建 76

E

儿童剧《寻找“红头发”》 168
儿童收养登记 185
二水厂三期扩建 142

F

法律服务 86
法院 84
法制宣传 96
法治军事政法委及综治 78
法治宣传 86
法治政府建设 79
反腐败 61
返乡人员创业就业座谈会 40
方建中 230
防汛防旱 118
房地产开发管理 135
房屋征收及安置 188
房屋征收与安置 134
纺织服装 102
放心早餐示范工程建设 139
非公经济人士教育引导 67
非公有制经济发展服务 67
非公有制经济领域服务 43
非机动车固定卡座建设 139
非遗进校园专题讲座 170
费庄采摘园 204
费庄村“新社区、新生活”整村推进 205
冯建华 230
凤凰阅读吧 172
扶贫促小康 185
扶贫领域不正之风 61
扶贫特色产业开发 216
扶贫项目建设 225
服务企业 183
服务业 24
腐败问题专项整治 61
妇儿关爱 70
妇儿维权 71
妇女建功 71
妇幼保健 181
附录 236
复议应诉规范化建设 79

G

干部队伍建设 41
港口建设 131
高标准农田建设 116
高等教育 158
高沟地区地下水 58
高沟镇 190
高沟镇工业集中区 191

高沟镇现任领导班子成员名录　192
高沟中学新校区　192
高效节水示范片建设　118
高新技术企业申报　149
工业　23
工业园区　106
工业综述　102
公安　80
公安微警务战略联盟　81
公共卫生服务中心　178
公共卫生监督　179
公共文化　167
公路　129
公路管理与养护　130
公务员管理　56
公益慈善　47
公用事业　141
共青团涟水县第十二次代表大会　69
共青团涟水县委员会　69
供电　141
供电服务　141
供给侧改革　90
供气　142
供水　142
供销合作　120
古代名人　20
古淮河生态旅游景观走廊　129
股权管理　109
固定资产投资　24
瓜蒌种植基地　115
关心青少年事业　186
灌南县政协　59
光大生物质热电项目建设　122
广播电视　172
广播电视获奖作品　172
广电　25
规划服务　133
国家AAAA级旅游景区　109
国家级卫生镇创建　215
国家实验室　112
国家税务　101
国土资源　144

H

汉门电子(江苏)有限公司　105
航道治理　131
航空　131
航线网络建设　132
好新闻获奖　174
河道"河长制"管理　189
河长制实施　118
红日广场现代改厕建设　140
红窑镇　193
红窑镇工业集中区　194
红窑镇现任领导班子成员名录　195
洪然　227
胡春雷　228
化工医药　104
淮安(涟水)空港电子商务产业园　202
淮安(薛行)循环经济产业园　108
淮安德邦化工有限公司　104
淮安淮河木业有限公司　106
淮安汇波材料科技有限公司　104
淮安嘉诚高新化工股份有限公司　104
淮安金岳纸业有限公司　106
淮安锦纶化纤有限公司　102
淮安联发纺织有限公司　103
淮安强凌照明有限公司　105
淮安荣顺祥乐器有限公司　216
淮安市北稻村食品有限公司　219
淮安市凤翔养鸡场　219
淮安市恒春医疗器材有限公司　104
淮安市兴保印刷有限公司　106
淮安市亚森木业有限公司　106
淮安市远达服饰有限公司　102
淮安天马纺织器材有限公司　105
淮安通威饲料有限公司　104
淮安新北职业技术教育学术研讨会　53
淮安裕淮菇业有限公司　211
淮安源通制帽有限公司　103
淮安振维电子有限公司　105
环境保护　147
环境监测　147
环境应急管理与处置　147
环境执法监管　147
黄安村螃蟹水产养殖项目　204
黄河故道农业综合开发项目　116
黄曙　232
黄营乡　220
黄营乡工业集中区　220
黄营乡现任领导班子成员名录　221
灰墩办事处　224
灰墩办事处现任领导班子成员名录　225
灰墩工业集中区　225
婚姻登记　185
火灾与扑救　82

J

机场二期扩建工程　132
机构编制　54
机关党建　44
机关党组织建设　45
机关党组织书记述职　44
机关事务　56
机械装备　105
基层党建　41
基层综合文化服务中心建设　167
基础教育　154
吉圣金属制品(淮安)有限公司　105
疾病控制　180
集中销毁假冒伪劣产品　92
脊髓损伤者希望之家建设　75
计划生育　182
纪检干部述职测评会　60
纪检监察　59
家庭建设　71
家庭医生签约服务　177
价格改革　94
价格调控　94
检测中心　112
检察　82
检察改革创新　83
检察监督　83
检务公开　83
建置沿革　19
建筑材料　106
建筑施工管理　135
建筑业　23
建筑业监管　139
健康教育　181
江南农村商业银行涟水支行　125
江苏大自然食品有限公司　103
江苏弘晟包装有限公司　202
江苏华宇印务有限公司　106
江苏华源生态农业有限公司　104
江苏环宇篷布和有限公司　197
江苏汇丰木业有限公司　115
江苏金典纺织有限公司　103
江苏金品建筑工程有限公司　122
江苏科琪教学设备有限公司　204
江苏快乐电源(涟水)有限公司　105
江苏涟水经济开发区　106
江苏涟水农村商业银行　126
江苏涟水太商村镇银行　124
江苏名镇志《高沟镇志》　174
江苏全稳康源农业发展有限公司　122
江苏睿基家具有限公司　106
江苏省涟水开放大学　159
江苏省涟水中等专业学校　159
江苏苏美食品有限公司　103
江苏泰丰针织有限公司　103
江苏银行涟水支行　127
江苏圆绿捆蹄有限公司　103
姜杰　227
蒋东明　226

蒋卓庆 60
交通 24
交通环境与安全整治 128
交通运输综述 128
教材教辅及本簿发行 171
教卫文体 24
教学质量监控 157
教育 24
教育科研 159
教育培训 72
教育体育 152
教育英才 232
教育综述 152
教职人员培训 187
秸秆机械化还田 117
节目内容创新创优 172
今世缘产业园 191
今世缘景区配套工程 111
今世缘酒业综述 109
今世缘旅游景区 109
今世缘旅游区 22
今世缘旅游区国家AAAA级景区创建 175
今世缘美酒银行(酒库)工程 111
今世缘美酒银行 192
金鸡坨生态农庄 23
金秋诵读音乐会 169
金融扶贫 124
金融扶贫 127
金融服务 123
金融业 24
禁烟控烟 181
经济发展 23
经济管理与监督发展计划 89
经济开发区转型升级创新发展 49
经济责任审计 94
精准扶贫 186
就业促进与创业扶持 183
就业与社会保障 183
居民收入 183
居民收入与消费 183
居民消费 183
聚力创新工作会议 50
军民共建 88
军事训练 87

K

开放型经济 122
开工仪式 52
科技 149
科技贷款发放 149
科技研发 111
科普宣传 72
科学技术 149

L

垃圾分类试点 140
劳动保障保护 68
劳动关系维护 183
劳动竞赛 68
老干部服务 44
老干部政治与生活待遇 44
老龄事业 186
老年人家庭医生服务团队 186
老年人健康体检 180
老字号评选 119
离退休干部“面对面、心连心”大走访大落实活动 44
李阔 229
李雄威 228
理论学习宣传 42
利用外资 122
涟城镇 188
涟城镇工业集中区 189
涟城镇现任领导班子成员名录 189
涟水百花园 23
涟水工匠 231
涟水火车站主体工程竣工 131
涟水嘉天下果树种植合作社 200
涟水民梦电子商务有限公司 196
涟水日报 173
涟水天达燃气有限公司 142
涟水外国语中学自行车队 164
涟水县安东米富种植专业合作联社 196
涟水县安东文化研究会 77
涟水县博物馆 170
涟水县残疾人联合会 74
涟水县慈善总会 185
涟水县非物质文化遗产馆 171
涟水县扶贫开发协会 186
涟水县妇女联合会 70
涟水县工商业联合会 67
涟水县广场健身舞运动协会 165
涟水县科学技术协会 71
涟水县篮球协会 165
涟水县老年人体育协会 165
涟水县乒乓球协会 165
涟水县人民代表大会 47
涟水县人民武装部 87
涟水县人民政府 241
涟水县人民政府 50
涟水县人民政府办公室 242
涟水县摄影家协会 77
涟水县书法家协会 76
涟水县苏杭科技有限公司 105
涟水县太极拳协会 165
涟水县图书馆 170
涟水县文化馆 171
涟水县文学艺术界联合会 76
涟水县银果叶农场 200
涟水县羽毛球协会 165
涟水县哲学社会科学界联合会 77
涟水县总工会 67
涟水县作家协会 77
涟水新源生物科技有限公司 104
涟水云锦产业园 22
涟水政府网 175
涟水中油昆仑新星旺燃气有限公司 142
涟台交流 46
廉情讲堂 61
梁岔镇 203
梁岔镇工业集中区 204
梁岔镇农光互补光伏发电项目 205
梁岔镇现任领导班子成员名录 205
粮食测产面积及无人机调查 98
粮食购销 120
粮食烘干服务中心建设 117
粮食生产机械化 117
林牧渔业 116
领导人名录 62
刘吉勇 233
刘菊红 231
刘松 231
刘腾 229
刘泽年 227
鲁国富 234
鲁家宁 230
旅游 175
旅游规划编制 175
旅游景区 22
旅游景区复核验收 176
旅游宣传推介 176

M

麻垛便民服务中心 224
麻垛工业集中区 224
麻垛现代农业开发区 223
麻垛现任领导班子成员名录 224
马德里商标 91
马乃骏 226
矛盾纠纷调处 79
矛盾调处 86
美酒银行配套设施设备 111
美丽乡村建设 134

米芾书院　167
民商案件审理　84
民生保障　100
民生环保系列行动　148
民生金融服务　125
民生提标工程　39
民事案件速裁　85
民政事务　184
民族宗教　187
民族宗教工作　43

N

纳税服务　101
纳税服务　101
南集现代农业示范园　214
南集镇　214
南集镇现任领导班子成员名录　215
内外贸易　24
酿酒六车间智能化改造　111
农产品生产价格调查　98
农产品质量安全　116
农村妇女乳腺癌、宫颈癌筛查　181
农村股份合作制改革　114
农村环境综合整治　146
农村基本药物采购　182
农村集市贸易价格调查　98
农机“安全生产月”　52
农机购置补贴规范　117
农机合作社　117
农林牧渔业　23
农贸市场建设　119
农业机械化　116
农业生产中间消耗调查　98
农业水价综合改革　118
农业水利综述　114
农业特色产业建设　207
农业综合开发　116
女职工关爱行动　69

P

排污费征收　148
品牌建设　112
平安江苏App　78

Q

企业服务　122
企业环保信用评价　148
企业经营服务　128
企业民主管理体系创新　68
气候　20
气象　150
气象大喇叭系统　151
气象服务　151
气象管理　151
前进镇　218
前进镇工业集中区　219
前进镇瓜蒌种植基地　219
前进镇现任领导班子成员名录　220
强检计量器具监管　92
强农惠农　100
强制执行机制创新　84
桥梁建设　129
青年干部“淬火计划”　61
青年乡土人才电子商务培训班　70
清涟大道综合管廊　129
邱正富　232
区位面积　19
区域供水增压泵站建设　142
区域水环境治理　146
全国示范院士专家工作站　112
全国质量奖创建　109
全面两孩政策实施　182
全民健身日系列活动　164
全民终身学习　154
全市江苏省名镇名村志推进会　175
全域旅游建设　194
群众团体　66
群众团体　67

R

人才引进培养　41
人大工作报告　14
人防宣传教育　88
人口健康信息化建设　177
人口民族　20
人民防空　88
人民生活　25
人事管理　56
人文风情　20
人物　226
荣誉榜　243
融合提速工程　38
软环境建设　61

S

砂板乒乓球　164
砂板乒乓球世界杯　53
砂板乒乓球世界杯赛　164
商贸服务　119
商贸服务综述　119
上海德汇公益基金会奖助学金　52
设施设备　110
设施设备概况　110
社会保险　183
社会保障　25
社会福利　185
社会救助　184
社会民生　183
社会生活　25
社会调查　97
社会调查概况　97
社会拥军　88
社科联概况　77
涉法涉诉联合接访　78
涉农金融服务　127
沈翔　233
审计　94
审计概况　94
审判队伍结构优化　85
生态红线区域管控　146
生态环境　144
生态环境　25
生态建设　145
生态建设　25
生态建设概况　145
生态提升工程　38
生态文明建设　50
生物有机稻米　53
生物质热电联产项目　115
省级文明城市创建　42
省级文明城市创建　62
省级优质幼儿园建设　158
省社科联系统“工作创新奖”　77
省诗词之乡创建　191
省市级教育专题培训活动承办　162
省政协领导到涟水调研　57
省政协社会法制委　58
十大杰出青年　69
石湖镇　209
石湖镇概况　209
石湖镇工业集中区　210
石湖镇现任领导班子成员名录　210
时勇　226
实事工程　54
实体经济贷款服务　127
实体经济发展会议　50
食品饮料　103
食品饮料概况　103
食盐专卖　121
食盐专卖概况　121
食用菌种植基地　115
市场监管　91
市场监管执法　92
市场营销　113

市场营销概况　113
市场秩序整治　119
市县共管单位　66
市政工程建设　134
事业单位法人信用等级评价　55
事业单位人员管理　56
首届百花节　200
首届江苏婚礼T20战略合作峰会　113
数字城管系统建设　140
双百双建　87
双拥概况　88
双拥工作　88
双拥宣传　88
水稻机插秧技术推广　117
水利　117
水利概况　117
水利基础设施建设　117
水上执法管理　131
水事案件查处　118
水文化遗产调查　170
水运　131
水运概况　131
水质监测　181
水资源管理　118
税收风险管理　101
司法队伍建设　87
司法服务　84
司法概况　85
司法公开　85
司法行政　85
司法责任制落实　85
四市五县书画摄影展　167
宋月霞　228
苏淮生态观光园　198
苏淮生态农业观光园　22
苏秀梦　233
苏州银行股份有限公司涟水支行　125
孙爱华　234
孙国君　227
孙辉　230
孙燕　233
所队勤务运行机制改革　81

T

台商服务　46
台商服务工作座谈会　40
台商联谊会换届典礼　47
台商论坛　53
泰山中路店招店牌提升改造　139
汤树海　231
唐集镇　217
唐集镇概况　217
唐集镇工业集中区　218
唐集镇现任领导班子成员名录　218
特色田园乡村夏楼村　194
特色小镇建设　58
特殊人群管理　86
特种设备安全监管　92
体育　163
体育　25
体育概况　163
体育设施建设　163
铁路　131
铁路概况　131
统计　96
统计服务　97
统计概况　96
统一战线　43
投资管理　90
突发环境事件示范性应急演练　52
图书发行　171
图书发行概况　171
图书营销活动　172
图书阅览　169
图书阅览概况　169
土地资源保护　144
土地资源管理　145
土地资源利用　144
土壤污染防治监测　148
团县委概况　69
脱贫攻坚达小康工作　36

W

瓦滩村乡村旅游建设　212
王向红　226
王向阳　232
围标串标行为处罚　95
卫生　25
卫生概况　177
卫生和计划生育综述　177
卫生监督　179
卫生监督概况　179
卫生应急　178
文化　25
文化产业事业　42
文化场馆　170
文化概况　166
文化惠民系列活动　76
文化旅游　166
文化市场管理　168
文化市场管理概况　168
文化娱乐场所文明城市创建　168
文化之星　234
文化综述　166
文件索引　239
文联概况　76
文物保护与非遗　169
文物保护与非遗概况　169
文献选编　236
文艺创作　166
文艺创作概况　166
文艺作品创作　76
问题楼盘矛盾化解　135
无偿献血　177
吴从荣　228
吴建峰　229
五岛湖获批国家水利风景区　118
五岛湖旅游区　22
五港镇　198
五港镇概况　198
五港镇现任领导班子成员名录　198
五港政务服务分中心　198
武警涟水县中队　87
武警中队概况　87
物价概况　93
物价管理　93
物价执法　94

X

希望工程　70
行政体制改革　80
行政争议化解　84
行政执法监督　80
夏季餐饮食品安全专项整治　92
县纪委、监委、法院、检察院　62
县人大常委会工作机构　63
县人大常委会会议　47
县十六届人大一次会议　47
县四套班子　62
县委反腐败协调小组会　60
县委工作部门及直属单位　63
县政府工作部门及直属机构　63
县政府教育奖励基金　52
县政府全体(扩大)会议　51
县政协常委会会议　57
县政协工作机构　65
县政协十届一次会议　56
县政协主席会议　59
现任领导　226
线上服务平台建设　126
乡镇　188
乡镇集中区建设　108
项目扶贫　186
消防监管　82
消防宣传教育　82
小古文教学研究联谊活动　162

校园文化建设 158
新闻书籍 173
新闻宣传 172
新闻宣传 42
新型城镇化建设 91
新增小微企业调查 98
信访概况 56
信访工作 56
信访化解 56
刑事案件速裁 85
徐成东 229
徐崇明 234
徐集乡 222
徐集乡概况 222
徐集乡工业集中区 222
徐集乡现任领导班子成员名录 222
许晴 231
宣传 42
宣传概况 42
宣传培训 98
薛芹 230
学科竞赛活动 158

Y

烟草执法与监管 121
烟草专卖 121
烟草专卖概况 121
严成刚 235
炎黄职业技术学院 159
炎黄职业技术学院 159
颜栋祥 234
阳光扶贫 60
杨桦 232
杨建球 235
养老服务设施建设 186
姚兵 231
药政管理 179
医疗服务监督 179
医学教育与科研 182
医学教育与科研概况 182
医学科研 182
医院建设 178
医院建设概况 178
医政管理 178
医政管理概况 178
亿元项目达产达效情况 49
义务教育标准化建设 158
义兴镇 210
义兴镇概况 210
义兴镇工业集中区 211
义兴镇现任领导班子成员名录 211
银海木业(江苏)有限公司 106
银行 123
银行保险 123
银行概况 123
银行综述 123
印刷包装 105
印刷包装概况 105
营销网络建设 113
影剧事业 168
影剧事业概况 168
优抚安置 185
优秀科技工作者表彰 72
邮电业 24
邮政通信 143
袁灿生 229
云锦《红楼梦人物全景图》 170
云视讯 143
孕产妇保健 181
孕前优生健康检查 182
运输市场整治 131

Z

张超 227
张亮 229
张晓峰 233
张新宇 158
张玉荣 233
招投标概况 95
招投标管理 95
镇村公交建设 130
镇村环境综合整治 211
郑劲松 228
政法概况 78
政法惠民乡村行 79
政府采购“网上商城” 95
政府工作报告 7
政府投资项目审计 95
政府网站建设与管理 175
政情通报 49
政务服务中心工作考察 49
政协工作 58
政协工作报告 16
政协涟水县委员会 56
政协委员主题活动 59
政治读物发行 171
知识产权保护 150
职称评审 56
职工权益保障 68
职工文体活动 68
职务犯罪查办 83
职业教育 159
职业教育概况 159
职业农民培育 115
志愿服务 70
智能化酿造技改 112
中共涟水县委 239
中共涟水县委办公室 240
中共涟水县委十一届四次全会 1
中共涟水县委员会 36
中国传媒融合年度创新人物 173
中国电信涟水分公司 143
中国农业发展银行涟水县支行 127
中华诗词之乡 52
中小机场与区域经济发展论坛 132
中药材种植基地 115
中医药管理 178
种植业 115
重大行政决策规范化建设 79
重大决策 36
重点传染病防控 180
重点代表建议督办 49
重点项目建设 191
重点项目建设服务 200
重点中心镇行政管理体制改革 55
重要会议 36
重要活动 40
周海峰 233
朱广道 231
朱国海 228
朱后圩村生态农业 219
朱楼村蔬菜种植基地 203
朱码镇 195
朱码镇工业集中区 196
朱码镇现任领导班子成员名录 197
朱铭佐 173
朱太伟 230
主题活动 187
住房公积金 183
住房公积金扩面 184
住房公积金提取与贷款 184
住建系统文明城市创建 134
装配式建筑产业 138
自然资源 20
宗教事务管理 187
综合防护体系建设 88
综合检验检测中心 91
总体要求 36
组织 40
组织机构 62
组织建设 71
醉美涟水 19

《涟水年鉴（2018）》组稿质量评分排行榜

先进单位

单　位	撰稿人	积分	单　位	撰稿人	积分
交通局	胡　湖	100	纪　委	潘亚杰	91
教育局	王小成等	100	水利局	徐　静	91
经济开发区	严焕之	99	市场监管局	胡开峰	91
城管局	陈雅男	99	商务局	陈　裕	91
政府办	丁海宽	98	民政局	杨　帅	91
今世缘酒业	薛余超	96	县委办	张益坤	90
法　院	左　晟	95	组织部	张伦端	90
检察院	王甜甜	94	政法委	樊海成	90
保滩镇	韩　文	94	人大办	帅同海	90
政协秘书处	江洪文	93	台　办	刘顺国	90
宣传部	吴　未	93	审计局	王新建	90
农工部	杨　成	93	软建办	谈法成	90
高沟镇	宋广亮	93	农商行	韩永华	90
卫计委	嵇伟杰	92	农　行	胡尚君	90
人　行	吴建军	92	妇　联	孙　莉	90
前进镇	邱　月	92	财政局	王韦蔚	90
经信委	薛云华等	92	国税局	谢晓东	90
公安局	赖华军	92	新华书店	刘桂元	90

优胜单位

单　位	撰稿人	积分	单　位	撰稿人	积分
团县委	费霓云	89	成集镇	严立闯	87
供电公司	王阳阳	89	义兴镇	孙卫卫	86
人社局	杨丰榕等	88	文广新局	徐洪祥	86
东胡集镇	胡学元	88	老干部局	赵　祥	86
安监局	贾启超	88	档案局	马　克	86
朱码镇	卜　白	87	陈师镇	陈　冲	86
司法局	何　欣	87	残　联	郑雅文	86
气象局	朱晓晓	87	发改委	孙　洁	85
农机局	刘力睿	87	政务办	李明洋	85
南集镇	林晓珉	87	招管办	朱薇薇	85
工商联	李芳芳	87	梁岔镇	殷　春	85

优胜单位

单　位	撰稿人	积分	单　位	撰稿人	积分
盐务局	何自勤	85	科　协	肖益忠	81
烟草公司	梁　军	85	电信公司	张晓文	80
消防大队	张　振	85	总工会	贾志云	80
移动公司	支兰珍	85	宗教局	朱　娟	80
统计局	王益纯	85	中行	王文明	80
唐集镇	朱颖苏	85	邮政局	王珊珊	80
涟城镇	刘岳文	85	邮储银行	张德婷	80
开发局	朱小琳	85	薛行循环经济园	王玲艳	80
机关工委	周俊平	85	五港镇	欧塞娜	80
环保局	陆　义	85	统战部	徐敏贯	80
国土局	袁正鲜	85	太商村镇银行	王　丹	80
关工委	谢观湖	85	苏州银行	张亚甫	80
公积金管理中心	万珊珊	85	石湖镇	陈素伟	80
扶贫办	刘天广	85	人武部	朱慧婷	80
安东控股	周腾达	84	旅游局	崔宇菲	80
农委	鲁家华	84	新闻信息中心	刘武东	80
红窑镇	肖华杰	84	江苏银行	朱鲲鹏等	80
大东镇	郑媛媛	83	江南农村商业银行	俞　洋	80
信访局	杨洪敏	83	建行	刘爱军	80
黄营乡	严　胜	83	供销社	吴　艳	80
国调队	孙冬如	83	工商银行	赵济东	80
广电台	孙宁清	82	党校	赵　蒙	80
徐集乡	洪梦雪	82	党史委	王　欣	80
人寿保险	胡家楼	82	慈善总会	徐曙光	80
农发行	赵　彤	82	岔庙镇	王　健	80
地震局	刘　慧	81	编办	杨　超	80

合格单位

单　位	撰稿人	积分	单　位	撰稿人	积分
灰墩办事处	范加雷	79	江苏有线涟水分公司	马　可	70
武警中队	朱　拓	75	住建局	汪志豪	60
人民财产保险	邓天甫	75	粮食局	朱全省	60
人防办	黄　伟	75	科技局	周　蒙	60
麻垛现代农业园区	朱连国	75	地税局	童　政	60